Basiswissen Grundschule

Band 9

Offener Unterricht

Idee, Realität, Perspektive und ein praxiserprobtes Konzept zur Diskussion

Teil I

Allgemeindidaktische Überlegungen

Von

Falko Peschel

Schneider Verlag Hohengehren GmbH

Basiswissen Grundschule

Herausgegeben von Jürgen Bennack

Umschlaggestaltung: Wolfgang H. Ariwald, BDG, 59519 Möhnesee

Gedruckt auf umweltfreundlichem Papier (chlor- und säurefrei hergestellt).

Anschrift des Autors: Falko Peschel
Mühlenstraße 13
53844 Troisdorf
Tel. u. Fax: 02241 / 40 46 28
E-Mail: Falko.Peschel@Uni-Koeln.de

Die Deutsche Bibliothek – CIP-Einheitsaufnahme

Peschel, Falko:
Offener Unterricht : Idee, Realität, Perspektive und ein praxiserprobtes Konzept zur Diskussion / von Falko Peschel. –
Baltmannsweiler : Schneider-Verl. Hohengehren
ISBN 3-89676-531-0

Teil 1. Allgemeindidaktische Überlegungen. – 2002
(Basiswissen Grundschule ; Bd. 9)
ISBN 3-89676-529-9

Printed in Germany – Druck: Frech, Stuttgart

Inhaltsverzeichnis Teil I

Vorwort des Herausgebers der Reihe

In der Reihe „Basiswissen Grundschule“ (Bände 1–8 siehe Verlagsanhang) legt Falko Peschel zwei Bände zum Thema „Offener Unterricht – Idee, Realität, Perspektive und ein praxiserprobtes Konzept zur Diskussion“ vor.

Teil I – als Band 9 der Reihe – enthält „Allgemeindidaktische Überlegungen“. Peschel beschreibt zunächst den Offenen Unterricht anhand der in der Unterrichtswirklichkeit gebräuchlichen Formen und Konzepte; er gewinnt Bestimmungsstücke des Phänomens über die Darlegung wissenschaftlicher Zugänge und die Formulierung von Grundsätzen, mit denen er ein neues Rollenverständnis der Personen sowie eine neue Sichtweise der Intentionen, Methoden und Verfahren als Bedingung fordert. Zudem äußert er sich, bezogen auf Offenen Unterricht, zu Fragen der Unterrichtsplanung und Schülerbewertung, zur Problematik der Evaluation und Implementation.

Teil II – als Band 10 der Reihe „Basiswissen“ – nimmt „Fachdidaktische Überlegungen“ vor. Der Autor stellt einleitend, als Voraussetzung und Folge Offenen Unterrichts, einerseits Lernkultur gegen den traditionellen Lernbegriff und andererseits Bildung, verstanden als verantwortungsvollen Umgang mit Wissen, gegen dessen bloße und folgenlose Anhäufung. Als Beweise, dass Peschel die Inhalte Offenen Unterrichts keineswegs von der Bequemlichkeit, Beliebigkeit und Mutwilligkeit zufälliger Schülerinteressen abhängig machen will, sondern der Lehrerin / dem Lehrer durchaus die Verantwortung für den Erwerb lebensrelevanter Inhalte und Kompetenzen zumutet, geht er auf Sprache, Mathematik und Sachunterricht als zentrale Themen der Grundschule mit wichtigen Hinweisen auf deren Lern- und Kompetenzgehalt einschießlich notwendiger Materialien ein.

Der Band schließt mit Bemerkungen zu Vorbehalten, auf die der Offene Unterricht häufig bei Kollegen(innen) und Eltern stößt, z. B.: Kann man die heterogenen Arbeitsverläufe der Schüler überblicken? Werden die Schüler sich auf andere Arbeitsweisen an weiterführenden Schulen einstellen können?

Die beiden Bände enthalten eine Bestandsaufnahme der unter dem Begriff Offener Unterricht zusammengefassten Reformbemühungen in Schule und Unterricht; sie beinhalten eine Fülle anregender Versuche und daraus gewonnener Hinweise eines real agierenden Lehrers; sie bieten – theoretisch anspruchsvoll, inhaltsreich und differenziert – zudem eine kompetente reflexion engageé zu diesem Thema und sie stellen zugleich den Erfahrungsbericht eines Lehrers auf der Suche nach einer Schule dar, in der Schüler erfolgreich und sinnvoll lernen können und wollen.

Peschel hat sich auf diesem Wege nicht mit Hospitationen zufrieden gegeben und sich nicht auf die Wiedergabe positiver Erfahrungen und gelungener Beispiele anderer beschränkt. Er hat sich seinem Anliegen persönlich angenommen und als Grundschullehrer seit Jahren Offenen Unterricht durchführt, in den er überdies Kolleginnen, Kollegen und Studierende als Handelnde und kritische Betrachter einbezieht.

Peschels Werk über den Offenen Unterricht ist theoretisch fundiert, d. h. es richtet den Blick auf die fachliche Diskussion, auf deren Ergebnisse und Einsichten und es geht eigenen Fragestellungen nach. Dies aber geschieht eben nicht mit verengtem Blick „aus der Praxis für die Praxis" und auch nicht nur aus der abgehobenen Position eines „kühlen" wissenschaftlichen Analytikers und Experimentators. Peschel schreibt über den Offenen Unterricht als kompetent handelnder und forschender Lehrer.

Der Leser findet in den beiden Bänden gewiss einen Zugang zu Theorie und Praxis des Offenen Unterrichts, er wird weder durch platte Praxiologie noch abstrakte Wirklichkeitsferne enttäuscht werden. Er kann fasziniert und angeregt dem Bemühen Peschels folgen, eine Schule jenseits quälender Einpaukerei oder auch des schönen Scheins bunter, freundlicher Lernmanipulation zu bauen, die sich nicht mit im Grunde marginalen Fragen abgibt, wie der Dauer der Schulzeit, der Anzahl der Pflichtfächer, der Festlegung genauer Inhalte – etwa im Lichte der Globalisierung – lediglich sprachlich ausgestalteten Schulprofilen und Schulprogrammen, Disziplinarmaßnahmen, burn out und desgleichen mehr.

Peschel geht es um den Kernauftrag der Schule: Das Interesse der Schüler am Lernen offenzuhalten und ihre Lernkompetenz zu erhöhen. Seine Beispiele und Vorschläge vermitteln die begründete Hoffnung, Schülern tatsächlich und durch die Schule zur Selbständigkeit verhelfen zu können.

Diese Bände werden in den Hochschulen, Studienseminaren und Schulen interessierte Leser finden; es wird ihnen gelingen, viele für die Idee und Realisierung des Offenen Unterrichts zu gewinnen.

Köln, im Januar 2002 Jürgen Bennack

Einleitung

Auf der Suche nach der verlorenen Offenheit ...

Schule auf dem Weg in ein neues Jahrhundert bzw. Jahrtausend: Schule im Umbruch?

Implizit von den Richtlinien für die Schule schon seit über 20 Jahren gefordert, halten nun Arbeitsformen wie Freie Arbeit, Wochenplan, Projektunterricht und Werkstattunterricht immer stärker Einzug in den Klassenzimmern. Die aktuelle Theoriediskussion ist geprägt von Begriffen wie *Selbstständigkeit, Eigenverantwortung, Lebenslanges Lernen, Kreativität, Individualisierung, Lebensbedeutsamkeit, Handlungsorientierung, ganzheitlichem* und *fächerübergreifendem Lernen.* Forderungen an einen Unterricht, der nicht alle Schüler zur gleichen Zeit dasselbe, vom Lehrer Vorgegebene, auf ein und dieselbe Art reproduzieren lässt. Gefordert ist ein schülerorientierter Unterricht (vgl. i.F. Peschel 1995a, 6ff.).

Und einen solchen Unterricht habe ich seit meinem Studium gesucht. Zunächst in den ganz normalen Schulen, die aktiv an der Schulreform mitgearbeitet und z.B. die Richtlinien und Lehrpläne für Nordrhein-Westfalen in den Jahren 1981 bis 1985 mitgestaltet haben. Gegenüber meiner eigenen Schulzeit hatte sich in der Schule viel geändert. Erwachsene und Kinder saßen in Sitzkreisen zusammen und feierten gemeinsam Geburtstag oder andere Feste. Einzelne Kinder wurden während des Unterrichts vom Lehrer[1] oder von Sonderpädagogen besonders gefördert, die Klassen waren durch viel attraktives Material bunter und anregender geworden. Die Kinder konnten stundenweise ihren Schultag selber gestalten, nicht alle mussten immer dasselbe tun. Manchmal gab es sogar Arbeitspläne, die eine eigene Gestaltung für den ganzen Tag bzw. die ganze Woche zuließen. Ich fand, die Schule sei auf dem richtigen Weg.

Trotz dieser offenen Formen schienen die Lehrer aber irgendwie dieselben geblieben zu sein (was sogar meist „in persona" hinkam). Sie hatten durchweg immer alle Zügel in der Hand und bestimmten trotz der „Öffnung" letztlich noch immer ganz, was die Schüler machen sollten. Die Kommunikation war zwar viel freundlicher geworden, aber doch einseitig geblieben. Für die Schüler war die Schule noch immer anstrengende Arbeit, für manche etwas angenehmer, für andere etwas härter. Selten zogen die Kinder die Schule anderen Beschäftigungen vor. Das wiederum widersprach meinem Ideal vom begeistert und freiwillig

[1] Da im Folgenden Bezeichnungen wie „Lehrer" oder „Schüler" in der Regel als Rollenbezeichnungen verstanden werden, würde die Nennung sowohl der weiblichen als auch der männlichen Form oder auch nur der weiblichen Form in vielen Fällen nicht das treffen, was eigentlich gemeint ist (eben nicht die „konkreten" Lehrerinnen und Lehrer vor Ort), sodass im Folgenden ganz althergebracht vom „Lehrer" bzw. vom „Schüler" gesprochen wird. Dabei wird der Grundsatz der Gleichberechtigung in keiner Weise in Frage gestellt.

lernenden Kind, von dem die Theorien des offenen Unterrichts ausgehen. Also machte ich mich weiter auf die Suche.

Ich hospitierte an Modellschulen und Freien Schulen, die gegründet wurden, um der Regelschule zu zeigen, dass freies Lernen möglich ist. Aber an diesen Schulen wurde die Sache erst so richtig kompliziert. Entweder wurde ganz herkömmlicher Fachunterricht abgehalten und den Schülern durch die freigestellte Teilnahme am Unterricht eine scheinbare Selbstregulierung vorgemacht, wenn diese sich „basisdemokratisch“ zwischen mehr oder weniger langweiligem Unterricht und selbst organisierten Beschäftigungen (z. B. Tischtennis / Fußball spielen) entscheiden konnten. Oder aber es war kein großer Unterschied zu anderen fortschrittlichen Schulen zu finden, wenn Wochenarbeitspläne von den Schülern zum Teil widerwillig „aberledigt“ wurden. Ein Unterschied zur Regelschule war allerdings in der Lehrer-Schüler-Beziehung zu finden, die zum Teil viel partnerschaftlicher und vertrauter wirkte. Den begeistert lernenden Schüler fand ich aber trotzdem auch hier nicht vor.

So wie ich es erlebte, hatte die „normale“ Schule noch nicht das partnerschaftliche Verhältnis zwischen Lehrer und Schüler, die Freien Schulen weitgehend kein Interesse an einer den Schüler fesselnden Lernangebotslandschaft. Vielleicht konnten jetzt die Schulen weiterhelfen, die sich an der sogenannten Reformpädagogik orientierten. So hospitierte ich in Montessori- und Petersen-Schulen und erlebte eine Praxis offener Unterrichtsformen, die durchgängiges Prinzip zu sein schien. Es gab bunte, kindgerecht eingerichtete Klassen, eine reichhaltige Auswahl von Arbeitsmitteln und ein Schulgelände mit vielfältigen Forschungsmöglichkeiten.

Ich erlebte hier aber auch, dass offener Unterricht nichts mit einer positiven Einstellung zum Kind zu tun haben muss. Ich erlebte Lernatmosphären, die mich schaudern ließen. Lehrer stellten Schüler absichtlich vor der ganzen Klasse bloß und übten einen psychischen Druck auf die (freiwillig lernenden?) Kinder aus, der für mich schon fast an Körperverletzung grenzte. In anderen Klassen war das Chaos perfekt. Die Schüler sollten selbstständig arbeiten, hatten aber selber „keinen Plan“, erledigten Aufgaben ungern und falsch, langweilten sich, rissen sich wieder zusammen und versuchten, irgendwie ein einigermaßen befriedigendes Tagespensum zu schaffen. Jeder schien für sich zu kämpfen, viele wussten nicht, wozu sie überhaupt in der Schule waren, „erledigten“ Schule „ab“. Die Lehrer waren zum Teil überfordert, zum Teil versuchten sie immer wieder zwischen Konzept, Kind und Sache zu vermitteln – leider oft erfolglos.

Soviel zur Reformpädagogik ... Mein letzter Ausweg war, zu überprüfen, wie die gerade angesagten (Fach-)Konzepte in der Schule umgesetzt werden. Ich hatte seit einiger Zeit Verbindung zu Jürgen Reichen, der durch „Lesen durch Schreiben“ und seine Methode des „Werkstattunterrichts“ bekannt ist. Ich suchte in Deutschland und der Schweiz Klassen auf, die seit einiger Zeit Werkstattunterricht und „selbstgesteuertes Lernen“ praktizierten. Mittlerweile war ich auf alles gefasst. Es war schön zu sehen, dass die Kinder in der Regel selbstständig arbeiteten und sich auch viele eigene Sachen ausdachten. Ich fand allerdings auch hier das Tagesergebnis oft eher dürftig, wobei mir klar war, dass nicht nur die Ergebnisse zählen, die am Ende schwarz auf weiß vorliegen. Vielleicht hatte ich aber auch nur mittlerweile keine Lust mehr, weiter nach offenem Unterricht zu suchen. Ich fand die Hospitationen ziemlich langweilig und denke, dass ich im Grunde nicht so weit weg von den Empfindungen der Kinder sein konnte.

Eigentlich könnte ich dieses Buch über offenen Unterricht jetzt beenden und zu dem Schluss kommen: Offener Unterricht ist eine Fiktion, er ist überhaupt nicht praktikabel.

Aber da war noch was ...

Eine Lehrerin, deren Vortrag mich auf dem letzten Symposium „mathe 2000“ sehr beeindruckt hatte, stand noch auf meiner Hospitationsliste. Also zur Abwechslung mal eine Hospitation direkt vor der Haustüre, an einer ganz normalen Kölner Grundschule. Ich werde diesen Tag nie vergessen. Ich erlebte eine Klasse, die mich zum allerersten Mal einen offenen Unterricht erleben ließ, wie ich ihn selber fühlte. Die Kinder waren toll. Sie arbeiteten vollkommen selbstständig an ausgedachten Geschichten und mathematischen Kniffelaufgaben, sie suchten sich aus Sachbüchern die Informationen zusammen, die sie für ihre Forschungsvorhaben brauchten, dachten sich Aufgaben für die anderen Kinder aus, setzten deren Geschichten beim Vorlesen gekonnt szenisch um und illustrierten Gedichte künstlerisch wertvoll. Dabei lag das Niveau der Kinder dieser zweiten Klasse weit über dem anderer Klassen. Es schien so, als ob hier der Deckel abgenommen worden wäre und die Kinder „nach den Sternen griffen“.

Die Lehrerin verhielt sich ganz natürlich. Sie motivierte nicht extra durch irgendwelche Materialien oder Smiley-Stempel, sagte den Kindern offen ihre Meinung, wies sie ab, wenn sie keine Zeit hatte, und lobte, wenn sie Sachen toll fand. In der Klasse gab es keine Spiele, kein didaktisches Material. Man arbeitete mit leeren Blättern, die zur Eigenproduktion zwangen. Irgendwo lagen die Klassensätze an Mathematik- und Lesebüchern mehr oder weniger verloren im Regal.

Ich war stark beeindruckt und zugleich ganz fasziniert. Ich versuchte daraufhin noch öfters zu hospitieren, was mir gerne erlaubt wurde. Offener Unterricht ist offen für alle. Dabei bestätigte sich mein erster Eindruck, der immer differenzierter wurde. Natürlich gibt es in dieser Klasse Tage, die gut laufen und welche, die weniger gut laufen. Natürlich spielt die Lehrerin eine – vielleicht unauffällige –, aber ganz und gar nicht unbedeutende Rolle. Natürlich gibt es auch hier Kinder, die tageweise besser oder schlechter arbeiten. Aber alles scheint sich hier auf eine ehrliche Art von selbst zu regulieren, die Kinder wissen, dass sie für voll genommen werden und verhalten sich entsprechend selbstständig und offen. Sie *wollen* lernen.

Besinnt man sich wieder auf dieses Ideal, so wird die Problematik der oben beschriebenen halbherzigen Umsetzung „offener“ Unterrichtsformen offenbar. Das Vertrauen in die Kinder lässt keine Kompromisse zu. Der Lehrer muss die Schüler vom ersten Tag an wirklich selbstständig arbeiten lassen. Er muss sie als Individuen sehen und annehmen. Er muss ihnen als Ansprechpartner zur Verfügung stehen, darf dabei aber nicht ihre Selbstständigkeit einschränken. Dabei muss nicht jede Stunde Unterricht in der Schule offener Unterricht sein, aber dieser muss immer die Ausgangsbasis darstellen. Das Vertrauen des Lehrers in die Schüler muss bei jedem Fach und jeder Methode ehrlich und für die Kinder offensichtlich sein. Ein lehrerinitiierter Wechsel von offenen und geschlossenen Unterrichtsphasen ist daher in der Regel kontraproduktiv, denn die Kinder werden in eine Doppelbindungssituation gebracht: Einerseits größtmögliche Anpassung an den fremd vorgegebenen Stoff, den fremden Lernweg, den zeitlichen Rhythmus, andererseits kreatives Entdecken und selbstständiger Wissenserwerb auf individuellen Wegen. Diesen Widerspruch zu überwinden, das können nur die intelligentesten und anpassungsfähigsten Kinder schaffen. Halte ich als Lehrer einen großen Teil „Informationsunterricht“ für notwendig, so müssen diese Phasen aus dem Unterricht situativ begründbar und so für den Schüler transparent sein. Nur so kann eine innere Lernbereitschaft entstehen: Man muss wissen, wofür man etwas lernt.

Schön wäre es, wenn wieder viele Lehrer Vertrauen in die ihnen anvertrauten Kinder und ihr Lernen fassten und ihre Zeit nicht mit Motivationstricks und Überdifferenzierung verschenken würden, ihre Arbeitsmittelsammlungen auf ein paar wirklich wertvolle, kreativitätsfördernde, zum Selber-Entdecken und Selber-Denken anregende Materialien reduzieren würden (z. B. nur weiße Blätter, Sachbücher und Alltagsmaterialien) und so den Kindern die Chance gäben, dem schulischen Konsum zu entgehen und einmal wirklich selbst arbeiten zu dürfen.

Und dies ganz, ganz konsequent und mit einem hohen Ideal!

Was dieses Buch dazu leisten möchte ...

> Der Zwang, zehn Jahre lang, 32 Stunden in der Woche, die Schule zu besuchen, ist die größte Beschränkung persönlicher Freiheit, die ein demokratischer Rechtsstaat kennt. (Alberg 1996, 33)

Nicht zuletzt aus diesem Grund ist mir dieses Buch sehr wichtig, denn mein Leben war und ist maßgeblich von Schule beeinflusst. Die erste Hälfte meines Lebens (die subjektive Lebensmitte liegt ja bekanntermaßen bei ca. 18 Jahren) war durch Schule sehr fremdbestimmt, die zweite bestimmt durch den Wunsch, diese Fremdbestimmung nicht nur in eine eigene Selbstbestimmung umzuwandeln, sondern diese Selbstbestimmung als ein Grundrecht eines jeden Menschen so in die Schule zu bringen, dass auch die erste Lebenshälfte dort allgemein zum Gewinn wird. Eine Möglichkeit sehe ich dabei in unserem Schulsystem mit seiner Schulpflicht vor allem in der Form einer offenen Unterrichtspraxis, die das Lernen wieder dem in die Hand gibt, der für sich nur lernen kann und auch alleine über die Investition seiner eigenen Lebenszeit bestimmen sollte: dem verantwortlichen Einzelnen.

Dabei stellt das vorliegende Buch einen Versuch dar. Den Versuch, dem inflationären Gebrauch des Begriffs „offener Unterricht“ ein wenig Herr zu werden und den Blick des Betrachters wieder auf das eigentlich Wesentliche zu lenken: *das Denken vom Kinde aus*. Es möchte dazu die unsägliche Offenheit der Begriffe und Umsetzungen des offenen Unterrichts radikal beschränken und gerade durch diese Geschlossenheit erst wieder eine ganz neue Offenheit einer anderen Qualität schaffen. Es möchte Widerstand schaffen gegenüber einer Karikierung „offener“ Lernsituationen durch „geschlossene“ Arbeitsmaterialien und -pläne. Es möchte Probleme und Grenzen von Offenheit aufzeigen, aber auch viele Probleme offenen Unterrichts einer inkonsequenten und unreflektierten Umsetzung des Konzeptes ankreiden.

Letztendlich aber möchte es nach einer vielleicht schmerzlichen Phase der Kritik ein erstes, vorsichtiges Modell eines offenen Unterrichts vorstellen, das dem Lehrer eine Hilfe bei der Umsetzung der hehren Ziele geben soll. Denn das scheint das Hauptproblem des offenen Unterrichts zu sein: Es gibt bislang noch kein umfassendes Konzept, das den zur Öffnung bereiten Lehrer stützen würde und den offenen Unterricht aus seinem abgehobenen Orchideendasein zu einem für den normalen Lehrer tauglichen Konzept führen könnte – einschließlich der zur Durchführung notwendigen Materialien bzw. didaktischen Werkzeuge. Dieses Manko habe ich in vier Jahren radikaler Öffnung an der eigenen Haut erlebt: Nicht etwa die Kinder brauchen die Krücken, den Lehrgang, sondern der Lehrer. Denn die eigene Öffnung kann – trotz aller Begeisterung für die Sache – immer nur so weit reichen, wie es die eigene Sicherheit zulässt.

Dabei wären rückblickend folgende Anforderungen an ein Konzept Offenen Unterrichts zu stellen:

- eine Basis einfacher, möglichst nicht zu verletzender unterrichtlicher Grundsätze als Konzeptgrundlage, gewonnen aus dem Respekt vor dem Einzelnen und seinem Recht auf individuelles, selbstgesteuertes Lernen, aus aktuellen Anforderungen der Fachdidaktiken und dem Grundgedanken einer Erziehung zu einem demokratischen Miteinander durch demokratisches Tun;
- eine Zusammenstellung der grundlegenden Anforderungen der Fächer als Minimalkonsens bezüglich der in der Schulzeit auf jeden Fall abzudeckenden Inhalte;
- eine Palette von Werkzeugen, die diesbezüglich Schülern und vor allem Lehrern ein offenes Arbeiten auf individuellen Wegen (also ohne impliziten Lehrgang durch Lehrer oder Material) ermöglichen und sie stützen;

- und eine Sammlung von Impulsen, die den Schüler zur Auseinandersetzung mit der Sache herausfordern können, und dem Lehrer beispielhaft seine neue Rolle als Impulsgeber und Lernbegleiter aufzeigen.

Dies kann im Rahmen dieses Buches sicherlich nur ansatzweise geschehen, einerseits aus Platzgründen, andererseits aber auch aus Kompetenzgründen. Aber vielleicht kann hier eine erste Plattform geschaffen werden, von der aus gemeinsam weitergearbeitet werden kann.

Aber selbst wenn die hier geäußerte Kritik und der Konzeptvorschlag den Lesern nicht angemessen erscheinen sollten, so bleibt immer noch die Hoffnung auf eine erneute Diskussion um die Ziele und Umsetzungsmöglichkeiten offenen Unterrichts – wenn es dafür nicht mittlerweile schon zu spät ist.

Der Ruf nach einem „Zurückholen des Pendels" in geschlossenere Formen wird immer lauter. Und dies, obwohl fast niemand bislang eine wirkliche Umsetzung der Offenheit angegangen ist, geschweige denn Sinn oder Unsinn von Öffnung empirisch analysieren oder überprüfen konnte. Es wäre schön, wenn wir dann zumindest dafür möglichst bald gemeinsam eine Grundlage entwickeln könnten – eine Grundlage für einen Unterricht, der Fächer, Fachdidaktiken und Pädagogik endlich miteinander verbindet.

Credits …

Dieses Buch ist ein biographisches. Es stellt meine eigenen Gedanken und Erfahrungen zur Diskussion. Erfahrungen, die ich so alleine oder mit anderen entwickelt habe, sei es durch Gespräche, Diskussionen, Beobachtungen und Hospitationen. Um diese Verbindungen aufzuzeigen, werde ich im Text meist statt von „ich" von „wir" sprechen, denn es sind einfach mehrere Menschen urheberrechtlich an diesem Konzept beteiligt – denen ich hier allen entsprechend danken will. Astrid Reinhardt und Jürgen Koch, die nicht nur über Jahre mitgedacht und mitgestaltet haben, sondern auch die von uns entwickelten Projekte maßgeblich fortführen, vom „Integrierenden Schulpraktikum Primarstufe" an der Universität Köln bis hin zum Aufbau der „Integrativen Lernwerkstatt im Rhein-Sieg-Kreis". Auch der Rückhalt, den Hans und Karin Brügelmann, Erika Brinkmann und der harte Kern der Projektgruppe OASE – „Offene Arbeits- und Sozialformen entwickeln" an der Universität Siegen mir gegeben haben (und immer noch geben), hat dieses Buch erst möglich gemacht – ganz zu schweigen von den Tipps der engagierten Studierenden in meinen Seminaren zum Offenen Unterricht (besonderen Dank an Jonke, Katharina und Verena) sowie den lektoralen Hinweisen von Liesel Kalter, Marianne Stöckli und Walter Loeliger. Jürgen Bennack als Herausgeber und Rainer Schneider sowie Gabriele Majer vom Schneider Verlag haben dieses Buch entstehen lassen – und damit meinen Gedanken einen Raum gegeben. Auch maßgeblich danken möchte ich den vielen Menschen, die mich seit Jahren durch immer offene Türen und ihre offene Art auf „der Suche nach der verlorenen Offenheit“ unterstützen, sei es als Schulleiter, Kollegen, Wissenschaftler, Schulaufsichtsbeamte, Fach- und Seminarleiter, Kommilitonen oder einfach als Freunde.

Neben ihnen allen möchte ich aber vor allem den Kindern und Eltern „meiner“ Klasse mit diesem Buch für viele schöne Stunden, Tage, Jahre danken – unwiederbringliche Jahre, die durch unsere regelmäßigen Treffen und Aktionen aber immer noch andauern und noch lange andauern sollen:

Dieses Buch ist daher

Alexandra, Anja B., Anja M., Carsten, Chrisi, Christoph, Christopher, Darja, David, Dodo, Elvedin, Florian, Jana, Karin, Katharina, Kevin G., Kevin W., Kjeld, Macgayver, Martin, Mohamed, Mustafa, Natascha, Patrick, René, Sabrina, Steffi, Tamara, Theodora, Thomas und Viktor

dafür gewidmet, dass sie so sind, wie sie sind.

1 Realität offenen Unterrichts

Bevor in den nächsten Kapiteln konkrete Vorschläge zur Theorie und Praxis eines offenen Unterrichts gemacht werden, soll zunächst das ein wenig näher beleuchtet werden, was sich momentan in unseren Schulen als offener Unterricht darstellt. Gemeint sind damit die Arbeitsformen bzw. Konzepte, die gängigerweise dem Oberbegriff „offener Unterricht" zugeordnet werden: Freie Arbeit, Wochenplan, Projekt, Werkstattunterricht, Stationslernen (vgl. i.F. Peschel 1995a; 1997a). Jede Übersicht über diese Unterrichtsformen ist zwangsläufig subjektiv gefärbt, denn keine hat eine anleitende Konstruktionsvorschrift. Zumeist deshalb, weil der entsprechende Konzeptbegriff im Laufe der Zeit von den verschiedensten Personen auf vielfältigste Art umgesetzt worden ist (Freie Arbeit, Wochenplanunterricht) oder weil das Konzept an sich weder als geschlossen noch offen konzipiert worden ist (Werkstattunterricht / Stationslernen). Zum Teil aber auch, weil die praktische Umsetzung der Idee bislang eher selten im Sinne des Erfinders erfolgt ist (Projektunterricht). Im ersten Unterkapitel erfolgt dabei so etwas wie eine kritische Bestandsaufnahme, im zweiten eine Reflexion der eigentlich angestrebten didaktischen Prinzipien und das dritte Unterkapitel soll dann eine mögliche Weiterentwicklung dieser Arbeitsformen in die Richtung eines „Offenen Unterrichts" anregen; diesmal großgeschrieben, um ihn als eigenständige Arbeitsform kenntlich zu machen und ihn von den genannten offenen Unterrichtsformen abzugrenzen.

1.1 Gängige Konzepte offenen Unterrichts: vom lehrer- zum materialzentrierten Unterricht

Heute hauptsächlich in der Schule als „offener Unterricht" bezeichnet werden Unterrichtskonzepte bzw. Arbeitsformen wie die Freie Arbeit, der Wochenplanunterricht, das projektorientierte Lernen, der Werkstattunterricht und das Stationslernen. Ihre Zugehörigkeit zum offenen Unterricht ergibt sich dabei primär durch die größeren Wahlmöglichkeiten bzw. Freiheiten der Kinder im Gegensatz zu sonst üblichen frontalen Unterrichtsformen. Dieser Begriff von „Freiheit" definiert in der Regel Tätigkeiten eben dann als frei, wenn sie nicht direkt vom Lehrer angewiesen werden, sondern diese Anweisung indirekt durch einen Plan oder eine Zusammenstellung von Arbeitsmitteln erfolgt (vgl. Claussen 1995, 18). Das heißt, wir haben es bei allen Konzepten mit einer Verschiebung der Lehrerrolle zu tun: Der Lehrer nimmt nicht mehr fragend-entwickelnd Stück für Stück bzw. Seite für Seite eines Lehrganges mit allen Schülern gemeinsam durch, sondern er ermöglicht eine Differenzierung, indem er versucht, den Schülern den Lehrgang durch ausgesuchte Materialien differenzierter und motivierender zugänglich zu machen.

Gemeinsames Merkmal ist also der Verzicht auf Frontalunterricht zugunsten mehr oder weniger differenzierter „Material-Lehrgänge“. Die Offenheit beschränkt sich also primär auf die Freigabe der organisatorischen Bedingungen: Ich kann als Kind auswählen, mit welcher Arbeit ich anfangen will, kann mir meine Zeit selbst einteilen und oft auch noch Lernort und Lernpartner frei aussuchen. Die Inhalte können zwar bei den meisten Arbeitsformen in der konkreten Arbeitssituation dann „frei gewählt“ werden, stammen aber durchweg doch aus einer klar vom Lehrer vorgegebenen Auswahl. Diese kann – wie z. B. oft bei der Freien Arbeit – der gesamte Arbeitsmittelfundus der Klasse sein, oder aber eingeschränkter nur die vom Lehrer vorbereiteten Stations-, Werkstatt- oder Projektangebote, bis hin zu den in einem Wochenplan ganz konkret vorgegebenen Aufgaben. Dabei bleiben die Aufgaben selbst im Prinzip die gleichen wie im Frontalunterricht – durch einen spielerischeren Zugang oft etwas bunter verpackt oder durch eigene bzw. zusätzlich kopierte Arbeitsblätter und -materialien aufgelockert, aber doch im Grunde dieselben Lehrgangsübungen wie vorher.

Die Prinzipien und Zielsetzungen des offenen Unterrichts schrumpfen zu fleißig benutzten Begriffen – ohne aber wirklich umgesetzt zu werden:

- Die Eigenverantwortung des Lernens wird reduziert auf die Auswahl aus dem vorgegebenen Angebot.
- Das selbstgesteuerte Lernen wird reduziert auf die Bestimmung der Reihenfolge oder des Arbeitsortes.
- Die Handlungsbefähigung wird reduziert auf tätigkeitsintensive Beschäftigungen.
- Die Selbstkontrolle wird reduziert auf die Fremdkontrolle durch das Material.
- Die Differenzierung wird reduziert auf die Ausgabe zweier oder dreier (in sich undifferenzierter) Wochenpläne.

Und ich bin sicher, dass sich das „entdeckende Lernen“ in vielen Klassen eher auf das Suchen und Finden der Aufgabenblätter bzw. Arbeitsstationen in der Klasse bezieht als auf das eigenständige Angehen eines Problems …

Es ist also in der Schulpraxis weniger eine neue Lehrerrolle vorzufinden als eine Verschiebung der ursprünglichen Lehrerrolle in die Arbeitsmaterialien. Der Unterricht wird weniger lehrerorientiert und mehr „materialorientiert“, der Lehrgang bleibt aber im Grunde erhalten. Ob die größere Materialorientierung automatisch eine größere Schülerorientierung bedingt – was zumindest implizit unterstellt wird –, bleibt zu überprüfen.

Schüler-, Material- und Lehrerorientierung (vgl. Peschel 1997a, 240)

	lehrerorientiert	**materialorientiert**	**schülerorientiert**
Lerninhalt	als individuelle Pflichtaufgabe vorgegeben (Freiarbeitskartei, bestimmte Übungs- bzw. Förderaufgaben etc.)	entsprechend dem Materialangebot (Lernkarteien, Lernspiele etc.) vorgegeben	innerhalb der offenen Rahmencurricula frei vom Schüler einbringbar (Freies Schreiben, Forschen, etc.)
Lernweg und Darstellungsform	als gelehrte Technik, als Produktvorgabe oder Arbeitsauftrag vom Lehrer vorgegeben	durch das Material vorgegeben, Direktkontrolle unterbindet (produktive) Fehler, legt die Ergebnisdarstellung fest etc.	frei vom Schüler wählbar, Umwege und Fehler möglich („natürliche“ Methode)
Sozialform	vom Lehrer vorgegeben (stille Einzelarbeit, feste Tischgruppen etc.)	durch das Material vorgegeben (Partnerkontrolle, Gruppenspiel etc.)	Einzel- oder Zusammenarbeit sind frei vom Schüler wählbar
Zeitpunkt / Zeitdauer	vom Lehrer vorgeschrieben (Pflichtteil, feste Stunden, Zuendeführen der Arbeit etc.)	Zeitdauer durch das Material implizit vorgegeben	innerhalb der Rahmenschulzeiten frei vom Schüler wählbar
Arbeitsort	vom Lehrer vorgeschrieben (feste Sitzordnung, Stillarbeit ohne Platzwechsel etc.)	durch Arbeitsecken oder Platzbedarf vorgegeben	innerhalb des Schulgeländes frei vom Schüler wählbar

Inwieweit entspricht nun diese materialorientierte Umsetzung offener Unterrichtsformen den historischen Vorbildern bzw. Begründungen? Und als weitere Frage: Macht eine Übertragung historischer Modelle auf die Schule von heute überhaupt Sinn? Wo macht der Rückgriff Sinn, wo sind ganz andere, neue Wege zu gehen? Um dieser Problematik auf die Schliche zu kommen, werden hier zunächst die Unterrichtsformen, die mehr oder weniger direkt auf reformpädagogische Tradition zurückgeführt werden (Freie Arbeit, Wochenplanarbeit, Projektunterricht), sowie neuere Unterrichtsformen, die in der Tradition reformpädagogischer Ideen entwickelt bzw. verbreitet wurden (Stationslernen, Werkstattunterricht), einmal in ihrer heute vorkommenden Form dargestellt bzw. hinterfragt.

1.1.1 Wochenplanunterricht und Freie Arbeit

Annika besucht die zweite Klasse der Grundschule am Ort. Zum Erstaunen ihrer Eltern (und Großeltern) praktiziert man dort gar keinen richtigen Unterricht. Annikas Stundenplan beinhaltet außer festen Stunden für Sport und Religion nur Kreuze für „Klassenunterricht". Und der ist nicht nach Fächern untergliedert, sondern basiert auf einem „Wochenplan", den alle Kinder immer montags bekommen. Nein, nicht alle: Bastian, Sven und Marlies bekommen einen mit leichteren Aufgaben, weil sie noch nicht so weit sind wie die anderen Kinder. Aber ansonsten nehmen alle Kinder trotz des Verzichts auf das Unterrichten des Lehrers vor der Klasse die Sachen durch, die auch in den herkömmlich unterrichteten Parallelklassen an der Tagesordnung sind. Auf dem Wochenplan steht, was Annika in der Woche tun soll (s. Abb.).

WP Wochenplan vom ______ bis ______ Name:____________

Fach			
	Übe unser Wochendiktat zum Frühling im Igel-Heft.	✓	✓
	Fülle das Arbeitsblatt zum „ck" aus.	✓	
	Lies das Frühlingsgedicht auf S. 105 im Lesebuch und lerne es auswendig.	✓	
	Rechne die Aufgaben auf Seite 43 und 44 im Mathematikbuch.	✓	✓
	Üb weiter am LÜK-Programm zum kleinen Einmaleins.	✓	
	Lies dir im Sachbuch die Seite über den Igel durch und fülle das Arbeitsblatt aus.		
	Male ein Unterwasserbild aus blauen Farben wie das an unserer Wand.	✓	✓
	Flötenkinder: Am Mittwoch Instrument mitbringen und unser Musikstück noch mal üben.	✓	
	Freiarbeit: Du kannst Übungen zum Einmaleins oder zum Diktat machen.		
	Denk an dein Schwimmzeug für Freitag.		
	Die 1*1 Arbeitsblätter und das Diktat üben. Das, was du noch nicht geschafft hast, fertig machen.		
	Denk an das Geld für die Projekttage nächste Woche.		
	~~Montag~~ ~~Dienstag~~ ~~Mittwoch~~ ~~Donnerstag~~ Freitag		

Und weil Annika ihre Wochenplanarbeiten eigentlich immer recht schnell fertig bekommt, hat sie daneben Zeit, sich weiter mit den Spielen und Materialien, die in der Klasse vorhanden sind, zu beschäftigen. Das ist dann die Freie Arbeit, die eigentlich alle Kinder gerne machen. Aber nicht alle sind mit ihrem Wochenplan so schnell wie Annika. Deshalb gibt es jeden Tag einen „offenen Anfang". Die Lehrerin ist spätestens ab halb acht in der Klasse bzw. in der Schule und die Kinder können eine Zeit lang Freie Arbeit machen, wenn sie schon vor dem eigentlichen Unterrichtsbeginn in die Schule kommen.

Wenn dann bis acht Uhr alle Kinder eingetrudelt sind, trifft man sich im Sitzkreis und singt gemeinsam das Morgenlied, das diese Woche dran ist. Danach macht die Lehrerin meistens eine Stunde Mathematik an der Tafel. Heute erklärt sie noch einmal die Reihe mit der 7. Bis zur Pause arbeitet Annika dann an ihrem Wochenplan. Sie füllt zusammen mit ihrer Tischnachbarin Ina das Arbeitsblatt zum „ck" aus. Die Übungen und die Wörter kennt sie schon von der letzten Woche her, als sie zusammen solche Übungen im Sprachbuch gemacht haben. So schafft sie das ganze Blatt in relativ kurzer Zeit und hat noch Luft, die auf dem Blatt befindlichen „Pumuckl-Figuren" auszumalen. Danach legt sie es in den Kasten der Lehrerin. Die guckt das Blatt am Nachmittag dann nach und zeichnet dann ein Häkchen auf Annikas Wochenplan. Als es gongt, packen alle Kinder ihre Sachen weg und holen ihr Frühstück heraus, denn vor der „Rausgehpause" ist erst einmal gemeinsame Frühstückspause in der Klasse.

Nach der Pause, die alle Kinder auf dem Schulhof verbracht haben, trifft man sich wieder im Sitzkreis. Die Lehrerin fragt, welche Kinder heute ihr Wochengedicht vortragen wollen. Annika traut sich noch nicht, das Gedicht vor allen Kindern aufzusagen. Nachdem vier Kinder das Gedicht vorgetragen haben und es langsam unruhiger wird, lässt die Lehrerin die Kinder Wörter auf Pappkarten in zwei Gruppen sortieren: Wörter mit „k“ und Wörter mit „ck“. Annika kennt alle Wörter schon aus dem Diktattext und weiß, wo sie hingehören. Danach können die Kinder noch eine Stunde an ihrem Wochenplan arbeiten. Annika holt sich den LÜK-Kasten und macht die Übungen von gestern noch einmal. Zum Sachunterrichts-Arbeitsblatt hat sie keine Lust und die anderen Aufgaben hat sie schon alle gemacht. Als sie mit den LÜK-Aufgaben fertig ist, fragt sie die Lehrerin, ob sie Freie Arbeit machen könne. Die Lehrerin lässt sich von Annika den schon fast ganz fertigen Wochenplan zeigen und erlaubt ihr, sich Arbeitsmittel aus dem Freiarbeitsregal zu holen. Annika steht vor den Sachen und schaut sich um. Schließlich nimmt sie sich ihren „Lieblings-Little-Professor-Taschenrechner“ und verzieht sich damit den Rest der Stunde in die Leseecke. In der letzten Stunde hat Annika dann Religion bei der Lehrerin aus der Nachbarklasse. Die liest immer Geschichten vor und danach darf man Bilder ausmalen.

Wochenplan

> Der Wochenplan legt fest, welche Pflicht- und Wahlaufgaben die Schüler bearbeiten sollen […]. Die Schüler bestimmen selbst, z. T. in Absprache mit den Partnern, die Reihenfolge der Bearbeitung, die Sozialform, ihr Arbeitstempo, den Umfang der erwünschten Hilfen und der freiwilligen Aufgaben. Der Lehrer berät und hilft bei dieser Arbeit. Im Laufe der Grundschulzeit tritt er mit seinen Vorgaben zurück und ermöglicht, daß der Schüler schrittweise Aufgaben für den Wochenplan selbst auswählt und selbstverantwortlich die freie Zeit nutzt. (Landesinstitut NRW 1983 a, RL 12)

Dg. / RL

Tages- und Wochenplanarbeit schließen einen Kompromiss zwischen der Planung der Lerninhalte durch den Lehrer und der möglichst selbstständigen Arbeitsorganisation durch den Schüler. Im Wochenplan kann der Lehrer den Kindern konkrete in einem bestimmten Zeitraum zu bearbeitende Aufträge geben. Der Wochenplan enthält meist ein Angebot aus Pflicht- und Wahlpflichtaufgaben, die dem aktuellen Lernstoff entnommen sind. Je nach Leistungsstand des Schülers können Quantität und Qualität der zu erledigenden Aufgaben variieren, meist wird eine individuelle Differenzierung aber nur für sehr „schwache“ Schüler vorgenommen. Die Differenzierung für die „stärkeren“ Schüler ist meist das Entlassen in die Freie Arbeit. Weitere Differenzierungen bis hin zum individuellen Wochenplan für den einzelnen Schüler sind in der Regel nicht zu finden, hier spielt sicherlich die (nur noch schwer zu vertretende) Relation zwischen Arbeitsaufwand für den Lehrer und Nutzen für den Schüler eine große Rolle.

Der Wochenplan selbst kann als Blatt für den Schüler oder als Plakat in der Klasse dabei folgende Angaben enthalten:

- formale Angaben wie Wochenplannummer, Datum, Name, Klasse;
- eine zeitliche Orientierung durch Zeitleiste bzw. Stundenzusammenstellung;
- Symbole für Fach, Methode, Sozialform;
- (fächerübergreifende) Pflicht- und Wahlpflichtaufgaben;
- Hinweise auf ungebundene Aktivitäten / Angebote / Projekte;
- Hinweise auf Materialien, Hilfsmittel, Kontrollblätter;
- Hausaufgaben;
- eine Spalte zum Kennzeichnen von angefangenen oder erledigten Arbeiten;
- eine Spalte zum Abzeichnen der erfolgten Kontrolle durch Lehrer oder Schüler;
- Mitteilungen an die Eltern;
- und abschließend eine Schülerbewertung des aktuellen Wochenplanes. (Vgl. Peschel 1997 a, 241 f.)

Die größeren Möglichkeiten des Lehrers, den Unterricht vorzustrukturieren, haben dazu geführt, dass dem Wochenplanunterricht in der Praxis ein ungleich größerer Stundenanteil zugestanden wird als der Freien Arbeit, er teilweise sogar interdisziplinäres bzw. fächerübergreifendes, durchgängiges Unterrichtsprinzip darstellt. Die Erarbeitung neuen Stoffs wird meist nicht dem Schüler überlassen, sodass es sich bei den Wochenplanaufgaben größtenteils um nachbereitende (Übungs-)Aufgaben handelt. Dadurch besteht die Gefahr, dass die pädagogische Idee des Wochenplanunterrichts reduziert wird zu einer Sammlung aller in dieser Woche zu erledigenden Übungsaufgaben der Fächer Sprache, Mathematik und Sachunterricht. Auf den Einbezug anderer Fächer wird in der Regel von vornherein verzichtet, wofür allerdings stellenweise auch das noch an vielen Schulen anzutreffende Fachlehrerprinzip mitverantwortlich ist. Das Arbeiten vieler Schüler an denselben Aufgabenstellungen sowie die Abdeckung der umfangreichen Stoffplaninhalte führt indes dazu, dass das in der Klasse vorhandene Arbeitsmaterial für den Wochenplan in der Regel durch Arbeitsblätter oder Lehrbücher ergänzt wird.

Das Verhältnis zwischen Pflichtaufgaben und Wahlangeboten wird in der Praxis unterschiedlich gehandhabt, wobei Beobachtungen und Untersuchungen zeigen, dass die Lehrer in der Regel auch die freien „Angebote“ letztendlich als Pflichtaufträge sehen – und die eigenen Aktivitäten der Kinder nicht als „Lernen“:

> Gleichzeitig war das Verhältnis von *verbindlichen Anforderungen* und *Angeboten* an die Kinder unklar. So wurde z. B. manchmal eine Aufgabengruppe als Angebot

> dargestellt; im weiteren Verlauf signalisierte der Lehrer dann aber, dass er es doch gern sähe, wenn es von allen angenommen würde. (Huschke 1982, 202)
>
> Die im WP-Unterricht vorgesehene Möglichkeit für „freie", nicht durch Planforderungen vorstrukturierte Tätigkeit der Schüler ist ein ambivalentes Angebot. Auf der einen Seite zeigt sich bei der Analyse standardisierter Unterrichtsbeobachtungen [...], dass die Schüler in ihrer „freien WP-Zeit" keineswegs in passives Nichtstun verfallen [...]. Andererseits aber wurde deutlich, dass die Lehrer diese Schüleraktivitäten in ihren Handlungen weitgehend ignorierten oder abwerteten als „irgendetwas tun, nur nicht rumtoben und Quatsch machen". (Huschke 1982, 273)

Das in manchen Richtlinienentwürfen im Bezug auf den Lehrer geäußerte Ziel: „Im Laufe der Grundschulzeit tritt er mit seinen Vorgaben zurück und ermöglicht, daß der Schüler schrittweise Aufgaben für den Wochenplan selbst auswählt und selbstverantwortlich die freie Zeit nutzt" (Landesinstitut NRW 1983a, RL 12) ist mir noch nie im Zusammenhang mit Wochenplanunterricht begegnet. Meist ist durch den Wochenplan sogar das heimliche Lernziel erreicht worden: *Schule wird möglichst schnell aberledigt, dann kann ich endlich machen was ich will.* Die Anerkennung selbst gestellter bzw. selbst zusammengestellter Aufgaben des Schülers erfolgt durch den Lehrer oft nur halbherzig und wird nicht in die vom Lehrplan vorgeschriebene Arbeit einbezogen, obwohl so unter Umständen die einfachste und natürlichste individuelle Differenzierung ohne großen Mehrarbeitsaufwand für den Lehrer erreicht werden könnte.

Freie Arbeit

> Von Freiarbeit wird üblicherweise dann gesprochen, wenn die Kinder oder die Jugendlichen frei über die Inhalte und die Art ihrer Aktivitäten, über ihr Lerntempo und die von ihnen gewünschte Sozialform, über Materialien und Arbeitsplätze in der dafür ausgewiesenen Zeit entscheiden können. Freiarbeit ist nicht lehrergesteuert. Ihre Grenzen liegen in einem von Lernenden und Lehrenden vereinbarten organisatorischen Rahmen und in der Rücksichtnahme auf die Mitschüler und Mitschülerinnen. (Heckt 1993, 5)

Unterricht nach dem Prinzip der Freien Arbeit ist mittlerweile an den meisten Grundschulen des Landes irgendwo anzutreffen. Dabei ist die Freie Arbeit kein durchgehendes Unterrichtsprinzip, sondern beschränkt sich auf Übungsphasen, die durch Informationsunterricht bzw. die Einführung bestimmter Inhalte ergänzt werden. Oft wird die Freie Arbeit auch wie ein eigenes Fach behandelt, das heißt es gibt jeden Tag bzw. in der Woche bestimmte Stunden „Freier Arbeit". Im Allgemeinen stützt sich diese Freie Arbeit dann auf ein größeres Angebot von Lern- und Übungsmaterialien, die entsprechend dem Curriculum auf die aktuellen Lerninhalte der Klassenstufe abgestimmt sind bzw. die nächsthöheren oder -niedrigeren Jahrgangsstufen zur Differenzierung einschließen. Den Schülern steht dabei in der Regel frei, mit welchem Lerninhalt sie sich beschäftigen, obwohl sowohl schwächeren als auch stärkeren Schülern oft bestimmte Lerninhalte nahe gelegt werden (Durcharbeiten bzw. Wiederholen von Rechtschreib- oder Rechenkarteien usw.).

Im Allgemeinen wird die Freie Arbeit gerne von den Kindern angenommen. Das Material ist meist sehr ansprechend aufgemacht und erlaubt ein abwechslungsreiches Einüben des Lernstoffes. Allerdings haben die Materialien ihren Schwerpunkt überwiegend in reproduktiven Lernformen, die mittels äußerer Motivation attraktiv gemacht werden (müssen). Das Arbeitsmaterial ist in der Regel hoch strukturiert und gibt die Darstellungsform, die Lernmethode und oft auch die Sozialform vor. Um eine sofortige positive bzw. negative Verstärkung auch bei der selbstständigen Arbeit ohne den Lehrer zu erreichen, ist in das Material meist eine sogenannte „Selbstkontrolle" eingebaut, die sich bei genauerer Betrachtung meist als völlig von der Aufgabenstellung losgelöste „Fremdkontrolle" entpuppt, wenn z. B. die Richtigkeit mathematischer Aufgaben nicht etwa durch Proberechnungen überprüft wird, sondern durch irgendwelche geometrischen Muster auf der Rückseite der Lösungsplättchen, oder wenn im Sachunterricht das eigene Forschen durch das Beantworten von Fragen in Lernspielen ersetzt wird. Problemlösendes Denken und entdeckendes Lernen werden meist nicht angestrebt, zumal in solche Materialien nur schwer die angestrebte Sofortkontrolle eingebaut werden kann. So ist der Lösungsweg im Allgemeinen fest vorgegeben, abweichendes Zielerreichen auf eigenem Weg meist nicht möglich.

In der Praxis scheinen sich auch nur wenige Schüler wirklich innerlich mit dem Freiarbeitsmaterial zu identifizieren, meist bietet die Quantität (möglichst viele Aufgaben oder Karteien zu schaffen) eher einen Anreiz als die Qualität (selbst kombinieren, ausdenken, forschen). Der Charakter der Übungsspiele lässt die Schüler das Gefühl haben: „Ich darf die ganze Zeit nur spielen, ich muss gar nicht lernen". Insgesamt scheint der Griff in das Freiarbeitsregal sowohl für den Lehrer als auch für die Schüler viel einfacher und verlockender zu sein, als sich den Strapazen der Themensuche und des eigenaktiven Problemlösens auszusetzen. Nicht nur, dass hier einem bedenklichen Konsumverhalten nun auch in der Schule stattgegeben wird, es werden zusätzlich sowohl die Eigenmotivation der Kinder durch den ihnen eigenen Wissensdurst als auch die Motivation, die ein Fach selbst ausstrahlen kann, vorschnell zugunsten einer extrinsischen Motivation durch geschickt aufbereitete Lernspiele aufgegeben.

Kritik

Einschub: Historischer Bezug

Die enge Verbindung der Unterrichtsformen Freie Arbeit und Wochenplanunterricht wurde oben schon angesprochen und ist sicherlich auch historisch bedingt, denn die entsprechenden Konzepte werden zumeist auf dieselben Personen zurückgeführt: Maria Montessori, Peter Petersen und Célestin Freinet. Bei allen drei Reformpädagogen finden sich Elemente „freier Arbeit", bei Petersen und

Freinet zusätzlich Elemente eines „Wochenplans“. Und trotzdem unterscheiden sich die Ansätze beträchtlich, wie im Folgenden kurz zusammenfassend aufgezeigt werden soll:

Die „freie Wahl der Arbeit“ bei Montessori entstand aus dem Wunsch, dem Kind die Möglichkeit zu geben, sich selbst gemäß seinem „inneren Bauplan“ zu entwickeln. Das übliche Demonstrationsmaterial des Lehrers wurde zum Schülermaterial, das dieser dann zum für ihn richtigen Zeitpunkt selber nutzen konnte und sollte. Dabei war es wichtig, dass das Material nur so genutzt wurde, wie es vom Lehrer beabsichtigt war. Entsprechend wurde missbräuchliche Verwendung sowohl durch starke Vorstrukturierung als auch durch das direkte Eingreifen des Lehrers unterbunden. Das Material musste so beschaffen sein, dass Schwierigkeiten isoliert wurden und sich eine einfache Hinführung zum Lernziel durch Wiederholung ergab. Montessori verlagerte also den Lehrgang in das Material, das kleinschrittig und reproduktiv zum Ziel führte, wobei sie dem Kind den Zeitpunkt des Lernens freigab.

Auch für Petersen waren die Arbeitsmittel und die durch sie geschaffene Lernumgebung ein Konzeptschwerpunkt seiner „Lebensgemeinschaftsschule“. Zwar waren bei ihm die für Samstag im Stundenplan ausgewiesenen Stunden „freier Arbeit“ nach kurzer Zeit primär dem Nachholen liegengebliebener Arbeiten der vergangenen Woche vorbehalten, aber sein Gruppenunterricht wies nach der Vermittlung straffer Grundlagenkurse (Elementargrammatik) freiere Arbeitsmomente auf, wenn die Schüler gemeinsam unter der Leitung eines „Führers“ mit kursbezogenen oder offeneren Arbeitsmaterialien innerhalb der thematischen Vorgaben umgingen. Dabei hatte die Betonung der Gemeinschaft sowohl als Schulgemeinde als auch als Arbeitsgruppe einen sehr hohen Stellenwert, denn nur sie sicherte für ihn die Entwicklung sowohl der individuellen als auch der sozialen Persönlichkeit des Menschen.

An das verwendete Arbeitsmaterial stellte er sehr hohe Ansprüche, denn er wollte – nach der Vermittlung der notwendigen Grundlagen und Arbeitsmethoden – den Schülern durch den aktiven Umgang mit den Arbeitsmitteln ein individuelles methodisches Vorankommen ermöglichen. Zu diesem Zweck wandelte er den Stundenplan durch das Zusammenfassen von Blöcken zu thematischen Einheiten in einen sogenannten „Wochenarbeitsplan“ um und schaffte so eine zeitliche Rhythmisierung des Unterrichts, die vor allem durch unterschiedliche Arbeits- und Sozialformen geprägt war. Entsprechend ist sein Wochenarbeitsplan nicht mit dem heutigen Verständnis eines Wochenplans zu vergleichen. Es handelte sich in keiner Weise um eine Auflistung der in der Woche zu bearbeitenden Aufgaben bzw. um die Rahmenvorgaben für eine „freie“ Betätigung des Schülers.

Diese beabsichtigte Freinet schon viel eher. Grundlage seines Konzeptes war das „natürliche Lernen“ des Schülers. Auch bei ihm spielten Arbeitsmittel eine große Rolle, aber sie gestalteten sich didaktisch neutraler und wiesen den Schülern nicht mehr indirekt einen Lehrgang zu, sondern sollten ihm als „Werkzeuge" ermöglichen, seinem eigenen Weg zu folgen. Er schlug dazu verschiedene Techniken vor, wie das „tastende Versuchen", das heißt die forschende Auseinandersetzung mit der Umwelt, und den „freien Ausdruck", das heißt die Möglichkeit, sich auf individuelle Weise mündlich, schriftlich, bildlich usw. zu äußern bzw. mit Sachen umzugehen. Um ein solches forschend-entdeckendes Lernen zu ermöglichen, wurden in der Klasse sogenannte „Ateliers" eingerichtet, das heißt einerseits feste Arbeitsecken (Druckerei, Experimentiertisch, Werkstätte), andererseits auch Kurz- oder Langzeitateliers, die themengebunden Geräte, Werkzeuge und Materialien über einen bestimmten Zeitraum hinweg enthielten. Diese Art der „freien Arbeit" wurde dann vom (Wochen-)Arbeitsplan strukturiert bzw. organisiert. In ihm sprachen Kinder und Lehrer individuelle und gemeinschaftliche Arbeitsvorhaben ab, so dass sich innerhalb der mit den entsprechenden Versammlungen, Regeln und Absprachen möglichst demokratisch geführten Klasse ein Gleichgewicht individuellen und gemeinschaftlichen Arbeitsvorhaben ergab.

Vergleich der Konzepte von Montessori, Petersen und Freinet (Peschel 1997a, 237f.)

	Montessori	**Petersen**	**Freinet**
Grundintentionen	Individuelle Entwicklungsfreiheit innerhalb der vorbereiteten Umgebung, innerhalb seiner Vorbestimmung ist das Kind Baumeister seiner selbst.	Durch die Gemeinschaftserziehung entwickelt sich sowohl individuelle als auch soziale Persönlichkeit des Menschen.	Freie Persönlichkeitsentfaltung des Kindes durch ein natürliches Lernen mit dem Ziel eines kritischen, emanzipierten und verantwortungsvollen Menschen
Kindbild	Das Kind will lernen, braucht aber die Hilfe des Erwachsenen dazu. „Hilf mir, es selbst zu tun."	Das Kind ist nicht zu freiem Bildungserwerb fähig. Die Arbeit des Kindes muß vorgeordnet und geführt werden.	Das Kind soll sich auf seinem individuellen Weg weitgehend selbstverantwortlich mit der Lebenswirklichkeit auseinandersetzen.
Lehrerbild	Der Lehrer überwacht den Lernprozeß des Schülers und sorgt durch die vorbereitete Lernumgebung (Schwerpunkt Arbeitsmittel) dafür, daß ein selbsttätiges Lernen ermöglicht wird.	Der Lehrer steuert den (möglichst ganzheitlichen) Lernprozeß der Schüler durch Kursunterricht, Methodenlehre, Inhaltsvorgaben, Arbeitsmittel und schafft so eine „pädagogische Situation".	Der Lehrer versucht den Schülern durch demokratische Organisation der Klasse und das Bereitstellen diverser Techniken ein selbstgesteuertes Lernen zu ermöglichen.

	Montessori	Petersen	Freinet
Curriculum und Stundeninhalt	Das Curriculum wird vom Lehrer festgelegt und dem Kind durch das Anbieten von Arbeitsmaterialien zugänglich gemacht. Das Kind hat innerhalb dieser Vorgaben dann Entscheidungsfreiheit.	Das Curriculum wird vom Lehrer festgelegt. Innerhalb der Gruppenarbeit des Wochenarbeitsplanes können die Kinder inhaltliche Schwerpunkte, Problemstellungen usw. selbst abstimmen.	Das Curriculum wird innerhalb der Lehrplanvorgaben gemeinsam von Lehrer und Schüler(n) abgestimmt. Innerhalb dieser Abstimmungen können die Stundeninhalte frei vom Schüler gewählt werden.
Lernweg und Darstellungsform	Sie sind weitgehend durch das Material vorgegeben.	Sie können im Rahmen der vom Lehrer bereitgestellten bzw. gelehrten Methoden und Techniken frei gewählt werden.	Sie können vom Kind frei gewählt werden (natürliche Methode). Verschiedene Präsentationstechniken dienen als Anregung.
Sozialformen	Alle Sozialformen sind möglich, werden aber meist durch das Material vorgegeben. Vorrangig erfolgt das Lernen in Einzelarbeit.	Den Schwerpunkt bildet die differenzierte Gruppenarbeit.	Es wird ein ausgewogenes Verhältnis von individuellem und kollektivem Arbeiten angestrebt.
Zeitpunkt / Zeitdauer / Arbeitsort	Sie können vom Schüler unter Lehrerverantwortung frei bestimmt werden.	Sie ergeben sich durch die Vorgaben des Wochenplans und die Gruppenzusammensetzung.	Sie können im Rahmen eines lockeren Wochenplans vom Schüler frei bestimmt werden.
Arbeitsmaterial	Es wird vorwiegend spezialisiertes, stark strukturiertes, lernzielorientiertes Schülermaterial angeboten.	Es wird hochwertiges, d. h. didaktisch-methodisch gut durchgeplantes Schülermaterial verwendet.	Es steht möglichst offenes, kreatives, produktives, problem- und handlungsorientiertes (Alltags-) Material zur Verfügung.

Zusammenfassend lassen sich diese drei verschiedenen Wurzeln der Freien Arbeit folgendermaßen pointiert darstellen: Montessori wollte dem Kind die individuelle Entfaltung nach seinem „inneren Bauplan" durch eine vom Lehrer mit Material genau vorstrukturierte Umgebung ermöglichen. Petersen gab durch vielseitigere und offenere Arbeitsmittel dem Schüler vor allem in methodischer Hinsicht mehr Raum, ordnete dessen individuelle Entfaltung allerdings klar der Gemeinschaftserziehung unter. Beide trauten dem Kind keinen freien Bildungserwerb zu, das Kind muss vom Lehrer verantwortlich geführt werden. Freinet hingegen handhabte die Rolle des Lehrers anders. Er wollte ihn eher als gleichberechtigten Begleiter des Kindes sehen, der seine Erfahrungen dazu nutzt, das Kind seinen eigenen Weg finden zu lassen.

Montessoris berühmtes „Hilf mir, es allein (selbst) zu tun" und Petersens Gemeinschaftsbegriff bzw. sein Bild vom pädagogischen „Führer" bekommen vor diesem Hintergrund eine andere Facette, denn sie drücken klar aus, dass sich das Kind eben nicht ohne Hilfe eines es führenden Erwachsenen sinnvoll entwickeln kann bzw. dass es nicht ohne ihn lernen kann. Nur bei Freinet werden dem Kind von Anfang an Fähigkeit und Recht auf Eigenständigkeit und freie Persönlichkeitsentfaltung zugestanden, um es zu einem politisch bewussten, emanzipierten Menschen zu machen. Die Erziehung in der Gemeinschaft erfolgt daher bei ihm nicht harmonisch nach fertig vorgegebenen Regeln, sondern sie ist ein Prozess ständiger Auseinandersetzung nach basisdemokratischem Vorbild. Entsprechend können auch die Freie Arbeit und der Wochenplan keine autoritäre Vorgabe des Lehrers sein, sondern allenfalls eine gemeinsame Vereinbarung über gemeinsame Ziele als Hilfe zur Selbstorganisation und zur Legitimation nach außen. Allerdings kommt diese letzte Art des Wochenplans, die auch keinerlei Problem mit einer Verbindung zu einer wirklich „freien" Arbeit des Schülers hätte, in der Praxis leider nur selten vor.

Fazit: Wochenplan und Freie Arbeit als durchgängiges Unterrichtsprinzip

In der Regel stellt sich der Wochenplanunterricht in den meisten Schulen als mehr oder weniger differenzierte Lehrervorplanung für die Schulwoche dar. Dabei ist der Plan zum größten Teil als verbindliche Arbeitsvorgabe aufgebaut, manchmal kombiniert mit Elementen Freier Arbeit oder der Möglichkeit zu eigenen Projekten. Die Differenzierung geht dabei nicht vom Schüler und seinen Lernbedürfnissen aus, sondern vom Stoff, der in der jeweiligen Woche „dran" ist. Sie ist dann meist quantitativer Art in der Form von weniger Aufgaben oder in Ansätzen qualitativer Art, wenn ein paar anspruchsvollere Aufgaben des Themengebietes für die schnelleren Schüler einbezogen werden. Eine stärkere Differenzierung erfolgt nur dann, wenn es innerhalb des Plans festen Leerraum zu individuellen Arbeiten gibt. Meist erfolgt dies in Form der Freien Arbeit, in der förderbedürftigere Schüler dann aber doch oft konkrete Übungsaufträge bekommen (wahrscheinlich ist auch wenig da, was die Schüler freiwillig reizen würde ...), während „schnellere" Schüler schon mal an eigenen Vorhaben arbeiten können.

Die Freie Arbeit ist dabei meist so an den Wochenplan gekoppelt, dass sie den Vorteil des zeitlichen Puffers darstellt, das heißt langsamere Schüler oftmals noch Wochenplanvorgaben zu erledigen haben, wenn andere schon frei arbeiten können. Dadurch kann der Wochenplan schnell zu einer Aberledigungshaltung bei den Kindern führen, die schon frühzeitig genau zwischen der Wochenplan-*Arbeit* und der Freien Arbeits-*Zeit* unterscheiden lernen; *Arbeit* und *Freizeit* werden so unbewusst zu zwei sich gegenseitig ausschließenden Begriffen, anstatt zu einem ineinander verwobenen, sich gegenseitig stützenden Ganzen. Dadurch wird oft eine intensivere eigene Auseinandersetzung mit einem Thema behindert. Dies wird zusätzlich noch dadurch unterstützt, dass die Wochenplanaufträge in der Regel reproduktiven Charakter haben, das heißt, dass es sich primär um nachbereitenden Übungsstoff handelt, und den Kindern nur selten eine eigene (Erst-)Begegnung mit dem Stoff durch herausfordernde Impulse oder Fragen zugetraut wird. Entsprechend wird die Wochenplanarbeit in der Regel durch lehrergelenkte Einführungsstunden im Klassenverband ergänzt (den „richtigen" Unterricht ...).

Im Hinblick auf gewünschte Schülerorientierung positiv

- Es sind offenere Sozialformen (Nebeneinander von Einzel-, Partner- und Gruppenarbeiten) möglich.
- Der Schüler kann sich seine Zeit in Bezug auf die Bearbeitung der Aufgaben freier einteilen.
- Der Lehrer hat Zeit, Kindern individuell zu helfen.
- Es besteht die Möglichkeit, die Vorgaben differenzierter zu gestalten.

Im Hinblick auf gewünschte Schülerorientierung negativ

- Es ist meist kein eigenes Erarbeiten von neuen Themen durch den Schüler möglich (höchstens das Anwenden bestehender Techniken auf ähnliche Übungen) – der Frontalunterricht bleibt zur (gemeinsamen) Einführung neuer Inhalte bestehen.
- Die Abhängigkeit vom (geschlossenen) Material ermöglicht keine qualitative Verbesserung des Zugangs zum Stoff.
- Die „Lehrerrolle" verlagert sich ins Material, das aber starr ist und nicht auf das lernende Individuum reagieren kann.
- Das Material ist meist eher willkürlich nach Vorhandensein denn nach Qualität zusammengestellt.
- Großer Motivationsaufwand innerhalb der Materialien – Lernen wird als billige Unterhaltung verkauft und dadurch wird die intrinsische Motivation des Kindes bzw. die Motivation durch das Fach beschnitten.
- Lernen wird zum „Aberledigen" möglichst vieler Aufgaben – anstatt zu einer qualitativen Auseinandersetzung mit Inhalten bzw. der Anwendung und des Ausbaus eigener Lernmethoden.
- Schule wird schnell zur Beschäftigungstherapie, bei der die Arbeit des einzelnen Kindes an einem bestimmten Auftrag bzw. Material oft konkret gar nicht zu begründen ist und stattdessen dem Lehrplan bzw. dem fiktiven Lehrgang zugeschrieben wird.
- Die eigentlichen Ziele und Prinzipien des offenen Unterrichts werden nicht erreicht bzw. alibihaft umgesetzt, was zudem maßgeblich zu ihrer Verwässerung beiträgt.

1.1.2 Projektunterricht

In der nächsten Woche, der letzten Woche vor den Ferien, findet an Annikas Schule die jährliche Projektwoche statt. Das Angebot ist groß. Lehrer und Eltern bieten die verschiedensten Projekte an: Es gibt Projekte über Dinosaurier, über Ritter, über Indianer und eins zum Thema „Eine Welt". Dazu gibt es Gruppen, die Handball spielen, eine Theatergruppe, eine Kochgruppe, eine Lesegruppe, eine Batikgruppe, eine Töpfergruppe und ein Zeitungsprojekt, in dem Kinder als Reporter die Projekte dokumentieren sollen. Annika freut sich schon auf diese Woche, vor allem, weil sie im letzten Jahr unbedingt batiken wollte, dort aber keinen Platz mehr bekommen hat und in die Rittergruppe musste. Dort fand sie es aber schnell ziemlich langweilig, weil sie nur Arbeitsblätter ausfüllten und die Jungen sich immer um die Holzschwerter stritten, die die Gruppe aus dem Jahr davor gebaut hatte.

Projekte helfen, soziale Regeln des Miteinander-Lernens zwischen dem einzelnen und der Gruppe zu entwickeln.

Sie erlauben Kindern durch die Fülle der praktischen Möglichkeiten individuellen Neigungen und Interessen zu folgen.

Sie führen zu neuen, häufig in Lehrplänen nicht enthaltenen Erkenntnissen und Wissenszusammenhängen.

> Sie fördern die Fähigkeit, auch andere als die eigenen Perspektiven, Erfahrungen, Meinungen zu einem Lerngegenstand zu akzeptieren.
>
> Sie fordern aktives Lernen heraus und ermutigen zur Selbstgestaltung der Arbeit. (Wallrabenstein 1991, 102 f.)

Der Begriff des „Projektes“ wird wohl zuerst Ende des 16. Jahrhunderts im Zusammenhang mit Architekturentwürfen verwendet, dann innerhalb des Werkunterrichts für das selbstständige Planen und Durchführen einer praktischen handwerklichen Aufgabe benutzt und bekommt schließlich in der Reformpädagogik die uns heute geläufige Begrifflichkeit als Unterrichtsprinzip (vgl. Knoll 1993). Vorbild für den Projektunterricht stellen vor allem die Arbeiten von John Dewey und William Heard Kilpatrick dar, die durch das pragmatische Schlagwort eines *learning by doing* – eines *Lernens durch Tun* ein handlungsorientierteres Vorgehen im Unterricht begründeten. Dabei ist die Handlungsorientierung in erster Linie nicht wörtlich als manuelles oder handwerkliches Vorgehen zu verstehen, sondern vielmehr als ein Erfahrungslernen, ein absichtsvolles, „mit ganzem Herzen“ vollzogenes Tun. Ein Hauptanliegen Deweys war dabei die Schulung zu Demokratie und Gemeinschaft. Ein Einzelner oder eine Gruppe von Menschen sollten in ihrem Projekt eine Sache bzw. ein Problem angehen und zu lösen versuchen.

Dabei wird es dann zu verschiedenen, sich unter Umständen mehrmals wiederholenden Phasen bzw. Tätigkeiten kommen: Am Anfang steht dabei das *Beabsichtigen*, das heißt eine wirkliche, erfahrungsgeeignete, fächerungebundene Sachlage wird zum (echten) Problem eines Einzelnen oder einer Gruppe. Gerade diese Themenfindung erscheint als schwieriger und langwieriger Prozess – wenn man dabei die demokratischen Regeln beachtet. Nach der Einigung auf das Problem erfolgt die *Planung*, das heißt es werden Lösungshypothesen und Vorgehensweisen entwickelt. Danach geht es an die *Ausführung*, wenn die Lösungsmöglichkeiten praktisch erprobt und verbessert werden, so dass „Denken und Tun eine Einheit bilden“. Dieser Prozess bzw. eventuelle Ergebnisse werden dann in der *Beurteilung* reflektiert, sodass entweder das Problem als gelöst betrachtet wird oder aber alle oder einzelne der Schritte wiederholt werden. Zusätzlich wird jeder dieser Schritte von entsprechenden Reflexionsprozessen begleitet, sodass die Projektdurchführung kein lineares Unterfangen ist, sondern jederzeit umgestellt, verworfen und neu geplant werden kann.

Ziel des Projektunterrichts ist also weniger eine handlungsintensive Auseinandersetzung oder ein möglichst tolles Endprodukt, sondern vor allem der durch die engagierte Auseinandersetzung mit einer Sache erreichte Kompetenzgewinn, die eigene Handlungsbefähigung („der Weg ist das Ziel“). So soll vor dem Hintergrund von Demokratie und Gemeinschaft ein vernünftiger, kritischer, handlungsbereiter und verantwortungsbewusster Mensch erzogen werden.

Fächerübergreifendes bzw. interdisziplinäres Arbeiten ergibt sich in einem solchen Unterricht durch die zielgerichtete Auseinandersetzung mit der Lebenswirklichkeit von selbst, es muss nicht extra didaktisch konstruiert bzw. inszeniert werden.

In Anlehnung an Petri (vgl. 1991, 19) ergeben sich für den Projektunterricht folgende Merkmalsforderungen:

- das Leitziel sollte durch Bedürfnis- und Lebensbedeutsamkeit eine Identifikation des Lernenden mit dem Projektziel bedingen;
- das Vorgehen entspricht der geplanten Realisierung von Handlungszielen, die sich aus den Bedürfnissen der Lernenden ergeben;
- methodisch ist das Vorgehen durch Zielbestimmung, Planung, Durchführung und Reflexion strukturiert;
- es ist geprägt durch handelndes Lernen, Selbst- und Mitbestimmung der Lernenden, ganzheitliches, kreatives, forschendes Lernen und kooperative Arbeitsformen;
- optional können fächerübergreifendes Arbeiten und Außenweltkontakte eine Rolle spielen;
- angestrebt sind Selbst-, Sach- und Sozialkompetenz des Lernenden, d. h. Handlungsbefähigung, Wissensaneignung und Kooperationsfähigkeit, des Weiteren eine Verbesserung des Schulklimas durch mehr Freude am Lernen und Beziehungsverbesserungen innerhalb der Schüler- und Lehrerschaft. (Peschel 1997 a, 246)

Für Dewey und Kilpatrick erforderten die hohen Ziele des Projektunterrichts eine Umsetzung dieser Unterrichtsform als durchgängiges Unterrichtsprinzip. Dabei sahen sie allerdings die Rolle des Lehrers unterschiedlich. Während Dewey das Projektlernen als gemeinsames Unternehmen von Lehrer und Schüler sah und dem Lehrer Vorplanung und Führung zugesteht, so verstand Kilpatrick das Projekt noch offener vorrangig als Unternehmen des Kindes. Der Lehrer sollte die Problemfindung und Problemlösung weitestgehend den Kindern überlassen und innerhalb des Projektes verantwortungsbewusst in den Hintergrund treten, um den durch das Projektlernen angestrebten Zielen eine Chance zu geben.

In der Schulwirklichkeit ist vom pädagogischen Grundgedanken des Projektunterrichts allerdings nicht mehr viel vorzufinden – schon gar nicht als durchgängiges Unterrichtsprinzip. Die dem Projekt entsprechenden demokratischen Prozesse der Themenfindung, der Planung, der Ausführung und der immer wiederkehrenden Reflexion werden nur selten „im Sinne der Erfinder“ umgesetzt. Schon der Anlass bzw. Zeitpunkt, ein Projekt durchzuführen, obliegt in der Regel eher organisatorischen Gründen („Da passt die Projektwoche gut hinein, da ist die Schulwoche durch den Feiertag oder den Ferienbeginn eh kaputt“) denn dem Bedürfnis der Projektgruppe, sich gerade *jetzt* mit einem für sie bedeutenden Thema auseinandersetzen zu wollen. So wird oft gerade der wichtige Prozess der gemeinsamen Themenfindung entweder gar nicht durchgeführt oder aber so stark abgekürzt, dass nicht von einer echten Identifikation aller mit der Projektarbeit ausgegangen werden kann. Wenn sich die „demokratische“ Themenfindung der Beteiligten auf ein Ideensammeln möglicher Angebote in der Projektwoche und das anschließende Ankreuzen einer Arbeitsgruppe beschränken, oder der Lehrer als Projekt das Thema vorschlägt, bei dem er sich kompetent fühlt (Batiken, Handball, Biotop, Theater) oder entsprechende Hilfe durch Materialreservoirs (Ritter, Indianer, Dinosaurier) hat, so handelt es sich eigentlich gar nicht um ein Projekt, sondern vielmehr um eine Arbeitsgemeinschaft oder eine themenzentrierte Unterrichtsreihe.

Aber selbst bei offeneren Klassenprojekten findet man selten eine langwierige, demokratische Diskussion, womit man sich in der nächsten Zeit beschäftigen will, oder das Aufgreifen eines „echten“, für alle Schüler bedeutungsvollen Problems. Dadurch wird hier indirekt schon so gravierend ein wichtiges Fundament für ein wirklich demokratisches Vorgehen bzw. ein gleichberechtigtes Miteinander verletzt, dass die eigentlichen Projektziele nur noch schwer erreicht werden können und die Durchführung eines solchen Unterrichts in dieser Hinsicht fragwürdig wird. Oft stellen die wichtigen Reflexionsprozesse während der Projektarbeit dann auch nur noch informierende Berichte innerhalb der Gruppe dar und keine wirkliche, stetige Auseinandersetzung mit dem Thema, die zudem eigentlich zu jedem Zeitpunkt einen Abbruch des Projektes oder aber eine neue Themenfindung zulassen müsste.

Und selbst wenn es doch ein wirkliches „Problem“ geben sollte, sind die beteiligten Erwachsenen oft genug versucht, sich eben nicht gleichberechtigt mit den Kindern auf Lösungssuche zu machen (*z. B. „Wir lernen jetzt alle Chinesisch …“*), sondern sie haben meist die Lösung des Problems oder das Arbeitsziel in der Form einer Präsentation oder Ausstellung schon in der Tasche. Die Projektarbeit stellt dann nichts anderes mehr als arbeitsteilige Gruppenarbeit dar, bei der dann später sogar oft genug noch die eigentlichen Schülerergebnisse unterschlagen werden, wenn die Präsentation den Kindern am Ende aus der Hand genommen wird und „hilfsbereite“ flinke Erwachsenenhände dann noch alles schnell ästhetisch für die Pressevorstellung oder die Schulausstellung richten …

> Hier mangelt es an einer zündenden Projektidee, dort fehlen die Mittel, eine zu realisieren. Schüler sollten die Ideen haben, Eltern könnten die Mittel mitgeben – besser noch mitbringen –, am besten, sie machen mit oder es ganz: das Projekt, mit dem die Schule sich in der Lokalpresse brüsten kann. Der Leser kann Bilanz ziehen: zwölf Klassen – ein erwähnenswertes Projekt. Die Lehrer kochten römisch (im Gymnasium) oder türkisch (in der Gesamtschule), sie suchten Sterne am wolkenverhangenen Himmel oder ließen Wasser im Sieb holen, um zu zeigen,

> wie man aus Fehlern lernt. Dann gab es noch Fahrräder zu reparieren, Sammlungen aufzuräumen und Sport vom Typ „wie immer, nur länger". Was klappte, war langweilig, und was spannend sein sollte, ging schief – wie im Leben. Wenn so etwas als „Unterbrechung des Schulalltags" und Bereicherung dargestellt wird, wissen kritische Leser, an welchen Maßstäben sich diese Schule normalerweise orientiert. (Diederich 1994, 92)

Fazit: Projektunterricht

Wenn Projekte zu Hobbywochen oder Pressepräsentationen verkommen, lassen sich die Ziele des Projektlernens nicht mehr erfüllen. Demokratie, Handlungsbefähigung, Teamwork, Problemlösendes Denken usw. sind nicht wirklich zu finden, sie werden ja auch gar nicht angestrebt. Dem Projektunterricht wird dann ganz zu Recht ein zu hoher Zeitaufwand mit zu wenig Lernerfolg unterstellt. Um also auch sprachlich der dem Projektunterricht eigenen Inflation vorzubeugen, sollte man in der Schule nur bei echten, aus der Situation und dem Bedürfnis der Klasse heraus entstandenen Vorhaben von „Projekten" sprechen und ansonsten eher den dehnbaren Begriff „projektorientierter Unterricht" benutzen bzw. ehrlicher von Arbeitsgemeinschaften, themenzentrierten Unterrichtsreihen oder „Schulaktionswochen" sprechen.

Im Hinblick auf gewünschte Schülerorientierung positiv

- Der Frontalunterricht wird aufgebrochen, Lehrer und Schüler arbeiten meist offener als vorher zusammen.
- Weniger kopflastige Techniken und Methoden halten Einzug in die Schule.
- Die gemeinsam angegangenen Inhalte scheinen weniger „akademisch" als „praktisch" zu sein.
- Die Schule öffnet sich zumindest zeitweise personell (Elternmitarbeit) und räumlich (Exkursionen) nach außen.

Im Hinblick auf gewünschte Schülerorientierung negativ

- Der Projektunterricht wird selten als „richtiger" Unterricht, sondern eher als „Bonbon" im Schulalltag angesehen (von einigen Lehrern allerdings als eher „saures Bonbon").
- Die eigentlichen Ziele des Projektunterrichts (Demokratie, Erwerb methodischer und inhaltlicher Kompetenz durch eigene bzw. gemeinsame Problemlösung einer Ernstsituation) werden meist weder beabsichtigt noch verfolgt – der Projektbegriff kennzeichnet alles, was keine „richtige" Schule ist.
- Weder Schüler noch Lehrer empfinden Projektunterricht als berechtigte bzw. effektive Unterrichtsmethode, sondern eher als auflockernde „Hobbywoche" – mit der Folge, dass die bei Projekten entwickelte „Lernbegeisterung" nicht mit (effektivem) Lernen in Beziehung gebracht wird – und entsprechend nicht als längerfristiges Unterrichtsprinzip anerkannt wird.

1.1.3 Werkstattunterricht und Stationslernen

Zusätzlich zu den oben vorgestellten Konzepten der Freien Arbeit bzw. des Wochenplanunterrichts halten seit ein paar Jahren zwei Unterrichtsformen verstärkt Einzug in die Schule: Werkstattunterricht und Stationslernen. Dabei stehen Werkstätten oft unter einem bestimmten übergreifenden Thema (Oster-Werkstatt, Wasser-Werkstatt), während Stationen oft eine ganz bestimmte Übungsabsicht (Buchstaben mit allen Sinnen erfassen, Einmaleinszirkel) haben. Vor diesem Hintergrund wird – im Gegensatz zur üblichen Vorgehensweise bei Freier Arbeit und Wochenplan – das vorhandene Freiarbeitsmaterial meist durch speziell für die Werkstatt- oder Stationsarbeit aufbereitete Materialien ersetzt.

Werkstattunterricht

Als Annika nach den Ferien wieder in die Schule kommt, staunt sie nicht schlecht. Auf der Fensterbank der Klasse stehen ganz viele Kästen mit Materialien und Arbeitsblättern. So früh wie Annika sind heute noch nicht viele Kinder da, so kann sie sich die Sachen mit Ina zusammen erst einmal genauer ansehen. Zuerst fällt ihr das große Plakat auf, auf dem steht: „Werkstatt: Vom Korn zum Brot". Unter dieser Überschrift findet sie verschiedene Arbeitsangebote aufgelistet: „Vom Samen zur Ähre", „Getreidesorten", „Auf dem Acker", „Korn mahlen", „Frau Holles sieben Brote", „Wanderdiktat", „Würfelspiel", „Blumen im Kornfeld malen", „Wassermühle basteln", „Körner schätzen", „Brotzutaten abwiegen" und noch viele andere Überschriften. Unter den Namen der Angebote stecken ganz viele Wäscheklammern mit den Namen der Kinder der Klasse.

Als Annika ihre Lehrerin erstaunt anguckt, sagt diese zu ihr: „Die Studentinnen, die jetzt nach den Ferien ihr Praktikum bei uns machen wollen, haben etwas ganz Tolles vorbereitet. Wir arbeiten diese Woche in einer 'Werkstatt'. Erklär ich euch gleich mit den anderen im Kreis." Annika ist gespannt. Die „Werkstatt" verspricht zumindest interessanter zu werden als der langweilige Wochenplan, den sie sonst immer bekommen haben. Sie guckt noch ein bisschen herum und ist dann die erste, die mit Ina im Kreis sitzt – ganz im Gegensatz zu ihrer sonstigen Angewohnheit, sich erst dreimal bitten zu lassen. Als alle Kinder versammelt sind, erklärt die Lehrerin: „Wir arbeiten diese Woche zusammen mit den Studentinnen in der Werkstatt „Vom Korn zum Brot". Die Studentinnen müssen allerdings heute morgen noch eine Mathematik-Klausur in der Uni wiederholen, aber sie versuchen, vor Schulschluss wieder da zu sein. Das Arbeiten in der Werkstatt ist so ähnlich wie der Wochenplan, den ihr ja schon gut kennt, aber ein paar Unterschiede gibt es trotzdem – und die erklär ich euch jetzt schon mal. Nachher könnt ihr aber auch die Studentinnen selbst fragen – so genau kenn ich mich auch noch nicht mit Werkstattarbeit aus. Also, ihr seht da auf der Fensterbank ganz viele 'Angebote' zum Arbeiten. Ihr bekommt gleich alle einen 'Laufpass', auf dem alle Sachen noch einmal stehen. Die Angebote, die dick gedruckt sind, die müsst ihr alle machen, die anderen könnt ihr euch aussuchen. Heute seht ihr euch in der Freien Arbeit die ganze Werkstatt erst einmal an – macht das aber schön ruhig und nicht alle auf einmal. Wenn euch ein Angebot besonders gefällt, sagt mir oder nachher den Studentinnen Bescheid, denn wir brauchen 'Chefs' für die Angebote, also Kinder, die anderen Kindern das Angebot erklären, wenn sie etwas nicht verstehen oder die nach dem Material sehen oder die Lösungen kontrollieren. Ihr seid dann richtige kleine Lehrer."

Annika weiß schon genau, was sie zuerst in der Werkstatt machen will: Die „alte Mühle" aus Karton basteln. Sie geht zur Lehrerin und schlägt sich als Chef des Angebotes vor. Die Lehrerin kennt Annikas Oberflächlichkeit beim Basteln und ist nicht sonderlich begeistert, gibt ihr aber die Erlaubnis, in der Freien Arbeit schon mal mit dem Basteln der Mühle anzufangen. Kommt sie einigermaßen klar, darf sie das Angebot dann weiterhin als „Chefin" betreuen. Annika guckt froh zu Ina, die noch unentschlossen vor dem Wanderdiktat „Der Hamster" und dem Würfelspiel „In der Bäckerei" steht.

Statt Wochenplan und Freier Arbeit haben die Kinder jetzt jeden Tag zwei Stunden Werkstattunterricht mit den Studentinnen. Zu Beginn treffen sie sich immer im Sitzkreis und die „Chefs" erinnern die Kinder an Pflicht- oder Wahlangebote, die diese noch bearbeiten müssen bzw. können. Danach wird in der Werkstatt gearbeitet. Annika wird von den Kindern meistens nach Scheren und Kleber gefragt, ansonsten hat sie aber Ruhe und macht die Angebote auf ihrem Laufpass

der Reihe nach fertig. Viele Angebote sind nicht mehr übrig, denn sie hat den Ehrgeiz, die ganze Werkstatt in einer Woche durch zu bekommen – obwohl ihre Lehrerin gesagt hat, dass das eigentlich keiner schaffen kann. Am Stundenende treffen sich die Kinder wieder und ein paar stellen ihre Ergebnisse im Kreis vor: Peter hat in den letzten Tagen ganz viel Getreide gemahlen und will heute zu Hause selbst ein Brot backen. Er wird allerdings schnell von den Chefs der Pflichtangebote aufgefordert, langsam mal deren Angebote zu bearbeiten, damit er wenigstens noch ein paar Aufträge in der restlichen Zeit der Werkstatt schafft. Ina präsentiert stolz die Geschichte „Der Bauer und der Teufel", die sie ganz sauber aus dem Lesebuch abgeschrieben hat. Micki zeigt seine Arbeitsblätter, in denen er den Lückentext zu den Getreidesorten vervollständigt hat – worauf ihn der Chef des Angebotes darauf hinweist, dass er dabei aber immer Roggen und Gerste verwechselt hat. Zum Schluss singen alle ihr Lieblingslied „In der Werkstattbäckerei", das die Lehrerin aus dem Lied „In der Weihnachtsbäckerei" gedichtet hat.

> Eine Lernwerkstatt ist eine Lernumwelt. Den Schülern steht zu einem bestimmten Thema ein vielfältiges Arrangement von Lernsituationen und Lernmaterialien für Einzel-, Partner- und Gruppenarbeit zur Verfügung. Dabei lassen sich die Lernangebote in der Regel im Selbststudium nutzen und ermöglichen dem Schüler freie Wahl der Aufgabenfolge, Zusammenarbeit mit Kameraden, Selbstkontrolle u. ä. m. [...] Es werden verschiedene Arbeitsplätze mit wenigen obligatorischen und vielen freiwilligen Lernangeboten eingerichtet. [...] Die Lehrerin wird zur Beraterin, Moderatorin oder Helferin, welche Lernprozesse (wenn möglich indirekt) anregt, in dem sie Aufgaben, Anschauungsmaterial, Hilfsmittel für Experimente usw. bereitstellt und die Schüler allenfalls berät. (Reichen 1991, 61 f.)

Der Werkstattunterricht wurde als reformpädagogisch geprägtes Konzept Ende der siebziger Jahre zunächst fast zeitgleich von Käthi Zürcher / Franz Schär und Jürgen Reichen in der Schweiz konzipiert, dann aber vor allem von Reichen zu der heute vorzufindenden Form weiterentwickelt und bekannt gemacht. Er spielt neben anderen „Lerngarten-Modellen" (vgl. Hagstedt 1995[2], 58 ff.; Peschel 1997 f., 126) vor allem in der zweiten Ausbildungsphase eine große Rolle, da er die beiden in der Ausbildung verlangten Anforderungen „Planung" und „Offenheit" gut zu integrieren scheint. Der Begriff „Werkstatt" ist dabei aus den Parallelen zur Arbeitsgestaltung in Handwerksbetrieben entstanden:

> Alle Schüler arbeiten
> - vorwiegend selbstständig,
> - an verschiedenen Aufträgen,
> - allein oder in Gruppen,
> - mit bereitgestelltem oder zu besorgendem Material,
> - mit oder ohne Hilfe kompetenter Ansprechpartner (vgl. Reichen 1991, 61).

Der Werkstattunterricht basiert auf einer als Lernwerkstatt bezeichneten Lernumwelt für den Schüler. In Deutschland eher fachspezifisch im Fach Sachunterricht vertreten, stellt er in seinem Ursprungsland, der Schweiz, zumindest in einigen Gegenden durchgängiges, das heißt weitgehend alle Fächer und Stunden integrierendes Unterrichtsprinzip dar. Dabei handelt es sich um ein vom Lehrer maßgeblich vorstrukturiertes und vorgeplantes Angebot an Lernsituationen und Lernmaterialien, die den Schülern selbstständiges Arbeiten ermöglichen sollen. Die Bereitstellung einer Vielzahl von Arbeitsangeboten in einer Werkstatt ermöglicht dabei genauso den Einbezug verschiedener Fächer wie die Berücksichtigung verschiedener Sozialformen, Arbeitsmethoden und Zugangskanäle. Dabei gewähren die vorgeplante Lernumgebung und die verwendbaren Kontrollmöglichkeiten dem Lehrer die notwendige Sicherheit, die es ihm ermöglicht, das selbstgesteuerte Lernen der Schüler nicht nur als unterrichtsmethodisches „Highlight" zuzulassen, sondern richtlinienadäquat als durchgängiges Arbeitsprinzip dauerhaft umzusetzen.

Hat der Lehrer eine ungefähre Vorstellung von der Umsetzung seines Themas in Werkstattangebote, kann er diese z. B. nach folgenden Kriterien überprüfen:

- Können sich die Schüler mit eigenen Ideen an der Werkstatt beteiligen?
- Ist ein echter Bezug zur Lebenswirklichkeit gegeben?
- Hat die Werkstatt zieladäquat einen erkennbaren 'roten Faden'?
- Ist sie fachlich einseitig angelegt oder ermöglicht sie interdisziplinären Unterricht?
- Sind die fachübergreifenden Komponenten echt integriert oder eher 'konstruiert'?
- Beinhaltet sie auch handlungsorientierte Komponenten oder nur Arbeitsblätter?
- Ist das Material kindgerecht und leicht zu beschaffen?
- Beinhaltet sie wirklich anspruchsvolle Aufgaben oder nur reproduktive Übungen?
- Lassen die Aufträge Gestaltungsmöglichkeiten zu oder wird alles vorgegeben?
- Beinhaltet sie nur obligatorische Angebote oder auch offene 'Leerangebote'?
- Werden alle Sozial- und Arbeitsformen ausreichend berücksichtigt?
- Ist auch auf Dauer eine Auswahlmöglichkeit durch ein 'Überangebot' vorhanden? (Vgl. Peschel 1998c, 3)

Die zu den Werkstattangeboten gehörigen Arbeitsaufträge können neben Angebotstitel und Auftragsbeschreibung auch Hinweise und Symbole für die vorgesehene Sozialform, den Verbindlichkeitsgrad, die Kontrollform oder den Schwierigkeitsgrad beinhalten. Es gibt mehrere Möglichkeiten, den Kindern einen Überblick über die Werkstattangebote zu gewähren:

- ein Plakat mit Angebotsnummer und -titel (und evtl. mit Namensklammerleiste zur Kennzeichnung, welcher Schüler sich gerade mit einem Angebot beschäftigt oder demnächst beschäftigen will),
- ein „Laufpass“ (mit Angebotsnummer, Angebotstitel, Themenbereich, Bearbeitungsdatum und Kontrollfeld für den Chef)
- oder sogar ein „Werkstattbuch“ mit allen Arbeitsaufträgen und Platz für Lösungseintragungen, so dass die Schüler immer eine detaillierte Übersicht der Angebote und Anleitungen greifbar haben (auch zu Hause).

Verwendet man Plakat oder Laufpass, so existiert neben dem bereitgestellten Material noch eine Auftragskarte für die einzelnen Angebote. Beim Werkstattbuch ergibt sich ganz nebenbei ein schönes Endprodukt für die Schüler, wenn Aufträge, Lösungen und Notizen auch noch nach der Durchführung der Werkstatt verfügbar bleiben.

Das für die Bearbeitung der Angebote benötigte Material sollte möglichst „halbstrukturiert“ sein, das heißt neben den zur Aufgabenlösung notwendigen Dingen auch solche enthalten, die nicht unbedingt zur Lösung notwendig sind. So sind die Kinder gezwungen, sich auch über die Materialauswahl Gedanken zu machen und nicht nur bestimmte Versuchsanordnungen gedankenlos zu kopieren. Entsprechend groß ist natürlich dann der Vorbereitungsaufwand, denn die Werkstatt erfordert eine bestimmte Mindestangebotsanzahl, damit überhaupt die Möglichkeit zur Auswahl besteht. In der Regel müssen dazu wenigstens 20 bis 30 Angebote vorbereitet worden sein, allerdings kann eine solche Werkstatt dann auch mehrere Wochen den Unterricht tragen. Bei umfangreichen Werkstätten kann es hilfreich sein, nicht alle Angebote zeitgleich bereitzustellen, sondern nach und nach einzubringen.

Die Offenheit der Werkstatt hängt maßgeblich von der Konzeption bzw. dem Anteil der obligatorischen Angebote ab. Werkstattunterricht ist daher von Natur aus ein „didaktischer Kompromiss“: je nach Art der bereitgestellten Arbeitsangebote kann der gewünschte Grad der Offenheit des Unterrichts vom Lehrer individuell bestimmt werden, der Lehrer kann Lehrplanvorgaben und Schülerinteressen in einem vom Schüler selbstgesteuerten Unterricht verbinden. Weiterhin kann das Lernen der Schüler sowohl durch geschlossenere Phasen mit Instruktionsunterricht als auch durch offenere Projektphasen ergänzt werden, sodass dem Lehrer eine sehr breite Methodenpalette zur Verfügung steht.

Im Gegensatz zu anderen Autoren (Weber 1991, Zürcher 1987) misst vor allem Jürgen Reichen in seiner Konzeption des Werkstattunterrichts der selbstständigen Werkstattorganisation durch die Schüler eine besondere Bedeutung zu, die anderen Unterrichtsformen (Wochenplan, Stationslernen usw.) so zunächst nicht eigen ist. Um das selbstständige Arbeiten der Kinder noch weiter zu fördern und auch den Lehrer für wichtigere Sachen freizusetzen, führt er das „Chefprinzip“ ein. Die Werkstattangebote werden dann von den Schülern selbst als „Chefs“ oder „Experten“ betreut. Das heißt der Schüler sucht sich ein Angebot aus, welches er gerne entsprechend beaufsichtigen würde. Dieses Angebot bearbeitet er selber als erstes. Hat er hierbei Rückfragen, kann er sich an den Lehrer wenden. Weiß er über das Angebot gut Bescheid, so wird er als Chef dieses Angebotes eingetragen. Haben nun andere Schüler Fragen zur Bearbeitung des Angebotes, wenden sie sich zuerst an den betreuenden Chef, sodass der Lehrer nur bei Rückfragen des Chefs gefragt ist. Zusätzlich kümmert sich der Chef um das Material, führt notwendige Listen bezüglich der Bearbeitung obligatorischer Angebote, mahnt entsprechend an und korrigiert, beurteilt und bestätigt die Arbeitsergebnisse der Mitschüler. Mit Kindern, die bei der Werkstattarbeit zurückhaltender sind, können individuelle Lernverträge ähnlich Wochenplänen abgeschlossen werden.

Obwohl manche Umsetzung des Werkstattunterrichtes durch eine große Anzahl verbindlich zu erledigender Angebote eher an den herkömmlichen Wochenplanunterricht erinnert, so machen sowohl Chefprinzip als auch das themenspezifisch zusammengestellte Überangebot in der Regel einen offeneren Eindruck als dies der Wochenplanunterricht zu tun vermag. Auch methodisch wird das Werkstattangebot in der Praxis nicht unbedingt auf reproduktive Übungsvorgaben beschränkt, sondern lässt eher Raum zum eigenen Forschen. Dennoch weist auch der Werkstattunterricht spezifische Probleme auf. Gerade die Vielzahl der Angebote, die der Lehrer erstellen muss, hat einen gewissen Qualitätsverlust zur Folge: Es ist eben ganz und gar nicht einfach, 20 bis 30 anspruchsvolle Angebote zu einem Thema zusammenzustellen – womöglich noch „ganzheitlich“, „fächerübergreifend“ und „handlungsorientiert“.

Auch sollte man evtl. unbewusst ablaufende Prozesse nicht unterschätzen: Nach der ganzen Mühe und Vorbereitungsarbeit, die die Planung und Erstellung einer Werkstatt zwangsläufig mit sich bringt, möchte man sicherlich als Lehrer eine gewisse Würdigung seiner Bemühungen erfahren. Entsprechend wird man nicht unbedingt so ungekränkt mit einer Ablehnung der Angebote durch die Schüler verfahren, wie dies evtl. bei in der Klasse sowieso schon vorhandenem Material (z. B. im Rahmen der Wochenplanarbeit) wäre. Das Gewähren der Freiwilligkeit bekommt ihre (unsichtbaren) Grenzen: Wenn man sich schon so viel Mühe beim Erstellen der Werkstatt gemacht hat, erwartet man auch entsprechende Begeisterung bei den Schülern …

Auf Schülerseite kann es im Werkstattunterricht hingegen leicht passieren, dass – wie auch bei der Wochenplanarbeit – nicht die intensive Auseinandersetzung mit dem Thema im Vordergrund steht, sondern es für den Schüler auch hier eher um ein Aberledigen möglichst vieler Werkstattangebote geht. Diese Gefahr quantitativer statt qualitativer Zielsetzung scheint vor allem dann eine Rolle zu spielen, wenn vom Lehrer als verpflichtend ausgezeichnete Angebote von Anfang an eine große Rolle bei der Werkstattarbeit gespielt haben und die Selbststeuerung der Schüler entsprechend weniger angesprochen wurde.

Stationslernen

Als sich nach zwei Wochen die Werkstatt „Vom Korn zum Brot" so langsam auspendelt und die meisten Kinder sich wieder mehr mit dem Freiarbeitsmaterial aus der Klasse beschäftigen, haben die Studentinnen eine neue Idee: „Wir würden gerne etwas mit euch zu Mathe machen." (Ein mittellautes Stöhnen geht durch die Klasse – einschließlich vereinzelter Begeisterungsrufe.) „Und zwar einen Stationsbetrieb zum Üben des Einmaleins. Kommt mal mit in den Nebenraum, da haben wir alles aufgebaut."

Annika ist gespannt. Die Werkstatt „Vom Korn zum Brot" war zwar in der zweiten Woche auch langweilig, aber sie durfte sich dann wieder mit ihrem „Lieblings-Little-Professor-Taschenrechner" in die Leseecke zurückziehen und hat es diesmal bis zum großen Einmaleins geschafft – und das schneller als Georg, der da sonst immer Spitze drin ist. Mal sehen, was nun wieder ein „Stationsbetrieb" ist. Der sieht nämlich aus wie eine geschrumpfte Werkstatt. Auf fünf Tischen stehen verschiedene Materialien. Die Studentinnen teilen die Kinder in fünf Gruppen ein und erklären, was an den Stationen zu tun ist. Alles kann Annika nicht behalten, aber irgendeiner in ihrer Gruppe weiß immer Bescheid.

Auf dem ersten Tisch liegen Würfel, mit denen man zweimal würfeln soll, um dann die Würfelzahlen miteinander malzunehmen. Wer zuerst 10 Aufgaben richtig gelöst hat, hat die Runde gewonnen. Nach ein paar Minuten sind sie mit der ersten Runde fertig. Aber wechseln sollen sie ja erst auf das Gong-Zeichen. Also spielen sie noch ein paar Mal, bis es ihnen zu langweilig wird und sie sich ein eigenes Würfelspiel mit Malaufgaben ausdenken. Dann natürlich gongt es gerade. Auf dem zweiten Tisch liegen runde Holzbretter, auf denen rundherum eine Reihe mit Nägeln mit den Zahlen von 0 bis 100 eingeschlagen sind. Die Kinder sollen mit einem Faden die Nägel der Zahlen einer Einmaleinsreihe (der 3-er, der 5-er, der 7-er, der 8-er und der 9-er Reihe) miteinander verbinden. Annika findet die Muster, die sich ergeben, total schön, weil sie so gleichmäßig aussehen. Auf dem dritten Tisch steht eine Schale mit Zahlen aus „Russischbrot". Jedes Kind darf sich 2 Zahlen ziehen und soll daraus Malaufgaben legen. Weiß es die richtige Antwort, darf es Aufgabe und Lösung aufessen. Als Annikas Gruppe zu diesem Tisch wechseln möchte, will die vorherige Gruppe nicht gehen. Eine Studentin muss erst mal für Ordnung sorgen. Und dann fehlen auch noch schnell die wichtigsten Zahlen, weil das Rechnen viel schneller als gedacht geht. Auf dem vierten Tisch liegen zwei Eierkartons, deren Vertiefungen mit den Zahlen von 1 bis 10 beschriftet sind. Vor den Kartons liegen kleine Plättchen, die in die Vertiefungen geschnipst werden sollen. Daraus macht man sich dann eine Malaufgabe. Weiß man die richtige Lösung, darf man das Plättchen behalten. Wer am Ende die meisten Plättchen hat, hat gewonnen. Auf dem fünften Tisch steht ein Pappkarton, in dem sich zwei kleine mit Sand gefüllte Schalen befinden. Ein Kind soll eine Malaufgabe in den Sand malen, ein anderes die Zahlen erfühlen und miteinander malnehmen. Aber irgendwie klappt das mit Inas gemalten Zahlen bei Annika nicht so richtig – vielleicht ist sie aber auch nur genervt, weil sie die ganze Zeit warten musste, bis sie endlich an der Reihe war (vgl. zum Thema auch Sundermann / Selter 2000).

> Im Zirkel sind einzelne Stationen aufgebaut, die dem Kind selbständiges Arbeiten an jeder Station ermöglichen. [...] Das Thema wird über vielfache Lernzugänge erarbeitet oder vertieft (Übungszirkel). Die einzelnen Stationen sollten möglichst viele Sinne berücksichtigen. (Wallascheck 1991, 86)

Stationslernen, auch Stationsbetrieb, Lernstraße, Lern- oder Übungszirkel genannt, stellt eine sehr inhaltsorientierte Form des Lernens dar. Es handelt sich dabei weniger um ein durchgehendes Unterrichtskonzept als um eine Lern- bzw. Übungsform, die eher stundenweise als eine Art Zirkeltraining zu einem bestimmten Thema eingesetzt wird. Historischer Vorläufer war neben den reformpädagogischen Einflüssen in Bezug auf selbstständiges, handlungsorientiertes Lernen vor allem die für den Sportunterricht bzw. das Rekrutentraining entwickelte Idee des Zirkeltrainings, bevor das Stationslernen Anfang der achtziger Jahre durch die Seminarausbildung Einzug in die Schule hielt.

Ähnlich dem Werkstattunterricht werden mehrere, meist handlungsorientierte Lernangebote bereitgestellt, die in vielen Fällen auf ein „Lernen mit allen Sinnen“ angelegt sind bzw. verschiedene Eingangskanäle der Schüler berücksichtigen sollen. Ein gewisser Variationsreichtum bezüglich der Sozial- und Arbeitsformen unterstützt ein abwechslungsreiches, meist sehr intensives Einüben des Stoffs während eines klar begrenzten Zeitraums. Die effektiv genutzte Übungszeit relativiert sich in der Praxis allerdings oft durch die für das Bearbeiten der Stationen notwendige Einweisungszeit. Auf Grund des zeitgleichen Bearbeitens der Stationen müssen vor Beginn der Arbeit alle Stationen allen Schülern bekannt sein. Dies kann unter Umständen eine Überforderung für die Schüler darstellen, wenn sie sich die Bearbeitungsvorschriften aller Stationen in kürzester Zeit merken müssen – ohne dies in diesem Augenblick mit einer konkret ausgeführten Handlung verbinden zu können. Die Angebote an den einzelnen Stationen werden von den Schülern dann reihum bearbeitet. Gruppenzusammenstellung und Stationswechsel sind meist fest vorgegeben, genauso wie der Arbeitsplatz, der ja als Station fester Anlaufpunkt bleibt. Je nach Angebotsauswahl bleibt den Schülern wenig Zeit für eigene Ideen und kreative Problemlösungen. Der stetige Zeitdruck kann dabei deprimierend wirken, zumal wenn viele Schüler gerne länger an einzelnen Stationen verweilen würden. Im Rahmen der oben genannten Unterrichtsformen ist das Stationslernen daher viel stärker produkt- als prozessorientiert.

Durch Vorgabe der Angebote und Wechselzeitpunkte beschränkt sich die Differenzierung ansatzweise auf ein Selbstbestimmen des Arbeitstempos durch den Schüler (allerdings wirklich sehr eingeschränkt) sowie die Möglichkeit, unter den Angeboten auch die vorzufinden, die dem eigenen Lerntyp entgegenkommen – wobei er in der Regel trotzdem alle Angebote machen muss. Ansonsten gilt für alle Schüler prinzipiell das durch die Angebote festgelegte, gleiche Lernziel, sodass die Differenzierung trotz der vielfältigen Materialien bei genauer Betrachtung oft gar nicht so groß ist, wie zunächst vielleicht angenommen. Die Offenheit des Stationslernens (und so auch das damit verfolgte Ziel) hängt maßgeblich von den Lehrervorgaben ab. So kann das Stationslernen bei zeitlich vorgegebenem Stationswechsel, fester Gruppeneinteilung, festem Stationsort, dem Verzicht auf offene Angebote trotz des vermeintlichen freien Schüleragierens schnell zum geschlossenen, stoffzentrierten Zirkeltraining werden. Von wirklicher Offenheit kann dann keine große Rede sein, wenngleich dies auch von einigen Autoren behauptet wird:

> Versteht man unter Offenem Unterricht, daß Lehr-/ Lernziel, Inhalt und Lehr-/ Lernmethode nicht festgelegt sind, so ist der Lernzirkel gleich nach der Freiarbeit wohl eine der offensten Formen dieses Unterrichtsideals. (Kaufmann 1994, 213).

Ein Mehrangebot an Stationen, ein freier Wechsel und der Verzicht auf das Durchlaufen aller Stationen könnte allerdings die zeitlichen Vorgaben und die feste Gruppenzusammensetzung aufbrechen helfen. Dann wären die Übergänge zum Werkstattunterricht fließend und das Stationslernen könnte nach einer entsprechenden Erweiterung auch zum durchgängigen Unterrichtsprinzip werden.

Fazit: Werkstattunterricht und Stationslernen

Betrachtet man die Umsetzung der beiden Arbeitsformen in der Praxis, so wirkt der Stationsbetrieb durch eine größere Einschränkung (festes, verbindliches Angebot, das in festen Wechseln in bestimmter Zeit zu durchlaufen ist) geschlossener als der Werkstattunterricht, bei dem die Angebote in der Regel nicht komplett durchlaufen werden. Es fällt deshalb schwer, ihn wirklich als eine „offene“ Unterrichtsform anzuerkennen. Bei beiden Unterrichtsformen, aber besonders beim Stationsbetrieb, begegnet man einer Vielzahl von Missdeutungen bezüglich des Verständnisses aktueller Unterrichtsprinzipien. Handlungsorientierung wird zur handlungsintensiven Beschäftigungstherapie, das „Lernen mit allen Sinnen“ zur aufgesetzten Spielerei ohne wirklichen Nutzen und das ganzheitliche bzw. das fächerübergreifende Prinzip führt zur Aufnahme von konstruierten, oft wirklich banalen oder unsinnigen Angeboten, die weder dem zu integrierenden Fach noch dem Lernen des Kindes irgendetwas nützen. Während beim Werkstattunterricht das Lückenfüllen eine mehr oder weniger zwangsläufige Begleiterscheinung des zu erstellenden Überangebotes sein kann, scheinen die Stationsbetriebe mit ihrem Anspruch der „Ganzheitlichkeit“ und des „Lernens mit allen Sinnen“ eine eigene Entwicklung durchgemacht zu haben, bei der die Lehrer der geforderten Öffnung durch entsprechend nette und bunte Lernarrangements nachkommen – allerdings so geschlossen wie ehedem ... Wer diese Bemerkung zu überspitzt findet, sehe sich einmal genauer die gängige Literatur bzw. die Verlagsveröffentlichungen zu diesem Thema („... mit allen Sinnen“) an und überprüfe sie allgemein- und fachdidaktisch.

Im Hinblick auf gewünschte Schülerorientierung positiv

- Der Lehrer hat Zeit, Kindern individuell zu helfen.
- Es besteht die Möglichkeit, die Vorgaben differenzierter zu gestalten.
- Das Chefprinzip bindet die Kinder in die Unterrichtsdurchführung ein.

Im Hinblick auf gewünschte Schülerorientierung negativ

- Die Qualität der Angebote ist oft bedenklich.
- Lernen wird zum „Aberledigen“ möglichst vieler Aufgaben – anstatt einer qualitativen Auseinandersetzung mit Inhalten bzw. der Anwendung und des Ausbaus eigener Lernmethoden.
- Großer Zeitaufwand zur Herstellung der Angebote.

- Angebote werden „konstruiert“, um den Anspruch an fächerübergreifendes oder ganzheitliches Arbeiten zu erfüllen.
- Die eigentlichen Ziele und Prinzipien des offenen Unterrichts werden nicht erreicht bzw. alibihaft umgesetzt, was zudem zu ihrer Verwässerung beiträgt.

1.1.4 Zusammenfassende Übersicht

Die folgende Abbildung zeigt die besprochenen Unterrichtsformen und ihre verschiedenen Schwerpunkte in einem kurzen Vergleich. Im Vorgriff auf die noch folgenden Ausführungen wurde zusätzlich die Konzeption des „Offenen Unterrichts“ (als eigenständige Unterrichtsform) aufgenommen.

Interessant, aber auch bezeichnend ist vor allem ein Punkt im Hinblick auf unsere Suche nach der „verlorenen Offenheit“: Die Formen offenen Unterrichts, die am ehesten in der Praxis als *durchgängige* Unterrichtsprinzipien zu finden sind, sind Wochenplan- und Werkstattunterricht. Konzepte, die in der landläufigen Umsetzung klar – und schwarz auf weiß – in der Form eines fixen Planes oder einer entsprechenden Angebotsliste auf den inhaltlichen und methodischen Vorgaben des Lehrers aufbauen. Formen, die dem Schüler mehr Freiraum gewähren wie die Freie Arbeit oder der Projektunterricht, kommen nicht als durchgängige Unterrichtsformen vor und passen sich im Grad ihrer Offen- oder Geschlossenheit schnell dem Lehrer an. Dabei wird die übliche Umsetzung all dieser „offenen“ Formen ihrem eigenen hohen Anspruch in der Praxis meist wahrlich nicht gerecht.

Im Folgenden sollen deshalb exemplarisch einige didaktische Prinzipien reflektiert werden, die schulischer Arbeit (und offenem Unterricht) zu Grunde liegen. Danach wird eine mögliche Weiterentwicklung der oft als „Erste Schritte zur Öffnung“ (vgl. Die Grundschulzeitschrift 105, 1997) bezeichneten offenen Arbeitsformen beschrieben. Vielleicht lässt uns diese Betrachtung dann irgendwann einmal den – bislang sehr selten zu findenden – „zweiten Schritt“ gehen ...

Vergleich offener Unterrichtsformen (vgl. Peschel 1997a, 255ff.)

	Wochenplanunterricht	**Freie Arbeit**	**Projektunterricht**
Konzept-schwerpunkt	Selbstbestimmung bzgl. der zeitlichen Organisation der Aufgabenbearbeitung	selbstständiges, vorwiegend individuelles Lernen in einer vorbereiteten Umgebung	kooperatives, demokratisches Erfahrungslernen
Voraus-setzungen	Wochenplan und entspr. Bearbeitungsmaterialien	vorb. Lernumgebung mit Arbeitsmaterialien	für alle bedeutendes Projektthema
Schüler-/ Lehrerrolle	Der Lehrer führt die Kinder mittels differenzierter Vorgaben zum gemeinsamen Ziel.	Das Kind soll mittels der vom Lehrer ausgewählten Arbeitsmittel Hilfe zur individuellen Selbsthilfe bekommen.	Der Lehrer versucht das Erfahrungslernen der Schüler durch verantwortungsbewußtes Zurücktreten in eine „gleichberechtigte Rolle“ unterrichtlich vorzuplanen.
Material	meist stoffplan- oder themenbezogene Zusammenstellung von Arbeitsmaterialien (Lehrbücher, Arbeitsblätter, Freiarbeitsmaterial, Projektmaterial etc.)	begrenzte Anzahl ansprechender, zielorientierter, handlungsauffordernder Arbeitsmittel, mit denen ohne Lehrerhilfe gearbeitet werden kann	Materialorganisation (Informationsträger, Alltagsmaterial) erfolgt durch die Projektgruppe, bei projektorientiertem Unterricht evtl. zusätzliche Bereitstellung durch den Lehrer
Kontrolle	erfolgt in der Regel durch den Lehrer, evtl. auch durch Material oder Partner	Kontrolle durch Arbeitsmittel, in Abhängigkeit davon evtl. durch Partner oder Lehrer	erfolgt durch Reflexionsgespräche innerhalb der Teil- oder Gesamtgruppe
Inhaltswahl	im Rahmen der Vorgabe der Wochenplanaufgaben vom Lehrer vorgegeben	in Abhängigkeit von der Vorauswahl der Arbeitsmittel durch den Lehrer vom Schüler bestimmbar	von Schülern und Lehrer gemeinsam geplant, im projektorientierten Unterricht meist vom Lehrer vorgegeben
Methoden-wahl / Differenzierung	von der Auswahl und Zusammenstellung der Aufgaben abhängig	von der Offenheit des Materials abhängig	meist innerhalb der Zielvorgaben frei bestimmbar
Sozialform / Arbeitsort	aufgabenabhängig vom Schüler wählbar, evtl. durch feste Sitzplätze vorgegeben	materialabhängig vom Schüler frei wählbar	gemeinsam geplant, aus der Notwendigkeit der Sache resultierend
Zeitpunkt / Zeitdauer	im Rahmen der Planvorgaben vom Schüler frei wählbar	in der Regel vom Schüler frei wählbar	innerhalb der gemeinsamen Planung und der situativen Notwendigkeiten frei bestimmbar

Werkstattunterricht	Stationslernen	Offener Unterricht	
selbstgesteuertes Lernen durch (unsystematisches) Bedienen aus einem systematischen Lernangebot	mehrkanaliges, zielgleiches Lernen an vorgegebenen Angeboten zu einem Thema	individuelles, selbstreguliertes Lernen in einer Gemeinschaft	Konzept-schwerpunkt
Werkstattangebote, „Chefbetreuung“	verschiedene Stationen zum Lernthema	offene Strukturen, intrinsische Motivation der Kinder	Voraus-setzungen
Der Lehrer organisiert das selbstgesteuerte Lernen der Schüler durch ein „Überangebot“ an Lernmöglichkeiten sowie Kompetenzdelegation (Chefs)	Der Lehrer bereitet mehrkanalige, ganzheitliche Lernangebote für den Schüler vor, die dieser dann selbstständig „durchläuft“.	Der Lehrer hält das ganz selbstgesteuerte Lernen des Schülers im Auge, gibt evtl. Impulse und hilft, die unterschiedlichen Schülerergebnisse zu strukturieren und zu integrieren.	Schüler-/ Lehrerrolle
begrenztes, systematisch strukturiertes Überangebot an anregenden, handlungsorientierten, mehrere Fächer und Sozialformen berücksichtigenden Angeboten	begrenztes, themen- und zielgebundenes, handlungsorientiertes, mehrkanaliges, ganzheitliches Lernen erlaubendes Angebot an festen Stationen zugewiesenen Materialien	weitgehender Verzicht auf didaktisierte Arbeitsmittel, das „weiße Blatt“ als offene Arbeitsanregung, Einbezug selbstorganisierter Materialien der Kinder	Material
Kontrolle durch Material, Partner oder den zuständigen „Chef“	Kontrolle durch Material, Partner oder Lehrer	Angestrebt ist echte Selbstkontrolle durch eigene Fehlerüberprüfung mittels Probeaufgaben, Wörterbuch, Austausch ...	Kontrolle
in Abhängigkeit von der Auswahl der Angebote durch den Lehrer frei vom Schüler bestimmbar	Stationsreihenfolge evtl. vom Schüler frei bestimmbar	innerhalb eines offenen Curriculums frei vom Schüler bestimmbar	Inhaltswahl
von der Offenheit des Angebotes abhängig	von der Offenheit des Stationsangebotes abhängig	ohne Vorgaben, daher weitgehend entdeckendes Lernen auf eigenem Weg	Methoden-wahl / Differenzierung
angebotsabhängig vom Schüler frei wählbar	aufgabenabhängig vom Schüler wählbar, meist aber feste Stationsplätze	frei vom Schüler wählbar	Sozialform / Arbeitsort
in der Regel vom Schüler frei wählbar, evtl. von Pflichtaufträgen oder Material abhängig	evtl. durch feste Wechselzeiten vom Lehrer vorgegeben	frei vom Schüler bestimmbar	Zeitpunkt / Zeitdauer

1.2 Exkurs: Didaktisch-methodische Prinzipien und offener Unterricht

Die traditionelle Didaktik formuliert verschiedene Grundprinzipien, mit denen man Inhalte so transformieren kann, dass daraus Unterricht wird, der in seiner Aufbereitung den gängigen Forderungen der Lernpsychologie, der Pädagogik, den Fächern, den gesellschaftlichen Erwartungen, den Richtlinien und Lehrplänen usw. entspricht. Diese Grundprinzipien stellen eine wichtige Hilfe für den Lehrer dar, wenn sie wirklich als konstruktive Reflexionshilfe verstanden werden. Leider ist aber gerade bei den didaktischen Grundprinzipien eine große Begriffsunklarheit zu verzeichnen, die in einem direktem Zusammenhang mit der oben beschriebenen Inflation der offenen Unterrichtsformen steht. Zum Teil liegt das daran, dass auch dann an „alten“ Prinzipien festgehalten wird, wenn neuere Erkenntnisse die Richtigkeit dieser Prinzipien in Frage stellen. Zum Teil ist der Grund aber auch der, dass diese Prinzipien – genauso wie der offene Unterricht – mittlerweile einen so hohen Anspruch an den Lehrer stellen, dass dieser dem vermeintlichen Rechtfertigungsdruck begegnet, indem er in seinem bisherigen Unterricht die schon erfolgte Verwirklichung der „neuen“ Prinzipien sucht (und mit einer entsprechend subjektiven Interpretation auch irgendwie fündig wird) und dann bei dieser scheinbaren Erfüllung vorschnell stehen bleibt. Des Weiteren wird es so sein, dass viele der angestrebten Prinzipien erst in einem „wirklich“ offenen Unterricht verantwortungsvoll umgesetzt werden können und auch erst dann deren tiefergehende Begrifflichkeit für den Lehrer erfahrbar wird. (Zeitweise drängt sich die vage Vermutung auf, dass sogar die Curriculum-Entwickler bzw. die erlassenden Behörden die Begriffe in letzter Konsequenz auch nicht ganz so verstehen, wie sie sie verfasst haben.)

Im Folgenden soll daher die aktuelle Umsetzung einiger dieser Prinzipien praktisch hinterfragt und eine mögliche andere Deutung im Zusammenhang mit offenem Unterricht dargestellt werden. Dabei möchten wir hier – vor einer näheren Begriffsbestimmung des offenen Unterrichts im nächsten Kapitel – als dessen vorrangiges Merkmal den Grad der „Schülerorientierung“ im Sinne eines „Denkens vom Kinde aus“ als Reflexionsgrundlage verwenden.

1.2.1 Lebensbedeutsamkeit, Anwendungs- und Situationsorientierung

Hinterfragt man Lebensbedeutsamkeit und Situationsorientierung, so begegnet man einer ganzen Bandbreite von möglichen didaktischen Rechtfertigungen. Man könnte sie – ohne sie werten zu wollen – auf einer Skala zwischen Lehrvorgaben und Kinderwünschen anordnen. Argumentiert man von der belehrenden Seite her, so lassen sich Lebensbedeutsamkeit, Situationsorientierung, aber auch Gegenwarts- und Zukunftsbedeutung schon ganz allein aus dem der Schule eigenen (Spiral-)Curriculum begründen. Ein bestimmter Inhalt ist für das Kind deshalb lebensbedeutsam, weil es ihn für sein späteres Lernen in der Schule benötigt. Die Behandlung findet statt, weil der didaktisch geschulte Lehrer dies zum momentanen Zeitpunkt für sinnvoll hält. Dies ist zweifelsohne die gängige Begründung von Inhalten in der Schule. Schule wird so zum Selbstzweck, ihre Selektionsfunktion rückt vor ihre Qualifizierungsfunktion, Inhalte werden primär innerhalb des eigenen Systems begründet.

Eine andere Interpretation von Lebensbedeutsamkeit erfolgt dann, wenn man nach Inhalten sucht, die der Lebensnähe der Kinder entstammen und ihnen evtl. eine spätere Anwendung ermöglichen. Diese Auffassung von Lebensbedeutsamkeit wird man vor allem im Sachunterricht vorfinden, der ja dem Kind bei der Erschließung seiner Lebenswirklichkeit helfen soll. Ob dabei aber das schulische Verständnis der Lebenswirklichkeit der Kinder gemeint sein kann, ist anzuzweifeln, denn es stellt sich die Frage, ob es überhaupt „eine“ Lebenswirklichkeit der Kinder gibt, oder ob Lebenswirklichkeit nicht immer nur etwas ganz Individuelles sein kann. Das, was in der Schule dann als Berücksichtigung der Lebenswelt der Kinder Einzug hält, ist oft grotesk, wenn althergebrachte Arbeitsblätter ihre Aufwertung durch Mode-Figuren (Diddl-Maus, Pumuckl oder Benjamin Blümchen) bekommen, oder sich der Einbezug der Lebenswirklichkeit bzw. die Anwendungsorientierung daraus ergibt, dass das zurzeit zu übende Rechenverfahren eine entsprechende Einkleidung in eine Textaufgabe bekommt (z. B. damit man später auch genau weiß, nach wie vielen Minuten die Badewanne bei welcher Hahnöffnung dann voll ist).

Argumentiert man vom Kinde aus, so wäre eine Situation dann lebensbedeutsam, wenn das Kind gerade jetzt für ein bestimmtes Problem eine Lösung sucht. Ersichtlich wird die große Schwierigkeit für den Lehrenden, dann wirklich individuell lebensbedeutsame oder situationsorientierte Unterrichtsinhalte vorzuplanen bzw. bereitzustellen. Man muss die Situationsorientierung bzw. die Lebensbedeutsamkeit von außen heranführen, sie für die Stunde konstruieren: durch geschickte „originale Begegnung“, durch „Zum-Staunen-Bringen“, durch „stumme Impulse“ und andere Motivationstechniken. Man wird aber nur selten Lehrer finden, die diese hohe Kunst als durchgängiges Unterrichtsprinzip für jedes Fach und jede Stunde beherrschen. Und ob dann wirklich für alle Kinder der hohe Anspruch an Lebensbedeutsamkeit oder Situationsorientiertheit erreicht ist, oder ob die Aktionen des Lehrers nicht vielleicht eher als 32. Fernsehprogramm von den Schülern konsumiert werden, ist fraglich.

Der offene Unterricht macht hingegen weder Prinzip noch Fach oder Methode zur Grundlage seiner Überlegungen, sondern versucht direkt vom einzelnen Kind her zu denken. Lässt man das Kind selbst seine Inhalte zusammenstellen, seine Probleme finden und lösen, so wird den Prinzipien der Situationsorientierung bzw. der Lebensbedeutsamkeit schon zu einem großen Teil ganz automatisch Rechnung getragen. Zu überprüfen wäre, ob ein mögliches Defizit an strukturiertem Wissen und Vorgaben wirklich schlechtere Ergebnisse erbringt als die oben genannten Einschränkungen an Lebensbedeutsamkeit oder Situationsorientierung. Positive Begleiterscheinungen des gerade beschriebenen Vorgehens sind aber in jedem Falle der Verzicht auf aufgesetzte Motivationsphasen und die Möglichkeit des Kindes zu eigengesteuertem Lernen, das diesem durch die eigene Zielsetzung auf jeden Fall eher transparent und sinnvoll erscheint als etwas nur Nachgemachtes. Zudem hat der Lehrer im offenen Unterricht durch seine (unverbindlichen) Impulse immer die Möglichkeit, zusätzliche Interessen zu wecken, und kann dabei die wirkliche Lebensbedeutsamkeit des Inhalts in der momentanen Situation überprüfen.

1.2.2 Handlungsorientierung, Selbsttätigkeit und Produktorientierung

Die Forderung nach Selbsttätigkeit und Handlungsorientierung ist sicherlich eines der besonderen Kennzeichen der aktuellen Überlegungen zur Unterrichtsgestaltung. Um so verwunderlicher ist auch hier die Vielfalt der Begrifflichkeiten. Eine wichtige Unterscheidung könnte man durch die Abgrenzung von Handlungsbefähigung und konkret-praktischem Handeln treffen. Während die erste Form eine lerntheoretische Forderung ist, konzentriert sich die zweite vorrangig auf die Tätigkeit selbst bzw. auf ein angestrebtes Produkt. Nimmt man diese Form als vorrangige Grundlage der didaktischen Planung, so gerät man leicht in die Gefahr, handlungsintensive, aber nicht handlungsorientierte Unterrichtsstunden zu planen. Gerade im Bereich der Grundschule wird jegliche motorische Tätigkeit der Kinder schnell mit einem selbsttätigen Unterricht gleichgesetzt, ohne dass eine weitere Rechtfertigung vonnöten zu sein scheint. Die spielerischen Beschäftigungen des Kindergartens finden sich auf einmal in der Schule in vielen „handlungsorientierten“ Arbeitsmitteln wieder, wenn Kinder sachfremde Materialkontrollen „handelnd“ nutzen, bunte Plättchen legen oder Puzzles zusammenstellen – mit Handlungsbefähigung hat das aber meist alles nichts zu tun.

Interpretiert man Handlungsorientierung und Selbsttätigkeit aber vom Kind aus (und der Wortbestandteil „Selbst“ sollte das eigentlich nahe legen), so geht es vor allem um einen inneren Bezug des Lernenden zur Tätigkeit „selbst“. Die handelnde Auseinandersetzung mit einem Inhalt, mit dem sich das Kind wirklich identifiziert, die Möglichkeit, sich mit einer Sache auf eigenem Weg (und damit „spielerisch“) auseinandersetzen und so aktiv eigene Erfahrungen machen zu dürfen, unterscheidet sich stark vom eben genannten Beschäftigungsverständnis. Dieses kann leicht in puren, sinnlosen Aktionismus ausarten, wenn sich die Handlung vordergründig von selbst rechtfertigt oder als motivierende, spielerische Beschäftigung im Vordergrund steht und gar keine höheren Ziele anstrebt. Es geht also darum, Handlungsorientierung als Grundprinzip des Unterrichts vom Kinde aus zu denken und nicht darum, jedes Thema durch irgendwelche praktischen Sequenzen anzureichern. Dass bei dieser Sichtweise das handelnde

Tun der Kinder ganz automatisch erfolgt und ganzheitliche, individuelle Zugänge durch die Eigenaktivität und Selbststeuerung der Kinder von selbst Einzug halten, liegt auf der Hand. Die Nähe zum Erfahrungslernen des Projektunterrichts ist offensichtlich. „Selbsttätigkeit" hat in reformpädagogischer Tradition mit Verantwortungsübernahme zu tun und liegt in enger Beziehung zu Selbstbestimmung und Selbstständigkeit – und die erlernt bzw. erfährt man nicht durch fremdbestimmte Beschäftigung:

> Selbsttätigkeit ist das Kennwort der Methodik der von uns geforderten Schule der Zukunft. Durch Selbständigkeit wird die Schule zur „Arbeitsschule", d. h. zu der Schule, in der die selbständige Tätigkeit des Schülers die wesentliche, den Charakter Schule beherrschende Tätigkeitsform ist. Selbsttätigkeit fordere ich für alle Phasen der Arbeitsvorgänge. [...] Der freitätige Schüler bedarf keiner Fremdeinwirkung, um den Antrieb zur Tätigkeit zu gewinnen; [...] er bedarf nicht der Wegführung, damit er den zur Lösung seiner Aufgabe findet. Das Prinzip der Selbsttätigkeit beherrscht den gesamten Schulkursus vom ersten bis zum letzten Tage. (Gaudig 1963, 77)

> **Motorische Aktivität ohne innere Beteiligung ist noch keine Selbsttätigkeit**
>
> Ihr Missverständnis als bloß äußere Betriebsamkeit kann man in vielen Klassenzimmern beobachten: Hauptsache, die Kinder sind „tätig". Einzelarbeit mit Arbeitsblättern gilt als „besser" als der Lehrervortrag an der Tafel. Der Wechsel von Station zu Station ist zum Sinnbild für einen Unterricht geworden, in dem Kinder „aktiv" sind. Aber Tätigkeit erschöpft sich dabei nicht selten im blinden Nachvollzug vorgegebener Schemata. Wichtig sind zwei Fragen: Was wird getan (Qualität der Aufgabe, z. B. Inhalt eines Arbeitsblatts) und: Warum wird es gemacht (erhoffter Ertrag der Aufgabe)? (Brügelmann 2000, 49)

Im Zusammenhang mit einer tiefergehend verstandenen Handlungsorientierung muss auch das Prinzip der Produktorientierung überdacht werden. Nicht das materielle Produkt als solches ist wichtig, sondern das auf ein bestimmtes Produktziel gerichtete Handeln des Kindes. Es geht also nicht primär um das Erstellen einer Sache, sondern um eine sinnvolle Auseinandersetzung mit einem Problem, dessen Lösung als „Lernprodukt" dem Lernenden eine Identifikation ermöglicht. Dass das praktische Herstellen einer Sache, eines Modells ein solches Produkt sein kann, ergibt sich von selbst. Wenn ein Produkt aber nur um seiner selbst willen ohne weitere Ziele angestrebt wird oder an eine andere Sache einfach angehängt wird, kann im Prinzip nicht von einer produktorientierten Handlung gesprochen werden.

1.2.3 Ganzheitlichkeit, „Lernen mit allen Sinnen" und fächerübergreifendes Prinzip

Im Zusammenhang mit dem Prinzip der Handlungsorientierung erscheint oft die Forderung nach einem ganzheitlichen Lernen der Kinder, nach einem individuellen „Lernen mit allen Sinnen". Bestimmte Schulinhalte sollen „ganzheitlich" behandelt werden und finden sich deshalb zeitgleich in allen Stunden und Fächern wieder. Der Begriff der Ganzheitlichkeit wird dabei allerdings völlig verschieden verwendet: „Ganzheitlichkeit" kann sein: das *Lernen mit Kopf, Herz und Hand* oder das *Beachten aller Eingangskanäle* des Schülers oder aber dessen *Selbstregulierung beim Lernen* oder die *mehrperspektivische, fächerübergreifende Aufbereitung des Lernstoffes* oder aber nur das *Gegenteil von „exemplarisch"* oder ein anderes Wort für *„Erfahrungslernen"* oder aber das *integrative Moment im individualisierten Unterricht* oder die *vorwissenschaftliche Kindorientierung innerhalb des wissenschaftlichen Lehrganges.* Oder aber ist vielleicht der Begriff „Ganzheitlichkeit" einfach nur positiv besetzt und bei Bedarf entsprechend in fast jede Sache höherer Komplexität hineininterpretierbar?

> Ein allgemeiner gültiger pädagogischer Ganzheitsbegriff, der Praxis konstituieren könnte, existiert gegenwärtig nicht. Die bisherigen Versuche, eine Ganzheitspädagogik zu verwirklichen, sind [...] gescheitert. (Linder 1984, 19)

Entsprechend der unklaren Zielsetzung bzw. des hohen Anspruches findet man in der Praxis teilweise kuriose Sachen vor, wenn z. B. der ganzheitliche Zugang dazu führt, dass der Buchstabe der Woche im Stationsbetrieb nicht nur gebastelt, gezählt, gerochen und auf dem Fußboden abgegangen wird, sondern auch noch gebacken, gegessen, geturnt und getanzt wird. Es ist vielleicht kein großes Problem, dieses Vorgehen als (etwas merkwürdigen) Zirkel zum Sinnestraining zu begründen (wenngleich ich dazu die Kinder einfach in den Wald schicken würde ...), aber anzunehmen, dass man so den Schriftspracherwerb fördern könnte, zeigt, zu welch grotesken Ideen Lehrer und Lehrmittelverlage in der Lage sind, wenn es gilt, den restriktiven Fibelunterricht durch andere – scheinbar kindorientiertere – *Trainings*formen zu ersetzen. Wenn Frederick Vester (vgl. 1978) wüsste, was er da mit seiner Forderung, die verschiedenen Eingangskanäle der Lernenden zu berücksichtigen, angerichtet hat, würde er wahrscheinlich nur fassungslos den Kopf schütteln. Sein Ziel ist es, dass der Lernende möglichst optimal lernen kann, indem man den für ihn besten Weg der (Stoff-)Aufnahme nicht blockiert. Aber es geht nicht darum, in jeder Situation den „zu vermittelnden Stoff" im Hinblick auf die Aufnahme durch verschiedenste Sinneskanäle zu transformieren, die dann von allen Kindern obligatorisch durchlaufen werden müssen, egal ob der Schüler diesen Zugang wirklich benötigt oder nicht. Sundermann und Selter bezweifeln in ihrem lesenswerten Artikel „Quattro Stagioni" zu recht, dass man mit „allen" Sinnen lernen kann und würden den Begriff „Lernen mit *mehreren* Sinnen" (bzw. „Lernen voller Sinn") vorziehen – wer lernt schon mit Hilfe des Geruchs- oder des Geschmackssinns das Einmaleins? (vgl. Sundermann / Selter 2000, 111)

Denkt man die Ganzheitlichkeit vom Kinde aus, so nimmt man es als Person, als Individuum wahr. Dann muss Ganzheitlichkeit im Sinne eines natürlichen

Lernens verstanden werden. Man lässt dem Kind weitgehende Inhalts-, Methoden- und Zeitfreiheit, gibt ihm durch unverbindliche Impulse Hilfen beim Gehen des eigenen Weges und beim Erweitern der eigenen Erfahrungen, gestattet die Verwendung verschiedenster Techniken und Materialien und lässt die Eingangskanäle und Sinne zu, mit denen das Kind lernen will. Aber man versucht nicht da Ganzheitlichkeit von außen zu inszenieren, wo gar keine vorhanden ist.

Entsprechendes gilt für die Forderung nach fächerübergreifendem Arbeiten, das in der Praxis genauso unbefriedigend umgesetzt wird. Entweder wird durch ein die Fächer Mathematik, Sachunterricht und Sprache „integrierendes" „Verbund-Lehrwerk" die traditionelle Fächertrennung im Prinzip beibehalten und die Einzelfächer lediglich durch dasselbe Oberthema „verbunden", oder aber bestehende Unterrichtsarrangements wie Werkstätten oder Wochenpläne werden mit allerlei Füllmaterial „fächerübergreifend" gemacht: Da wird im Herbst aus Äpfeln nicht nur Apfelmus gekocht (wogegen nichts einzuwenden ist), sondern dann gibt es dazu noch Apfel-Diktate, Apfel-Gedichte und Apfel-Lieder, Äpfel werden gemalt und gestickt, und schließlich noch gerechnet und geturnt – und vielleicht ja auch noch als Erntedank gebetet ...

> Über mehrere Wochen sämtliche Unterrichtsfächer um ein und denselben Lehrstoff kreisen lassen: der *Wald* etwa im Lied („Wer hat dich ..."), als biologisches Phänomen (lauter Bäume) samt physikalischen und chemischen Problemen (Wie kommt das Wasser aus dem Boden in die Blätter, warum sind diese grün?), als Rechenobjekt (Rauminhalt gefällter Stämme), gesellschaftlich (Holzarbeiter), wirtschaftlich (Holz als Rohstoff), als Rechtschreibübung (Wal*d* – kal*t*, Ba*u*m – Bä*u*me), literarisch (der Wald im Märchen), historisch (der Wald bei den alten Germanen) und auch religiös (der Weihnachtsbaum) – das lässt bei den Kindern nicht nur lähmende Langeweile aufkommen, sondern verstellt ihnen auch fachliche Zugangs-, Denk- und Arbeitsweisen für selbständige Erkenntnisgewinnung und Weltorientierung. (Haarmann 1989, 27f.)

Dass ein zumindest vom Oberthema her noch einigermaßen zusammenpassender Unterricht immer noch besser ist als ganz und gar von einander losgelöste Belehrungsstunden, mag ja noch nachvollziehbar sein. Aber dass die Absicht des fächerübergreifenden Aspektes dazu führt, das Niveau der Aufgabe bzw. den Fachanspruch auf ein Minimum zu senken, darf einfach nicht sein. Wirklich fächerübergreifend wird nur dann gearbeitet, wenn auch wirklich etwas für die beteiligten Fächer herauskommt, ansonsten ist egal, welchem Fach die zusätzliche Beschäftigung entspringt und der Begriff „fächerübergreifend" ist zu vermeiden. Nur weil in jedem Fach auch etwas erzählt oder geschrieben wird, werden nicht zugleich sprachliche Ziele umgesetzt – und nicht überall da, wo mal eine Zahl oder eine Rechenaufgabe auftaucht, wird Mathematik gemacht.

> So wird beispielsweise im Buch „Lernziel: Stationenarbeit“ eine Stationenarbeit zum Thema Jahreszeiten beschrieben, deren mathematischer Anteil darin besteht, an einer von insgesamt zehn Stationen Aufgaben, die untereinander auf einem Streifen stehen, auseinander zu schneiden und der Größe der Lösungen nach wieder aufzukleben (Dewes u. a. 1996). Bei richtiger Anordnung entsteht das Bild einer Blume. [...] Dass man bei einem „fächerübergreifenden“ Vorhaben auch eine „Mathe-Station“ braucht, kann nicht der Grund dafür sein, einfallslose und wenig themenbezogene Aufgabenstellungen zu rekurrieren. Fällt einem nichts Besseres ein, so sollte man sich konsequenterweise dem Automatismus der Fächerintegration im Sinne schlechten Gesamtunterrichts widersetzen und ehrlicherweise die Mathematik gleich unberücksichtigt lassen. (Sundermann / Selter 2000, 110f.)

Der Zugang des Kindes zur Welt ist ein vorfachlicher, denn die Einteilung der Welt in bestimmte fachliche Strukturen ist eine relativ willkürliche Sache einer historischen bzw. gesellschaftlichen Entwicklung. Für das Kind muss das zu lösende Problem bzw. das zu erlernende Wissen im Vordergrund stehen – und das hat nichts mit einer Einteilung in Fachbereiche zu tun. Facheinteilungen und Fachmethoden können später als Strukturierungshilfe oder als Werkzeuge zur Schärfung bzw. Erweiterung der Betrachtung dienen, solange man aber selber nicht in diesen Strukturen denkt – und das tun Kinder so nicht von sich aus – macht die Vermittlung über diese Strukturen keinen Sinn, ja schränkt die Perspektive sogar gravierend ein.

Die meisten Kinder scheinen sehr wohl in der Lage zu sein, sich die für sie selbst beste Lernmethode anzueignen und zu verfolgen und werden bei der Bereitstellung eines entsprechenden Freiraumes auch sicherlich ganzheitliche und fächerübergreifende Erfahrungen machen. Gerade wegen des großen Defizits ganzheitlicher Tätigkeitsformen in unserer Welt darf aber nicht an Stelle dieser „Lebensferne“ eine schulisch-inszenierte Ganzheitlichkeit treten, die die in der Wirklichkeit vorzufindende Zersplitterung von Erfahrungen vorschnell verneint und stattdessen für das Kind undurchschaubare Konstrukte hervorbringt. Damit wird dem Kind keinerlei Hilfe gegeben, die tatsächlichen Produktions- und Lebensformen individuell zu reflektieren bzw. sich zu erschließen. (Vgl. dazu auch Reinhardt 1992, 145ff.)

1.2.4 Elementarisierung und Kindorientierung

Seit Comenius scheint es Grundaufgabe jeder Didaktik zu sein, die komplexe Lebenswirklichkeit bzw. die schulisch relevanten Inhalte so zu transformieren, dass dem Lernenden ein einfacher und sicherer Zugang beschert wird. In der Regel erfolgt dieser Zugang über eine Analyse des Stoffgebietes und eine anschließende didaktische Reduktion, die aus der Fülle der Sachinhalte die Teilbereiche auswählt, die zur Vermittlung sinnvoll erscheinen. Danach wird der reduzierte

Inhalt didaktisch-methodisch durch entsprechende Vereinfachung, Strukturierung und Veranschaulichung so aufbereitet, dass ein möglichst effektives Lernergebnis zu erwarten ist. Die Vereinfachung erfolgt dabei um so stärker, je jünger oder je lernschwächer der Schüler ist (vgl. Bennack / von Martial 1997[4], 79). Ein übliches Vorgehen ist dabei die Aufgliederung des Stoffs beginnend bei Punkt Null (z. B. die Einführung von Buchstaben und Zahlen im ersten Schuljahr bzw. die Grundwortschatz- oder Zahlraumerweiterung in den anderen Schuljahren). Dazu stehen dem Schüler dann meist strukturierte Materialien zur Verfügung, die ihm den Inhalt bzw. die Zusammenhänge veranschaulichen sollen. Erklärtes Endziel dieses Vorgehens – das oft im Gegensatz zum o. g. Prinzip der Ganzheitlichkeit steht – ist „die Befähigung des Schülers, sich mit der untransformierten Wirklichkeit auseinander zu setzen. Die Elementarisierungsformen sind nicht Selbstzweck, sondern Mittel zum Erreichen dieses Zieles." (Bennack / von Martial 1997[4], 79)

Wenn man nun so manche didaktische Reduzierung, Elementarisierung und Veranschaulichung aus der Sicht des Kindes betrachtet, scheint es mit der Vereinfachung des Zugangs und der Veranschaulichung eines Zusammenhanges nicht immer ganz zu klappen. Vor allem scheint der elementarisierte Lehrgang selten die Verschiedenheit der Kinder zu berücksichtigen: Da können Kinder schon fast schreiben (und brennen darauf, dies zu tun) und müssen erst einmal wochenlang Schwungübungen machen. Oder sie kommen mächtig stolz in die Schule, weil sie schon bis Hundert zählen können – und dann rechnen sie ein halbes Jahr in kleinsten Schritten nur bis zur 10, um dann in den nächsten eineinhalb Jahren ganz gemächlich den (langsam schon wieder vergessenen) Hunderterraum zu erschließen. Oder Kinder haben sich durch ihre außerschulischen und medialen Erfahrungen schon ein differenziertes und komplexen Sachwissen angeeignet, damit sie dann vier Jahre lang im Sachunterricht die passenden Lückentexte zum Sprachbuch ausfüllen. Aber auch bei ganz konkreten Unterrichtsinhalten wie dem „Zehnerübergang" (unter Mathematikdidaktikern mittlerweile gerne als „Zehneruntergang" bezeichnet) oder der Übung bestimmter Rechtschreibphänomene bzw. -regeln erstaunt das Ergebnis der didaktischen Bemühungen allzu oft: Viele Kinder können danach Sachen nicht mehr, die sie vorher „unbewusst" völlig richtig gemacht haben.

Wenn das Endziel der Elementarisierung die Begegnung mit der komplexen Wirklichkeit ist, warum kann man dann nicht das Kind selbst den für es notwendigen Grad an Elementarisierung bestimmen lassen? Warum unterfordert oder überfordert man es durch einen fiktiven Zugang, der meist das voraussetzt, was er erst lehren will: Den Einblick in die übergeordneten Zusammenhänge, die Sachstruktur, die dem jeweiligen Inhalt zu Grunde liegt. Vom Kinde aus betrachtet ist es viel schwieriger und unsicherer, in einem sich selbst noch nicht erschlossenem Gebiet einem fremden Weg, einer fremden Struktur zu folgen, als sich selber einen Weg zu bahnen. Entsprechend ist zu bezweifeln, ob (auch junge oder schwache) Kinder auf die Elementarisierung durch andere angewiesen sind – oder ob sie diese nicht am besten selbst vornehmen sollten – wie sie es ja auch die restliche Zeit des Tages machen. Bis zum Schuleintritt hat es bei den allermeisten zumindest schon sechs Jahre bemerkenswert gut geklappt, wie ihre motorischen, sprachlichen, sozialen usw. Kompetenzen eindrucksvoll zeigen. Kindorientierung ist unter dieser Sichtweise nicht die oft analog zum Prinzip der Elementarisierung vorzufindende unsachgemäße „Verniedlichung", sondern die „Orientierung vom Kind aus", die das Lernen nicht durch fremd vorgenommene Vereinfachungen, sondern durch die Selbststeuerung des Lernenden effektiv macht.

Voraussetzung für eine solche eigengesteuerte Vorgehensweise ist allerdings die Fehlertoleranz durch Lehrer und Eltern, die die jeweilige Entwicklungsstufe des Kindes berücksichtigt. Dabei ist zu beachten, dass sich die Entwicklungsstufe eben nicht durch ausgeklügelte didaktische Maßnahmen anheben lässt – meist ist sogar eher das Gegenteil der Fall, wie die Ergebnisse in der Schulpraxis zeigen. Die Schulversuche, in denen der Zugang zum Stoff nicht künstlich „elementarisiert" worden ist, sondern der Grad der Elementarisierung weitgehend dem Kind überlassen wurde, zeigen hingegen allesamt erstaunliche Leistungen der Kinder. Viele Schulpsychologen empfehlen mittlerweile die Lehrmethoden, die den Kindern einen unbeschränkten Zugang zum Stoff erlauben, als Prophylaxe gegenüber Lernschwächen wie „Legasthenie" oder „Dyskalkulie" und beugen so Schulversagen und ineffektiven Förderprogrammen vor. *Fördern durch Fordern.*

1.3 Wie müssten Formen „offenen Unterrichts" eigentlich aussehen?

> Wer unter Öffnung der Schule nur freie Arbeit, die Aufhebung des Stundenplans und eine besondere Wertschätzung für die Bedürfnisse der Kinder versteht, vermag im Streit konkurrierender Meinungen niemanden davon zu überzeugen, daß dies die bessere Art von Unterricht ist. (Benner 1989, 47)

Die gemachten Betrachtungen bezüglich der vielfach defizitären Umsetzung der aktuellen Zielsetzungen und Prinzipien von Unterricht – sie werden explizit oder implizit in allen gültigen Richtlinien gefordert – geben zu denken. Wie kommt es, dass Lehrer Prinzipien und Handlungsweisen theoretisch anerkennen, sich auch durchaus damit identifizieren können und trotzdem eine Unterrichtspraxis vorweisen, die – ohne diesen Unterricht im Einzelnen werten zu wollen (!) – diese Zielsetzungen oft nur noch karikiert? Sicherlich ist eine der Begründungen für die unbefriedigende Umsetzung in organisatorischen Schwierigkeiten zu finden, wenn an vielen Schulen eben nicht das Klassenlehrerprinzip vorherrscht, sondern das stundenweise Unterrichten durch Fachlehrer schon rein technisch projektorientierten oder fächerübergreifenden Unterricht fast unmöglich macht.

Auch wenn man versucht, diesem Problem durch „Teamwork“ zu begegnen, ergibt sich nicht nur auf der Beziehungsebene ein gewisses Lotteriespiel, sondern die nun notwendigen Vorabsprachen karikieren schnell jede den Schülern gewährte Offenheit im Sinne einer Situationsorientierung und haben zwangsläufig eine Reduzierung der im Gesamtkonzept gewährten Offenheit zur Folge, denn die Basis der Vereinbarungen kann ja nur der kleinste Nenner unter den Beteiligten sein: das Maß an Vorgaben, das der „unsicherste“ der Teamkollegen als Stütze mindestens braucht. Zudem beeinflusst der stattfindende Personenwechsel den von den Schülern selbst organisierten Arbeitsprozess, es fehlt Lehrern wie Schülern ein Stück Kontinuität im Lern- bzw. Lernbegleitprozess.

Aber auch auf anderen Ebenen ergeben sich Konflikte, z. B. wenn man die o. g. didaktischen Prinzipien als so etwas wie einen „Lehrgang“ im Unterricht ansieht. Natürlich macht es Sinn, den Kindern entsprechende Erfahrungen zu ermöglichen, aber sobald diese vom Lehrer vorgeschrieben bzw. inszeniert werden, erzeugen sie all die bekannten Probleme des Lehrganges, die man ja eigentlich vermeiden wollte: Durch den Eingriff fällt die Situationsorientierung genauso weg wie die Verantwortung für das eigene Lernen oder die Selbststeuerung des einzelnen Schülers.

Entsprechend müssen Prinzipien „echter“ Schülerorientierung Vorrang haben, um dann individuell oder gemeinschaftlich andere Prioritäten zu setzen. Die oben beschriebenen Arbeitsformen brauchen einen gemeinsamen Ursprung, ein Basiskonzept. Sie müssen sich wieder auf ihre Grundidee zurückbesinnen, um dann von dort aus ihre methodischen Stärken zu erzeugen. Vom richtigen Ursprung aus können dann sogar die „geschlosseneren“ Konzepte gewinnbringend eingesetzt werden, wenn z. B. der Wochenplan nicht mehr die verbindliche Vorgabe für alle Kinder ist, sondern der individuelle Lernvertrag, den ein Kind als „Eigenhilfe“ mit sich selbst abschließt, um ein sich selbst vorgenommenes Ziel zu erreichen. Oder es lassen sich z. B. Werkstätten und Stationsbetriebe denken, die Kinder für ihre eigene oder andere Klassen planen und aufbereiten, wodurch diese Arbeitsformen zumindest auf der methodischen Ebene eine neue Qualität erfahren können.

Anknüpfend an die oben ausgeführte Kritik sollen die einzelnen Arbeitsformen im Folgenden so weiterentwickelt werden, dass sie wieder mit der eigentlich beabsichtigten Zielperspektive übereinstimmen und sich den schon Jahrzehnte bekannten Erkenntnissen von Lernpsychologie und Didaktik sowie den gewandelten gesellschaftlichen Anforderungen an Schule weiter annähern.

1.3.1 Wochenplanunterricht, Freie Arbeit und Projektunterricht

Wochenplanunterricht und Freie Arbeit

In den Ferien machen Annikas Eltern mit Annika und ihrem Bruder Tom immer Urlaub bei Familie Mirabella, die früher einmal einen kleinen Bauernhof hatten, nun aber lieber Zimmer vermieten. Annika und Tom fühlen sich immer direkt wie zu Hause, denn sie sind seit Jahren mit Christine und Nico, den Kindern des Hauses, befreundet. Leider liegen diesmal die Ferienzeiten so unterschiedlich, dass Christine und Nico noch Schule haben und alle erst nachmittags zusammen spielen können. Die erste Woche freut sich Annika, dass sie noch ein bisschen im Bett lesen kann, wenn Christine und Nico zur Schule gehen müssen. Aber da sie irgendwie keine Lust hat, auch hier immer nur mit Tom zu spielen, wird es ihr doch nach einer Woche langweilig. Eines Morgens steht sie leise auf, als sie Christine im Badezimmer hört, und fragt, ob sie nicht mit ihr zur Schule gehen könne. „Klar, das geht bestimmt. Unser Lehrer hat sicherlich nichts dagegen, wir können in der Schule eh immer machen, was wir wollen", sagt Christine und wirft ihrer Mutter einen fragenden Blick zu. Die wundert sich zwar ein bisschen, dass Annika in den Ferien in die Schule gehen will (Annika wundert sich eigentlich auch), aber warum nicht? „Ich sag deinen Eltern nachher Bescheid, mach mal. Wenn sie mit dir irgendwohin wollen, können sie dich ja auch drüben in der Schule abholen." Annika freut sich und ist schon ganz gespannt. Wie hat Christine das wohl gemeint, dass sie immer machen kann, was sie will? Wie soll man denn was lernen, wenn man immer nur macht, was man will?

Christine und Annika marschieren los. Eigentlich ist noch eine halbe Stunde Zeit, bis die Schule anfängt, aber auch in Christines Schule gibt es einen „offenen Anfang". Als sie in der Klasse eintreffen, kommt Christines Lehrer auf die beiden zu und begrüßt sie. Leicht grinsend sieht er Christine an und fragt: „Wen hast du uns denn da mitgebracht?" Christine stellt Annika vor und setzt sich dann mit ihr an einen der Tische. Annika fragt vorsichtig: „Wer sitzt denn sonst hier?" Christine lacht und antwortet: „Du, wir haben hier keine festen Plätze. Du kannst dich hinsetzen, wo du willst. Wäre sonst auch blöd, denn ich weiß doch nicht im Voraus, mit wem ich wann zusammen arbeiten möchte." Jetzt erst fällt Annika auf, dass die Klasse ganz anders aussieht als ihre eigene. Aus den Nachbarklassen in ihrer Schule weiß sie, dass in vielen Klassen die Tische in Reihen hintereinander stehen. Da kann man sich meistens gar nicht richtig bewegen, alles ist so gequetscht. Aber die Kinder stehen im Unterricht sowieso nie auf, so dass das dann auch kein Problem ist. In ihrer eigenen Klasse sind alle Tische zu Gruppentischen zusammengestellt, so dass man gut miteinander arbeiten kann. Da ist schon etwas mehr Platz in der Klasse.

Aber hier! Hier ist die Klasse in der Mitte ganz leer. Außer einem großen Gruppentisch direkt neben der Tür stehen alle Tische ringsum an der Wand entlang. Hinten in der Klasse ist eine Sitzecke fest auf einem Podest aufgebaut. „Das ist ja klasse“, sagt Annika, „da müsst ihr den Sitzkreis ja gar nicht immer aufbauen!“ „Das wäre ja wohl die Höhe, den immer aufbauen zu müssen!“, sagt Christine, „wir treffen uns doch andauernd dadrin.“ „Aber mit den Tischen so die Wand entlang, da verrenkst du dir ja ganz schön den Hals, wenn du zur Tafel gucken musst! Das ist ja wohl total bescheuert!“ „Wie zur Tafel? Wir arbeiten doch an den Tischen, nicht an der Tafel. Da kann doch eh immer nur einer arbeiten!?“ Was Christine damit meint, versteht Annika zwar nicht so ganz, denn wie soll man etwas lernen, wenn es einem keiner vormacht? Aber sie guckt sich erst einmal weiter um. „Und wo sind eure Freiarbeitssachen?“ „Wie meinst du das?“, fragt Christine, „da hinten stehen ein paar Sach- und ein paar Geschichtenbücher, wenn du an die denkst. Und die Wörterbücher sind da vorne neben dem Papier und den linierten und karierten Blättern. Was anderes haben wir nicht. Wozu auch?“

Annika wundert sich immer mehr. Die Tische stehen an der Wand lang, die Klasse ist ganz leer, man kann nicht auf die Tafel gucken, es gibt keine Freiarbeitssachen, keine festen Plätze und man kann machen was man will? Oh je, wo bin ich denn hier gelandet?, denkt sie … Christine hat sich schon längst ein paar Bücher aus dem Regal geholt, blättert sie durch, liest einzelne Abschnitte und schreibt in ihrem Heft. Annika guckt sich um. Mittlerweile sind schon eine ganze Menge Kinder in der Klasse, aber irgendwie wirkt diese immer noch sehr leer. Im Sitzkreis liest ein Kind zwei anderen Kinder eine eigene Geschichte vor, am Gruppentisch bauen fünf Kinder etwas mit Drähten und Batterien, während ein paar andere Kinder mitten in der Klasse auf dem Boden liegen und auf großen Blättern riesige Rechenaufgaben aufschreiben. Plötzlich fällt Annika auf, dass der Lehrer ja schon länger nicht mehr in der Klasse ist. Sie hört seine Stimme aus dem Flur vor der Klasse und guckt hinaus. Da sitzt er lachend mit ein paar Mädchen vor zwei Computern und alle tippen abwechselnd schnell auf der Tastatur rum. „Die chatten zusammen“, sagt ein Junge zu Annika, als er ihren erstaunten Blick sieht. „Aber ohne Internet, die unterhalten sich einfach so miteinander. Über den Monitor.“

Annika geht zu Christine. „Sag mal, wann fängt denn jetzt der Unterricht an? Ist doch schon fast halb neun!“ Christine sieht sie erstaunt an. „Wie meinst du das?“ „Na, wann fängt der Lehrer denn an zu unterrichten?“ Christine überlegt ernst und sagt dann: „Eigentlich nie. Warte, doch, einmal hat er uns an der Tafel gezeigt, wie man die englischen Zahlen aufschreibt, du weißt schon, one, two, three und so. Aber sonst besprechen wir alles im Kreis oder gehen zu ihm hin und fragen ihn, ob er eine Idee hat.“ „Versteh ich zwar nicht so ganz“, sagt Annika, „aber dann gib mir doch mal deinen Wochenplan, die Sachen kann ich doch bestimmt auch. Ich bin nämlich ganz gut bei uns in der Klasse.“ „Gut, warte mal, ich hol ihn gleich raus.“ Christine macht ihren Ranzen auf, in dem sich nur ganz verloren eine bunte Kladde mit Diddl-Mäusen befindet. Daraus gibt sie Annika ein Blatt:

Individueller Wochenplan

Wochenplan von *Christine* Datum:____________

Fach	Ich nehme mir diese Woche vor:	Ich würde gerne wissen:	✓ Erledigt / Eigene Note
	Meinen Ägypten-Vortrag weitermachen	Kannst du nächste Woche mit Björn zusammen vortragen? Der hat was zu Tut-Anch-Amun.	
	Harry Potter weiterlesen	Kannst du uns das Buch mal im Sitzkreis vorstellen, wenn du fertig bist?	
	Ich mach weiter an der Rechengeschichte mit den Zauberzahlen	Ich hab das mit dem Trick noch nicht verstanden!. Erklär mir mal!	✓ so 2-3 Hab ich jetzt verstanden. Tolle Idee! Ich finde 2+!
	Ägypten-Vortrag Kannst du das Plakat mal durchgucken?	Kann ich das mit nach Hause nehmen? Leg es mir einfach auf meinen Tisch.	Du hast die Informationen aus den Büchern gut zusammen gefasst!
	Ich mach ein eigenes Ägypten-Poster für meinen Vortrag	Ich hab dir blaues Tonpapier besorgt – liegt im Kunstfach.	
	Meine Oma hat noch Dias, zu denen überleg ich mir dann was.	Klasse! Dia-Guckis sind im Sachunterrichtskasten. Ich bring den Projektor aus dem Lehrmittelzimmer mit.	✓
	Donnerstag Elternabend Freitag Schuleschlafen		Wir kommen beide. Christine kann Freitag Kuchen mitbringen.

„Hhhh? Den Plan hast du dir doch selber gemacht!?" „Klar, wer sonst?" „Aber woher weißt du denn, was du in der Woche lernen musst?" „Und woher weiß jemand anders, was ich in der Woche lernen will?" „Puh. Ist ja lustig. Du bestimmst selbst, was du lernst. Wenn ich mir immer aussuchen könnte, was ich in der Schule machen will, würde ich immer nur „Little-Professor" spielen. Das macht Spaß." „Glaub ich nicht. Das wird irgendwann langweilig. Ich hab eigentlich immer genug zu tun. Und bessere Sachen als mit dem doofen Taschenrechner. Der macht ja immer nur dasselbe. Da hinten liegen noch welche in der Schublade, wenn du einen zum Arbeiten willst. Aber du kannst auch mir helfen.

Ich sitze gerade an meinem Vortrag über Ägypten. Weißt du eigentlich, wie komisch die damals geschrieben haben? Guck mal, hier diese Schlange ...“

> Differenzierender Unterricht, der selbsttätiges und selbständiges Lernen begünstigt, läßt sich z. B. bei Gruppenarbeit, im Projektunterricht, bei Vorhaben, im Unterricht nach einem Wochenplan und in der freien Arbeit realisieren. [...] Die Schüler bestimmen selbst, z. T. in Absprache mit den Partnern, die Reihenfolge der Bearbeitung, die Sozialform, ihr Arbeitstempo, den Umfang der erwünschten Hilfen und der freiwilligen Aufgaben. Der Lehrer berät und hilft bei dieser Arbeit. Im Laufe der Grundschulzeit tritt er mit seinen Vorgaben zurück und ermöglicht, daß der Schüler schrittweise Aufgaben für den Wochenplan selbst auswählt und selbstverantwortlich die freie Zeit nutzt. (Landesinstitut NRW 1983 a, RL 12)

> Von Freiarbeit wird üblicherweise dann gesprochen, wenn die Kinder oder die Jugendlichen frei über die Inhalte und die Art ihrer Aktivitäten, über ihr Lerntempo und die von ihnen gewünschte Sozialform, über Materialien und Arbeitsplätze in der dafür ausgewiesenen Zeit entscheiden können. Freiarbeit ist nicht lehrergesteuert. Ihre Grenzen liegen in einem von Lernenden und Lehrenden vereinbarten organisatorischen Rahmen und in der Rücksichtnahme auf die Mitschüler und Mitschülerinnen. (Heckt 1993, 5)

Wochenplan Name: **A**
vom bis

		fertig	kontrolliert
Schreiben:	Sprachbuch S. 24: Schreibe die Geschichte ab, beantworte die Fragen.		
Lesen:	Lesebuch S. 37: Lies die Geschichte mehrmals, bis Du es gut kannst!		
Rechnen:	Mathematikbuch S. 26, Aufgabe 5 a-d, 6 b und c, 7a-e. Denke bei den Textaufgaben an *Frage, Rechnung, Antwort!*		
Rechtschreibung:	Übe die Diktatwörter mit Deiner NachbarIn als Partnerdiktat.		
Sachunterricht:	Lies Dir die Geschichte vom Besuch bei der Post auf S. 33 durch und male einen Briefkasten. *Denke an die richtige Beschriftung!*		

Montag	Dienstag	Mittwoch	Donnerstag	Freitag

Betrachtet man Wochenplan und Freie Arbeit einmal losgelöst von der üblichen auf Freiarbeitsmaterial und Lehrervorgaben beruhenden Vorstellung aus der Sicht eines Unterrichts, der versucht, seinen didaktischen Prinzipien möglichst treu zu bleiben, so können sich die jeweiligen Konzepte in zentralen Punkten in die Richtung eines „Offenen Unterrichts“ wandeln und dadurch im Prinzip zum selben Konzept werden. Hans Brügelmann und Erika Brinkmann veranschaulichen diese Wandlung gut in ihrem Buch „Die Schrift erfinden“ (vgl. 1998, 57ff.) an Hand von Wochenplänen, die eine zunehmende Öffnung erfahren.

So wird ein (geschlossener) Wochenplan mit ganz konkreten Arbeitsvorgaben (A) durch das Einräumen eines gewissen Freiraumes bei der

Wochenplan vom bis — Name: — **B**

		fertig	kontrolliert
Schreiben	Schreibe einen Bericht über unseren Besuch beim Tierarzt in der letzten Woche!		
Lesen	Partnerlesen: Übe mit einem anderen Kind das Stück im Lesebuch auf S. 25 mit verteilten Rollen zu lesen.		
Rechtschreiben	*Nächste Woche schreiben wir das Diktat:* Übe den Text als Dosen-Diktat, Schleich-Diktat, Dreh-Diktat oder Hör-Diktat. (Für das Hör-Diktat mußt Du Dich rechtzeitig in die Liste für den Walkman eintragen!)		
Rechnen	1. Stelle Dir ein Blatt mit dem Einmaleins der 7 und ein Blatt mit dem Einmaleins der 9 her. Lerne sie auswendig und laß Dich von einem anderen Kind abfragen. 2. Mathebuch S. 27, Aufgabe 5 a-d *Zusatzaufgabe für Spezialisten: S. 28, Nr. 7*		
Sachunterricht	Male ein Kaninchen und einen Hasen und schreibe auf, worin sie sich im Aussehen und ihrer Lebensweise unterscheiden. > Informationen dazu findest du im Sachbuch S.33 - Du kannst aber auch andere Bücher aus der Klassenbücherei benutzen.		

Montag	Dienstag	Mittwoch	Donnerstag	Freitag

Wochenplan vom bis — Name: — **C**

			fertig
Freies Schreiben: Am Freitag wird vorgelesen!		Schreib-konferenz	
Lesen:	Wähle Dir in der Leseecke ein Buch zum Lesen aus. Male ein Bild dazu!		
Rechnen:	1. Übe mit einer PartnerIn die Einmaleins-Reihen, die Dir noch schwer fallen: 2. Am Brett hängen die Rätselaufgaben von den anderen Kindern. Such Dir aus, welche Du bearbeiten möchtest. 3. Denk Dir auch eine Rätselaufgabe aus.	Vergleiche Deine Lösung mit anderen Kindern!	
Rechtschreibung:	1. Arbeit an der Rechtschreibung von Wörtern 2. Sammle Wörter, in denen das <a> lang klingt wie in Ameise. Ordne sie!		
Projekt Mittelalter:			

Montag	Dienstag	Mittwoch	Donnerstag	Freitag

Herangehensweise an die Aufgaben zu einem Wochenplan, der zwar die Inhalte thematisch noch eng vorgibt, aber durch das Erweitern der methodischer Vorgaben dem Kind eine erste Eigendifferenzierung ermöglicht (B).

Wenn man so als Lehrer den Gleichschritt der Klasse immer mehr aufgebrochen hat, fragt man sich irgendwann, warum eigentlich alle Schüler zeitgleich das gleiche Thema bearbeiten müssen, wo sie es doch auf so unterschiedlichen Niveaus machen, dass das „Gleiche“ an diesen Arbeiten sowieso nur gering ist – der Anspruch dieser „Gleichheit“ aber bei vielen der Kinder zu Über- und Unterforderung führt. Wenn man Lesen, Schreiben und Rechnen durch Lesen, Schreiben und Rechnen lernt, dann kann egal sein, ob Peter eine Geschichte über Piraten schreibt und Lukas daneben eine über seinen letzten Urlaub in Italien. Und wenn Christine lieber Harry Potter liest als die Geschichte vom „tolpatschigen Osterhasen“ im Lesebuch, ist auch das in Ordnung bzw. im Grunde sogar von ungleich höherem Niveau. Und beim Üben des Einmaleins macht es bestimmt mehr Sinn, die Vorkenntnisse zu berücksichtigen und die Reihen (auf seine eigene Art) zu üben, die man noch nicht beherrscht, als die, die gerade „dran“ sind (C).

Und wenn man schließlich merkt, dass auch dieser Freiraum von den Kindern nicht missbraucht wird, ja sogar plötzlich eine ganz andere Lernatmosphäre in der Klasse herrscht, wird man u. U. konsequent weiterdenken und zu dem Schluss kommen, dass der höchste Grad an Passung zwischen Kind und Stoff sowie die höchste Lernmotivation und Selbstständigkeit dann erreicht wird, wenn das Kind sich seinen eigenen Plan macht. Schriftlich festgehalten oder auch nicht, als Selbstverpflichtung für einen bestimmten Zeitraum im Voraus oder auch nicht, unter der Vorgabe von Fächern oder auch nicht, in Absprache mit dem Lehrer oder auch nicht. Der Übergang vom Wochenplanunterricht zur Freien Arbeit wird fließend – und damit auch zum „Offenen Unterricht".

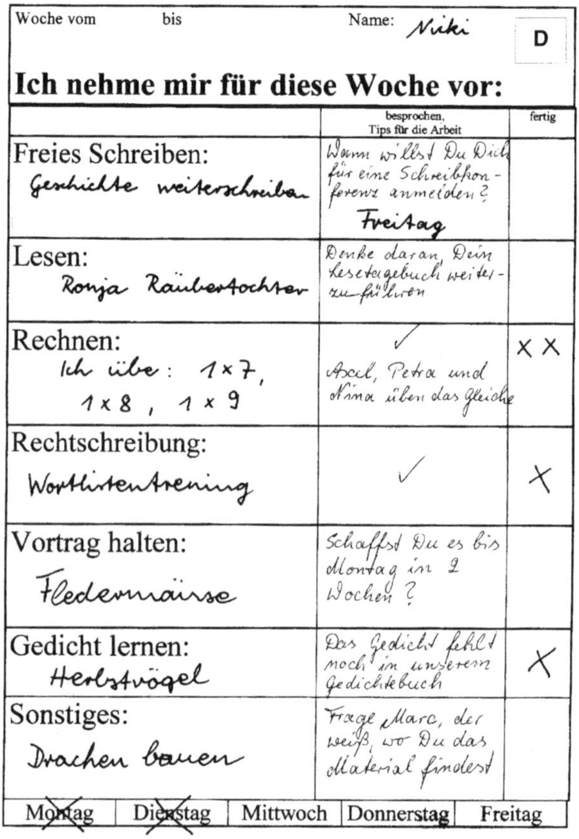

Woche vom bis Name: Niki **D**

Ich nehme mir für diese Woche vor:

	besprochen, Tips für die Arbeit	fertig
Freies Schreiben: Geschichte weiterschreiben	Wann willst Du Dich für eine Schreibkonferenz anmelden? Freitag	
Lesen: Ronja Räubertochter	Denke daran, Dein Lesetagebuch weiter-zu-führen	
Rechnen: Ich übe: 1×7, 1×8, 1×9	✓ Axel, Petra und Nina üben das Gleiche	X X
Rechtschreibung: Wortlistentrening	✓	X
Vortrag halten: Fledermäuse	Schaffst Du es bis Montag in 2 Wochen?	
Gedicht lernen: Herbstvögel	Das Gedicht fehlt noch in unserem Gedichtebuch	X
Sonstiges: Drachen bauen	Frage Marc, der weiß, wo Du das Material findest	

Montag	Dienstag	Mittwoch	Donnerstag	Freitag

Projektunterricht

Als Annika und Christine nach der Pause mit den anderen Kindern im Sitzkreis sitzen, erzählt Sven ganz begeistert davon, wie er seinem Opa in den letzten Tagen in dessen kleinem Schrebergarten geholfen hat. Plötzlich hat Pia eine Idee: „Warum machen wir nicht auch so einen Garten, nur für unsere Klasse?!" „Au ja", ruft Özmir, „dann können wir immer Erdbeeren essen!" „Meine Mutter macht auch immer viel im Garten", sagt Benno, „ich frag sie mal, was man da so tun muss." „Wir haben ein ganz dickes Buch über Gartensachen, so auch mit Obst und Gemüse selber machen und so", ergänzt Petra. „Wir graben einfach den Rasen vor unseren Klassenfenstern um, dann können wir uns alle ein eigenes Beet machen", schlägt Timo vor. Arno ist ganz aufgebracht: „Quatsch, das ist doch verboten! Da wird der Herr Fröbler [der Hausmeister] sauer, wenn wir den Rasen kaputt machen. Der war ja schon sauer, als wir da mal Fußball gespielt haben!" „Aber das ist die beste Stelle! Wenn wir den Garten woanders machen, wird der doch direkt kaputt gemacht." „Komm, wir gehen den Fröbler mal fragen", ruft Christine und düst mit Annika aus der Klasse. Annika wirft dem Lehrer einen unsicheren Blick zu, der aber sitzt nur ruhig im Kreis und sieht ziemlich zufrieden mit sich und der Welt aus …

Am nächsten Tag ist der Klassengarten das Gespräch Nummer eins in der Klasse. Schon vor acht Uhr sitzen fast alle Kinder im Sitzkreis und beratschlagen. Auf mehreren Tischen liegen dicke Bücher über Gartenbau, über Blumen, Obst und Gemüse. Sandra hat eine Kiste mit ziemlich komischen Knollen mitgebracht, Timo mehrere Päckchen mit kleinen Samenkörnern. Neben der Klassentür stehen zwei Spaten und eine Schaufel. Christine erzählt gerade: „Und der Fröbler findet die Idee gar nicht schlecht, weil er doch da hinten hinter der Laufbahn selber was mit Obst und Gemüse macht. Der hat uns gestern direkt gezeigt, wie groß seine Äpfel werden." Christine formt ihre Hände zu einem Kreis, so groß wie eine Untertasse. „Aber er wusste nicht, ob so ein Garten für uns erlaubt ist. Er hat gesagt, wir sollen den Chef fragen. Da sind wir dann hin, aber Frau Kelter [die Sekretärin] hat gesagt, der Chef sei heute schon weg und morgen den ganzen Tag im Schulamt. Wir sollen bis übermorgen warten oder ihm was aufschreiben. Wer will dabei mit machen?" Fünf Kinder zeigen direkt auf und Christine bestimmt: Timo und Bena. Die drei gehen zusammen mit Annika aus dem Kreis, setzen sich an einen Tisch und fangen an zu schreiben, während das Thema im Kreis noch lange nicht erledigt ist. Sandra möchte über Pflanzensamen forschen und spricht sich mit Benni und Ines ab, Kevin möchte mit Inga und Sigrid einen Plan vom Garten machen, in dem dann die Beete der einzelnen Kinder eingezeichnet sind (sie schicken schon mal direkt den Lehrer los, um ein Maßband zu besorgen), Patrick möchte herausbekommen, wie groß das größte Obst werden kann, Özmir erinnert sich an den Film „Dennis", in dem eine ganz tolle Blume war, die aber nur ein paar Sekunden geblüht hat, Stephanie und Markus wollen wissen, wie viel der Samen für Erdbeeren kostet und für wie viel man dann die Erdbeeren verkaufen kann, und als Bernhard unbedingt Bananen anbauen will, haben Karin und Dina die Idee, mal alle Sorten Obst aufzumalen, die man überhaupt vor der Klasse anpflanzen könnte …

Längst sind noch nicht alle Pläne vorgestellt, als Christine, Annika, Bena und Timo wieder in den Kreis kommen. „Hört mal zu“, sagt Christine und liest vor: „Lieber Herr Meibrich! Wir die Klasse 2e wollen gerne einen Klassengarten machen. Mit Obst und Gemüse. Herr Fröbler hat auch nix dagegen. Bitte sagen sie ja.“ Erst mal ist es ganz still in der Klasse, dann sagt Udo: „Du musst noch schreiben, wo wir den Garten hinhaben wollen.“ „Und dass der dann nur für uns ist“, ergänzt Ines. „Nee, das musste nich extra schreiben“, sagt Rolfi, „das ist doch klar. Aber du solltest schreiben, dass wir den Garten immer schön ordentlich halten.“ „Und schreiben, wie groß er ist“, ergänzt Markus. „Können Kevin, Sigrid und Inga nicht einfach ihren Plan nachher zu eurem Brief dazu legen?“, fragt Christines Lehrer plötzlich. Erst jetzt fällt Annika auf, das der heute noch fast keinen Ton gesagt hat. „Dann ist dem Chef klar, wo der Garten hin soll und er kann sehen, ob das OK ist oder nicht.“ „Gut, dann wartet bitte bis nach der Pause, bis ihr den Brief abgebt“, sagt Kevin, „wir messen direkt mal aus.“ Die drei „Messingenieure“ stürmen nach draußen. „Gut“, sagt Christine, „dann treffen sich die Kinder, die beim Garten mitmachen wollen nach der Pause wieder im Kreis. Wir lesen euch dann den neuen Brief noch mal vor.“

Die nächsten Tage sind geprägt vom „Garten-Projekt“ der Kinder. Nachdem der Schulleiter unter der Auflage zugestimmt hatte, dass er die schriftliche Versicherung der Kinder bekommt, dass sie den Garten nach ihrem Schulabgang wieder in Rasen umwandeln, ging es so richtig los. Svens Opa ist in die Schule gekommen und hat den Kindern erzählt, wie er seine Beete im Schrebergarten angelegt hat. Nachdem ein paar Kinder den Rasen umgegraben hatten, ist Bennos Mutter einen Tag vorbeigekommen, um den Kindern beim Einpflanzen zu helfen. Vorher haben Annika, Christine, Timo und Sandra sich nachmittags von Sandras Mutter mit in die Stadt nehmen lassen und sich in der Samenhandlung nach Samen erkundigt. Dort haben sie den Rat bekommen, doch lieber vorgezogene Pflänzchen zu kaufen. Bewaffnet mit 50 DM, die die Kinder aus ihrem Taschengeld zusammengesammelt haben (ergänzt durch 20 DM aus der Kasse des Fördervereins der Schule, den sie auch angeschrieben haben), haben sie dann verschiedene Gemüse und Obstsorten gekauft – zusätzlich zu den Pflanzen, die Kinder aus den eigenen Gärten mitgebracht haben.

Aber nicht nur draußen, sondern auch in der Klasse war immer viel los. Kevins Ausmessen und Aufzeichnen des Garten-Plans hat die Kinder so fasziniert, dass viele angefangen haben, alle möglichen Pläne zu zeichnen. Zuerst Gartenpläne, dann einen Plan vom Klassenzimmer und danach sogar einen Plan von der Schule – den sogar Herr Fröbler erkannt hat, der ihnen dann die originalen Schulpläne aus dem Archiv zum Vergleich in die Klasse mitgegeben hat. Patricks Forschungen nach dem größten Obst haben einige Kinder ihre Guinness-Bücher mitbringen lassen, deren Rekordbeschreibungen sie dann zu unzähligen Rechengeschichten angeregt haben. Patrick selber hat eine Gruppe gegründet, die Obst- und Gemüserekorde genau im Maßstab 1 : 1 auf Plakaten aufgezeichnet hat. Özmir hat den Film „Dennis“ mitgebracht, und Mr. Wilsons Gartenbesessenheit haben zusammen mit Dennis Hang zum Chaos ein ganzes Buch von Fortsetzungsgeschichten entstehen lassen. Stephanies und Markus Interesse am möglichen Ertragsgewinn eines Obst- bzw. Gemüsegartens sind in einen selbstgefertigten und ausgestatteten Verkaufsladen gemündet, in dem alle Kinder der Klasse schon Obst und Gemüse einkaufen konnten, bevor draußen überhaupt gesät worden ist. Interessant waren die Dokumentationen der Kinder, die jeden Einkaufs- und Verkaufsschritt festgehalten haben – sogar Karin und Dina, die nun wirklich nichts fürs Rechnen übrig haben, haben jeden ihrer Einkaufsgänge sorgfältig dokumentiert und bestimmt noch nie so viel so schnell ausgerechnet wie dabei. Daneben haben sie eine tolle Obstausstellung mit Plakaten und Collagen gemacht, die sie mit eigenen Texten bzw. Auszügen aus dem Lexikon versehen haben. Vor allem bei exotischen Früchten wie der Ananas waren die Kinder erstaunt, wie diese wachsen.

> Projekte helfen, soziale Regeln des Miteinander-Lernens zwischen dem einzelnen und der Gruppe zu entwickeln.
>
> Sie erlauben Kindern durch die Fülle der praktischen Möglichkeiten individuellen Neigungen und Interessen zu folgen.
>
> Sie führen zu neuen, häufig in Lehrplänen nicht enthaltenen Erkenntnissen und Wissenszusammenhängen.
>
> Sie fördern die Fähigkeit, auch andere als die eigenen Perspektiven, Erfahrungen, Meinungen zu einem Lerngegenstand zu akzeptieren.
>
> Sie fordern aktives Lernen heraus und ermutigen zur Selbstgestaltung der Arbeit. (Wallrabenstein 1991, 102f.)

Oben wurde schon die Schwierigkeit der Umsetzung der hehren Ziele des Projektunterrichts angesprochen. Es kann gut sein, dass sich auch innerhalb des Projektunterrichts didaktische Prinzipien gegenseitig behindern bzw. vielleicht sogar ausschließen. So wird gerade dem Projektunterricht immer die Forderung nach Gemeinsamkeit unterstellt. Projekte werden als gemeinsame Tätigkeit einer Gruppe gesehen, im Vordergrund steht das gemeinsame Lösen eines Problems, die gemeinsame Fertigstellung einer Sache. Schon hier ergibt sich u. U. ein Widerspruch zur Forderung des „mit ganzem Herzen“ vollzogenen Tuns des Einzelnen, denn die Motivation des Einzelnen hat natürlich nichts mit einem Gruppenbeschluss zu tun – vor allem dann nicht, wenn dieser keinem wirklichen Konsens entspringt. Insofern ist die Vorstellung einer von allen Beteiligten gleich getragenen Entscheidung für ein Projekt sicherlich immer eine Fiktion, die auch durch Ver- oder Anordnungen des Lehrers nicht realer wird. Vielleicht ist die Durchführung eines „echten“ Projektunterrichts mit diesen hehren Zielen einfach in einer normalen Klasse gar nicht machbar? Vielleicht gibt es die Probleme, die alle Schüler „mit ganzem Herzen angehen“, gar nicht?

Wie wäre es dann aber als Alternative zum Missbrauch des Projektbegriffes durch eine lehrerinitiierte Unterrichtsreihe mit der Möglichkeit, dass die Schüler eigene Projekte machen dürfen? Vielleicht steht uns ein falscher Begriff von „Gemeinschaft“ im Sinne, aus dem wir immer abzuleiten scheinen, dass alle dasselbe machen (und gut finden) müssen. Können sich die Kinder einzeln oder in Gruppen mit Themen beschäftigen, die sie „mit ganzem Herzen angehen“, so haben wir einen Projektunterricht, der seinen Zielen gerecht wird. Gemeinschaft und Austausch ergeben sich während der Arbeit von alleine, auch dann, wenn nicht alle an derselben Sache arbeiten. Auch muss es keine feste Abfolge von „Beabsichtigen“, „Planen“, „Ausführen“ und „Beurteilen“ geben, wenn die Tätigkeiten durch Eigenmotivation und Zielorientierung immer der Reflektion durch den Lernenden selbst bzw. den Austausch mit anderen gegeben ist. Und was ist das anderes als Offener Unterricht?

1.3.2 Werkstattunterricht und Stationslernen

Als Annika nach den Ferien wieder in die Schule kommt und die Kinder über ihre Urlaubserlebnisse berichten sollen, erzählt sie von Christine und dem anderen Unterricht, den sie in den Ferien erlebt hat. Während ihre Klassenkameraden nicht glauben können, dass sie von einer normalen Schule gesprochen hat – und die meisten auch bezweifeln, dass Schule so sein kann bzw. dass man so lernen kann – hört Annikas Lehrerin gespannt zu. „Wisst ihr, ich glaube ja schon, dass Schule so funktionieren kann. Es gibt wirklich ein paar Leute, die so Schule machen und ich glaube auch, dass das irgendwie klappt. Ich würde das auch gerne so machen. Aber so ganz traue ich mich nicht, euch den Wochenplan und die Freie Arbeit zu überlassen. Aber wie wäre es denn, wenn wir die nächste Werkstatt einfach mal zusammen planen und vorbereiten? Ihr macht dann eigene Angebote, die ihr selber als Chefs betreuen könnt und die die anderen Kinder dann bearbeiten. Wäre das nicht eine Idee?" Die Kinder sind begeistert. Annika fragt: „Was für ein Thema hat die Werkstatt denn?" „Hmmh, ich weiß noch nicht. Ich dachte schon mal daran, etwas zum Thema Herbst zu machen. Da habe ich eine schöne Werkstatt als Kopiervorlage. Ich habe noch nicht genau hineingesehen, aber das könnten wir dann bestimmt so ähnlich machen wie die Werkstatt „Vom Korn zum Brot" von den Studentinnen. Die Begeisterung der Kinder hält sich in Grenzen. „Das mit der Mühle basteln war zwar gut, aber irgendwie war die Werkstatt auch langweilig mit den ganzen Arbeitsblättern und Geschichten, die man abschreiben musste." „Gut, dann hole ich jetzt mal meine Mappen aus dem Lehrerzimmer, vielleicht finden wir ja ein anderes Thema, das euch besser gefällt."

Um es kurz zu machen: Am besten gefielen den Kindern die vielen Versuche, die in den Unterlagen zum Thema „Wasser" vorgeschlagen wurden. Als Hausaufgabe sollten die Kinder alles sammeln, was mit diesem Thema zu tun hat: Gegenstände, Experimente, Bücher usw. Am nächsten Tag hatte die Lehrerin eine große Pinnwand in den Sitzkreis gestellt, die sie mit blauem Tonpapier ausgelegt hatte. „Sagt mal, was fällt euch denn alles zum Thema Wasser ein? Schreibt mal auf die Zettel und heftet die dann bitte an die Pinnwand. Fragen auf die linke Seite und Vorschläge zu Werkstattangeboten auf die rechte Seite." Die Kinder setzen sich an ihre Tische und schreiben: Woraus besteht Wasser? Wie kommt das Wasser in die Leitung? Durch was muss das Wasser alles laufen, bevor es aus der Dusche kommt? Woher kommt die Spucke? Entsteht ein Fluss aus einer Pfütze? Wo kommt das Wasser hin, wenn der Fluss zu Ende ist? Wie viel Wasser ist in einer Wassermelone? Wie viel Wasser ist in Cola drin? Warum fließt das Wasser aus dem Kran gerade und nicht kreuz und quer? Kann ein mit Wasser gefüllter Luftballon schwimmen? Schwimmt ein mit warmem Wasser gefüllter Ballon länger als ein mit kaltem Wasser gefüllter? Wie viel Geld passt in ein volles Glas mit Wasser? Woraus bestehen Eiszapfen? Wann geht ein Brett unter, wenn man Metall drauflegt? Hat man im Film echtes Wasser? Wie kommen die Schuppen an den Regenbogenfisch? Wassertiere bauen. Eis machen. Ratespiele zu Wasser machen. Blumen bunt machen. Wassergeräusche aufnehmen und raten. Buntes Wasser wieder klar machen. Eine Landschaft mit Fluss und Steinen bauen. Wassertemperaturen fühlen. Sachen in Wasser auflösen. Ein Wassermotorrad bauen … Die Lehrerin ist erstaunt: „Ich hätte nicht gedacht, dass euch so viel einfällt. Klasse!“

In den nächsten Tagen geht es in Annikas Klasse drunter und drüber. Wesentlich mehr Kinder als sonst sind jetzt schon um halb acht an der Arbeit und bereiten ihre Werkstattangebote vor. Sonja, Alex und Martina haben mehrere Tragetaschen voller Sachbücher aus der Bücherei besorgt. „Alle Bücher, die zum Thema Wasser da waren!“, sagen sie stolz. Da gibt es haufenweise Bücher mit allen möglichen Experimenten, zwei Bücher zum Mikroskopieren, eine ganze Reihe über Boote, fünf Bücher über Wetter und ein Buch, in dem die ganze Strecke eines Flusses von der Quelle bis zur Mündung aufgemalt und beschrieben ist. Als Annika dann noch einen dicken Bildband über den Rhein von den Gletschern der Alpen bis zum Rhein-Maas-Delta findet, ruft sie: „Toll, das wollte doch Toni wissen wie das mit dem Fluss ist. Ich geb ihm die beiden Bücher direkt mal.“ Alle Kinder sind irgendwie beschäftigt. Als letzter kommt Robbi erst um halb neun, dafür aber mit Mutter, Auto und einem großen Aquarium. „Stichlinge habe ich auch schon gefangen. Die bring ich morgen mit, wenn wir das Aquarium eingerichtet haben.“, berichtet er strahlend.

Nach rund einer Woche Arbeit steht die Kinder-Wasser-Werkstatt dann. Es gibt die verschiedensten Angebote: Eine Wasserleitung bauen, Versuche zu kommu nizierenden Röhren machen, die Schwimmfähigkeit und die Schwimmdauer aller möglicher Gegenstände untersuchen, verschieden dicke Brettchen solange mit Pfennigen beschweren, bis sie untergehen, Boote bauen, in ein volles Glas noch möglichst viele Pfennige einbringen, Metall auf Wasser schwimmen lassen, Wasser nach oben steigen lassen, Wasserarten mit dem Mikroskop untersuchen, Wasser-Geräusche hören und Bildern zuordnen, eigene Wassergeräusche mit dem Kassettenrekorder aufnehmen, durch Probieren herausfinden, wonach die Wasserproben schmekken, die Konzentration von Zuckerwasser schmecken und ordnen, trockene und nasse Sachen vergleichen, Sachen wasserdicht machen, heiße und kalte Sachen fühlen. Dazu haben ein paar Kinder alle möglichen Geschichten zu Wasser aus den Geschichtenbüchern gesucht und Arbeitsblätter zum Lesen, Ausmalen und Raten gemacht.

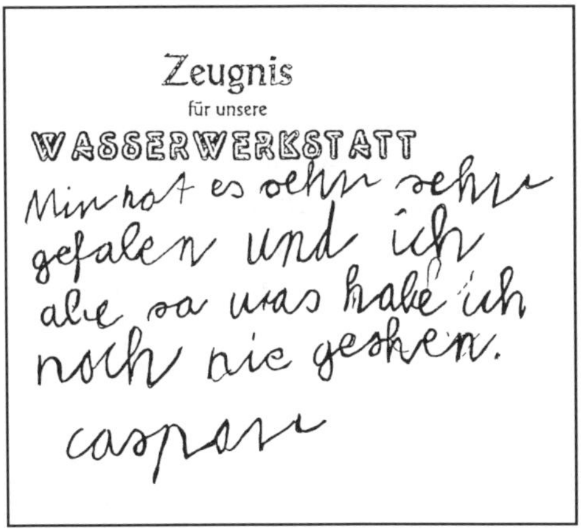
Zeugnis
für unsere
WASSERWERKSTATT
Mir hat es sehr sehr
gefalen und ich
ale sa was habe ich
noch nie gesehen.
caspar

Marie hat sogar ein Wasserlied gedichtet und mit ihrer Wasserorgel aus verschieden hoch gefüllten Flaschen vertont. Dazu ist ein großes Wassermuseum entstanden, das sich jeden Tag mehr und mehr füllt: Von Meeres-Urlaubspostkarten über alte Duschköpfe bis hin zum echten Nordseewasser und einem Surfbrett aus Styropor ist alles vorhanden. Die Begeisterung der Kinder hat zweifelsohne auch auf die Eltern umgeschlagen, die immer wieder Transportfahrten in die Schule oder zur Bücherei unternehmen müssen. (Entsprechend positiv wird der „neue Unterricht“ dann auch am „Elternstammtisch“ diskutiert.)

Während Reichen die Selbststeuerung des Schülers in seinem Konzept des Werkstattunterrichtes – ganz im Gegensatz zu seinem höchst offenen Konzept „Lesen durch Schreiben“ (Reichen 1982; 2001) – vor allem auf das selbstständige Bearbeiten der vom Lehrer vorgegebenen Angebote bzw. die Beteiligung an der organisatorischen Durchführung des Unterrichts durch das „Chefprinzip“ beschränkt, wurde schon oben in der Auflistung der Kriterien zur Überprüfung der Werkstattangebote ansatzweise der Einbezug der Schüler in die Planung und Durchführung von Werkstätten aufgenommen:

- Können sich die Schüler mit eigenen Ideen an der Werkstatt beteiligen? [...]
- Lassen die Aufträge Gestaltungsmöglichkeiten oder wird alles vorgegeben?
- Beinhaltet die Werkstatt nur obligatorische Angebote oder auch offene 'Leerangebote'? (Vgl. Peschel 1998c, 3)

So kann der stärkere Einbezug der Kinder in den Prozess der Planung, Aufbereitung und Durchführung von Werkstätten und Stationsbetrieben diesen Unterrichtsformen eine ganz neue Qualitätsstufe verleihen. Die Schüler können durch die Erstellung eigener Angebote für die Werkstatt Planungskompetenzen erlernen, die auf wesentlich höherem Niveau sind als die einfache Bearbeitung eines Angebotes: die Schüler müssen Informationen und Ideen sammeln, auf ihre Machbarkeit hin prüfen, sich Material besorgen, dieses aufbereiten, Arbeitsaufträge formulieren, Überprüfungsmodi finden. Als durchgehendes Unterrichtsprinzip erfordert dieses Vorgehen einen hohen Anspruch an die Tätigkeiten der Schüler, die Angebote entwickeln müssen, die die anderen Schüler motivieren und dazu noch sachlich richtig und didaktisch sinnvoll sind. Sicherlich eine hohe Anforderung, aber keine, die nicht leistbar wäre, wenngleich diese Form des Unterrichtes sehr selten zu finden ist. (Vgl. i. F. auch Peschel 2000a)

Allerdings muss man bei einer solchen Unterrichtsgestaltung bedenken, dass es bei diesen Kompetenzen weniger um die Kompetenzen eines autonomen Lernenden geht, sondern eher um das Delegieren der Vorbereitungsarbeit des Lehrers an die Schüler. Um nicht missverstanden zu werden, möchte ich ausdrücklich betonen, dass ich den Einbezug der Schüler in die Entstehung und Durchführung solcher Unterrichtssequenzen für unabdingbar halte, aber man muss sich als Lehrender klar darüber sein, dass es sich hier um eine Maßnahme handelt, die dem Lernenden nicht wirklich mehr Verantwortung und Selbstständigkeit *beim Lernen* zugesteht. Der Lehrer hat nach wie vor die Fäden in der Hand, und durch die vorgegebenen Materialien ist auch der Lernweg der Schüler vorprogrammiert – offene Aufgabenstellungen werden auch hier eher selten vorkommen. Bei der Bearbeitung des Angebots macht es zwar bestimmt motivational einen Unterschied, ob ich das Angebot eines Lehrers oder das eines Klassenkameraden bearbeite, lerntheoretisch bleibt dieser Teil der Werkstattarbeit aber gleichsam geschlossen. Sinn macht diese Form der Planungsbeteiligung dann, wenn ich entweder ein sehr offenes Fach bzw. Teilgebiet eines Faches habe, so dass die Schüler aus sich heraus „offene" Angebote, das heißt Angebote ohne Lösungsvorgaben, entwickeln können, oder wenn ich ein festes Ziel, z. B. eine Übungssequenz oder einen zu automatisierenden Inhalt im Auge habe. Ansonsten besteht leicht die Gefahr, sich mit einem verhältnismäßig geringen Einbezug der Schüler zufrieden zu geben und die lerntheoretisch viel wichtigere Methodenfreiheit auf Seiten des Schülers außen vor zu lassen.

Eine Alternative, um wirklich zu einem autonomen Lernen hinzuführen, wäre die Überlegung, ob sich die Werkstatt- oder Stationsarbeit nicht durch den Verzicht auf umfangreiche oder obligatorische Vorgaben in Richtung individueller Miniprojekte einzelner Kinder oder Kindergruppen entwickeln könnte. Der dem Werkstattunterricht eigene Freiraum bezüglich Inhaltsauswahl, Zeit, Ort, Sozial- und Arbeitsform könnte hier zusammen mit dem verantwortlichen „Chefprinzip" eine tragfähige Grundlage bieten, offene Werkstattarbeit als durchgehendes Unterrichtsprinzip in die Hand der Kinder zu legen. Der Lehrer kann dann durch eigene Angebotsvorschläge Impulse und Arbeitsideen einfließen lassen, ohne damit die Eigenverantwortung der Kinder für ihre Eigenproduktionen zu berühren. Wie war das noch? Der Übergang zum Offenen Unterricht ist fließend ...

1.3.3 Von offenen Unterrichtsformen zum Offenen Unterricht

Die angesprochene stärkere Orientierung und Reflexion der den offenen Unterrichtsformen zu Grunde liegenden didaktischen Prinzipien führt zwangsläufig zu ihrer qualitativen Weiterentwicklung. Vor diesem Hintergrund wird der vom Lehrer vorgegebene Arbeitsplan zur vom Schüler selbst zusammengestellten und mit dem Lehrer abgesprochenen Notation der eigenen Vorhaben. Die Freie Arbeit wird vom Griff zur spielerischen Beschäftigung mit den Materialien aus dem Arbeitsmittelregal zum anspruchsvollen Verfolgen und Erarbeiten eigener Themenstellungen. Der Projektunterricht wandelt sich von der Hobbyaktion zur herausfordernden Lösung eines Problems oder zur komplexen Durchführung einer Aktion. Und die Aufbereitung eigener Angebote für Lernstationen oder Werkstätten wird zum gemeinsamen Klassenvorhaben mit kontinuierlichem gegenseitigen Austausch über Inhalte, Zugangsweisen und Aufgabenqualität.

In dieser Form gehen Tages- und Wochenpläne, Projekte usw. in die Freie Arbeit bzw. letztendlich in einen Offenen Unterricht über, in dem die Lernwege der Kinder freigegeben sind und in dem auch inhaltlich eine größtmögliche Freiheit bzw. Mitbestimmungsmöglichkeit besteht. Die Gestaltung der Differenzierung wird vom Lehrer auf den Schüler übertragen, es findet ein Rollenwechsel statt, der den Lernenden zum Aktiven und den Lehrer zum Begleiter macht. Erst jetzt wird wirklich die Selbstständigkeit und Eigenverantwortlichkeit des Schülers geschult und der oft vorzufindenden „Konsum-" bzw. „Aberledigungshaltung" tatsächlich entgegengewirkt. Der Unterricht wird als Raum für die eigenaktive

Auseinandersetzung mit selbstgewählten Inhalten verstanden. Die Schüler denken sich ein Thema aus, dem sie sich widmen wollen, sammeln sich hierzu Literatur, Modelle und andere Informationen und bearbeiten dieses Thema dann alleine oder gemeinsam. Die von den Kindern gewählten Inhalte und die eigenen Vorgehensweisen sind dann Gesprächsgrundlage für spannende (und konstruktive) Gespräche der Kinder untereinander bzw. mit dem Lehrer. Etwaige Arbeitspläne wandeln sich von der Vorgabe zur individuellen Organisationshilfe für den, der sie benötigt. Über kurz oder lang nutzen nur noch die Kinder solche Pläne, die den dadurch entstandenen Halt wirklich benötigen (z. B. als „Lernverträge" mit sich selbst, dem Lehrer oder der Klasse). Wer ohne Plan arbeiten kann, kann nicht weniger, sondern mehr als der, der einen Plan braucht. Da nun so ziemlich alle aktuellen „offenen" Arbeitsformen in die Richtung eines Offenen Unterrichts weiterentwickelt worden sind, liegt es nahe, vor der konkreten Beschäftigung mit diesem Konzept zumindest den Versuch einer gewissen Greifbarkeit und Analysierbarkeit „offener" Unterrichtssituationen zu entwickeln.

2 Was ist überhaupt offener Unterricht? – Das Problem eines wissenschaftlichen Zugangs

Die Wurzeln des offenen Unterrichts sind vielfältig und entstammen den unterschiedlichsten Bereichen. Was es mit Sicherheit nicht gibt, ist eine lineare, durchgängige Entwicklung des offenen Unterrichts, ausgehend von einer bestimmten Idee und Vorstellung von Schule, die sich dann zielgerichtet weiterentwickelt hat. Vielmehr stellt sich der Terminus „offener Unterricht“ eher als ein Sammelbegriff für Alternativen zum (jeweils herrschenden) traditionellen Unterrichtsverständnis denn als Beschreibung einheitlicher Vorstellungen dar. Eiko Jürgens (vgl. 1994a, 24) z. B. bezeichnet daher den offenen Unterricht analog zur Reformpädagogik als eine „Bewegung“. Dadurch wird betont, dass offener Unterricht eine dynamische Angelegenheit ist und eine Bündelung vielfältiger Ideen und Interessen von Personen widerspiegelt, die aus unterschiedlichsten Motiven und mit unterschiedlichsten Begründungen Schule „öffnen“ wollen.

Gerade diese Tatsache macht aber wiederum deutlich, dass es sich eigentlich nur sehr vordergründig um eine gemeinsame bzw. „geschlossene“ Bewegung handelt, sondern eher um eine Zusammenfassung ganz verschieden legitimierter und daher auch verschieden auslegbarer Vorstellungen von „Offenheit“. Zusätzlich zu den Bedürfnissen und Vorstellungen des Einzelnen werden die verschiedenen Ansätze und Strömungen einer Öffnung des Unterrichts durch ganz unterschiedliche Wissenschaften legitimiert bzw. sind davon abhängig: die Reformpädagogik vor allem von Philosophie und Anthropologie, die Curriculare Didaktik von der Lernpsychologie, die Emanzipatorische Didaktik von der Soziologie und die kommunikative Didaktik von der Sozialpsychologie (vgl. Kunert 1978, 53). Der Begriff „Bewegung“ ist daher eher als Aktivitätsaufruf denn als Zusammenschluss Gleichgesinnter zu verstehen.

Dies hat zur Folge, dass es innerhalb der Diskussion um „offenen Unterricht“ weder eine einheitliche Vorstellung von der eigentlich angestrebten „Offenheit“ gibt noch überhaupt mit einem gleichgearteten Begriffsverständnis gearbeitet wird. Daraus resultieren dann die üblichen zirkularen Diskussionen, die durch unterschiedlich interpretierte Begriffe auch dort Übereinstimmungen erscheinen lassen, wo eigentlich eher konträre Vorstellungen geäußert werden. Um wenigstens ansatzweise eine Klarheit über das hier vertretene Begriffsverständnis zu schaffen, erscheint es sinnvoll, zumindest die allerwichtigsten Ursprünge des „Konglomerates“ der historischen Einflüsse, die offenen Unterricht bedingt haben, aus heutiger Sicht zu beschreiben:

2.1 Wurzeln, Vorläufer und Legitimationen offenen Unterrichts

Zunächst wird man bei den Vorläufern offenen Unterrichts an die Reformpädagogik denken, deren Vertreter durch die Betonung eines Denkens „vom Kinde aus“ die Vorstellung einer „Schule für Kinder“ sowohl theoretisch als auch praktisch entscheidend beeinflusst haben. Dabei war auch die Reformpädagogik keine „Bewegung“ Gleichgesinnter, sondern eher Oberbegriff vielfältigster „Strömungen“, die sich selbst zwar auch „Bewegungen“ nannten (Kunsterziehungsbewegung, Arbeitsschulbewegung usw.), in denen aber zum Teil sehr unterschiedliche, miteinander konkurrierende Richtungen vertreten waren. Auf ihren unterschiedlichen Konzepten basieren die entsprechend geprägten Regel- und Alternativschulen (z. B. Montessori-, Petersen-, Freinet- und Waldorfschulen).

Eine andere Art von Alternativschultradition können mittlerweile die „Freien Alternativschulen“ aufzeigen, die Anfang der siebziger Jahre aus den antiautoritären Erziehungsansätzen hervorgegangen sind. Das In-Frage-Stellen der bisherigen Unterrichtspraxis war zur damaligen Zeit aber nicht nur einzelnen „Revolutionären“ vorbehalten, sondern spiegelte auch allgemein die wissenschaftliche Diskussion wider. Die Eröffnung des Weltraumzeitalters durch die erfolgreiche Platzierung des russischen Erdsatelliten „Sputnik“ im Jahre 1957 löste bei den westlichen Mächten den danach benannten „Sputnik-Schock“ aus – und die Forderung nach einem Bildungssystem, von dem man mehr und frühere „Wissenschaftsorientierung“ forderte. Veränderte gesellschaftliche Rahmenbedingungen sowie neue pädagogische und lernpsychologische Erkenntnisse ließen Kritik an ungenügender Differenzierung, unwissenschaftlicher Kindertümelei durch „Heile-Welt-Darstellungen“ und gekünstelter „ganzheitlicher“ Fächerverknüpfung laut werden. Hier wurden vom Deutschen Bildungsrat unter Berücksichtigung von ausländischen Erfahrungen (vornehmlich der USA) die Grundlagen für innovative Schulbemühung gelegt. Zustande kamen sehr „fortschrittliche“ Richtlinien, die ein hohes Maß an Differenzierung bzw. Individualisierung im Unterricht forderten. Fast widersprüchlich dazu waren aber die Ergebnisse der Lehrplankommissionen, die die allgemein geforderte „Wissenschaftsorientierung“ durch behavioristisch orientierte, kleinschrittige Stundenvorgaben in den Lehrplänen umzusetzen versuchten. Bedingt durch diese neue „Geschlossenheit“ machte sich dann allerdings schnell die Forderung nach wirklich „handlungsorientierten“ bzw. „offenen“, vor Ort beeinflussbaren Curricula laut. Hier gaben dann vor allem englische Projekte wie z. B. „Science 5/13“ (vgl. Schwedes 1976) Denkanstöße. Diese Idee „offener“ Curricula spiegelt sich auch in den zurzeit gültigen Richtlinien und Lehrplänen wieder.

Das heutige Verständnis von offenem Unterricht entspringt also einem langen Prozess unterschiedlichster Einflüsse. Stark religiös- (Montessori) und führungsgeprägte Konzepte (Petersen, Montessori) stehen dabei neben Auffassungen, die eine Beeinflussung durch religiös oder nationalistisch geprägte Erziehung vermeiden und Lehrerautorität relativieren wollen (Freinet, Neill, Antiautoritäre Erziehung), oder letztendlich sogar von einer „Entschulung der Gesellschaft“ (Illich) sprechen. Offener Unterricht, so wie er sich heute darstellt, entspricht daher keiner der oben angedeuteten Theorien. Er ist einer dauernden Weiterentwicklung ausgesetzt, die zumindest ab und zu eine Bestandsaufnahme erforderlich macht.

So scheinen gerade die Forschungsbemühungen der letzten Jahre eine ganz wichtige Begründung für offenen Unterricht zu liefern: Seit einiger Zeit sorgt der (gar nicht so neue) sogenannte „radikale Konstruktivismus“ für einen Paradigmenwechsel in der Didaktik. Obwohl die Erkenntnis, dass Lernen immer ein Prozess des eigenen Konstruierens ist, so erst einmal noch nichts über die Unterrichtssituation aussagt, in der diese Konstruktion am besten erfolgt, weicht die behavioristisch geprägte Vorstellung eines Lernens durch (Be-)Lehren zunehmend der lernpsychologischen Forderung nach einem aktiv-entdeckenden Lernen. Das hat wiederum vor allem auf der Seite der Wissensaneignung eine Abkehr von herkömmlichen Lernmethoden zur Folge. Nach der Proklamation einer verstärkten, *vom Lehrer ausgehenden* Differenzierung in den siebziger bzw. achtziger Jahren wird heute die allgemein-pädagogisch-didaktische Forderung nach individualisierendem, *vom Schüler selbst gesteuerten* Unterricht laut.

Dabei wird die Notwendigkeit der weitgehenden Freigabe sowohl der Lernmethode des Schülers, das heißt der Art, mit der er sich Wissen aneignet, als auch die Freigabe der Inhalte durch aktuelle fachdidaktische Konzepte und Forschungsergebnisse bestätigt. Die Öffnung des Unterrichts hielt in den letzten Jahren gerade über diesen Weg Einzug in die Schulen. Sie wird dabei nicht mehr nur von einigen „progressiv“ denkenden Lehrern als Leitmotiv ihres Unterrichts umgesetzt, sondern flächendeckend in Aus- und Weiterbildung gefordert – meist allerdings methodisch reduziert in der Form bestimmter fachdidaktischer Konzepte wie z. B. „Lesen durch Schreiben“ (vgl. Reichen 1982, 2001), dem „Spracherfahrungsansatz“ (Brügelmann / Brinkmann 1998) bzw. dem „Freien Schreiben“ im Sprachunterricht (Spitta 1988; 1992), „mathe 2000“ (Wittmann / Müller 1990; 1992) in der Mathematik oder als „Integrierender Sachunterricht“ bzw. in der Form von thematisch aufbereiteten „Lerngärten“ oder „Werkstätten“. *Unter dieser Voraussetzung und bei dieser Breitenwirkung muss „offener Unterricht“ aber endlich grob definiert und pädagogisch, soziologisch und psychologisch zumindest so begründet werden, dass die wichtigsten übergreifenden Richtziele allen Praktikern klar sind und die Grundlage für alle fachdidaktischen Umsetzungen bilden!*

Warum das bislang nur so völlig unzureichend erfolgt ist bzw. letztendlich überhaupt nur bis zu einem gewissen Grade erfolgen kann, hat vor allem mit der immerwährenden pädagogischen Grundfrage nach dem Grad der Erziehungsbedürftigkeit des Kindes, nach dem richtigen Verhältnis von Grenzen und Freiräumen, der Relation von Freiheit und Verbindlichkeit, zu tun. Die Beantwortung dieser Fragen ist aber nicht wissenschaftlich lösbar, sondern spiegelt als pädagogisch-philosophisches Problem immer in sehr hohem Maße das Menschenbild bzw. die Wahrnehmung des Betrachters wider, so dass alle pädagogischen Bemühungen letztendlich daran gemessen und interpretiert werden.

2.2 Das Problem: Definition und Messbarkeit offenen Unterrichts

Die Problematik, über „offenen Unterricht“ zu sprechen, beginnt schon auf der sprachlichen Ebene. Zunächst verlangt das Adjektiv „offen“ eine ganz andere Definition von Unterricht, als sie im Alltagsbewusstsein der meisten Menschen verankert zu sein scheint. Damit sich „offen“ und „Unterricht“ nicht gegenseitig antithetisch ausschließen, darf Unterricht nicht mehr als „Unterrichten“, als Belehren durch einen Lehrer aufgefasst werden. Vielleicht kann man sich in diesem Zusammenhang auch an den Ursprung des Wortes „Schule“ vom lateinischen „schola“ bzw. dem griechischen „schole“, dem Begriff für Muße und Ruhe, für „Innehalten in der Arbeit“, erinnern. Intensives und verstehendes Lernen erfolgt eher in Zeiten selbstregulierter Aktivitäten denn im 45-Minuten-Takt fremder Belehrungen und „Unterrichtungen“. Versteht man Schule als einen auf das Lernen des Individuums ausgerichteten Raum, so kann man Schule und Lernen nicht mehr einfach mit dem Besuch von Unterricht gleichsetzen (vgl. auch Peschel 1997b).

Der Begriff des „Offenen“ schafft aber auch innerhalb eines weiter gefassten Begriffs von Unterricht noch große Probleme. Lenzen kritisierte schon 1976 den Begriff der „offenen Curricula“ als nichtssagenden „Slogan“, dessen konstitutive Merkmale „Vagheit“ und „Unbestimmbarkeit“ sind, so dass keine intersubjektive Interpretation möglich ist, und damit die einzelnen inhaltlichen Entscheidungen weitgehend indiskutabel und unsinnig werden (vgl. Lenzen 1976, 144). Erscheint diese Folgerung wegen eines gewissen – allerdings schwer fassbaren – Konsenses über „offenen Unterricht“ letztendlich doch übertrieben, so mangelt es trotzdem auch 25 Jahre später noch an einer systematischen Fassung der unter „Offenheit“ bzw. „offenem Unterricht“ vertretenen Interpretationen bzw. Forderungen an die Unterrichtspraxis: Die „offenen Schulen“, die das „offene Lernen“ in den „offenen Klassen“ mit „offenen Aufgabenstellungen“ und „offenen Medien“ innerhalb der „offenen Lehrpläne“ bzw. „offenen Curricula“ betreiben, „öffnen“ sich nach außen und stellen sich schließlich der „offenen Evaluation“ (vgl. Nehles 1981, 9). Ende offen.

2.2.1 Die Bandbreite der Interpretationsmöglichkeiten und der Motive für offenen Unterricht

Recherchiert man einmal die Bandbreite der Verwendung des Begriffes „offener Unterricht“ bzw. seiner Synonyme, so scheint die größte Übereinstimmung in Bezug auf eine Definition darin zu bestehen, dass „offener Unterricht“ „schülerzentrierter Unterricht“ sein sollte (vgl. Jürgens 1994 a, 51). Diese Aussage ist natürlich im Hinblick auf eine Definition banal, denn beide Begriffe werden weitgehend gleichartig benutzt, obwohl der Begriff der Schülerzentrierung auch in Konzepten geschlosseneren Unterrichts auftauchen kann (Schülerorientierung oder „innere Differenzierung“ als eine bestimmte methodisch-didaktische Maßnahme des Lehrers, nicht als pädagogisch begründete, durchgängige Erziehungsphilosophie).

Nach dieser Übereinstimmung tun sich dann allerdings Welten zwischen den einzelnen Interpretationen auf: Die Bandbreite dessen, was als „offener Unterricht“ bezeichnet wird, geht

- von ‘der Offenlegung der Planung am Stundenanfang’ bis ‘Schüler entscheiden über ihr Lernen selbst’;
- von ‘der Berücksichtigung der Lebenswelt der Schüler’ bis ‘Schüler können individuelle Interessen verfolgen’;
- von ‘der Differenzierung durch den Lehrer’ bis zur ‘Individualisierung und Metakommunikation durch die Schüler’;
- von ‘Methodenvielfalt im Unterricht’ bis zu ‘selbstgelenktem, prozessorientiertem, problemlösendem Lernen’;
- von ‘Motivierungshilfen’ bis zur ‘Eigenverantwortung beim Lernen’;
- von ‘festen Umgangsformen, Regeln und Ritualen’ bis zur ‘Freisetzung gruppendynamischer Wirkungsfaktoren’ und ‘basisdemokratischen Entscheidungen’;
- von ‘lehrergelenktem Medieneinsatz’ bis zu ‘variablen Lernangeboten inner- und außerhalb der Schule’;
- von der Bereitstellung von ‘Aufgaben mit wachsendem Schwierigkeitsgrad’ bis zu ‘nicht stark an konventionellen Standards orientierten Inhalten’;
- von ‘wenig Tests’ bis ‘individuelle Lernberatung durch den Lehrer’;
- von ‘Wärme im Umgang mit dem Schüler’ bis zur ‘symmetrischen Kommunikation und Kooperation zwischen Lehrern und Schülern’;
- von ‘Beziehungsarbeit im Unterricht’ bis zur ‘Verneinung der Lehrerdominanz’.

Diese Liste ließe sich noch weiter fortsetzen. Vergleicht man einmal die jeweils erstgenannten Begriffe mit den zweitgenannten, so wird schnell deutlich, dass die erstgenannten Interpretationen eher als Mindestanforderung an Unterricht überhaupt gelten können denn unbedingt als Zeichen für „offenen Unterricht". Ihr Vorhandensein im Unterricht hat entsprechend wenig mit „offen" oder „geschlossen" zu tun als mit „gut" oder „schlecht". Das wird umso klarer, wenn man die Zielrichtung der zweitgenannten Begriffe damit vergleicht.

Zu dieser Bandbreite kommt dann noch die Interpretationsvariation innerhalb der einzelnen Punkte, wenn z. B. die „*Berücksichtigung* der Lebenswelt der Schüler" zum einen heißen kann, dass man das Diktat „Bei uns zu Hause" auswendig lernen lässt, oder aber zum anderen, dass die Kinder im Unterricht eigene Fragen an ihre Umwelt mit selbst mitgebrachtem Material eigenständig verfolgen können. Das drückt anschaulich das Problem aus, mit dem die Forschung über offenen Unterricht seit Jahrzehnten kämpft: Die fehlende Definition dessen, was als „offen" bezeichnet wird, erlaubt es, fast jede Unterrichtssituation nahezu völlig beliebig als offen oder als geschlossen zu werten – und somit auch jedes gewünschte Forschungsergebnis zu erzielen. Giaconia und Hedges drükken dies in ihrer vielbeachteten Meta-Untersuchung über offenen Unterricht so aus: „The identification of generell effects for open education is complicated by the fact that open education is not a single, well defined treatment." (Giaconia / Hedges 1982, 579)

Diese Verschiedenartigkeit der theoretischen und praktischen Positionen findet man auch dann wieder, wenn man die Schwerpunkte und Motive zusammenstellt, die sich bei den einzelnen Autoren hinter dem Begriff „offener Unterricht" verbergen. Dabei sind die einzelnen Positionen auch hier nicht ausschließlich, sondern oft additiv zu verstehen.

„Offener Unterricht" stellt sich demzufolge dar:

- als Zusammenfassung verschiedener pädagogischer Strömungen, als pädagogische (Gegen-)Bewegung, als historische Entwicklung, als pädagogische Grundeinstellung, als verfassungsrechtliche Forderung nach möglichst wenig „Gewaltverhältnissen";
- als prozessorientierte Zielvorstellung, das heißt als Mittel zum Zweck, um z. B. Selbständigkeit, Emanzipation oder Demokratieverständnis zu erreichen;
- als Bündelungskonzept aktueller unterrichtsmethodischer Prinzipien auf Grund aktueller wissenschaftlicher Forderungen (veränderte Kindheit, personenzentrierte Psychologie, Berücksichtigung der verschiedenen Lernkanäle, Kreativitätsforschung);
- als anzustrebendes idealtypisches Konzept mit der Anregung zur inhaltlichen, methodischen und organisatorischen Öffnung, bei der die Offenheit selbst das Ziel darstellt;
- als Öffnung des Unterrichts nach außen, als Forderung nach „Gemeinwesenorientierung";

- als Wunsch bzw. Verwirklichung einer schöneren Schüler-Lehrer-Schulbeziehung durch „schülerorientierte" Elemente (Wärme, Geborgenheit, Schulgemeinschaft, Lebensschule) – *bzw. als notgedrungene Reaktion auf die „veränderte Kindheit"?;*
- als Oberbegriff für einzelne „Handlungsformen" bzw. als Methodenrepertoire (Freie Arbeit, Wochenplanunterricht, Projektunterricht, Kreisphasen);
- als durchgehendes Unterrichtskonzept, als Unterrichtsstil, als konkrete Utopie (Freinet-Pädagogik, auch das im Weiteren vorgestellte Gesamtkonzept „Offenen Unterrichts").

Hält man sich diese Fülle von Zugängen bzw. Interpretationsmöglichkeiten von „offenem Unterricht" vor Augen, so erscheint es nicht länger verwunderlich, dass die adäquate Umsetzung in der Schule trotz der richtliniengemäßen Vorgaben so unbefriedigend ist. Vielleicht ist der Begriff des „offenen Unterrichts" zu offen?

2.2.2 Sollte es eine Definition für offenen Unterricht geben – oder nicht?

Während z.B. Kasper die Notwendigkeit einer Definition generell in Frage stellt: „Offenen Unterricht definieren zu wollen, ist ein Widerspruch in sich selbst" (Kasper 1989, 5) und Haarmann zugibt „Für die Öffnung des Unterrichts haben wir kein Rezept, kein Modell, keine Gebrauchsanweisung, keine Parameter" (Haarmann 1989, 118), sehen wiederum andere Autoren wie z.B. Wallrabenstein den offenen Unterricht schon als ausreichend definiert an:

> Inzwischen zeichnet sich jedoch vor dem Hintergrund einer fast zwanzigjährigen Auseinandersetzung um „Offene Curricula", „Offenen Unterricht", „Offene Schule" in der Bundesrepublik eine weitreichende Übereinstimmung im Bereich der Definition ab. Auf der Grundlage verschiedener Vorschläge (u.a. Benner 1989, Kasper 1988 [1989; FP], Ramseger 1987) möchte ich Offenen Unterricht kennzeichnen als Sammelbegriff für verschiedene Reformansätze in vielfältigen Formen inhaltlicher, methodischer und organisatorischer Öffnung mit dem Ziel eines veränderten Umgangs mit dem Kind auf der Grundlage eines veränderten Lernbegriffs. (Wallrabenstein 1991, 54)

Diese Autoren möchten den Lehrern dieselbe Freiheit im Umgang mit dem Begriff des „offenen Unterrichts" bzw. dessen Umsetzung gewähren, wie sie es in diesem Unterricht für die Schüler fordern. Sennlaub drückt das so aus:

> Ich werde mich an der Diskussion, was denn rechte Freiarbeit sei, nicht beteiligen. Und welche Art Wochenplanarbeit wem warum genehm ist, halte ich für ganz und gar uninteressant. [...] Diese Diskussion kann uns nur schaden. Die da mitdisputieren, übersehen, meine ich, etwas Entscheidendes. Man kann nicht sagen: Kinder sind unterschiedlich, und gleichzeitig so tun als seien Lehrer(innen) gleich. (Sennlaub 1990[5], 11)

Aber vielleicht sollte man das mittlerweile doch anders sehen? Winkel formuliert es so:

> In dieser Müllschlucker-Definition ist mittlerweile so alles hineingeworfen worden, was reformpädagogisch Rang und Namen hat: Von der Freiarbeit über den Stuhlkreis bis hin zum Epochenunterricht und die Stadtteilschule. [...]
>
> Offener Unterricht chaotisiert in seiner eigenen Maßlosigkeit, wenn er versäumt. präzise anzugeben, wann und wo er sich gegenüber welchen Gegebenheiten bzw. Möglichkeiten öffnet und schließt. (Winkel 1993, 12f.)

Betrachtet man die Trägheit, mit der offener Unterricht Einzug in die Schulen hält, und untersucht dann noch, in welcher Form er tatsächlich umgesetzt wird (vgl. Brügelmann 1997b), so bleibt nicht viel von den hehren Idealen übrig, die überall als Begründung für offenen Unterricht dienen (vgl. Peschel 1995a). Viel eher muss man davon ausgehen, dass die „bemerkenswerten, im Alltag verwirklichten Öffnungsversuche" und der durch die „führenden Grundschulzeitschriften vermittelte Eindruck einer euphorischen Aufbruchstimmung" die – vielleicht noch nicht einmal durchgängige – Praxis einer kleinen Gruppe „hochengagierter Persönlichkeiten" darstellt, die in wenigen Reformklassen an einzelnen Grundschulen ihre besondere Pädagogik leben (vgl. Hagstedt 1992, 367f.). Hagstedt nimmt an, dass die veröffentlichten Beispiele offenen, projektorientierten Unterrichts zu wenigstens 95% aus ca. 50 allseits bekannten Reformschulen mit besonderem Status (Versuchs- und Modellschulen) kommen. Auch – der sonst so optimistische – Brügelmann bezeugt: „Die (wenigen) empirischen Untersuchungen stimmen eher pessimistisch: je nach Härte des Kriteriums sind es allenfalls 1–25% der LehrerInnen bzw. der Unterrichtsanteile, die sich an offenen Unterrichtskonzeptionen orientieren." (Brügelmann 1997a, 43)

Reflektiert man die aktuelle Grundschulpraxis einmal wirklich aus diesem Blickwinkel, so wird die Notwendigkeit einer „Qualitätssicherung" offenen Unterrichts schnell klar: Natürlich muss jeder Lehrer offenen Unterricht so umsetzen können, wie er es für richtig hält, aber die Begrifflichkeit muss dabei gewahrt bleiben. Ein morgendlicher Sitzkreis ist noch genauso wenig „offener Unterricht" wie ein monatliches Aufsuchen eines außerschulischen Lernortes, ganz zu schweigen von den im ersten Kapitel schon kritisch hinterfragten Formen offenen Unterrichts. So muss nicht nur aus Gründen der Evaluation eine Definition „offenen Unterrichts" geschaffen werden, sondern vor allem aus Gründen einer gemeinsamen Gesprächs- und Entwicklungsbasis: „Der mangelnde Konsens über Begriffe und Konzepte der Freien Arbeit und des Offenen Unterrichts kann zu ernsthaften Beeinträchtigungen und Störungen in der pädagogischen Arbeit führen." (Goetze 1995[3], 256) Die Diskussion um „offenen Unterricht" erscheint als vorschnell abgeschlossen, wenn der Kreis der an der Diskussion Beteiligten gut überschaubar ist und nur sehr selten wirklich kritische Auseinandersetzungen geführt werden – und dann leider (auf beiden Seiten) eher polemisch als konstruktiv:

> Überhaupt scheinen „Öffnung“ und „Offenheit“ zu Lieblingswörtern vieler Didaktiker avanciert zu sein. Der neue Trend findet beachtliche Resonanz. Wer ihm die Gefolgschaft verweigert, hat wenig Aussicht, ein gewichtiges Wort mitreden zu dürfen. Seine Stimme geht im Tosen des Überschwangs unter. Von den Neuerern wird er kurzerhand der „alten Garde“ zugerechnet; und er kommt noch glimpflich davon, wenn er nicht zum verschrobenen Sonderling abgestempelt wird. – Geht ein altbekanntes, in Pädagogenkreisen besonders geschätztes Satyrspiel in eine neue Runde? (Kozdon 1989, 485)

So wurde z. B. auch die Untersuchung „Freie Arbeit in der Grundschule“, in der Henning Günther (vgl. 1988) Sinn und Effizienz offener Unterrichtsformen in Frage stellt, von den Vertretern der Reform scharf kritisiert, aber nicht unbedingt als konstruktive Chance genutzt, den in der Schule *praktizierten* offenen Unterricht wirklich einmal zu hinterfragen und seine Mängel anzugehen. Selbst wenn die Untersuchung methodologischen Ansprüchen nicht standhalten kann (vgl. Brügelmann 1989; Arbeitskreis Grundschule 1990), so ist sie doch Ausdruck der großen Lücke zwischen der theoretischen Diskussion und der pädagogischen Praxis. An Stelle der teilweise sehr polemisch geführten Auseinandersetzung (z. B. durch Sennlaub 1990) würden entsprechende Felduntersuchungen Klarheit in die Angelegenheit bringen und dem offenen Unterricht wieder eine reelle Chance ermöglichen.

Offenbar wird der offene Unterricht von vielen seiner Befürworter immer noch als reine „Gegenbewegung“ gesehen und so die Chance, daraus eine „*Hin*bewegung“ zu machen, vertan. Offener Unterricht darf aber nicht länger ein leeres Begriffskonzept mit „eingebauter“ Positiv- oder Negativrezeption ohne eigentlichen Inhalt darstellen, sondern muss trotz der geforderten Offenheit des Konzeptes eine wissenschaftliche Grundlage bekommen. Nach einer klaren Zielbestimmung müssen die Begriffe definiert werden und ihrer willkürlichen Interpretation muss ein Riegel vorgeschoben werden. Die bisherige „Alibidefinition“ ist zwar bequem, aber nicht konstruktiv. Die Differenz zwischen den derzeitigen „theoretischen“ Anforderungen an den Lehrer und der tatsächlichen Schulpraxis überhöhen den offenen Unterricht zu einer nie erreichbaren und damit vielleicht in der Praxis gar nicht erst anzustrebenden Utopie. An die Stelle einer konzeptlosen „Allerlei-Werkstatt“ muss eine wissenschaftliche Diskussionsbasis treten, die die Praktikabilität offenen Unterrichts erkennbar und vor allem *vermittelbar* macht. Dies würde dann auch eine ganz neue Einstellung bzw. Definition der Didaktik bedingen. Bislang existiert noch keinerlei wissenschaftlich fundierte Auseinandersetzung mit offenem Unterricht, die seine Wirksamkeit oder Untauglichkeit befriedigend nachweisen kann (vgl. Kapitel 6). Offener Unterricht muss nun, nach Jahrzehnten der Diskussion und bei der zurzeit bestehenden Aktualität, fassbarer und umsetzbarer, aber vor allem auch angreifbarer und damit weiterentwickelbarer werden.

2.3 Ein neuer Definitionsversuch und seine Operationalisierung

Um überhaupt die Chance einer Definition zu haben, darf man den Begriff „offener Unterricht“ nicht mehr nur als „Ober- bzw. Sammelbegriff“ oder als „Bewegung“ (Jürgens 1994a, 24) verstehen, die die „geschlossenen Strukturen“ der „alten“ Schule aufbrechen bzw. „öffnen“ will, sondern man muss ihn praxistauglicher machen, indem ein konkretes, schulpraktisch erprobtes Gesamtkonzept eines Offenen Unterrichts zur Diskussion gestellt wird.

Zurzeit wird die praktische Umsetzung des offenen Unterrichts in der Schule viel zu stark von der vorher beschriebenen hehren Theorie getrennt, wenn in Büchern zunächst Ziele wie Selbständigkeit und Emanzipation als Begründung für den neuen Unterricht herhalten müssen, auf der nächsten Seite dann aber Stöpselkarten und Kopiervorlagen die gerade geäußerte Theorie völlig „in die Knie zwingen“. Auch Jürgens (vgl. 19944a, 46) und Wallrabenstein (vgl. 1991, 92ff.) geben nach ihren – sicherlich hervorragenden – Auseinandersetzungen mit dem Phänomen „offener Unterricht“ als Realisierungsmöglichkeiten schließlich die Arbeitsformen Freie Arbeit, Wochenplan und Projektunterricht an, ohne zu bedenken, dass diese Arbeitsformen in der Regel schulpraktisch ganz anders umgesetzt werden, als es der offene Unterricht eigentlich verlangt bzw. verlangen würde (siehe Kapitel 1). Es ist mittlerweile zu bezweifeln, ob diese Arbeitsformen wirklich „Stufen“ auf dem Weg zum offenen Unterricht sind oder ob sie nicht „Alibi-Sackgassen“ darstellen, die Lehrern ermöglichen, den allseits gewünschten „offenen Unterricht“ vorweisen zu können, ohne seine Ideale und Zielsetzungen tatsächlich zu verfolgen.

2.3.1 Dimensionen „offenen Unterrichts“

Auf die Problematik einer „offenen“ Definition, wie z. B. die oben genannte von Wallrabenstein, wurde schon eingegangen. Es erscheint notwendig, eine Definition „offenen Unterrichts“ auf einer Dimensionierung des Begriffes aufzubauen, die eine quantitative, aber besser noch qualitative Einordnung bzw. Beurteilung der „Öffnung“ von Unterricht zulässt. Ansonsten wird die Dehnbarkeit der verwendeten Begriffe jegliche Definition wieder zunichte machen. Es geht also um möglichst operationalisierbare Kriterien, die sich zur Beschreibung jeglichen Unterrichts eignen und darüber hinaus aber auch die für uns wesentlichen Merkmale offenen Unterrichts zufriedenstellend berücksichtigen.

Im Gegensatz zu anderen Autoren (vgl. Jürgens 1994b, 27ff.; Ramseger 1977, 55f.; Wallrabenstein 1991, 170f.) ist es uns allerdings wichtig, nach der Darstellung unserer Zielsetzung eine Mindestanforderung an „offenen Unterricht“ zu formulieren bzw. eine Einstufungshilfe für die Öffnung von Unterricht vorzugeben, damit eine Abgrenzung zu anderen Formen offenen Unterrichts vorgenommen werden kann. Das Kriterium „Sind alle anderen Bedingungen gleich, so ist ein Unterricht offener als ein anderer, wenn ...“ (Ramseger 1977, 53ff.) erscheint uns bei der Notwendigkeit konkreter unterrichtspraktischer Hilfen für den „Durchschnittslehrer“ nicht (mehr) angemessen. Nach 25- bis 30-jähriger Suche nach „offenem Unterricht“ muss es endlich eine Abgrenzung bzw. Inbeziehungsetzung eines stimmigen Konzeptes Offenen Unterrichts zu anderen – auch berechtigterweise praktizierten – Unterrichtsformen geben, damit die Ideale dieser Unterrichtsform nicht völlig beliebig interpretiert und reduziert werden können. Offener Unterricht ist eben weder ein Konglomerat aus Freier Arbeit, Wochenplan- und Projektunterricht noch ein Synonym für Erlebnispädagogik oder Erfahrungslernen, er ist auch mehr als schüler- oder handlungsorientierter Unterricht, vor allem aber ist er nicht das, was man landläufig unter „Laisser-faire“ oder Situationspädagogik versteht.

Als Grundlage für eine Einteilung möglicher Untersuchungskriterien für „offenen Unterricht“ bieten sich die folgenden Dimensionen von Unterricht an, die sich ähnlich auch bei anderen Autoren im Bezug auf (offenen) Unterricht finden (vgl. Ramseger 1977, 53ff.; Bönsch / Schittko 1979, 12; Wagner 1979, 175ff.; Benner 1989; Jürgens 1994b, 30; Goetze 1995[3], 257; Peschel 1995a, 19f.; Brügelmann 1997b, 9f.;):

- organisatorische Offenheit (Bestimmung der Rahmenbedingungen: Raum / Zeit / Sozialformwahl usw.)
- methodische Offenheit (Bestimmung des Lernweges auf Seiten des Schülers)
- inhaltliche Offenheit (Bestimmung des Lernstoffes innerhalb der offenen Lehrplanvorgaben)
- soziale Offenheit (Bestimmung von Entscheidungen bezüglich der Klassenführung bzw. des gesamten Unterrichts, der (langfristigen) Unterrichtsplanung, des konkreten Unterrichtsablaufes, gemeinsamer Vorhaben usw.
Bestimmung des sozialen Miteinanders bezüglich der Rahmenbedingungen, dem Erstellen von Regeln und Regelstrukturen usw.)
- persönliche Offenheit (Beziehung zwischen Lehrer / Kindern und Kindern / Kindern)

Die Beschränkung auf diese Dimensionen von offenem Unterricht möchten wir mit der Notwendigkeit der Überschaubarkeit sowie der Operationalisierbarkeit begründen. Um praktizierten Unterricht intersubjektiv zumindest einigermaßen kategorisierbar zu machen, erscheint es angebracht, zunächst konkret nachweisbare Sachverhalte als Beobachtungsgrundlage zu verwenden. Wir denken, dass das in den genannten Bereichen möglich ist, auch wenn u. U. die Kategorisierung der sozialen Mitbestimmung bzw. der Beziehungsebene eher von der Interpretation des Betrachters bzw. der zufälligen Tagessituation abhängen kann als die eher formal und zeitunabhängiger zu beobachtenden Dimensionen im Bereich der Wissensaneignung. Dabei stellt die Dimension der sozialen Offenheit eine gewisse Verbindung zwischen der letztgenannten Dimension der persönlichen Offenheit und den drei erstgenannten Dimensionen der Wissensaneignung (organisatorische, methodische und inhaltliche Offenheit) dar.

2.3.2 Stufen der Öffnung des Unterrichts

> Offener Unterricht ist dadurch gekennzeichnet, daß der Lehrer oder die Lehrerin den Kindern Gelegenheit gibt, selbstverantwortliches und selbständiges Lernen und Handeln zu üben. Er ist damit mehr als ein vom Lehrer arrangierter schülerorientierter Unterricht. Mit dem Terminus „offener Unterricht" wird vielmehr ein Unterricht bezeichnet, dessen Unterrichtsinhalt, – durchführung und -verlauf nicht primär vom Lehrer, sondern von den Interessen, Wünschen und Fähigkeiten der Schüler/innen bestimmt wird. Der Grad der Selbst- und Mitbestimmung des zu Lernenden durch die Kinder wird zum entscheidenden Kriterium des offenen Unterrichts. Je mehr Selbst- und Mitbestimmung den jungen Menschen in der Frage, wann sie was mit wem und wie lernen wollen, zugebilligt wird, um so offener ist der Unterricht. [...] Die Schule orientiert sich damit am Zielbild des mündigen Bürgers und seiner Verantwortung in der demokratischen Gesellschaft. (Neuhaus-Siemon 1996, 19f.)

Aufbauend auf der oben vorgestellten Dimensionierung beschreiben wir unsere Auffassung von „offenem Unterricht" folgendermaßen:

Offener Unterricht gestattet es dem Schüler, sich unter der Freigabe von Raum, Zeit und Sozialform Wissen und Können innerhalb eines „offenen Lehrplanes" an selbst gewählten Inhalten auf methodisch individuellem Weg anzueignen.

Offener Unterricht zielt im sozialen Bereich auf eine möglichst hohe Mitbestimmung bzw. Mitverantwortung des Schülers bezüglich der Infrastruktur der Klasse, der Regelfindung innerhalb der Klassengemeinschaft sowie der gemeinsamen Gestaltung der Schulzeit ab.

Angelehnt an dieses Grundverständnis können nun die genannten Dimensionen so skaliert werden, dass einem zu untersuchenden Unterricht jeweils ein bestimmter Grad der Öffnung in jeder der Dimensionen zugeordnet werden kann:

Organisatorische Offenheit des Unterrichts

Inwieweit können die Schüler Rahmenbedingungen ihrer Arbeit selbst bestimmen?

5	weitestgehend	Primär auf eigener Arbeitsorganisation der Kinder basierender Unterricht
4	schwerpunktmäßig	Offene Rahmenvorgaben
3	teils – teils	Öffnung der Rahmenvorgaben in einzelnen Teilbereichen
2	erste Schritte	Punktuelle Öffnung der Rahmenvorgaben in einzelnen Teilbereichen
1	ansatzweise	Öffnung der Rahmenvorgaben kaum wahrnehmbar / begründbar
0	nicht vorhanden	Vorgabe von Arbeitstempo, -ort, -abfolge usw. durch Lehrer oder Material

Methodische Offenheit des Unterrichts

Inwieweit kann der Schüler seinem eigenen Lernweg folgen?

5	weitestgehend	Primär auf „natürlicher" Methode / Eigenproduktionen basierender Unterricht
4	schwerpunktmäßig	Meist Zulassen eigener Zugangsweisen / Lernwege der Kinder
3	teils – teils	In Teilbereichen stärkerer Einbezug / stärkeres Zulassen eigener Wege
2	erste Schritte	Kinderwege werden aufgegriffen, aber die Hinführung zum Normweg bestimmt das Geschehen
1	ansatzweise	Anhören einzelner Ideen der Kinder, aber der Lehrgang bestimmt das Geschehen
0	nicht vorhanden	Vorgaben von Lösungswegen /-techniken durch Lehrer oder Arbeitsmittel

Inhaltliche Offenheit des Unterrichts

Inwieweit kann der Schüler über seine Lerninhalte selbst bestimmen?

5	weitestgehend	Primär auf selbstgesteuertem / interessegeleitetem Arbeiten basierender Unterricht
4	schwerpunktmäßig	Inhaltlich offene Vorgaben von Rahmenthemen oder Fachbereichen
3	teils – teils	In Teilbereichen stärkere Öffnung der inhaltlichen Vorgaben zu vorgegebener Form
2	erste Schritte	Kinder können aus festem Arrangement frei auswählen oder sie können Inhalte zu fest vorgegebenen Aufgaben selbst bestimmen
1	ansatzweise	Einzelne inhaltliche Alternativen ohne große Abweichung werden zugelassen
0	nicht vorhanden	Vorgaben von Arbeitsaufgaben /-inhalten durch Lehrer oder Arbeitsmittel

Soziale Offenheit des Unterrichts

Soziale Offenheit: Inwieweit kann der Schüler in der Klasse (Unterrichtsablauf und Regeln) mitbestimmen?

5	weitestgehend	Selbstregierung der Klassengemeinschaft
4	schwerpunktmäßig	Kinder können eigenverantwortlich in wichtigen Bereichen mitbestimmen
3	teils – teils	Kinder können eigenverantwortlich in vom Lehrer festgelegten Teilbereichen mitbestimmen
2	erste Schritte	Kinder können lehrergelenkt in Teilbereichen mitbestimmen
1	ansatzweise	Schüler werden nur peripher gefragt, Lehrer weiß schon vorher, wie es laufen sollte; Kinder können in (belanglosen) Teilbereichen mitbestimmen
0	nicht vorhanden	Vorgabe von Verhaltensregeln durch Lehrer oder Schulvorgaben

Persönliche Offenheit des Unterrichts

Inwieweit besteht zwischen Lehrer und Schüler bzw. Schüler und Mitschülern ein positives Beziehungsklima?

5	weitestgehend	Auf „Gleichberechtigung" abzielende „überschulische" Beziehung
4	schwerpunktmäßig	Für Beachtung der Interessen des Einzelnen offene Beziehungsstruktur
3	teils – teils	In bestimmten Teilbereichen / bei bestimmten Kindern offenerer Umgang
2	erste Schritte	Schüler werden zeitweise angehört und dann auch beachtet
1	ansatzweise	Schüler werden angehört, aber der Lehrer bestimmt weiterhin das Geschehen
0	nicht vorhanden	Begründung der Beziehung durch Alter oder Rollen-/ Gruppenhierarchie

Mit Hilfe dieser Raster kann man die Öffnung des Unterrichts grob unter verschiedenen Blickwinkeln untersuchen. Dabei sollten die Dimensionen weitgehend unabhängig voneinander beurteilt werden, obwohl sich in der Praxis oft eine gegenseitige Beziehung feststellen lassen wird, wenn z. B. inhaltliche oder methodische Offenheit in vielen Fällen auch organisatorische Offenheit einschließt. Trotzdem lassen sich auch immer Beispiele finden, in denen die Ausprägungen in den Dimensionen nicht direkt voneinander abhängig sind. Dies kann beispielhaft an der Untersuchung der Öffnung verschiedener Unterrichtskonzepte veranschaulicht werden, wobei die folgende Abbildung auf Grund der subjektiven Interpretation nur der groben Veranschaulichung dienen kann. Daher werden nur tendenzielle Unterschiede durch „stärkere" Ausprägung (↗), „mittlere" Ausprägung (→) oder „schwächere" Ausprägung (↘) angegeben. Eine genauere Zuordnung zur Öffnung in den verschiedenen Dimensionen ist aber letztendlich abhängig von der konkreten Umsetzung und Angebotsgestaltung! Als einrahmende Extremformen werden *Lehrgangsunterricht* und *Offener Unterricht* als Idealtypen angegeben.

Unterrichtskonzepte und ihre Öffnung in verschiedenen Dimensionen

	Organisatorische Öffnung	**Methodische Öffnung**	**Inhaltliche Öffnung**	**Soziale Öffnung**	**Persönliche Öffnung**
Lehrgangsunterricht	↘	↘	↘	--	--
Stationsbetrieb	↘	↘	↘	--	--
Wochenplanunterricht	→	↘	↘	--	--
Werkstattunterricht	↗	→	↘	--	--
Reisetagebücher-Unterricht	→	↗	↘	--	--
Freie Arbeit	↗	→	→	--	--
Projektorientierter U.	↗	↗	→	--	--
Freie Schulen (Klassenrat etc.)	--	--	--	↗	↗
Offener Unterricht	↗	↗	↗	↗	↗

- ↗ „stärkere" Ausprägung
- → „mittlere" Ausprägung
- ↘ „schwächere" Ausprägung
- (--) keine Angabe möglich

Einerseits zeigt die Tabelle, dass es sehr wohl Unterrichtsformen gibt, die bestimmte Dimensionen favorisieren, wie z.B. die methodische Dimension im „Reisetagebücherunterricht" (auf den im nächsten Kapitel genauer eingegangen wird), während z.B. der Wochenplanunterricht oft nur eine rein organisatorische Öffnung anstrebt. Allerdings ist auch ersichtlich, dass eine inhaltliche Öffnung nur schwer ohne methodische und organisatorische Öffnung vorstellbar ist – wenn Kinder sich ihre Themen weitgehend selber suchen dürfen (über das Freiarbeitsregal hinaus!), wird der Lehrer ihnen auch eher überlassen, mit wem sie wann, wo und wie arbeiten.

Das Beispiel der Freien (Alternativ-)Schulen soll zeigen, dass die dort praktizierte Basisdemokratie und die in der Regel gute (oft freundschaftliche) Beziehung zwischen Kindern und Lehrern nicht zwangsläufig mit einer Öffnung im Bereich der Wissensaneignung zu tun hat. An vielen dieser Schulen findet trotz der basisdemokratischen Grundhaltung ganz normaler Lehrgangsunterricht statt. Entsprechend sind hier keine Angaben über die Öffnung im organisatorischen, methodischen und inhaltlichen Bereich möglich. Der umgekehrte Fall ist dann vorhanden, wenn ein offeneres Unterrichtskonzept nicht unbedingt auch eine Öffnung im sozialen Bereich erfordert. Gerade der Bereich einer wirklich demokratischen Mitbestimmung der Schüler ist in der Schulpraxis nur selten anzutreffen.

2.3.3 Bestimmung des Öffnungsgrades einzelner Unterrichtssequenzen

Bei genauer Betrachtung erkennt man, dass sich die oben vorgestellten Raster zur Offenheit des Unterrichts allerdings nur bedingt zur Einordnung bestimmter Unterrichts*situationen* eignen. Da der Grad der Öffnung vor allem über die Konsequenz der Öffnung bzw. die *Anteile* offenerer und geschlossenerer Unterrichtsphasen gemessen wird, sind sie primär auf eine abschließende Beurteilung einer ganzen Unterrichtseinheit bzw. einer längeren Hospitation gerichtet. Während man für den persönlich-sozialen Bereich sicherlich immer auf einen Gesamteindruck bezüglich der Mitbestimmungsmöglichkeiten der Kinder bzw. ihre Beziehungen untereinander und zum Lehrer angewiesen ist, könnte es für den Bereich der Wissensaneignung sehr wohl Sinn machen, festzustellen, welche Unterrichtsphasen sich in welchen Dimensionen geschlossener oder offener darstellen. Dazu muss die obige, eher quantitative Einteilung in eine eher qualitativ orientierte Stufung überführt werden.

Diese Raster können dann u. U. auch Hilfen zur Qualitätssicherung des Unterrichts geben. Wenn man dies wünscht, kann man den Grad der Öffnung einer praktizierten oder geplanten Unterrichtssituation in den verschiedenen Dimensionen analysieren und bekommt durch die darüber liegenden Stufen Anregungen für den „nächsten Schritt" in Richtung eines stärkeren Einbezuges der Schüler in ihr Lernen. Natürlich geht es auch hier nicht um ein pauschales „je offener, desto besser" (auch im Offenen Unterricht kann es „geschlossene" Informationsphasen / Kreisgespräche usw. geben), aber wenn man eine Entwicklung der Selbst-, Sach- und Sozialkompetenz bei den Schülern anstrebt, sollte man ihnen auch einen entsprechenden Spielraum zur Ausbildung dieser Kompetenzen gewähren. Und dieser Spielraum hat wiederum viel mit dem Grad der Übertragung von Verantwortung an den Einzelnen bzw. seine Mitbestimmungsmöglichkeiten zu tun – also mit dem Grad der Offenheit der Unterrichtssituation.

Raster zur Beurteilung des Grades der Öffnung einzelner Unterrichtssequenzen
Organisatorische Offenheit von Unterrichtssequenzen
Inwieweit kann der Schüler die Rahmenbedingungen seiner Arbeit selbst bestimmen?

	Organisatorischer Spielraum	Mögliche Arbeitsanweisungen als Beispiele
5	Ermöglichung ganz freier Zeiteinteilung, Orts- und Partnerwahl auf Dauer – langfristige eigene Arbeitsvorhaben	Wann arbeitest du mit wem wo?
4	Ermöglichung längerfristiger Planung von Arbeitsvorhaben Eigene Bestimmung der Sozialform / des Ortes	Arbeite / arbeitet innerhalb unserer Forscherstunden an deinem / eurem Arbeitsvorhaben (unter freiem Bestimmen der Arbeitsbedingungen).
3	Nur stunden- bzw. phasenweise Planung von Arbeitsvorhaben Mitbestimmung bei der Wahl der Sozialform / des Ortes	Plant und erarbeitet euren Beitrag bis zum Vorstelltermin aus. Musikraum und Kellerflur sind auch frei.
2	Möglichkeit zur eigenständigen Festlegung der Bearbeitungsreihenfolge vorgegebener Aufgaben / Teilthemen Eingeschränkte Wahl der Sozialform / des Ortes	Bearbeite die Aufgaben bis nächste Woche. (Du kannst mit Partnern arbeiten, du kannst im Atelier ... arbeiten.)
1	Organisatorische Öffnung in nur minderen Bereichen: Einbezug des Flures als Arbeitsort, Möglichkeit zur Änderung der Bearbeitungsreihenfolge einer Aufgabe, Möglichkeit zum Einbezug des Nachbarn bei der Bearbeitung einer vorgegebenen Aufgabe	Bearbeite jetzt die Aufgaben – egal in welcher Reihenfolge. Frage deinen Nachbarn, wenn du Hilfe brauchst. Wer ganz leise ist, kann auch im Gruppenraum arbeiten.
0	Feste, ganz konkrete Aufgabenvorgabe	Bearbeite die Aufgaben ... hintereinander (auf dem Flur, mit deinem Nachbarn).

Methodische Offenheit von Unterrichtssequenzen
Inwieweit kann der Schüler seinem eigenen Lernweg folgen?

	Methodischer Spielraum	Mögliche Arbeitsanweisungen als Beispiele
5	eigene „vordidaktische" Zugangsweisen / Wege der Kinder: Aufgaben werden auf unterschiedlichsten Niveaus / mit unterschiedlichsten Zugangsweisen nebeneinander bearbeitet – „freier Ausdruck" ist grundlegendes Element	Wie machst du das?
4	eigene methodische Zugangsweisen in größeren Teilbereichen: Aufgaben können auf unterschiedliche Art / auf unterschiedlichen Wegen angegangen werden	Probiere die Aufgabe auf deine Art zu lösen. Wir stellen nachher fest, welcher Weg der beste ist/ich zeige euch nachher den besten Weg.
3	eigene methodische Zugangsweisen nur in bestimmten Teilbereichen	Löse diese Aufgabe mit einem beliebigen Anschauungsmittel.
2	eigene methodische Zugangsweisen nur in bestimmten Teilbereichen und mit engeren Vorgaben	Übe die Aufgaben mit dem unserer Verfahren, mit dem du am besten arbeiten kannst.
1	eigene methodische Zugangsweisen minimal	Übe die Aufgaben nach diesen drei Verfahren ...
0	Feste Aufgaben	Bearbeite die Aufgabe ... wie an der Tafel geübt.

Inhaltliche Offenheit von Unterrichtssequenzen

Inwieweit kann der Schüler über seine Lerninhalte selbst bestimmen?

	Inhaltlicher Spielraum	Mögliche Arbeitsanweisungen als Beispiele
5	überfachliche eigene Arbeitsvorhaben (Mathe, Sprache, Sachunterricht usw. nebeneinander)	Was machst du?
4	innerfachliche eigene Arbeitsvorhaben (alle „forschen“, können aber ihr Thema frei bestimmen)	Du kannst in den Fachstunden frei arbeiten. Nimm dir/ nehmt euch selbst etwas im Fach ... vor.
3	Rahmenthema vorgegeben (alle arbeiten zum Thema, aber Unterthemen / Umsetzungsformen sind frei bestimmbar)	Überlege dir / überlegt euch einen eigenen Beitrag zu unserer Einheit ...
2	Aspekte des Rahmenthemas sind festgelegt und Kinder füllen dieses oder wählen zwischen den Aspekten (Unterthemen zum vom Lehrer ausgewählten Oberthema – konkrete inhaltliche Umsetzung aber durch die Kinder)	Such dir / sucht euch eines der vorgegebenen Teilthemen zu unserer Einheit ... aus und arbeite / arbeitet dazu.
1	Themenvariation / festes Thema mit Überangebot (vom Lehrer aufbereitete Unterthemen stehen zur Wahl bzw. können leicht variiert werden)	Du kannst dir aus diesen Aufgaben eine aussuchen oder das gestellte Thema auch etwas verändern.
0	Feste Aufgabenvorgabe	Bearbeite die Aufgaben x, y, z

2.3.4 Ein „Stufenmodell" für Offenen Unterricht

Die oben beschriebenen Raster zur Einordnung von Unterricht an sich bzw. zur Analyse einzelner Unterrichtssequenzen in verschiedenen Dimensionen geben Anhaltspunkte im Bezug auf die gewährte Offenheit. Sie sagen allerdings nichts – oder nur wenig – über die Motive der Öffnung aus bzw. darüber, wie die Öffnung des Unterrichts vom Lehrer, von den Kindern und den Beobachtern erlebt wird. Hier können evtl. qualitative Erhebungen bzw. Befragungen der Betroffenen und des Umfeldes zusätzlich Aufschluss geben.

Eine weitere Hilfe im Bezug auf eine umfassendere Beurteilung der Offenheit des Unterrichts bzw. der Konsequenz, mit der die Offenheit gewährt wird, kann das folgende „Stufenmodell des Offenen Unterrichts" geben, das die bisher gleichrangig behandelten Dimensionen der Öffnung nun selbst zu Öffnungskriterien macht (vgl. dazu auch Brügelmann 1997a, 45ff.).

So kommt in der Praxis die Öffnung des Unterrichts in bestimmten Dimensionen (organisatorische Öffnung) sehr häufig vor, in anderen hingegen eher selten (methodische / inhaltliche Öffnung). Gleichzeitig werden in den Dimensionen, in denen eher geöffnet wird, in der Regel höhere Stufen der Öffnung erreicht. Wenn man also statt auf den Einzelfall auf die Gesamtheit der Umsetzung offenen Unterrichts blickt, lässt sich so etwas wie eine Stufenfolge erkennen, die sich aus der Häufigkeit ergibt, mit der eine Dimension in der Praxis vorkommt bzw. umgesetzt wird. Unter diesem Blickwinkel schließen die Dimensionen dann zu einem großen Teil einander ein, das heißt z. B. ist die Stufe der organisatorischen Öffnung, die in der Praxis am häufigsten vorzufinden ist, fast immer auch dort vorhanden, wo andere Stufen (methodischer, inhaltlicher, sozialer) Öffnung anzutreffen sind. Aus der quantitativen Verbreitung der Dimensionen kann daher durchaus so etwas wie eine empirisch abgesicherte Stufenfolge der qualitativen Öffnung von Unterricht entwickelt werden.

Dies soll im Folgenden geschehen, wobei wir einen kurzen Zwischenschritt machen müssen, der unser Verständnis von „inhaltlicher Offenheit" von dem in der Praxis vorzufindenden abgrenzt bzw. dieses qualitativ weiterentwickelt:

Das was man in der Praxis mit Abstand am häufigsten vorfindet, ist eine organisatorische Öffnung des Unterrichts. Raum, Zeit und Sozialform werden vom Lehrer ganz oder teilweise freigegeben, aber Inhalte, Methode und Material sind hingegen weitgehend festgelegt. Als Umsetzungsbeispiele seien hier z. B. offenere Stationsbetriebe oder der übliche Wochenplanunterricht genannt. Diese Stufe der Öffnung ist leicht zu leisten und in der Schule häufig anzutreffen, da die inhaltliche Differenzierung von oben erfolgt und der (Sicherheit gewährende) Lehrgang im Grunde beibehalten werden kann.

Der nächste Schritt zu einem Mehr an Öffnung, dem man in der Praxis begegnet, ist die „Freigabe" *vorgegebener* Inhalte, das heißt die Schüler können in diesem

Rahmen selbst entscheiden, mit was sie sich im Unterricht beschäftigen wollen. Allerdings greifen sie dabei vorwiegend auf bereitgestelltes Lehrgangsmaterial zurück, bearbeiten Karteien usw. Hier werden im Allgemeinen keine höheren Stufen inhaltlicher Öffnung erreicht. Auch der Lernweg, die Lernmethode ist immer noch weitgehend vom Material (oder evtl. vom Lehrer) vorbestimmt. Beispiele hierfür sind Werkstätten oder die übliche Form Freier Arbeit.

Unser Verständnis von Offenem Unterricht würde allerdings die Loslösung von den Materialvorgaben als Ausgangsbedingung jeglicher Öffnung ansehen, das heißt Öffnung ist nur da vorhanden, wo der Schüler nun auch methodische Freiheit hat und auf seinem eigenen Weg lernen kann – mit „Fehlern“, „Umwegen“ und „Sprüngen“. Material und Lehrer müssen dem Weg des Schülers folgen.

Deshalb stellen die ersten beiden vorgeschlagenen Öffnungsdimensionen eigentlich gar keine „richtige“ Öffnung dar, da bei einem Verzicht auf die methodische Öffnung der traditionelle Unterricht auch bei organisatorischer Öffnung (Freigabe von Zeit / Raum / Sozialform usw.) oder bei inhaltlicher Öffnung (Auswahl des Materials / Themas durch den Schüler) lediglich von einem lehrerzentrierten zu einem im Prinzip genauso geschlossenen „materialzentrierten“ Unterricht wird. Schülerzentrierter wird hier nichts in Bezug auf die Prinzipien, die die Lernpsychologie bzw. die Fachdidaktiken für Unterricht fordern: Der eigene Weg zum Wissenserwerb wird durch die meisten der verwendeten Arbeitsmittel genauso blockiert bzw. unterbunden wie auch ein interessegeleitetes Lernen. Ist es nicht ehrlicher, die sieben Arbeitsblätter der Woche frontal zu unterrichten, als sie in Form eines „Wochenplans“ verpackt auszugeben und den Schülern dabei mehr Selbstständigkeit und Eigenverantwortung für das eigene Lernen zu unterstellen? Offenheit beginnt mit dem Loslassen der Kinder!

Nur so kann wirklich gelernt werden, weil es ja (und gerade heute!) um Verstehen und nicht nur um Auswendiglernen geht. Und Verstehen ist ein ganz individueller Prozess der eigenen Horizonterweiterung. Der Lehrer kann Impulse geben und das Lernen auf eigenen Wegen herausfordern, aber er darf nicht versuchen zu „lehren“ bzw. zu „belehren“, wenn er die Gefahr rein auswendig gelernter Techniken oder unverstandener Wissensanhäufung vermeiden will.

Vorzuschlagen ist deshalb die folgende einfache Stufung für Offenen Unterricht, den wir als Abgrenzung zu anderen „offenen Unterrichtsformen“ immer dann groß schreiben, wenn wir uns auf unser konkretes Konzept bzw. unsere Zielsetzungen beziehen. In den folgenden Kapiteln wird dieses Konzept dann noch weiter theoretisch und praktisch begründet. Dort werden auch die drei im Folgenden als Beispiel für die „Stufen der Öffnung“ erwähnten Konzepte „Didaktik der Kernideen“, „Didaktik des weißen Blattes“ und „Didaktik der sozialen Integration“ näher erläutert:

Stufenmodell des Offenen Unterrichts (vgl. Peschel 2002 d)
Um den Begriff „Offener Unterricht“ bzw. seine Dimensionen nun etwas fassbarer zu machen, würde ich (aufbauend auf die Vorschläge von Brügelmann 1997 a) daher folgende „Stufen Offenen Unterrichts“ vorschlagen:

Stufe 0 als Vorstufe: „Geöffneter Unterricht“ – nicht „Offener Unterricht“

Differenzierende Arbeitsformen (Freie Arbeit, Wochenplan, Werkstätten, Stationen etc.), bei denen nur für das Lernen relativ unwichtige Komponenten freigegeben werden (Zeit, Ort, Sozialform, Arbeitsform). Inhalte und Methoden werden aber weitgehend durch Schulbücher, Karteien, Übungshefte, Werkstatt- oder Stationsaufträge bestimmt. Vor allem die Vorgabe des Lernweges durch Erklärungen des Lehrers oder die lehrgangsmäßige Gestaltung des Arbeitsmaterials widerspricht den Zielen eines „Offenen Unterrichts“, da oft nicht die für ein autonomes Lernen wirklich wichtigen Bereiche geöffnet werden.

Stufe 1: Die methodische Öffnung

als Grundbedingung für jegliche „Öffnung“. Sie basiert auf der konstruktivistischen und lernpsychologischen Annahme, dass Lernen ein eigenaktiver Prozess ist. Niemand kann für einen anderen lernen. Wirklich verstehen kann ich nur das, was ich selber „konstruiert“ habe, d. h. durch aktive Auseinandersetzung in meine bestehenden Denkstrukturen eingebettet habe. Und das geschieht wahrscheinlich wesentlich effektiver, wenn ich selbstgesteuert durch eigene Aktivitäten und Versuche lerne, als wenn ich einem (fremdgesteuerten) Lehrgang folge.

Für den Unterricht bedeutet das, dass den Schülern der Lernweg ganz frei gegeben werden muss, d. h. es darf keine Vorgaben zum Kompetenzerwerb oder zur Problemlösung geben, sondern die Wege und „Umwege“ der Kinder müssen als unbedingt notwendig für effektives und verstehendes Lernen erkannt werden.

Dieser Unterricht kann unter Umständen sogar relativ lehrerzentriert verlaufen, indem der Lehrer die Inhalte und Problemstellungen (Kernideen) auswählt und den Schülern zugänglich macht. Allerdings greift er nicht in die Lösungswege der Kinder ein, d. h. es erfolgt eine individuelle Auseinandersetzung des Schülers mit dem Stoff. Der Schüler diskutiert den Stoff mit Lehrer und Mitschülern, erfährt deren Zugänge und Meinungen und kommt mit ihnen im Laufe der Zeit zu „Vereinbarungen“, d. h. Regeln, Strukturen und Konventionen. Es gibt keine vorstrukturierten Lehrgänge oder Arbeitsmaterialien, keine bloß einzuübenden Techniken, kein unverstandenes Auswendiglernen!
(Beispiel: „Didaktik der Kernideen“ nach Gallin und Ruf 1990)

Stufe 2: Die methodische und inhaltliche Öffnung

ist die Erweiterung der methodischen Öffnung noch um die inhaltliche Dimension. Grundlage hierfür ist der Ansatz des interessebezogenen Lernens, d. h. man lernt am schnellsten und einfachsten (und meist sogar ohne es als „Lernen“ zu empfinden), wenn man sich selber für einen Gegenstand interessiert. Durch die hohe innere Motivation ergibt sich zusammen mit dem selbstgesteuerten Lernen auf eigenen Wegen eine sehr hohe Effektivität beim Lernen.

Es gibt keine vorstrukturierten Lehrgänge oder Arbeitsmaterialien! Für den Unterricht bedeutet das, dass nicht nur die Lernwege, sondern auch die Inhalte vom Lehrer freigegeben werden. Die Kinder kommen morgens in die Schule und nehmen sich Sachen für den Tag vor, denken sich Geschichten und Kniffelaufgaben aus, führen Forscherprojekte durch, gestalten musisch etc. und stellen sich die Ergebnisse am Tagesende gegenseitig vor. Der Lehrer sorgt für die notwendige „Lernatmosphäre" in der Klasse, gibt Impulse, strukturiert, verfolgt den Fortschritt der Kinder und hält die Passung zum (offenen) Lehrplan im Auge. Er lässt den Kindern größtmöglichen Raum, ohne aber die Fäden aus der Hand zu geben. (Beispiel: „Didaktik des weißen Blattes" nach Zehnpfennig und Zehnpfennig 1992)

Stufe 3: Die sozial-integrative Öffnung

ist als Ergänzung eines jeden Unterrichts auf der Ebene des sozialen Miteinanders zu verstehen.

Während Lehrer in der Regel die Unterschiedlichkeit bzgl. der „Leistungsmöglichkeiten" von Kindern nicht verneinen, sind die wenigsten bereit, diese Unterschiedlichkeit im sozialen Bereich zuzulassen. Dort werden Regeln meist implizit (z. B. in „suggestiven" Gesprächskreisen) vorgegeben, wenn die Diskussionen nicht gleichberechtigt verlaufen, und die Kinder schnell wissen, welche Antworten / Regeln der Lehrer erwartet. Dadurch kann es passieren, dass Kinder, die – biographiebedingt – eben nicht in das von außen vorgegebene Raster passen oder sich nicht so schnell anpassen können, zuerst „segregiert" bzw. zu Außenseitern werden.

Die sozial-integrative Öffnung versucht Basisdemokratie und Schülermitgestaltung im Unterricht insgesamt zu verwirklichen, d. h. es werden vom Lehrer keinerlei Regeln und Normen vorgegeben (wohl aber vorgelebt bzw. als persönliches Recht eingefordert!), sondern die zum Zusammenleben notwendigen Absprachen befinden sich einem dauernden Findungs- und Evaluationsprozess. Regeln werden nicht fingiert und vorschnell zum „gemeinsamen" Ergebnis, sondern die sozialen Normen liegen in der Verantwortung aller Beteiligten. Normverstöße werden dadurch nicht als persönliches Defizit angesehen, sondern dienen als (nicht vom Lehrer initiierte oder missbrauchte) Reflexionsmöglichkeit.

Der Lehrer ist gleichberechtigtes Mitglied der Gemeinschaft und unterliegt den gleichen Regeln und Absprachen. Die Kombination mit der methodischen bzw. inhaltlichen Öffnung ist deshalb nicht leicht, weil bei diesen der Lehrer – trotz der „Öffnung" – oft eine direkte oder indirekte Lenkung innehat.
(Beispiel: Die von mir erprobte „Didaktik der sozialen Integration" – Peschel 2001 a)

Stufenmodell des Offenen Unterrichts

Stufe 0: Die organisatorische Öffnung
als Vorstufe „Geöffneter Unterricht“ – nicht „Offener Unterricht“
Organisatorische Öffnung durch „Differenzierung von oben“ (durch den Lehrer).
Arbeitsformen: Freie Arbeit, Wochenplan, Werkstätten, Stationen etc.
Lernen muss Passung haben (lernpsychologisch-didaktische Begründung).

Stufe 1: Die methodische Öffnung
als Grundbedingung für jeden „Offenen Unterricht“
Methodische Öffnung durch „Individualisierung von unten“ (durch den Schüler).
Arbeitsformen: „Reisetagebücherunterricht“ (Gallin / Ruf 1998)
Lernen ist ein eigenaktiver Konstruktionsprozess des Einzelnen (lern- und entwicklungspsychologische Begründung).

Stufe 2: Die methodische und inhaltliche Öffnung
als weitgehende Umsetzung eines „Offenen Unterrichts“
Zusätzlich zur methodischen auch inhaltliche Öffnung durch stoffbezogene Mit-/Selbstbestimmung bzw. interessegeleitetes Lernen des Schülers.
Arbeitsformen: „Didaktik des weißen Blattes“ (Zehnpfennig 1992; Peschel 2002)
Lernen ist am effektivsten, wenn es vom Lernenden als selbstbestimmt und signifikant erlebt wird (lern- und motivationspsychologische Begründung).

Stufe 3: Die soziale Öffnung
ist die Öffnung des Unterrichts in Richtung Demokratie und Selbstverwaltung
Soziale / persönliche Öffnung durch Basisdemokratie und Schülermitgestaltung (Unterrichtsablauf, Rahmenbedingungen, Regelstrukturen etc.)
Arbeitsformen: „Didaktik der sozialen Integration“ (Peschel 2002)
Soziale Erziehung ist am effektivsten, wenn die Strukturen vom Einzelnen selbst mitgeschaffen und als notwendig / sinnvoll erlebt werden (bildungstheoretisch-politische Begründung).

(Peschel 2002 d)

3 Aktuelle herausfordernde Konzepte Offenen Unterrichts

Wie würden Sie auf Dauer Ihren Traumurlaub gestalten? Als Massentourist auf einer Pauschalreise, wo man im 40-Minuten-Takt mit dem Bus von Attraktion zu Attraktion gekarrt wird, um dann in einem künstlichen Hotelparadies von Animateuren mit versierten Motivationstricks bei Laune gehalten zu werden? Oder würden Sie es eher vorziehen, als Individualurlauber auf eigenen Wegen mit nur groben Plänen durch die Gegend zu streifen, innehalten zu können, wann Sie wollen, unwegsames Gelände oder kleine Straßen nach Belieben zu wählen, um zeitweise in einem Ansturm von Überschwänglichkeit Berge überqueren und Strecken zurücklegen zu können, die für Sie und andere vorher als unerreichbar galten?

Das ist nicht nur eine Geschmacksfrage. Es ist eine Lebensfrage. Eine didaktische Lebensfrage.

> Es gibt in der Tat beliebig viele Wege, um zu einer bestimmten Erkenntnis zu gelangen. Der Verlauf eines Weges hängt von zwei Faktoren ab: vom Sachgebiet und vom lernenden Individuum. Einerseits lässt sich das Sachgebiet in eine begrenzte Anzahl von Stationen aufgliedern, die in fast beliebiger Reihenfolge durchschritten werden können. Andererseits bestimmen die individuelle Vorgeschichte und die momentane Disposition des Lernenden die Wahl der Stationen, den Rhythmus und das Tempo, mit denen sie durchlaufen werden. Das bedeutet: Auf endlich vielen Wegen gibt es unendlich viele Wanderungen. Auch wenn zwei Wanderer die gleiche Route wählen, sind ihre Erfahrungen verschieden; der je individuelle Rhythmus macht sie zu etwas Einmaligem.
>
> Solche Beobachtungen haben gravierende Konsequenzen: Die Didaktik darf keine wegleitenden Handlungsvorschriften erlassen. Kein einziger Weg, der je zu einer Erkenntnis geführt hat, darf zur Norm erhoben, verabsolutiert und gelehrt werden. Die Didaktik darf das Lernen nur ermöglichen, keinesfalls aber organisieren: Lernprozesse sind prinzipiell nicht lernbar, weil sie nur zum Ziel führen, wenn sie auf einem individuell richtigen Weg nach einem individuell richtigen Rhythmus verlaufen. Wandererfahrungen sind nicht wiederholbar! (Gallin / Ruf 1990, 108)

Um einen weiteren, anderen Zugang zu dem in den ersten beiden Kapiteln aus praktischer Umsetzung und theoretischer Überlegung abgeleiteten Offenen Unterricht zu bekommen, werden im Folgenden drei aktuelle Umsetzungsvarianten eben dieser Unterrichtsform vorgestellt. Gemeinsam ist ihnen die qualitative Erweiterung des Verständnisses von „geöffnetem" Unterricht, indem sie sich von Freier Arbeit, Wochenplan-, Stations- oder Werkstattunterricht vor allem dadurch unterscheiden, dass sie versuchen, die gewünschte Schülerorientierung durch einen weitgehenden Verzicht auf Arbeitsmittel zu erreichen. Die indirekte Belehrung, der heimliche Lehrgang soll so vermieden werden und die Auseinandersetzung zwischen Schüler und Stoff möglichst direkt, ohne verfälschende, behindernde oder ablenkende Lehrmittel erfolgen. Die Motivation soll vom Stoff ausgehen, sie wird nicht spielerisch verpackt sachfremd erzeugt. Gleichwohl – wenn auch stark reduziert – kommen auch in diesem Unterricht diverse Gegenstände als Arbeitsmaterialien zum Tragen, wenn z. B. Bücher zu Rate gezogen oder verschiedene Sachen zu Forschungen gebraucht werden. Aber diese Art der Materialien ist dann nicht speziell von Fachleuten für den schulischen Lehrplan aufbereitet worden, sondern entstammt primär der Lebenswelt der Schüler.

Dabei stellen die drei folgenden, von mir real in der Praxis vorgefundenen bzw. erlebten Konzepte zugleich die konkrete Umsetzung des im letzten Kapitel entwickelten „Stufenmodells des Offenen Unterrichts" dar: Das erste Konzept öffnet primär auf der methodischen Ebene, gibt die Inhalte aber weitgehend vor. Das zweite Konzept öffnet zusätzlich zur methodischen Freigabe auch die inhaltliche Seite, beinhaltet aber noch eine maßgebliche Lehrerlenkung in der sozialen Dimension. Das letzte Konzept hingegen öffnet den Unterricht in allen Dimensionen, indem die Klasse weitgehend basisdemokratisch von Kindern und Lehrer geführt wird. Im Folgenden seien diese drei Konzepte vor einer ausführlicheren Darstellung zunächst kurz skizziert:

Die „Didaktik der Kernideen" nach Peter Gallin und Urs Ruf betont vor allem die methodische Freiheit des Schülers, seinen eigenen Lernweg gehen zu können bzw. gehen zu müssen, während die zu lernenden Inhalte – in besonderer Form – vom Lehrer vorgegeben werden. Das stellt auch den Vorteil dieses Konzeptes im Rahmen einer Hinführung zu Offenem Unterricht dar, denn der Lehrer erfährt durch die mögliche Orientierung an Stoff- und Lehrplanvorgaben vielleicht gerade erst die Sicherheit, die er benötigt, um den Schülern wirklich den eigenen Lernweg zuzugestehen. Dabei wird hier trotz der Vorgabe der Inhalte eine ganz neue Lehrerrolle beschrieben, die auch für die anderen beiden Konzepte prägend ist.

Die „Didaktik des weißen Blatts" nach Hannelore und Helmut Zehnpfennig geht dann aber doch noch einen Schritt weiter und lässt die Schüler auch die Inhalte in der Schule relativ frei wählen – wobei das Lernen an sich nicht in Frage gestellt wird. Während bei Gallin und Ruf das Arbeiten durch das Zusammentragen und Hinterfragen verschiedenster Lösungsmöglichkeiten zu einem Thema gerade Sinn bekommt, ergibt sich im Offenen Unterricht nach Zehnpfennig durch die Unterschiedlichkeit der Aktivitäten der Kinder eine interessante Gruppendynamik und eine schwer zu beschreibende Vielseitigkeit der im Unterricht zu den unterschiedlichsten Zeitpunkten behandelten Themen.

Die „Didaktik der sozialen Integration" geht als von mir selbst erprobtes Konzept noch einen Schritt weiter im Hinblick auf eine Öffnung im sozialen Bereich. Während sowohl bei Gallin und Ruf als auch bei Zehnpfennig und Zehnpfennig dem Lehrer auch innerhalb seiner völlig neuen Lehrerrolle noch eine maßgebliche Lenkungsfunktion des Unterrichts obliegt, wenn er z. B. die gemeinsamen

Kreisphasen moderiert oder explizit oder implizit über die Einhaltung von Regeln wacht, so wird diese Lehrersteuerung nun noch weiter aufgebrochen. Gemäß der Umsetzung basisdemokratischer Prinzipien im Klassenraum versucht der Lehrer im dritten Konzept, die Selbstverantwortung der Schüler sowohl im Bereich der Wissensaneignung als auch im Bereich des sozialen Lernens durch eigene Zurückhaltung bzw. den Verzicht von Privilegien zu fördern. So ist auch er von Melde- und Klassenregeln betroffen und lässt die eigene Konfliktlösung, Regelfindung und Tagesgestaltung durch die Schüler zu.

Alle drei Konzepte basieren auf einer neuen Lehrerrolle, die sich nicht mehr nur als eine Verschiebung der bisherigen verstehen lässt, sondern ganz klar anders motiviert ist. Dadurch heben sie sich qualitativ von den oben besprochenen Formen offenen Unterrichts ab: Selbststeuerung und Eigenverantwortung bekommen eine andere Dimension. Zwar lässt sich in der Abfolge der hier geschilderten drei Konzepte die im letzten Kapitel angesprochene Zunahme der Öffnung feststellen (nur methodisch; methodisch und inhaltlich; methodisch, inhaltlich und sozial), eine vergleichende qualitative Bewertung kann allerdings nicht erfolgen, da eine zusätzliche Öffnung eines Bereiches durchaus auch negativere Ergebnisse in anderen Bereichen hervorrufen kann. Die richtige Schwerpunktbildung kann nur individuell vom einzelnen Lehrer im Hinblick auf die unterrichtlichen Rahmenbedingungen und vor allem unter Berücksichtigung der eigenen Fähigkeiten und Fertigkeiten erfolgen. „Je offener, desto besser" kann eben nicht als Faustformel gelten, sondern ist abhängig von dem Grad an Offenheit, den die Beteiligten als für sich passend erleben. Dass allerdings alle drei Varianten qualitativ hochwertige Ergebnisse liefern, und die Offenheit eher als befreiende didaktische Hilfe denn als „Strukturverlust" erlebt wird, scheint sich in der Praxis zu bestätigen.

3.1 Offenheit trotz Gleichschritt: „Didaktik der Kernideen – Reisetagebücher-Unterricht"

Die Schweizer Lehrerin Patricia Berger-Kündig berichtet über ihren Weg zum Reisetagebücherunterricht (hier bezeichnet als Projekt „Lernen auf eigenen Wegen"):

> Es war im Frühjahr 1987. Wiederum, zum zweiten Mal in meiner Tätigkeit als Unterstufenlehrerin, hatte ich eine Klasse ins dritte Schuljahr geführt, und wiederum spürte ich, dass das Interesse am Unterricht bei etlichen Schülerinnen und Schülern mehr und mehr erlahmte. Als engagierte Lehrerin traf mich das sehr. Es dauerte nur wenige Monate, bis einzelne deutlich zu erkennen gaben, dass sie die Schule – meine Schule – langweile. Obwohl ich diesem Phänomen schon in meinem ersten Klassenzug – auch in der dritten Klasse – begegnet war, wollte ich es diesmal nicht mehr einfach so hinnehmen. Gab ich mir doch täglich so viel Mühe, setzte mich stundenlang hin, um spannende Lektionen vorzubereiten, kreierte

aufwendige Arbeitsblätter und korrigierte sie, wie alle anderen Schülertexte auch, mit großer Sorgfalt. Die Themen hatte ich stets der Klasse angepasst und die Schülerinnen und Schüler oft und viel mitgestalten lassen. [...]

Je passiver und gleichgültiger meine Schülerinnen und Schüler werden, desto aktiver und unerbittlicher werde ich selbst:

- Wie eine beflissene Mutter jage ich hinter den vergesslichen Kindern her: Hast du alles eingepackt? Sind die Hausaufgaben notiert? Wo ist dein Sprachheft?
- Ich fühle mich als Polizistin, trete mehr und mehr in der Rolle der Kontrollierenden an die Kinder heran: Wo sind deine Verbesserungen? Habe ich nicht gesagt, dass du das mit Füllfeder schreiben sollst? Du hast schon wieder zu viele Fehler!
- Ich mache alles. Ich bin die Initiatorin von jeglichem Unterrichtsgeschehen. Ich bestimme Stoff und Zeit.
- Ich trage alle Verantwortung, die Kinder tragen keine. [...]
- Meine Präparationen werden zur unantastbaren Norm, dagegen erscheinen Zufälle, Einfälle, Phantasie und Kreativität als Störfaktoren.

Nun war ich reif für etwas wirklich anderes und kurze Zeit darauf schloss ich mich dem Entwicklungsprojekt *Lernen auf eigenen Wegen* an. (Berger-Kündig 1998, 186ff.)

3.1.1 Ein Tag in der Schweiz

Irgendwo hinter dem Zürichsee unterrichtet Regula Ruf in der kleinen Stadt Wetzikon ihre Primarschulklasse. Nach sechzehn Jahren als Grundschullehrerin und mehreren Jahren in der Lehrerausbildung hat sich ihr Unterricht, oder besser gesagt ihre Einstellung zu den Kindern, geändert. Obwohl sie klar die Federführung in der Klasse innehat, steht sie nur noch selten an der Tafel, in der Regel arbeiten die Schüler selbstständig an ihren Arbeitsaufträgen im Reisetagebuch. Sie selber wird als Lehrerin immer wieder von den Kindern in deren Arbeit eingebunden oder aber arbeitet für sich an ihrem Pult. Ihren anderen Zugang zu Kindern und Schule beschreibt sie in ihrem Aufsatz „Was sich in meinem Unterricht verändert hat“ so:

- Ich trete nicht mehr nur mit der Absicht an die Kinder heran, ihnen etwas beizubringen, ich bin vielmehr neugierig darauf, zu erfahren, was sie schon können. [...]
- Ich bin sehr zurückhaltend geworden im Erteilen von Aufträgen. Die besten Aufträge sind Daueraufträge: Aufträge, welche die Kinder über mehrere Wochen oder Monate hinweg immer wieder aufgreifen. [...]
- Ich stelle nach Möglichkeit Aufgaben, deren Lösung ich noch nicht kenne. [...]
- Wenn neue Formen des Sprachgebrauchs oder des mathematischen Denkens aktuell werden, frage ich mich immer zuerst, in welchen Situationen wir Menschen diese Formen gebrauchen und welche Muster uns die Sprache oder die Mathematik zur Verfügung stellt. [...]

- Wenn ich die Kinder in einen neuen Fachbereich einführe, versuche ich nach Möglichkeit, ihnen sofort das Ganze zu geben. [...]
- Ich leite die Kinder schon früh an, auf etwas zurückzuschauen. was wir gemacht haben, und eine Meinung dazu zu äußern, oder sich über etwas Gedanken zu machen, was vor uns liegt. [...]
- Ich verfasse ein Klassentagebuch, in welchem auch die Schüler mitschreiben. Es gibt Einblick in wichtige Ereignisse des Schulalltags.
  Das Klassentagebuch ist das beliebteste Lesebuch der Kinder. Es verleiht dem, was wir im Unterricht tun, Bedeutung. Man darf das Klassentagebuch ab und zu mit nach Hause nehmen: Hier nehmen auch Eltern und Verwandte Anteil am Schulalltag. (Ruf-Bräker 1998, 197 ff.)

Neugierig auf den „Reisetagebücherunterricht" nehmen wir Kontakt zu Urs Ruf in der Schweiz auf, der uns gerne einen Besuch in der Grundschulklasse seiner Frau Regula vermittelt. Das Erste, was uns beeindruckt, ist die in der Klasse herrschende angenehme Atmosphäre. Der Klassenraum ist verspielt und ästhetisch eingerichtet, vor allem der musische Bereich wird dabei stark berücksichtigt. An der Wand hängen Postkarten und Bilder bekannter und weniger bekannter Maler, ergänzt durch bestechende Bildinterpretationen und eigene Bilder der Kinder. Die Abgrenzung zur Leseecke bildet ein Klavier, das auch direkt zu Schulbeginn zum gemeinsamen Einstieg in den Tag genutzt wird. Die Kinder wirken entspannt und bewegen sich in der Klasse so, als ob sie zu Hause wären. Nach dem musikalischen Einstieg erklärt die Lehrerin die drei Arbeitsaufträge

für den heutigen Tag, von denen sich die Schüler immer den nächsten abholen können, wenn sie mit dem vorherigen fertig sind. Die Aufträge sind einfache, mit Maschinenschrift getippte Papierstreifen, die die Schüler dann in ihr „Reisetagebuch" kleben. Heute sind es „Kernideen" zur Lektüre „Joschis Garten" von Ursula Wölfel:

- *Male Joschis Garten so, wie du ihn dir vorstellst.*
- *Schreibe auf, wie du dir die Hütte einrichten würdest.*
- *Welche Adjektive hast du benutzt, um zu betonen, wie du die Hütte für dich einrichtest?*
  Warum gerade diese? (Die genauen Aufträge / Formulierungen habe ich mir bei der Hospitation leider nicht notiert.)

Dann arbeiten die Kinder an ihren Aufträgen weiter. Allein oder zu mehreren. Langsamer oder schneller. Mit oder ohne Pausen. Die Schwerpunkte sind ganz unterschiedlich. Der eine malt genau und ausführlich, zieht die Striche mit dem Lineal, ein anderer malt lieber skizzenhaft mit sicherer Hand, wieder ein anderer schreibt lieber, dort arbeiten mehrere Kinder eng zusammen, an anderer Stelle tauscht man sich erst nach Beendigung der Arbeit wieder aus. Trotz derselben Arbeitsaufträge entsteht ganz Unterschiedliches – und doch Gemeinsames. Die Kinder passen die offenen Aufträge trotz der Vorgabe an sich selbst an: sie sind diejenigen, die für sich „differenzieren".

Neben den üblichen Klassenaktionen und einzelnen Lehrgangsphasen ist der Reisetagebücherunterricht durchgehendes Unterrichtsprinzip. Alle Fächer, bei denen dies möglich ist, werden integriert. So hat die Lehrerin in dieser Klasse von Anfang an einen Schwerpunkt auf die Kunsterziehung gelegt, indem von Beginn an täglich mit der Hilfe von Kunstbüchern Künstler und Kunstwerke vorgestellt, Werke interpretiert, Biographien erforscht und selber Bilder in Anlehnung an die Vorbilder gemalt wurden. Aber auch die anderen Fächer wie Deutsch, Mathematik und „Realien“ werden über die methodisch offenen, zur eigenen Auseinandersetzung anregenden Aufträge unterrichtet. Viele der Anregungen bzw. die Struktur des Vorgehens kennen wir Besucher schon aus dem Buch „Ich – Du – Wir“ (Gallin / Ruf 1995), *das Regula Rufs Mann Urs mit seinem Kollegen Peter Gallin zusammengestellt hat. So finden wir in den Reisetagebüchern der Kinder, die wir uns bis zurück zum ersten Schultag ansehen können, immer wieder uns schon bekannte Sachen.*

Die Reisetagebücher halten was sie versprechen. Sie dokumentieren die Tage auf der Reise durch die Schule, sie dokumentieren das Lernen des einzelnen Kindes. Trotz derselben Arbeitsaufträge für die Kinder sind keine zwei Seiten in den verschiedenen Büchern gleich, immer steht der individuelle Zugang des Kindes zum Stoff im Vordergrund (vgl. i. F. auch Gallin / Ruf 1995, Ruf / Gallin 1998b).

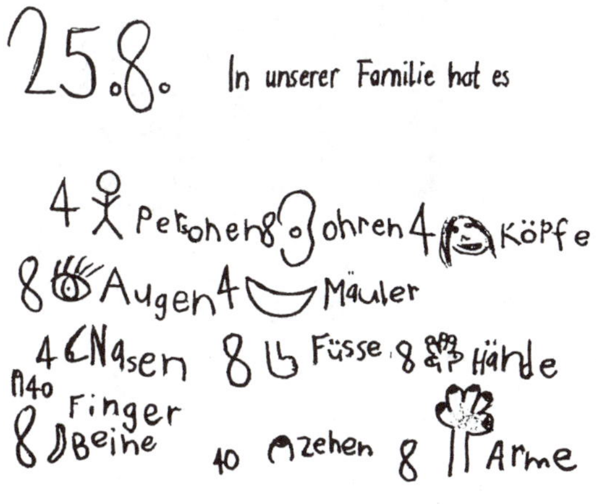

(Gallin / Ruf 1995, 49)

Ob die Kinder zählen, wie viele Personen, Ohren, Köpfe, Augen, Arme, Finger und Zehen es bei ihnen zu Hause gibt und so schon früh erste Vorstellungen von der Multiplikation bekommen oder ob sie an verschiedenen Tagen durch die Welt laufen und alles zählen, was es zu zählen gibt, um festzustellen, dass sich Anzahlen verändern können – der erste Weg zu Addition und Subtraktion. Später wird dann die mathematische „Malbrille“ aufgesetzt und die Umgebung nach Malaufgaben abgesucht.

Bei allen Aufträgen – egal in welchem Fach – ist dabei die Sprache unverzichtbares Element der Notation. Durch den Auftrag, die eigenen Forschungen immer im Reisetagebuch zu dokumentieren, wird – zusammen mit der Möglichkeit des Freien Schreibens von Anfang an – Schreiben und Schreibenlernen nicht auf sinnleeres Abschreiben begrenzt, sondern dient vom ersten Tag an der Kommu-

nikation bzw. dem Festhalten von sich ändernden Sachverhalten. So macht Schreiben Sinn. Die sprachliche Ausdrucksfähigkeit der Klasse ist immens. Man merkt, dass hier vom ersten Schultag an ausgiebig erklärt, gefragt, diskutiert wurde. Wortschatz und Formulierungen der Kinder sind erstaunlich und scheinen sich weit über dem uns bekannten altersgemäßen Niveau zu befinden. Die Kommunikation untereinander bzw. mit dem Lehrer muss viel Zeit eingenommen haben, denn die Reisetagebücher (meist ein oder zwei Hefte für alle Fächer pro Schuljahr) sind – was uns sehr erstaunt hat – gar nicht so umfangreich, als dass man von ihnen auf die hohe Kompetenz der Kinder schließen könnte. Die hohe Leistung der Kinder wird durch einen relativ geringen „Input" erzeugt.

Dabei variiert die Offenheit der Aufträge. Die meisten der ersten Aufträge zu einem neuen „Thema" bzw. einer „Kernidee" ermöglichen dem Kind einen individuellen Zugang, eine erste eigene Auseinandersetzung mit dem Stoff. So sollen die Kinder z. B. im Rahmen der Erweiterung des Zahlenraums bis 100 zu Anfang der zweiten Klasse große Zahlen aufschreiben, erklären, warum sie die Zahlen „groß" finden und sie mit der Farbe malen, die sie sich für die Zahl vorstellen.

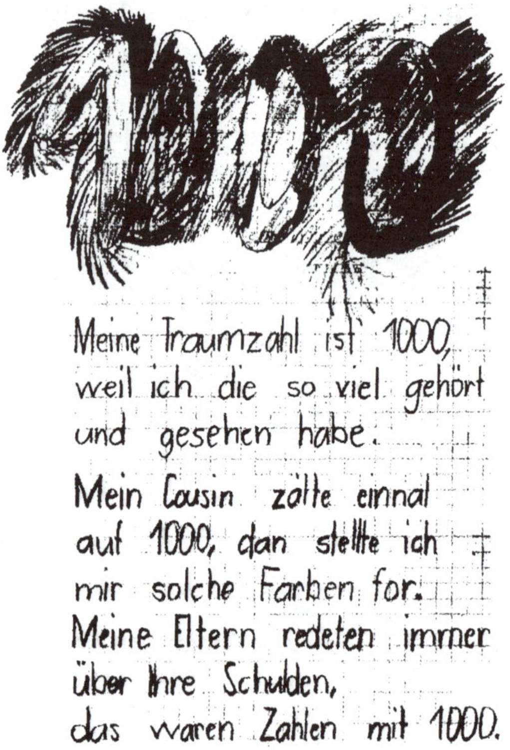

(Gallin / Ruf 1995, 114)

Oder sie sollen ihre Lieblingszahlen auf dem Maßband suchen und mit den Zahlen, die ihrer Meinung nach besonders gut dazu passen, einen „Zahlenteppich" malen. Aufgeschrieben werden auch Zahlen, die sich ihrer Meinung nach gut mögen und Zahlen, die sich nicht leiden können. Dann gehen die Aufträge weiter ins Stoffgebiet vor. Ein paar große Zahlen sollen der Reihe nach aufgeschrieben werden und von einem anderen Kind fortgeführt werden. Oder die fortlaufende Addition bzw. die Multiplikation wird durch den Auftrag „Du bist ein Tier, das auf dem Doppelmeter [Zollstock; FP] umherhüpft. Denk dir eine Sprunglänge aus. Schreib auf, bei welchen Zahlen du auf dem Doppelmeter landest. Probier verschiedene Sprunglängen aus.“ angestoßen. Die letzten Aufträge haben dann – im Gegensatz zu den ersten – klare Sachstrukturen als Grundlage, allerdings ohne diese den Kindern überzustülpen: *„Die Zahlen 1 bis 100 marschieren hintereinander ins Kino. Sie setzen sich sehr ordentlich hin. Zeichne in deinem Reisetagebuch, wie die Zahlen im Kino sitzen. Du darfst mehrere Möglichkeiten ausprobieren.“* Hier geht es nicht um die Notation einer eigenen „Hundertertafel“, sondern um die individuelle Durchdringung des Zahlenraumes – mit der Struktur, die im Moment beim jeweiligen Kind vorhanden ist. Ein „Abmalen“ eines Theaters mit exakten Sitzreihen von 1 bis 100 wäre ein ganz anderer (reproduktiver) Auftrag.

In der letzten Stunde am Tag treffen sich dann alle auf dem Teppich, um sich gegenseitig ihre Ergebnisse vorzustellen – und je nach Thema – so miteinander auszutauschen, dass man sich von den Einzelprodukten der Kinder immer mehr zur gemeinsamen Norm bewegt. Die Lehrerin strukturiert maßgeblich mit, ohne die Eigenleistung der Kinder zu entwerten. Im Gegenteil, alle Sichtweisen werden akzeptiert und so zusammen gebracht, dass Gemeinsamkeiten und Unterschiede neue Perspektiven eröffnen. Da alle Kinder am selben Thema gearbeitet haben, scheinen alle den Strukturierungs- und Fortführungsprozess verfolgen und in ihr Lernen einbetten zu können.

3.1.2 Methodische Offenheit: Kernideen und Reisetagebücher

Motiviert durch ihre eigenen positiven Erfahrungen im „dialogischen Lernen“ haben der Mathematiker Peter Gallin und der Germanist Urs Ruf Anfang der achtziger Jahre in der Schweiz ein Unterrichtskonzept entwickelt, das als „Reisetagebücherunterricht“ von sich reden macht. Ausgangslage war für die beide Kollegen ihre Unzufriedenheit mit dem bestehenden Unterricht am Gymnasium: Der Germanist empfand, dass das mühsam aufgebaute Interesse der Schüler, sich intensiver mit dem Stoff zu beschäftigen, regelmäßig durch das Stundenende zunichte gemacht wurde und der Mathematiker ärgerte sich darüber, dass die Schüler primär nur Interesse daran hatten, die Formeln für die nächste Prüfung zu lernen, um danach das meiste wieder zu vergessen (vgl. Gallin / Ruf 1990, 7f.).

> Nur gerade die Kinder, denen im richtigen Moment die richtige Antwort einfällt, nur gerade die Kinder, die in der vorgegebenen Zeit richtig funktionieren und zum richtigen Resultat gelangen, dürfen sich in ihrem Selbstwert bestätigt fühlen. Aber auch sie können sich nicht in Sicherheit wiegen: Verfehlen sie das nächste Mal das richtige Resultat, verpassen sie die richtige Antwort, folgt sofort die korrigierende Zurechtweisung. (Ruf / Gallin 1998b, 8)

> Schulische Gegenstände sind eben nicht Aufforderungen zum Verweilen und zum Nachdenken, sondern bloß Auslöser schematischer Reaktionen: *Ich kann's* oder *Ich kann's nicht.* Die Probleme, die wir im Unterricht stellen, erzeugen im Lernenden offenbar nicht das Gefühl *Ich könnte etwas lernen,* sondern das Gefühl *Das müsste ich eigentlich schon wissen.* Folglich stehen nur zwei Möglichkeiten offen: schnelles Abspulen eingeübter Mechanismen oder resigniertes Abwenden. Muss das so sein? (Ruf / Gallin 1998a, 21)

Nun zeichnen sich beide aber durch eine große Liebe zu ihrem jeweiligen Fach aus und wollen den Schülern mehr mitgeben als nur das auswendig gelernte Wissen für den nächsten Test. Ihre Überlegungen führten sie zu dem Schluss, dass, um eine wirkliche Auseinandersetzung des Lernenden mit dem Stoff zu ermöglichen, sowohl die Eigenwirkung des Stoffes wieder in den Vordergrund geholt werden muss als auch die individuelle Auseinandersetzung des Lernenden mit diesem. „Steht nicht die richtige Antwort im Zentrum der pädagogischen Reflexion, sondern das, was ein Kind tatsächlich denkt, fühlt, sagt und tut, haben alle eine Chance. [...] Bedingung ist nur, dass sich das Kind tatsächlich auf einen Dialog mit den Schulstoffen einlässt und dass es erfährt, was andere über seine Beiträge denken.“ (Ruf / Gallin 1998b, 8) Dieses möchten sie als Lehrer durch zwei Dinge leisten:

- die Umwandlung stofflicher Inhalte in sogenannte *„Kernideen“* und
- die Dokumentation des eigenen Weges der Auseinandersetzung mit der Kernidee in einem *„Reisetagebuch“*.

Der Begriff Kernidee soll dabei vor allem die Abwendung vom kleinschrittigen, didaktisch fein säuberlich aufbereiteten Lehrgang verdeutlichen und zu einer globaleren Sichtweise des Stoffs führen. Statt eines stundenweisen Abarbeitens der Lehrgänge soll die eigentliche Sache wieder in den Vordergrund rücken. Kann sich jeder Schüler selbstverantwortlich mit der geforderten Sache auseinandersetzen, Vorerfahrungen nutzen, für ihn zum Verstehen notwendige Umwege gehen, so gelangt er schneller ans Ziel, als wenn er einem für alle Schüler gleich konzipierten Lehrgang folgen muss. Ein echtes Verstehen kann darüber hinaus nur durch die eigenaktive Auseinandersetzung mit dem Stoff erfolgen, was im herkömmlichen Unterricht durch die Vorgabe der Lösungsmuster von vornherein nahezu unmöglich gemacht wird.

Versucht man stattdessen die dem Stoff zu Grunde liegende Kernidee in den Vordergrund zu stellen, kann sich jeder Schüler individuell damit auseinandersetzen, ohne dass Lösungen und Lösungswege vorgegeben werden:

> Kernideen müssen so beschaffen sein, dass sie in der singulären Welt der Schülerin oder des Schülers Fragen wecken, welche die Aufmerksamkeit auf ein bestimmtes Sachgebiet des Unterrichts lenken.
>
> Kernideen machen den Schüler also aufmerksam auf Unstimmigkeiten im Horizont seiner singulären Welt. Sie öffnen ihm Augen für neue Zusammenhänge und fordern ihn so heraus, seine eigenen Meinungen mit Hilfe des Schulstoffs neu zu überdenken und neu zu ordnen. (Gallin / Ruf 1990, 37)
>
> Kernideen findet man selten am Schreibtisch, sie stellen sich oft zufällig ein: bei alltäglichen Verrichtungen wie Essen, Telefonieren, Spazieren. Voraussetzung ist der engagierte Umgang mit dem eigenen Fach und das Gespräch mit Kollegen und Freunden, die andere Akzente setzen oder Widerspruch anmelden. Auch Lehrmittel oder Lehrerkommentare können wertvolle Anregungen liefern, entbinden aber nicht von spielerischer Eigentätigkeit.
>
> Wer nach Kernideen sucht, gibt sich Rechenschaft darüber, was ihn eigentlich bewegt und lenkt, wenn er sich einer bestimmten Sache zuwendet. Warum eigentlich befasse ich mich mit Mathematik, Musik, Lyrik oder Geographie? Was treibt mich an, wenn ich wissen will, wie man ein Wort richtig schreibt oder einen Beweis korrekt durchführt? Die Antwort auf solche Fragen ist vorerst einmal eine ganz persönliche Angelegenheit. (Ruf / Gallin 1998b, 17)

Kernideen lassen sich also charakterisieren als stoffbezogene Impulse eines „vordidaktischen" eigenen Zugangs, der den Schüler zur eigenaktiven Auseinandersetzung mit dem Thema, zu einem interessegeleiteten Lernen führen soll. Die Auseinandersetzung mit dem Stoff erfolgt dann ganz individuell, Lehrerhilfe kann in der Form von Impulsen in Anspruch genommen werden, muss aber nicht. Verpflichtend ist für den Schüler allerdings das Aufschreiben seiner Gedanken, Versuche und Erfahrungen in einem Buch, das ihn auf seiner „Reise" begleitet: sein „Reisetagebuch". Es gibt ihm selber, aber vor allem auch Außenstehenden, Aufschluss über die Auseinandersetzung mit dem Stoff: Thema und Art der Herangehensweise, die eigene Denk- und Vorgehensweise, der zeitliche Verlauf der Bemühungen, die Dauer und die Unterbrechungen und zu guter Letzt natürlich die Ergebnisse bzw. die noch offenen Fragen.

Der Stellenwert, der der schriftlichen Auseinandersetzung mit dem Thema eingeräumt wird, ist hoch. Für Gallin und Ruf ist gerade dies der Schlüssel zum Erfolg. Nicht nur, dass sich durch das eigene Aufschreiben auch der Stoff verändert und neue, individuelle Facetten gewinnt, vor allem bedingt die *Notation für andere* eine zwar immer noch rein subjektive Auseinandersetzung mit dem Thema, aber eben unter der Maßgabe einer objektiven Verständlichkeit. Man setzt sich also nicht nur mit dem eigentlichen Problem auseinander, sondern muss die eigene Auseinandersetzung quasi von außen wahrnehmen. Dadurch rückt der Lösungs*weg* in das Zentrum der Betrachtung, die Problemlösung an sich wird Mittel zum Zweck, Motiv und Motivation für die Denkprozesse, sie stellt aber nicht das primäre Lernziel dar. Das Ziel wird nur dann erreicht, wenn auch der Weg dorthin vom Schüler selbst konstruiert wurde. Dabei kann immer wieder eine Auseinandersetzung mit anderen stattfinden, es kann ein Austausch erfolgen, aber es darf nicht eine fertige Lösung einfach übernommen werden.

Entsprechend muss man den Begriff der Kernidee sehr weit fassen. Einerseits wird der Stoff, mit dem der Schüler sich auseinandersetzen soll, vom Lehrer gemäß seinen Lehrplänen vorgegeben, andererseits ist die Kernidee eben individueller Impuls und kann eben nicht Lehrgangscharakter haben:

> Kernideen sind selten übertragbar. Sie haben den Charakter von Einfällen, die sich spontan einstellen und die in der aktuellen Situation ihre grösste Wirksamkeit entfalten. Natürlich ist der Lehrer versucht, bewährte Kernideen zu perfektionieren und mehrmals einzusetzen. Das führt aber, soweit wir das aus unserer Erfahrung beurteilen können, selten zum Erfolg. Präparierte Kernideen nehmen zu schnell den Geruch von Lehrstoff an. Es fehlt der richtige Zeitpunkt, die richtige Erwartungshaltung, das richtige Klima. Die Schüler merken die Absicht und sind zu Recht verstimmt. Es ist nicht der Wissende, dem Kernideen zufallen, es ist der Suchende, der unvermittelt auf sie stösst. (Gallin / Ruf 1990, 45)

Man kann deshalb für den Kern des Konzeptes, die „Kernidee“, – wieder einmal – kein richtiges Konstruktionsrezept liefern. Hier hält die Offenheit des Offenen Unterrichts Einzug. Situationsbezug und Individualität fordern ihren Tribut. Dennoch wird – laut Gallin und Ruf – dieses Problem dann, wenn man ein Gefühl für diese Art der Lehrerrolle und des Unterrichtens hat, ein Stück weit relativiert:

> Kernideen sind Impulse, sie entstehen in individuellen Situationen und sind nur rückblickend zu erkennen. Der Lehrer wird bald merken, dass er sich weniger um die Herstellung von Kernideen sorgen muss, als um ihre Erhaltung und Pflege. (Gallin / Ruf 1990, 39)

Wie kann man nun als Lehrer vorgehen, um einen solchen Unterricht umzusetzen?

3.1.3 Kernideen und Reisetagebücher – Hilfen zur Umsetzung

> Dialogisches Lernen ist aufs Offene angelegt. Wohin die Reise führt, ist nicht ausgemacht. Wenn sich Lehrende und Lernende im Unterricht als Ich und als Du begegnen, wenn ihre Beiträge in stetem Wechsel das Geschehen im Unterricht strukturieren, ist nicht voraussehbar, welches der übernächste Schritt sein wird. Unterricht ist also nicht mehr in der traditionellen Weise planbar. [...] Wohin das dialogische Lernen führt, ist zwar nicht voraussehbar, trotzdem entwickelt es sich in keiner Weise beliebig. [...] In ihrer *Kernidee* bündelt die Lehrperson den Gehalt des persönlich-rezipierten Fachgebiets. Mit einem offenen *Auftrag* ermöglicht sie den Lernenden eine Annäherung in der Vorschauperspektive. Spuren dieser produktiven Tätigkeit finden ihren Niederschlag im *Reisetagebuch* der Lernenden. In einer persönlichen *Rückmeldung* schließlich gibt die Lehrperson Einblick in ihre Rezeption und generiert eine neue Kernidee, die zwischen den Kernideen der Lernenden und den Anforderungen des Fachs vermittelt. Damit fordert sie die Lernenden zu einem neuen Produktionsschwung heraus, den sie mit einem neuen Rezeptionsbogen beantwortet. So folgt im dialogischen Unterricht eines aus dem andern. (Ruf / Gallin 1998b, 10f.)

Um einen Unterricht mit Kernideen und Reisetagebüchern umzusetzen, muss man sich als Lehrer zunächst einen kompetenten Überblick über das zu behandelnde Stoffgebiet schaffen. Einen Überblick, der es einem ermöglicht, die dem Stoff innewohnenden Grundideen herauszukristallisieren. Diese Grundideen werden dann zu Kernideen, wenn sie den Schüler zur eigenen Auseinandersetzung mit dem Thema anregen. Um das Stoffgebiet entsprechend darzustellen, sollte der Lehrer durchaus auch biographische Momente, seine Begeisterung, eigene Fragen an den Stoff einbeziehen. Er überlegt also in der Rückschau, was der Stoff für eine Motivation ausstrahlen kann, um den Schülern dann das Themengebiet in einer Vorschau vage und knapp zu umreißen. Als Anleitung zum „Aufspüren" für Kernideen schlagen Ruf und Gallin (vgl. 1998b, 18) Folgendes vor:

- Stellen Sie sich in Ihrem Fach ein verhältnismäßig großes Stoffgebiet vor, das Sie mögen. Blenden Sie alles aus, was Sie nur dann interessiert, wenn Sie an Ihre Schüler denken.
- Versuchen Sie sich an den Moment zu erinnern, wo Ihr Interesse an diesem Gebiet wach geworden ist: an die Quelle Ihrer Faszination, an ein Schlüsselerlebnis, das Ihnen die Augen geöffnet hat oder suchen Sie sich einen Dialogpartner, dem Sie in möglichst einfachen Worten erklären, was Sie persönlich über Ihr Fachgebiet denken und was für Sie der Witz an der Sache ist.
- Üben Sie sich jetzt im Erzählen! Geben Sie dem Erlebten die Gestalt einer Anekdote. Können Sie den Witz der Sache auf den Punkt bringen? Vielleicht mit

> einer herausfordernden Frage, einer simplen Geste, einer kühnen Behauptung, einem anregenden Spielangebot, einem ausbaufähigen Denkanstoß, einem animierenden Bild, einer dynamisierenden Handlungsanweisung? Gelingt Ihnen das, dann haben Sie eine keimfähige Kernidee geboren.

Hält der didaktische Einfall folgenden Prüfkriterien stand?

- Ermöglicht er einen Blick aufs Ganze eines größeren Stoffgebiets?
- Gibt er dem Stoff eine attraktive Gestalt?
- Öffnet er ein Fenster in die private Lernbiographie?
- Deutet er an, wie man mit dem Stoff sachgerecht umgehen muss?
- Regt er den Lernenden an, eigene sachbezogene Kernideen zu generieren, und eröffnet er dadurch individuelle Räume für sinnvolles Handeln?
- Liefert er eine grobe Orientierung im Ganzen, und ermöglicht er – ohne Verlust der sinnstiftenden Übersicht – eine Hinwendung zu den Details? (vgl. Ruf / Gallin 1998b, 182)

Im Unterricht wird der Lehrer den Schülern dann frontal oder im Sitzkreis seine Kernidee vorstellen, indem er ihnen einen kurzen Überblick über das Stoffgebiet gibt oder entsprechende Impulse anspricht, die er als tragend und fruchtbar erachtet. Diese lehrergeleitete Kernidee nimmt dann im gemeinsamen Gespräch Gestalt an und es ergeben sich durch Assoziationen und Brainstorming vielfältige Kernideen auf Schülerseite. Diese können einander ähnlich oder auch ganz verschieden sein, sie dürfen sogar falsch sein. Sie stellen die Motivation für die Auseinandersetzung dar und können während der ständigen Reflexionen noch revidiert werden oder aber auch trotzdem zu richtigen Ergebnissen führen. (Man denke nur an die Vielzahl wissenschaftlicher Errungenschaften, die aus falschen Hypothesen oder ganz anderen Absichten resultiert sind …)

Während Gallin und Ruf in ihrem ersten Buch „Sprache und Mathematik" noch von den Kernideen eines Themas bzw. Stoffgebietes ausgehen und die Arbeitsaufträge und Notationsweisen durch die Schüler bzw. die Klasse entwickeln lassen, ändert sich der Begriff der Kernidee im Laufe der Zeit bei ihnen (leider?) immer mehr zu ganz präzisen Aufträgen für die Schüler. So geben sie in ihren späteren Büchern konkretere Anweisungen für den Aufbau eines Kernidee-Auftrages bzw. die Notation im Reisetagebuch:

> Kernideen wecken Energien und lenken die Aufmerksamkeit auf die Sache. Ob es nun allerdings zu einer fruchtbaren und anhaltenden Auseinandersetzung mit dem Stoff kommt, steht und fällt mit den Perspektiven, die der Auftrag eröffnet. […] Der Auftrag muss einen Einstieg in die Arbeit anbieten, die auf ganz unterschiedlichen Niveaus zu interessanten Lösungen führen kann. Er darf leistungsschwächere Kinder nicht vor den Kopf stoßen und leistungsstärkere Kinder nicht langweilen. Alle müssen sich zu einem eigenen Produktionsschwung eingeladen und herausgefordert fühlen. Im Auftrag muss zudem auch eine Rampe für Könner

eingebaut sein. Sie sorgt dafür, dass auch die Schnellsten und Begabtesten ihre Möglichkeiten voll ausspielen können und vielleicht sogar an ihre Grenzen stoßen. Schließlich muss der Auftrag offen sein. Nur offene Aufträge, Aufträge also, zu denen viele Lösungen denkbar sind, ermöglichen kreative Eigentätigkeit und fordern Stärkere und Schwächere gleichermaßen heraus, Unerwartetes und Überraschendes zu Papier zu bringen. (Ruf / Gallin 1998b, 49)

Der Schüler legt nun – im Rahmen der ihm zur Verfügung stehenden Zeit – selber Dauer und Art der Auseinandersetzung fest und dokumentiert seinen Weg im Reisetagebuch. „Beim Schreiben verlangsamen und klären sich Gefühle und Gedanken, nehmen Gestalt an und fordern zur Stellungnahme heraus. Wer schreibt, übernimmt in besonderer Weise Verantwortung für seine Position und öffnet sich der Kritik.“ (Ruf / Gallin 1998a, 55)

Ein vorgegebenes Raster dafür könnte folgende Punkte enthalten:

Organisation des Reisetagebuchs	
Datum	Wann habe ich diesen Eintrag gemacht? (Zeit als Ordnungsprinzip)
Thema	Womit befassen wir uns? (Schlagzeile/Blickfang)
Auftrag	Was muss ich tun? (Problem, Erwartungen, Hilfen, Ziele)
Orientierung	Wozu machen wir das? (Motive, Fragestellungen, Überblick)
Spuren	Welchen Weg beschreite ich bei der Lösung des Auftrags? (Persönliche Auseinandersetzung mit dem Thema)
Rückblick	Wo stehe ich jetzt? (Zusammenfassung, Merksatz, persönlicher Kommentar, offene Fragen, neue Aufträge)
Rückmeldung	Wer kann mir weiterhelfen? (Reaktionen, Tips, Beurteilung: Lehrperson oder Mitschüler)

(Ruf / Gallin 1998a, 64)

Der so entstehende Text bietet dann immer wieder Grundlage zu Reflexion und Auseinandersetzung, sowohl innerhalb der eigenen Betrachtungsweise als auch in der Kommunikation mit anderen Schülern oder dem Lehrer. Diese Phasen können institutionalisiert als feste Rituale vorkommen oder aber auch individuell dem Schüler überlassen werden. Lehrer und Schüler sind ja durch den Verzicht auf „gemeinsamen“ Unterricht frei für Einzel- oder Gruppengespräche. In der Regel wird beides vorkommen, während der Arbeitszeit besteht immer die Möglichkeit für individuellen Austausch, in den gemeinsamen Kreisphasen werden evtl. verschiedene Lösungen zur Diskussion gestellt, Lösungswege verglichen, Gemeinsamkeiten erarbeitet.

Die Rückmeldung kann aber auch zum eigenen Unterrichtsprinzip werden, wenn statt der Lehrervorgabe die Schülerproduktion zur Kernidee wird und der Auftrag zum Forschen ein Auftrag zum Rückmelden ist.

> Wir stellen hier drei Möglichkeiten vor, wie Texte aus den Reisetagebüchern in spezieller Weise gewürdigt, ausgewertet und zur Basis für die nächste Produktionsrunde gemacht werden können. Diese drei Spielarten des dialogischen Lernens übernehmen Aufgaben, die im traditionellen Unterricht dem Erklären, dem Üben und dem Verbessern zufallen:
>
> - Die Aufgabe des Erklärens übernehmen gelungene und speziell erhellende Passagen aus den Reisetagebüchern. Sie werden für alle kopiert und dienen der Klasse als Lehrmittel.
> - An die Stelle des Abarbeitens von Aufgabenserien aus dem Lehrbuch tritt das Erfinden eigener Übungsaufgaben. Wenn sich die Schülerinnen und Schüler gegenseitig Aufgaben stellen und diese auch lösen, sorgen sie selber dafür, dass der Kreislauf von Produktion und Rezeption in Gang bleibt.
> - Fehler werden nicht bloß verbessert, sondern untersucht. Die Beschäftigung mit eigenen und oft mehr noch mit fremden Fehlern kann dann als lustvoll und produktiv erlebt werden, wenn man sich mit einer einfühlsamen Fehleranalyse die gleichen Lorbeeren holen kann wie mit einer fehlerfreien Prüfung. (Ruf / Gallin 1998b, 167)

Der zielgerichtete, beschränktere Text wird dabei durch die Offenheit des Gespräches bereichert, denn hier lassen sich viel schneller andere Ideen und Vorschläge einbringen. Es gibt keine umfassenden, berichtigenden Erklärungen, sondern nur kurze, handlungsbezogene Gespräche, hervorgerufen durch die individuellen und damit „echten“ Fragen des Schülers. Dadurch kann es auch keine „Fehler“ im landläufigen Sinne mehr geben. Wenn es nur noch den individuellen Erfahrungsprozess des Schülers mit der Sache gibt, können zwar Fixpunkte auf dem Weg markiert und reflektiert werden, sie können aber nicht an einer vermeintlich „richtigen“ Lösung gemessen werden, sondern nur an sich selbst, der Auseinandersetzung des Schülers mit der Sache. Diese ist aber höchst individuell und verfolgt nicht die Norm als Ziel. Das ist auch im Hinblick auf die Motivation wichtig: Solange man dem Schüler die Norm nicht vorschnell überstülpt, ist er mit seinen Erfahrungen und Lösungen immer „der Erste“, er muss nicht anderen folgen, sondern schreitet selber voran.

Der Schritt zur allgemeingültigen Lösung, zur Vereinbarung, zur Regel, zum Algorithmus, zur Norm, wird für den Schüler zudem erst dann wichtig und nachvollziehbar, wenn er sich im Themengebiet durch die Entwicklung seiner eigenen Verfahren und Vorstellungen heimisch fühlt und dann auf Grund von Neugier, dem Bedarf nach Austausch über die Sache oder auch der Unzufriedenheit mit der eigenen (umständlichen) Bewältigung den Bedarf nach anderen, konventionelleren Lösungen hat. Dann erfolgt über das Gespräch in der Gruppe oder mit dem Lehrer der Schritt von der Subjektivität zur Objektivität, oder wie es Gallin und Ruf im Titel ihrer praxisbezogenen Lehrbücher ausdrücken, von der *singulären* Phase des „*Ich* mache das so!" über die *divergierende* Phase, in der man den anderen fragt: „Wie machst *du* es?" zur *regulären* Phase: „Das machen *wir* ab." (Gallin / Ruf 1995; 1999)

3.1.4 Kernideen und Reisetagebücher – Grenzen und Fragen

Der Unterricht mit Kernideen und Reisetagebüchern ist ein auf Sachstruktur und Lehrerlenkung basierender Unterricht, der hier trotzdem als „Offener Unterricht" vorgestellt wird. Grund dafür ist die rigorose methodische Offenheit, die dem Schüler bei der Herangehensweise bzw. Bearbeitung des Unterrichtsstoffes eingeräumt wird. Diese Freiheit ist eine echte Freiheit, die ganz im Kontrast zur rein organisatorischen Freiheit herkömmlicher „offener Unterrichtsformen" steht.

Beobachtet man die Umsetzung dieses – primär lerntheoretisch durch den Konstruktivismus fundierten – Konzeptes in der Primarschulpraxis, so fallen ein paar Dinge auf. Zum einen ist fraglich, ob die (verpflichtende) schriftliche Auseinandersetzung als Kernpunkt der schulischen Arbeit wirklich ein Bedürfnis des Schülers darstellt, oder ob hier nicht – bei aller Akzeptanz der Vorteile einer schriftlichen Reflexion des eigenen Lernprozesses – u. U. ein sehr großes Zugeständnis an Lehrer und Stoff gemacht wird. Ein vor allem deshalb notwendiges Zugeständnis, um den Lehrern die Öffnung des Unterrichts nicht zu bedrohlich vorkommen zu lassen, denn er kann jederzeit als Rechtfertigung vor sich und für andere auf das Schülerprodukt zurückgreifen – ohne sich fragen zu müssen, ob es nicht auch ein Lernen ohne schriftliche Notation geben könnte. *Was man schwarz auf weiß besitzt, kann man getrost nach Hause tragen …*

Zum anderen fällt auf, dass die Handhabung der Kernideen auch in den Klassen, die diesen Unterricht als grundsätzliches Prinzip verstehen, ein schwieriger Prozess ist. Sowohl vom Lehrer als auch vom Schüler wird viel erwartet. Der Lehrer muss kompetent Wesentliches in den Blick des Schülers rücken und zugleich nicht zu sehr in eine bestimmte Richtung lenken. Der Schüler muss dieses Wesentliche erfassen und mit großer Ausdauer seinem eigenen „entdeckenden" Lernen folgen. Dieser hohe Anspruch erfordert eine große Identifikation mit dem Konzept, wie sie bei Gallin und Ruf und ihren Schülern bestimmt vorhanden ist. Aber kann diese Klassen-Motivation, die sicherlich zu einem großen Teil mit der auf die Schüler abfärbenden Ausstrahlung der Konzepterfinder zurückzuführen ist, auch bei anderen Personen in diesem Maße vorausgesetzt werden?

In der Praxis taucht leider viel zu oft eine andere Art von „Reisetagebücherunterricht" auf, der nicht sonderlich von normalem Unterricht mit Einzel- oder Gruppenarbeitsphasen bzw. von Wochenplanunterricht zu unterscheiden ist: Der Lehrer gibt die Arbeitsaufträge vor, die die Schüler danach mehr oder weniger zeitgleich lösen bzw. bearbeiten. Oft wird vom Lehrer ein Modell bzw. Muster vorgestellt, an das sich die Schüler dann anlehnen. Die Arbeiten der Kinder orientieren sich im Allgemeinen eng an den Vorgaben. Es besteht zwar grundsätzlich eine Möglichkeit für entdeckendes Lernen, aber es scheint andererseits durch die Aufträge und den Unterrichtsverlauf nicht unbedingt eingefordert zu werden. Näher liegt vielfach ein Zugang über „kreative Nachahmung", wie ihn Regula Ruf beschreibt:

> Will man eine Geschichte als Vorlage für eine eigene Geschichte nutzen, muss man ihre Muster freilegen. […] Nach dem Muster des ersten Auftrags entwickeln wir in der Projektgruppe nun Aufträge für die nachfolgenden Doppelseiten des Bilderbuchs. Die Aufträge waren alle so gemacht, dass sie die Kinder auf die wesentlichen Strukturelemente der Vorlage lenkten und sie so befähigen, die Vorlage nach dem Prinzip *Gleiche Struktur – andere Inhalte* kreativ abzuwandeln. […] Sowohl sprachliche Muster als auch Ideen für die graphische Gestaltung konnten

> nach Bedarf der Vorlage entnommen werden. Einige Kinder veränderten einzelne Wörter, andere entfernten sich weiter weg und beschritten eigene Wege. Alle hatten am Schluss ein persönliches und perfekt gestaltetes Bilderbuch. (Ruf-Bräker 1998, 64ff.)

Wird ein solches Vorgehen, eine solche Vorplanung, die Lehrer gemeinsam für ihre unterschiedlichen Klassen vorausplanen, der Grundidee der Didaktik der Kernideen noch gerecht? Oder verwischt sich hier nicht die beabsichtigte subjektmotivierte Didaktik mit unserer Vorstellung einer traditionell vorgeplanten Unterrichtseinheit? Entsprechend sind die in der Praxis anzutreffenden Lehrerimpulse qualitativ sehr verschieden, sie bewegen sich von anspruchsvolleren Knobelaufgaben bis hin zu Aufgabenstellungen, die so auch in einem ganz normalen Unterricht gestellt werden könnten.

Im Gegensatz zu den anderen beiden, im Folgenden vorgestellten Konzepten, hat der Unterricht mit Reisetagebüchern durch die themengleiche Arbeit in der Gruppe den Vorteil, dass alle Schüler über den Stundeninhalt im Bilde sind und so einander einfach und gezielt helfen, fruchtbare Gespräche führen und zu gemeinsamen Regeln und Konventionen gelangen können. Aber geht dadurch nicht auch eine wichtige Dynamik im Hinblick auf die von Gallin und Ruf als Konzeptschwerpunkt konzipierte individuelle „Entdeckung" des Stoffes verloren?

> Zufall lenkt das Interesse auf einen Gegenstand. Das Ganze liegt von allem Anfang an im Blickfeld. Selten stehen im entscheidenden Moment ideale Unterrichtshilfen zur Verfügung. Aber das ist ganz unwichtig. Hat sich eine Kernidee in einem Menschen einmal festgesetzt, kann fast nichts mehr schiefgehen. Lehrer und Berater mögen stützen und helfen, so gut es eben gerade geht. Nur eines dürfen sie nicht tun: Das Kind von seinem Vorhaben ablenken und seine Energie in konventionelle Bahnen und Stufen des Lernens lenken wollen. Jeder Mensch muss auf seinen eigenen Wegen zum Ziel kommen. (Gallin / Ruf 1990, 90)
>
> Diese individuellen Handlungsräume sind es, an denen sich der Lehrer bei der Vermittlung des Wissens zu orientieren hat. Er darf die Schüler nicht mit immer scheinbar neuen Einzelheiten überschütten, und er darf auch nicht willkürlich neue Veranschaulichungen einführen. Damit entwertet er die individuell entwickelten Handlungsräume. Aufgabe des Lehrers ist es, die Schüler aufzufordern, neue Probleme vorerst mit Hilfe ihrer alten Vorstellungen zu lösen. Dabei darf er das individuelle Pröbeln und Experimentieren nicht durch wohlmeinende und altbewährte Ratschläge stören. (Gallin / Ruf 1990, 95)

Wird aber nicht eine der grundlegenden Motivationen der Didaktik der Kernideen, „jeder soll der Erste sein", in hohem Maße in Frage gestellt, wenn die ganze Klasse zeitgleich dasselbe Problem löst und die Lösungen ausgetauscht werden? Kann es nicht sein, dass der für die Einzelförderung absolut stimmige Dreischritt, vom individuellen Probieren über das Reflektieren mit anderen zur Konvention zu gelangen, im Klassenverband schnell kontraproduktiv werden kann, wenn die Regulative im Gesprächskreis gemeinsam erarbeitet wird, und nicht alle Kinder schon auf dieser Stufe sind? Oder sie haben den Austauschbedarf evtl. gar nicht mehr, weil die Aufgabe für sie schon längst erledigt ist? Und kann es nicht auch passieren, dass bestimmte Kinder immer die besten oder schnellsten Lösungen haben, immer nahe an den Konventionen sind, andere sich aber schwerer damit tun? Man muss annehmen, dass die Begründung des Konzeptes für die Umsetzung im Klassenverband zumindest teilweise relativiert werden muss.

Wie sähe denn die „Didaktik der Kernideen" aus, wenn durch den Verzicht auf eine Absprache der Themen dem Einzelnen ein größerer und vor allem freiwilligerer Raum gewährt würde? Ursprünglich war das einmal eine Kernidee, eine Kernfrage, die Gallin und Ruf durch ihre Forschungen lösen wollten:

> Beobachtet wurden individuelle Lernprozesse innerhalb und außerhalb der Schule. Ziel war es, Kräfte, die im nicht-organisierten Lernen wirksam sind, auch für die Schule nutzbar zu machen. Ist es möglich, den regulären Schulstoffen etwas von der provokativen Unmittelbarkeit abzugewinnen, die uns außerhalb der Schule zum Überdenken alter Gewohnheiten und zum Lernen herausfordert? Kann die Schule Raum für individuelles Suchen und Irren anbieten? Kann sie ein Klima schaffen, in dem authentische Begegnungen möglich werden? Kann sie die Lernenden anregen, rund um Lehrplanthemen private Kernideen zu entwickeln und im Dialog mit der Lehrperson so zu konkretisieren, dass fachliche Anforderungen und persönliche Motive nicht in Widerspruch geraten? (Ruf / Gallin 1998 a, 54)

Dennoch scheinen sie die inhaltliche Freiheit, die doch mit Sicherheit ein maßgeblicher Faktor der Selbststeuerung und des sinnstiftenden Lernens ist, vorschnell abzutun.

> Wahlfreiheit [...] ist nicht unser primäres Anliegen. Es geht uns nicht in erster Linie um die Wahl der Themen, das ist eine kurzlebige Freiheit, die dem Lernenden nur im Vorfeld der eigentlichen Arbeit einen gewissen Bewegungsspielraum zubilligt. Er entscheidet ja in Unkenntnis der Sache und kann sich deshalb nur an vordergründigen Kriterien orientieren. Die Freiheit, um die es uns geht, ist die Freiheit in der Wahl des Lernwegs. Und diese Freiheit kann der Lernende in jedem beliebigen Stoffgebiet wahrnehmen. Voraussetzung ist allerdings, dass ihm der Lehrer einen Zugang in dieses Stoffgebiet eröffnet, der ein Lernen auf eigenen Wegen möglich und attraktiv macht. (Ruf / Gallin 1998, 37)

Diese Haltung ist aus der Sicht des engagierten und kompetenten Fachlehrers, der Kindern einen wirklichen und prägenden Zugang zu seinem Fach ermöglichen will, richtig. Er hat den Überblick und kann aus seinem Wissen ableiten, welches Wissen für den Laien vorteilhaft ist und welchen Zugang dieser dazu finden sollte. Das ist – wie es sich für einen „Lehrer" gehört – in erster Linie eine *stoffbezogene* Haltung. Auch wenn der daraus folgende Unterricht immer nah an den Kindern bleibt und diese als Menschen achtet, so ist diese Haltung aber noch keine *pädagogische.*

Aus radikal pädagogischer Sicht drückt die Haltung des Erwachsenen, zu wissen, was für ein Kind – oder sogar zeitgleich für 20 oder 30 Kinder – gut ist, schon eine gewisse Arroganz aus. Gehört nicht gerade die freie Wahl dessen, mit dem ich mich beschäftige – ob in Kenntnis oder Unkenntnis der Sache – zur grundlegenden Qualifikation des autonomen Lernenden? Drückt nicht die in dieser Hinsicht unkritische Übernahme des schulischen Curriculums durch den Lehrer mehr aus, als ein pragmatisches Zugeständnis an das starre System? Zeigt nicht unser Schulsystem gerade bei der Vorgabe der Inhalte durch Curriculum und Lehrer seine größte Schwäche, wenn Schüler immer wieder vergeblich nach dem Grund suchen, aus dem heraus sie bestimmte Inhalte (zu einer bestimmten Zeit) lernen müssen? Und werden nicht gerade die Inhalte, die in der Schule vermittelt werden, immer fragwürdiger, wenn man sie an den eigentlichen Anforderungen des Lebens und der Berufswelt misst? Weist nicht der größte Teil der Schulabgänger die bittere Qualifikation auf, nach zehn oder dreizehn Jahren „Beschulung" noch immer nicht zu wissen, was er mit seinem Leben überhaupt anfangen will? All dies sind Bedenken und Fragen, die sich mir stellen – wenngleich ich glaube, dass Menschen, die ihr Fach so lieben wie Gallin und Ruf, diese sicherlich sehr relativieren würden und könnten – zum Besten der Schüler. Aber das soll uns nicht daran hindern, nun ein Konzept näher zu beleuchten, das Schülern über das Zugeständnis des eigenen Zugangs hinaus größtmögliche Freiheit bei der Wahl der Inhalte gibt. Ein nächster Schritt auf der Suche nach der verlorenen Offenheit ...

3.2 Offenheit trotz Autorität: „Didaktik des weißen Blatts"

Auf einem Plakat in der Klasse der Lehrerin Hannelore Zehnpfennig steht:

Our central message:
I like you just the way you are.
I have confidence in your abilities.
I am available if you need me, but first try on your own.
(Quelle unbekannt)

3.2.1 Ein Tag in Köln

Irgendwo in Köln unterrichtet Hannelore Zehnpfennig ihre (außergewöhnliche) Grundschulklasse an einer ganz normalen Regelschule (bis 1997). Sie hat nach über 20 Jahren „normalen" Unterrichtens ihren Unterricht fachweise geöffnet. Unzufrieden mit der bestehenden Situation hat sie im Zuge der allgemeinen Aufbruchstimmung Anfang der achtziger Jahre zunächst angefangen, Arbeitsmittel für einen selbsttätigeren Unterricht herzustellen, hat sich Spiele und Übungen ausgedacht und geschnipselt und foliert wie eine Weltmeisterin. Dabei hat sie – wie auch schon früher – ihre Schüler immer genau beobachtet und versucht, deren Handlungsweisen nachzuvollziehen, um so ihren Unterricht weiter zu verbessern.

Eines Tages hatte sie dann so etwas wie ein „Schlüsselerlebnis“, als sie von einem Schüler inmitten der ganzen „Freiheit“ gefragt wurde, ob er denn nun nicht endlich auch einmal selber etwas arbeiten könnte. Plötzlich erkannte sie, dass die scheinbare „Freiheit“ der vielfältigen, so mühsam hergestellten Angebote auf Schülerseite wohl doch keine war. Sie räumte die Arbeitsmittel fort und ließ die Kinder – zunächst allerdings nur im Sprachunterricht – einfach mal machen. Mit erstaunlichem Resultat: Der Wegfall der Vorgaben war für niemanden ein Problem. Man erfand vom ersten Tag an eigene „Geschichten“ – unter Umständen nur aus wenigen Wörtern oder Bilder bestehend bis hin zu ganzen Büchern. Die Geschichten und Gedichte wurden vorgelesen, überarbeitet und szenisch umgesetzt. Dabei waren die Leistungen der Schüler trotz (bzw. wohl gerade wegen) des fehlenden Lehrgangs von verblüffend hohem Niveau. Durch diesen Erfolg bestärkt, bezog Hannelore Zehnpfennig im nächsten Durchgang den Sachunterricht in das offene Arbeiten der Kinder mit ein.

> Am Beginn steht der gemeinsame Besuch in der nächstgelegenen Stadtbücherei. Jedes Kind wählt „sein“ Sachbuch (oder mehrere) selber aus. Ich rede keinem rein, selbst wenn mir das gewählte Thema oder Buch eigentlich als (noch) zu schwierig erscheinen. Meine Erfahrung ist: Gerade die – selbstgewählten – „schwierigen“ Bücher sind eine stark motivierende Herausforderung.
>
> Dann sitzen meine Kinder mit Feuereifer an *ihrem* Buch, an *ihrem* Thema, beseelt von *ihrem* Interesse. Nicht von außen, also vom Lehrer, rührt ihre Arbeitsmotivation her; sie kommt vielmehr von innen und aus dem Interesse an der Sache.
>
> Aller Aufgabe ist es nun, im Kreis den anderen Kindern mitzuteilen und zu erklären, was in dem Buch drinsteht und was man für interessant und wichtig hält. Hierfür muß sein Inhalt erst einmal verstanden werden – das ist oft schwierig genug –, dann so aufbereitet, daß er im Kreis vorgestellt werden kann. Ich gebe, falls erforderlich und gewünscht, nur Hilfestellung bei Wort- oder Sacherklärungen. Wie die Kinder an ihr Buch herangehen, *was* sie für wichtig halten und *wie* sie den Inhalt auf den Punkt bringen, können und müssen sie selber entscheiden. Ebenso überlasse ich ihnen den formalen und inhaltlichen Aufbau ihres Arbeitsblattes, womit sie ihre Ergebnisse zu Protokoll bringen, für sich und für die anderen. Das fertige Arbeitsblatt wird kopiert, oft mit besonders charakteristischen Illustrationen aus dem jeweiligen Buch.
>
> Am Ende des Weges steht die Vorstellung und Erörterung der Arbeitsblätter im Kreis. Hier zeigt und beweist es sich immer wieder: Nur was ich selbst verstanden habe, kann ich den anderen Kindern verständlich mitteilen und erklären. Wo dies nicht gelingt – und die unverblümtesten und wirksamsten Kritiker sind die Kinder

> selber – muß am Buch nachgearbeitet oder das Arbeitsblatt überarbeitet werden. (Zehnpfennig / Zehnpfennig 1995 a, 10)

Die auf Systematik und formalen Aufbau bedachte Mathematik unterrichtete sie weiter kursartig, bis zu einem weiteren „Schlüsselerlebnis" …

> „Nun", dachte ich, „2 mal 2 ist und bleibt gleich 4; und dies zu lernen erfordert weder Phantasie noch Kreativität noch Spontaneität. Vielmehr müssen hier alle Kinder im Gleichschritt der kleinen Schritte zur Erkenntnis und Einsicht geführt werden".
>
> Doch dann erlebte ich bei einer Fortbildung Professor E. Wittmann … „Und Sie glauben, das geht mit Zahlen nicht?" unterbrach er meine begeisterte Schilderung vom kreativen Umgang mit Buchstaben, Worten und Texten schon bei meinen Erstkläßlern. Und dann breitete er mir mit so viel Begeisterung einen Zahlenteppich aus, daß ich nur so staunte. „Mit Zahlen können Sie sich das Universum untertan machen", sagte er und viel Mitreißendes mehr. So hatte mir noch keiner die vermeintlich so trockene Mathematik nahegebracht. Ich war begeistert und brannte darauf, diese Begeisterung an meine Erstkläßler weiterzugeben. (Zehnpfennig / Zehnpfennig 1994 a, 20)

Prompt erzählte sie ihrer Klasse davon und öffnete dann kurzerhand alle Fächer zum „freien Arbeiten". Mit großem Erfolg und überdurchschnittlichen Leistungen aller Schüler.

Wir besuchen sie rund eineinhalb Jahre später in dieser ihrer letzten Klasse (vgl. i. F. Peschel 1995 a, 26 ff.). *In der Regel unterrichtet Frau Zehnpfennig täglich ungefähr vier Stunden als Klassenlehrerin, wobei diese zeitweise von Fachunterricht (Sport / Musik) unterbrochen werden. Der Tag beginnt „offen", das heißt die Schüler treffen sich vor Schulbeginn in der Klasse und haben dadurch noch genügend Zeit, miteinander zu reden, sich Dinge zu zeigen oder kleine Sachen zu erledigen. Danach trifft man sich im Sitzkreis, um gemeinsam den Tag zu beginnen, Verabredungen zu treffen, Neuigkeiten auszutauschen oder der ganzen Klasse etwas vorzuführen. Sollte ein Schüler nicht am Kreis teilnehmen wollen, so wird er nicht dazu gezwungen. Dadurch entfallen entsprechende Disziplinierungen und Zurechtweisungen im Kreis und die sonst so mühsame „Gesprächserziehung" regelt sich von selbst.*

Nach dem kurzen Austausch verabschieden sich die Schüler einzeln aus dem Kreis, indem sie der Gruppe bzw. der Lehrerin mitteilen, was sie heute vorhaben. Christina möchte über Wale forschen, Georg möchte etwas mit Brüchen rechnen und Sara an ihrer Geschichte weiterschreiben. Die Kinder, die noch keine Idee für den Tag haben, bleiben erst einmal im Kreis, überlegen weiter und werden letztendlich von den Aktivitäten der anderen Kinder angeregt. Zum Schluss hat sich fast jeder etwas vorgenommen. Lehrerin und Mitschüler geben aber auch gerne noch weitere individuelle Impulse und Anregungen.

Dann gehen die Kinder an ihre Plätze an Tischen, die an den Wänden des Raumes verteilt sind. Es gibt keine zentrale Stelle, auf die der Arbeitsort ausgerichtet ist, und die ganze Klasse bleibt durch die geschickte Aufstellung der Tische an der Seite ein Raum, der allen Kindern gehört. Trotz der normalen Klassenraumgröße, der üblichen Schülerzahl und des zusätzlich fest aufgebauten Sitzkreises, wirkt die Klasse durch die dezentrale Aufstellung der Möbel sehr groß. Ein Ortswechsel ist den Kindern jederzeit möglich, sie bevorzugen aber in der Regel ihren festen Sitzplatz.

Die Aufgaben, die sich die Zweitklässler gestellt haben, sind vielfältig und greifen nicht auf das übliche Angebot von Arbeitsmaterialien zurück. Einige Kinder schreiben an eigenen Geschichten weiter, ein paar Kinder sogar an umfangreichen Büchern mit immer neuen Kapiteln. Die Geschichten fallen durch eine einfallsreiche Wortwahl auf, zum Teil wird auch schon ganz gezielt wörtliche Rede eingesetzt. Andere Schüler erfinden Aufgaben für ihre „Minusbücher" oder denken sich selber Rechengeschichten und „Kniffelaufgaben" aus. Ergibt sich die Gelegenheit, fragt Frau Zehnpfennig die Kinder bei den Aufgaben, die sie selber verblüffend oder spannend findet, nach ihrem Rechenweg und versucht ihn zu protokollieren:

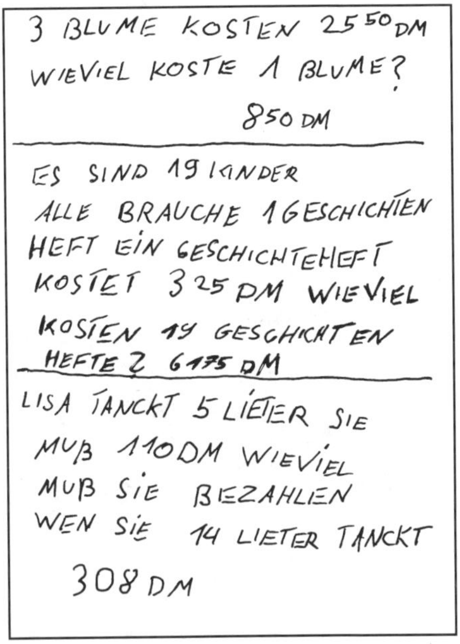
3 BLUME KOSTEN 25 50 DM
WIEVIEL KOSTE 1 BLUME?
8 50 DM

ES SIND 19 KINDER
ALLE BRAUCHE 1 GESCHICHTEN
HEFT EIN GESCHICHTEHEFT
KOSTET 3 25 DM WIEVIEL
KOSTEN 19 GESCHICHTEN
HEFTE ? 61 75 DM

LISA TANCKT 5 LIETER SIE
MUß 110 DM WIEVIEL
MUß SIE BEZAHLEN
WEN SIE 14 LIETER TANCKT
308 DM

Kniffelbuch von A., Mitte 2. Klasse

Lisa tankt 5 Liter. Sie muß 110 DM bezahlen. Wieviel muß sie bezahlen, wenn sie 14 Liter tankt?
Lösung: 308 DM

Wie hast du das gerechnet?

Also guck mal. 110 plus 110 ist ja schon mal 10 Liter. Also da weißt du, daß die für 10 Liter schon mal 220 Mark bezahlt. Da muß ich jetzt nur noch die 4 Liter ausrechnen, denn es sind ja 14 Liter. Für 5 Liter muß sie 110 Mark bezahlen. Also da mußt du nur rechnen: Wieviel mal 5 denn 110 ist. Das kann man ausprobieren. Nämlich 22 mal 5 ist 110, denn 20 mal 5 oder 5 mal 20 ist ja 100. Da weiß man, dass 1 Liter 22 Mark kostet. 4 mal 22 ist 88 Mark dann für 4 Liter. Und für 10 Liter das wusste ich ja schon: 220 Mark. 88 plus 20 sind 108 und noch die 200 dazu sind 308 DM. So hab ich das gerechnet.

Gerne werden auch die Hospitanten einbezogen, die z. B. extra schwierige Millionenaufgaben stellen müssen. Der Ehrgeiz mancher Schüler ist verblüffend, sie begnügen sich bei Schwierigkeiten mit kleinen Denkanstößen und versuchen konzentriert, die Lösung selber herauszubekommen. Man hat den Eindruck einer durchgängigen Mathematikfaszination, die in anderen Klassen so nur bei den „Cracks" anzutreffen ist.

Am Tag meiner ersten Hospitation erfolgte die Lösung der Aufgabe „1 + 2 + 7 : 2 : 5 · 3 · 6 – 4 – 3" (Klammern weggelassen) innerhalb von 30 Sekunden. Die Lösung der Aufgabe war aber eigentlich gar nicht gefragt, sondern es ging für die Schüler darum, ein „Gesetz zu erfinden": Welche Zahlen kann man tauschen, ohne dass sich das Ergebnis ändert ? Nach eineinhalb Stunden konzentrierter Arbeit kam im Kreis heraus: „Du kannst die Zahlen im Plus-, im Minus-, im Geteilt- und im Malpäckchen tauschen, aber nicht von einem Päckchen ins andere." Die Anzahl der dazu gerechneten Aufgaben stellt wahrscheinlich das Wochenpensum eines „normalen" Zweitklässlers dar, der auch den Sinn der Fragestellung vielleicht nur schwer verstehen würde. (Peschel 1995 a, 27)

Der Sachunterricht verläuft mehrgleisig: einerseits steht den Kindern jederzeit die Bearbeitung eines eigenen Themas frei, andererseits gibt es Themenschwerpunkte, die z. B. an eine Exkursion oder die Einladung eines „Experten" in die Klasse anschließen. Das Material für die selbstständige Arbeit bringen die Schüler mit (einschließlich des Kaulquappenaquariums) oder sie greifen auf die in der

Klasse vorhandenen Sachbücher zurück. Die Kinder haben klare Vorstellungen von ihrem Endprodukt, suchen sich aus verschiedenen Büchern Informationen zusammen und fordern Fotokopien wichtiger Bilder ein bzw. gestalten die notwendigen Illustrationen selber. Interessant ist, dass die Kinder ein aus der Sicht von Erwachsenen eher unsystematisches Arbeiten bevorzugen, das oft erst durch die Präsentation im Kreis bzw. ein gemeinsames Endprodukt eine gewisse Systematik erhält.

Die Arbeiten des vorigen Tages hat die Lehrerin zu Hause korrigiert und den Kindern zurückgegeben. Ihre Korrektur ist dabei ganz individuell auf das einzelne Kind abgestimmt. So überprüfen die Kinder z. B. bei ihren Texten die Stellen, die mit einem kleinen Kreuz markiert sind, auf Fehler. Die mit einem Sternchen markierten Wörter sind nicht „falsch", denn die Kinder können diese noch gar nicht kennen, setzen sich also erst neu mit diesen auseinander. „Fehler" gibt es also logischerweise nur bei den Wörtern, die das einzelne Kind schon sicher können müsste. Durch die eigene Textproduktion kann jedes Kind seinen Wortschatz individuell aufbauen, es ist nicht gezwungen, langweilige Texte abzuschreiben oder Diktate zu üben.

Nach circa eineinhalb Stunden ist Pause angesagt. An den Tagen, an denen es etwas zu feiern gibt und der Aufsichtsplan es zulässt, bleiben Kinder und Lehrerin in der Klasse. Man unterhält sich im Sitzkreis, singt oder spielt etwas vor. Das Geburtstagskind wird gefeiert, die Schüler äußern Glückwünsche bzw. geben

Kuchen aus. Anschließend verteilt die Lehrerin die Arbeitsblätter für die Hausaufgaben, seit der Einschulung immer je ein Sprach- und ein Matheblatt. Diese dienen meist (ganz nebenbei) zur nachträglichen „Einführung“ des Lernstoffs, den die meisten Schüler schon individuell erfahren bzw. selbst entdeckt haben und bereits nutzen. Wenn möglich, werden inhaltlich Geschehnisse des Unterrichts aufgegriffen: Eine Zusammenstellung von Kniffelaufgaben der Kinder oder Wortsammlungen zu einem Gesprächsthema. Es kann sich aber auch um reine Übungszettel handeln, die zusätzlich kleine Denkaufgaben enthalten. Die Zettel sind handgeschrieben und per Matrize vervielfältigt. Es erfolgt keinerlei motivationale Aufmachung.

Nach dem Wegpacken der Hausaufgaben bzw. nach der Pause stellt man sich die Arbeiten des Vormittages einander vor. Die Schüler bringen ihre Werke mit in den Kreis und erklären sie bzw. lesen sie vor. Eine Fächerordnung gibt es dabei nicht. Mathematische Kniffelaufgaben und Erfindungen können auf Sachunterrichtsthemen und Phantasiegedichte folgen. Auch hier sind trotz der Freiwilligkeit der Teilnahme eigentlich immer alle Schüler anwesend. Je nach Geduld verabschieden sich einzelne Schüler aber nach einiger Zeit aus dem Kreis, um an ihrem Platz weiterzuarbeiten. So muss der Sitzkreis nicht – wie sonst oft üblich – mühselig diszipliniert bzw. zusammengehalten werden. Vielleicht macht aber auch gerade erst die Freiwilligkeit den Kreis für die Kinder so attraktiv.

Während Kinder ihre Geschichten vorlesen, setzten andere Kinder diese szenisch um und spielen in der Kreismitte das, was sie hören. Das Zusammenspiel ist dabei von großem gegenseitigem „Aufeinander-Eingehen“ gekennzeichnet. Nach Beendigung der Geschichte können sich die Kinder bei Bedarf zum Vortrag äußern. Auch hier scheint die freiwillige Möglichkeit die sonst so oft zu hörende Floskel: „Das war schön, was du geschrieben hast.“ überflüssig zu machen. Man macht den Autor gezielt auf Wortwiederholungen aufmerksam oder weist auf Unschlüssigkeiten hin. Evtl. werden Verbesserungen ausprobiert und wieder verworfen (auch die der Lehrerin). Bei all diesem erfolgt kein Melden der Schüler; die gegenseitige Rücksicht erlaubt ein Gespräch ohne diese Ordnungshilfen.

Nachdem alle Kinder, die das wollten, ihre Arbeiten den anderen vorstellen konnten, kann die restliche Schulzeit wieder für eigene Aktivitäten genutzt werden. Zusätzlich zu den anderen Vorhaben der Kinder scheint nun auch Lesen als „Entspannung“ attraktiv zu werden. Am nächsten Tag kann man dann wieder an die vielfältigen Aktivitäten des Vortages anknüpfen.

3.2.2 Methodisch-inhaltliche Offenheit: Überholte Strukturen und „prozessuale“ Ordnung

Um die Notwendigkeit oder den Verzicht von Vorgaben im Offenen Unterricht näher zu untersuchen, soll im Folgenden das ganz in der Praxis entwickelte Konzept einer Lehrerin vorgestellt werden, welches hier treffend als „Didaktik des weißen (leeren) Blattes“ überschrieben wird. Die Grundschullehrerin Hannelore Zehnpfennig hat zusammen mit ihrem Mann, dem Soziologen Helmut Zehnpfennig, in zahlreichen Veröffentlichungen einen Offenen Unterricht vorgestellt, der von der Freigabe des Lernweges her stark dem Reisetagebücherunterricht entspricht, aber doch im inhaltlichen Bereich eine weitaus stärkere Öffnung anstrebt. Im Gegensatz zur lernpsychologischen Begründung des Konzeptes von Gallin und Ruf begründen Zehnpfennig und Zehnpfennig den Wandel der Schule zum Offenen Unterricht eher soziologisch mit dem schnellen Wandel der Gesellschaft in den letzten Jahren bzw. Jahrzehnten:

> Verändert haben sich gesellschaftliche und individuelle Wertorientierungen und Lebensziele: weg von den sogenannten „materialistischen“ Werten wie z. B. „Sicherheit“, „Wohlstand“, „Wirtschaftswachstum“, „Ordnung“ oder „Vollbeschäftigung“ hin zu „Selbstbestimmung“, „Mündigkeit“, „freier Wille“, „Glück“ und „Zufriedenheit“. Dieser *Wertewandel* beeinflußt natürlich auch die Definition und die Akzeptanz schulischer Erziehungsziele [...]. Eine ähnliche und parallele Entwicklung ist für den öffentlichen („politischen“) Bereich festzustellen. [...] So sehen sich Lehrer / Lehrerinnen zunehmend Ansprüchen von Schülern (und Eltern) nach Mitentscheidung über Inhalte und Methoden schulischen Unterrichts gegenüber; und solche Ansprüche lassen sich nicht mehr – wie früher – so ohne weiteres abweisen. Auch familiäre Beziehungsformen und Erziehungsstile (sowie Erziehungs-Ziele) haben sich in den letzten Jahren grundlegend gewandelt, pointiert ausgedrückt: vom Patriarchat zur Partnerschaft. Dies gilt für die Beziehung zwischen den Eheleuten und für die Eltern-Kind-Beziehung. [...] Schließlich zwingen Umwälzungen im wirtschaftlichen Bereich die Schule, sich (erneut) die Frage zu stellen und zu beantworten, wozu sie erziehen soll. Kann es allein oder vorwiegend um die Vermittlung von möglichst viel gesichertem Wissen („traditioneller Bildungskanon“) gehen? Ständig entstehen neue Berufe und verschwinden alte, werden neue Fähigkeiten erforderlich und andere überflüssig. Hinzu kommt: Schulisches Wissen und Abgangszeugnisse garantieren längst nicht mehr einen entsprechenden lebenslangen Beruf bzw. Arbeitsplatz. Flexibilität, Bereitschaft und Fähigkeit zu lebenslangem (Um-)Lernen, Kreativität und Eigeninitiative: das sind m. E. Fähigkeiten, die immer wichtiger für die Bewältigung dieser Problematik werden. Ihnen muß sich daher Schule – mehr als bisher – öffnen.
>
> Meine *These* ist nun: Der bislang – in der Praxis – vorherrschende Frontalunterricht kann kaum oder nur sehr begrenzt motivierte, aktiv lernende, kreative und mündige Schüler hervorbringen (selbst wenn man andere Formen wie z. B. Freiarbeit oder Projektunterricht als zusätzliche „Sonderangebote“ einbaut). Der Unterricht muß sich in seinen Strukturen erneuern. Ich stelle ein Konzept vor, das unterrichtliche Strukturen wie „Raum“, „Zeit“, „Inhalt“ und „Rollen“ neu organisiert. Und ich berichte (im Referat) über meine Erfahrungen und „Erfolge“ nach mehr als 10 Jahren eines solchen Offenen Unterrichts. Mein Fazit daraus: Wir sollten uns endgültig vom Frontalunterricht verabschieden. Er paßt nicht mehr in die Gegenwart; und er verpaßt die Zukunft. (Zehnpfennig 1995 d)

Die Öffnung des Unterrichts machen Zehnpfennig und Zehnpfennig (vgl. i.F. 1992; 1995c; Peschel 1995a) an dem Aufbrechen dreier tradierter, längst nicht mehr aktueller „Strukturen“ fest: der Raumstruktur, der Zeitstruktur und der Stoffstruktur, die im Folgenden unter eigenen Ergänzungen meinerseits kurz dargestellt werden:

Die herkömmliche *Raumstruktur* ist vom Lehrer her funktional geplant: Tische und Stühle stehen in Reih und Glied, es gibt für jeden Schüler einen festen Platz, auf dem er fortan – entgegen seinem natürlichen Bewegungsdrang – (still) sitzen muss. Die Sitzordnung spiegelt die Rangordnung wieder, die Kommunikation mit dem Lehrer steht zwar im Mittelpunkt, muss aber durch Melden und Drannehmen von diesem erlaubt werden (was im umgekehrten Falle nicht so ist), die Kommunikation der Schüler untereinander wird in der Regel als störend empfunden. Diese Raumstrukturen sind nachvollziehbar, denn sie sind auf den darauf entsprechend passenden, lehrerzentrierten Unterricht abgestimmt. Um der Vorgabe der Richtlinien „Dem Bewegungsbedürfnis der Kinder ist in besonderer Weise Rechnung zu tragen“ (Kultusminister NRW 1985, 10) zu entsprechen, wird der Unterricht klein portioniert und das vor allem aus körperlichen Gründen (das Niveau kann es ja nun wirklich nicht sein) anstrengende Lernen wird immer wieder durch auflockernde Bewegungsspiele und Lieder unterbrochen.

Möchte man nun aber eine Raumstruktur schaffen, die sich schülerzentrierter darstellt, so folgt daraus zwangsläufig auch eine andere Sicht der notwendigen Ordnung. Zehnpfennig und Zehnpfennig nennen diese eine „*prozessuale* Ordnung“, die nicht mehr statisch ist, sondern variabel an die jeweilige Situation in der Klasse angepasst wird. Anstelle der künstlichen Inszenierungen und Motivierungen durch unterbrechende Spielereien gestaltet der Lehrer zusammen mit den Kindern den Raum einfach so, dass sich die Kinder jederzeit frei bewegen können. Der Wunsch nach Bewegung muss vom Kind nicht mehr aufgeschoben werden, sondern es kann direkt auf sein Bedürfnis reagieren. Zusätzlich haben die Kinder dadurch die Möglichkeit, sich wirklich mit „ihrer“ Klasse zu identifizieren, sie können nicht nur die Möbel den tatsächlichen Erfordernissen anpassen, sondern auch jederzeit andere Kinder bzw. den Lehrer aufsuchen, um Sachen mit ihnen abzusprechen oder sich Material zu besorgen. Das hat nicht nur Auswirkungen auf die räumliche Organisation in der Klasse, sondern ergibt zugleich auch eine ganz andere Unterrichtskultur mit anderen Lehrer- und Schülerrollen.

Diese Veränderungen haben auch entsprechende Auswirkungen auf die *Zeitstruktur.* Die vorgegebene Aufteilung des Schultages in Stunden und die Gliederung dieser Stunden in für alle Kinder gleiche Phasen der Motivation, der Erarbeitung, der Stillbeschäftigung, der Übung und der Lernkontrolle wird aufgebrochen. Der Gleichschritt weicht der individuellen Zeiteinteilung, so dass verschiedene „Aufwärmzeiten" und verschiedene Tempi der Kinder keine Rolle mehr spielen. Die durch das starre Zeitraster erzeugte Unter- bzw. Überforderung der Kinder mit ihren konträren Schwierigkeiten von Langeweile oder Hektik werden vermieden, und zugleich wird eine Kultur des „Einander-Zuarbeitens" geschaffen, bei der die Kinder ihre Unterschiedlichkeit im Leistungs- und Auffassungsvermögen eher als Vorteil denn als Nachteil empfinden. Stärken und Schwächen kommen ganz selbstverständlich zur Geltung, niemand wird am fiktiven Normalplan gemessen und entsprechend geächtet.

Daher muss sich auch die *Stoffstruktur* den lernenden Kindern anpassen. Die Fertigfabrikate der Lehrmittelverlage bereiten den Stoff aus Sicht der Erwachsenen auf, die Interessen und Perspektiven der Kinder werden schnell außen vor gelassen. Entsprechend muss nun für die Beschäftigung mit dem Stoff immer wieder neu motiviert werden. Zehnpfennig und Zehnpfennig schlagen einen einfacheren Weg vor:

> Warum nicht die Kinder selbst Unterrichtsmaterial herstellen lassen? Und siehe da: Vor ein leeres Blatt Papier gesetzt, nur versehen mit Stiften oder einer Schreibmaschine, begann ihre Phantasie und Kreativität zu sprudeln. Es entstanden

> phantastische Bilder und Geschichten, Berichte über eigene „Erfindungen", Gedichte, also zahllose „Freie Texte"; und dies, sobald sie einigermaßen schreiben konnten (1. Schuljahr, Ende des 1. Halbjahres). (Zehnpfennig / Zehnpfennig 1995c, 7)

Die Beschäftigung mit dem Stoff ist dabei nicht so zufällig oder willkürlich, wie man zunächst annehmen könnte, sondern folgt der implizit vorhandenen Struktur der Fächer bzw. dem breiten Interesse der Kinder an den verschiedensten Sachen. Die Inhalte und Anlässe für das Lernen gehen aus dem gemeinsamen Klassenleben hervor, das immer wieder durch Impulse einzelner Kinder oder auch der Lehrerin angestoßen wird. Oft ergibt sich dabei so etwas wie ein „Schneeballsystem", wenn ein Thema sich immer weiter in der Klasse fortpflanzt. So reicht es oft aus, dass sich ein Kind für ein Thema interessiert, um diese Kernidee dann auch für andere Kinder interessant zu machen: „Was der macht, kann bzw. will ich auch." (Holli 1997, 20)

Dieser Umgang mit Raum, Zeit, aber vor allem dem Stoff erfordert eine hohe Kompetenz des Lehrers – nicht nur im Hinblick auf das Vertrauen in die Kinder. Ähnlich wie bei Gallin und Ruf muss der Lehrer den in der Schule zu vermittelnden Stoff so kennen und für sich so durchdrungen haben, dass er weiß, was davon wichtig ist und was nicht. Während sich aber bei der „Didaktik der Kernideen" das Loslassenkönnen auf den vorher vom Lehrer thematisch eingegrenzten Raum bezieht, muss der Lehrer bei der „Didaktik des weißen Blatts" zeitgleich sämtliche Inhalte des Schuljahres bzw. sogar die darüber und darunter liegenden beherrschen, um entsprechend sicher den Schülerstand beurteilen und durch Impulse betreuen zu können. Vor allem aber muss er es verstehen, das meist sehr hohe Niveau der Eigenproduktionen der Kinder richtig „lesen" zu können.

Wie kann nun ein solcher Unterricht in der Grundschulpraxis aussehen?

3.2.3 Unterricht mit „weißen Blättern" – Hilfen zur Umsetzung

Obwohl Hannelore Zehnpfennig ihren Unterricht auch erst Fach für Fach geöffnet hat, sollte der Offene Unterricht möglichst durchgängiges Unterrichtsprinzip sein, das heißt alle Fächer weitestgehend einschließen. Die Eigenproduktion der Kinder ist das Herzstück dieses Unterrichts. Gelenktere Phasen kann es nur auf dieser Basis geben, wenn sie aus der Sache her erwachsen und ihr Sinn allen Beteiligten einleuchtet bzw. von diesen eingefordert wird (z. B. ein Informationsinput über ein bestimmtes Thema, das Einladen eines Experten). Sie dürfen aber nicht dem Grundprinzip des Unterrichts, dem *„Zwang zur Eigenaktivität"* entgegenlaufen. Eine so weitreichende Öffnung wie die im Unterricht von Zehnpfennig muss von den Schülern täglich aufs Neue getragen werden. Dabei werden sehr viel Motivation und ein starker Arbeitswille gefordert, was von den Kindern dann leicht geleistet wird, wenn daneben eben nicht ein bequemerer, verlässlicher Lehrgang angeboten wird.

Da in der Klasse das *„weiße Blatt Papier“* das zentrale Arbeitsmittel ist und sich die Schüler ganz individuell für ein Lernthema entscheiden, *müssen* sie notgedrungen agieren, sie können nicht mehr nur konsumieren und „aberledigen“. Jede Beschäftigung, die gewählt wird, zwingt dazu, aktiv zu sein und das Lernen zu lernen. Der Schüler *muss* sich ein Thema suchen, er *muss* sich überlegen, wie er dieses angeht, er *muss* produzieren und reflektieren, er *muss* gestalten und formulieren und zwar so, dass er den anderen Schülern ein für sie verständliches Ergebnis präsentieren kann. Der Schüler erzieht sich selbst zur Selbstständigkeit.

Die hohe Kompetenz des Lehrers innerhalb der „Didaktik des weißen Blatts“ wurde schon angesprochen: der Lehrer muss seine Vorgaben jahresübergreifend, ja sogar schulformübergreifend im Kopf haben, denn es gibt nun keinen herkömmlichen Stoffkanon mehr, sondern nur die Leistung des einzelnen Kindes. Und dass dadurch eine Bandbreite von mehreren Jahrgangsstufen zeitgleich in einer Klasse vertreten ist (bzw. erst in ihrer Dimension als solche wahrgenommen wird), muss nicht betont werden. Die hohe Fachkompetenz muss zusätzlich noch ein Repertoire an Kernideen einschließen, das heißt zusätzlich zu den wesentlichen Stoffinhalten muss er auch immer passende Impulse, herausfordernde Fragen, knifflige Ideen usw. präsent haben. Zugleich muss er auch methodisch versiert sein und entsprechende Tipps zur Darstellung und Behandlung von Themen im Hinterkopf haben. In der Klasse sollte dazu auch immer ein gewisses Maß an Werkzeugen und Utensilien bereitstehen, damit die Forschungsvorhaben der Kinder entsprechend unterstützt werden können.

So umfassend ausgerüstet kann der Lehrer den Schultag nun mit den Kindern beginnen. Wie schon oben im Erlebnisbericht ausführlicher beschrieben, treffen sich die Kinder vor Schulbeginn im Rahmen des „offenen Anfangs" in der Klasse. Nachdem sie sich so zwanglos begrüßt, Neuigkeiten erzählt oder schon erste Arbeitsvorhaben geplant haben, kommt man im Sitzkreis zusammen. Der Lehrer weist auf eventuelle Termine und Absprachen hin, die Kinder stellen Sachen vom Vortag oder von zu Hause vor, Fragen werden geklärt, aber in der Regel gibt es dann schnell eine Runde, in der jedes Kind der Gruppe mitteilt, was es heute tun möchte und dann aus dem Kreis geht. Sollte ein Kind noch keine Idee haben, so wird es erst einmal übersprungen, bis zum Ende der Runde hat es entweder eine Idee oder wendet sich – was selten vorkommt – an den Lehrer, der dann mit ihm zusammen überlegt.

Die Kinder gehen dann alleine oder mit anderen an ihre Arbeit: es werden Geschichten und Gedichte geschrieben und überarbeitet, Kniffelaufgaben für Mathematik konstruiert, Erfindungen gemacht und dokumentiert, Sachen untersucht und protokolliert. Der Lehrer ist ansprechbar für Fragen, gibt Hilfen und Impulse, besorgt Material zum Kleben und Heften, organisiert Tonpapier und Kopien. Wichtig ist ihm dabei, das „Lernen hochzuhalten", das heißt die Kinder dürfen zwar ganz auf ihre Weise an ihren Sachen arbeiten, aber sie dürfen nicht nur spielen. Wollen sie Sachen untersuchen, so müssen sie ihr Vorgehen entsprechend protokollieren bzw. anderen vorstellen können. Hier ist klar die Parallele zum Reisetagebücherunterricht zu erkennen. Ansonsten hält sich der Lehrer aber weitgehend aus Stoffwahl und Vorgehensweise heraus, allerdings versucht er schon sein (ehrliches) Interesse an den eigenen Forschungen der Kinder zu bekunden, wenn er sich Erfindungen und Gedankengänge von ihnen erklären lässt und diese u. U. für sich selbst notiert. Der Lehrer ist dadurch immer wieder neu gefordert, den Weg der Kinder nachzuvollziehen und eigene Lösungen zu relativieren. Eine spannende und aufschlussreiche Sache – und für beide Seiten höchst motivierend!

Rechnen mit x (von B., 7 Jahre)

x · 30 : 5 − 993 = 6411
x = 1234

Wie hast du das gerechnet?

Zuerst machst du aus 30 : 5 eine 6.

x · 6 − 993 = 6411
Jetzt habe ich probiert:
1000 mal 6 sind 6000
200 mal 6 sind 1200
Das sind 7200. Dann habe ich die 7200 minus 993 sind 6207 gerechnet.
Dann habe ich ergänzt von 6207 bis 6411 sind 204. Dann habe ich die durch 6 geteilt.
Das sind 34. Dann habe ich 100 plus 200 plus 34 sind 1234.

Je nach Tagesgestaltung trifft sich die Klasse evtl. vor oder nach der Pause dann noch einmal im Kreis, um Kindern die Möglichkeit zu geben, schon erste Ergebnisse vorzustellen, Sachen aufzuführen oder Fragen zu klären. Auf jeden Fall aber findet solch ein Kreis gegen Ende des Tages statt. Hier geben sich die Kinder nun durch das Vorstellen ihrer Arbeitsergebnisse gegenseitig Rechenschaft über ihr Tun. Dabei scheint es keine große Rolle zu spielen, welchem Fach bzw. Stoffgebiet das Thema angehört, die Schüler äußern sich zu den Arbeiten der anderen, machen Verbesserungsvorschläge, greifen Ideen auf und sprechen gemeinsame Arbeiten ab. Der Lehrer strukturiert diese Vorstellrunde maßgeblich. Er hinterfragt Sachverhalte, bittet um Klärung bzw. Erklärung, gibt Impulse zum Weiterdenken und Weiterarbeiten, schlägt Brücken zu vorangegangenem Stoff und strahlt selbst eine gewisse Lernmotivation aus, die durch das ehrliche Würdigen der Kinderarbeiten noch verstärkt wird. Nach diesem Kreis wird entweder noch weitergearbeitet oder es ist Zeit zum Aufräumen der Klasse. Am nächsten Tag ist wieder (bzw. immer noch) eine endlose Zahl von Kernideen im Raum, die von den Schülern aufgegriffen werden können.

3.2.4 Unterricht mit „weißen Blättern“ – Grenzen und Fragen

Die Freigabe der Inhalte, die das Konzept von Zehnpfennig und Zehnpfennig auszeichnet, ist für viele Lehrer ein nicht nachvollziehbarer Schritt der Öffnung, vor allem im Zusammenhang mit der zusätzlichen Freigabe der Methode bzw. der Lernwege der Kinder. Während für viele Lehrer ein Freies Arbeiten, das aus dem normalen Klassenunterricht resultiert, noch denkbar ist (Freies Schreiben, Freies Forschen, Freies Gestalten – Freie Mathematik schon weniger ...), so wirft die völlige Aufgabe des Klassenunterrichts als strukturierendes und erklärendes Moment doch Fragen auf. Wie können Kinder die zu unterrichtenden Inhalte lernen, wenn diese nicht mehr eingeführt werden? Und wofür braucht man dann noch eine Schule, wenn Kinder anscheinend gar nicht unterrichtet werden müssen?

Während man sich den methodisch offenen Unterricht mit Reisetagebüchern auf Grund seiner Nähe zu einem „normalen“ Unterricht mit qualitativ hochwertigen, individualisierten Aufträgen noch irgendwie vorstellen kann, so wird einem bei der „Didaktik des weißen Blatts“ die veränderte Lehrerrolle radikal vor Augen geführt – und zwar auch optisch. Die Tafel ist nicht mehr Zentrum des Unterrichts, sondern die ganze Klasse passt sich den momentanen Bedürfnissen der Lernenden an. Einzel-, Partner- und Gruppenarbeiten werden nicht mehr verordnet, sondern ergeben sich aus den momentanen Erfordernissen. Der Lehrgang ist in höchstem Maße individualisiert, noch nicht mal ein gemeinsames Oberthema kann jetzt noch über die Verschiedenheit der Kinder hinwegtäuschen.

Und dennoch ist gerade diese „Strukturlosigkeit“ die Struktur, die dem Individuum wirklich Halt gibt, denn erst sie ermöglicht es ihm, eine *eigene* Struktur ohne das Risiko einer nur kurzfristigen Nachahmung zu bilden. Und nur diese *eigene* Struktur ist langfristig tragkräftig. Genau wie im Reisetagebücherunterricht resultiert sie aus der individuellen, subjektiven Auseinandersetzung mit dem Stoff, die durch die Veröffentlichung bzw. den Austausch mit anderen herausgefordert und objektiviert wird, ohne dabei die Verwurzelung im eigenen Denken aufzugeben. Während der Unterricht mit Kernideen in der Praxis oft die regulative Struktur als Muster bzw. Kernidee implizit vorgibt und die Schüler z.B. durch die oben angesprochene „kreative Nachahmung“ herausgefordert werden, so geht das Konzept von Zehnpfennig darüber hinaus. Hier gibt es nicht mehr *ein* herausforderndes Muster, sondern *unzählige*: all die der verschiedenen Schüler. Diese Herausforderungen sind dabei weder sortiert noch strukturiert und erst recht nicht zeitgleich vertreten wie im Reisetagebücherunterricht, sondern tauchen an allen Ecken und Enden und in den unterschiedlichsten Formen immer wieder auf – wenngleich es auch so etwas wie eine ständig vorhandene herausfordernde Lernatmosphäre als ruhenden Pol bzw. „roten Faden“ zu geben scheint.

Natürlich braucht es einige Zeit, bis sich ein solches Arbeiten in einer Klasse etabliert hat. Aber es scheitert nicht etwa – wie immer als Entschuldigung für kleinschrittigen, reproduktiven Unterricht angeführt wird – am Unvermögen der Kinder. Derjenige, der den Lehrgang vermisst, ist nicht das Kind, sondern der Lehrer. Ohne den Schutz (oder die Verschleierung) des Lehrgangs bekommt der Lehrer plötzlich einen unverstellten Blick auf das, was wirklich bei den Kindern und ihrem Lernen passiert. An jeder Produktion der Kinder kann er schonungslos den Leistungsstand auf dem jeweiligen Gebiet ablesen, und zwar ohne den Filter reproduzierter Übungen oder auswendig gelernter Techniken. Mit allen Höhen und Tiefen, Sprüngen und Rückschritten, die Lernen nun mal mit sich bringt. Zudem bekommt er zum ersten Mal hautnah mit, wie – und wie unterschiedlich – Kinder wirklich schreiben, lesen, rechnen lernen – ohne Lehrer und Lehrgang.

Die Kinder wissen in der Regel, warum sie in der Schule sind: sie wollen lernen und tun dies auch. Und zwar von sich aus, durch die stetige Auseinandersetzung mit dem, was sie interessiert bzw. was um sie herum passiert. Und die wenigen Inhalte bzw. Normierungen, die sich nicht aus dem impliziten Lehrgang des Faches selbst ergeben (man schreibt und liest immer besser und richtiger, man rechnet mit immer komplexeren Zahlen und Operatoren usw.), tauchen in der Regel von selbst über die verschiedensten Kanäle auf: aufgeschnappt bei Geschwistern, entdeckt beim Stöbern in Arbeitsheften und Büchern oder auch bewusst oder unbewusst vom Lehrer oder von Mitschülern angestoßen. Diese Vorgehensweise ist dabei alles andere als beliebig, denn dadurch, dass alle möglichen Inhalte im Laufe der Grundschulzeit immer wieder zu den unterschiedlichsten Zeitpunkten und auf unterschiedlichstem Niveau auftauchen, wird ein Spiralcurriculum erzeugt, das sicherer nicht sein könnte: Jedes Kind kann sich zu jedem Zeitpunkt genau auf seinem Niveau mit einer Sache beschäftigen, umgeben von der ständigen Herausforderung, noch einen Schritt weiter zu gehen.

Unter dieser Betrachtungsweise scheint sich der Vorteil der Auftragsgleichheit für alle Kinder beim Unterricht mit Kernideen zumindest zu relativieren, denn ein in dieser Weise verstandenes offenes Curriculum kann den Verzicht auf die Beschäftigung und den Austausch aller Kinder mit bzw. über dieselbe Sache durchaus verschmerzen. Und bei den Themen, die zu einem bestimmten Zeitpunkt alle bzw. viele Kinder bewegen, ist der konkrete Austausch ja genauso möglich wie beim Reisetagebücherunterricht. Wahrscheinlich weniger vom Lehrer vorstrukturiert, dafür aber durch die uneingeschränkte Selbststeuerung ganz anders beim Schüler motiviert. Und dennoch steuert der Lehrer auch im Unterricht von Zehnpfennig noch maßgeblich durch seine Impulse und Strukturierungen im von ihm gelenkten Kreisgespräch, sei es im Bereich der Wissensaneignung oder auch im Bereich des sozialen Miteinanders: Seine primäre Aufgabe ist es, das „Lernen" in der Klasse „hochzuhalten", das heißt zusammen mit den Kindern für eine lern- und arbeitsorientierte Atmosphäre zu sorgen.

Dabei ergibt sich ein sehr hohes Maß an Lernerfolg auf Schülerseite, denn auf diese Art fordert die Kompetenz und das Wissen des Lehrers die Arbeit des Schülers immer wieder bis an die Grenzen heraus: Alle Durchgänge Offenen Unterrichts bei Hannelore Zehnpfennig lagen leistungsmäßig immer weit über dem Durchschnitt bzw. den Parallelklassen mit Kindern desselben Einzuggebietes. Dem Einwand ihrer Kolleginnen, sie bekäme ja auch immer die „besten“ Schüler, wurde begegnet, indem ihnen die Zusammenstellung der ersten Klassen übertragen wurde. Und trotzdem änderte sich nichts an den hohen Leistungen der offen unterrichteten Schüler. Die guten Ergebnisse können daher wahrscheinlich in hohem Maße auf die Unterrichtsmethode (und natürlich das Engagement) der Lehrerin zurückgeführt werden.

Als Pädagoge stellt sich mir aber auch hier die Frage, wie weit mein Eingriffsrecht in das Lernen (und Leben) der Kinder eigentlich gehen darf. Kann es nicht eine Unterrichtsform geben, die den Lernenden noch stärker als Individuum ernst nimmt und sein Mitbestimmungsrecht nicht nur auf den Bereich der Wissensaneignung beschränkt, sondern das ganze Schulleben einschließen lässt? Sowohl Gallin und Ruf (bzw. die Lehrer, die wir Reisetagebücherunterricht praktizieren gesehen haben) als auch Zehnpfennig nutzen ihre charismatische Ausstrahlung, um die Schüler direkt oder indirekt zu der Beschäftigung mit dem Lernstoff zu motivieren, sei es durch mitreißende „authentische“ Kernideen, sei es durch die – genauso mitreißende – echte Begeisterung für jedes einzelne Schülerprodukt. Dieses Vorgehen ist vollkommen in Ordnung, aber es lässt schnell zwei Fragen aufkommen: die Frage nach der Übertragbarkeit eines solchen Konzeptes auf andere Lehrer und Schulsituationen und die Frage nach einem möglichen Missbrauch des Konzeptes, z. B. durch Personen, die andere Ziele verfolgen und ihre Ausstrahlung nicht zur Emanzipation, sondern zur Manipulation des Kindes nutzen würden.

Als mögliche Antwort auf diese beiden Fragen soll im Folgenden die Erweiterung des Konzeptes von Gallin und Ruf bzw. Zehnpfennig und Zehnpfennig im Hinblick auf eine radikale Schülermitbestimmung im Unterricht bzw. bezüglich des gemeinsamen Klassenlebens erfolgen. Wenn Offenheit solche Erfolge bei der Wissensaneignung zeigt, warum nicht auch beim sozialen Lernen? Angestrebt wird deshalb eine noch größere Loslösung von der traditionellen Lehrerrolle durch die Einführung basisdemokratischer Elemente in der Klasse, so dass die Schüler nicht nur die Verantwortung über die zu lernenden Lerninhalte und Lernmethoden innehaben, sondern zusätzlich auch die organisatorischen Rahmenbedingungen festlegen können (soweit rechtlich und schulorganisatorisch möglich).

Während in den beiden oben beschriebenen Konzepten der Lehrer trotz der methodischen bzw. inhaltlichen Öffnung noch immer die Autorität darstellt und für die notwendige Disziplin sorgt, müssen dies nun die Schüler selbst tun. Sie müssen selber Regeln des Zusammenlebens entwickeln und können sich nicht einfach auf jemand anderen verlassen. Die Schüler lernen dabei, ihre eigenen Interessen zu vertreten, aber auch die der anderen zu berücksichtigen. Die freie

Raum- und Zeitnutzung und die damit einhergehenden Begleiterscheinungen müssen vor den Mitschülern verantwortet werden können. Der Lehrer hat gleiches Kritikrecht wie alle, auch er kann Impulse in Richtung einer gleichberechtigten und fairen Auseinandersetzung geben. Er ist aber nicht mehr derjenige, der die Abläufe vorgibt und regelt.

Kann auch ein solcher Unterricht funktionieren – und welche Leistungen sind hier im Bereich der Wissensaneignung bzw. der Sozialerziehung möglich?

3.3 Offenheit trotz Grenzen: „Didaktik der sozialen Integration“

> Ziel und ständig zu sichernde Basis des Zusammenlebens von Menschen in einer vielfältig zusammengesetzten demokratischen Gesellschaft ist die Achtung der Freiheitsrechte jedes einzelnen und die Übernahme sozialer Verantwortung.
>
> Der Beitrag der Schule dazu besteht darin, daß sie im Unterricht und im Schulleben möglichst viele Anstöße und Gelegenheiten dafür bietet, daß junge Menschen positive Erfahrungen demokratischen und sozialen Verhaltens gewinnen können. Fragwürdige Verhaltensweisen in der Schule und außerhalb der Schule müssen – insbesondere angesichts der Zunahme von Verhaltensschwierigkeiten – das Thema reflexiver und praktischer Auseinandersetzung bilden. (Bildungskommission NRW 1995, 84)

3.3.1 Ein Tag in Troisdorf

Es ist nicht leicht, über seine eigene Klasse so zu berichten, wie ein Besucher sie wahrnimmt bzw. wahrnehmen würde. Nun gut, ich werde es versuchen und den Text dann einem ehemaligen Besucher zu lesen geben, denn davon hatte ich in den vier Jahren „Offenen Unterrichts“, die ich mit meiner Klasse durchlebt habe, nun wirklich genug. Gott sei Dank nicht allzu viele in den ersten eineinhalb Jahren – da herrschte nun wirklich eher ein gewisses „Durcheinander“ bei uns –, aber dann hatten wir immer mehr Gäste, bis wir am Schluss Hospitationsgruppen sogar zeitweise absagen mussten, weil wir auch mal wieder für uns sein wollten. Aber nun ein möglicher Tagesablauf unseres Schullebens (vgl. i. F. Peschel 19983 b; 2001 a):

Morgens bin ich gegen halb acht in meiner Klasse. Unser Raum ist nicht gerade typisch eingerichtet, denn die Schülertische stehen bei uns alle ringsum an der Wand entlang. Bei Verzicht auf „Frontalunterricht“ müssen die Tische ja auch nicht zur Tafel zeigen und die Klasse erhält so eine schöne, große Freifläche in der Mitte. Kurz nach mir trudeln die ersten Kinder ein, arbeiten ein wenig oder sprechen miteinander. Manchmal ist es morgens ein ganz harmonischer Anfang, manchmal merkt man einzelnen Kindern aber auch an, dass heute schon irgend etwas vorgefallen ist, so dass sie nicht „gut drauf“ sind. Irgendwann nach dem eigentlichen Stundenbeginn gegen zehn nach acht ruft der „Kreisleiter“ die Kinder dann mit der unüberhörbaren Mitteilung „Kreis“ in unsere auf einem Podest fest installierte Sitzecke aus selbst gezimmerten Holzbänken. Wenn ich mich lieber mit den Hospitanten weiterunterhalten oder ein Kind lieber an seiner Arbeit weiter machen möchte, fragt man den Kreisleiter, der einem dann die entsprechende Erlaubnis gibt – oder auch nicht.

Die Kinder haben beschlossen, dass alle zwei Tage jemand neues Kreischef wird. Alle zwei Tage, damit eine gewisse Kontinuität entsteht, aber auch jeder in überschaubarer Zeit dran kommen kann. Entsprechend wählt der bisherige Chef dann ein anderes Kind aus, das nun den Kreis leiten will. Der neue Kreischef hat dann die Gesprächsleitung inne und nimmt Kinder oder Lehrer dran, achtet auf Zwischenfragen, bricht evtl. abschweifende Gespräche nach Rücksprache mit der Klasse ab usw. Kinder und Lehrer haben dabei die Gelegenheit, Sachen zu erzählen, Termine abzustimmen, nachzufragen, Probleme zu klären, andere zur Verantwortung zu ziehen, Regeln abzustimmen, Arbeitsergebnisse vorzustellen, Gruppen zu organisieren, Ausflüge zu planen usw. Wenn niemand mehr etwas zu sagen hat, oder wenn der Kreisleiter merkt, dass es unruhig wird, beendet er den Kreis.

Heute ist B. „Kreischef", er hat die Gesprächsleitung inne. Zuerst fragt er, ob jemand etwas Wichtiges zu sagen hat. Ich zeige schon mal mit auf, denn ich muss noch etwas wegen unseres „Schuleschlafens" am Freitag fragen. Wir bleiben dann, wie wir es öfters machen, von Freitagnachmittag bis Samstagmittag in der Schule. Das Essen haben die Kinder schon geplant und untereinander ausge-

macht, wer was mitbringt, aber die Brötchen zum Frühstück sind mir noch nicht klar. Einfach reden will ich nicht. Wenn ich davon ausgehe, dass die Kinder sich an die Regeln halten sollten, dann muss ich das ja wohl auch (was mir zugegebenermaßen oft sehr schwer fällt.) Oh, heute komme ich sogar schon als Dritter dran. Dann kann ich meine Sachen ja noch schnell abklären, bevor B. jedes Kind danach fragt, was es heute tun will.

In dieser Zeit können wir eigentlich schon aus dem Kreis gehen – wenn B. es erlaubt. Ich erzähle Ihnen dann gerne etwas über die Kinder, die Sie hier so sehen, damit Sie eine Vorstellung davon bekommen, warum ich gerade die Öffnung im sozialen Bereich für so ausgesprochen wichtig halte. Ich halte unsere Klasse von der Zusammensetzung und den Bedingungen her für eine „ganz normale" Klasse an einer „ganz normalen" Grundschule. Als ich die Klasse zur Einschulung bekam, waren wir eine ganz schön bunte Truppe – wie jede Klasse bei genauerer Betrachtung. Die Palette an Kindern und Charakteren war enorm unterschiedlich: vom stillen, völlig in sich zurückgezogenen bis hin zum maßgeblich von seinen Launen (und Wutausbrüchen) getragenen Kind; vom verletzlichen, wehleidigen bis hin zum knallharten, seine Fäuste massiv gebrauchenden; vom verängstigten, immer Nähe suchenden bis hin zum cool wirkenden, unangreifbaren; vom fast verwahrlosten bis hin zum überbehüteten; vom aufgeschlossenen, hoch sozialen bis hin zum noch völlig in seiner Eigenwelt gefangenen; vom asylsuchenden Kriegsflüchtling, dessen Bilder immer Häuser ohne Dächer zeigten, bis hin zur verwöhnten Träumerin, die nicht wusste, wozu Schule da sein sollte, denn sie wollte später ja nur Prinzessin werden. Eine wahrlich bunte Mischung, die auch nur den Gedanken an eine mögliche lehrerinszenierte Sozialerziehung jäh ersticken ließ, wollte man die Kinder wirklich „da abholen wo sie stehen" und „so akzeptieren wie sie sind".

Zwei Kinder fielen in der Klasse schnell besonders auf. K. war auf Grund seiner schlimmen Vorgeschichte noch nach Jahren Schule bzw. Schulkindergarten auf dem emotionalen Stand eines Kindergartenkindes. Er hatte sich noch bis kurz vor seinem Eintritt in den Schulkindergarten nicht mit mehreren Menschen in einem Raum aufhalten können ohne losschreien zu müssen, reagierte auch lange Zeit später immer nur ganz situationsbezogen und akzeptierte keinerlei Regeln. Lernen konnte er nicht. Weder alleine noch mit Hilfe der Pflegeeltern, der Therapeuten oder des Lehrers. Die begutachtende Sonderschullehrerin meinte, Hauptsache könne bei ihm nur sein, dass er überhaupt (gerne) zur Schule gehe. An „Lernen" könne man bei ihm (noch) nicht denken.

Oder nehmen Sie B., der gerade den Kreis leitet. Er war schon im Kindergarten als hyperaktiv, aggressiv und unsozial aufgefallen. Auch er konnte sich an keinerlei Regeln halten und reagierte immer nur ganz aus einer Situation heraus. Erst in der Schule fiel auf, dass er wohl „hochbegabt" sei. Er dachte in ganz anderen Strukturen als die anderen. Er konnte mehrere Sachen zugleich machen und

„parallel denken". Er rechnete schon zu Beginn des ersten Schuljahres aus einer Lust heraus die Potenzen von 2 bis über 10.000 aus. Er behält alle Wörter, die er irgendwo sieht, orthographisch korrekt, bekommt alles von überall mit, egal was er selbst gerade macht oder wie weit das Geschehen eigentlich weg ist. In der Schule tut er sich schnell mit dem eben beschriebenen K. zusammen. Sobald man sich nicht voll und ganz mit den beiden beschäftigt, werden Stühle übereinander gebaut, Sachen durch die Luft geworfen oder Bücher zusammengetakkert. Nach den Weihnachtsferien in der zweiten Klasse – gerade als ich meine Grenze erreicht hatte und ernsthaft überlegt habe, ob er uns allen überhaupt weiterhin „zumutbar" sei – haben die Kinder von sich aus ein Kreisgespräch einberufen und gemeinsam über eine Stunde lang intensiv überlegt, wie man ihm denn nun helfen könnte. Dieses Engagement seiner Mitschüler, aber auch deren Entschlossenheit, nun endlich eine Lösung zu finden, haben ihm seine Situation wohl so drastisch vor Augen geführt, dass irgend etwas in ihm passiert sein muss. Seitdem hat er seine extreme Auffälligkeit schlagartig abgelegt. Ohne die Kinder hätte ich das – nur zusammen mit den Ärzten, Sonderpädagogen und Eltern – wahrscheinlich nie geschafft. Er wäre als Hochbegabter an der Schule für Erziehungshilfe gelandet – wie so viele Kinder dort.

Wir haben dann im Laufe unserer vier Jahre Grundschulzeit noch einige Kinder zu uns bekommen, die in anderen Klassen Schwierigkeiten hatten, und entweder mehrfach sitzen bleiben oder auf die Schule für Erziehungsschwierige bzw. Lernbehinderte gehen sollten. Die kamen zusätzlich zu den zwei wirklich schon nicht gerade leichten „Fällen" von K. und B. Denen gegenüber waren die „Neuen" wahre Musterknaben. Wenn ich jetzt so überlege, wer da als scheinbar „erziehungsschwierig" oder „lernbehindert" zu uns gekommen ist, hätte es in unserer Klasse noch mindestens drei bis vier Kinder gegeben, die wegen ihres Temperamentes oder ihres „eigenen Kopfes" in einer anderen Klasse wohl genauso leicht und schnell herausgefallen wären. Und trotzdem: Alle diese Kinder waren bzw. sind meiner Meinung nach weder behindert noch dumm. Sie hatten damals nur eins gemeinsam: Sie kamen mit „normalem" Unterricht nicht zurecht.

G. wurde wohl schon ganz zu Anfang seiner „Schulkarriere" bescheinigt, er sei weder kindergarten- noch schulkindergartenfähig (!). Er kam in die Psychiatrie, danach in eine Wohngruppe. Nach einem erneut gescheiterten Versuch der „Beschulung" im ersten Schuljahr wurde ein Antrag auf Einweisung in die Schule für Erziehungshilfe gestellt. Nach dem Umzug der Wohngruppe wurde unsere Schule für ihn zuständig. Man entschied sich dafür, ihn die Wartezeit auf die E-Schule bei uns verbringen zu lassen. G. ist dann ganz bei uns geblieben. Er war seit seinem Eintritt in unsere Klasse nie ein großes Problem. Er wurde nie zum Lernen gezwungen. Die Anforderungen der Schuljahre macht er weitgehend mit links und ohne sonderlich zu „arbeiten". Sein Sozialverhalten ist – bis auf gelegentliche „Streiche" – schon ziemlich klasse geworden. Aus dem starrsinnigen Kind, das dem Schulleiter direkt im ersten Gespräch sagte: „Glaub ja nicht, ich bin so harmlos, wie ich aussehe!", ist ein ziemlich charmanter Mensch geworden, der von Lehrern, Mitschülern und auch deren Eltern sehr gemocht wird, vielleicht gerade weil ihm sein etwas eigensinniger Charakter erhalten blieb. (Entsprechend positiv ist sogar die erste Resonanz des Gymnasiums, auf das er nun geht.)

D. ist Kriegsflüchtling. In seiner Familie spricht niemand ein Wort Deutsch, die Eltern sind Analphabeten, und so stellt D. den „Dolmetscher" und „Notar" der Familie dar. Nach zweimaliger Zurückstellung in den Schulkindergarten wurde er in seinem „ersten" ersten Schuljahr schnell auffällig und konnte trotz „gezielter Fördermaßnahmen" dem „Unterricht" nicht folgen. Da der mittlerweile neun Jahre alte Junge so noch nicht einmal den Anforderungen der ersten Klasse genügte, wurde ein Gutachten auf Einweisung in die Lernbehindertenschule beantragt. Auch er kam nach einem Umzug erst einmal in unsere Klasse und hat trotz seines analphabetischen Umfeldes zu Hause direkt von Anfang an auf seinem (niedrigen) Niveau so gut gearbeitet, dass er in den letzten Wochen des ersten Schuljahres den gesamten Schuljahrsstoff nachgeholt hat. Er ist – nach eigenen Aussagen – begeistert von dieser Klasse, in der er nicht gezwungen ist, stundenlang etwas an der Tafel oder sonst wo verfolgen zu müssen, was er so gar nicht verstehen kann (sprachlich und inhaltlich). Die Einweisung auf die LB-Schule konnte zurückgenommen werden (mittlerweile ist er ein ehrgeiziger und von Lehrern und Schülern gern gemochter Hauptschüler mit Noten zwischen 2 und 3).

Laut Zeugnis arbeitete W. in der Schule nur während der Holz-AG. Trotz seiner durchaus befriedigenden Leistungen sollte er deshalb in der zweiten Klasse zurückgestellt werden. Die Eltern verstanden die Welt nicht mehr. Ihnen reichte das tagtägliche Drama Schule nun langsam. Sie wollten die Schule wechseln. Nach einigem Hin und Her, nach Begutachtung unserer Klasse und mit dem Vorbehalt der Entscheidung zur Nichtversetzung nach einer dreimonatigen Probezeit willigte die abgebende Schule schließlich bezüglich des Schulwechsels ein. W. ging direkt nach dem ersten Tag bei uns wieder gerne zur Schule, lebte – von den anderen Kindern problemlos toleriert – ein paar merkwürdige „Eigenheiten" aus, arbeitete dann aber immer mehr und öffnete sich auch im Kreisgespräch zunehmend der Kritik der Mitschüler, deren Meinungen ihm – im Gegensatz zu den Meinungen (bzw. Vorschriften?) der Erwachsenen – sehr wichtig waren. (Auch bei ihm ist die Resonanz der weiterführenden Schule schließlich so gut, dass die Eltern nach den bisherigen Schulerfahrungen ziemlich sprachlos über dieses plötzliche „Wunder" sind.)

Ich möchte hier gar nichts schönreden: Alle diese Kinder wirken bzw. wirkten sicherlich irgendwie „problematisch". Aber im „Offenen Unterricht" anscheinend viel weniger als im „normalen Unterricht". Sie erscheinen hier nicht so „unbeschulbar" oder so „behindert", dass sie in einer Regelklasse (wir waren ja gar keine Integrationsklasse) nicht zu fördern gewesen wären. Alle Kinder haben sich ausnahmslos gut gemacht. Aber warum müssen diese Kinder erst so stark mit dem System Schule kollidieren, wie sie es getan haben? Warum werden die Kinder, die nicht ins System passen, immer noch so einfach von der Bildfläche verdrängt und in Sonderschulen untergebracht, um sie danach mühevoll (und oft genug hoffnungslos) wieder in das System „integrieren" zu müssen? Heißt Integration denn wirklich radikale Anpassung an die herrschenden Strukturen? Könnte man Integration nicht auch anders verstehen – als Zusammenführung und Akzeptanz verschiedener Charakteren und Wesen – ohne sie nach einer fiktiven (weil im Einzelfall gar nicht existenten) Norm zu bewerten? Einer Norm, aus der zwangsweise Abgrenzung und Segregation folgen müssen. Kann man nicht eine Gruppe, die schon zwangsweise zusammen leben muss, nicht wenigstens die Regeln für ihr Zusammenleben gemeinsam finden lassen? Wirklich gemeinsam, ohne subtile Beeinflussung durch die involvierten Erwachsenen? Denn diese Unechtheit bzw. Ungleichheit der Situation spüren Kinder sofort – und wehren sich dagegen. Entweder durch opportunes Verhalten – oder aber durch Gegenwehr.

Bei uns läuft es auch so. Ohne Lehrer. Und sogar auch ohne Kreischef. Das kommt mittlerweile oft genug vor. Aber dann wäre das Prinzip für Sie als Besucher noch weniger greifbar. Also hat B. heute ein ganz normales Kreistreffen einberufen und die Kinder zum Abschluss gefragt, was sie heute tun wollen. Nun sitzen wieder alle an den Tischen. Da hinten die Mädchen schrieben bisher gerne ausgedachte Geschichten und stellten sich so eigene Bücher zusammen. Seit kurzem haben sie aber das Mathematik-Fieber und versuchen Zahlen aller Größenordnungen zu addieren. Gucken Sie, H. hat noch keinen Trick im Kampf gegen das Stellenwertsystem gefunden, sie rechnet bei 3451 + 7462 noch alle Ziffern einzeln zusammen und schreibt sie als 108113 auf. Aber sie hat schon gemerkt, dass das Ergebnis nicht stimmen kann und steigt jetzt tiefer in die Materie ein. Daneben sitzt M., die sich für die Addition der vielen Zahlen einen Extrazettel gemacht hat, auf dem sie Zwischensummen notiert. Die Zahlen haben so viele Stellen, dass ich sie gar nicht mehr benennen kann. Eigentlich dürfte sie laut Lehrplan nur mit zwei- oder dreistelligen Zahlen rechnen. S. hier drüben konnte übrigens schon früh im ersten Schuljahr gemischte Millionenzahlen im Kopf rechnen. Zum Aufschreiben musste er sie mir dann allerdings immer diktieren, weil er noch nicht wusste, wie man die Zahlen schreibt. R. und M. arbeiten gerade an ihrem Vortrag über den menschlichen Körper. Sie haben sich aus unserer Sachbuchbibliothek gut mit Büchern eingedeckt und überlegen nun den Ablauf ihres Referates, das sie nicht ablesen, sondern frei mit Stichwörtern halten wollen. Gestern haben sie sich die Abbildungen kopiert, die sie auf ihrem Präsentationsplakat verwenden wollen. Ich bin gespannt auf das, was da schließlich herauskommt.

Warum jetzt zur Pause nicht alle Kinder rausgehen? Nun, viele Kinder arbeiten lieber weiter an ihren Sachen. Und da ich auch lieber Kakao als Kaffee trinke und mich die Gespräche im Lehrerzimmer viel weniger interessieren als die der Kinder, gibt es bei uns keine speziellen Pausenzeiten. Wer zum Spielen raus möchte, geht in der offiziellen Pause (man hat abgestimmt, dass es anderen Klassen gegenüber unfair wäre, denen draußen vor dem Fenster etwas „vorzuspielen", wenn sie gerade Unterricht haben), aber die meisten teilen sich ihre Zeit unabhängig von der „verordneten Entspannung" der Pausenzeiten selber ein. Dabei gibt es Kinder, die so ziemlich von 7.30 Uhr bis 13.30 Uhr (oder noch länger) kontinuierlich an ihrem Platz arbeiten, während andere immer wieder mal aufstehen und Kontakt zu Mitschülern aufnehmen oder nach intensivem Schreiben oder Rechnen lieber mit anderen forschen oder experimentieren.

Nach der Pause ruft B. wieder einen Kreis ein und es ist ihm diesmal wichtig, dass alle Kinder dabei sind – was die in ihren Vortrag versunkenen M. und R. nur murrend akzeptieren. Ja, es hat schon eine ganze Zeit gedauert, bis die Kreistreffen allgemein als notwendig angesehen wurden, denn im ersten Schuljahr hatten relativ wenige Kinder etwas für diese Arbeitsstörung übrig. Vielleicht weil damals sowohl das Gesprächsverhalten der Erzählenden als auch das der Zuhörer noch sehr egozentrisch war – viele Kinder sind immer wieder vom Hölzchen aufs Stöckchen gekommen, bis dass es den anderen dann zu viel wurde und man das einmal ausführlich thematisiert hat. Seitdem weisen Kreisleiter oder Zuhörer nach kurzer Zeit auf sie störende Abschweifungen hin und stimmen gegebenenfalls ab, ob das jeweilige Kind das neue Thema noch anschneiden soll oder nicht.

Heute ist wohl irgendetwas in der Pause vorgefallen, das geklärt werden muss. S. hat sich mit einem Viertklässler angelegt, weil der G. geärgert hat. Weil das nicht der erste Vorfall dieser Art ist, wollen sie jetzt in die vierte Klasse marschieren und mit den beteiligten Viertklässlern reden. Sie stimmen gerade ab, wer hingehen soll und wie viele Kinder das sein sollen. Ah ja, mehr als drei finden sie zu „aufgeblasen", wie H. es formuliert. Und S. soll mit, weil sie Sachen gut regeln kann. Und weg sind sie. Na ja, da kann ich mir nachher im Lehrerzimmer wieder was über Unterrichtsstörungen anhören … Unsere Basisdemokratie strahlt nach außen …

B. leitet jetzt direkt in einen „Vorlesekreis" über, damit nicht noch ein Kreis vor dem letzten Treffen zum Schulschluss die Arbeit unterbricht. Er stellt jetzt frei, wer im Kreis bleiben will. Und schon sind M. und R. wieder an ihren Plätzen. Auch S. und L. haben wohl Besseres zu tun. Die, die den anderen etwas vorlesen, vortragen oder zeigen wollen, holen schnell ihre Arbeitsergebnisse und B. bestimmt den ersten Vortragenden. Der nimmt dann selber die Kinder dran, die etwas sagen oder fragen wollen. Und er bestimmt auch in der Regel den nächsten Vortragenden, während B. nur noch eingreift, wenn es unruhig wird. Er entscheidet dann, ob der Kreis fortgeführt wird, oder weist noch einmal darauf hin, dass es ja ein freiwilliger Kreis ist. Manchmal passiert es auch, dass zu viele Kinder außerhalb des Kreises weiterarbeiten und es dadurch für einen konzentrierten Vorstellkreis zu unruhig ist. Auch dann muss der Kreisleiter entscheiden, ob der Kreis für alle verpflichtend wird, ob er abgebrochen werden muss oder ob die Regelung den Kindern im Kreis überlassen wird, die sich dann vielleicht in den Flur oder in den Keller zurückziehen. Dabei sind natürlich immer alle diese Entscheidungen anfechtbar bzw. diskutierbar, einschließlich der Abwahl des Kreisleiters, der dann seinen Nachfolger bestimmen muss.

Zum Tagesende gibt es dann noch den „Berichtskreis", in dem die Kinder einander ihr „Tagwerk" vorstellen. H. hat ein Buch über das „Wetter" entdeckt und möchte mit S. zusammen eine Forschergruppe gründen. Sie stellen ihr Projekt kurz vor und suchen Kinder aus, die sich dazu melden. T. und A. möchten gerne ihre Geschichten vorlesen. W. und M. möchten etwas über ihre neuen Kniffel-Rechenaufgaben erzählen und L. etwas über seine Schildkröten-Forschungen berichten. Danach fragt B. jeden Einzelnen, was er heute gemacht hat und auch nach einer Bewertung der eigenen Tagesleistung. Die trägt R. als „Tafelchef" dann in den im Kreis hängenden Plan ein. Hören Sie, S. fand, dass er heute noch mehr hätte schaffen können. Er möchte einen „Strich" eingetragen haben. Die

Bewertungen bzw. die Abkürzungen und Zeichen dafür haben sich die Kinder übrigens selbst ausgedacht. H. hat eine Geschichte geschrieben, eine Seite gerechnet und ein Buch über Katzen gelesen. Sie findet, dass sie gut gearbeitet hat und möchte für sich ein „SU" für „Super" in der Liste sehen. D. ist mit sich selbst unzufriedener als die Kinder. Sie finden seine Geschichte sehr gut für das, was er so kann. Statt des von ihm verlangten „Striches" bekommt er sogar ein OK. Mich beeindruckt immer wieder, wie gut und selbstkritisch die meisten Kinder sowohl ihre eigenen als auch fremde Leistungen einschätzen können, wenn sie ihre Bewertungen vorschlagen. Und vor allem, dass sie kein Problem damit haben, sich selbst „Auszeiten" oder schlechtere Bewertungen zuzugestehen.
Ob das jeden Tag so läuft? Ja, vom Ablauf her schon, aber es gab vor allem in der Anfangszeit auch Tage, da war völlig der Wurm drin. Ich denke, wir haben es jetzt langsam geschafft, dass ein normales Arbeiten in der Klasse möglich ist, aber es war wirklich eineinhalb Jahre lang ein tagtäglicher Kampf. Andererseits haben wir durch unser Prinzip einige Kinder vor einer vorschnellen „Segregation" mit dem Stempel „behindert" oder „Sonderschüler" bewahren und in ihrer normalen Schulumgebung und ihrem Freundeskreis belassen können. Aber es gibt in der Klasse noch genug Sachen, die nicht so laufen, wie ich es mir vorstelle. Trotz der großen Individualisierung und der demokratischen Klassenführung habe ich im Prinzip bei jedem Kind ein schlechtes Gewissen, weil ich genau weiß, dass man für es Schule bestimmt noch besser machen könnte. Das Einzige, was mich tröstet, ist, dass ich zu vielen Fragen noch keine Antwortalternative gesehen habe. Ich nehme daher an, dass wir hier vielleicht einen ganz guten Kompromiss praktizieren.

Außerhalb des Unterrichts organisiert unsere Klasse Aktionen wie Spielnachmittage, in der Schule schlafen, Zelten auf dem Schulgelände, Grillen und Schwimmen gehen mit den Eltern, Tagesausflüge, direkt ab dem ersten Schuljahr mehrtägige Klassenfahrten (wir hatten insgesamt fünf tolle Fahrten als Selbstversorger in unserer Grundschulzeit) usw. Auch hier obliegt die Planung in hohem Maße den Schülern, vor allem die Tagesgestaltung wird nicht vorgegeben. Durch den Verzicht auf das Initiieren und „Bespielen" ergibt sich auch hier ein von den Kindern weitgehend selbstregulierter Tagesablauf, der durch viel Kreativität bei gemeinsamen Spielen und Aktionen geprägt ist – nachmittags können sie das ja sonst (weitestgehend) auch. Probleme, Streit, Banden- und Gruppenbildungen scheinen durch diese Freiheiten vermieden werden zu können. Während ich z. B. bei früheren Schullandheimaufenthalten immer vor allem dann bei den auffälligeren Kindern „Disziplinschwierigkeiten" erlebt habe, wenn die vorgeplanten Beschäftigungen mit Rallye o. Ä. Einzug hielten, habe ich solche Probleme beim Verzicht auf detaillierte Vorplanungen noch nie gehabt. Im dritten Schuljahr sind wir mit einer fremden (auch offener unterrichteten) dritten Klasse eine Woche in ein Waldjugendlager gefahren und trotz des plötzlichen gemeinsamen Zusammenlebens ohne einen einzigen „Kreis" ausgekommen. Auch Essens- und Aufräumdienst ließen sich ohne Vorplanung durch Listen o. Ä. immer aus dem Stegreif finden. Vielleicht wird in Schule viel zu viel vorgeplant?

3.3.2 Methodisch-inhaltlich-soziale Offenheit: Soziale Integration – von unten, nicht von oben

Genau wie auch bei den Konzepten von Gallin und Ruf bzw. Zehnpfennig und Zehnpfennig spielt bei meinem Versuch einer Öffnung des sozialen Bereichs durch eine „Didaktik der sozialen Integration" die eigene Biographie eine große Rolle. Geprägt durch meine eigenen Schulerfahrungen haben mich schülerorientierte Alternativen zum herkömmlichen Unterricht schon immer beschäftigt. Hellhörig wurde ich, als ich von Schulen wie „Summerhill" (Neill 1969, Appleton 2000) und „Glocksee" (Peschel 1995 b, c) hörte. Schulen, in denen Schüler nur dann zum Unterricht gehen, wenn sie auch wirklich selber etwas lernen wollen. Schulen, in denen Lehrer und Schüler zwar ihre festen Rollen innehaben, aber doch versuchen, diese partnerschaftlich zu interpretieren und sich zugleich im Umgang miteinander als gleichberechtigt anzusehen. Die Beschreibungen der täglichen Praxis machten mich neugierig, so dass ich Kontakt aufnahm und die tatsächliche Umsetzung jeweils eine Zeit lang erleben durfte.

Das faszinierende an diesen Schulen war die nahe und ehrliche Beziehung, nicht nur zwischen Lehrern und Kindern, sondern auch zwischen den Kindern. Obwohl oberflächlich gesehen doch oft ein ziemlich rauer Ton herrschte, war man sich gegenseitig sehr wichtig und es schien durchweg ein wirkliches Interesse am Anderen zu bestehen, das nicht nur mit einer verantwortlichen oder zu beschützenden Rolle zu erklären war. Es waren echte Bindungen vorhanden. So etwas hatte ich auf so gleichberechtigte Art noch nie in einer Schule erlebt.

Dies wurde mir dann für die Unterrichtsgestaltung in meiner Klasse auch sehr wichtig. Ich wollte nicht eine Klassengemeinschaft von Kindern, die mir meine Erwartungen von den Augen ablasen oder unhinterfragt irgendwelche Konventionen akzeptierten, sondern Kinder, die den schwierigen Gang der eigenen Regelfindung gemeinsam gehen. Nur so, dachte ich, kann eine richtige soziale Integration erfolgen. Dazu wollte ich Zehnpfennigs „Didaktik des weißen Blatts" umsetzen, ergänzt durch andere aktuelle fachdidaktische Konzepte wie „Lesen durch Schreiben" und „mathe 2000". In der Praxis hatte ich allerdings selber – trotz zahlreicher „Expeditionen" in alle möglichen reformfreudigen Schulen – noch nie die Kombination einer so großen Offenheit bei der Wissensaneignung mit einer so großen Offenheit im sozialen Bereich gesehen. Entweder waren – wie z. B. an den Freien Alternativschulen – Basisdemokratie und Selbstverwaltung der Klasse Grundprinzip, dann wurde der Unterricht aber meist doch vom Lehrer mehr oder weniger „unfrei" mit verbindlichen Wochenplänen oder „normalen" Unterrichtsstunden konzipiert, oder der Lehrer griff – wie beim Reisetagebücherunterricht bzw. der „Didaktik des weißen Blatts" – durch subtile, indirekte Steuerung doch so maßgeblich und bestimmend in das Geschehen ein, dass das zwangsläufig Auswirkungen auf die vermeintlich gleichberechtigte Rolle bei der Lösung sozialer Probleme hatte.

Rückblickend muss ich sagen, dass die Selbstverwaltung in unserer Klasse wirklich Unglaubliches geleistet hat, obwohl sie mir doch wesentlich schwerer durchzustehen zu sein scheint als eine Öffnung im Bereich der Wissensaneignung. Während die hohe Leistungsbandbreite der Kinder im Bezug auf ihr Vorwissen und ihre schulischen Möglichkeiten von Anfang an und für jeden sehr offensichtlich war – in meiner Klasse war vom „Lernbehinderten" bis zum „Hochbegabten" alles vertreten, so dass zeitgleich rund vier bis fünf Schuljahre leistungsmäßig abzudecken waren –, war die fast noch größere Bandbreite im sozialen Bereich nicht von vornherein so klar zu erkennen bzw. zu erahnen. Aber auch hier hatte ich alles vertreten, vom Rande der „Verwahrlosung" bis hin zur „Überbehütung", von der Normalität des „Faustrechtes" im Alltag bis zur höchst ausgebildeten (mich selber weit übertreffenden) Sozialkompetenz. Diese Heterogenität war nicht in Schuljahren oder in „Jahren sozialer Reife" zu messen.

Aber diese Verschiedenheit musste genauso akzeptiert und aufgefangen werden wie die Leistungsbandbreite im kognitiven Bereich. Nur während ein individualisierter Unterricht mit 26 Kindern relativ problemlos stattfinden kann, ohne dass man sich *zwangsläufig* miteinander auseinandersetzen muss (jeder kann ja im Prinzip über Jahre nur für sich arbeiten), so ist das in der sozialen Dimension anders. Diese schließt immer den Kontakt zu anderen ein. Da es aber auch hier wie im kognitiven Bereich zunächst keine verbindliche Norm gibt, sondern nur 26 individuelle, höchst unterschiedliche und unterschiedlich motivierte Vorstellungen über die eigenen Interessen und die der anderen, stellt sich die Ausgangssituation recht differenziert, um nicht zu sagen „chaotisch", dar. Während im Bereich der Wissensaneignung ein Zusammentreffen verschiedener Lernstände meist zur gegenseitigen Hilfe in Richtung des „Richtigeren" geht, ist dies im sozialen Bereich nicht unbedingt selbstverständlich. Hier können rüdere Umgangsweisen durchaus auch für Kinder mit bislang „vorbildhaftem" Sozialverhalten interessant werden und dann erst einmal zu Hause an den ziemlich verwunderten Eltern ausgetestet werden.

Eine tragfähige klasseneigene „Norm" lässt sich nur in vielen gemeinsamen Gesprächen und Diskussionen finden – Gesprächen, die nicht von vornherein eine bestimmte Lösung anstreben, sondern ein „echter" Austausch sind. Dies kostet sehr viel Zeit und ist ein langwieriger Prozess, denn es müssen Beschlüsse zum Teil sehr individuell, das heißt auf einzelne Kinder und Situationen bezogen, gefasst werden. Zugleich ist diese Entwicklung immer ein schwieriger Balanceakt, denn wenn der Anteil der „destruktiver" eingestellten Kinder überwiegt, führt die Demokratie nicht zwangsläufig zur schnellsten bzw. langfristig besten Lösung – zudem hat natürlich auch nicht unbedingt die Mehrheit Recht! Und bei jeder Entscheidung einen Konsens zu finden ist nicht nur fast unmöglich, dieses Vorgehen diskreditiert (man möge mir diese Ansicht verzeihen) auch massiv das Recht des Einzelnen auf freie Meinungsäußerung. Ich muss als Einzelner immer das

Recht haben, auf meine eigene Meinung bestehen zu können – auch wenn ein Gruppenkonsens vielleicht harmonischer und für alle entlastender wäre (vgl. auch Appleton 2000, 82).

Alles in allem war aber die Klassenselbstverwaltung für wahrscheinlich alle Kinder ein großer Gewinn. Die ihnen im unterrichtlichen Bereich zugestandene Freiheit musste nicht in anderen Bereichen zurückgenommen werden und im Laufe der Zeit bildete sich eine so versiert mit Konflikten und Problemen Einzelner umgehende Gemeinschaft, dass bei rund sechs Kindern die Einweisung in die Sonderschule zurückgenommen werden konnte bzw. gar nicht erst beantragt werden musste. Wie oben beschrieben wurden sie ja zum Teil gezielt in unsere Klasse eingewiesen, weil sie in anderen Schulen massiv auffällig geworden waren und sämtlichen Unterricht „lahmgelegt" hatten. Die offenen Strukturen bei uns boten ihnen hingegen einen Raum, in dem sie sich nicht instinktiv gegen Schule wehren mussten, sondern ihr kognitives und *soziales* Lernen *selbst bestimmen* konnten: sie konnten sich in der Klasse als gleichberechtigt und integriert fühlen und sich wieder *selber* Ziele für *ihr* Lernen setzen.

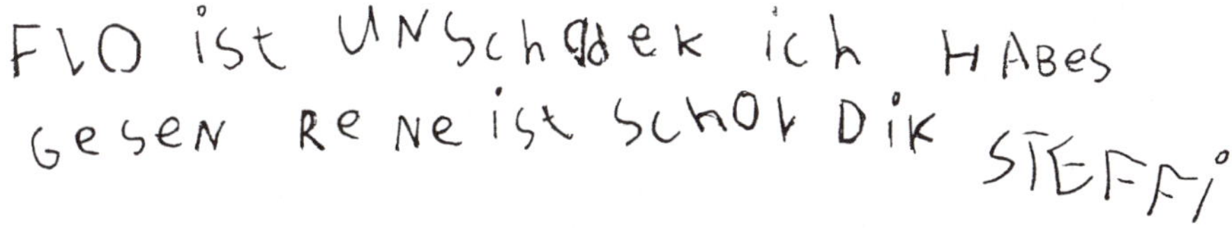
FlO ist UNSchadek ich HAbes
GeSeN ReNe ist SchOl Dik STEFFi

Ungeheuer wichtig für ihre Entwicklung waren dabei die anderen Kinder, die eben nicht als verlängertes Sprachrohr des Lehrers dessen Vorgaben vertreten haben, sondern mit ganz persönlichem Interesse auf bestimmte Sachen hingewiesen haben – und das nicht immer gerade pädagogisch gefühlvoll. Aber die ehrliche, unverblümte Auseinandersetzung hat wahre Wunder bewirkt. Kinder wie der oben beschriebene G., die als „nicht kindergartenfähig" (!) aktenkundig waren und zum Teil schon mehrere Therapien, Klinikaufenthalte usw. hinter sich hatten, passten sich mit der Zeit den Klassenregeln an und suchten individuelle Wege, ihr Problem in den Griff zu bekommen. Genauso wie das schonungslose Zurechtweisen – bis hin zum Klassenverbot für einen Tag („Wenn du nicht lernen willst, dann komm doch nicht!") – äußerten sich Kinder aber auch ganz ehrlich über Fortschritte, die jemand gemacht hatte und lobten entsprechend. Aber auch die betroffenen Kinder fingen zeitweise selber an, ihre Entwicklung im Kreis zu thematisieren, wiesen auf Fortschritte oder Probleme hin. Die Genauigkeit der Beobachtungen, aber auch die Individualisierung und Toleranz, die bei entsprechenden Gesprächen festzustellen war, verblüffte mich immer wieder. Ich hätte das als Lehrer alleine nicht ansatzweise leisten können.

Betrachtet man die Entwicklung der Selbstverwaltung über die Jahre hinweg, so war am Anfang schon ein gewisses egozentrisches Denken in dem Sinne vorhanden, als dass nicht alle Kinder Geduld und Muße hatten, sich immer wieder mit den Klassenproblemen auseinander zu setzen („Muss man denn immer alles abstimmen?"). Also wurde eines Tages der Vorschlag mit überwältigender Mehrheit angenommen, doch auf die gemeinsamen Phasen und Gespräche ganz zu verzichten. Die folgenden zwei Tage waren dann allerdings auf Grund der fehlenden Absprachen und der leidenden Lernatmosphäre so „chaotisch", dass schnell wieder die strukturgebenden Kreisgespräche einberufen wurden. Nach einem Jahr, nämlich als sie nun als „richtige" Schulkinder aus den Sommerferien in die zweite Klasse zurückkamen, wurde den Kindern das demokratische Abstimmen dann so wichtig, dass wirklich alles besprochen und Demokratie massiv eingefordert wurde – was ich vor allem dann (bewundernd) gemerkt habe, wenn ich mal wieder hoffnungslos überstimmt worden bin.

Nach ungefähr eineinhalb Jahren waren die Regelstrukturen – oder die Kinder – soweit, dass eine relativ ruhige und angenehme Arbeitsatmosphäre vorhanden war. Nach zwei Jahren war alles so stabil, dass immer weniger „Kreise" zur Regelfindung und Klassenordnung gebraucht wurden. Diese waren dann meist sehr personenspezifisch ausgerichtet, das heißt vor allem dann notwendig, wenn neue „schwierige" Kinder in die Klasse kamen. Danach liefen die meisten Tage so ziemlich ganz von alleine, das heißt Konflikte wurden oft nebenbei gelöst bzw. versiert im Kreis behandelt.

Die Öffnung des sozialen Bereiches hat allen Kindern die Möglichkeit einer wirklichen sozialen Integration ermöglicht. Niemand wurde (und konnte) bezüglich des ihm geläufigen Verhaltens stigmatisiert werden, da die „Norm" ja erst mit allen erarbeitet werden musste. Wie auch bei der Individualisierung im Bereich der Wissensaneignung konnte es kein Ziel sein, dass zu einem bestimmten Zeitpunkt alle Kinder die gleichen (vorbildlichen) Verhaltensweisen zeigten. Dazu sind bzw. waren die Kinder auch viel zu verschieden, sei es bezüglich ihrer eigenen Reife, sei es bezüglich ihres privaten Umfeldes. So sind ein Teil der Kinder sicherlich immer wieder an die Grenze ihrer eigenen Reflexionsfähigkeit bzw. an ihre Möglichkeiten, sich in die Lage anderer hineinzuversetzen, gekommen. Aber selbst die „Schwächsten", „Schwierigsten", „Stillsten" oder „Egoistischsten" zeigten über die Zeit gesehen so enorme Fortschritte in der eigenen Wahrnehmung, der Erfassung der Bedürfnisse ihrer Umwelt und in der Akzeptanz der allgemeinen Regeln, dass mir das Leben einer möglichst ehrlichen Demokratie doch sehr wichtig für die Entwicklung des Einzelnen zu sein scheint. Allerdings ist auch dies – wie auch die Entwicklung im Bereich der Wissensaneignung – kein linearer Prozess. Es gibt auch beim sozialen Lernen Rückschritte, Chaosphasen, Lernsprünge usw. Aber auch diese scheinen für die Kinder ganz selbstverständlich zu sein.

Wie muss nun aber ein Unterricht organisiert sein, der die beschriebene Selbstverwaltung gewähren will?

3.3.3 Soziale Integration als Vermeidung von Segregation – Hilfen zur Umsetzung

> SoziologInnen nennen zehn verschiedene „Milieus", deren Normen und Alltagsverhalten sich deutlich unterscheiden. Für die Erfahrungen von Schulanfängern bedeutsam: Zwei Drittel der LehrerInnen kommen aus einem dieser zehn Milieus – aber nur zehn Prozent der Kinder. (Brügelmann 2001, 10)
>
> Wie kann ich nun als Lehrer auf diese Heterogenität, diese Verschiedenartigkeit der Kinder reagieren? Eine Möglichkeit ist, meinen Unterricht nett und herzlich zu gestalten und zu versuchen, all die verschiedenen Kinder zusammenzuführen, sie langsam, aber sicher meinem Ideal von Schule anzupassen. Von Anfang an werde ich dann darauf achten, dass alle liebevoll miteinander umgehen, sich an die Klassenregeln halten, die Sachen der Klasse ordentlich behandeln, leise arbeiten, einander helfen …
>
> Was wird passieren? Die meisten Kinder werden sich mit der Zeit an unsere Art von Unterricht gewöhnen, immer brav das tun, was ihnen aufgetragen wird, das richtig abschreiben, was angeschrieben wird, das richtig ausrechnen, was gerechnet werden soll, das abheften, was ausgeteilt wird, das aufräumen, was aufgeräumt werden soll, dann leise sein, wenn es leise sein soll.
>
> Die meisten. Aber nicht alle. Denn ein paar Kinder werden herausfallen aus meinem schönen Unterricht. Es wird immer ein paar Kinder geben, die eben nicht immer brav das tun, was ihnen aufgetragen wird, nicht immer …

> Zunächst werden diese Kinder toleriert. Von der ganzen Klasse. Dann holt man alle Kinder zusammen und spricht über „diese" Kinder. Was sie besser machen können. Wie man das normalerweise macht. Was richtig ist.
>
> Bei einigen nützt das etwas. Bei anderen nicht. Und plötzlich sind sie da. Die „Integrationskinder". Die Kinder, die nicht mit dem System zurecht kommen. Nicht zurecht kommen wollen. Oder nicht zurecht kommen können.
>
> Vielleicht sind sie zu „unbegabt". Vielleicht sind sie zu „aggressiv". Vielleicht haben sie einfach andere Sorgen.
>
> Was werde ich als Lehrer machen? Ich werde Rat suchen. Zuerst in der Pause bei befreundeten Kollegen. Dann bei der Schulleitung. Dann bei der Schulaufsicht. Jeder von uns kennt das Verfahren. Jeder von uns kennt das Verfahren wie „Integrationskinder" entstehen. Kinder, die *nicht passen*.
>
> Vielleicht aber passt mein Unterricht nicht? Vielleicht mache ich durch meinen Unterricht erst „Integration" nötig?
>
> Um nicht missverstanden zu werden: Ich rede hier von Kindern, die auffällig sind, aber nicht „behindert". Ich rede hier von den vielen Kindern, die durch das herrschende System fallen, weil sie über Jahre trotz sechs Stunden Unterricht plus Förderprogramm einfach nichts zu lernen scheinen – obwohl sie im Alltag ganz „normal" erscheinen. Ich rede hier von den vielen Kindern, die scheinbar nichts anders zu tun haben, als den Unterrichtsfrieden zu sabotieren – entweder durch ihre „Dummheit" oder durch ihre „Aufmüpfigkeit". Kandidaten für die LB- oder die E-Schule? (Peschel 2001 a, 76 f.)

Wenn ich also davon spreche, das Bedingungsfeld, in dem ich mich als Lehrer bewege, wirklich anzunehmen, um präventiv zu arbeiten, so habe ich dabei eine Integration vor Augen, die eben nicht erst aussondern muss, um die so „segregierten" Teile dann wieder (hochgelobt) zusammenzuführen, zu „integrieren". Für mich ist die Hochform einer integrativen Erziehung die, erst gar keine „Segregation" aufkommen zu lassen. Möchte ich das, dann muss sich mein Unterricht allerdings ganz auf dieses Ziel hin ausrichten. Dann muss die Verschiedenheit der Köpfe und Verhaltensweisen fast rückhaltlos akzeptiert werden. Dann darf nicht ein fertiges Konzept übergestülpt werden, egal wie liebevoll und engagiert es aufbereitet ist. Die Kinder durchschauen schnell, ob Offenheit und Freiheit ernst gemeint sind oder nicht. Aufgesetzte Konstrukte, mühevolle Motivationsvorhaben, „gemeinsame" Regeln werden schnell boykottiert, wenn die Kinder erkennen, dass sie nur als Mittel zum Zweck gebraucht werden. Wenn ich also hier von meinem Konzept eines Offenen Unterrichts spreche, dann ist dies leider kein fix und fertiges Rezept, sondern vielmehr ein prozessuales Gebilde, eine konkrete Utopie, die vielleicht ferne Ziele aufzeigt, nicht aber fertige Lösungsalgorithmen vorgibt bzw. vorgeben kann.

Dabei ist das Wichtigste, das Offener Unterricht (präventiv) bieten kann: Das Setzen eigener Ziele innerhalb eines stützenden Rahmens. Eines Rahmen, der deshalb als Stütze und nicht als Sperre empfunden wird, weil er vom Kind mitbestimmt wird. Klar ist, dass das, wozu ich mich aus mir selbst heraus entscheide, die größten Chancen auf Erfolg und Engagement hat. Das gilt sicherlich in hohem Maße für den kognitiven Bereich der Wissensaneignung, aber in noch höherem Maße für den Bereich der Sozialerziehung, das heißt das Anerkennen von Regeln, das Achten anderer Menschen, die eigene Disziplin, das Entwickeln einer „emotionalen Intelligenz". Genau wie ich Buchstaben, Zahlen, ja sogar Schreib- und Rechentechniken einfach unverstanden auswendig lernen kann, genauso kann ich eine Sozialerziehung über mich ergehen lassen, die mich in keiner Weise berührt bzw. nur dazu führt, mich in einem bestimmten Umfeld sozial zu verhalten, sobald ich dieses Umfeld aber verlasse, auch die ganze Sozialerziehung hinter mir zu lassen.

Das ist ein Problem, das mir oft in entsprechend „sozial trainierten" Klassen auffällt. Kaum dass die leitenden Strukturen oder die herrschenden Autoritäten wegfallen oder aufgebrochen werden, scheint auch das über die Jahre anerzogene Sozialverhalten weg zu sein. Nicht selten endet es direkt vor der Schultür oder aber sogar innerhalb der Klasse, wenn Praktikanten oder Lehramtsanwärter nicht in dieselbe Lehrerrolle (mit all ihren impliziten Zeichen und Signalen) schlüpfen, die die Schüler bis dato gewohnt sind. Ich würde das allenfalls als ein Antrainieren von Verhaltensweisen bezeichnen, nicht aber als eine positive soziale Entwicklung. Diese scheint mir dadurch sogar eher noch erschwert, weil die Kinder schnell Doppelbindungssituationen ausgesetzt sind, das heißt sie müssen sich anders (regelkonform) verhalten, als sie „aus sich heraus" fühlen und als sie eigentlich handeln wollen. Es ergibt sich eine negative Art opportuner Anpassung, die Kinder schnell erlernen und die ihnen dann ihre weitere emotionale Entwicklung im Sinne eines von innen getragenen, selbstverantwortlichen Verhaltens sehr erschwert.

Um den Unterricht in die Richtung einer sozialen Integration durch die Vermeidung von Segregation zu öffnen, bedarf es auf Seiten des Lehrers einer intensiven Selbstprüfung, denn man begibt sich absichtlich in ein vollkommen offenes Gebiet. Zunächst einmal sollte man sich als Klassenleiter über den Grad des gewährten Freiraumes klar sein. Wie stark möchte man die Klassenführung an die Kinder abgeben? Welche Bereiche sollen konkret geöffnet werden? Welchen Grad der Öffnung hält man selber aus? Was lässt sich in Anbetracht der Zusammensetzung der Klasse umsetzen? (Bei uns war es mit fünf bis sechs sogenannten „Erziehungsschwierigen" zeitweise sehr hart an der Grenze des Vertretbaren – aber auch die einzige Möglichkeit für diese Kinder, nicht vorschnell „stigmatisiert" zu werden.)

Ist man sich über den angestrebten Grad der Öffnung im sozialen Bereich klar, so sollte man die entsprechenden basisdemokratischen Umgangsformen der Mitbestimmung der Schüler am besten vom ersten Schultag an praktizieren. Kinder halten viel aus! Wie das Verhalten der Schüler zeigte, die später aus anderen Klassen zu uns gekommen sind, tritt die Gewöhnung an die Vorgaben des Lehrers nicht nur im Bereich der Wissensaneignung, sondern auch im Bereich des sozialen Lernens schnell ein. Ist einmal die Rolle des Lehrers als Regelfinder und Entscheidungsinstanz etabliert, so richten sich die meisten Kinder der Einfachheit halber danach. Ist den Kindern aber das demokratische Prinzip zumindest in der Schule selbstverständlich, so wird die Meinung des Lehrers als eine unter anderen akzeptiert und relativ gleichrangig gewertet, was unabdingbare Grundlage für eine echte eigene Meinungsbildung ist.

Natürlich behält der Lehrer seine Rolle als letztendlich Verantwortlicher für das Geschehen inne, das ist den Kindern auch sehr wichtig, aber die Beziehung wechselt vom Bestimmenden zum Partner, ähnlich der Beziehung, die auch vermehrt in Familien zu Hause zu finden ist. Die Meinung des Kindes wird nicht abgetan, sondern als gleichwertig akzeptiert, es wird nicht einfach etwas bestimmt, sondern erklärt und besprochen (ohne hier ausufernden Diskussionen das Wort zu reden!). Dabei braucht man keine Angst davor zu haben, dass die Kinder plötzlich zu besserwisserisch oder aufsässig werden; ist die Atmosphäre ehrlich, so hat das Kind kein provozierendes Verhalten nötig und weiß die Gleichberechtigung zu würdigen. Erziehung zur Demokratie durch demokratische Erziehung.

Für den weiteren Verlauf der gemeinsamen Regelfindung und des Miteinanders in der Klasse kann hier natürlich kein konkretes Vorgehen beschrieben, können keine Rezepte gegeben werden, denn gerade das ist ja der individuelle Prozess, den jede Klasse (mehr oder weniger schmerzlich bzw. anstrengend) durchmachen muss. Auch mein Erfahrungsbericht sollte nicht als Muster verwendet werden, auch wenn es bestimmt stützende Strukturen bei der Durchführung gibt, die man anderen abgucken kann (wie z. B. die den Tag einrahmenden Kreisgespräche oder die Loslösung vom Diktat der Arbeitsmittel).

3.3.4 Soziale Integration – Grenzen und Fragen

Während die Freigabe der Sozialerziehung vor allem an Freien Alternativschulen und an Freinet-Schulen durchaus öfter zu finden ist, ist mir die Kombination der Öffnung des sozialen Bereiches mit einer Öffnung im methodischen und inhaltlichen Bereich auch dort eher selten begegnet. In der Tat wirft die höchste Stufe der Öffnung, die Mitbestimmung der Schüler über alle Bereiche des Schullebens, eine Menge Fragen auf, die nicht leicht zu beantworten sind – eben weil ihre Beantwortung von der Lehrerpersönlichkeit selbst abhängt. Es kann daher eigentlich immer nur individuelle Antworten und Begründungen geben.

Theoretisch könnte sich in einer auf diese radikale Art basisdemokratisch geführten Klasse bzw. Schulgemeinschaft schnell auch eine nicht verantwortbare Sozialkultur etablieren. Man denke nur an das Buch „Der Herr der Fliegen" von William Golding (vgl. 1954), in dem sich eine auf einer Insel gestrandete Gruppe von Kindern teilweise zu „unsozialen Wilden" zurückentwickelt. Nur darf man nicht vergessen, dass es sich bei diesem Buch um eine Fiktion handelt, mit der der Autor vor allem darauf hinweisen wollte, dass die Stärke einer Gesellschaft von der ethischen Stärke des Individuums abhängt – und nicht vom System als solchem. (Dabei darf sich der Pädagoge aber durchaus die Frage stellen, welches System die individuelle ethische Stärke am besten fördert!) Aber selbst wenn man die Übertragbarkeit des Romans auf die Wirklichkeit nicht anzweifeln würde, wäre die Beschreibung Goldings ein hervorragendes Beispiel für das, was aus der Disziplin(-ierung) strenger Internate bzw. Schulen resultieren kann, wenn plötzlich die gewohnten Autoritäten wegfallen. In der Praxis scheint es schon so zu sein, dass der gesunde Menschenverstand langfristig immer dann haushoch siegt, wenn die äußeren Bedingungen so sind, dass sie eine Selbstregulierung sowohl des Individuums als auch der Gemeinschaft zulassen. Das zeigen nicht nur unter Mitbestimmung der Kinder geführte Schulklassen, sondern auch bestehende oder vergangene Kinderdemokratien anschaulich (vgl. Kamp 1995; Appleton 2000).

Ich habe in meiner Klasse mit meinem (nicht immer einfach zu bewahrenden) Vertrauen in die Kinder festgestellt, dass die sich selbstregulierende Gemeinschaft letztendlich allen Kindern Vorteile bringt. Die Sachen, die einem Einzelnen wichtig sind, werden in ihrer Wichtigkeit immer auch von der Gemeinschaft erkannt – nicht immer sofort, aber immer in einem verträglichen Zeitraum. Das heißt, dass – trotz der das Subjekt diskriminierenden Form der Mehrheitsentscheidung – das Recht und das Empfinden des Einzelnen in der Regel gewahrt bleiben, denn jede Sache ist für die Abstimmenden von ganz unterschiedlicher Bedeutung und die Beteiligten merken schnell, wenn jemandem etwas wirklich wichtig ist, und unterstützen ihn dann in der Regel bzw. stecken selber zurück. Deshalb hatte und habe ich auch selbst keine Angst vor dem scheinbaren Verlust meines Verfügungsrechts als Lehrer. Wenn mir etwas wirklich wichtig ist, werden die Kinder das schon durch mein Engagement und meine Begründungen merken – und ihre eigene Meinung entsprechend überprüfen. Und zwar nicht, weil ich Lehrer bin, sondern weil sie mich als Person akzeptieren. (Es hat nämlich oft genug nicht geklappt und ich bin überstimmt worden – bei Sachen, die für mich auch so in Ordnung waren bzw. wo ich mich oder mein Anliegen gut zurücknehmen konnte.)

Man könnte einwenden, dass die Öffnung der Sozialerziehung natürlich nicht nur positive Vorbilder hervorbringt, die den anderen Kindern als Modell dienen können, sondern dass negative Einflüsse genauso vorhanden sein werden. Obliegt es da nicht der Sorgfaltspflicht des Lehrers, einzugreifen und die Kinder vor diesen negativen Verhaltensweisen zu schützen? Ich denke nein. Nehmen wir die Kinder, die mit einem wirklich erstklassigen Sozialverhalten in die Schule kamen. Sie waren vor allem deshalb so, weil sie es bislang nicht anders kannten (bzw. brauchten). Ihr Erfahrungshorizont ist zwangsläufig recht schnell erweitert worden (das wäre er in jeder Klasse), als Schimpfwörter die Runde machten oder vor der Klassentür bzw. auf dem Schulhof auf einmal das Faustrecht galt. Während in anderen Klassen den Kindern dann implizit oder explizit die „Lösung" vorgegeben wird, das heißt von vornherein klar ist, wer „gut" und wer „böse" ist, erfolgte diese Kategorisierung bei uns nicht. Sie wurde zu einem längeren Prozess eigener und gemeinschaftlicher Auseinandersetzung mit der Wertung und Wichtung von Verhaltensweisen, der zum Teil sogar dazu führte, dass einzelne Kinder die neuen Techniken kurzzeitig erst einmal selbst erprobten (Gott sei Dank ohne größeren Schaden). Über kurz oder lang haben aber all diese Kinder das neu Gelernte dann wieder als unbrauchbar verworfen und die alten (sozialeren) Verhaltensweisen angenommen – diesmal aber auf einem ganz anderen Niveau. Sie haben nicht mehr nachgeahmt, weil man etwas „so macht", sondern sie haben sich ganz bewusst für den sozialeren Umgang entschieden, weil er ihnen einleuchtender und effektiver für die Lösung von Problemen erschien. Sie haben sich von den Erwartungen der Eltern emanzipiert und ihren eigenen Weg gefunden.

Ich konnte mich also in den vier Jahren wirklich sehr zurückhalten und ganz auf den gesunden Menschenverstand der Kinder verlassen. Sie haben viele Entscheidungen gefällt, die mir imponiert haben. So hat es z.B. irgendwann Kinder gestört, dass andere Kinder neben ihnen am Computer gespielt haben, während sie an ihren Geschichten schreiben wollten. Sie fanden das blöd, weil sie sich dadurch immer wieder selbst vor die Entscheidung zwischen Spiel und Arbeit gestellt sahen. Nach einiger Diskussion wurde dann beschlossen, dass nur noch in der Pause am Computer gespielt werden dürfe. Und daran haben sich auch prompt alle Kinder gehalten – auch die, denen es wirklich sehr schwer gefallen ist. Bei allen Entscheidungen haben die Kinder nie aus den Augen verloren, warum sie in die Schule kommen: zum Lernen. Sie haben es immer als selbstverständliches Recht des Einzelnen angesehen, wenn jemand nicht lernen wollte (ich hatte auch meine albernen Tage), aber sie haben bei den für die Gemeinschaft zu fällenden Entscheidungen im Zweifelsfall immer das Lernen geschützt bzw. „hochgehalten".

Dabei möchte ich noch einmal betonen, dass sich meine Erfahrungen auf die Zusammensetzung in einer Regelschulklasse beziehen. Ich kann mir schon vorstellen, dass die Situation in einer Klasse mit vorwiegend als „erziehungsschwierig" eingestuften Kindern mit entsprechend negativer Schulerfahrung viel komplizierter ist. Allerdings würde mir trotzdem keine Alternative zu einem ehrlichen basisdemokratischen Vorgehen einfallen. Noch so logische oder „einsichtige" von außen vorgegebene Regeln haben nicht das Geringste mit eigenen inneren Regeln zu tun. Regeln kann man nicht wirklich auswendig lernen. Man kann sie nur selbst für sich erstellen.

Ich möchte daher abschließend dafür plädieren, (integrative) Sozialerziehung als Förderung der Selbstregulierung eines Individuums zu verstehen. Wir müssen Schülern dadurch eine ehrliche Auseinandersetzung mit sich und der Gemeinschaft ermöglichen, dass wir eben nicht versuchen, sie mittels einer trickreichen Erziehung zu schon vorher festgelegten Zielen wie Harmonie, Hilfsbereitschaft, Ordnung usw. hinzuführen, sondern wir müssen uns trauen, 30 Individuen auch

30 Individuen sein zu lassen. So traurig (oder beruhigend) es klingen mag: Die Kinder von heute lassen sich nichts vormachen. Sie sind durch die teilweise haarsträubenden Verhältnisse, in denen sie aufwachsen (von Überbehütung bis zu Verwahrlosung, von völligem im Stich gelassen werden bis zum Leistungsdruck schon im Kindergartenalter), gewohnt, den „Deal“, den sie machen, erst einmal zu prüfen. Und das tun sie. Wenn er ehrlich gemeint ist und auf sie passt, werden sie ihn akzeptieren und wahrscheinlich sogar „alles dafür geben“. Wenn sie sich aber hintergangen fühlen, werden sie so viele Schlupflöcher und Sabotagemöglichkeiten finden, dass viele Erwachsene als einzig mögliche Reaktion darauf nur noch die Isolation von der bestehenden Gemeinschaft in Erwägung ziehen.

Wir können immer wählen:
Mühevolle Integration – oder Verzicht auf Segregation.

3.4 Kurzer Blick auf die Unterschiede der drei Konzepte

Der unterschiedliche Zugang zum Thema Offener Unterricht bei Gallin und Ruf, Zehnpfennig und Zehnpfennig sowie meinem Konzept drückt sich auch im unterschiedlichen Stil der hier erfolgten Schilderungen und den angeführten Begründungen der Autoren aus. Während Gallin und Ruf primär eine Verbesserung der ihnen unfruchtbar vorkommenden Unterrichtssituation im Blick haben und neben der lerntheoretischen Begründung als Ergebnis ihrer langjährigen Tätigkeit in der Lehrerfortbildung ein Konzept mit relativ konkreten Handlungsanweisungen z. B. für die Auswahl von Kernideen oder die Erstellung von Aufträgen liefern, ist die Begründung bei Zehnpfennig und Zehnpfennig und mir eine andere. Hier geht es nicht um eine Verbesserung der tradierten Unterrichtssituation, sondern um eine *Pädagogisierung der Schule*. Entsprechend bleiben konkrete Handlungsanweisungen zunächst aus. Die Idee der „Didaktik des weißen Blatts“ bzw. der „Didaktik der sozialen Integration“ ist fundamentaler und im Prinzip in dem schon oben genannten Zitat zu finden, das – im Gegensatz zum Konzept von Gallin und Ruf – auf den ersten Blick keinerlei fachlichen Anspruch zu formulieren scheint, auf den zweiten Blick aber gerade durch den individuellen Zugang dem Stoff, dem Lernen und der Wissensaneignung höchste Priorität verleiht:

Ich mag dich so, wie du bist.
Ich habe Vertrauen in deine Fähigkeiten.
Ich bin für dich da, wenn du mich brauchst, aber probier zuerst selbst.

Natürlich sehen Gallin und Ruf ihre Schüler genauso und gehen auch so mit ihnen um – aber wahrscheinlich doch fokussierter auf ihre Funktion der Vermittlung eines bestimmten Stoffs hin. Das müssen sie als Sekundarstufenlehrer auch zwangsläufig viel eher als wir Grundschulpädagogen. Unsere Lehrpläne sind auf Grund der Basisforderung der Grundlegung der Bildung, des Lernens des

Lernens bzw. der Vermittlung der Kulturtechniken von einer hochgradigen Offenheit, die einen sehr am einzelnen Kind und seiner individuellen Entwicklung orientierten Unterricht ermöglicht. Und zwar ohne den täglichen Druck, den verbindlichen Stoff gerade jetzt und im 45-Minuten-Takt zu lehren.

Von daher stellen das Unterrichtsprinzip von Zehnpfennig auf der inhaltlichen Ebene und seine von mir vorgestellte Erweiterung auf der sozialen Ebene einen andersartigen Zugang zu Schule dar; einen Zugang, der vielleicht am ehesten mit dem folgenden Antoine de Saint-Exupéry zugeschriebenen Zitat greifbarer werden kann –aber letztendlich unfasslich bleiben wird:

> *Wenn du ein Schiff bauen willst,*
> *so trommle nicht Männer zusammen,*
> *um Holz zu beschaffen,*
> *Werkzeuge vorzubereiten,*
> *Aufgaben zu vergeben*
> *und die Arbeit einzuteilen,*
> *sondern lehre sie die Sehnsucht*
> *nach dem weiten, endlosen Meer.*
>
> (Orig. unb.; vgl. Saint-Exupéry 1956, 247f.)

Entweder ist die Offenheit, die Zehnpfennig und ich im Unterricht umgesetzt haben, bislang noch nicht ausgereift und ausreichend erprobt, so dass noch keine konkreteren Handlungsanweisungen vorhanden sind, oder aber diese Vorgaben würden in so vielen Fällen dem Grundprinzip dieses Unterrichts widersprechen, dass es eben keine solchen Handlungsanweisungen geben kann (– wohl aber fachdidaktische Konzepte und Überlegungen zur größtmöglichen Offenheit und Selbststeuerung der Schüler – siehe zweiter Band). Man kann (und muss) in der Grundschule zwangsläufig abstraktere und unkonkretere Kernideen verfolgen als es z. B. die Lehrpläne in der Sekundarstufe tun, die für jedes Schuljahr und jedes Fach die zu lernenden Inhalte doch immer noch relativ konkret vorgeben. Die Kernideen der Grundschule sind – pointiert formuliert – weitaus einfacher und umfassender: (immer besser) Schreiben lernen, (immer besser) Rechnen lernen, (immer besser) Forschen lernen usw.

Das macht allerdings den Anspruch an das Lernen der Kinder nicht etwa leichter, sondern im Gegenteil, die Herausforderung des offenen Lehrplans ist ungleich höher als die eines vorgegeben Kanons oder Lehrgangs. Aber trotzdem hat die beschriebene offene Sichtweise einen entscheidenden Vorteil: Sie entlastet den Lehrer von der schwierigsten Aufgabe im Konzept von Gallin und Ruf, dem (täglichen) Erschaffen von Kernideen. Nicht nur der Lernweg wird in die Hand der Kinder gelegt, sondern auch die Inhalte. Dabei ist diese Freiheit auf Seiten der Kinder durch die Sachstrukturen bereits so vorgezeichnet, dass das bewusste Loslassen kein Im-Stich-lassen, kein Alleine-lassen ist, sondern die ehrliche Rücksicht auf die Interessen und die vorhandene Lernbegeisterung des Kindes.

Das hier von mir vertretene Konzept erleichtert bzw. vereinfacht durch die weitgehende Delegierung der Verantwortung bezüglich der Wissensaneignung und der Sozialerziehung an die Kinder das unterrichtliche Vorgehen in gewisser Weise sogar. Durch den Ersatz der traditionellen Lehrerrolle mit ihrem immer vorhandenen „Lehrauftrag" durch den des „Wegbegleiters", der sich eher als ansprechbarer Lernpartner denn als Wissensvermittler sieht, fallen viele didaktische bzw. methodische Vorüberlegungen weg. Der Lehrer lässt sich quasi „vordidaktisch" auf die Kinder ein, reagiert dadurch spontan und authentisch und vor allem auch ohne den indirekten Druck, das Kind zu einem bestimmten Zeitpunkt zu einem bestimmten Ziel zu führen. Wir finden diese Haltung z. B. in Schulen ohne Unterrichtspflicht wie Summerhill in England oder Sudbury Valley in Amerika wieder, wenn die Entscheidung für oder gegen das Lernen wirklich dem Kind überlassen wird – eben ohne direkte Erwartungshaltung des Lehrers. Dass daraus bei den Kindern eher eine verstärkte Lernmotivation denn eine Beliebigkeit resultiert, beweisen diese Schulen anschaulich – und seit mehreren Jahrzehnten.

Hingegen wird das Konzept von Gallin und Ruf in besonderem Maße, das von Zehnpfennig immer noch stark von der indirekten Ausstrahlung des Lehrers gestützt: Trotz des eigenständigen Arbeitens der Kinder ist der Lehrer immer noch die Person, um die sich alles dreht, der die Fäden mehr oder weniger allein in der Hand hat. Die Erweiterung dieser beiden Konzepte um die „Didaktik der sozialen Integration" verändert die Lehrerrolle zwar nicht in eine Schülerrolle, aber hier steht der Lehrer noch ein Stück mehr als Person und nicht als „Lehrinstanz" im Raum. Das hat Vor- und Nachteile, die genau abgewogen werden müssen. Aus pädagogischer Sichtweise haben wir es hier sicherlich mit der am wenigsten manipulativen Rollenfunktion zu tun, da die Kinder weitgehend vor einer direkten oder indirekten Führung des Lehrers geschützt werden (ohne dass dieser seinen Einfluss als Person aufgibt!). Andererseits kann die hier überspitzt als Manipulation bezeichnete Motivation durch den Lehrer in den anderen Konzepten natürlich bei einigen Kindern durchaus auch leistungssteigernd wirken. Kurzfristig ist das – bei entsprechender Qualifikation des Lehrers – sogar mit Sicherheit der Fall, denn die Bestätigung durch Erwachsene hat gerade bei Grundschulkindern einen hohen Stellenwert.

Langfristig scheinen sich allerdings alle Konzepte bezüglich der Fähigkeiten der Schüler einander anzunähern. Der von vornherein von der Lehrermotivation unabhängige Schüler „holt auf“, verschafft sich seine Motivation und seine Impulse aus vielfältigen anderen Quellen (vor allem auch über die Mitschüler bzw. die Klasse). Zusätzlich aber wird die „Didaktik der sozialen Integration“ positivere Ergebnisse im sozialen Bereich bzw. bei der Inangriffnahme der eigenen Lebensgestaltung aufweisen (unbezahlbar!). Aber das sind – solange die Stichproben so klein (und jung) sind – zunächst erst einmal bloße Vermutungen. Um die andere Art bzw. Basis eines methodisch, inhaltlich und sozial geöffneten Unterrichts weiter zu veranschaulichen, sollen im Folgenden die wichtigsten „Rollenverschiebungen“, die sich aus der konsequenten Öffnung ergeben, exemplarisch beschrieben werden. Vielleicht kann durch diese Anregungen ja die Stichprobe langsam vergrößert werden …

4 Methodisch-didaktische Grundsätze des Offenen Unterrichts

Nach dem letzten Schuljahr hat sich Annikas Einstellung zur Schule irgendwie gewandelt. Jetzt geht sie schon so viele Jahre zur Schule, aber es kommt ihr dort immer langweiliger vor. Sie weiß, dass sie eine ganz tolle Lehrerin hat, die sich ja auch mit ihr und den anderen Kindern sehr viel Mühe gibt, aber genau genommen ist es wirklich jeden Tag dasselbe. Und seit sie nun in der Schule ganz regelmäßig benotete Tests und Arbeiten schreiben, sitzt Annika nachmittags viel länger an ihren Hausaufgaben. Es macht ihr einfach weniger Spaß als früher, und für das, was sie immer in ein paar Minuten fertig hatte, braucht sie jetzt fast den ganzen Nachmittag. Dabei kann sie die Sachen ja eigentlich. Aber all die langweiligen Blätter zum Rechnen und die Diktattexte zum Üben müssen halt gemacht werden.

Und auch die wenigen Wochenplan- und Freiarbeitsstunden in der Schule sind anders geworden. Früher hat sich die Lehrerin immer gefreut, wenn Annika sich selbst Aufgaben ausgedacht hatte, nachdem sie mit den Arbeiten ihres Wochenplans fertig war. Mittlerweile haben alle Kinder zum Rechenbuch und dem dazugehörigen Rechenheft noch extra Übungsblätter zum Einmaleins-Lernen und einen Hefter mit Textaufgaben bekommen. Wer jetzt mit seinem Wochenplan fertig ist, soll dann darin weiter machen oder sich eine von den Rechen-Karteien aus dem Freiarbeitsregal nehmen. Gestern hat sogar Marco gestöhnt: „Das kann ja keiner schaffen.“ Dabei ist Marco der schnellste Rechner der Klasse. Und beim Schreiben gibt es jetzt neben den Igelheften zum Diktatüben für jedes Kind noch einen Ordner mit Arbeitsblättern zur Rechtschreibung – und sogar gleich vier verschiedene Übungskarteien dazu im Regal. Überhaupt ist alles in der Klasse irgendwie anders geworden. Und obwohl es nun eigentlich viel ordentlicher als früher ist – alle sitzen ja jetzt die meiste Zeit still an ihrem Platz –, muss die Lehrerin viel mehr schreien, weil sich immer wieder Kinder zanken oder nicht arbeiten. Manchmal ist den ganzen Tag lang richtig „dicke Luft“. Das gab es so früher eigentlich nie.

Ihren Vortrag über die Menschen im alten Ägypten, den Annika damals nach dem Urlaub bei Christine direkt angefangen hatte, hat sie immer noch nicht weiter gemacht. Dabei hatte sie sich so viele Bücher aus der Bücherei besorgt und war sogar mit ihrer Tante in den letzten Ferien extra in eine Ägyptenausstellung gefahren. Sie hatte sich so schön ausgedacht, was sie die anderen Kinder nach ihrem Vortrag alles über die alten Ägypter hätte fragen können. Auch die Idee, die sie für die Gestaltung ihrer Vortragsplakate gehabt hatte, war klasse. Sie hatte angefangen, die Bilder so mit ihren eigenen Erklärungen zu versehen, dass die anderen Kinder auch noch nach dem Vortrag weiter hätten gucken können. Und in ihrem Stichwortvortrag hätte sie vor allem etwas dazu gemacht, wie die alten Ägypter damals geschrieben haben. Dazu hatte sie sich sogar eine eigene Buchstabentabelle mit ägyptischen Schriftzeichen aufgemalt.

Und fast zwei Wochen lang hatte sie damals daran gesessen, Aufgaben so auszurechnen, wie das die alten Ägypter mit ihren Zeichen damals wohl so ähnlich getan haben müssen. Sie hatte sogar ein Verfahren herausbekommen, mit dem sie ganz schnell „auf ägyptisch" rechnen konnte. Fast schneller als mit unseren Zahlen. Aber das hat sie jetzt eh alles vergessen. Auch die große Zeitleiste, die sie damals für ihren Vortrag aufgemalt hatte, damit die Kinder verstehen konnten, warum die Geburtsdaten der Pharaonen immer „umgedreht" waren, liegt immer noch halbfertig unter ihrem Tisch. Bei Tutenchamun hatte sie sogar mehrere verschiedene Geburts- und Sterbedaten gefunden.

Ein bisschen traurig ist Annika schon, wenn sie daran denkt, wie schön der Vortrag bestimmt geworden wäre. Aber jetzt hat sie eh keine Lust mehr, all das, was sie über die Sprache, die Mathematik und die ganze Kultur der alten Ägypter weiß, aufzuschreiben. Hauptsache, das nächste Diktat „Das kleine Eichhörnchen findet einen Freund" wird nicht wieder nur eine Drei.

Wer mit Kernideen und Reisetagebüchern arbeitet, vertraut auf die Attraktivität der Stoffe und die Eigentätigkeit der Lernenden. Das ist eine deutliche Abkehr vom Paradigma der Machbarkeit, das alle Erwartungen in die Lehrperson setzt und Unterricht im Geist des Maschinendenkens organisiert. Merkmale dieser mechanistischen Didaktik sind

- die Zerstückelung, Segmentierung und Normierung der Lehrstoffe bis zur Unkenntlichkeit und der daraus resultierende Stoffdruck,
- die Beherrschung des Unterrichts durch perfekte Unterrichtsmaterialien und makellose Reinhefte, die eine falsche Sicherheit vortäuschen und den Blick auf die Schlüsselstellen im persönlichen Lernprozess verstellen;
- die exhibitionistische Vorzeigementalität, die in Übungs- und Prüfungslektionen ihre Blüten treibt und Lernende zu Marionetten degradiert, die in der Hand ihres virtuosen Regisseurs perfekt funktionieren;
- die mechanistische Arbeitsteilung unter den Fächern, welche die Lehrkräfte zwingt, isolierte Wissenssegmente (Fachwissen) zu vermitteln, ohne sich um deren Zusammenwirken (Bildung) zu kümmern;
- die starre Zeiteinteilung des Stundenplans und die ermüdende Gleichförmigkeit des Klassenunterrichts, die passives Konsumieren oder Abschalten als Überlebensstrategie erfordern;
- die eindimensionale Leistungsbewertung, die sich nur an normierten Zielvorgaben orientiert und keinerlei Anreize schafft, Initiative zu entwickeln, Entscheidungen zu treffen, etwas zu riskieren, Verantwortung zu übernehmen, sich zu einem eigenständigen Mitglied einer Klassengemeinschaft zu entwickeln, Solidarität zu üben und seinen Beitrag zum Ganzen zu leisten.

Auch wenn man in einem solchen Unterricht sehr freundlich miteinander umgeht und sich in Rücksicht, Verständnis und Geduld übt, ändert das nichts an der Tatsache, dass die Beziehung Mensch-Stoff, um die es beim Lernen geht, nicht menschlich ist, sondern mechanistisch. Menschliches Wissen – in vielfältigen Lebenszusammenhängen gebraucht und weiterentwickelt – verkümmert in der genormten Lehrbuchsprache zum Stoff, und die Menschen im Unterricht – neugierig, wissbegierig und kreativ im persönlichen Gespräch – erstarren in der Lehrer- und Schülerrolle zu Subjekt und Objekt, zu Programmierer und Automat. Die Lehrperson hat ihre Pflicht erfüllt, wenn sie die Maschine erfolgreich startet (Motivation), die Eingabe optimal arrangiert (Präparation und Vermittlung des Wissens), das vorschriftsmäßige Funktionieren kontrolliert (Üben) und die Ausgabe korrekt überprüft und bewertet (Prüfungen). Wenn die Ausgabe trotz ausgedehnten Übens zu stark abweicht von der Eingabe, wird die Maschine als zu wenig leistungsfähig qualifiziert und auf weniger anspruchsvolle Arbeit umprogrammiert (Selektion). (Ruf / Gallin 1998b, 182f.)

Foto: Klaus Dombrowsky, Berlin (Zehnpfennig / Zehnpfennig 1995b, 9)

Wenn man Unterricht öffnen will oder – wie es Gallin und Ruf im obigen Zitat ausdrücken – „mechanistisches Lernen“ vermeiden will, stellt sich wieder die Frage, ob es dafür überhaupt ein *Konzept* geben darf? Ginge ein Konzept für Offenen Unterricht nicht genau wieder in die Richtung einer mechanistischen Didaktik, die man ja gerade vermeiden möchte? Macht den Offenen Unterricht nicht gerade die Tatsache aus, dass er eben nicht konkreten Handlungsanweisungen und didaktischen Theorien unterliegt, sondern im Unterricht das ganze verfügbare Repertoire an Methoden und Medien zum Wohle des Kindes eingesetzt werden kann, ohne auf irgendeine Konzeptvorschrift Rücksicht nehmen zu müssen?

Natürlich ist da etwas Wahres dran. Aber wenn die Lern- und Unterrichtsformen des offenen Unterrichts in Theorie und Praxis schon lange mit Freier Arbeit, Wochenplan- und Projektunterricht gleichgesetzt werden, so begegnet der „offene Unterricht“ den Lehrern in Aus- und Fortbildung als ein ziemlich konkretes Konzept. „Offener Unterricht“ ist dann eben nicht mehr der Sammelbegriff für viele innovative Schul- und Unterrichtsversuche, in denen Lehrer zusammen oder alleine versuchen, neue Wege des Lernens oder der Unterrichtsgestaltung zu gehen. Das Fatale ist dabei, dass es in Wirklichkeit eben kein praxiserprobtes, konstituierendes, theoriestimmiges Konzept gibt, sondern die verschiedenst motivierten Vorbilder und Umsetzungsformen zu einem Modus geführt haben, der primär durch eine (unreflektierte) Adaption der modernen Begriffe auf die alte Praxis geprägt ist. Zusätzlich werden die wenigen noch verbleibenden Freiräume in der Umsetzung immer mehr von den Lehrmittelverlagen als Absatzchance genutzt. Es gibt also schon längst das mechanistische Konzept offenen Unterrichts, das ähnlich geschlossen ist wie der traditionelle Frontalunterricht, der eigentlich aufgebrochen werden sollte – und zeitweise macht dieser „offene" Unterricht einen dann sogar mehr als sprachlos:

> Für mich ist, didaktisch gesehen, Freiarbeit vor allem ein Wechsel der Unterrichtsform, eine Abwechslung, ein Durchbrechen des Gewohnten mit allem Neuorientieren und Kräftefreisetzen, das dazugehört. Auf jede Periode mehr selbstbestimmter Arbeitsformen und Aktivität folgt Frontalunterricht, wenigstens zwei Wochen lang als wunderbares erleichterndes „UFF!" für mich. Und jedes Mal biete ich dann kräftiges Futter an, es wird „was durchgekaut", erarbeitet, verlangt. Die Kinder sitzen alle in einer Richtung, die Tische sind blank und leer (was sie bei den anderen Arbeitsformen eben nie sind), die Augen auf mich gerichtet, froh-erwartungsvoll, was nun wohl kommt, was *ich* mir habe einfallen lassen. Sie brauchen ja selber nichts zu tun. (Lemmer 19905, 70)

Dabei ist fragwürdig, ob die Freiheit der offenen Unterrichtsformen Lehrern und Schülern in der Praxis wirklich zugute kommt, denn oft genug wissen weder Lehrer noch Schüler, wozu genau die offenen Phasen der Freien Arbeit oder des Projektunterrichts nun eigentlich gut sein sollen. Viele Schüler, Lehrer (und Eltern) halten Freie Arbeit und Projektunterricht, ja sogar oft auch Stations-, Wochenplan- oder Werkstattarbeit nur für den „richtigen" Unterricht auflockernde Spielphasen. Das kann ihnen auch keiner verdenken, denn die Umsetzung ist ja wirklich oft genau das: Lernen wird als Spielen verkauft, als Unterhaltung und Beschäftigung. Dass ein echtes spielerisches Lernen, ein unterhaltendes und den Lernenden beschäftigendes Lernen aber eben nicht die motivational immer raffinierter werdenden bunten Verpackungen braucht, sondern die ernste, von innen motivierte Auseinandersetzung mit der Sache, wird vergessen bzw. tritt in den Hintergrund. So ist die Sache selbst irgendwann inmitten all des Arbeitsmittelkonsums gar nicht mehr zu erkennen; zu groß ist die Verlockung, immer spielend leicht zu lernen.

Wenn es denn nun aber schon solche heimlichen Konzepte offenen Unterrichts gibt, die den eigentlichen Zielen völlig gegenläufig erscheinen, so muss die Frage nach einem Grundkonzept Offenen Unterrichts nicht nur erlaubt sein, sie muss sogar ziemlich schnell beantwortet werden, um endlich Sinn oder Unsinn dieser Unterrichtsform überprüfen zu können. Nur dann, wenn die „hehren Ziele" des offenen Unterrichts wie Individualisierung, Situationsorientierung, Lebenswirklichkeitsbezug, Handlungsbefähigung, Erziehung zu Demokratie und Mitverantwortung usw. so in einem Gesamtkonzept verankert werden, dass eine unterschwellige Verletzung gar nicht mehr erfolgen kann, nur dann verlieren sie ihren Schlagwortcharakter und können auch als Begründung der Vorgehensweise im Unterricht herangezogen werden. Und das ist die Grundvoraussetzung dafür, dass endlich die diesen Prinzipien von Befürwortern und Gegnern unterstellten Effekte überprüft werden können. Dies sollte allen an der Diskussion Beteiligten wichtig sein. Sich noch länger mit einer in der Praxis gar nicht vorzufindenden Illusion auseinander zu setzen, macht wenig Sinn. Denn erstaunlicherweise wird der offene Unterricht zurzeit ja für Missstände in der Bildungslandschaft verantwortlich gemacht, für die er gar nichts kann, denn die untersuchten Stichproben enthalten ja gar keine Klassen, in denen konsequent „richtiger" Offener Unterricht praktiziert wird.

Wie kann nun aber ein Konzept Offenen Unterrichts entwickelt bzw. abgesichert werden? Welche Grundannahmen benötigt es? Und welche Rollenverschiebungen ergeben sich in der Praxis?

4.1 Die neue Rolle der Theorie – von der Vorschrift zur Absicherung

> Das Verhältnis von Theorie und Praxis wird vielfach falsch verstanden. Ein Mißverständnis ist, der Theorie einen höheren Stellenwert als der Praxis zuzuweisen und der Praxis Zielvorgaben aus der Theorie vorzusetzen. Dies führt dazu, daß tatsächlich gerade die theoretischen Zielvorgaben wenig Eingang in die Praxis finden und daß die Praxis, ohne daß dies theoretisch bewußt würde, ihrer eigenen Logik folgt. (Kaiser 1996, 236)

Diesem berechtigten Vorwurf kann man nur auf eine Art begegnen. Man muss ein Konzept in der Praxis entwickeln, um es dann – im ständigen Widerspiel mit dieser – in die entsprechende Theorie einzubetten. Ziel ist dabei, die Umsetzung des Konzeptes so in die richtigen Bahnen zu lenken, dass die Grundideen – und damit auch die entsprechenden Begründungen des Konzeptes – dem Leser immer klar vor Augen sind und bewusste oder unbewusste Abweichungen als solche erkennbar werden.

Um dies zu leisten, werden im Folgenden entsprechende Vorschläge für die Unterrichtsorganisation sowie Hilfen bzw. „Werkzeuge" für die einzelnen Fächer (im zweiten Band) vorgestellt. Sie sollen keinen Unterrichtsablauf vorschreiben, sondern möchten die zur Öffnung des Unterrichts notwendige Sicherheit bereitstellen: dem Schüler werden Impulse und Werkzeuge für die Auseinandersetzung mit bestimmten Inhalten zur Verfügung gestellt und dem Lehrer wird veranschaulicht, wie Kinder über Eigenproduktionen lernen – beides im Rückgriff auf die Vorgaben der Lehrpläne bzw. die ihnen innewohnenden Kernideen.

Entsprechend den oben beschriebenen Auffassungen bzw. Begründungen für Offenen Unterricht basiert das Konzept dabei auf mehreren Annahmen:

- Sachkompetenz als Ziel schulischer Bemühungen bedeutet kompetentes, (mit-)verantwortliches Handeln eines Einzelnen in einer Gemeinschaft, zu dem nicht eine möglichst große Anhäufung von Faktenwissen führt, sondern primär die Möglichkeit und Bereitschaft, Informationen und Methoden zu nutzen, um Probleme zu erkennen und zu lösen.

- Selbstkompetenz als Ziel schulischer Bemühungen bedeutet kompetentes, (mit-)verantwortliches Handeln eines Einzelnen in einer Gemeinschaft und entwickelt sich eher, wenn man eigenverantwortlich, natürlich, entdeckend und interessegeleitet auf seinem eigenen Weg lernt, als wenn man einem fremdverordneten und geordneten Lehrgang folgt. Das gilt auch – bzw. vor allem – für die in der Grundschule anvisierte „grundlegende Bildung“ einschließlich der Kulturtechniken.

- Sozialkompetenz als Ziel schulischer Bemühungen bedeutet kompetentes, (mit-)verantwortliches Handeln eines Einzelnen in einer Gemeinschaft, wobei sich eine entsprechende Mitmenschlichkeit und Verantwortlichkeit gegenüber dem gesamten Umfeld am ehesten entwickelt, wenn man sich und andere als eigenständige, sich möglichst selbst regulierende Individuen akzeptiert und durch demokratische Formen ein verantwortungsbewusstes und fürsorgliches Miteinander praktiziert.

Sollten sich diese Annahmen als nicht für eine größere Stichprobe tauglich erweisen – individuelle Abweichungen sind ja durchaus möglich –, so muss das Konzept als allgemein Umsetzbares in Frage gestellt werden. Dagegen sprechen allerdings bisherige Erprobungen bzw. Teilerprobungen, die aber noch nicht durch eine größere Stichprobe empirisch abgesichert werden können, weil es eben (noch) gar nicht viele Klassen gibt, die entsprechend offen arbeiten.

Ziel der folgenden Ausführungen ist es, die Voraussetzungen, die zur Umsetzung dieser Annahmen notwendig erscheinen, durch die Einforderung bestimmter unterrichtlicher Grundsätze bzw. durch die Veranschaulichung der Rollenverschiebungen abzusichern. Den äußeren Rahmen des Konzeptes bestimmen dabei die gesetzlichen Vorgaben, der innere Rahmen wird von Lehrern und Schülern situativ angepasst. Dabei stützen die Richtlinien und Lehrpläne das situative Vorgehen bzw. den Offenen Unterricht in hohem Maße. Sie sind in der Regel auf demselben pädagogisch-didaktischen Fundament gebaut, aus dem auch die genannten Annahmen zur Kompetenzentwicklung hervorgehen. Der Offene Unterricht scheint sogar in letzter Konsequenz die einzige Umsetzungsmöglichkeit darzustellen, die Aussagen und (hehren) Ziele der Richtlinien und Lehrpläne in der angestrebten Form erreichen zu können.

4.2 Die neue Rolle des Stoffs – von der „Norm“ zur „Lupe“

> Da stehe ich nun in meiner ersten Klasse. 24 grundverschiedene Kinder sind individuell zu fördern. Da ist D., der trotz seiner 8 Jahre und eines Jahres Schulkindergarten emotional auf der Stufe eines Vierjährigen steht. Da ist der hyperaktive B., der hochbegabt alles sofort fehlerfrei wiedergeben kann, was er einmal irgendwo gesehen oder gehört hat. Auch zwanzig Meter entfernt. Oder da ist M., die völlig verspielt und naiv wahrscheinlich noch lange nicht wissen wird, was Schule eigentlich ist. Oder K., der früher eingeschult wurde, weil sein Wissensdrang im Kindergarten nicht mehr gestillt werden konnte. Und daneben stehen G. und N., die als Asylanten aus Bosnien und Zaire mit ihren nicht deutsch sprechenden Familien auf knapp 20 qm in einer alten Fabrik wohnen. Sie alle sollen in dieser Klasse gemeinsam [...] lernen.
>
> Ein gemeinsamer Lehrgang im herkömmlichen Sinne fällt somit flach. Mir ist klar, dass ich gar nicht so differenziert unterrichten könnte, um Vorkenntnisse, Arbeitstempo, Wissensdrang und emotionale Entwicklung des Einzelnen ausreichend zu berücksichtigen. Ich würde so oder so an den Kindern vorbei unterrichten. Einen guten Teil würde ich völlig überfahren, den Rest schnell langweilen. Aber: sie wollen ja eigentlich alle lernen. Gerne sogar. Aber etwas Neues, etwas Spannendes. Etwas, was sie nicht schon wissen. Und etwas, womit sie etwas anfangen können. (Peschel 1997 d, 10)

Mit der unten noch näher ausgeführten neuen Lehrer- und Schülerrolle ändert sich im Offenen Unterricht auch die Rolle des Stoffs bzw. der Blick auf den Stoffplan. Es gibt nicht mehr die Vorschrift für das einzelne Schuljahr, genauso wenig wie die durch ein Schulbuch verordnete Vorgabe für einen Schultag. Ausgangspunkt der Betrachtung des Stoffs ist nun der Schüler.

4.2.1 Individuelle und umfassende Sicht auf Person, Lernentwicklung und Lernziele

Dabei muss sich der Blick des Lehrers erweitern. Genauso wie für den Schüler die einzelnen Bereiche des Lernens nicht trennbar sind – jedes Lernen umfasst neben dem reinen Aneignen von Stoff oder Techniken auch soziales und nichtschulisches Lernen – genauso muss auch der Lehrer immer diese Ganzheitlichkeit sehen. Die verschiedenen Bereiche des individuellen Lernens hängen in hohem Maße voneinander ab. So können z. B. kurzzeitige oder langwierige psychische oder soziale Probleme jeglichen Lernfortschritt eines Kindes behindern. Hat das Kind keine Möglichkeit, keine Zeit diese anzugehen und zumindest teilweise aufzuarbeiten, kann sein Lernen bzw. seine Lernentwicklung in hohem Maße beeinträchtigt werden – oder es bedarf eines sehr großen individuellen Förderaufwandes, der durch Einzelbeschäftigung und Einzelmotivation ein Stück weit die vorhandenen psychischen Ursachen „umschifft". Eine mühsame Lösung, die ohne eine Aufarbeitung der eigentlichen Probleme wahrscheinlich nur selten zu einer dauerhaften Änderung bzw. einem anhaltenden Erfolg führen wird.

Ähnlich sieht es auch mit der kognitiven Entwicklung an sich aus. Wenn ein Kind schon ein bestimmtes Wissen in einem Bereich hat, sollte es direkt darauf aufbauen können und auf seinem Niveau weiterlernen dürfen. Der übliche, durch die Lehrgänge der Schulbücher vorgegebene Stoffplan stellt im Allgemeinen eine Unterforderung dar, da er ja in der Regel zwangsläufig immer bei Null anfangen muss und so per se die schon vorhandenen Fähigkeiten und Fertigkeiten der Kinder ignoriert. Aber auch Lehrer orientieren sich in ihrem Anspruch in der Regel an so etwas wie dem unteren Durchschnittsniveau der Klasse. Nicht nur, dass auf diese Weise besondere Begabungen von Kindern nicht berücksichtigt werden, nein, es sind sogar die meisten Kinder einer Klasse, die so in ihrem Lernen unter ihren Fähigkeiten gehalten werden. Und die „schwachen" Kinder, die einfach noch nicht so weit sind, werden unproduktiv überfordert. An ihnen geht auch der bei Null anfangende Lehrgang meist völlig vorbei, weil ihr Problem weniger mit dem Durchschauen des Stoffes zu tun hat, sondern mit der ihnen fehlenden Sinnhaftigkeit. Sie verstehen nicht, warum sie gerade jetzt diesen Inhalt lernen sollen. Die Sache ist noch nicht wirklich zu „ihrer" Sache geworden.

Im Gegensatz zu dieser negativen Art der Überforderung stellt der Lernraum des Offenen Unterrichts für alle Kinder eine produktive Überforderung, eine selbstbestimmte Herausforderung dar. Solche „'Überforderungen' sind dabei zu rechtfertigen, wenn man in einer Atmosphäre des gegenseitigen Vertrauens ohne

Druck und Zwang arbeitet, den 'zu früh aufgegriffenen' Stoff nicht als schon zu beherrschenden darstellt und eine gleichsam experimentelle, neugierige Lernhaltung einnimmt." (Reichen 1991, 116) Verzichtet man unter dieser Maßgabe auf die enge Orientierung am Lehrgang bzw. am Klassen-Stoffplan, so kann jedes Kind gemäß seiner Vorkenntnisse und Möglichkeiten lernen – mit einer hohen Wahrscheinlichkeit, dass fast alle Kinder dem eigentlichen Stoffplan vorauseilen, anstatt ihm hinterherzuhinken.

Es geht also darum, ein Konzept zu verfolgen, in dem das einzelne Kind möglichst gut lernen kann. Das heißt, es kommt in die Schule und erwirbt dort zwangsläufig immer mehr Kenntnisse und Fähigkeiten aller Art, sei es im Bezug auf sein Verhalten in der Gruppe, sei es im Bereich der Fächer, sei es im Hinblick auf den großen Bereich, der eben nicht so einfach schulisch kategorisierbar ist. Die Betrachtung des gelernten Schulstoffs erfolgt entsprechend nicht mehr wie im herkömmlichen Unterricht durch den engen Fokus der Stoffvorgaben, sondern umfassender „durch das Kind". Vorrangiges Ziel ist daher nicht die „Vermittlung" bestimmter Inhalte, sondern Ausgangsbasis ist ein Lernraum, in dem das Kind möglichst auf einem Weg und in einem Umfang lernen kann, der für es selbst am aussichtsreichsten ist.

4.2.2 Verzicht auf Lehrplannormen und Lehrplandeckelung

Dabei können die individuellen Lernziele von Kind zu Kind ganz unterschiedlich sein: von der Wissensaneignung über Integrationsversuche in die Gruppe bis hin zum Ausleben bzw. Bearbeiten der eigenen „Macken". Hat das Kind auf diese Art immer möglichst optimale Lernvoraussetzungen gehabt, dann erst können die Lehrplanvorgaben als Orientierung für den kleinen Teilbereich der Wissensaneignung dienen. Man kann mit ihrer Hilfe den Lernstand des Kindes in Bezug zu einer Norm setzen und feststellen, an welcher Stelle der Lernentwicklung das Kind in einem Fach steht (siehe auch Kapitel 4.7). Darüber hinaus darf man aber die vielfältigen anderen Lernentwicklungen nicht vergessen. Die Erfüllung des Lehrplans spiegelt immer nur einen verschwindend kleinen Teilbereich des Lernerfolgs wieder – allerdings zugegebenermaßen einen juristisch bzw. für die Selektionsfunktion der Schule bedeutsamen. Entsprechend darf in unserem Falle die im Lehrplan vorgegebene Schuljahrseinteilung wirklich nur eben diese juristische Orientierung widerspiegeln, wenn es um die rechtmäßige Formulierung im Zeugnis geht bzw. wenn evtl. über Vor- oder Rückversetzungen entschieden werden muss. Ansonsten gilt nicht der Lehrplan als Stoffplan für das einzelne Kind, sondern das möglichst gutes Fortschreiten des Lernenden stellt den Plan dar. Das Kind selbst ist der Maßstab, an dem gemessen werden muss; das Kind ist das einzige Maß, das etwas über die nächsten Schritte aussagen kann.

Durch diese ganzheitliche Sichtweise des Stoffs ergibt sich von selbst die Notwendigkeit einiger weniger Grundideen, die die Lehrplaninhalte auf das wirklich notwendige Minimum reduziert widerspiegeln. Stoffdruck ergibt sich nur aus der Sicht des Lehrenden, wenn dieser die Grundideen nicht erkennt und glaubt, statt weniger Kernideen nun Hunderte Buch- und Übungsseiten pro Schuljahr und Fach durchnehmen zu müssen. Dass es im Offenen Unterricht nicht bei einem Minimum an Stoff bleibt, liegt auf der Hand. Dafür sind sowohl diese Grundideen zu gehaltvoll als auch die Arbeitsvorhaben der Kinder zu reichhaltig, tiefgehend und ausstrahlend. Es geht zwar darum, den unsinnigen Ballast der Schulbücher über Bord zu werfen, aber nicht auf Kosten des letztendlich zu erwerbenden Wissens, sondern zu dessen Vorteil. Qualität statt Quantität, Verstehen statt Auswendiglernen.

Die Grundideen werden – je reduzierter sie dargestellt werden – natürlich immer banaler klingen. Auch die Verknüpfung mit der unterrichtlichen Grundkonzeption wird einfache methodische Konzepte zur Folge haben, die im Idealfall alle einander ähneln, denn sie sind trotz ihrer Zurechnung zu einer Fachdidaktik im Grunde allgemeindidaktischen Ursprungs. Lernen ist kein fachspezifischer, sondern ein überfachlicher Vorgang. Nur die bei der Umsetzung als Hilfe dienenden Werkzeuge werden fachspezifisch geprägt sein, aber auch hier ist m. E. eine gewisse Ähnlichkeit auf Grund der gleichen Prinzipien bzw. Ziele auszumachen.

Wie schon oben beschrieben, wird es innerhalb des hier ausgeführten Konzeptes auf die folgenden allgemein- und fachdidaktischen Komponenten hinauslaufen, die im zweiten Band noch weiter konkretisiert werden:

- eine Zusammenstellung der grundlegenden Anforderungen der Fächer als Minimalkonsens bezüglich der in der Schulzeit auf jeden Fall abzudeckenden Inhalte;
- eine Palette von Werkzeugen, die diesbezüglich Schülern und vor allem Lehrern ein offenes Arbeiten auf individuellen Wegen (also ohne impliziten Lehrgang durch Lehrer oder Material) ermöglichen und sie stützen;
- und eine Sammlung von Impulsen, die den Schüler zur Auseinandersetzung mit der Sache herausfordern können, und dem Lehrer beispielhaft seine neue Rolle als Impulsgeber und Lernbegleiter aufzeigen.

4.3 Die neue Rolle der Sozialerziehung – von der Harmonisierung zur Selbstregierung

Zu Beginn der 2. Stunde bittet Frau A. die Kinder, leise zu sein. Es dauert fünf Minuten, bis eine Flüsterlautstärke erreicht ist. Als es alle geschafft haben, ruft M. „Kikeriki“. Sofort fallen G. und P. ein. Frau A. schreit sie voller Verzweiflung an. Mir scheint, als hätten die Kinder einen Machtkampf gewonnen. [...]

Nachdem es wieder ruhig geworden ist, bittet Frau A. die Kinder, die mitarbeiten wollen, mit ihren Stühlen in der Klasse einen Kreis zu bilden. Sie stellt folgende Fragen: ... Einige Kinder beteiligen sich überhaupt nicht und stören. Frau A. schlägt ihnen vor, sich außerhalb des Kreises einen Platz zu suchen und sich mit einem Spiel oder einem Buch zu beschäftigen. Von diesem Vorschlag begeistert, verschwinden gleich fünfzehn Kinder. Dadurch wird es noch lauter, fast chaotisch. Deprimiert bricht Frau A. das Gespräch ab und schickt die Kinder auf ihre Plätze zurück. (Boettcher u.a. 1982, 112f.)

Welcher Lehrer hat Erlebnisse wie diese nicht auch schon durchgemacht? Da gibt man sich die größte Mühe, all die schülerorientierten Methoden und Elemente in den Unterricht einfließen zu lassen, ist stolz, dass man den Kindern einen langweiligen Frontalunterricht – den man ja auch machen könnte – erspart, und dann ... dann würdigen die undankbaren Kinder diese Mühe in keiner Weise, sondern ersticken sie schon so im Keim, dass einem nichts anderes mehr übrig bleibt, als auf die alten Disziplinierungsmaßnahmen zurückzugreifen – wenn die denn nach der vorausgegangenen „Niederlage" überhaupt noch greifen. „Offener Unterricht" funktioniert halt nicht. Vielleicht bei reiferen Kindern, die die Gewährung der Offenheit zu schätzen wissen ...

4.3.1 Ehrliche und umfassende Mitbestimmung

Betrachtet man einmal die obigen Situationen aus den Augen des einzelnen Kindes, so ist schnell verständlich, warum diese Art der Mitbestimmung von den Kindern nicht konstruktiv genutzt wird: sie ist nicht ehrlich gemeint. Zumindest nicht im Sinne einer ehrlichen Duldung von Mit- oder Selbstbestimmung des Einzelnen. Vielmehr erscheinen die „schülerorientierten" Methoden hier als im Grunde inhaltsleere Elemente eines lehrerzentrierten Unterrichts. Die in den beiden Situationen beschriebenen Vorgehensweisen sind zwar als solche nicht verkehrt – zu warten, bis alle Kinder ruhig sind, oder Kindern zu gestatten, dass sie nicht am Kreis teilnehmen müssen –, aber es erfolgt im beschriebenen Beispiel keine echte Delegation der Verantwortung für das Klassengeschehen an die Kinder: z.B. entzieht die Lehrerin den Kindern durch ihr Eingreifen die Möglichkeit, ihr Recht auf Unterricht oder Arbeitsruhe selbst einzuklagen. Dabei werden die Kinder ihren diesbezüglichen Anspruch wahrscheinlich umso eher einfordern, je eher sie ihr Lernen auch in anderen Dimensionen als selbstbestimmt und für sich selbst sinnvoll erleben.

Versteht sich Schule als ein „Haus des Lernens", bei dem Lernen nicht mehr nur beschränkt wird auf bestimmte Stoffinhalte bzw. Aufgabenschwerpunkte, sondern neben Handlungsbefähigung und Problemlösekompetenz auch soziales Lernen und Persönlichkeitsbildung einschließt, können auf Selbst- oder Mitbestimmung des Schülers zielende Elemente nicht stundenweise einfach an- und abgeschaltet oder problemlos in andere, eher fremdbestimmte Strukturen eingebaut werden. Öffnet man ein ansonsten geschlossenes System, so werden die offenen Phasen von den Beteiligten verständlicherweise zunächst dazu genutzt, andere Missstände oder aufgestaute Empfindungen zu kompensieren. Vor allem der Versuch, Selbstbestimmung nur bei einzelnen Lehrern und in einzelnen Stunden zu gewähren, erscheint als von vornherein zum Scheitern verurteilt. Die selbstbestimmten Stunden werden voraussichtlich erst einmal als kompensatorischer Ausgleich zu den sonst üblichen fremdbestimmten Stunden verwendet werden – und Lehrer und Schüler können dann u. U. schnell in ein Kräftemessen geraten, das im Frontalunterricht auf Grund des (genau deswegen von vornherein angestrebten) Machtgefälles gar nicht möglich wäre bzw. möglich ist.

Ein solcher Machtkampf kann im Offenen Unterricht so gar nicht stattfinden, denn eine wirkliche Öffnung des Unterrichts in Richtung Selbst- bzw. Mitbestimmung der Schüler erzeugt eine ganz andere Beziehung der Beteiligten untereinander. Es gibt nicht mehr so etwas wie eine dem Lehrer bzw. der Schule entgegengesetzte Gruppensolidarität der Schüler, sondern es entwickelt sich ein komplexes, 25 bis 30 Menschen umfassendes Beziehungsgefüge, in das der Lehrer vorrangig als Person und nicht als Rolleninhaber eingeschlossen ist. Aber auch beim Lehrer ergibt sich zwangsläufig eine andere Sichtweise auf die Klasse. Sie wird von ihm nicht mehr nur als eine mehr oder weniger homogene Masse empfunden, die richtig oder falsch auf seine Impulse reagiert, „schwer" oder „leicht" zu unterrichten ist, sondern er nimmt die einzelnen Beteiligten viel stärker wahr, als es ihm sonst überhaupt möglich ist. Und zwar nicht nur differenzierter, das heißt als Nuancen innerhalb der Klasse, sondern individualisierter: wirklich als einzelne, unverwechselbare Personen.

4.3.2 Individualisierung als Voraussetzung für echte Gemeinschaft

In diesem Zusammenhang ist ganz wichtig, die Forderung nach Individualisierung im Offenen Unterricht nicht negativ als anti-sozial oder egoistisch zu konnotieren (wie es leider viele Lehrer auf Grund eines naiven und harmonisierenden Gemeinschaftsbegriffes machen), sondern sie als Voraussetzung für möglichst gewinnbringendes Lernen in der und für die Gemeinschaft zu erkennen. Und zwar sowohl kognitiv als auch sozial. Im Gegensatz z. B. zu Peter Petersen, der die (harmonisierende) Gemeinschaftserziehung unter einem „Führer" als vorrangiges Mittel ansah, individuelle und soziale Persönlichkeit zu entwickeln, denke ich, dass gerade die Individualisierung Voraussetzung für den Aufbau einer echten Sozialkompetenz darstellt. Nur wem die eigene Person und das eigene Lernen transparent sind, der kann die Individualität und die Bedürfnisse des anderen in ihrer ganzen Differenziertheit und Komplexität erfassen und sich in ihn hineinversetzen. Genauso wie der Sinn des Wissenserwerbs dem Lernenden einsichtig sein muss, damit er effektiv lernen kann, genauso muss ihm die Notwendigkeit sozialer Regeln als Vereinbarung von Individuen einleuchten. Der Zwang, solche Regeln zu finden, ergibt sich dabei durch den Wegfall ihrer Vorgabe: die Klasse ist nun einmal zwangsläufig ein sozialer Raum, in dem sich Menschen begegnen und miteinander leben (müssen). Die unhinterfragte Akzeptanz etwaiger Vorgaben von außen kann dabei aber zu keiner wirklichen „Identifikation", keiner kritischen Überprüfung an eigenen Maßstäben führen. Dies stellt aber erst die Basis für kompetente und verantwortliche Entscheidungen dar.

Wie schon oben im Zusammenhang mit den Ausführungen zur „Didaktik der sozialen Integration" ausführlicher beschrieben, fordert unser Konzept Offenen Unterrichts nicht nur das gegenseitige Akzeptieren der Individualität der verschiedenen in der Klasse miteinander umgehenden Menschen, sondern möchte diese auch weitmöglichst bewahren. Das heißt, der Lehrer führt die Schüler nicht mittels einer trickreichen Sozialerziehung zu einem vorher festgesteckten Ziel einer „gut funktionierenden Gemeinschaft", sondern er begibt sich mit dreißig Individuen auf einen unbekannten Weg, zu dem alle Beteiligten positive und negative Komponenten beisteuern. Weder die Lernwege der gesamten Klasse noch die des Einzelnen sind vorhersehbar und sie müssen eben so akzeptiert werden, wie sie sich entwickeln. Gerade aber dadurch ergeben sich unzählige produktive Momente der Sozialerziehung, bei denen sich auch die „sozial schwierigeren" Schüler angenommen und nicht abgestempelt oder bevormundet fühlen.

Demokratische Entscheidungen werden auf diese Weise viel eher akzeptiert werden als bei einer Sozialerziehung, bei der das Ergebnis von vornherein als Erwartung feststeht. Schulklassen bieten dabei – im Gegensatz zu größeren Einheiten – die Chance, wirklich so etwas wie eine Basisdemokratie umzusetzen bzw. zu erproben. Die Klasse kann eine Gemeinschaftsform bilden, in der es nicht nur um das Stimmrecht des Einzelnen geht, sondern um das Suchen nach der besten Lösung für alle. Da, wo jeder jeden gut kennt, vermag er seine Entscheidungen viel differenzierter und reflektierter zu fällen, als in einer anonymen Gemeinschaft, in der demokratisch oder sogar als Konsens gefällte Beschlüsse oft genug der sozialen oder mitmenschlichen Komponente entbehren.

Dabei bilden soziales und inhaltliches Lernen eine untrennbare Einheit. Die Sozialerziehung wird zum Motor des Schullebens und dadurch auch zum Motor des „Stofflernens". Der ständige gegenseitige Austausch, die Selbstverständlichkeit der Begabungs- und Verhaltensunterschiede, der ganz selbstverständliche Einbezug des vielfältigen Schülerwissens, die unterschiedliche Herangehensweise und Auseinandersetzung der Beteiligten, all das geschieht nicht mehr vorgeplant und durchstrukturiert, sondern auf natürliche Art, eben dann, wenn der Bedarf da ist bzw. die Situation es erfordert. Einen solchen didaktischen Reichtum kann kein lehrergelenktes Konzept bieten. Wir müssen dringend wegkommen von einer Sozialerziehung mit einem nicht-sachbezogenen Wärme- und Harmoniestreben und sollten der sozialen Dimension in den organisierten Lehr-Lern-Prozessen mehr Aufmerksamkeit schenken, sie für die *Sache* selbst nutzen, wie es Bauersfeld (vgl. 1999) ausdrückt.

4.4 Die neue Schülerrolle – vom Aberledigen zum Erfinden

> Aus der Optik der Schüler stellt sich die Situation so dar: In den Anfängen ihrer Schulzeit fühlen sie sich als Person angesprochen. [...] Sie verfolgen den Unterricht gespannt und wollen überall noch etwas Eigenes beitragen. Zehn, zwanzig erhobene Hände strecken sich dem Lehrer entgegen, versuchen geräuschvoll seine Aufmerksamkeit auf sich zu ziehen, zeugen von einer aktiven Lernbereitschaft. Jeder weiss etwas anzumerken, kann auf ein passendes oder unpassendes Erlebnis verweisen, hat eine Idee, wie man das gestellte Problem anpacken und lösen könnte. Der Lehrer steht vor der Klasse und bemüht sich verzweifelt, jeden Schüler wenigstens einmal pro Lektion dranzunehmen. Doch mit diesem Problem braucht er sich nicht lange herumzuschlagen: Je höher der Stoffberg sich türmt, desto mehr verstummen die Schüler. Ihre persönlichen Beiträge, das merken sie bald, haben ohnehin keinen Einfluss auf den Gang der Dinge. Das Individuelle, Private, Singuläre ist kein bestimmender Faktor im Lernprogramm. Ob ihm viel oder wenig Platz eingeräumt wird im Unterricht, ändert nichts daran, dass Schülerbeiträge in Wirklichkeit entbehrliches Beiwerk sind. (Gallin / Ruf 1990, 25)

Das selbstgesteuerte Lernen im Offenen Unterricht, das oft mit dem Hinweis auf die Überforderung der Kinder auf Grund der fehlenden Lehrgangshilfen abgelehnt wird, paradoxerweise aber zumeist im selben Atemzug geringschätzend als ein *„die können machen, was sie wollen"* deklassiert wird, kommt den Kindern durch seine Transparenz und Ehrlichkeit in vielen Bereichen sehr entgegen – aber es stellt wiederum auch sehr hohe Ansprüche an sie, denn *„sie müssen ja auch wollen, was sie machen"* (vgl. Pitzschel 1986, 221). Es gibt nur wenige Menschen, die ihre Zeit freiwillig dazu nutzen, sich intensiv und unermüdlich mit Sachen auseinander zu setzen, immer wieder den nächsten Schritt zu gehen bzw. gehen zu wollen, in unerschlossene Gebiete vorzustoßen. Die meisten passen sich schnell dem Prinzip der Vorgaben an und überlassen ihr Leben oft genug dem üblichen Gang von Schulpflicht über Ausbildung zur Berufstätigkeit – ohne wirklich entscheidend einzugreifen. Durch die Selbstbestimmung über ihr Leben und Lernen im Offenen Unterricht lernen Kinder hingegen vom ersten Schultag an, ihr Leben relativ selbstverantwortlich in die Hand zu nehmen und sich ganz bewusst für oder gegen Sachen zu entscheiden. Dabei lernen sie vor allem auch sich selber, ihre Stärken und Schwächen, ihre Ziele und Vorstellungen kennen – und zwar reflektiert im Wechselspiel mit denen der anderen Kinder.

4.4.1 Eigener Lernweg, eigene Fehler und eigene Zeit

> Wenn Kinder in die Schule kommen, ist es wichtig, dass sie in ihrer Individualität angenommen werden und Möglichkeiten erhalten, ihren eigenen Lerntyp zu entdecken (vgl. Vester 1978), einen eigenen Lernstil aufbauen und nach eigenem Lerntempo arbeiten können. Nur so kann eine stabile, positive Lernhaltung aufgebaut werden, die über die Schulzeit hinaus wirksam bleiben kann. (Knauf 2001, 32)

Viele Lern- und Disziplinschwierigkeiten herkömmlichen Unterrichts tauchen im Offenen Unterricht gar nicht erst auf. Dadurch, dass das Kind sein Thema nach eigenem Interesse aussuchen und selbstreguliert bearbeiten kann, erfolgt eine individuelle Differenzierung durch das Kind selbst. Der Einzelne kann den Lernstoff dabei so angehen, wie es seiner Art zu lernen, seinem derzeitigen Fähigkeitsstand und seinem Lerntyp entspricht. Lernen ist die Vernetzung von etwas Neuem mit schon bestehendem Wissen. Dabei hat der Lernende meistens schon irgendeine Theorie über den Lernstoff, die der Lehrer gar nicht kennen kann. Entsprechend kann nur der Lernende selbst die Vernetzung so vornehmen, dass der neue Lernstoff nicht isoliert und damit unbrauchbar bleibt.

Vor allem aber kann das Kind erst durch die Möglichkeit, konsequent den eigenen Weg gehen zu dürfen, aus seinen selbst produzierten Fehlern lernen. Aus Fehlern, die es selbst nachvollziehen kann – und die deshalb keine „Fehler“, sondern „Hilfen“ sind. Eine Fremdkorrektur durch Lehrer oder Material bezieht sich hingegen meist nicht auf den individuellen Lernweg des Kindes, sondern auf den zu Grunde liegenden Lehrgang. Hier können dann „echte“ Fehler auftauchen. Fehler, die das Kind weder versteht noch einordnen kann. Fehler, die es aus Unverständnis der Sache macht und die ihm eben nicht beim Weiterlernen helfen, sondern ihm eher immer wieder seine eigene Unzulänglichkeit vor Augen führen. Geht das Kind aber seinen eigenen Lernweg, so endet sein Lernvorgang nicht mit der Fremdkorrektur der Arbeit durch Lehrer oder Material, sondern erst nach dem wirklichen Verstehen der Lösung der selbst gesetzten Lernanforderung. Aus der Fremdkontrolle wird eine Eigenkontrolle.

Wichtig ist, dass die Kinder beim Lernen weitmöglich ihrer Eigenzeit folgen können und nicht hilflos der Tempovorgabe oder der Zeiteinteilung des Lehrers ausgeliefert sind. Beim Lernen wechseln Phasen hoher Konzentration und engagierter Auseinandersetzung mit ausgleichenden Entspannungsphasen. Die Ermüdung ist dabei dann am größten, wenn man fremden Vorgaben folgen und zeitgleich dazu Verbindungen zu vorhandenem Wissen herstellen muss. Eine solche Belastung ist immer nur kurzzeitig möglich, weshalb Unterricht üblicherweise einen Wechsel von Spannungs- und Entspannungsphasen anstrebt – was allerdings in der Regel nicht viel hilft, denn nun sind beide Phasen vorgegeben und passen mit ziemlicher Sicherheit nicht zu den individuellen Spannungs- und Entspannungsphasen des Lernenden. Zusätzlich implizieren gerade diese Auflockerungsphasen immer wieder aufs Neue, wie ungeliebt und anstrengend Lernen scheinbar ist: man freut sich beim Lernen nicht am Lernen, sondern man wartet auf die nächsten Auflockerungen und Pausen. Verkehrte Welt.

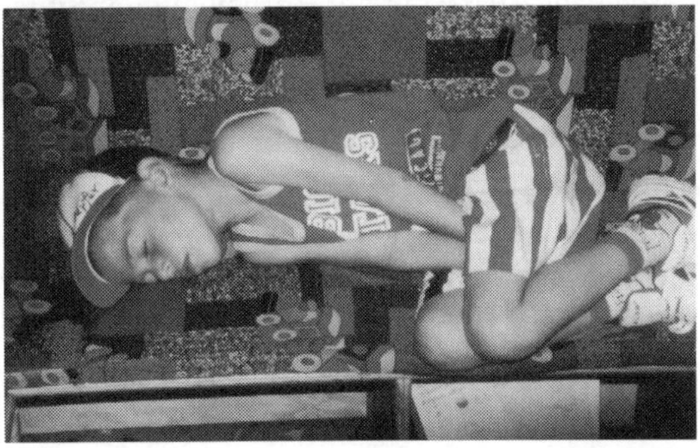

Dabei gibt es eine ganz einfache Methode, dieser Unstimmigkeit zu begegnen: Räumt man dem Lernenden seine Eigenzeit ein, so ist festzustellen, dass er nicht nur Spannungs- und Entspannungsphasen selber am besten arrangieren kann, sondern vor allem auch, dass die Konzentrationsphasen wesentlich länger werden, da selbstgesteuertes Lernen bedeutend weniger ermüdend ist als fremdgesteuertes Lernen. Dabei darf man nicht vergessen, dass die Eigenzeit der Kinder bzw. ihr Lernrhythmus so unterschiedlich ist, dass es nicht nur um kurzzeitige Entspannungsphasen geht, sondern auch um Tages- bzw. sogar Wochen- oder Monatsrhythmen. Diese lassen sich durch noch so große Differenzierung des Unterrichts nicht auffangen. Viel sinnvoller erscheint es deshalb, die Variation von Spannung und Entspannung den Schülern zu überlassen. So können sie längere Anlaufphasen, schlechte Tage oder mehrwöchige Durchhänger selber kompensieren, indem sie diese in einen größeren Zeitraum einbetten.

In diesem Zusammenhang zeigt sich in der Praxis ein wichtiges Phänomen: eine scheinbare Verlangsamung des Lernens durch das mühselige Finden des eigenen Weges bei der Erstbegegnung mit einem Gebiet führt im Allgemeinen später zu einer „Verschnellung" beim Vordringen in andere Bereiche. Dadurch wird das zeitlich unlineare Vorgehen mittels Selbststeuerung unter dem Strich viel effektiver als das lineare Vorgehen des Lehrgangs. Auch erweisen sich scheinbare Umwege auf dem Weg zum Ziel selten als solche: „Wir vermuten sogar, dass die Lernenden sich selten weit von der Ideallinie des kürzesten Weges entfernen, den zu beschreiten sie überhaupt in der Lage sind." (Gallin / Ruf 1990, 45)

4.4.2 Eigene Ziele, eigene Leistungen und eigene Leistungsbewertung

Entsprechend muss der Lehrer nicht nur diese individuellen Phasen und Rhythmen zulassen, sondern auch die Entwicklung des Kindes in einem größeren Zusammenhang sehen. Dies ist vor allem bei Kindern wichtig, die mit dem selbstständigen Lernen noch Probleme haben und erst einmal eigene Ziele in einer druckfreien Umgebung entwickeln müssen. Der Offene Unterricht kann nur dann funktionieren, wenn die den Schülern abverlangte Selbstverantwortung ehrlich gemeint ist, und *ihr* eigenes Lernen zu *ihrem* eigenen Ziel wird.

Vertrauen in die Ernstgemeintheit der Offenheit wird dabei – gerade bei „erziehungsschwierigen" Kindern bzw. Kindern mit negativen Schulerfahrungen – u. U. erst einmal durch ein Überprüfen bzw. Austesten der Ehrlichkeit der Situation gewonnen. Da massive Disziplinierung in der Regel keine positive Änderung bewirkt (Druck erzeugt Gegendruck), sollte dieses Testen der Freiheit ruhig zugelassen werden, solange es von der Klasse als individuell notwendig erachtet wird und von allen Kindern gemeinsam aufgefangen werden kann (z. B. durch Toleranz oder auch Ignoranz). Dann wird über kurz oder lang das interessante Tun der anderen im Zusammenhang mit der sich aus dem eigenen Nichtstun ergebenden Langeweile zum Setzen eigener Ziele führen. Und dann haben sowohl das Kind als auch der Lehrer langfristig gewonnen.

Wie aus dieser Schilderung ersichtlich wird, geht es im Offenen Unterricht in keiner Weise um ein anstrengungsvermeidendes Lernen nach dem Motto einer „Spaßpädagogik" (Kraus 1998). Ganz im Gegenteil, die Anforderungen unseres Konzeptes Offenen Unterrichts an die Kinder sind enorm. Sie müssen sich jeden Tag neu für das Lernen entscheiden, Inhalte und Austausch suchen, Probleme angehen, Sachen dokumentieren, die eigene Leistung hinterfragen. Wie schon gesagt, ein Anspruch, den nicht viele Menschen an sich selbst stellen. Material zum einfachen Beschäftigen, zum Verdrängen von Langeweile ist nicht vorhanden, es gibt keinen einfachen „Arbeitsmittelkonsum". Wie auch das (eigentlich) zur Suchtprävention entwickelte Konzept „Spielzeugfreier Kindergarten" (Schubert / Strick 1994; Winner1996) zeigt, werden durch den Verzicht auf die üblichen Beschäftigungsmittel bei den Kindern hohe Kompetenzen sowohl im kognitiven Bereich als auch im zwischenmenschlichen Bereich ausgebildet. Die wenigen zum Lernen notwendigen Werkzeuge müssen durch selbstständige Materialbeschaffung oder eigene Kreativität ergänzt und auf die vorhandenen Bedürfnisse des Einzelnen bzw. die Interessen anderer abgestimmt werden. Dabei schult ein solches Lernen automatisch sowohl die eigene Frustrationstoleranz als auch den Umgang mit Leistungsdruck – und zwar auf eine selbstregulierte Weise, die auf dem ständigen Widerspiel zwischen dem eigenen Anspruch und den Tätigkeiten der Gruppe basiert. Dies ist wahrscheinlich mit Abstand die beste Form einer individualisierten Leistungserziehung im Sinne einer reflektierten (von Eltern oft so massiv eingeforderten) Vorbereitung auf unsere Leistungsgesellschaft.

Die selbst gesteckten Ziele beruhen dann entweder auf eigener Neugier oder auf dem Wunsch, es anderen nachzumachen. Beides erzeugt eine Motivation, wie sie nur schwer von außen aufzubauen wäre. Probleme und Fragen werden zu Anker- und Austauschpunkten – und nicht etwa zu „Defiziten", die es zu vermeiden oder zu vertuschen gilt. Kognitive Konflikte werden zum Kommunikationsanlass: das gegenseitige Erklären, das gemeinsame Besprechen, das individuelle Überlegen, all das ist Sprungbrett zu höheren Erkenntnissen. „Fehler" werden vom Mangel zur Herausforderung. Die Beurteilung der eigenen Leistung erfolgt auf diese Art zunächst durch das einzelne Kind, und zwar als ständige begleitende Reflexion im Lernprozess selbst.

Entsprechend unterliegt auch das Arbeitsprodukt nicht vorrangig der Fremdbeurteilung, sondern in erster Linie – auch durch die Freiwilligkeit seiner Erstellung – der eigenen Leistungsbewertung. Der Schüler selbst entscheidet letztendlich, ob er sein Produkt einzelnen Schülern, dem Lehrer oder der ganzen Klasse öffentlich macht oder ob er dies nicht für notwendig hält. So steuert er selbst die Entwicklung vom eigenen subjektiven Bewerten seiner Leistung über die subjektiven Bewertungen der anderen immer mehr hin zu einer gewissen „Bewertungsnorm". Diese wird die meiste Zeit in der Grundschule eher individuell geprägt bleiben, aber zunehmend sowohl durch vergleichsorientierte als auch normative Elemente beeinflusst werden. Die Entwicklung zur normierten Leistungsmessung erfolgt also individuell und selbstgesteuert, was vor allem auch im Hinblick auf die Akzeptanz bzw. Sichtweise solcher Normen entscheidend ist. Die – ja doch als Selektionskriterium ziemlich willkürlich gesetzte – Norm bestimmt nicht mehr unhinterfragbar die Lerninhalte des Kindes, sondern wird für den Lernenden schon früh als notwendige Vereinbarung einer Gruppe erkennbar, Leistungen evaluierbar zu machen bzw. gemeinsame Ziele zu formulieren.

4.5 Die neue Lehrerrolle – vom Belehrenden zum Lernbegleiter

> In der Schule treffen Menschen, die etwas wissen, auf Menschen, die das, was die Wissenden wissen, noch nicht wissen. Das Wissen der Wissenden ist nicht nur das Ziel, das die Nichtwissenden zu erreichen haben, sondern meist auch die Norm, an der sie laufend gemessen werden. Und hier passiert das Unglück. Weil die Wissenden in der Regel nicht die Produzenten des Wissens sind, das sie verwalten, sondern bloß dessen Vermittler, erscheint Nichtwissen als Makel. Fehlt einer Lehrkraft die Erfahrung des Produzierens – ist sie also immer nur Lehrende und nie Forschende –, so ist sie auch nicht in der Lage, einen Lernprozess kompetent zu begleiten und zu beurteilen. Sie misst dann alles, was die Schüler sagen und tun, an dem, was sie sagen und tun müssten, wenn sie schon wüssten, was es zu wissen gibt. (Ruf / Gallin 1998 b, 96)

> Selbstgesteuerte Formen des Lernens verändern die Rolle von Lehrerinnen und Lehrern im „Haus des Lernens". Sie können nicht mehr vorrangig Wissensvermittler sein.
>
> Ihr professionelles Selbstverständnis muß sich in der neuen Rolle des „Coaching", der Kompetenz von Lernberatern und „Lernhelfern" (learn-facilitators) ausdrükken [...]. So kann Schule für Lehrende und Lernende zum gemeinsamen sozialen Erfahrungsraum werden. (Bildungskommission NRW 1995, 85)

Die Aufgaben des Lehrers im Offenen Unterricht weichen stark von seiner Tätigkeit im traditionellen Unterricht ab. Seine Kompetenz liegt nicht mehr darin, den zu vermittelnden Stoff oder die Sozialerziehung als Transporteur in entsprechend wohldurchdachten, differenzierten Einheiten zum Schüler zu bringen, das heißt ein sozial harmonierendes Umfeld zu schaffen und die von den Schulbuchautoren mundgerecht verpackten Häppchen auf motivierende Weise den Schülern schmackhaft zu machen, sondern er muss diese Tätigkeiten an die delegieren, die viel besser individualisieren können als er es jemals können wird: die Schüler. Er könnte im Unterricht zwar Stück für Stück einen – zumindest aus der Rückschau – nachvollziehbaren Lernweg darbieten, das hieße aber noch lange nicht, dass die Schüler dadurch zu einer eigenen Wissenskonstruktion bzw. zu einem wirklichen Lernerfolg kommen. Vielmehr geht er damit das Risiko ein, dass auf Schülerseite Unverstandenes einfach nur reproduziert wird.

Es geht also nicht mehr darum, den Schüler „dort abzuholen, wo er steht", um ihn dann zusammen mit den anderen zu der Stelle zu führen, wo sich der Stoff gerade befindet, sondern es geht um die Freigabe der Beziehung zwischen Schüler und Stoff. Der Schüler soll eben nicht mehr der vermeintlichen Kunst des Lehrers vertrauen, er werde ihm den Stoff schon irgendwie beibringen, sondern er soll sich selber damit auseinandersetzen, und zwar von der Stelle aus, an der er sich momentan befindet. Entsprechend muss auch genau das als Richtschnur für den Lernprozess gelten. Es ist eben kein Defizit, sich nicht am Zielpunkt zu befinden, es gibt lediglich den Punkt auf dem eigenen Weg zum eigenen Ziel.

4.5.1 Ansprechpartner, Materiallieferant und „Lernförderer"

Schon in den sechziger Jahren hat Carl Ransom Rogers die Aufgaben des Lehrers als „Lern-Facilitator" formuliert, den ich im Folgenden als „Lehrer im Offenen Unterricht" zitiere:

> *Der Lehrer im Offenen Unterricht trägt viel dazu bei, die Ausgangsstimmung oder das anfängliche Klima für das Geschehen in der Gruppe oder der Klasse zu schaffen.* [...]
>
> *Er hilft, die Ziele der einzelnen Mitglieder der Klasse wie die allgemeinen Absichten der Gruppe ans Licht zu bringen und abzuklären.* Wenn er keine Angst davor hat, widersprüchliche Absichten und miteinander in Konflikt stehende Ziele zu akzeptieren, und wenn er dazu fähig ist, den einzelnen ein Gefühl der Freiheit zu gewähren, das ausdrücken zu können, was sie gern tun würden, dann hilft er, ein Klima zu schaffen, in dem gelernt werden kann. [...]
>
> *Er vertraut darauf, daß jeder Lernende wünscht, solche Vorhaben durchzuführen, die für ihn Sinn haben, worin ja die motivierende Kraft für signifikantes Lernen liegt* [...].
>
> *Er bemüht sich, ein möglichst breites Angebot von Hilfsquellen, mit denen gelernt werden kann, zu organisieren und leicht verfügbar zu machen* [...].
>
> *Sich selbst betrachtet der Lehrer im Offenen Unterricht als ein flexibles Hilfsmittel, das die Gruppe nutzen kann.* Er degradiert sich nicht zum Gebrauchsgegenstand, sondern er stellt sich als Anwalt seiner Lernenden, als Dozent, als Studienberater und als Person, die auf dem jeweiligen Gebiet Erfahrung hat, zur Verfügung. Er will von den einzelnen und von der Gruppe so in Anspruch genommen

werden, wie es für sie am sinnvollsten erscheint und soweit das, was sie von ihm wünschen, für ihn tragbar ist. [...]

Er ergreift die Initiative, sich selbst – seine Gefühle wie seine Gedanken – der Gruppe mitzuteilen, ohne damit etwas zu fordern oder aufzudrängen. Er bringt einfach sich persönlich ein, ob nun die Lernenden davon Gebrauch machen oder nicht. [...]

In seiner Funktion als Facilitator des Lernens bemüht sich der Leiter, seine eigenen Grenzen zu erkennen und zu akzeptieren. Er sieht, daß er für seine Schüler Freiheit nur in dem Maß garantieren kann, wie es für ihn selbst annehmbar ist. [...] An der Gruppe kann er als deren Mitglied nur teilnehmen, wenn er wirklich fühlt, daß er und seine Schüler als Lernende gleichberechtigt sind. (Vgl. Rogers 1974, 163 ff.)

Weil nicht mehr unterrichtet wird, ist der Lehrer bei Bedarf ganz für das Kind da; es erfolgt ein individuelles Eingehen auf das Kind und seine ganz persönliche Problemlösung. Da der Lehrer das Kind nicht belehrt, sondern nur Impulse setzt, steht er trotz der intensiven Beschäftigung mit dem Einzelnen allen Kindern zur Verfügung. Weil die Kinder darum wissen und die Tätigkeit des Lehrers jederzeit nachvollziehen können, stört es sie nicht, auch schon mal vertröstet zu werden. Für Warteschlangen haben sie keine Zeit: entweder der Lehrer meldet sich kurz darauf, oder man fragt später noch einmal nach. Das häufig in anderen Klassen bis in höhere Schuljahre zu beobachtende „Abholen" der Lehrerbestätigung mancher Kinder nach jeder kleinsten erledigten Aufgabe entfällt – zumal die Kinder auch durch die eigene Auseinandersetzung mit dem Lernstoff nicht der sonst üblichen Unsicherheit über die richtige Aufgabenlösung ausgeliefert sind.

Der Lehrer hat in der Klasse eine klare Funktion als Ansprechpartner, „Abladeplatz und Sammelstelle für Arbeitsergebnisse“ (Zehnpfennig / Zehnpfennig 1992, 48), Impulsgeber und Verstärker der Schüleraktivitäten. Er vollführt dabei immer eine Gratwanderung zwischen der notwendigen Hilfe durch Impulse und überflüssiger Belehrung. Er hat zwar die Pflicht, das Tun der Kinder im Auge zu behalten, hat aber nicht das Recht, die Kinder (unbegründet) bei der Arbeit zu stören, wie es so viele Lehrer in anderen Klassen machen. Er nimmt die Anliegen der Kinder ernst und reagiert je nach Möglichkeit früher oder später auf diese. Es ergibt sich eine „Atmosphäre, wie in einer (großen) Familie“ (Zehnpfennig / Zehnpfennig 1994d, 28) – was aber auch bedeutet, dass alle Beteiligten auf dieser Ebene miteinander umgehen, das heißt auch der Lehrer hat – bei aller Verantwortung und seiner selbstverständlich anderen Rolle im Unterricht – ein Recht auf Selbstregulierung. Gerade diese Möglichkeit des Offenen Unterrichts, sich nicht einer fremdgesteuerten Rolle zu unterwerfen, sondern situativ und authentisch auf die Kinder reagieren und mit ihnen lernen zu können, macht den Offenen Unterricht ja als Alternative zum (für Schüler *und Lehrer* fremdgesteuerten) Frontalunterricht so attraktiv.

GEMEINSCHAFTSGRUNDSCHULE

Troisdorf – Spich

Zeugnis Klasse 4(1. Halbjahr)

Für Falko Peschel
Geboren am ? Klasse 4e Schuljahr 1998/ 99

Gymnasium

Falkos Arbeitsverhalten ist besser geworden. Er kann recht viele Sachen. Versteht sie auch bestens. Hausaufgaben macht er auch super. Bis an ein paar Tagen wenn er nicht so gut gelaunt ist schleudert er Kinder herum und brüllt durch die Klasse.
Wie gesagt nur an ein paar Tagen. Er kann alle Fächer super bis auf ein paar. Falko probiert nicht so gerne schwierige Sachen aus. Er lässt das lieber andere ausprobieren.
Falko lässt sich auch manchmal ablenken. Er freut sich oft wenn er Lösungen raus kriegt. Manchmal ist er recht albern, aber ich glaube das ist die ganze Klasse oft auch. Er macht sich recht nützlich wenn ihn einer fragt. Falko kommt auch gut mit anderen Kindern aus. Er zeigt gerne anderen Kinder wie manche Sachen funktionieren . Aber das was raus kommt sagt er nicht. Falko kann in Gruppen zusammen Arbeiten. Er hört auch aufmerksam im Kreis zu.

4.5.2 Verzicht auf Lehrgangskrücken und Unterrichtstraditionen

Dass für die beschriebene Lehrerfunktion neben der sehr anspruchsvollen menschlichen Komponente eine sehr hohe Fachkompetenz erforderlich ist, liegt auf der Hand. Der Lehrer muss sich so sicher über Stoff und Schüler sein, dass er sich wirklich nicht mehr als (Be-)Lehrender versteht, sondern viel eher als Moderator in dem Sinne, als dass er durch kompetente Fragen und Impulse die Auseinandersetzung anregt, diese aber eben nicht stört. Diese Fähigkeit des Zulassens hat Jürgen Reichen einmal provokativ „qualifiziertes Nichtstun" genannt.

Qualifiziertes Nichtstun hat dabei nichts mit Abwarten zu tun, sondern ist von ganz anderer, weiterreichender Qualität, da die eigene Auseinandersetzung des Lehrers mit dem Stoff weit über das Durchlesen des Lehrerkommentars hinausgeht. Es wird im Unterricht ja nicht mehr nur eine bestimmte Teilleistung oder Technik eingeübt, sondern es ergeben sich unzählige Frage- und Problemstellungen bzw. Lernanlässe. Dafür muss keine unerschütterliche Kenntnis auf ganzer Bandbreite vorhanden sein, aber die Faszination, die ein Fach oder Themengebiet ausstrahlen kann, sollte auf jeden Fall exemplarisch selbst erfahren worden sein. Die gleiche Faszination muss auch im Hinblick auf die Lernwege der Schüler erfolgt sein. Wirkliches Interesse an den gewählten Wegen, die Faszination und Logik scheinbarer Umwege, die Verblüffung über riesige Lernsprünge, all das sind unabdingbare Erfahrungen, die einem als Lehrer das Loslassen erleichtern. Man spürt in einem solchen Unterricht immer wieder, wie wenig wichtig man eigentlich als „Lehrender" für die Kinder ist, wie wichtig aber als Wegbegleiter und Freund.

Dadurch begibt man sich in ein vermeintlich sehr unsicheres Feld. Man verliert den großen Halt, den der – auch noch so differenzierte – Lehrgang immer mit sich bringt und durch den dieser seine einzige Berechtigung erhält: als Krücke für den Lehrer. In diesem Zusammenhang gehe ich davon aus, dass die in der Literatur beschriebenen 1000 Wege der Hinführung zu Offenem Unterricht bzw. der Öffnung von Schule in erster Linie für den Lehrer notwendig sind. Sie führen nicht etwa den Schüler von einer angeborenen Unselbstständigkeit oder einer angeborenen Sozialfeindlichkeit zu einem selbstständigen und verantwortungsbewussten Lernenden, sondern sie ermöglichen vor allem dem Lehrer, seine bereits erfolgte schulische Sozialisation und seine festgeschriebene Rolle als Belehrender langsam abzulegen. Warum sollten die emanzipierten Schüler von heute auch geschlossenen Unterricht besser beherrschen als offenen Unterricht und entsprechend von der Geschlossenheit zur Offenheit geführt werden müssen? Neben den Erfahrungen offen unterrichteter Klassen zeigen entsprechende Versuche mit offenen Kindergartengruppen, dass Kinder schon als Kleinkinder sehr wohl mit offenen Situationen in entsprechenden Institutionen umgehen können (vgl. Pliefke 2000) – genauso überleben sie ja auch außerhalb dieser Institutionen.

Sollte es auf breiter Basis der Fall sein, dass Schülern Offenheit von Anfang an eben nicht schwer fällt, so hätte dies weitreichende Konsequenzen für die gesamte Lehrerausbildung. Momentan geht man im Grunde noch davon aus, dass der traditionelle Unterricht die Grundlage für die offenen Formen darstellt. Nur wer frontal unterrichten kann, kann in der Klasse überhaupt bestehen. Ob diese Qualifikation wirklich das ist, was der Lehrer im Offenen Unterricht braucht, ist fraglich. Im Offenen Unterricht gibt es für den Lehrer keinen Stoff mehr, der einfach abgehakt werden kann, keine Sicherheit bezüglich der Tagesgestaltung. Er weiß als Lehrer nie, welche Fragen und Probleme auftauchen werden, was die Kinder gerade brauchen. Das ist zwar bei genauer Betrachtung auch im Lehrgangsunterricht nicht anders – nur dort ist man gewohnt, sich hinter dem Lehrgang vor der Entwicklung der Kinder und ihren eigentlichen Bedürfnissen zu verstecken (– und sei es durch ein Verbot, schon die nächste Seite zu bearbeiten).

4.6 Die neue Rolle der Arbeitsmittel – vom Lehrgang zum Werkzeug

Die Anforderung an die Arbeitsmittel „vom Lehrgang zum Werkzeug“ ist eine der wichtigsten Komponenten unseres Offenen Unterrichts. Wie schon oben beschrieben, kann das Lernen der Schüler nur dann auf eigenen Wegen erfolgen, wenn vorgegebene Lehrgänge nicht einfach übernommen werden. Methodisch liefert dabei das (im zweiten Band näher erläuterte) „selbstgesteuerte Lernen“ das Grundprinzip für *alle* Fächer. Entsprechend muss das in der Klasse befindliche Material ausgelegt sein. Vorstrukturierte Materialien mit festen Vorgaben und reproduktivem Charakter werden gegen kreative Materialien ausgetauscht. Dabei stellt das „weiße Blatt“ wahrscheinlich die größte Herausforderung an die Imagination dar (Hilfestellungen geben die fachdidaktischen Ausführungen im zweiten Band).

4.6.1 Verzicht auf den Konsum von Lehrgängen, Arbeitsmitteln und Lernspielen

Da sich beim selbstgesteuerten, freiwilligen Lernen der einzelne Schüler jeden Tag aufs Neue selbst zum Lernen motivieren muss, sollte man ihm diese Entscheidung nicht noch dadurch erschweren, dass man ihm didaktisch und motivational aufbereitete Arbeitsmittel als ständige Alternative zum entdeckenden Lernen darbietet. Die Verführung zu einem reinen Konsum von Arbeitsmitteln oder zum leichten Aberledigen von Lernstoff ist zu groß, als dass sich alle Schüler dagegen behaupten könnten. Begeben sie sich aber in die passive Rolle einer Abhängigkeit von vorgegebenen Materialien, so wird die Motivation zu einer von innen kommenden Auseinandersetzung mit dem Stoff, zum Finden einer eigenen Problemstellung, einer Kernidee, zum Besorgen des zur Bearbeitung notwendigen Materials, zum Verfolgen verschiedenster und umfangreicher Lösungswege, zum Reflektieren der Erfahrungen usw. schnell verloren gehen.

Denn es ist auf jeden Fall einfacher, die Verantwortung für das Lernen an das Material abzugeben, als sie selber zu tragen.

Man muss sich auch darüber im Klaren sein, dass alle Sachen, die im vorhinein geplant oder speziell für ein Thema oder Ergebnis vorbereitet worden sind, immer auch eine gewisse Erwartungshaltung darstellen, egal mit wie vielen Alternativen sie versehen wurden. Sind solche Vorplanungen oder Angebote vorhanden, ist es – sowohl für den Schüler als auch für den Lehrer – immer einfacher, auf diese „im Raume stehenden" Dinge zurückzugreifen, anstatt eigene Zugangsweisen, Hilfen und Vorgehensweisen zu nutzen. Sie sollten daher weitmöglichst vermieden werden bzw. nur da eine Rolle spielen, wo sie von allen als unabdingbar bzw. hilfreich empfunden werden. Im Rahmen einer aktiven Reaktion auf das passive Konsumieren ist daher weniger immer mehr. Je *weniger* vorgegebene Arbeitsmittel, desto *mehr* müssen die Schüler ihr Lernen selbst organisieren. Eine vermeintliche Öffnung des Unterrichts durch ein Überangebot an Arbeitsblättern oder -material ist in der Regel kontraproduktiv. Quantität hat nichts mit Qualität zu tun. In dieser Hinsicht ist der Offene Unterricht endlich einmal kompromisslos geschlossen ...

Genauso kompromisslos sollte der Offene Unterricht mit der Rolle des Spiels in der Schule umgehen. Sind die gängigen Spiele und Lernspiele wirklich kindorientiert, oder handelt es sich nicht viel mehr um Modelle, mit denen der Erwachsene die Welt des Kindes einrichtet bzw. vorgibt? Kann man „Spiel" nicht auch einfach als selbstreguliertes Lernen verstehen? Die intensive Beschäftigung mit einer Sache, die den Akteur die Umgebung ganz vergessen lässt? Das, was das Spiel von Kindern auszeichnet, ist nicht das „Spielerische", sondern die Autonomie, die Lernfreiheit, die Möglichkeit zur Selbststeuerung, die das Spiel dem Kind ermöglicht (vgl. auch Reichen 1991, 9). Spiel könnte definiert werden als nicht ermüdendes Arbeiten auf Grund intrinsischer motivationaler Elemente. Dabei stellt das so verstandene Spiel eine Hochform des Lernens dar, weil vielfältige Lernprozesse beiläufig, natürlich und unbewusst ablaufen und sich dadurch auf einer höchst effektiven Aneignungsebene befinden (vgl. auch Oerter 2000, 254f.).

Was man hingegen in der Schule vorfindet, ist ein mehr oder weniger passiver Konsum von Spielen anstatt einer aktiven Auseinandersetzung mit der Wirklichkeit – oder aber die strikte Trennung von Arbeit als Pflicht und Spiel als zwangsläufige Erholung davon. Dies kann gravierende Konsequenzen für die Lebenseinstellung des Kindes in der heutigen Wohlstands- bzw. Konsumgesellschaft haben und wird damit sogar u. U. schnell von einem schulischen zu einem gesellschaftlichen Problem. Um hier pädagogisch vorzubeugen, sollten Spiel und Lernen wieder eins werden, die künstliche Trennung aufgehoben werden. Selbstreguliertes, interessegeleitetes Lernen ist ein Lernen, das sowohl harte Arbeit als auch spielerische Auseinandersetzung miteinander vereint – ohne didaktisierte

„spielerische“ Arbeitsmittel, deren Botschaft ja im Grunde ist: „Lernen ist eigentlich unangenehm und anstrengend und wir müssen irgendwie (am besten spielerisch verpackt) da durch.“

4.6.2 Herausforderung durch Werkzeuge, Alltagsmaterialien und Informationsmöglichkeiten

In den fachdidaktischen Ausführungen im zweiten Band werden deshalb erste konkrete Vorschläge für Werkzeuge gemacht, die eine eigenaktive Erschließung der Fächer ermöglichen. Der Begriff „Werkzeug“ verdeutlicht dabei nicht nur die Abgrenzung zum Lehrgang, sondern auch zum traditionellen Arbeitsmittel. Während herkömmliche Arbeitsmittel in der Regel „ergebnisorientiert“ sind, stellen Werkzeuge „prozessorientierte“ Hilfen dar – und sind damit von einer ganz anderen Effektivität, da „ergebnisorientierte Hilfen einen verschwindend geringen Transfereffekt haben.“ (Lange 1988, 120) Zusätzliches Material stellen solche Gegenstände dar, die so auch im Alltag vorkommen und nicht speziell für die Schule konstruiert wurden. Am sinnvollsten erscheint es daher, den Kindern einfach das Mitbringen von „Forschersachen“ zu erlauben. Dieses ist vor allem auch im Zusammenhang mit dem Sachunterricht bzw. den musischen Fächern wichtig. Eine spezielle Stellung bei den Arbeitsmitteln in der Klasse nehmen darüber hinaus Sach- und Geschichtenbücher ein, die als Lesestoff und Informationsträger für das eigene Forschen in allen Fächern unabdingbar sind.

Zusätzlich können „Ideenkisten" Impulse durch herausfordernde oder faszinierende Fragestellungen der Fächer geben. Die Handhabung dieser Ideenkisten erscheint dabei nicht leicht, denn es kann nicht darum gehen, dass die Kinder eine Quelle für Aufgaben (z. B. eine Lernkartei o. Ä.) bekommen, die sie in alter Lehrbuchmanier „abarbeiten" können. Zu überlegen ist daher, in welcher Form solche Impulse am sinnvollsten sind: In der Form einer Version für die Hand der Kinder, so dass sie lehrerunabhängig darin stöbern können? Oder eher als eine Gedankenhilfe für den Lehrer, die ihn bei seiner Tätigkeit als Moderator und Impulsgeber unterstützt? Oder eine Kinderversion für den Lehrer ...? Wahrscheinlich kann diese Frage nur individuell auf den einzelnen Lehrer bzw. eine Klasse bezogen beantwortet werden. Sicher ist jedoch, dass sich erfahrungsgemäß einzelne, in die Klasse gestreute Fragestellungen bzw. Themen, mit denen einzelne Kinder sich beschäftigen, meist ziemlich schnell und sicher in der ganzen Klasse verbreiten. Dabei haben diese dann eben nicht den Charakter vorgegebener zu lösender Aufgaben, sondern pflanzen sich durch die Neugier der Kinder fort – motivational ein riesiger Unterschied. Wie schon oben gesagt, müssen solche Sammlungen oder Anregungen aber erst noch gesammelt bzw. erstellt werden. Erste Hinweise und Vorschläge finden sich bei den fachdidaktischen Ausführungen im zweiten Band.

4.7 Die neue Rolle der Leistungsmessung – von der Kontrolle von oben zur Begleitung von unten

> Die Schule muß für Schülerinnen und Schüler und deren Eltern erfahrbar machen, daß Schulzeit eine zwar wichtige, aber zeitlich begrenzte Episode in dem Prozeß lebenslangen Lernens ist. [...] Im „Haus des Lernens" soll deshalb so gelernt werden, daß nicht vorrangig auf Prüfungen, Abschlüsse und Berechtigungen hingearbeitet wird, sondern das Lernen als eine das Leben insgesamt tragende individuelle und sozial orientierte Befähigung eingeübt und verstanden wird. [...]
>
> Auch zwischen Lernen und Leisten wird oft nicht genügend unterschieden, das Lernergebnis wird dann leicht für das Lernen selbst gehalten. Schülerinnen und Schüler machen zum Teil sehr früh die enttäuschende Erfahrung, daß ihre Umgebung, vor allem die eigene Familie, sich weniger für das Lernen selbst, für seine Schwierigkeiten und seine Inhalte interessiert, als für seine Ergebnisse in Form quantifizierend bewerteter Leistungen. Die alltägliche Erfahrung von Schule könnte bei Kindern und Jugendlichen den Schluß nahelegen, Lernen sei nur dazu da, damit seine Ergebnisse als Leistung registriert, verglichen und bewertet werden können. (Bildungskommission NRW 1995, 85 ff.)

Das andere Verständnis der Leistungsmessung im Offenen Unterricht klang schon mehrfach im Zusammenhang mit der Rolle des Lehrplans und der anderen Sichtweise auf Fehler an. Wenn auf den Lehrgang und auf reproduktive Arbeitsformen verzichtet wird, gibt jedes entsprechend frei erstellte Schülerprodukt Aufschluss über den momentanen Leistungsstand. Das, was die Schüler machen, können sie auch. Der Lehrer sieht, was gearbeitet wird, er bekommt alle Produkte bei der Besprechung im Sitzkreis mit, ja er kann sie sogar täglich sammeln und bekommt so ein lückenloses Bild über die individuellen Lernwege der Kinder. Er sieht dann auch, dass diese meist nicht geradlinig verlaufen: Was schon mal richtig gemacht worden ist, wird plötzlich falsch gemacht, Hypothesen werden ausprobiert und verworfen, es wird übergeneralisiert, es gibt chaotische Phasen, in denen bei einzelnen Kindern z. B. Schreib- und Druckschrift, Groß- und Kleinschreibung usw. völlig durcheinandergeraten, und es gibt Kinder, die können von einem auf den anderen Tag ganz plötzlich (richtig) schreiben, lesen oder rechnen.

„Fehler sind Versuche des Kindes, Anforderungen so zu vereinfachen, daß es sie auf seinem Entwicklungsstand bewältigen kann.“ (Brügelmann / Brinkmann 1994, 9) Wenn wir die Anforderungen an das Kind durch die positiv überfordernde Herausforderung im Offenen Unterricht so hoch stecken, wie wir das tun, müssen wir auch seinen natürlichen Weg aushalten und dürfen nicht vorschnell von außen intervenieren. Es geben ja gerade die Fehler genauen Aufschluss über den Lernstand des Kindes. Bei genauer Betrachtung fällt dabei auf: Es ist gar nicht alles falsch, was falsch aussieht – und es ist gar nicht alles richtig, was richtig aussieht! Fehler sind Kommunikationsanlässe, keine Bewertungskorrektive:

> Während die ganze Klasse an einem Auftrag im Reisetagebuch arbeitet, habe ich Zeit, mich zu diesem oder jenem Kind hinzusetzen und mich in seine singuläre Weit einzuleben. Was Kinder in ihr Reisetagebuch schreiben, ist für mich nicht immer auf Anhieb verständlich. Darum stelle ich immer wieder die Frage: *Warum hast du das gerade so gemacht? Was hast du dir dabei gedacht?* Nicht selten sind Verstöße gegen fachliche Normen Anlass zu solchen Fragen. Und nicht selten stelle ich verwundert fest, dass sich hinter einem scheinbaren Fehler ein sehr klarer und konsequenter Gedanke verbirgt: Das Kind hat etwas Wichtiges entdeckt, es weiß aber noch nicht, wie das in die Welt des Regulären übersetzt werden muss. (Berger-Kündig 1998, 161)

4.7.1 Bewertung von Können, Arbeitsverhalten oder Anpassungsbereitschaft?

Da es im Offenen Unterricht weder einen normierten Lehrgang noch das herkömmliche Fragc-Antwort-Spiel gibt, wird die Leistungsmessung nicht als Druckmittel gegen den Schüler eingesetzt bzw. muss nicht mehr so eingesetzt werden (vgl. i. F. Peschel 1999, 41). Kann es sein, dass Lehrern die Beurteilung des Arbeitsverhaltens der Schüler als Lern*prozess*bewertung so wichtig ist, weil es dabei um das letzte Kontrollmittel geht, die Schüler zu disziplinieren und den „Unterricht“ sicherzustellen? Würde das Arbeitsverhalten nicht in die Bewertung einfließen, gäbe es keine unmittelbaren Mittel zur Sanktionierung mehr und ein lehrergelenkter Unterricht ließe sich nur schwer aufrechterhalten.

Sinn der stärkeren Berücksichtigung des Lernprozesses bei der Bewertung der Kinder war es ursprünglich einmal, den Blick des Lehrers auf individuelle Wege und Lösungsprozesse zu lenken, das heißt dem Kind wirklichen Freiraum bezüglich seines Lernweges zu gestatten, Umwege und Fehlschlüsse zu erlauben und als produktive, für das Lernen notwendige Kraft zu sehen. Gewährt man in seinem Unterricht mit Freier Arbeit, Wochenplan oder Werkstatt diese Form der Offenheit aber gar nicht, so bleibt an „Prozessbewertung" nur die möglichst ordentliche bzw. arbeitsbereite Nachfolge der Vorgaben zu beurteilen. Das hohe Ziel der Achtung vor den so vielfältigen und individuellen Lernwegen der Kinder karikiert sich selber zu einem Werkzeug, ihre Anpassung an Fremdvorgaben zu kontrollieren und das individuelle und selbstregulierte Lernen zu unterbinden.

Da im Offenen Unterricht die Kinder völlig selbstständig arbeiten, braucht der Lehrer sie nicht als Stützen seines Unterrichts. Er ist nicht mehr abhängig von ihrer Kunst (oder Gunst), im Unterricht mitzumachen, niemanden zu stören, aufmerksam zu scheinen. Entsprechend offen ist er dafür, wie sich jemand etwas beibringt, wie lange er dafür braucht, und sogar auch, an was die Kinder lernen. Ein sauber geführtes Heft oder ein immer aufzeigender, fleißiger Schüler weisen nun einmal in keiner Weise auf einen Lernerfolg hin. Das wissen wir alle aus Erfahrung. Lernen hat nicht viel mit dem äußeren Schein von Interesse oder Fleiß zu tun. Können das dann aber Kriterien sein, nach denen man Schüler aussortieren kann?

Man muss differenzierter herangehen und überlegen, wann ein Einbezug des Arbeitsverhaltens in die Note wichtig ist. Generell sollte die tatsächliche Leistung, das individuelle Können des Kindes als Produkt maßgeblich sein. Bevor also ein Bezug zur Norm herstellt wird, muss man sich das gesamte Können des Kindes im zu bewertenden Bereich ansehen, nicht nur eine Teilleistung, wie sie z. B. üblicherweise in Klassenarbeiten abgefragt wird. Man möchte ja nicht das Kurzzeitgedächtnis oder die Stressfähigkeit testen, sondern die Qualifikation des Kindes. Aber natürlich sollte bei einzelnen Kindern auch der Arbeitseinsatz berücksichtigt werden. Primär aber bei den „schwachen" Kindern. Strengt sich hier jemand besonders an oder zeigt er gute Fortschritte beim Lernen, so kann er nicht trotzdem auf seiner schlechten Note sitzen bleiben, nur weil er kognitiv oder vom Umfeld her nicht dieselben Voraussetzungen wie andere Kinder hat. Allerdings muss die Note auch im Vergleich rechtfertigbar bleiben oder sie muss gegebenenfalls durch ein ärztliches Gutachten bzw. offizielle Integrationsbemühungen außer Kraft gesetzt werden.

4.7.2 Leistungsbewertung als Einforderung des Lehrers oder des Schülers?

Wenn nun die Schülerprodukte das Medium der Leistungsmessung des Lehrers darstellen, so stellt sich die Frage, ob denn jedes dieser von den Kindern erstellten Produkte täglich bewertet werden sollte?

> Es mag überraschen, vielleicht sogar schockieren, dass die Lehrerin unter fast jede Schülerarbeit ihre qualifizierenden Bildstempel setzt. Muss denn, so kann man sich fragen, alles und jedes bewertet sein? [...] Offene Aufträge, wie sie im Rahmen des dialogischen Lernens gestellt werden, zielen auf eine sachbezogene und intensive Auseinandersetzung mit den Unterrichtsstoffen. Wenn wir als Lehrkräfte nicht in der Lage sind, solche Auseinandersetzungen zu würdigen und zu beurteilen, muss bei den Kindern der Eindruck entstehen, ihr Tun und Lassen im Unterricht sei beliebig, es habe keine – oder noch schlimmer – eine unberechenbare Wirkung. Gibt die Lehrperson ihre Leistungseinschätzung nicht klar und unmissverständlich bekannt, erzeugt sie früher oder später Desinteresse oder wilde Spekulationen über das, was wohl der Kern der Sache und die Intention des Unterrichts sei. (Ruf / Gallin 1998b, 157f.)

Während Gallin und Ruf die tägliche Beurteilung für den auf Lehreraufträgen basierenden Reisetagebücherunterricht durchaus für richtig und wichtig halten, würden wir die Kontrolle bzw. Bestätigung der Schülerleistungen im Offenen Unterricht nur da vornehmen, wo sie von den Schülern individuell eingefordert wird. Eine kontinuierliche Bewertung (und Berichtigung) der Arbeiten mit entsprechenden Belohnungsstempeln o. Ä. drückt gleichzeitig neben der Kontrolle auch eine gewisse Herabwürdigung der Eigentätigkeit des Schülers aus, der ja eigentlich aus eigenem (Sach-)Interesse – und eben nicht für den Lehrer oder die Eltern – lernen soll. Die aus der inneren Eigenmotivation heraus entstehenden Leistungen werden plötzlich von jemandem ungefragt eingeordnet und auf Kriterien reduziert, die nicht viel mit dem eigenen Zugang zur Sache zu tun haben:

> Many of the activities we ask children to attempt in school, in fact, are of intrinsic interest to at least some of the children; one effect of presenting these activities within a system of extrinsic incentives [...] is to undermine the intrinsic interest in these activities of at least those children who have had some interest to begin with. (Lepper / Greene 1973, 136)

Auch die landläufige Begründung, dem Schüler durch den Hinweis auf Unzulänglichkeiten und Fehler die notwendige Unterstützung in seinem Lernprozess zukommen zu lassen, greift nicht, denn die Erfahrungen zeigen, dass sich aus lerntheoretischen Überlegungen keine Gründe für eine Fehlerkorrektur im Sinne „nichts Falsches stehen lassen" finden lassen. Lernen ist ein dauerndes Hin- und Herpendeln von falschen und richtigen Vorstellungen, so dass eine Korrektur höchstens unmittelbar beim Entstehen des „Fehlers" wirklich nützen würde.

Und das ist durch den Lehrer schon rein organisatorisch nicht leistbar. Und die von ihm erst später korrigierten Arbeiten hingegen nützen dem Schüler in der Regel nichts mehr. Der sieht sich diese sowieso nicht mehr an …

> Aber nicht nur für die Schüler, auch für die Lehrer hat die Korrektur von Aufsätzen etwas Frustrierendes. Da sitzt ein Lehrer oder eine Lehrerin stundenlang hinter Schülerarbeiten und müht sich, die Überlegungen der Lernenden nachzuvollziehen, ja keinen Fehler zu übersehen und die Leistungen mit einem ausgeklügelten Kriterienkatalog ausführlich und gerecht zu beurteilen. Und wie reagieren die Lernenden? Sie werfen einen kurzen Blick auf die Note, sind erfreut oder verärgert und versuchen allenfalls, ihre Zensuren durch geschicktes Taktieren noch etwas aufzumöbeln. (Ruf / Gallin 1998a, 200)

> Wir glauben vielleicht, dass die Schüler mithilfe unserer Korrekturen aus ihren Arbeiten noch etwas lernen könnten. Mit anderen Worten: Wir sehen in diesen Arbeiten weitere Lern-Möglichkeiten. *Aber der Schüler hat sie ja gar nicht in erster Linie als Gelegenheit zum Lernen betrachtet.* Er hat sie nicht so gemacht, dass er dabei hätte etwas lernen können. Er hat sie gemacht, weil es ihm angetragen worden ist. Darin besteht die Ungerechtigkeit der Welt, dass Korrekturen, statt den Kindern zu nutzen, ihnen zu helfen, besser zu schreiben, ihnen oft nur schaden. (Holt 1999, 260 f.)

Viel wichtiger ist es daher, dass der Lehrer Zeit für die vom Schüler gewollten Korrekturen und Impulse hat, wenn dieser z. B. eine eigene Geschichte oder einen Vortrag rechtschriftlich überarbeiten will und Hinweise auf die Fehler braucht, oder eine Rechenaufgabe kontrolliert haben möchte, aber die Umkehrung eines Rechenverfahrens noch nicht kennt.

Bei der Resonanz auf die von den Kindern vorgelegten Arbeiten ist wichtig, dass diese immer ein ehrliches Feedback darstellt. Fehler zu akzeptieren heißt nicht, sie zu ignorieren. Nicht alles, was Kinder produzieren, ist toll – und das wissen die Kinder selbst meist am besten. Aber die Bewertung durch den Lehrer muss andererseits auch die Möglichkeiten des einzelnen Kindes berücksichtigen, und zwar ähnlich der differenzierenden Form, in der das Kinder untereinander machen: die Möglichkeiten und Anstrengungen des Einzelnen sind nicht nur einzubeziehen, sondern Grundlage des Bewertungsprozesses. Das, was das einzelne Kind auf Grund seines jeweiligen Entwicklungsstandes bzw. seiner Fähigkeiten können müsste, kann als Maßstab gelten; das, was es noch gar nicht beherrschen kann, dient als Ausblick bzw. Herausforderung, aber daran kann es natürlich nicht gemessen werden. Auf Dauer können dann die meisten dieser Kontrollen von den Schülern selbst (evtl. auch mit entsprechenden Hilfsmitteln wie einem Taschenrechner oder der Rechtschreibkontrolle am Computer) bzw. von anderen Kindern übernommen werden.

4.7.3 Leistungsbewertung als gemeinsamer Prozess „von unten“ statt als Vorgabe „von oben“

Die Leistungsbewertung sollte in der Klasse von Anfang an eine Rolle spielen – was sie auf eine positive Art von selbst tut. Durch den Prozess des Vorstellens und Reflektierens ihrer eigenen Arbeiten sowie der Arbeiten ihrer Mitschüler sind die Kinder Beurteilungen gewohnt und entwickeln ein sehr genaues Gefühl für die richtige Bewertung von Leistungen – und zwar eines, das sowohl der individuellen Entwicklung als auch dem Anspruch der Leistungsnorm gerecht wird. Die Leistungsbewertung ist ein ganz alltäglicher Prozess in der Klasse, so dass auch andere Formen der Leistungsmessung und Leistungsbeurteilung keine Stresssituationen o. Ä. erzeugen – eine nicht unwichtige Vorbereitung auf die weiterführende Schule und ihre Art der Leistungsmessung. Dabei ist allen klar, dass Leistungen nicht immer Höchstleistungen sein können und ein Kind trotzdem (bzw. gerade durch den Verzicht auf punktuelle Messungen) fair beurteilt werden kann. Von daher macht es auch keinen Sinn, Schüler zeitweise spezielle Bewertungsmappen o. Ä. erstellen zu lassen, mit denen sie sich dann möglichst gut verkaufen sollen.

Konkret sah es so aus, dass die Kinder sich von Anfang an über ihre Produkte und ihre „Tagesleistungen“ ausgetauscht haben, ihre Leistungen selber eingeschätzt haben und auch von anderen Bewertungen einfordern konnten – wenn sie das wollten. Das von ihnen selbst entwickelte System mit Super, OK, Punkten und Strichen wurde schon oben im Zusammenhang mit der Schilderung des Tagesablaufes im Rahmen der „Didaktik der sozialen Integration“ geschildert. Als dann im dritten bzw. vierten Schuljahr immer mehr Noten Einzug hielten, wurden diese von den Kindern, die das wollten, zusätzlich zur verbalen Einschätzung beziffert. Wie auch in den Jahren zuvor äußerte sich zuerst der „Produzent“ reflektierend über sein Werk und formulierte auch eine Noteneinschätzung. Dann nahm er selbst andere Kinder dran, die sich zu seiner Arbeit konstruktiv-kritisch und benotend äußern wollten. Zum Schluss konnte dann eine Notenabstimmung durch alle Zuhörer erfolgen. Dabei war die Benotung der Kinder in der Regel so zutreffend, dass sie von mir problemlos mitgetragen bzw. übernommen werden konnte. Eine Noteninflation gab es nicht, mir kam die Einschätzung der Kinder oft sogar eher zu kritisch vor.

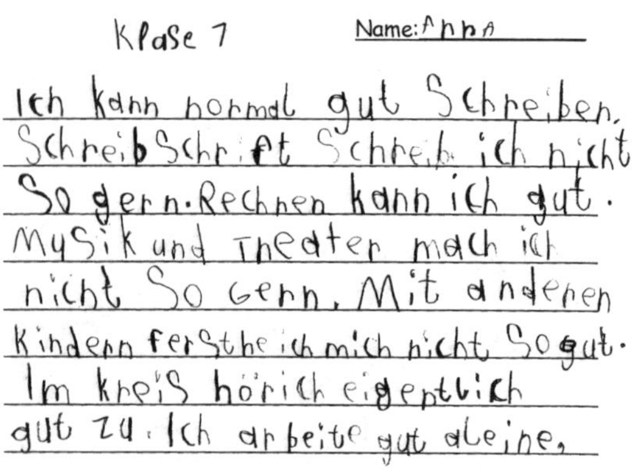
Klase 7 Name: Anna
Ich kann normal gut Schreiben.
Schreibschrift Schreib ich nicht
So gern. Rechnen kann ich gut.
Musik und Theater mach ich
nicht So Gern. Mit anderen
Kindern ferstheich mich nicht So gut.
Im kreis hörich eigentlich
gut zu. Ich arbeite gut aleine.

Jedes halbe Jahr haben die Kinder einerseits mir, aber auch sich selbst (zunächst mündlich, dann zusätzlich schriftlich) ein „Zeugnis“ geschrieben, das uns als Gesprächsgrundlage über ihre Leistungen diente. Aus meinen Notizen bzw. dem individuellen Gespräch mit dem einzelnen Kind (und evtl. zusätzlich einbezogenen Klassenkameraden) habe ich dann ein persönlich an die Kinder adressiertes Lerngutachten formuliert (in den Halbjahren der ersten und zweiten Klasse waren es „Privatzeugnisse“, da keine Schulzeugnisse vorgesehen sind). Noten gab es bei uns offiziell erst zum „Bewerbungszeugnis“ im vierten Schuljahr, wobei ich Eltern und Kindern auf Wunsch auch schon früher die entsprechende Notenäquivalenz der Gutachtenaussagen bzw. des Lernstandes mündlich mitgeteilt habe. Damit waren sowohl „Notenfreunde“ als auch „Notengegner“ zufriedengestellt und wir konnten von der Schulkonferenz für unsere Klasse offiziell Notenfreiheit im dritten Schuljahr beschließen lassen. Das hatte den Vorteil, dass all die negativen Effekte der Notengebung bei uns erst so spät wie möglich Einzug hielten und wir bis dahin (und auch danach) sehr fundierte und reflektierte gegenseitige Bewertungen ohne „Notenfixierung“ vornehmen konnten.

Zusammenfassend ist also zu sagen, dass die Leistungsbewertung im Offenen Unterricht neben dem Gesamteindruck bzw. dem Hintergrundwissen des Lehrers maßgeblich auf den täglichen Eigenproduktionen der Kinder beruht, die dem Lehrer sowohl Aufschluss über den momentanen Leistungsstand geben, als auch die Lernentwicklung des Kindes in ihrem Verlauf genau dokumentieren. Möchte man darüber hinaus die Lernentwicklung in einem Quer- oder Längsschnittvergleich der Klasse bzw. einzelner Schüler dokumentieren, so kann man „Überforderungstests“ durchführen, in denen sich Aufgaben oder Aufgabenformate über die Schuljahre hinweg regelmäßig wiederholen. Dabei muss jedem Kind sowohl nach oben als auch nach unten so viel Raum gelassen werden, wie es braucht. Das heißt, auch der stärkste Schüler darf nicht alle Aufgaben richtig lösen können, und auch die Betrachtung des Ergebnisses des schwächsten Schülers muss noch so viel Substanz aufweisen, dass eine differenzierte Diagnose des Leistungsstandes möglich ist. Normtests (z. B. May 1997[3]; Lehmann 1997; Lobeck 1987; 1990) bieten darüber hinaus die Einbettung der Ergebnisse in eine umfassende Stichprobe, so dass der Leistungsstand der Klasse bzw. des einzelnen Kindes quantifizierbar wird – eine sehr entlastende Sache für den Lehrer bzw. die Eltern.

Insgesamt plädiere ich natürlich für eine Grundschule ohne Noten, denn ich sehe keinen Sinn darin, Kinder, die wenige Monate später sowieso auf verschiedene Schultypen aufgeteilt werden, noch so krassen Vergleichsmöglichkeiten wie gemeinsamen Noten auszusetzen. Sämtliche Kinder, die auf Grund ihrer „geringeren Leistungen“ (was heißt das eigentlich?) im Zeugnis des vierten Schuljahrs schlechtere Noten bekommen haben, erzielten nach dem Übergang durch die vorgenommene äußere Differenzierung der weiterführenden Schulen plötzlich wieder gute Noten in der neuen Klasse. Warum ihnen also erst noch explizit zeigen, wie schlecht sie sind, wenn man sie dann in ein Umfeld schickt, indem sie plötzlich wieder gut sind? Erkauft man sich da die Freude über die guten Noten in der nächsten Schule nicht sehr hart?

4.8 Die neue Elternrolle – vom Kontrolleur zum Impulsgeber

> Für die Selbstherrlichkeit, mit der sie die Eltern abspeist,
> hat die Schule, ähnlich wie die Kirche, eine ideologische Begründung.
> Die Kirche behauptet, nur sie allein wisse, wie der Mensch erlöst werden kann.
> Die Schule behauptet, nur sie allein wisse, wie der Mensch etwas lernen kann.
> Diese Behauptung ist falsch. (Zander 1976, 48)
>
> Die SchülerInnen der 4. Klasse gehen gerne in die Schule, wollen keinen Tag versäumen; sie freuen sich auf ihre Hausaufgaben, die kreativ sind und von den Kindern als ‘spannend’ empfunden werden; sie sind neugierig und wissbegierig – mit einem Wort zusammengefasst: motiviert. Es weht ein Hauch von Leichtigkeit im Umgang mit Schule, Spielerisches im Erwerb von Wissen, Lust am Fragen und Lernen. [...]

> **Was aber geschah auf diesem Elternabend?**
> Die Lehrerin wurde mit Vorwürfen überschüttet; mir als Vertreterin der Eltern wurde vorgeworfen, dies alles zugelassen zu haben, daß es nun mit unseren Kindern so weit gekommen sei, daß sie das Gymnasium nicht werden schaffen können. Ich war auf diese Vorwürfe vorbereitet und konnte anhand von Schularbeiten und Leistungsvergleichen nachweisen, dass die Kinder genau das können, was sie nach Abschluß der vierten Klasse können sollen. Ich dachte – voreilig – damit wäre der Fall geklärt, jedoch war damit das Problem nicht gelöst. Eine Mutter schrie: „Dann machen Sie doch unseren Kindern endlich Angst!" (Heitzlhofer 1991, 2)

Eltern sind wahrscheinlich das, vor dem Lehrer am meisten Angst haben. Das ist durchaus verständlich, denn Eltern können sich gegen eine ihnen nicht zusagende Schule mit ganz anderen Mitteln wehren als die (zwangsverpflichteten) und vom Schulsystem noch lange abhängigen Kinder. Dabei haben die meisten Eltern Schule und Lernen als notwendiges Übel bzw. als Vorbereitung auf „die Leistungsgesellschaft, in der wir nun einmal leben" erfahren, und können sich oft nur den selbst erfahrenen Weg mit traditionellem Unterricht vorstellen. (Wenn Lernen auch anders ginge, würde man ja implizit die eigene Biographie bzw. Teile des eigenen Lebens völlig in Frage stellen – und wer macht das schon gerne?) Und die Eltern, die sich zu Wort melden bzw. überhaupt in der Klassenpflegschaft blicken lassen, sind meist die, die gelernt haben, diese Leistungsgesellschaft – trotz aller eigenen Vorbehalte – für sich zu nutzen. Und sie wollen, dass ihre Kinder dies genauso tun.

Und jetzt werden ihnen vom Lehrer auf einmal Grundsätze für eine Unterrichtsgestaltung präsentiert, die ganz anderen Prämissen folgt, als die, die man bislang als zu Schule passend angesehen hat:

- Die institutionellen und organisatorischen Vorgaben (Richtlinien, Lehrpläne, Verwaltungsvorschriften, Stundenplangestaltung, Klassenraum) sind nicht mehr strenger Arbeitsplan, sondern ermöglichen eine autonome Klassenorganisation, das heißt gewähren sowohl im Hinblick auf die inhaltliche und methodische, aber auch die zeitliche Gestaltung des Schultages einen fast unbegrenzten Freiraum.
- Der Lehrer „lehrt" nicht mehr, er „unterrichtet" niemanden, sondern er begleitet den Lernenden auf seinem individuellen Lernweg, hinterfragt, gibt Impulse, stellt Bezüge her. Die Schüler müssen nicht mehr brav stillsitzen und den Lehrstoff „einpauken", sondern eignen sich Wissen, Fertigkeiten und soziale Kompetenz durch eigenes Forschen und gemeinsame Gespräche an. Sie entscheiden selbst über Lernwege, Hilfsmittel und Inhalte, ja sogar über die Klassenregeln und die Tagesgestaltung.
- Auch gibt es keine Schulbücher mehr, die den Kindern Aufgaben und Hilfen geben – und an denen man so gut ablesen kann, wie gut das eigene Kind ist. Stattdessen erforschen die Kinder selber die Zusammenhänge und Strukturen in den Fächern. Arbeits- und Hilfsmittel sollen ihnen dabei als „Werkzeuge"

helfen – aber die eigene Hilfe durch gemeinsames Üben mit dem Kind wird den Eltern vom Lehrer untersagt.

4.8.1 Information und Transparenz als vorbeugende Maßnahme

Wenngleich dieses Modell Offenen Unterrichts durch die Richtlinien und Lehrpläne juristisch abgesichert ist, so ist es immer besser, einen bestmöglichen Einklang mit den Personen zu schaffen, die involviert sind. Dabei ist die Information der Eltern, der Kinder selbst, aber möglichst auch der Geschwister und Verwandten wichtig. Zum einen können abfällige Äußerungen („Wie, ihr könnt immer machen, was ihr wollt – da kannst du ja nichts lernen“) oder aber auch häusliche „Nachhilfeeingriffe“ fatale Folgen durch „Blockieren“ der Kinder haben. Zum anderen greift aber auch der auf Mitbestimmung der Kinder ausgerichtete Offene Unterricht stark in die familiäre Erziehung ein, denn dort ist das demokratische Grundverständnis einer gewissen Gleichberechtigung von Kindern und Erwachsenen in persönlichen Entscheidungen nicht immer selbstverständlich.

Aber selbst wenn es zwischen der häuslichen Erziehung und der schulischen Differenzen gibt, stellen diese nicht unbedingt ein Problem dar, wenn sich die Beteiligten über ihre unterschiedlichen Meinungen und Auffassungen im Klaren sind. Gerade Kinder können unterschiedliches Verhalten von Personen gut differenzieren und entsprechend angepasst (oder diplomatisch) reagieren. Ein entsprechender Austausch erfordert allerdings eine ehrliche und – vor allem am Anfang – umfassende Elternarbeit in Einzel- oder Klassengesprächen, in denen den Eltern das Gesamtkonzept und die Vorgehensweise in den Fächern erklärt werden. Dazu gehören Informationen darüber,

- wie (signifikantes) Lernen eigentlich vonstatten geht (interessegeleitet, selbstgesteuert, individuell, nicht linear, nicht bei Null anfangend usw.) – am besten anknüpfend an die eigenen Lernerfahrungen der Anwesenden (Wie, was, wo und wann lernen sie selbst am besten?);
- wie die kindliche Schreib- und Rechtschreibentwicklung vor sich geht (Schreibentwicklungstabelle, Lesen durch Schreiben);
- wie die mathematische Entwicklung unter Einbezug der hohen Vorkenntnisse der Kinder verläuft (Fragen nach dem Vorwissen der Kinder – und ihrer anzunehmenden Reaktion auf einen Lehrgang, bei dem sie erst nach mehr als einem Jahr über 20 rechnen dürfen);
- worauf es in allen Fächern unter dem Stichwort „Lernen des Lernens“ bzw. der Ausbildung von Schlüsselqualifikationen und -kompetenzen als Qualifikationen für das spätere (Erwerbs-)Leben ankommt (Wortgewandtheit und Ausdrucksvermögen statt kalligraphischer Schönschreibleistung, mathematisches Denken statt heruntergeleierten Einmaleinsreihen, Forschergeist statt Teilnahmslosigkeit usw.);

- worauf es bei der Leistungserziehung und Leistungsmessung ankommt (eigenmotiviertes, selbstverantwortliches Leisten statt „Aberledigen", Erfassen der Gesamtqualifikation in einem Bereich statt Abtesten eingepaukter Techniken);
- wie eine (integrierende) Sozialerziehung die größten Chancen hat (Achtung der Rechte des Einzelnen und der Gemeinschaft durch demokratische Selbstverwaltung);
- und worin beim individualisierenden Vorgehen die Unterschiede zum traditionellen Vorgehen bestehen bzw. welche Probleme oder Andersartigkeiten sich ergeben können (kein lineares Lehrgangslernen, Erforschen statt Auswendiglernen, Ausüben statt Einüben usw.).

Dabei sollte den Eltern die Einbettung dieser didaktischen / fachdidaktischen Punkte in ein erzieherisches Gesamtkonzept klar werden. Ein Gesamtkonzept, das Selbstständigkeit und Selbstverantwortung einfordert – und dies auch da, wo es evtl. schwerer fällt:

> Selbständigkeitserziehung ist [...] nicht möglich, wenn das Kind ständig kontrolliert, kritisiert und bemuttert wird. Selbständig wird das Kind, wenn man es selbständig gewähren lässt. So soll es z. B. seinen Schulranzen selber packen. Die Mutter ist auch nicht dazu da, ihm den Turnbeutel nachzutragen, wenn es ihn vergessen hat. Es soll selber vor der Lehrerin für seine Vergesslichkeit einstehen. Normalerweise soll man das Kind nicht in die Schule begleiten und von der Schule abholen. Wenn es einen gefährlichen Schulweg hat, dann zeigen Sie ihm, wo und wie es auf den Verkehr achten soll. Im Übrigen genügt es, wenn man das Kind rechtzeitig von zu Hause wegschickt. Dass es nicht herumtrödelt, ist seine Sache. (Reichen 2001, 198)

Zusätzlich sollte es immer wieder eine situative Informationsversorgung bezüglich bestimmter Abläufe sowie der Lernentwicklung des einzelnen Kindes geben. Dadurch behalten die Eltern auch in schwierigeren „Chaosphasen" das Vertrauen in das ungewohnte Konzept. Vor allem sollten die Eltern etwaige Probleme mit dem Unterricht nicht am Kind auslassen, sondern direkt den Kontakt zum Lehrer suchen, damit Missverständnisse vermieden werden können und die Kinder nicht „zwischen die Stühle geraten".

Zu überdenken ist auch, ob man nicht Eltern (und Kindern) den zeitweisen Aufenthalt in anderen Klassen bzw. Gespräche mit Kollegen und Schulleitung ermöglichen kann, denn man fordert sehr viel von ihnen: Sie sollen als Laien in einer Zeit immer unsicherer werdender Arbeitsmöglichkeiten ihre Kinder „irgendwelchen neumodischen Unterrichtsexperimenten" anvertrauen, in denen diese den ganzen Tag „machen können, was sie wollen". Wer da Bedenken der Eltern persönlich nimmt, urteilt zu vorschnell. Man muss sich in die Lage der Eltern versetzen. Bei der Einweisung des Kindes in eine Klasse mit herkömmlichem Unterricht hätte alles seinen gewohnten Gang genommen, und man wäre als verantwortliche Eltern zumindest kein unkalkulierbares Risiko eingegangen (denkt man zumindest). Je nachdem, wie sich das Kind im Offenen Unterricht entwickelt, werden sich die Eltern dann eher positiv oder eher negativ mit dieser Unterrichtsform auseinandersetzen. Nun ist nicht mehr das Kind für eventuelle Defizite verantwortlich, sondern die Methode – ganz im Gegenteil zum herkömmlichen Unterricht, wo der Fehler in der Regel nicht bei Methode oder Lehrer gesucht wird, sondern immer dem Kind in die Schuhe geschoben wird. Ein unglaublicher Widerspruch: Im lehrerorientierten Unterricht ist das Kind schuld, im schülerorientierten der Lehrer. In Wirklichkeit müsste die „Schuldfrage" eigentlich genau anders herum gestellt werden.

4.8.2 Stützen und Herausfordern statt Nachhilfe geben

Nicht nur das Bild von der Tätigkeit der Kinder in der Schule muss sich bei den Eltern ändern, sondern auch die Rolle, die sie zu Hause einnehmen. Dabei fordert man einiges von ihnen, denn durch den Verzicht auf den Lehrgang nimmt man ihnen in gewisser Weise die direkte Vergleichsmöglichkeit der Leistungen ihres Kindes mit anderen Kindern bzw. Klassen. Der vermeintliche Leistungsstand lässt sich nicht mehr einfach an den durchgenommenen Buchseiten ablesen und die Förderung des Kindes zu Hause kann nicht mehr durch das Einpauken des Lehrgangs erfolgen.

> Glauben Sie der Lernpsychologie, die nachweisen kann, dass alles, was das Kind von sich aus lernt, besser haftet und eine stabilere Basis für weiterführendes Lernen bietet, als das, was nachahmend übernommen wird. Gestehen Sie den Kindern daher nicht nur Spielräume zu, sondern auch Experimentier- und Erkundungsgelegenheiten. Wenn das Kind Ihnen bei Ihrer Arbeit helfen will, dann sagen Sie nie: „Das kannst du noch nicht." Nehmen Sie gewisse Unannehmlichkeiten in Kauf. Beobachten Sie mit dem Kind zusammen Tiere, Pflanzen, Verkehr, Leute, Haushalt, Garten, Wald usw. Zeigen Sie ihm besondere Sachverhalte und Zusammenhänge, lassen Sie es fragen und reden. Zeigen Sie ihm, wenn immer möglich, auch die Arbeitsplätze von Vater und Mutter, die Mitarbeiter usw. Und erzählen Sie dem Kind schließlich viele, seinem Alter gemäße Geschichten. (Reichen 2001, 199)

Die auf selbstgesteuertes Lernen abzielenden Aneignungsformen verlangen von den Eltern ein Umdenken: Wenn sie ihrem Kind helfen wollen, müssen sie eine Rolle einnehmen, die der des Lehrers in der Schule sehr ähnlich ist:

- Sie sollten für eine anregende, herausfordernde (Lern-)Umgebung sorgen, die aber nicht didaktisch inszeniert ist, sondern „natürlich", das heißt es sind auch zu Hause Bücher vorhanden, Möglichkeiten zum Basteln, Bauen und Experimentieren, zum Erkunden und Erforschen.
- Sie sollten statt stundenlang neben dem Kind zu sitzen, um mit ihm Hausaufgaben zu machen oder Sachen einzuüben, dann wirklich Zeit haben, wenn das Kind danach verlangt bzw. es Sinn macht, das heißt wenn das Kind das Ge-

spräch sucht, wenn ein Büchereibesuch angebracht erscheint, wenn man zusammen interessante (Lern-)Orte besuchen kann.

- Sie sollten selber als interessiertes und lernendes Vorbild dienen, das heißt dem Kind zeigen, dass sie auch Lernende sind und bestimmten Interessen nachgehen, Bücher oder Zeitung lesen, Pläne machen, Kalkulationen berechnen; aber auch Zeit haben, um dem Kind Geschichten vorzulesen, zu erzählen oder sich erzählen zu lassen, um selber Denkspiele, Rätsel, Knobelaufgaben anzugehen, Sachen zu hinterfragen, zu erforschen und auszuprobieren.

Die Eltern können dem Kind jederzeit Hilfen im Sinne von gemeinsamen Überlegungen oder Impulsen geben, das übliche Beibringen, Üben oder Nacharbeiten von Schulstoff sollte aber nicht erfolgen. (Es kann allerdings eine Zeit lang dauern und einige Mühe kosten, bis man von allen Eltern „ungefälschte" Hausaufgaben bekommt und auch die letzte Oma die Rechtschreibfehler im Heft der Enkelin akzeptiert ...)

Natürlich können Eltern auch im Unterricht mitwirken. Dabei unterliegt ihr Einbezug denselben Vorgaben, wie sie ihnen für die Betreuung zu Hause gemacht werden. Am besten und unkompliziertesten erscheint es, wenn Eltern ihre eigenen Erfahrungen und Interessen mit in die Schule bringen und als Experten oder Laien z. B. projektorientierte Stunden oder Einheiten zu bestimmten Themen anbieten (als Kunstmaler, als Arzt, als Schwangere). Allerdings sollten immer auch die Kinder dieser Eltern gefragt werden, wie sie selbst die Anwesenheit ihrer Eltern in der Klasse empfinden. Ein Empfinden von Kontrolle oder Einzelförderung sollte vermieden werden. Und ab und zu sollten gemeinsame Klassenaktionen mit Kindern, Geschwistern, Eltern und Lehrer die ganze Sache dann abrunden – ob als gemeinsamer Grillnachmittag oder als Kanutrip mit Selbstversorgung ...

5 Planung und Bewertung Offenen Unterrichts

> *Diese Richtlinien sind die ersten in Deutschland, die das traditionelle Unterrichtskonzept für beendet erklären.* Deshalb gehören diese Richtlinien meines Erachtens zu den bedeutendsten Veränderungen der Schule überhaupt in ihrer Geschichte. Die Lehrer haben das kaum erkannt. Sie halten es nicht für möglich, daß sie eigentlich seit Beginn dieses Schuljahres nicht mehr unterrichten dürfen. Entweder der Lehrer differenziert den Unterricht so, daß jedes einzelne Kind Ziele auf unterschiedlichem Niveau, in unterschiedlichen Zeiten und auf unterschiedlichen Wegen erreicht. Oder er läßt die Kinder ihren Lernprozeß weitgehend selbständig planen. Die Kinder wählen dann Themen, Lerngegenstände, Art und Reihenfolge der Bearbeitung, Zeitaufwand und Arbeitstempo, notwendige Hilfen. Sie wählen auch den Helfer und die Formen des Zusammenseins nach ihren individuellen Gesichtspunkten. (Günther 1985, 6629)

Die im Offenen Unterricht geforderte individualpädagogische Auffassung vom Lernen in der Schule stößt an die Schranken unserer aller Verständnis von „Unterricht". Egal wie man sie auslegt. Betrachtet man die Individualisierung als ein weiteres Planungsmoment des Unterrichts, das der Lehrer neben anderen methodisch-didaktischen Prinzipien umzusetzen hat, so verlangt man Unmögliches von ihm: Niemand kann sinnvoll für einen anderen „differenzieren" – und schon gar nicht für 25–30 lernende Individuen. Die Alternative zu dieser Differenzierung „von oben", die Individualisierung „von unten" durch die Kinder, sprengt hingegen alle Vorstellungen, die man bislang von „Unterricht" hatte und passt nicht mehr zum in der Ausbildung vermittelten Handwerkszeug.

5.1 Unterrichtsplanung im Offenen Unterricht

„Planung und Öffnung – Das kommt einer Quadratur des Kreises gleich" (Wallrabenstein 1996, 27). Ja, das kommt es zweifelsohne. Aber Offenheit ohne Planung ist noch schlimmer. Offenheit muss geplant werden, damit sie sich einigermaßen so darstellt, wie man es beabsichtigt. Deshalb ist Offener Unterricht auch in seiner radikalsten Form alles andere als beliebig. Prinzipien wie Situationsorientierung, Selbststeuerung und interessegeleitetes Lernen, die auf den ersten Blick ein hohes Maß an Beliebigkeit unterstellen oder vermuten lassen, erzeugen durch ihre Offenheit zum Schüler, zum Fach und zur Situation ein Lernen einer ganz anderen Qualität auf einem ganz anderen Auseinandersetzungsniveau als herkömmlicher Unterricht. Erst diese Offenheit führt dazu, dass das Lernen eine individuelle Sinngebung bekommt und dadurch alles andere als beliebig ist und erlebt wird. Und die Offenheit, die das ermöglicht, muss geschützt und damit sehr wohl vorgedacht werden. Die Begründung für die Planung der Offenheit ist also nicht die herkömmliche, die Planung als unerlässliche Grundlage jedweden Unterrichts ansieht, sondern die Planung ist notwendig, damit der Unterricht eben nicht in das herkömmliche Planungsraster fällt. Sie ist nötig, damit

Lehrer und Schüler alte Traditionen überwinden können. Die Offenheit des Offenen Unterrichts hat daher nicht nur eine ganz andere Qualität, sondern auch ganz andere Ziele als die vorgeplante „Offenheit“ des herkömmlichen Unterrichts.

5.1.1 Unterrichtsplanung – Anspruch und Wirklichkeit

Zugespitzt formuliert, hat die traditionelle Vorplanung des Geschehens im Unterricht etwas zu tun mit Bedenken gegenüber den intuitiven Fähigkeiten des Lehrers, richtig und effektiv „aus dem Stegreif“ auf pädagogische Situationen reagieren zu können. Diese Kompetenz wird ihm abgesprochen bzw. kann eben nicht bei allen Lehrern vorausgesetzt werden. Entsprechend wird möglichst viel vorgeplant und vorbereitet, damit in der Unterrichtssituation wenig Leerlauf herrscht und kein Schüler auf „dumme Gedanken“ kommen kann.

Dabei geht die diesem Vorgehen zu Grunde liegende Theorie davon aus, dass „die Unterrichtsplanung, der Unterrichtsverlauf und die realen Lernprozesse des einzelnen Schülers in einem direkten und kontrollierbaren Ursache-Wirkungs-Zusammenhang stehen, den der Lehrer durch Tricks (‘Motivierung’) oder Disziplinierung durchzusetzen hat.“ (Ramseger 1979, 19) Wenn man Offenen Unterricht aber mit dieser „geschlossenen“ Einstellung plant, dann wird er planlos. Eben Offenheit ohne Konzept. Das zeigt ein Blick in die Schule von nebenan. Dort findet man Offenheit in der eigentlichen Form der Beliebigkeit vor, denn der geschaffene offene Raum wird ausgefüllt durch Beschäftigungstherapie, durch das sinnlose Abarbeiten bunter Materialien, das Ausfüllen und Ausmalen einfallsloser und unproduktiver Arbeitsblätter, das Verordnen „spielerischen“ „Lernens“.

Und seien wir doch einmal ehrlich: Die hochgelobte und als so selbstverständliches Element der Lehrertätigkeit betrachtete Unterrichtsplanung findet doch effektiv gar nicht so statt, wie immer behauptet wird – weder im offenen noch im geschlossenen Unterricht – zumindest nicht außerhalb der Vorführstunden für Examen und Revisionen.

> Wie Ursel Q. Unterricht plant […]. Zumeist beschränkt sich die Vorbereitung auf die Unterrichtsstunde des nächsten Tages, bestenfalls der kommenden Woche. In einzelnen Fällen geht sie auch völlig unvorbereitet zur Schule bzw. bereitet sich flüchtig kurz vor dem Schlafengehen oder frühmorgens vor. Dabei ist ihr durchaus bewußt, daß ihre Vorgehensweise weder ihrem formulierten Anspruch noch der an der Hochschule vermittelten Theorie entspricht. Während sie an der Hochschule gelernt hat, jedem Unterrichtsentwurf Intentionen und Unterrichtsziele voranzustellen und danach Inhalte, Methoden und Medien auszuwählen, reduziert sich für sie die didaktische Analyse allzuoft auf die Frage nach dem vorhandenen Material. Man kann geradezu von einem Auf-den-Kopf-Stellen der gelernten Theorie sprechen: nicht die Ausrichtung an politisch-pädagogischen Intentionen

> determiniert die Inhalte, sondern das zufällige Vorhandensein von irgendwelchen möglichst detailliert vorpräparierten Materialien. Die hat sie mit Eifer gesammelt. (Gutt 1977, 24)

Aber – und das ist wirklich die Frage – um ein Lehrbuch Stück für Stück durchzugehen oder den Kindern irgendwelche Freiarbeitsmittel zur Beschäftigung bereitzustellen, dafür hätte man nun wirklich nicht jahrelang ausgebildet werden müssen, oder? Wenn man es einmal provokativ ausdrücken möchte, reduziert sich die Lehrertätigkeit durch den Irrweg des perfekten Planungsanspruchs im Prinzip auf die Aufsichtsführung in der Klasse, denn von dem, was Schule eigentlich ausmacht, dem individuellen Lernen der Kinder bekommt der Lehrer in einem vorgeplanten Unterricht – auch bei beabsichtigter Differenzierung und noch so großem Einbezug der Kinder – meines Erachtens nicht allzu viel mit. Viel eher nimmt er die Aktionen der Kinder immer nur durch den Filter der eigenen Planungsinteressen wahr – und das ist eine Wahrnehmung, die die meisten Aktivitäten der Kinder als Störung empfinden muss. Als Folge wird der Lehrer diese „Schwierigkeiten" der Kinder mit dem Unterricht schon weitmöglich bei der Planung berücksichtigen und diese (bzw. dadurch oft die gesamte) Eigenaktivität der Kinder durch entsprechende methodische oder disziplinarische Maßnahmen ausschalten.

Interessant ist, dass sich diese Art der Vorplanung gerade in „geöffneten" Lernformen bei vielen Lehrern in einem so rigiden Beharren auf Reglementarien zeigt, das in dieser Strenge sogar im Frontalunterricht eher selten vorkommt. Das kleinliche Pochen auf zum Teil absurde Ordnungs- und Arbeitsprinzipien nimmt in vielen dieser Klassen fast schon neurotische Züge an, und die Kinder bewegen sich dort alles andere als „offen" oder „frei" – und nur, weil der Lehrer ein nicht nachvollziehbares Maß an Angst vor Unübersichtlichkeit und Unordnung hat. Manche Hospitation in einer solchen scheinbar „offenen" Klasse lässt einen erstarren und sehnsüchtig die schützende Atmosphäre eines unpersönlichen Frontalunterrichts herbeisehnen …

Das einzige, was da hilft, ist die Abkehr vom Planungsmonopol des Lehrers und die Hinwendung zum pädagogischen Aspekt der Schule. Wir müssen uns vom traditionellen Bild des allmächtigen Lehrers (der in der Praxis oft genug ganz und gar nicht mehr so allmächtig aussieht) lösen und die Basis unserer Überlegungen wechseln. Offener Unterricht bedarf anderer Voraussetzungen und einer ganz anderen Planungsqualität als traditioneller Unterricht. Und dadurch kommt dann auch die vernachlässigte pädagogische Komponente hoffentlich wieder an die erste Stelle.

5.1.2 Unterrichtsplanung in offenen und in geschlossenen Lernsituationen

> Bei der Diskussion [...] wurde Übereinstimmung darüber erzielt, daß die Prinzipien „offenen Unterrichts" keine grundsätzlich neue didaktische Position darstellen, wohl aber eine konsequente Übertragung von Zielansprüchen auf die Planung und Durchführung sowie die Arbeits- und Kommunikationsformen der täglichen Unterrichtspraxis bedeuten." (Messner 1978, 147)

Leider wird von vielen Autoren (oder fast allen?) in der Literatur zum Offenen Unterricht die Andersartigkeit der Planung Offenen Unterrichts völlig übergangen. Man formuliert hehre Ansprüche und Ziele, spricht vom Spannungsfeld zwischen Freiheit und Verbindlichkeit, zwischen den Bedürfnissen des Kindes und den Anforderungen des Faches, zwischen dem Einbringen eigener Interessen und dem Erlernen vorgegebener Konventionen und leitet daraus einen Unterricht ab, der sich und seine Ziele selber karikiert. Natürlich existieren diese Spannungsverhältnisse. Das heißt aber nicht, dass man sie gleichwertig und gleichartig in gewohnter Weise didaktisieren bzw. „in Unterricht umwandeln" kann.

Das, was in Schule schließlich aus offenen und schülerorientierten Konzepten gemacht wird, zeigt das anschaulich: Die wirklich interessanten und herausfordernden Mathematikaufgaben werden durch das „Unterrichten" durch den Lehrer zu Abneigung erzeugenden Techniken, die gefangennehmenden Sprachentdeckerrätsel zur stupiden Abschreibübung und das spannende Freie Forschen im Sachunterricht zum schematischen Notieren von Beobachtungen nach vorgegebenem Raster – auch wenn es jetzt Rechenkonferenz, Schreibkonferenz oder integrierender Sachunterricht genannt wird. Nach der aussichtsreichen Entwicklung wegweisender Aufgaben und fachdidaktischer Modelle in den letzten Jahren werden diese Ergebnisse vor Ort eben nicht in ein umfassendes allgemeindidaktisches Konzept eingebettet, sondern finden sich als losgelöste Teilbereiche irgendwo als Garnierung des herkömmlichen Unterrichts. Aber es ist ein Irrtum zu glauben, dass die mit diesen Aufgaben einhergehenden hohen Ziele so einfach zu den Zielen des einzelnen Schülers werden können. Werden sie das aber nicht, sind alle Bemühungen davor zunichte.

Bevor wir die im Fach selbst liegenden Herausforderungen im Unterricht überhaupt nutzen können, müssen sie zur eigenen Herausforderung des Lernenden an sich selber werden. Da jeder Mensch – soweit ich das wahrnehme – motivierter, interessierter und lerneffektiver arbeitet, wenn man ihm die Möglichkeit gibt, sich freiwillig für eine Sache zu entscheiden, anstatt ihn dazu zu zwingen, sollten die Herausforderungen des Faches als interessante Impulse in einer offenen Atmosphäre bereit stehen – unverbindlich, als Anreiz zum Lernen. In Klassen, die auf dieser Basis arbeiten, pflanzen sich spannende Themen und Ideen automatisch fort, weil die Kinder nicht nur sehr daran interessiert sind, was andere Kinder in der Klasse machen, sondern weil auch immer wieder ein direkter (ausstrahlender) Kontakt mit dem Stoff erfolgt – und zwar auf eine ganz authentische Art über denjenigen, der sich gerade mit dieser Sache auseinandersetzt. Das kann kein vom Lehrer inszeniertes Motivationsspiel bieten.

Im Zuge der veränderten Sichtweise auf Unterricht werden mittlerweile die alten didaktischen Schemata zur Unterrichtsplanung einer gewissen Prüfung unterzogen und bekommen ein „Update" im Hinblick auf die geforderte „individualpädagogische" Unterrichtsgestaltung.

> Die traditionelle *Vermittlungsdidaktik*, die noch stark von der Idee eines konsequent vom Lehrer geplanten lehrstofforientierten Unterrichts mit vorgegebenen geschlossenen Artikulationsschemata ausging, wird heute [...] ergänzt durch eine *Arrangementsdidaktik*, in der der Lehrer seine didaktische Aufgabe eher in der Planung und Vorbereitung von Lernsituationen und der Prozeßsteuerung des Unterrichts sieht. (Krawitz / Kurz 1997, 97)

Aber auch hier muss man genau hingucken, welcher Art der Unterricht ist, der dort angepriesen wird: Die Rolle des jeden Unterrichtsschritt bis ins Kleinste vorplanenden Lehrers wird aufgebrochen und der Schüler rückt in den Vordergrund. Man geht bei der Unterrichtsplanung nun nicht mehr von der zwingenden Sachlogik des durch den Lehrplan verordneten Inhaltes aus und reduziert diesen dann im Hinblick auf das (leider) gegebene Bedingungsfeld, um schließlich auf Grund dieser Überlegungen zu mehr oder weniger differenzierten Arbeitsvorgaben zu kommen, sondern man dreht den Spieß um. Nun versucht man das Bedingungsfeld der Klasse und die scheinbaren Bedürfnisse der Schüler zum Ausgangspunkt der Überlegungen zu machen, überlegt, auf welche Inhalte die Kinder anspringen könnten, welcher Inhalt und welche Materialien sie wohl motivieren würden, welche Unterrichtsphasen vorstrukturiert werden müssen, welche durch entsprechende Arbeitsformen geöffnet werden können, welche Maßnahmen der Differenzierung und Individualisierung notwendig sind usw.

Diese veränderte Sichtweise stellt aber immer noch keine wirkliche Veränderung von Schule bzw. kein echtes Aufbrechen der alten Strukturen dar. Pointiert gesagt, kann es nicht darum gehen, das Planungsmonopol des Lehrers durch das Planungsmonopol des Lehrers zu ersetzen, auch wenn dieser im zweiten Fall ein paar Planungsentscheidungen der Schüler in den Unterricht einfließen lässt. Ein solcher Unterricht wird streng genommen weder dem Attribut eines schülerorientierten noch dem eines individualpädagogischen oder Offenen Unterrichts gerecht. Vielleicht kann dies durch eine Gegenüberstellung von lehrerorientiertem, materialorientiertem und Offenem Unterricht veranschaulicht werden – und zwar idealtypisch, das heißt ohne zu unterstellen, dass nicht bestimmte Momente von allen Modellen angestrebt werden. (Vgl. i. F. auch Oellrich-Wagner 1996, 14; Gallin / Ruf 1990, 19f.; Krawitz / Kurz 1997, 92–108)

Intentionale Überlegungen
geschlossen
Wenn ich meinen Unterricht vorbereite, so setze ich mich zuhause hin, nehme alle Sachbücher und schau nach, was die Verlage zu meinem ausgewählten Thema herausgebracht haben. Meistens übernehme ich dann die eine oder andere Seite oder schreibe sie um und fertige passende Matrizen dazu an. Manchmal frage ich auch einen Kollegen, ob der was Entsprechendes zum Thema hat. (Knauf/Knauf 1979, 9)

Lehrergeplanter „offener“ oder „geschlossener“ Unterricht	Materialorientierter Unterricht und „Arrangementdidaktik“
Was ist als nächstes „dran“? Welche Lernziele müssen erreicht werden? Wie viel Zeit habe ich, um den Stoff einzuführen, zu üben und zu kontrollieren?	Welches Thema klingt interessant? Was könnte die Schüler als nächstes interessieren? Welches Material habe ich zur Verfügung? Welche Ziele welcher Fächer kann ich mit dem vorhandenen Material erreichen?

Überlegungen zum Bedingungsfeld
geschlossen
Wenn ich meinen Unterricht vorbereite, so setze ich mich zu Hause hin und überlege, was meine Klasse im Hinblick auf das mir vorschwebende Thema und meine Ideen zur Umsetzung leisten kann, welche Schüler Defizite aufweisen und besondere Förderung und Materialien brauchen, welche Schüler undiszipliniert sein und den Unterricht bzw. die anderen Schüler stören könnten, welche Kinder ich mit anderen zusammenarbeiten lassen sollte, welche Kinder besondere Kontrollen brauchen werden.

Lehrergeplanter „offener“ oder „geschlossener“ Unterricht	Materialorientierter Unterricht und „Arrangementdidaktik“
Welches Leistungsniveau hat die Klasse im Durchschnitt? Wie diszipliniert können die Kinder arbeiten? Welche Arbeits- und Sozialformen sind ihnen bekannt? Welche schwachen oder auffälligen Schüler gibt es in der Klasse?	Können die Kinder selbständig nach Plan arbeiten? Sind ihnen die in den Aufträgen verlangten Arbeits- und Sozialformen bekannt? Welche schwachen oder auffälligen Schüler gibt es in der Klasse, die besondere Aufgaben oder Hilfestellungen bei der Erledigung ihrer Aufträge brauchen?

Intentionale Überlegungen
offen
Wenn ich mich in der Klasse aufhalte, sehe(bzw. spüre ich), was läuft, wie sich einzelne Kinder heute fühlen, was sie bewegt und beschäftigt. Da ich nicht unterrichte, habe ich die Zeit und Möglichkeit, wirklich mitzubekommen, was passiert, was gut und was schlecht läuft, wo Hilfen und Stützen notwendig sind, wo die Gemeinschaft gefragt ist. Es gibt 25 Kinder, für die alle die verschiedensten Ziele wichtig sind. Hunderte von Zielen nebeneinander. Ein paar kenne ich, ein paar kann ich mir denken, ein paar kennen die Kinder, aber der größte Teil ist unsichtbar und unbewusst – und wird auch so erreicht. Lernzuwachs geschieht nicht durch das Aufstellen von Zielen und wird auch nicht dadurch erreicht. Den größten Teil dessen, das wirklich wichtig für sie ist, lernen die Kinder nebenbei und unbewusst – auf allen möglichen Ebenen: kognitiv, emotional, sozial usw.

Offener Unterricht
Stimmt die Lernatmosphäre in der Klasse? Kann ich die Tätigkeiten der Kinder nachvollziehen? Für welches Kind ist momentan was (welches „Ziel“) am wichtigsten? (Wer braucht zur Zeit vor allem emotionale Geborgenheit; welche Kinder brauchen momentan völligen Freiraum, um sich langfristig eigene Ziele zu setzen; welche Kinder brauchen mich als Person; welche Kinder brauchen momentan stofflich neue Herausforderungen etc.?) Gibt es Kinder, die momentan Bedarf in einer bestimmten Hinsicht haben (Material, Impulse, Ideen, In-Ruhe-Gelassen-Werden, Smalltalk, Gespräch mit den Eltern, Einfach-daneben-Sitzen usw.? Wo bin ich als Lehrer für Impulse nötig, wo kann die Klasse das selbst leisten?

Überlegungen zum Bedingungsfeld
offen
Wenn ich mich in der Klasse aufhalte, sehe (bzw. spüre ich), was läuft, wie sich einzelne Kinder heute fühlen, was sie bewegt und beschäftigt. Ich kann direkt auf sie reagieren, andere Kinder um Rat fragen, Sachen im Kreis ansprechen. Ich kann mich mit einzelnen Kindern zusammensetzen, Impulse geben, Materialien besorgen, Hilfestellungen geben, einfach da sein. Weil ich nicht „unterrichte“, bin ich jederzeit ansprechbar – auch für außerschulische Sachen. Ich bekomme mit, was gerade „Gesprächsthema“ ist, wer welche Probleme hat. Niemand verstellt sich vor mir, niemand muss mir Leistungen vorgaukeln, die er nicht erbringt. Es herrscht eine befreite, ehrliche Atmosphäre. Wir kennen uns wirklich gegenseitig.

Offener Unterricht
Warum arbeitet A. momentan in dieser und dieser Art, auf diesem und diesem Niveau, mit diesen und diesen Partnern etc.? Was beschäftigt B. zur Zeit am meisten? Haben sich bei C. die Probleme zu Hause geklärt? Welche Impulse könnte H. noch für ihre Kniffelaufgaben brauchen? Wie arbeitet D. in der Gruppe mit E. zusammen? Braucht F. einfach nur noch mehr Zeit oder könnte es medizinisch zu klärende Gründe für seine „Verzögerung“ geben? Soll ich G.s Eltern noch mal darauf aufmerksam machen, dass korrigierte Hausaufgaben niemandem nützen?

Didaktische Überlegungen
geschlossen
Wenn ich meinen Unterricht vorbereite, so setze ich mich zu Hause hin und überlege, wie sich das nächste Thema gestalten könnte. Ich sehe die Bücher durch, überlege, welches Material ich habe, was ich noch besorgen oder selber machen könnte, ob innerhalb des Themas alle Fächer vorkommen und möglichst alle Sinne angesprochen werden.

Lehrergeplanter „offener“ oder „geschlossener“ Unterricht	Materialorientierter Unterricht und „Arrangementdidaktik“
Was muss ich mir noch selbst an Sachwissen zum Unterrichten aneignen?	Habe ich genügend Arbeitsmaterial?
Auf welchen Teilbereich müssen die Inhalte reduziert werden? Wie vermeide ich Abschweifungen von meinen Lernzielen, die aus der Beschäftigung mit dem Stoff resultieren können?	Sind alle Teilbereiche, die mir wichtig sind bzw. die sachlogisch vorgegeben sind, abgedeckt? Welche Aufträge sollten die Kinder auf jeden Fall verbindlich bearbeiten?
Gibt es eine sachlogische Abfolge, in der die Inhalte zu vermitteln sind? Gibt es eine sachlogische Abfolge vom „Einfachen“ zum „Komplizierten“, die ich nutzen kann?	Sind die Materialien gut vorstrukturiert? Gibt es Materialien, die einander bedingen?
Welche Inhalte muss ich ausklammern, damit es möglichst wenig Schwierigkeiten für die Schüler gibt?	Welche Materialien sind wenig motivierend, zu kompliziert oder unzureichend aufbereitet?

Methodische Überlegungen
geschlossen
Wenn ich meinen Unterricht vorbereite, so setze ich mich zu Hause hin und überlege, wie ich unsere Einheit aufbauen soll, was für einen schönen Einstieg ich in das Thema finden könnte, welches Material sicher für die Kinder ist, wo ich sie in der Eingangsphase einbeziehen kann, wie ich dann zu meinem Unterrichtsvorhaben überleiten werde, welche Räume ich mitbenutzen sollte, wie ich den Ablauf so sicher mache, dass ich den Überblick über alle Kinder behalte, welche Lehrgangsphasen wann notwenig sind, wann und in welcher Form ich den Test über das Thema durchführe.

Didaktische Überlegungen
offen
Wenn ich mich in der Klasse aufhalte, sehe (bzw. spüre ich), was läuft, wie sich einzelne Kinder heute fühlen, was sie bewegt und beschäftigt. Ich nehme wahr, wie sie sich gegenseitig herausfordern und anregen, erliege selbst der Spannung, die ihr Kniffeln und Entdekken ausstrahlt, spüre, wie sich meine Begeisterungsfähigkeit für langweilige Aktionen oder reproduktive Tätigkeiten in Grenzen hält, verfolge gespannt die Lernwege der Kinder, äußere – wie die anderen Kinder auch – Impulse und Ideen und diene oft selbst genug als „lernendes Vorbild", wenn ich Sachen nicht auf Anhieb verstehe oder nachschlagen muss, wenn ich etwas gefragt werde, was mein eigenes Wissen um Längen übersteigt.

Offener Unterricht
Bin ich selbst so sicher im Stoffgebiet, dass ich die Inhalte der Lehrpläne so auf die tragenden Momente reduzieren kann, dass ich den Kindern größtmöglichen Freiraum bei der Auswahl und dem Umfang der Inhalte lassen kann?
Habe ich selber kein Problem damit, bei den Kindern auch mir selbst unbekannte Gebiete zuzulassen und sie dort als „lernender Laie" zu begleiten?
Haben die Kinder alle Möglichkeiten eines ganzheitlichen und herausfordernden Zugangs zum Stoffgebiet? Können sich die Kinder in einem Raum bewegen, in dem sie nicht durch Unverständnis von außen gestört werden, wenn sie ihrer eigenen Entwicklung und nicht dem Lehrbuch oder der Sachstruktur einer (fertigen) Wissenschaft folgen?
Ist den Kindern selbst und den Personen, die mit ihnen umgehen, klar, dass Umwege, Fehler und der Aufbau eigener (u. U. chaotisch erscheinender) Strukturen konstruktive Wegmarken des Lernprozesses sind?

Methodische Überlegungen
offen
Wenn ich mich in der Klasse aufhalte, sehe (bzw. spüre ich), was läuft, wie sich einzelne Kinder heute fühlen, was sie bewegt und beschäftigt. Ich bin ansprechbar, um Hilfen und Impulse zu geben, Sachen auf Nachfrage zu kontrollieren, Material zu besorgen oder einfach nur zuzuhören. Ich kann mich intuitiv und (dadurch) authentisch in den Lernprozess des Einzelnen bzw. der Klasse einbringen, erkenne übergreifende Zusammenhänge in der Entwicklung, die vonstatten geht. Ich bekomme durch die Eigenproduktionen der Kinder ihre Lernentwicklung mit, merke, welch hohen Anspruch sie erfüllen, wenn sie lesen, schreiben, rechnen, forschen „entdeckend" oder „erfindend" lernen, bin über Zusammenhänge erstaunt, die mir vorher so nicht klar waren, merke wie wichtige Wegmarken „Fehler" auf dem Weg des individuellen Lernprozesses sind.

Methodische Überlegungen	
Lehrergeplanter „offener“ oder „geschlossener“ Unterricht	Materialorientierter Unterricht und „Arrangementdidaktik“
Passt die übliche Stundengliederung in Hausaufgabenkontrolle, Motivationsphase, Erarbeitungsphase, Stillarbeitsphase und Hausaufgabennotation, oder muss ich in dieser Stunde anders vorgehen?	Passt die übliche Stundengliederung in Initiationsphase, Produktionsphase und Integrationsphase? Habe ich für die notwendigen Spannungs- und Entspannungsphasen gesorgt?
Welchen Teil des Themas kann ich in 45 oder 90 Minuten erarbeiten lassen? Welche Lösungsmuster sollen die Schüler einüben?	Sind die Materialien selbsterklärend und führen sie die Schüler sicher zur angestrebten Lösung bzw. einzuübenden Technik?
Wie ist das Problem im Lehrbuch gelöst, und wie helfe ich den Schülern zu verstehen, um was es geht? Wie und in welcher Abfolge muss ich den Stoff erklären?	Wie führe ich die Materialien ein und erkläre den Arbeitsablauf?
Habe ich den Stoff so aufbereitet, dass die Schüler sich ihn in entsprechenden Lektions- und Verständnisschritten problemlos aneignen können?	Ist den Schülern die Arbeit mit dem Material so klar, dass sie selbstständig damit umgehen können?
Welches sind die besten Arbeits- und Sozialformen zur Aneignung des Stoffes?	Ist den Schülern klar, in welcher Sozialformen sie arbeiten sollen bzw. sind die Materialen entsprechend bezeichnet? Soll ich die Gruppen einteilen oder können sie das selber anhand des Materials?
Welche Hilfs- und Veranschaulichungsmittel benötigen die Schüler zur Durchführung ihrer Arbeit?	Schulen die Arbeitsmittel ein „Lernen mit allen Sinnen“ bzw. wird der Übungsinhalt über mehrere Sinne eingeübt?
Wie steige ich in das Thema so ein, dass die Schüler zur Mitarbeit motiviert werden? Wie formuliere ich die Arbeitsaufträge, dass sie richtig verstanden werden?	Gibt es einen schönen gemeinsamen Einstieg in das Thema? Welche Brücken kann ich zum Interesse / Vorwissen schlagen, damit die Schüler zur Arbeit motiviert werden?
Welche Schüler brauchen inhaltliche oder methodische Differenzierungsmaßnahmen?	Decken die Arbeitsmittel die Leistungsdifferenzen der Kinder ab? Welche besonderen Fördermaterialien werden benötigt?
Wie unterstütze ich die Schüler darin, dass sie möglichst wenig Fehler machen?	Sind die Materialien so aufgebaut, dass die Schüler sich keine falschen Lösungen einprägen können?
Bei welchen Kindern muss ich bei der Stillarbeit in der Klasse besonders auf Fehler achten?	Haben die Materialien eine Selbstkontrollmöglichkeit (eingebaute Fremdkontrolle...)?
Wie kontrolliere ich die Arbeit bzw. das Gelernte?	Ist den Kindern das Abzeichnen der Pläne und das Korrigierenlassen der Ergebnisse klar? Welche Aufgaben können die „Angebotschefs“ selbst überprüfen?
Wie kontrolliere ich, wer welches Lernziel inwieweit erreicht hat? Welchen Bewertungsmaßstab lege ich für diese Klasse fest?	Welche Art der Leistungskontrolle benötige ich zur Leistungsfeststellung? Lasse ich das Arbeitsverhalten zusätzlich mit in die Bewertung einfließen?

Methodische Überlegungen
Offener Unterricht
Können die Kinder selbstreguliert lernen und Arbeiten und Pausen selber bestimmen? Haben die Kinder die Möglichkeit, auf gemeinsame Phasen und Institutionen (Gesprächskreis, Klassenrat, Projektabstimmung etc.) zurückzugreifen, wenn sie sie benötigen, können sie aber auch ohne Ablenkung weiterarbeiten, wenn sie diesen Bedarf nicht haben?
Ist mir selbst die Lernentwicklung in den Fächern so klar, dass ich den Kindern größtmöglichen Freiraum bei der Aneignung lassen kann und Leistungsstand und Fortschritte auch in eigenwilligen und fehleraufweisenden Zugangsweisen erkenne?
An welchen Stellen sollte ich mich – als Zuhörer, – als Fragender, – als Impulsgeber, – als Informierender, – als Strukturierender, – als durch die soziale Situation Betroffener usw. in die Gespräche einbringen?
Haben die Kinder die Möglichkeit, Sachen auf ihre eigene Art anzugehen, sich damit auseinander zu setzen, nach Belieben auszuprobieren, zu verwerfen, neu zu beginnen, Austausch zu suchen usw.?
Können sich die Kinder selbst aussuchen, welche Arbeit sie allein bzw. mit anderen angehen wollen? Ist jederzeit ein gegenseitiger Austausch zur Absprache, Zusammenarbeit, Nachfrage etc. möglich?
Können die Kinder sich Zugangsweisen und Veranschaulichungen ihrem eigenen Lerntyp entsprechend selbst wählen bzw. erstellen? Gibt es sinnvolle Vorschläge, die allen zugänglich sein sollten?
Können die Kinder ihre eigenen Inhalte und ihren eigenen Zugang wählen? Stehen den Kinder Institutionen, Rituale und Materialien zur Verfügung, die ihnen Austausch und Aneignung von Wissen und Verfahren erlauben, ohne auf reproduktive Beschäftigung oder reine Belehrung zurückgreifen zu müssen?
Besteht für alle Kinder die Möglichkeit, gemäß ihrem Leistungsstand über Eigenproduktionen interessegeleitet auf ihrem Weg zu lernen? Habe ich Impulse als Anregung und Herausforderung im Hinterkopf, um im Bedarfsfall intuitiv sinnvoll auf Kinder reagieren zu können? Welche Kinder brauchen mich oder andere Kinder (noch) zur emotionalen Sicherheit beim Arbeiten?
Ist den Kindern selbst und den Personen, die mit ihnen umgehen, klar, dass Umwege, Fehler und der Aufbau eigener (u. U. chaotisch erscheinender) Strukturen konstruktive Wegmarken des Lernprozesses sind?
Haben sich die Kinder Verfahren der Selbstkontrolle angeeignet, mit denen sie ihre Arbeitsergebnisse eigenständig kontrollieren können (Proberechnungen, Wörterbuchnutzung, Austausch mit anderen Kindern)?
Welche Kompetenzen haben die Kinder im Hinblick auf ihre eigene Leistungsbewertung und die Produkte und Fähigkeiten anderer Kinder entwickelt (und wie differenziert sind diese)?
Habe ich über die Eigenproduktionen der Kinder einen genauen Einblick bzgl. ihrer individuellen Entwicklung? Soll ich zusätzlich Normtests zur generellen Einordnung der Klasse bzw. zur gezielten Dokumentation der Entwicklungen (auch als Beruhigung für Eltern, Schulleiter und mich selbst) durchführen?

Nachbereitung
geschlossen
Wenn ich meinen Unterricht nachbereite, so setze ich mich zu Hause hin und kontrolliere die Arbeiten der Kinder, überprüfe, wie viel und wie stetig sie gearbeitet haben (bzw. messe das an ihren schriftlichen Niederlegungen), versuche bei ihnen Lern- und Ordnungsdefizite auszumachen und überlege mir, wie ich die Kinder, die in diesen Bereichen noch nicht so weit sind, noch besser motivieren, diagnostizieren oder fördern könnte.

Lehrergeplanter „offener" oder „geschlossener" Unterricht	Materialorientierter Unterricht und „Arrangementdidaktik"
Wie hoch ist das Fehleraufkommen der Schüler? Wie weit haben welche Schüler was verstanden?	Welche Schüler haben welche und wie viele Materialien bearbeitet? Wo sind am häufigsten Fehler gemacht worden und welche Schüler haben die Inhalte noch nicht verstanden?
Welche Schüler brauchen zusätzliche Förderstunden oder Übungsblätter?	Welche Schüler brauchen anderes (einfacheres / mehr) Material oder zusätzliche Einzelförderung?
Wie kann ich die Kinder noch mehr zum Arbeiten motivieren?	Wie kann ich die Kinder noch mehr zum Arbeiten motivieren?

Wenn man die Tätigkeiten bzw. Planungsaktivitäten des Lehrers innerhalb der verschiedenen Konzepte anhand dieser Übersicht miteinander vergleicht, so wird die jeweils andere Basis des Unterrichts klar. Während die rechte Spalte immer wieder zwangsläufig ganz direkt und individuell auf den „Planungsursprung" Schüler zurückkommt und im Prinzip immer dieselbe prozessuale Zugangsweise beschreibt, nämlich einen flexiblen Unterricht, in dem die Inhalte und der Zugang dazu sowie die auszubildenden kognitiven und sozialen Kompetenzen immer vom einzelnen Kind ausgehen bzw. sich immer wieder auf das einzelne Kind rückbeziehen, bleiben die beiden linken Spalten merkwürdig indifferent gegenüber der Person des Schülers.

Natürlich wird auch im lehrer- bzw. materialzentrierten Unterricht die Verschiedenheit der Kinder wahrgenommen, aber bei genauer Betrachtung ist der Schüler hier mehr oder weniger austauschbares Objekt einer genormten Handlung, auf den mit zusätzlichen Differenzierungsmaßnahmen oder schülerorientierten Elementen reagiert werden muss. Selten nur wird in (offenen oder geschlossenen) Unterrichtssituationen die Stärke genutzt, die 25 oder 30 gemeinsam lernende Menschen im Hinblick auf ihre unterschiedlichen Wahrnehmungen und Erfahrungen, ihr Sach- und Methodenwissen, ihre Kreativität und Spontaneität einbringen, ganz zu schweigen von der mitreißenden Begeisterungsfähigkeit, die jeder Einzelne von ihnen versprühen kann.

Nachbereitung
offen
Wenn ich mich in der Klasse aufhalte, sehe (bzw. spüre ich), was läuft, wie sich einzelne Kinder heute fühlen, was sie bewegt und beschäftigt. Ich weiß, für wen ich evtl. weiterführende Impulse als Angebote heraussuchen kann, nehme gerne Arbeiten zum Lesen oder Korrigieren mit nach Hause, wenn ich darum gebeten werde, mache mir anhand der Eigenproduktionen der letzten Zeit die Lernentwicklung bestimmter Kinder klar, überlege, wo ich näher diagnostisch betrachten sollte, mit welchen Kindern ich sprechen muss. Ich bin rund um die Uhr erreichbar, kann Kindern und Eltern dank des individuellen Einblicks über die Eigenproduktionen und den direkten Kontakt zum Einzelnen konkret über den Lernstand des Kindes etwas sagen, (vermag aber nur schwer die Rangfolge in der Klasse zu benennen, da die Fähigkeiten und Kenntnisse viel zu vielfältig sind,) muss keine Klassenarbeiten zur Leistungsfeststellung schreiben, habe kein Problem beim Zeugnisschreiben, freue mich mit allen über die positive Entwicklung der als schulunfähig oder lernbehindert bezeichneten Kinder …

Offener Unterricht
Welche Fortschritte machen welche Kinder im kognitiven, sozialen, emotionalen Bereich? Auf welchem Niveau arbeiten sie an welchem Stoffgebiet? Welche sozialen Kompetenzen und Beziehungen sind zu erkennen?
Wo erscheinen momentane „Leerphasen“ nicht verständlich bzw. begründbar? Welche Reaktionen der Mitschüler, der Klasse und des Lehrers sind bislang darauf erfolgt, was ist zukünftig anzustreben?
Wie nutzt die Klasse die gemeinsam entwickelten Rituale (Kreisphasen etc.) – zur Verbreitung von Ideen und Lernanregungen, – zum Austausch und zur Veröffentlichung, – zur eigenen und fremden Leistungseinschätzung, – zur Entwicklung sozialer Kompetenzen, – zur Abstimmung von Klassenregeln usw.?

Der Wunsch, „Lernen“ durch „Lehren“ zu erleichtern, bewirkt genau das Gegenteil von dem, was er beabsichtigt:

> Ich bin sicher, dass Lehren ein Hindernis für Lernen ist, und zwar in einem viel größeren Ausmaß, als man sich gewöhnlich klar macht. Weiter glaube ich, dass dies eines der Hauptprobleme des heutigen Unterrichts ist. (Giles 1987, 6)
>
> Einer der vielen Gründe liegt sicher darin, daß Pädagogen und Didaktiker dazu geneigt haben, die didaktischen Möglichkeiten des Lehrers zu überschätzen und das geistige Potential der Schüler zu unterschätzen. Trotz vieler guter Vorsätze, die Lernvoraussetzungen der Schüler aufzunehmen und ihre Eigentätigkeit zu fördern, hat sich die traditionelle Didaktik auf Maßnahmen konzentriert, wie den Schülern etwas beizubringen sei, anstatt auf Maßnahmen, wie ihre Aktivität angeregt und organisiert werden könnte. (Wittmann 1995, 12)

Es wird klar, wie stark das gängigerweise als „Hilfe“ vorgegebene Planungsraster den Unterricht selbst bestimmt. Während im obigen Raster auf der linken Seite die übliche Unterteilung der Unterrichtsplanung in Überlegungen zu den Zielsetzungen, zum Bedingungsfeld, zum Lehrinhalt und zur Umsetzungsmethode noch nachvollziehbar erscheint, so erscheint diese Einteilung bei den rechts gelisteten Ausführungen zum Offenen Unterricht nicht sonderlich sinnvoll. Der individualpädagogische Zugang, der beim Kind selbst beginnt und aufhört, bestimmt alle anderen Komponenten wie Inhalte, Lernmethoden, Leistungsbewertung usw.

5.1.3 Warum aber wird auch in offenen Unterrichtsformen auf das alte Planungsmodell bestanden?

> Das vorherrschende Begriffsverständnis reduziert die Freie Arbeit auf Wochenplanarbeit oder eine fachgebundene Differenzierungsmaßnahme.
> Die Aspekte der Freiheit, wie sie in der Theorie genannt und eingefordert werden, scheinen nur schwer in das Rollenverständnis der Lehrerinnen und Lehrer einzubinden zu sein. Es bleibt die Frage, welchen Begriff von Freier Arbeit die Rahmenrichtlinien einfordern. Die durch die Befragung bestätigte Unschärfe des Begriffs nährt die Vermutung, daß die „Freiarbeit" als ein dem Zeitgeist von proklamierter freiheitlicher Gesinnung und Individualität opportunes Alibi benutzt wird, tradierte Formen des Unterrichtens mit einigen methodischen Varianten weiterführen zu können, ohne das System unserer Schule ernsthaft in Frage stellen zu müssen. Dieses unscharfe Verständnis entspricht jedoch nur sehr begrenzt den theoretisch formulierten Forderungen nach Selbstbestimmung und Eigenverantwortung der Lernenden und verhindert durch die scheinbare Harmonie der „Öffnung" geradezu eine ernsthafte und radikale Suche nach zeitgemäßen Formen des Lehrens und Lernens. (Gervé 1997, 42)

Es müssen also andere Gründe sein, weshalb der hier geschilderte ehrliche und konsequente Einbezug der Schüler in die Lernverantwortung in den üblichen didaktischen Konzepten nur eine geringe Rolle spielt. Zum einen könnte es die Angst vor dem Missverständnis sein (die ich in diesem Buch auch habe), dass der radikal Offene Unterricht einem „Laisser-faire"-Unterricht gleich gesetzt wird, der schließlich in Beliebigkeit und Chaos endet. Tatsächlich ist die Grenze für den Laien auf den ersten Blick u. U. schwer zu ziehen, denn „Machen-Lassen" ist auch das Grundgebot des Offenen Unterrichts. Aber es ist kein „Einfach-Machen-Lassen". Der Lehrer hält sich nicht aus dem Prozess heraus und billigt stillschweigend alles was passiert, sondern er ist als Person anwesend, die sehr wohl eine wichtige Rolle spielt, sich einmischt, provoziert, in Frage stellt, Impulse gibt – allerdings ohne die Freiheit und das Recht des Einzelnen auf eigene Meinung und Entscheidungen zu berühren.

Ein anderer Grund könnte die Angst davor sein, dass ein interessegeleitetes autonomes Lernen des Schülers dazu führen könnte, dass bestimmte von der Gesellschaft oder der Fachdidaktik als wichtig erachtete Inhalte nicht mehr als Lernstoff auftauchen würden:

> Schülerorientierter Unterricht ist ein logischer Widerspruch in sich selbst. [...]
> Es liegt nicht im subjektiven Interesse der Schüler, bei der Unterrichtsvorbereitung von ihren subjektiven Interessen auszugehen. [...]
> Die Verwirklichung der Schülerorientierung ist identisch mit der Aufhebung der Schule. (Meyer 1991[11], 200)

Vergessen wird dabei, dass der hier beschriebene Offene Unterricht eine ganz entscheidend andere Grundposition einnimmt als das hier als schülerorientiert bezeichnete Modell. Statt den Schülern die vermeintlichen Bildungsinhalte durch mehr Schülerorientierung oder Motivationstricks schmackhafter zu machen, greift der Offene Unterricht in hohem Maße auf die von sich aus im Raum stehenden Bildungsherausforderungen zurück. Selbstgesteuertes und freiwilliges Lernen erhält die Lernmotivation, mit der die allermeisten Kinder in die Schule kommen. Es ist dann eben nicht der Horror, den Rechenaufgaben mit großen Zahlen auszudrücken scheinen, sondern es ist die Faszination, auch schon mit großen Zahlen rechnen zu können. Es ist nicht die Angst vor Fehlern und Korrekturen, die das Schreiben eines eigenen Aufsatzes begleiten, sondern es ist die Lust am kreativen Produzieren, die das Freie Schreiben von Anfang an begleitet. Es ist nicht der den Schülern oftmals lächerlich erscheinende Versuch des Einbezugs der „Lebenswirklichkeit" in den vorgeplanten Unterricht, sondern es ist die aus der Lebenswirklichkeit entspringende Fragestellung, die dann in der Schule vom einzelnen Kind aus Faszination und Neugier „wissenschaftlich" aufgearbeitet wird. So wird der objektive Bildungsauftrag der Schule leicht zum subjektiven Interesse der Schüler – wenn die Unterrichtsbasis stimmt und die Curricula Raum für diesen individuellen Zugang lassen.

> In der Realität der Schulen, mit Normalschülern – konzentrationsunfähig, nur in geringem Maße motivierbar und in der intellektuellen Belastbarkeit recht unterschiedlich – und mit Durchschnittspädagogen, die verständlicherweise auch mit menschlichen Unzulänglichkeiten zu kämpfen haben, würde das Lernkonzept schlechtweg zum Chaos im Schulalltag und zum Leistungsabfall führen müssen. (Alberg 1996, 36)

Ein letzter Grund, der mir einfällt, um die Angst der Didaktiker vor einer wirklichen Öffnung im Unterricht zu begründen, wären Bedenken bezüglich der Kompetenz des „Durchschnittslehrers". Es wird zumindest einem Teil der Lehrerschaft nicht zugetraut, einen Unterricht durchzuführen, der den Schülern Mitbestimmungsmöglichkeiten lässt, die über das Aussuchen der Bearbeitungsreihenfolge der zu erledigenden Planaufgaben oder die Mitsprache bezüglich des Kakaodienstes hinausgeht. Deshalb wird in der Ausbildung ein Unterrichtsmodell gelehrt, in dem Lehrern zwar grundsätzlich etwas über selbstgesteuertes Lernen erzählt wird, man ihnen (und den Schülern) zugleich aber die Kompetenz zur Durchführung eines solchen Unterrichts wieder abspricht. So werden dem Lehrer innerhalb der sowieso schon hochkomplexen (geschlossenen) Unterrichtsplanung zusätzlich all die toll klingenden schülerorientierten und offenen Momente aufgebürdet, die in ihrem Anspruch völlig gegensätzlich zu ihrer detaillierten Vorplanung stehen. Das Resultat ist die schon oben ausführlich kritisierte Pseudo-Öffnung des Unterrichts durch Alibi-Aktionen oder wirklich planlose Beschäftigungstherapie durch Lehrbuch, Kopiervorlagen oder Lernspiele.

5.1.4 Eine andere Art der Planung: Flexible Alltagsplanung statt starrem Fünfjahresplan

> Zahlreiche in der didaktischen Literatur genannten Phasierungsmodelle für Unterricht sind [...] ungeeignet, da die jeweilige Etikettierung zu sehr aus der Sicht der Planenden formuliert ist.
> Viele dieser Artikulationsschemata kranken daran,
> daß sie überwiegend vom Lehrenden aus konzipiert sind und somit einen eher lehrerzentrierten Unterricht determinieren,
> daß sie zumeist eine einseitig kognitive Ausrichtung des Unterrichts aufweisen,
> daß sie methodische Vorentscheidungen beinhalten, und offene Unterrichtsformen kaum in ein solches Schema passen,
> daß dadurch der/die Planende gezwungen wird, sein/ihr unterrichtliches Vorhaben in ein vorgegebenes Muster zu pressen,
> daß der Prozeß der aktiven Auseinandersetzung des Kindes mit dem jeweiligen Ausschnitt von Wirklichkeit aus der Sicht des Kindes wenig berücksichtigt wird,
> daß implizit unterstellt wird, daß das Lernen immer zwangsläufig in der Chronologie der dargestellten Phasierung erfolgt. (Retterath o. J.)

> Es genügt, wenn der/die LehrerIn eine Art Handlungskatalog im Hinterkopf hat und daraus den SchülerInnen Vorschläge (Angebote) unterbreitet. Dabei muß gestattet werden, daß SchülerInnen auch solche Lösungen, Handlungssequenzen, Ideen oder Vorschläge teilweise, ganz oder auf eigene Weise verwirklichen, die nicht auf einer Erwartungsebene liegen. Die Zeit der Impulsgebung mit erwartetem Schülerverhalten sollte passé sein. (Haser 1991 a, 22)

Die gängigen Phasen der Wissensaneignung, die durch Initiation, Orientierung, Transformation, Reflexion und Integration eines Lerngegenstandes den Ablauf im traditionellen Unterricht bestimmen, finden bei genauer Betrachtung so weder im traditionellen noch im Offenen Unterricht statt – zumindest nicht, wenn man vom Lernprozess des Kindes ausgeht. Auch die für den selbstständigen Wissenserwerb angestrebte Qualifizierung des Lernenden, dass er zunächst sein „Lerndefizit“ feststellt, dann die Vorgehensweise zum Beheben bestimmt, die Lernschritte kontrolliert und schließlich den Lernerfolg reflektiert (vgl. Meiers 1999, 41) greift so nicht und ist eine falsche Ableitung wissenschaftlicher Strukturierungsversuche bzw. Modellerklärungen. (Signifikantes) Lernen ist kein chronologischer bzw. eindimensionaler Durchlauf bestimmter schematischer Aneignungsphasen, sondern diese treten immer wieder in unterschiedlichsten Beziehungen zueinander auf. Entsprechend hinfällig ist eine Planung, die auf einer Chronologie dieser Phasen beruht bzw. auf diese besteht.

Planung im Offenen Unterricht zielt nicht auf eine klein- oder großschrittige Arbeitsvorgabe ab, sondern auf das Schaffen einer Lernatmosphäre, in der selbstgesteuertes Lernen möglich wird. Zugleich verschwimmt auch die Rolle des Planenden, denn nicht mehr der Lehrer plant, sondern Planung erfolgt – und jetzt passt das Wort wirklich nicht mehr – bei allen Beteiligten und auf allen Ebenen.

Dies geschieht meist sogar ganz unbewusst und gar nicht „geplant" in der Form spontaner Ideen, Versuche, Hypothesen und Vorhaben; oder aber auch strukturierter in der Absprache mit anderen Schülern oder dem Lehrer; bei der Rekrutierung von Mitschülern; als Weiterführung vorgetragener Ergebnisse usw. Entsprechend werden Methoden, Werkzeuge, Materialien usw. auch nicht „nach Plan" unterrichtet oder eingeführt, sondern sind selbstverständliche und jederzeit ergänzbare Elemente dieses Lernraumes, auf die situativ, individuell und intuitiv (also durchaus gewollt „ungeplant") zurückgegriffen wird bzw. zurückgegriffen werden kann. Offener Unterricht ist dadurch alles andere als planlos, sondern erst durch den Verzicht auf die traditionelle Stundenvorplanung bekommen die Schüler den Freiraum, den sie brauchen, um die Unterrichtssituation selbst als „planvoll" im Bezug auf das eigene Lernen zu erleben. Lernen erfolgt nun einmal nach dem eigenen inneren Plan, nach der eigenen Konstruktion des Lernenden. Die Planung ist „konstitutiver Bestandteil des Unterrichts selbst" (Hänsel 1980, 158).

Unter dieser Sichtweise bekommen die Qualifikationen der Beteiligten neue Dimensionen. Das (geplante und ungeplante) Wissen des Lehrers schafft ihm selbst und den Schülern die Sicherheit, die es erfordert, mit dem notwendigen großen Freiraum umzugehen. Es ist dabei nicht das Wissen des traditionellen Unterrichts, das durch didaktische Reduktion bzw. Transformationen möglichst geschickte und effektive Aneignungswege vorgibt, sondern ein Wissen, das dem Schüler durch intuitive und authentische Reaktion im Rahmen eines dialogischen Lernens Impulse und Herausforderungen bereitstellt. Genauso fordert der Schüler den Lehrer selbst als Lernenden heraus, sei es durch spannende Gedankengänge, den Wissensvorsprung in bestimmten Gebieten, die praktische Veranschaulichung eines genetischen Lernens oder aber die Erinnerung an die beeindruckende Komplexität alltäglicher oder unbewusst ablaufender Prozesse. Schreiben, Rechnen und Forschen lernen ist im Offenen Unterricht für den erfahrenen Lehrer eine genauso spannende Sache wie für den lernenden Schüler, der die geheimnisvollen Zusammenhänge neu erfinden darf.

5.2 Reflexion und Bewertung offenen Unterrichts

> Wer gewohnt ist, konventionellen Unterricht in Vorführstunden zu sehen, bei dem kann es leicht zu Irritationen bei einer Beurteilung von Offenem Unterricht kommen. [...]
>
> – Der/die LehrerIn agiert nicht mehr als „MacherIn", sondern bleibt im Hintergrund. Dabei werden typische LehrerInnenverhaltenskategorien wie z. B. Lenkung, Impulsgebung, die im Frontalunterricht oder in lehrerInnenzentrierten Phasen gut zu beobachten sind, aufgegeben.
>
> – In den Unterrichtsstunden scheinen keine klaren Strukturen und Phasen vorhanden zu sein. Von daher ist ein Aufbau nur schwer beobacht- und benotbar.

- Klare und kurze Zeitvorgaben fehlen. Einer Beliebigkeit im Arbeitsverhalten der SchülerInnen sind damit Tür und Tor geöffnet. Eine gemeinsame Planung von Unterrichtsschritten ist deshalb nicht mehr möglich.
- Lernziele sind nicht als Stunden- oder Feinziele definiert, können deshalb auch nicht operationalisiert werden. Die Kategorien „erreicht" oder „nicht erreicht" greifen daher nicht.
- Formale Disziplin, oft dokumentiert durch den Ruhe- bzw. Unruhepegel in der Klasse, wird von den SchülerInnen nicht mehr in dem Maße erwartet, wie dies gerade bei Vorführstunden der Fall war, während sie im traditionellen Unterricht geradezu als Gradmesser einer „funktionierenden" Lerngruppe gilt. Die Lenkungs- und Führungsqualifikationen, die einen „guten" Lehrer / eine „gute" Lehrerin auszeichnen, sind hier nicht mehr festzustellen.
- Viele Kinder machen jeweils anderes, andere u. U. gar nichts, etliche beschäftigen sich nur mit nachgeordneten Tätigkeiten; scheinbar regiert das Lustprinzip. Wie soll das miteinander verglichen oder gar benotet werden?
- Fürsorge und Verantwortlichkeit des Lehrers / der Lehrerin werden nicht gebührend wahrgenommen.
- Fehler und Ungenauigkeiten werden nicht oder erst spät erkannt, sie bleiben oft ohne Korrektur. Ist das nicht eine Vernachlässigung klassischer LehrerInnenpflichten und müssen diese nicht als solche geahndet werden?
- Kriterien wie (Eigen-)Verantwortung, Selbsttätigkeit, Selbständigkeit, „Freiheit" sind demgegenüber umso wichtiger, aber sie sind nicht einmal graduell erfaßbar, einschätzbar, meßbar und entziehen sich einer präzisen Beurteilung. Gerade diese machen aber einen wesentlichen Bestandteil der mittel- und langfristigen Zielsetzung des Offenen Unterrichts aus. Damit fehlen weitere Kriterien, die über Erfolg oder Mißerfolg des Unterrichts entscheiden.

Solche Irritationen haben in Einzelfällen schon dazu geführt, daß PrüferInnen eine Beurteilung Offenen Unterrichts abgelehnt oder mit für herkömmlichen Unterricht entwickelten Kriterien gemessen haben. (Schmidt / Wopp 1996, 3 f.)

Unterrichtsbesuche, Prüfungs- und Revisionsstunden stellen sowohl die Prüflinge als auch die Prüfer seit Jahren vor scheinbar unlösbare Probleme. All die hehren Ziele und Prinzipien, die theoretisch einleuchten, fallen plötzlich in sich zusammen, wenn man genauer hinsieht und einmal analysiert, was unter dem entsprechenden Schlagwort im Unterricht wirklich vor sich geht. Werden die in den Stundenbegründungen verwendeten didaktischen Prinzipien nicht auf das Äußerste strapaziert, weil sie statt der gelegentlichen Beachtung in Vorführstunden eigentlich durchgehendes Unterrichtsprinzip in allen Stunden darstellen müssten, um überhaupt sinnvoll zu sein? Wie sollen Handlungsbefähigung oder Selbstverantwortung in einzelnen Stunden „offenen Unterrichts" angebahnt werden, wenn sie im sonstigen Unterricht eher als störend empfunden werden? Müssten die entsprechenden Analyseraster nicht viel eher zur Reflexion eines Gesamtkonzeptes dienen als zur Planung oder Analyse einzelner Stunden oder

Einheiten? Die Merkmalskataloge „guten“ oder „offenen“ Unterrichts sind allzu oft Sammellisten positiv besetzter Begriffe, die losgelöst von einander nach Belieben benutzt oder ausgeklammert werden, ohne aber miteinander in Beziehung gesetzt zu werden bzw. ein stimmiges Gesamtkonzept zu ergeben.

Aber auch in Klassen, in denen man auch außerhalb der Prüfungsstunden „offener“ arbeitet, ergibt sich für diejenigen, die diesen Unterricht begleiten oder bewerten sollen, ein gravierendes Problem: Da die Kinder in offenen Unterrichtssituationen in hohem Maße selbstständig und lehrerunabhängig arbeiten bzw. sich die Lehrertätigkeit weitgehend auf Impulse oder Herausforderungen beschränkt (oder im Idealfall gleich Null ist), ist es nicht leicht, den Anteil des Prüflings an dieser Leistung zu bestimmen. Es kann ja auch sein, dass die Klasse immer so arbeitet, egal ob er anwesend ist oder nicht. Gerade bei Arbeitsformen wie Freier Arbeit, Wochenplan-, Werkstatt- oder Stationsunterricht führt das leicht dazu, dass sich die Bewertung des Unterrichts dann vorrangig auf die Auswahl des verwendeten Materials beschränkt. Dieser eingeschränkte Blickwinkel ist natürlich sehr problematisch, denn der „offene“ Unterricht wird nicht nur zum materialzentrierten Unterricht, sondern die Lehrerkompetenz beschränkt sich oft auf die in wochenlanger Heimarbeit erstellte mediale Überfrachtung der Stunde.

Ein anderes Problem stellt die Dauer der Hospitation dar: Während man herkömmlichen Unterricht m. E. noch einigermaßen auf eine einzelne Stunde bzw.

deren Planung bezogen beurteilen kann, erscheint die Beurteilung offener Unterrichtsformen durch den Ausschnitt einer Stunde oder eines Vormittags unmöglich, denn der offene Unterricht ist ein komplexes Zusammenspiel aller Beteiligten. Bewertet werden kann daher nicht nur das gerade Gesehene, sondern dieses muss in einen größeren Zusammenhang eingebettet werden. Hans und Karin Brügelmann schlagen dazu das beratende Gespräch als konstruktive und weiterführende Beurteilungsform vor. Sie verstehen dabei offenen Unterricht nicht als statische Festschreibung, „also als ein Ideal, an dem jeder unterrichtspraktische Versuch scheitern muß“ (Brügelmann / Brügelmann 1995, 36), sondern als „prozeßhafte Vorstellung allmählicher 'Öffnung des Unterrichts', die vor allem die Entwicklung der beteiligten Personen (SchülerInnen wie LehrerIn) zum Maßstab macht.“ (Brügelmann / Brügelmann 1995, 36) Das heißt der Offene Unterricht bzw. seine Ideale müssen zwar das Reflexionskriterium darstellen, dürfen aber nicht als unerreichbarer Bewertungsmaßstab dienen. Man sollte allerdings sehr wohl die vorgefundenen Zwischenschritte und Kompromisse benennen und versuchen, sie zu begründen bzw. sie im Sinne einer Weiterentwicklung zu reflektieren. Ansonsten könnten die eigentlich angestrebten Ziele zu schnell aus den Augen verloren werden.

Natürlich lassen sich hier keine Komplettlisten für Reflexionsimpulse darlegen, denn diese würden sowohl das Konzept des Offenen Unterrichts als auch die Idee des Beratungsgespräches karikieren. Dennoch können aber Rahmenbeispiele erste Ideen liefern, welche Bereiche eine Rolle spielen können (vgl. auch Brügelmann / Brügelmann 1995; Oellrich-Wagner 1996; Wallrabenstein 1991, 170f.):

- Welches Grundkonzept (Planarbeit, Werkstattarbeit, Freie Arbeit, Projektarbeit, Offener Unterricht) liegt dem Unterricht zu Grunde – und auf welcher Stufe der Öffnung in welchem Bereich (organisatorische, methodische, inhaltliche, sozial-integrative, persönliche Öffnung, s. o.) befinde ich mich? Wie begründe / vertrete ich meine Position und was für eine Perspektive habe ich? Wie könnten die nächsten Schritte für mich aussehen? In welchen Bereichen kann ich mir eine „Qualitätssteigerung“ am ehesten vorstellen?
- Welche Ziele habe ich für die Kinder, was weiß ich über sie und ihr Lernen und Leben, welche Lernchancen haben sie durch diesen Unterricht in welchem Bereich (intellektuell, methodisch, emotional, sozial)?
- Können sich alle Kinder gemäß ihren Eigenschaften und Fähigkeiten in den Unterricht einbringen, kenne ich ihre Spezialgebiete, kenne ich ihre Probleme, kenne ich ihre Macken und Eigenheiten?
- Inwiefern hält der Unterricht allgemeinen didaktischen Prinzipien (sinngebendes Lernen, Situationsorientierung, Anwendungsorientierung, Handlungsbefähigung, Einbezug des außerschulischen Umfelds usw.) wirklich stand?

- Erfolgt eine einschränkende „Differenzierung von oben“ oder ist die Methode/ das Unterrichtsangebot so gewählt, dass den Kindern eine selbstständige Individualisierung von unten (z. B. durch Eigenproduktionen oder freie Vorhaben) möglich ist?
- Werden die Kinder durch eventuelle Vorgaben (Arbeitsauftrag, Arbeits- und Sozialform, Zeit, Inhaltsauswahl, Lernweg, Abfolge, Medien, Gestaltung) gestützt oder eher eingeschränkt? Welche Alternativen (eigene Fragen / Vorhaben, Eigenproduktionen, Alltagsmaterialien, eigene Veranschaulichungen) gäbe es und wie kann man diese erzeugen, stützen, herausfordern?
- Auf welchem Niveau arbeiten welche Kinder, und wie ist das einzuordnen bzw. zu begründen?
- Inwieweit wird wirklich fächerübergreifend oder sogar überfachlich gearbeitet, und wo erscheint die Fächerverbindung konstruiert und aufgesetzt?
- Welche Möglichkeiten der Hilfe, Impulsgebung und Rückmeldung (durch strukturiertes Lernmaterial, Eigenhilfe, Gesprächskreis, Experten, Bücher, Computer, Mitschüler, Lehrer usw.) gibt es?
- Ist die Lernumgebung für die Kinder herausfordernd und regt sie zur Selbstständigkeit an oder ist sie zu voll mit unnötigem Ballast, den nur ich als Lehrer zu meiner eigenen Sicherheit brauche?
- Inwieweit können die Kinder das Lernen (und Leben) in der Schule mitgestalten (Planungsbeteiligung, Einbringen eigener Ideen / Vorhaben, Präsentationen, Rituale, Regelfindung, Raumgestaltung, Ordnung, Klassenaktionen)?
- Inwieweit bzw. an welchen Stellen kann ich mich als Lehrer noch mehr zurücknehmen oder sollte ich mich (als Impulsgeber, Herausforderer, Strukturierender, Rückmeldender, Provokateur, Zuhörer, Experte, Kritiker, Laie, Materiallieferant, Privatperson) stärker einbringen?
- ...

Diese Liste ist natürlich beliebig modifizier- und erweiterbar. Die Reflexionskriterien dienen nur dazu, Fragen aufzuwerfen, bestimmte Teilbereiche gezielt zu beleuchten und Alternativen durchzuspielen. Die Betrachtungen sollten sich daher beim Gespräch auf konkrete Beobachtungen (Raumgestaltung, Verhalten einzelner Kinder, Klassenklima) beziehen und mehr oder weniger exemplarisch eine Brücke von den „hehren“ Zielen zur tatsächlichen Praxis schlagen. Das ist allerdings ein Prozess, in dem es kein „richtig“ oder „falsch“ geben kann, so dass nicht nur die Kompetenz des zu Beurteilenden gefragt ist, sondern in hohem Maße auch der Beurteilende involviert ist, denn unterschiedliche Sichtweisen und Rahmenbedingungen erfordern individuelle Gedankenspiele auf beiden Seiten. In der Hochform wird sich ein mehr oder weniger gleichberechtigtes Gespräch über Situationen, Alternativen und Weiterentwicklungsmöglichkeiten (konkrete nächste Schritte) entwickeln, das an beobachtbaren Momenten des Unterrichts festgemacht wird. Dadurch ergibt sich ein hohes Maß an Anwendungsorientierung, da die Lehrperson den nächsten eigenen Schritt im Gespräch selbst mitentwickelt, also m. E. in der Regel selbst für realistisch und umsetzbar hält.

Brügelmann und Brügelmann geben folgende konkrete Beispiele möglicher Gedankenspiele, die die kreative Kompetenz des Prüfers genauso veranschaulichen wie den Weg der nächsten Schritte:

- Was denken Sie, würde dieses Kind schreiben, wenn es Ihnen darstellen sollte, wie es Schule erlebt?
- Was könnte geschehen, wenn Sie diesem Mädchen statt der Förderstunde die Aufgabe übertragen, regelmäßig in der ersten Klasse vorzulesen?
- Versuchen Sie, zwei bis drei Wochen jeden Tag mit dem Vorlesen einer Fortsetzungsgeschichte abzuschließen, und beobachten Sie sich und die Kinder dabei. (Brügelmann / Brügelmann 1995, 36)
- …

6 Evaluation und Implementation offenen Unterrichts

> Beschwörend und zum wiederholten Male versichert mir Herr *Steckel*, daß ich gleich „Offenen Unterricht" sehen werde – ganz im Sinne der „Kommunikativen Didaktik" und „trotz widriger Umstände". Dann öffnet er die Tür zu seiner 4b und ... Die ersten 10 Minuten gehen für Organisatorisches drauf, dann folgen viele Ermahnungen und hektische Anweisungen; im Zentrum der Stunde sollen Arbeitsblätter ausgefüllt werden, wobei ich mehrmals den – wiederum in beschwörendem Tonfall geäußerten – Hinweis des Lehrers registriere, daß jeder nur das Blatt bearbeiten soll, das ihm „auch wirklich Spaß macht".
>
> Den Kindern scheinen Bemerkungen über das gestrige Fernsehprogramm, das Werfen von Papierkügelchen oder auch einfaches Herumdösen mehr Spaß zu machen. Ich gehe herum und finde drei Lückentexte, acht Blätter mit Rechenpäckchen, fünf Kinder haben sich für Textaufgaben entschieden, ein Mädchen, die kaum Deutsch sprechende Mirja, sitzt vor einer Bildergeschichte (oder sind es nur die Bilder?), und der Rest der Klasse sucht noch seinen Spaß. Herr *Steckel* sitzt am Pult und ruft gelegentlich in die Klasse. „Ich fände es gut, wenn ihr selbständig arbeitet!" Oder auch: „Natürlich könnt ihr, wenn ihr wollt, auch zusammenarbeiten!" *Mirja* schaut mich traurig und so hilflos an, daß ich meine Beobachterrolle aufgebe, mich neben sie setze und ... (Winkel 1993, 12)

Blickt man auf die Schulpraxis vor Ort, so findet man nur sehr selten einen Offenen Unterricht, wie er hier als Konzept vorgestellt wird. In der Regel befinden sich die Schüler in den „offenen" Unterrichtsphasen in einer Doppelbindungssituation: einerseits wird von ihnen größtmögliche Selbstständigkeit und Eigenverantwortung verlangt, andererseits werden ihnen aber gleichzeitig mehr oder weniger konkrete Arbeitsvorgaben gemacht. Dieser Widerspruch zwischen den hehren Zielsetzungen und Prinzipien des Offenen Unterrichts und dem gleichzeitigen Verstoß gegen eben genau diese Prinzipien in der tagtäglichen Anwendung führt zu einem sehr ineffektiven Unterrichtsgeschehen – was die Beteiligten meist auch spüren. Aber anstatt daraufhin die Qualität der Öffnung zu hinterfragen, greifen viele Lehrer dann – bewusst oder unbewusst – immer mehr auf „altbewährte" Techniken zurück. Die Folge ist, dass fast alles, was in der Schule als „offener" Unterricht gehandelt wird, dieses Etikett gar nicht verdient. Daraus ergeben sich unter anderem zwei Probleme, die im Folgenden kurz beleuchtet werden sollen: Die Nichtexistenz eines qualitativ abgesicherten „offenen" Unterrichts in der Praxis führt zum einen dazu, dass es bislang keinerlei aussagekräftige Untersuchungen über die Effizienz dieser Unterrichtsform gibt, denn die den Untersuchungen zu Grunde liegenden Stichproben enthalten in der Regel gar keine Klassen, die über eine stundenweise organisatorische Öffnung hinausgehen (vgl. Hanke 2001 a, 50). Zum anderen erschwert das Nichtvorkommen eines qualitativ abgesicherten Offenen Unterrichts die Aus- und Fortbildung, denn man soll etwas umsetzen, das man nie selber praktisch erfahren durfte.

6.1 Die Evaluationsproblematik des offenen Unterrichts

Wie schon mehrfach anklang, besteht beim Thema „offener Unterricht“ bislang kein wissenschaftlicher Konsens über konstituierende Merkmale bzw. eine genaue Definition. Was aber nicht genau bestimmt ist, kann auch nur eingeschränkt empirisch erforscht werden. Alle Untersuchungen werden keine aussagekräftigen Ergebnisse erbringen, solange nicht klar ist, welche Anforderungen man überhaupt an den betrachteten „offenen“ Unterricht stellt. Wenn hier also im Folgenden Untersuchungen zum offenen Unterricht angesprochen werden, geschieht das nicht aus dem Grunde, die Stärken oder Schwächen dieser Unterrichtsform zu belegen, sondern um auf die Problematik einer empirischen Forschung in diesem Bereich hinzuweisen. Es soll gezeigt werden, dass es bislang noch keinerlei aussagekräftige Evaluation offenen Unterrichts gegeben hat und selbst die wenigen ernst zu nehmenden Studien nur sehr begrenzt Schlüsse zulassen.

6.1.1 Die meisten Untersuchungen zum offenen Unterricht untersuchen gar keinen (durchgängig praktizierten) „offenen Unterricht“

In seiner detaillierten Analyse der Forschung zum offenen Unterricht kommt Brügelmann zu folgenden Schlüssen:

> Die Befunde der Forschung sind [...] nicht so einfach zu interpretieren, wie manche Zusammenfassungen suggerieren. Wesentlich sind folgende Punkte:
>
> 1. Über viele Studien hinweg zeigt sich, dass es *durchaus Unterschiede* zwischen sog. offenem und sog. lehrerzentriertem (bzw. durch Material stark vorstrukturiertem) Unterricht in beobachtbaren Verhaltensmerkmalen von SchülerInnen gibt – sowohl im Leistungs- als auch im Persönlichkeitsbereich. Die Dimension „Offenheit“ ist also nicht irrelevant für die Beurteilung von didaktisch-methodischen Alternativen.
> 2. Die Unterschiede sind in der Regel *bereichsspezifisch.*
>   a) Im fachlichen Bereich sind die Leistungen offener Ansätze im Mittel etwas niedriger, zugleich streuen die Leistungen oft breiter.
>   b) Dagegen schneiden offene Ansätze im Bereich der Grundqualifikationen, der Einstellungen und der Persönlichkeitsentwicklung besser ab.
> 3. Die Unterschiede sind – gemittelt über verschiedene Studien hinweg – *gering.* [...] Wenn uns Selbstständigkeit, Mitverantwortung und Eigenaktivität als pädagogische Ziele wichtig sind, dann ist ein Unterricht vorzuziehen, der mit diesen Prinzipien übereinstimmt, solange keine Verluste / Nachteile in anderen bedeutsamen Zielbereichen nachgewiesen sind. Dies aber ist die Situation, wie die Metaanalysen zeigen. In den Punkten 1 bis 3 wird allerdings ein Problem verdrängt:
> 4. Nicht nur sind die Unterschiede gering; oft weisen die Unterschiede sogar in einem Teil der Studien in die eine, in anderen Studien in die andere Richtung

– und das mit *erheblicher Streuung* – zum Teil auch zwischen Klassen innerhalb der einzelnen Studien. (Brügelmann 1998, 12f.)

Betrachtet man rückblickend die (internationalen und nationalen) Untersuchungen und Metaanalysen, die üblicherweise für oder gegen offenen Unterricht angeführt werden, so stellt man fest, dass keine einzige dieser Untersuchungen unseren Minimalkriterien von Offenheit standhalten würde. So folgten nach einer Vielzahl US-amerikanischer Studien in den 30er und 40er Jahren zur „progressive education" (Reformpädagogik) vor allem zu Zeiten der „kognitiven Wende" in den 60er und 70er Jahren (ausgedrückt z. B. durch die Arbeiten von Piaget, Ausubel und Bruner) spezielle Untersuchungen zu entdeckendem Lernen, schülerorientiertem Unterricht oder informeller Unterrichtsgestaltung. Das Interesse zielte bei diesen Untersuchungen aber primär auf lerntheoretische und fachdidaktische Fragen im engeren Sinne (Wie eignen sich Kinder bestimmte Inhalte an?); Fragen, die wir heute schultheoretisch und pädagogisch im Hinblick auf Komponenten inhaltlicher und sozialer Mitbestimmung stark erweitern würden (Was trägt die Schule bei zur Entwicklung der Kinder als individueller Persönlichkeit und als Bürger in einer demokratischen Gesellschaft?) (vgl. Brügelmann 1998, 9).

Zusätzlich ist in vielen Untersuchungen die Einteilung in „offen" bzw. „geschlossen" unterrichtete Klassen erst im Nachhinein aus den vorhandenen Daten gebildet worden, das heißt die Daten selbst führten zur Erstellung der Kriterien von „offen" und „geschlossen", sie sind nicht *vorher* definiert worden (vgl. Brügelmann 1998, 14ff.). Zum Teil wurden auch die Selbstzuweisungen der Lehrer als Zuordnungskriterium genutzt – eine sehr unverlässliche Sache, wie die aktuelle Untersuchung von Hanke zeigt: nach den Unterrichtsbeobachtungen konnte bei ihr keine einzige der Selbstzuweisungen zum „offenen" Unterricht aufrecht erhalten werden, da es sich statt des angegebenen „offenen" Arbeitens immer um geschlossenen bzw. lehrgangsorientierten Unterricht handelte (vgl. Hanke 2001b, 384). Des Weiteren hat man bei vielen Untersuchungen den Eindruck, dass der „informelle" bzw. „offene" Unterricht des Öfteren sogar in der Nähe eines „Laisser-faire-Stils" gelegen hat (vgl. Einsiedler 1990, 228). Aber auch die Untersuchungen, bei denen die Stichproben methodologisch korrekt vor der Auswertung als informell bzw. offen unterrichtet klassifiziert wurden, erscheinen fragwürdig, denn der „offene" Unterricht stellt sich auch hier in vielen der Studien, die überhaupt eine entsprechende Dokumentation der Unterrichtssituation liefern, zweifelsohne viel eher „geschlossen" als „offen" dar (vgl. Kasper 1995[3], 108f.):

- Statt offenem Unterricht als durchgängigem Unterrichtsprinzip erfolgte die „Öffnung" meist nur für einzelne Stunden pro Woche in der Form von Wochenplanunterricht oder „Freier Arbeit";

- auf der Basis vorstrukturierten Aufgabenmaterials statt durch Eigenproduktionen der Kinder;
- mit vorwiegend rein reproduktiver Aufgabenstellungen statt entdeckendem oder herausforderndem Lernen;
- mit quantitativer Differenzierung durch Lehrer bzw. Material statt einer qualitativen Individualisierung durch das Kind;
- in der Form eines Nebeneinanderher-Lernens statt eines Miteinander-Lernens der Kinder;
- auf der Basis vorher durch den Lehrer eintrainierter Lern- und Verhaltensstrategien für den „offenen Unterricht" statt einer Entwicklung dieser Strategien durch die Kinder.

Untersucht wurde also in der Regel kein Unterricht, der den Prinzipien des offenen Unterrichts entspricht, sondern eher ein Unterricht, der nur in der Abgrenzung zu einem vollkommen geschlossenen lehrerzentrierten Unterricht einzelne kleine Öffnungsansätze (z. B. durch Materiallehrgänge) sichtbar werden lässt. Man hat fast den Eindruck, dass in vielen Untersuchungen ein Unterricht umso eher als „offen" bezeichnet wurde, je unstrukturierter bzw. chaotischer er sich darstellte. Entsprechend willkürlich erscheint dann auch die Zuteilung einer Klasse zum „geschlossenen" oder „offenen" Untersuchungsbereich. So findet man eine große Anzahl von Klassen bzw. Unterrichtstypen, die in den einen Untersuchungen als „offen" eingestuft wurden, in anderen aber nur als „traditionell" bzw. sogar noch niedriger eingestuft worden wären. Hier muss man den Forschern einen inflationären und unwissenschaftlichen Gebrauch des Kriteriums „offen" vorwerfen.

6.1.2 Es lassen sich gar keine ausreichenden Stichproben für (durchgängig praktizierten) offenen Unterricht finden

Was man den Forschern allerdings nicht vorwerfen kann, ist die als „offen" bezeichnete Unterrichtspraxis, die sie vorgefunden haben – und auf die sie in ihren Untersuchungen zwangsläufig angewiesen waren –, denn diese spiegelt (leider) nur die Schulwirklichkeit wider. Dass diese Umsetzungspraxis auch heute noch genauso anzutreffen ist, kann man aus den Untersuchungen von Günther (vgl. 1988; 1996) und Hanke (vgl. 2001 b, 382 ff.) bzw. den Befragungen von Gervé (vgl. 1997 a, b) und Brügelmann (vgl. 1996/1997) ablesen. Während in der Untersuchung von Günther und in der Befragung von Brügelmann weniger als 10 % der Lehrer mehr als 4 Stunden Freie Arbeit pro Woche durchführen bzw. versuchen, Freie Arbeit täglich zu ermöglichen, kann man Gervés Befragung entnehmen, dass weniger als 5 % der Freie Arbeit praktizierenden Lehrer mindestens eine Stunde Freie Arbeit pro Tag zulassen. Hanke konnte alle Selbsteinschätzungen der Lehrer, sie würden häufig / immer Freie Arbeit machen, nach der überprüfenden Beobachtung nicht aufrecht erhalten – im Grund existiert Freie

Arbeit als durchgehendes Konzept auch in „Freiarbeitsklassen“ also gar nicht. Interessant ist dabei, dass der größte Teil der Befragten bei Gervé (83 %) schon mehrere Jahre bzw. Klassendurchgänge „Freie Arbeit“ praktiziert – von einer Annäherung an Öffnung in „kleinen“ Schritten kann also keine Rede sein.

Einen Hinweis darauf, dass der offene Unterricht grundsätzlich als „materialzentrierter“ Unterricht angesehen wird, geben die Aussagen der Lehrer zu den Gründen, die ihnen bezüglich einer Ausweitung der Freien Arbeit im Wege stehen. Als Argument der 74 % der Lehrer, die den Anteil der Freien Arbeit in ihrer Klasse gerne ausweiten würden, sich dazu aber nicht in der Lage sehen, wird vor allem das Fehlen von Material und Lernangeboten angeführt – das ist auch der Grund, der von denen genannt wird, die deshalb keine Freie Arbeit praktizieren. Spannend ist auch das Verständnis, dass die Lehrer bei Gervé von „Freier Arbeit“ haben: Für nur 4 % der Lehrer war Freie Arbeit eine Zeit, in der die Kinder nach Belieben einer Beschäftigung ihres momentanen Interesses nachgehen können (Brügelmann kommt im „offenen Unterricht“ auf 4 % „individuelle Vorhaben frei entwickeln“ und 7 % „Inhalte von Aufgaben bestimmen“ bzw. „eigene Aufgaben zu formalen Vorgaben entwickeln dürfen“) – 96 % der frei arbeitenden Lehrer empfanden Freie Arbeit als durchaus lehrergesteuert. Nur 1 % (!) der Lehrer ließ (in der sowieso nur auf einzelne Stunden beschränkten Freiarbeitszeit) bei den Kindern überwiegend Aufgaben zu, die nicht direkt in dem vom Lehrer vorbereiteten und selbst eingeführten Angebot enthalten waren. Zu diesem Verständnis von Freier Arbeit oder Öffnung und seinem Potential zum Kontraproduktiven muss wirklich nicht mehr viel gesagt werden.

6.1.3 Schulleistungstests als Messinstrumente

Für die empirische Forschung stellt sich die Frage, wie überhaupt Lernerfolg im Unterricht gemessen werden soll bzw. kann. Beim Offenen Unterricht ergibt sich aus dem offenen Curriculum, dass für eine Leistungsmessung eigentlich Messinstrumente notwendig sind, die die angestrebten Kompetenzen lehrgangsunabhängig abfragen. Ein entsprechendes Instrumentarium können beispielsweise die auch für die laufende Leistungsüberprüfung im Offenen Unterricht empfohlenen Überforderungstests darstellen (ausführlicher im zweiten Band), das heißt Fragestellungen, die weder einen bestimmten Stoffausschnitt noch ein bestimmtes Leistungsniveau im Auge haben, sondern Wissen und Kompetenzen in einem größeren Rahmen abfragen. Für den sprachlichen Bereich würden sich z. B. freie Aufsätze zur Bewertung der sprachlich / grammatikalischen Kompetenz anbieten, Lesetests zum sinnentnehmenden Lesen (vgl. Lehmann 1997) sowie (Bild-)-Diktate mit bekannten, aber „schwierigen“ Wörtern („Fahrrad“, „Schiedsrichter“ usw.) für den Bereich der Rechtschreibung (vgl. May 1997[3]; 1994[3]). Für die Mathematik fehlen zurzeit noch entsprechende Instrumente, aber Tests wie z. B. der AMI-Test des Projektes „Applying Mathematics International“ (vgl. Selter

1999) scheinen in diese Richtung zu gehen, obwohl auch dieser Test noch auf eine spezielle Schulstufe bezogen ist. Die offene Aufgabenform könnte aber auf die Anforderungen anderer Schulstufen übertragen werden und in eine Überprüfung münden, die dann mehrere Schulstufen umfasst.

Solche Tests können dann zumindest zeigen, dass – so meine eigenen Erfahrungen und die ähnlich „radikal" offen arbeitender Kollegen – die Öffnung des Unterrichts in der Regel höhere Fachleistungen bei den Kindern bedingt als niedrigere. Das ist auch naheliegend, denn ein Offener Unterricht, der direkt auf den Vorkenntnissen der Kinder aufbaut und sich nicht mehr der künstlichen Begrenzung durch Lehrgang oder Material unterwirft, erzeugt auf Grund der idealen Passung zwischen herausforderndem Stoff und individuellen Schülermöglichkeiten einen größtmöglichen Fortschritt – sowohl bei schwachen als auch bei starken Schülern. Aber das, was den Offenen Unterricht im Sinne einer Ausbildung entsprechender Kompetenzen eigentlich ausmacht, wird durch solche Messinstrumente auch nicht erfasst. Die m. E. durchweg höhere Selbstständigkeit, Sozialkompetenz und allgemeine Reife der Kinder ist wahrscheinlich nur vor Ort in der Klasse spürbar, wenn man sieht, wie die Kinder miteinander umgehen bzw. ihre Arbeitsvorhaben angehen.

6.1.4 Effektstudien

In jüngster Zeit haben sogenannte „Effektstudien" zu bestimmten Fragestellungen von sich reden gemacht. Sie sehen vom Vergleichen ganzer Unterrichtskonzepte (offen vs. geschlossen) auf Grund der Vielzahl der das Ergebnis mitbestimmenden Faktoren ab und beschränken sich auf bestimmte Einzelfragen:

- „Aufmerksamkeitsverhalten von Schülern in offenen und geschlossenen Unterrichtskontexten" (Laus / Schöll 1995),
- „Selbständiges Lernen in Phasen freier Aktivitäten" (Wagner / Schöll 1992),
- „Lernzeit und Konzentration. Grundschulkinder in offenen Lernsituationen" (Lipowsky 1999).

U. a. um sich nicht den im letzten Unterkapitel beschriebenen Problemen der Leistungsmessung im offenen Unterricht auszusetzen, wird Lernen oder Lernerfolg in solchen Studien nicht durch das Abfragen bestimmter Sachverhalte gemessen, sondern indirekt über Beobachtung z. B. der „aufgabenbezogenen Lernzeit" des Schülers. Als Rechtfertigung für die Gleichsetzung von Lernzeit und Lernerfolg wird angeführt, „der von der Unterrichtsforschung vielfach abgesicherte Befund, daß zwischen dem Ausmaß an Aufmerksamkeit bzw. aktiv genutzter Lernzeit und dem Lernerfolg ein Zusammenhang besteht." (Lipowsky 1999, 233)

Während ich die Beziehung zwischen mehr Lernzeit und höherem Lernerfolg in Situationen, in denen ein fest umrissenes „Lernergebnis" durch „Einüben" bzw.

„Auswendiglernen“ erreicht werden soll, noch (eingeschränkt) nachvollziehen kann, erscheint mir dieser Zusammenhang für die Kompetenzentwicklung im Offenen Unterricht fragwürdig. Schüler nehmen eigenmotiviert bzw. interessegeleitet Sachverhalte viel schneller auf, als wenn sie einem kleinschrittigen Lehrgangsunterricht folgen. Manchmal geradezu in fast unglaublichen Lernsprüngen, wenn sie sich längere Zeit mit ganz anderen Dingen beschäftigt haben und plötzlich einen Kompetenzgewinn von mehreren Schuljahren haben. Das große (noch weitgehend unerforschte) Feld impliziten und inzidentellen Lernens, das eben nicht durch die zeitliche Messung der Aufmerksamkeitsspanne oder der Lernaktivität erfasst wird, wird bei diesem Messvorgehen vernachlässigt. Auch misst die Größe Lernzeitnutzung immer nur Quantität, für sie spielt die Qualität bzw. der Anspruch der Lernarbeit ja zunächst gar keine Rolle.

In manchen Untersuchungen legt man als Indikator für den Lernerfolg die Konzentrationsfähigkeit der Schüler zu Grunde. Auch dieses Vorgehen erscheint mir problematisch, denn bei genauerer Betrachtung der Kinder würde man feststellen, dass diese von sich aus einfach ganz verschiedene Rhythmen und Schnelligkeiten (und Konzentrationsfähigkeiten) beim Lernen haben, die zunächst wenig mit der Unterrichtsform zu tun haben. So ist z. B. zu vermuten, dass der größere Anteil, der durch Test oder Lehrerstatement als „nicht aufmerksam“ bzw. „unkonzentriert“ eingeschätzten Schüler, sich eher als „leistungsschwach“ denn als “leistungsstark“ herausstellt. Das Aufmerksamkeitsverhalten kann nicht unabhängig vom persönlichen Vermögen der Schüler untersucht werden, sondern muss immer in Beziehung zu ihren Möglichkeiten gesetzt werden.

Zwar sind die Ergebnisse der Untersuchungen im Hinblick auf den untersuchten „offenen“ Unterricht sehr positiv, dennoch sollte man nachprüfen, in welchen Arbeitsphasen Lernzeit „verloren“ wird. Dazu stellen die Autoren beim Vergleich des Verhaltens ein und derselben Klasse in geschlossenen und offenen Unterrichtskontexten fest:

> Die Schüler aller drei Leistungsgruppen arbeiten in Phasen Freier Aktivitäten durchschnittlich aufmerksamer als in Phasen lehrerinitiierter Arbeit [...], leistungsschwache Schüler [...] sind in Phasen lehrerinitiierter Arbeit weit unaufmerksamer als in Phasen freier Aktivitäten. [...] In Phasen Freier Aktivitäten nehmen die **„special situations“** [z. B. Orientierungszeiten, in denen die Kinder sich nicht konkret mit einer Arbeit auseinandersetzen, aber auch nicht nichts tun; FP] mit abnehmender Leistungsstärke zu [...]. Zurückzuführen sind die vergleichsweise hohen Anteile an „special situations“ bei leistungsschwachen Schülern in Phasen Freier Aktivitäten z. T. auf die benötigte Zeit bei der Auswahl neuer Materialien. Diese brauchen durchschnittlich länger, bis sie sich zu Beginn oder nach einer Arbeitsphase (wieder) für die Beschäftigung mit Materialien entscheiden. (Laus / Schöll 1995, 11 f.)

Entsprechendes ist auch bei Lipowsky zu finden: „Hatten sich die konzentrationsschwächeren Kinder jedoch einmal für eine Aufgabenstellung entschieden, so arbeiteten sie ähnlich sach- und aufgabenbezogen wie die konzentrationsstärkeren Schülerinnen und Schüler." (Lipowsky 1999, 241) Wir begegnen hier also in erster Linie wieder einem Problem materialzentrierten Unterrichts, das in unserem Konzept Offenen Unterrichts in dieser Form nicht vorkommen kann, denn das angestrebte interessegeleitete Lernen erspart den Schülern gerade diese Phase der (vielleicht zeitintensiven, weil widerwilligen) Auswahl einer Beschäftigung aus einem vorgegebenen Lernangebot. Da die Aufmerksamkeit der leistungsschwächeren Schüler in den offenen Phasen allerdings weitaus höher als in den lehrerzentrierten Phasen war, scheinen sie eben nicht mehr Struktur und Vorgaben zu benötigen, sondern mehr Selbststeuerungsmöglichkeiten.

Die zuletzt geschilderte Problematik gibt einen Hinweis darauf, dass die in den o. g. Effektstudien als „freie Aktivitäten" oder „offene Lern- oder Unterrichtssituationen" bezeichneten Lernarrangements unserem Anspruch an Offenen Unterricht nicht genügen. Entsprechend entdeckt man in den Untersuchungsbeschreibungen immer wieder mehr oder weniger versteckte Hinweise auf die Stoff- bzw. Materialzentrierung des eigentlich als „offen" eingestuften Unterrichts:

> Im Zusammenhang mit motivationalen Aspekten steht die Förderung von differenzierendem und individualisierendem Lernen: Die Ausrichtung des Materials auf unterschiedliche Lerntypen und Lerninteressen, auf unterschiedlichen Leistungs- und Kenntnisstand sowie auf unterschiedliches Arbeitsverhalten zum einen, die Möglichkeit nach dem eigenen Lernrhythmus zu arbeiten zum anderen, sorgen in hohem Maße für ein differenzierendes und individualisierendes Lernen. (Laus / Schöll 1995, 4f.)

> Zu Beginn der 3. Klasse hatte die Lehrerin mit der planmäßigen Einführung Freier Aktivitäten eingesetzt. Sie begann mit dem Aufzeigen verschiedener Übungsmöglichkeiten im Mathematikunterricht. Die Kinder konnten aus mehreren Angeboten frei wählen. [...] Zum Zeitpunkt der Untersuchung waren die Freien Aktivitäten auf einen Umfang von drei Schulstunden pro Woche angewachsen. (Wagner / Schöll 1992, 16)

> Die Forschungsfragestellung wurden curricular auf den Lernbereich *Geometrie* begrenzt, denn für die Behandlung geometrischer Themen bieten sich geöffnete Unterrichtsformen in besonderer Weise an. (Lipowsky 1999, 235)

Natürlich erfordern Testarrangements, die durch die Beobachtung „aufgabenbezogenen Lernens" die „Lernzeitnutzung" messen wollen, indirekt in gewisser Weise die Ausrichtung auf bestimmten Lernstoff bzw. eine entsprechende Eingrenzung, denn würde diese wegfallen, so würde es viel schwerer sein, „nicht aufgabenbezogenes Lernen" auszumachen. Aber trotzdem können diese Untersuchungen eigentlich nur zur Evaluation materialzentrierten Unterrichts genutzt werden – die Vergleichsgruppe für den Offenen Unterricht fehlt. Dass ein solcher Unterricht zusätzlich zur Materialzentrierung wahrscheinlich immer auch stark lehrergelenkt abläuft, wird z. B. am Verhalten der Kinder in der Studie bei Wagner und Schöll offensichtlich. Die Autoren haben beobachtet, dass die Kinder aus dem gesamten zur Verfügung stehenden Material immer nur bestimmte Lernmittel auswählen. Das führt sie zu der Hypothese: „Vielleicht werden unbekannte Lernmittel unter anderem wegen der Regel des Zuendeführens einer einmal begonnenen Arbeit nicht gewählt. Der Schüler weiß nicht, was ihn erwartet und vermeidet die unangenehme Erfahrung einer nicht befriedigenden Arbeit." (Wagner / Schöll 1992, 46) Mit anderen Worten: Die Vorgabe der Lehrmittel und die Auflage des Beendenmüssens einer Arbeit führt dazu, dass sich die Schüler quasi „im Kreis drehen", von einem herausfordernden Unterricht ist nichts zu sehen. So sollte man trotz der positiven Ergebnisse für den Offenen Unterricht die Untersuchung mit Vorsicht genießen, denn sie würden in einem wirklich „Offenen Unterricht" ohne Materialfixierung mit Sicherheit signifikant anders aussehen.

6.1.5 Schülerbefragungen

Aus Gründen der Testdurchführung seltener in der Grundschule vorkommend, aber durchaus häufiger in der Sekundarstufe als Untersuchung anzutreffen, sind Befragungen von Schülern dazu, wie sie den praktizierten Unterricht empfinden bzw. was sie an Schule verbessern würden. Während z. B. Günther bei der Befragung von knapp 300 Schülern der Sekundarstufe I (40 % Gymnasium, 26 % Realschule, 12 % Gesamtschule, 21 % Hauptschule) heraus bekommt, dass nur ein Viertel der Schüler einen Unterricht der Art „Am besten finde ich es, wenn der Lehrer am Anfang die Hausaufgaben nachsieht, dann im Schulbuch im Stoff weitergeht und schließlich zum Schluß die Hausaufgaben aufgibt" (Günther 1996, 81) ablehnt (aber auch nur 30 % zustimmen) und sich nur eine Minderheit von 7,5 % eine Schule wünscht, in der es *nur* Projektunterricht gibt (zwei Drittel lehnen diese Perspektive – mit ihren Projekterfahrungen – ab), fasst Haenisch andere Untersuchungen folgendermaßen zusammen:

> Eine andere Unterrichtsform, die viele Elemente schülerorientierten Arbeitens enthält, ist der Projektunterricht. Auch ihm werden von Schülerinnen und Schüler, die ihn über längere Zeit kennengelernt haben, sehr gute Noten bescheinigt. Insgesamt wird er sogar wesentlich positiver beurteilt als der Normalunterricht. Nicht nur, daß er lebendiger, abwechslungsreicher und anregender eingeschätzt wird, ist hier zu vermerken, die SchülerInnen geben auch an, daß sie im Projektunterricht häufiger gut mitkommen. (Haenisch 1992, 4 mit Bezug auf Geist u. a. 1986)

Aber auch in diesen Untersuchungen merkt man bei genauerer Betrachtung, dass es sich nicht um einen Projektunterricht handelt, wie er uns als Ideal vorschwebt:

> Oft ist die Befürwortung von Projektunterricht mit einer negativen Darstellung der Schule verbunden. [...] Zwei Drittel der Schüler sehen das ganz entschieden so. Wenn sie für Projektunterricht sind, sind sie es mit der Devise „Endlich mal keine Schule!“ [...] 60% stimmen deshalb dem Projektunterricht zu, weil man darin nicht soviel zu tun braucht. [...] Immerhin 90% der Befragten sind der Ansicht, daß in Projektwochen von einigen Schülern die ganze Arbeit gemacht wird. [...] Die Mehrheit (60%) erlebten im Projektunterricht, daß es nur anfangs Spaß macht und wenn auf ein Ergebnis hingearbeitet werden muß, das Projekt seine Vorzüge als erwünschter Unterricht verliert. [...] Für 55% erscheint der Unterricht durch die Lehrer zu schlecht vorbereitet. (Günther 1996, 82ff.)

So scheinen uns auch diese Untersuchungen nicht gerade weiterzubringen – und es ist fraglich, ob Schülerbefragungen (genauso wie Lehrerbefragungen!) überhaupt weiterführen können, denn um mich aussagekräftig über Offenen Unterricht äußern zu können, muss ich ihn ja irgendwie erlebt haben. Das haben aber die wenigsten Schüler und Lehrer. Aber selbst wenn man eine Klasse von Kindern befragen würde, die wirklich durchgängig Offenen Unterricht praktizieren, ergibt sich das Problem, dass diese u. U. keinen längeren Einblick in andere Unterrichtsformen gehabt haben, um wirklich vergleichen zu können.

6.1.6 Neue Wege gehen – Lebensentwicklungen statt Lernstand

Untersucht man Offenen Unterricht, so sollte dabei die möglicherweise ganz anders verlaufende Leistungsentwicklung der Kinder beim Lernen berücksichtigt werden. Wenn wir Lernen eben nicht als einfaches Reiz-Reaktions-Schema bzw. als simple Input-Output-Reaktion verstehen, wie es der Lehrgangsunterricht im Allgemeinen tut, dann müssen wir uns vor allem vom Gedanken eines linearen Lernens verabschieden und die individuellen Lernkurven der Kinder akzeptieren – mit all ihren Sprüngen und Aussetzern, mit Sprintstrecken und Umwegen, mit langen und kurzen Steigungen und Geraden. Einen Hinweis darauf, dass der Gedanke des linearen Lernfortschritts eine Illusion ist, liefern die Lernentwicklungen von Kindern, denen das (schulische) Lernen ganz frei gestellt wird. So zeigen z. B. die Leistungen der Kinder an der englischen Schule Summerhill in den unteren Sekundarjahrgängen nicht die üblichen Leistungen. Die Schüler haben vor und in der Pubertät einfach meist Besseres zu tun, als den Unterricht zu besuchen. Betrachtet man allerdings später die Abschlüsse dieser Schüler, so liegen sie über dem englischen Durchschnitt. Der Lernprozess verläuft nicht linear, sondern situations- und zielorientiert. Ein ähnliches Hinterherhinken und späteres Überholen im Vergleich zur Regelschule ist z. B. auch an freien Alternativschulen in Deutschland zu finden (vgl. Peschel 1995b, Appleton 2000).

Dass Kinder ohne Schule wunderbar lernen (und leben) können, beschreibt auch Olivier Keller (vgl. 1999) in seinem Buch „Denn mein Leben ist lernen“, in welchem er die Lernentwicklung von Kindern aus der Schweiz und Frankreich beschreibt, die keine Schule besucht haben. (Deutschland ist zurzeit das einzige westeuropäische Land mit einer Schulpflicht!)

> Da mein Leben nicht von Lehrplänen und Hausaufgaben bestimmt wurde, war es für mich stets natürlich, es selbst zu gestalten. Jeder Tag ist ein Abenteuer. Ich werde nicht müde, immer wieder Neues zu entdecken und zu schöpfen, denn mein Leben ist Lernen. Ich bin neugierig und offen für Begegnungen, spüre keine Müdigkeit in meinem Kopf vielleicht, weil ich nicht mit Belehrungen überflutet wurde. Ich glaube, daß jedes Wesen ein wertvoller Schatz ist, weil es einmalig ist; und was es zu gestalten hat, ist ebenso einmalig und ihm eigen. Deshalb finde ich es kriminell, einen Menschen zu hindern, das auszudrücken, was in seinem tiefsten Inneren steckt. (Keller 1999, 218)

In diesem Zusammenhang sollte man sich bei aller Leistungsorientiertheit der Schule auch klar machen, dass es zwischen konventionell gemessenen Unterrichtseffekten bzw. Schulleistungen und verschiedenen Indikatoren für Erfolg im späteren Leben (z.B. Einkommen, Selbsteinschätzung der Zufriedenheit, Selbst- und Fremdeinschätzung beruflicher Effektivität) nur einen lockeren Zusammenhang gibt. Die Reliabilität von Schulnoten sinkt gewaltig mit dem zeitlichen Abstand, so dass sich vom ersten bis zum achten Schuljahr nur noch ein Wert von 0,2 ergibt (vgl. Brügelmann 1998, 24; Tent 1998). (Wert 0: kein Zusammenhang, Wert 1: direkter Zusammenhang) „Schon Korrelationen zwischen Noten im Abitur und im Zwischen- bzw. Endexamen liegen nur bei .30 bis .50, die Beziehung zum Berufserfolg ist mit .10 noch schwächer." (Brügelmann 1999, 10 mit Bezug auf Schuler 1998) Hingegen können bestimmte Unterrichtsarrangements durchaus „sleeping effects" haben, das heißt erst nach längerer Zeit positive (oder negative) Auswirkungen zeigen. All dies lässt die Leistungsmessung, die üblicherweise bei Untersuchungen zum offenen Unterricht angewandt wird, als wenig aussagekräftig erscheinen, zumal die wenigen Aussagen, die sich mit Mühe aus den Untersuchungen herauskristallisieren lassen, weder eindeutig noch verallgemeinerbar noch signifikant erscheinen.

6.1.7 Qualitative Forschung als Basis für quantitative Erhebungen

> Auch in forschungsmethodischer Hinsicht stehen wir nicht am Anfang. Es gibt nicht nur eine reformpädagogische empirische Tradition, sondern auch aktuell verfügbare Instrumentarien und Beispiele der Aufzeichnung und Analyse offener Lernsituationen. Neben den von Wissenschaftlern durchgeführten Begleitforschungsprojekten sind hier vor allem kasuistische Aufzeichnungen von Lehrerinnen und Lehrern zu nennen, die sich der Mühe einer detaillierten und systematischen Dokumentation in Tagebüchern und Protokollen unterzogen haben und dadurch andere in ihre Werkstatt schauen ließen. Wir brauchten noch mehr davon! (Kasper 1989, 122)

Die Forschung sollte daher verschiedene Wege gehen. Vor allem müssen Fallstudien mit einer möglichst konkreten und genauen (das heißt nicht unbedingt intersubjektiven) Beschreibung der Rahmenbedingungen Aufschluss über bestimmte Phänomene, Entwicklungen und Zusammenhänge geben. Dabei müssen wir uns stark von unserem traditionellen Bild von Schule und Lernen lösen, so dass auch langfristige Effekte, Persönlichkeitsausbildungen, übergreifende Kompetenzen und Eigenschaften usw. in die Evaluation einbezogen werden.

Wir meinen – wie schon erwähnt – in unseren eigenen Beobachtungen einen klaren methodischen Vorteil des Offenen Unterrichts erkennen zu können. Egal, wer die Klassen zusammengesetzt hat, waren immer die Klassen mit Offenem Unterricht in der hier verstandenen Art diejenigen, die nicht nur die meisten „schwierigen" Kinder haben integrieren können, sondern auch die, in denen ab dem ersten Schultag die Kinder immer ein gutes Stück über dem Lehrplanniveau agiert haben. Entsprechend ergaben sich nach dem vierten Schuljahr im Hinblick auf die Parallelklassen des gleichen Einzugsgebietes erhebliche Unterschiede beim Übergang auf die weiterführende Schule. Aus unserer Klasse gehen jetzt 16 Kinder, das heißt rund Zweidrittel, auf das Gymnasium, während in den Parallelklassen der Anteil bei 2 bzw. 6 Gymnasiasten lag.

Bevor diese Annahme bestätigt werden kann, muss aber erst einmal der Anteil an Offenem Unterricht in unseren Schulen so vergrößert werden, dass die Relevanz und Effektivität dieses Unterrichts durch qualitative und quantitative Verfahren bewiesen werden kann. Wir befinden uns also wirklich noch ganz am Anfang jeglicher Forschung zum Offenen Unterricht und können deshalb nicht zunächst auf eine empirische Begründung dieses Unterrichts warten, bis wir ihn dann vielleicht auch einmal selber praktizieren. Vielmehr müssen wir unser Verständnis von Offenheit und Offenem Unterricht durch eigene Praxis so erfahrbar machen, dass wir allmählich die (unrepräsentativen) Erfahrungen einzelner engagierter Lehrer in ein stichhaltiges, auf Erfahrungen verschiedener Beteiligter beruhendes (repräsentatives) Konzept überführen können. Dann lassen sich vielleicht auch die Kritiker des offenen Unterrichts irgendwann überzeugen – wenn dies ihr Menschenbild zulässt …

6.2 Aus- und Fortbildung zum offenen Unterricht

Wenn die Reform der Schule eine wirkliche Chance bekommen soll, so muss das Ideal Offener Unterricht wieder in das Blickfeld der Lehrer gerückt werden. Man muss mit klaren Begriffen und Zielen arbeiten und den Offenen Unterricht da fördern, wo Menschen eine entsprechende Vorstellung von Schule haben oder entwickeln können. Diese Praxis muss dokumentiert und erfahrbar werden. Kompromisse und Zwischenschritte müssen als solche klar benannt und ausgewiesen werden. Es muss allen Beteiligten die Möglichkeit eingeräumt werden, Unterricht auf dieser Basis zu reflektieren und selbst entsprechende Schlüsse zu ziehen. Nur mit einem klaren Ziel vor Augen kann einerseits immer und ganz konsequent zu diesem angestrebten Ideal gestanden werden, sich andererseits aber auch nur so eine wirklich konstruktive, weiterführende Auseinandersetzung ergeben. Und diese sollte am besten schon in der Ausbildung ansetzen.

Dabei sind sich die Lehrerausbilder unabhängig von den derzeitigen Reformbestrebungen bezüglich der Lehrerausbildung (Europäisierung, Erweiterung der beruflichen Möglichkeiten, Wegfall der Ausbildungsgarantie nach dem ersten Staatsexamen usw.) über die Notwendigkeit einer Theorie und Praxis stärker miteinander verknüpfenden Ausbildung weitgehend im Klaren – vor allem dann, wenn die neuen Lehrer nach ihrem Studium nicht genauso unterrichten sollen, wie sie selbst unterrichtet worden sind:

> Zentrale Schwachstelle im Studium ist eindeutig der *defizitäre Praxisbezug*; darin stimmen die Untersuchungen sehr genau überein. Die Hochschulausbildung bereitet nach dem Urteil der Betroffenen nur sehr mangelhaft auf die berufliche Praxis vor. Dies gilt für den ansonsten relativ gut bewerteten fachwissenschaftlichen Bereich des Studiums und erst recht für die didaktische, unterrichtspraktische Qualifikation. […] Das Studium ist nahezu blind gegenüber jenen Anforderungen, die der Schulalltag als Beziehungsalltag stellt […]. (Ulich 1988, 87f.)

> Wenn die Informationen und Praktika der Ausbildung zur Orientierung für eine professionalisierte und zeitgemäße Berufsausübung nicht ausreichen, werden junge Lehrer durch Imitation und Identifikation weitestgehend so unterrichten, wie sie unterrichtet worden sind. (Neubauer 1994, 217)

Mit den folgenden Ausführungen möchten wir ein paar für uns grundlegende Gedanken zu einer Ausbildung darlegen, die dem Offenen Unterricht eine Chance gibt. Und zwar nicht als verpflichtende Unterrichtsform, die unreflektiert angewendet wird, sondern im Sinne einer Qualitätssicherung von Unterricht und Schule. Wenn man z.B. versucht, den Auszubildenden die richtigen Maßstäbe und Kriterien für die Planung und Bewertung offener Unterrichtssituationen zugänglich zu machen, so werden viele dieser „Prüfsteine“ nicht allein für Offenen Unterricht, sondern allgemein für „guten“ bzw. „qualifizierenden“ Unterricht gelten – und dadurch helfen, einen Mindeststandard abzusichern. Einen Mindeststandard von Unterrichtsqualität, der sich durch seine enge Bindung an das Kind und dessen Lernmöglichkeiten ungleich effektiver darstellen wird als jedes neue „Kerncurriculum“ bzw. jeder neu verordnete Lehrplan.

6.2.1 Reflexion der eigenen schulischen Sozialisation

Eine der wichtigsten Aufgaben, die die Ausbildung zu leisten hat, ist die Bewusstmachung der eigenen schulischen Sozialisation. Als Nahtstelle von der „alten Schule“, die die Studierenden mindestens 12 bis 13 Jahre besucht haben, zur angestrebten „neuen Schule“ sollte die Ausbildung eine kritische (schul-)biographische Reflexion der Beteiligten anstoßen. Dabei müssen sich die Auszubildenden intensiv mit ihren eigenen Schulerfahrungen auseinandersetzen und sich zugleich über ihre persönliche Vorstellung einer erstrebenswerten Schule (und damit auch über ihre Berufsmotive) klar werden.

Ein anderer wichtiger, damit zusammenhängender Bereich ist die Selbstreflexion der Studierenden im Bezug auf ihr eigenes Lernen: „Wie lerne ich, wann lerne ich und was lerne ich selbst am besten?“ Die Überprüfung des traditionellen Lernbegriffs an sich selber führt schnell zu den lerntheoretischen Grundlagen des Offenen Unterrichts (siehe Kapitel 1 im zweiten Band), wenn Studierende im Gespräch mit anderen feststellen, dass sie alle völlig verschieden lernen, was Lernrhythmen, Lernzeiten, Lernräume, soziale Lernbedingungen, akustische Lernbedingungen, Lerntypen, Lernformen, Lernumstände betrifft. Zugleich wird ihnen auch die Bedeutung interessegeleiteten Lernens klar, wenn sie überlegen, welche Inhalte ihnen in der Aneignung leicht fallen bzw. welches Lernen sie gar nicht als „Lernen“ empfinden (die Lösung von Computerproblemen, das Erlernen einer Fremdsprache im jeweiligen Land, bestimmte medizinisch-biologische Zusammenhänge). Diese Reflexion erweitert nicht nur das Verständnis im Bezug auf das eigene Lernen, sondern spricht auch in hohem Maße die Verantwortung des Lehrers im Bezug auf das Lernen der Kinder an. Wenn Lernen neben der Möglichkeit zur Selbstregulierung auch Interesse und Selbstbestimmung erfordert, um langfristig effektiv zu sein, so muss sich später die Art der Wissensvermittlung im eigenen Unterricht ändern.

6.2.2 Biographisch-genetisches Lernen anhand von Eigenproduktionen

> Wenn wir den Glauben an die Organisierbarkeit von Lernprozessen zugunsten des Glaubens an die Wirksamkeit der Unterrichtsstoffe aufgeben, darf sich die Lehrerausbildung nicht mehr im methodischen Zergliedern des Stoffs und im Präparieren von Lektionen erschöpfen. [...] Unabhängig vom Lehrplan und vom Lehrprogramm muss sich der gesamte Lehrstoff im Innern des Lehrers zu wenigen, jederzeit abrufbaren Kernideen bündeln. [...] Kernideen erlauben es dem Lehrer die zufällig auftretenden Momente zu erkennen, in denen die Kinder ihre Bereitschaft für einen wichtigen Lernschritt signalisieren. (Gallin / Ruf 1990, 99f.)

> Es gibt eine recht stabile Logik „von der Sache über das Lehren zum Lernen". Wäre nicht die Umkehr fruchtbarer: vom Lernen des Kindes zur Lernhilfe durch LehrerInnen? (Brügelmann / Schüler 1995, 49)

Neben dem Rütteln an der eigenen Vorstellung von Schule ist eine fachliche bzw. fachdidaktische Grundlegung der Schulinhalte wichtig. Da es aber sehr wohl möglich ist, jahrelang mit Fächern und Fachinhalten versiert umzugehen, ohne wirklich verstanden zu haben, welche Strukturen und Beziehungen ihnen innewohnen, ist hier allerdings eine andere Aneignungsweise als üblich notwendig. Statt der althergebrachten Form des Lehrens eines aus der fertigen Wissenschaft abgeleiteten Wissens muss „biographisches" Wissen erzeugt werden, das heißt Wissen in einer genetischen Form, das vom Lernenden in weiten Teilen selbstentdeckt wird, indem er Zusammenhänge reflektiert, neue Bereiche untersucht und so seine eigenen Beziehungen und Strukturen in und zu den Inhalten aufbaut.

Dieser Aufbau von Fachwissen kann dabei in der Lehrerausbildung zu einem großen Teil aus der Betrachtung der Entwicklung des Kindes hervorgehen. Die Eigenproduktionen und Intuitionen der Kinder vereinigen dabei Fachwissen, Methode und Pädagogik in der Form einer individuellen Entwicklungsaufnahme. Die Entwicklung vom Kritzeln zum Schreiben, die erstaunlichen mathematischen Kompetenzen, die die Kinder schon zu Schulbeginn haben, oder die Einordnung des interessegeleiteten Forschens in ein Gesamtbildungskonzept müssen in ihrer ganzen Bandbreite thematisiert und erfahren werden. Auch hier sollten neben entsprechenden wissenschaftlichen Hilfen als Focus (Entwicklungstabellen bzw. -verläufe in den Fächern bzw. im Bezug auf generelle Kompetenzen) vor allem konkrete Beispiele als Ausgangsbasis dienen. Anhand dieser Beispiele können die vielfältigen Denkwege der Kinder analysiert und hinterfragt werden. Über diese Auseinandersetzung ergibt sich dann für die Auszubildenden die Zielperspektive und Motivation, für sich selbst die fachlichen Strukturen und Beziehungen zu klären – und zwar nicht mehr nur die Inhalte der Kinder betreffend, sondern durchaus auch übertragen auf Erwachsenenniveau. Zugleich ermöglicht diese Vorgehensweise dem Auszubildenden einen individuellen „biographischen" Zugang zu Fach und Kind.

Das hat nicht allein Auswirkungen auf den fachlichen Zugang der Lernenden, sondern vor allem auf die Didaktik. Es kann ja nicht darum gehen, sich Fachwissen anzueignen, um dann zu sehen, wie Kinder lernen, und sich abschließend Gedanken über die möglichst geschickte und pädagogische Form der Aneignung zu machen. Vielmehr wird Didaktik zum impliziten Teil des Stoffes bzw. des eigenen Zugangs dazu – mehr oder weniger unabhängig vom Alter des Lernenden. Dass ein solches Vorgehen eben nicht auf Kosten einer „fehlenden Systematik" geht – wie von Kritikern befürchtet –, liegt aus konstruktivistischer bzw. lernpsychologischer Sicht auf der Hand: nur der individuelle Zugang erlaubt eigene Strukturen verstehend aufzubauen und führt überhaupt erst zu verstandenem Wissen. Dabei erscheint gerade für Fächer wie Mathematik oder Physik, die oft in genau derselben Weise in der Grundschule „gelehrt" werden, die bei den Lehrenden selbst die Abneigung gegen das Fach erzeugt hat, ein biographischer Zugang über Eigenproduktionen wichtig, damit sich die Auszubildenden dem Fach erneut annähern und seine Reize (erstmalig ...) kennen lernen können.

6.2.3 Verknüpfung von Wissenschaft und Praxis

> Die Schulpraktischen Studien haben als Randerscheinungen im Ausbildungsbetrieb Hochschule bestenfalls Alibifunktion. In ihrem heutigen Zuschnitt sind sie meist weder tauglich für eine erste Selbstüberprüfung von Eignung und Neigung für den Lehrerberuf, noch bieten sie hinreichende Gelegenheit zur Reflexion von Praxiserfahrungen. (Gemeinsame Kommission Studienreform NRW 1996, 63)

Die oben im Rahmen der Reflexion der eigenen schulischen Sozialisation angesprochene Auseinandersetzung mit der eigenen Vorstellung von Schule muss so früh wie möglich durch praktische Erfahrungen der Auszubildenden im Berufsfeld Schule ergänzt werden. Und zwar nicht durch ein abwartendes Hospitieren als „dreißigster Schüler" in der jetzigen Klasse des ehemaligen Lehrers, sondern durch eigenes Mitmachen und Mitgestalten. Dazu werden Ausbildungsklassen benötigt, in denen den Praktikanten nicht nur irgendeine Möglichkeit zum Sammeln eigener Erfahrungen gewährt wird, sondern in denen aktuelle didaktische und fachdidaktische Konzepte umgesetzt bzw. erprobt werden.

Ein erster Schritt zu einer sinnvollen Verknüpfung von Theorie und Praxis wäre die Einbindung eigener schulpraktischer Untersuchungen der Auszubildenden in die Lehrveranstaltungen. Hier ergeben sich ungeahnte Chancen, das wissenschaftliche Potential der Hochschule zu mehr zu nutzen als zum Referieren der üblichen Texte. Die Studierenden müssen sich innerhalb der Forschungsarbeiten auf wissenschaftliche Weise mit dem Schulalltag und möglichen Unterrichtsformen auseinandersetzen und erhalten so einen Einblick mit einem „Abstand", der ihnen sowohl ermöglicht, den eigenen Berufswunsch zu prüfen als auch schulische Wirklichkeit und theoretischen Anspruch aufzuarbeiten. Zugleich könnte auf diese Art ein Stück mehr Empirie und Innovation in die Schulen Einzug halten. Auch hier sollte das Beobachten des Lernverhaltens von Kindern (im Offenen Unterricht) sowie die Analyse von Eigenproduktionen im Vordergrund stehen.

Bzgl. der Einbettung der Pflichtpraktika in eine wissenschaftliche Reflexion haben wir in unserem Modellprojekt „Integrierendes Schulpraktikum Primarstufe“ (vgl. Peschel 2002c) sehr gute Erfahrungen mit sogenannten „Ausbildungsteams“ gemacht. Die Praktikanten absolvieren ihr Praktikum in Kleingruppen in bestimmten Klassen, in denen sie mit ausgewählten Mentoren und meist auch Lehramtsanwärtern zusammenarbeiten. In Kooperation mit dem Schulamt bzw. dem Studienseminar sorgt die Universität für die Vorbereitung, Begleitung und Nachbereitung der Praktika in der Form mehrerer Kompaktveranstaltungen bzw. gemeinsamer Treffen. Zusätzlich wurde von uns eine „Integrative Lernwerkstatt“ ins Leben gerufen, die unter anderem den beteiligten Praktikanten, Lehramtsanwärtern und Mentoren individuelle Hilfestellungen geben kann. Nach einer semesterbegleitenden Hospitation zum Kennenlernen der Ausbildungsklasse (ca. fünf Termine) absolvieren die Studierenden dann in der vorlesungsfreien Zeit ein dreiwöchiges Blockpraktikum – mit erstaunlichen Ergebnissen bezüglich der unterrichtsmethodischen Kompetenz, die sich im Zusammenspiel mit Mentoren und Lehramtsanwärtern herausbildet. Im Rahmen der Nachbereitung werden dann die praktischen Erfahrungen wissenschaftlich hinterfragt bzw. in die Theorie zurückgeführt.

6.2.4 Aus- und Fortbildungsschulen

> Didaktische Theorien haben in sich die Tendenz, immer wieder hohe Ansprüche an pädagogisches Handeln zu setzen. Dies kann bei dem gegenwärtigen Auseinanderfallen von Theorie und Praxis leicht dazu führen, daß Lehrkräfte sich von Ansprüchen unter Druck gesetzt fühlen und Mißerfolgsängste entwickeln. Sobald eine derartige Schieflage zwischen Anspruch und Wirklichkeit entsteht, wirken alle unterrichtlichen Mühen kontraproduktiv. Denn eine der stärksten pädagogischen Kräfte ist die Erwartungshaltung von Lehrkräften. Nur wer ein pädagogisches Ziel aus sich heraus verfolgt, kann auch verändernd wirken. Nur die Ziele und Prinzipien können in der Praxis auch fruchtbar umgesetzt werden, die von den Lehrkräften selbst auch subjektiv getragen werden. (Kaiser 1996, 236)

Für mich gibt es im Prinzip nur eine Möglichkeit, Lehrern die Idee eines Offenen Unterrichts nahe zu bringen: sie müssen ihn erfahren – und zwar einerseits als theoretische Herausforderung durch Texte, Erfahrungsberichte und Gespräche, die eine Reflexion der eigenen Schulerfahrungen bedingen, andererseits durch das eigene „Erleben“ eines solchen Unterrichts über einen längeren Zeitraum. Eine Zeitspanne, die eine wirkliche Kontaktaufnahme zu den Schülern erlaubt und die Komplexität des unterrichtlichen Geschehens mitsamt der Einbettung in die Lebenswirklichkeit des einzelnen Kindes aufzeigt. Beide Möglichkeiten sind schwer umzusetzen, denn bei beiden Zugängen müssen als Dozenten oder Mentoren Lehrer involviert sein, die praktische Erfahrung mit Offenem Unterricht haben und die hehre Theorie mit Fallbeispielen und Erfahrungsbeschreibungen greifbar machen bzw. den entsprechenden Unterricht bereitstellen können.

Anzudenken wäre in diesem Zusammenhang ein Modell, das die Lehrer an speziellen „Aus- bzw. Fortbildungsschulen" über einen gewissen Zeitraum – und durchaus als Entlastung für die dort tätigen Kräfte – in den tagtäglichen Offenen Unterricht integriert, so dass sie sich konkret und in der Situation mit diesem Konzept von Schule auseinandersetzen und sich selbst in diesem Feld erproben können. Das Freisetzen für einen bestimmten Zeitraum (z. B. ein bis drei Monate) könnte z. B. durch den Einsatz von Lehramtsanwärter-Teams (evtl. verstärkt durch Praktikanten) erreicht werden, die für einen gewissen Zeitabschnitt eine Klasse eigenverantwortlich führen (vgl. Brügelmann / Schüler 1994, 54).

In diesem Unterricht bekommen Anwesende – vor allem, wenn sie länger zugegen sind – die Entwicklung der Kinder hautnah mit, denn diese sitzen nicht still in Bankreihen und reagieren auf den Lehrer, sondern legen ihr Lernen „offen". Sie produzieren Geschichten und Kniffelaufgaben und forschen auf ihrem Niveau. Alle Anwesenden werden zwangsläufig in den Lernprozess mit einbezogen – und erleben die tragende Lernatmosphäre: Sie bekommen Sachen gezeigt, sollen sich Texte durchlesen, werden nach Informationen über bestimmte Themen gefragt und sollen sich die schwierigsten Matheaufgaben der Welt ausdenken, deren Lösungen ihnen dann wenig später stolz präsentiert werden. Wer einmal in diesen Sog gerät, sich mit der Abgabe seiner alles bestimmenden und überschattenden Macht abfinden kann, der lernt das Lernen von Kindern neu kennen – und wird zwangsläufig mitgerissen. Aber – man muss sich darauf einlassen. Und zwar ganz, denn Offener Unterricht ist eben keine Methode, sondern eine bestimmte Einstellung zu Kind und Welt.

> Es erfordert für ReferendarInnen sehr viel Mut und Selbstvertrauen, sich in offene Lernsituationen zu begeben. Sehr gute Kenntnisse über Schüler und deren spezifisches Verhalten sind unerläßlich (Diagnosekompetenz). Dies und die besondere Art der Vorbereitung macht einen kontinuierlichen, längeren Aufenthalt in der Klasse notwendig. So sollten die Ausbildungswochen zeitlich möglichst nicht „zerrissen“ werden. (Haser 1991 a, 26 f.)

Für den Vorbereitungsdienst wäre abschließend zu überlegen, ob man Lehramtsanwärtern, denen man ja laut der Ordnung für den Vorbereitungsdienst selbstständigen Unterricht vollverantwortlich zutraut, nicht konsequenterweise auch direkt eigene Klassen (überhaupt oder an speziellen Ausbildungsschulen) geben könnte. Diese könnten sie im Team mit anderen Lehramtsanwärtern führen, mitbetreut durch ausgesuchte Mentoren, die wiederum durch die Stunden der Lehramtsanwärter entsprechend entlastet werden. Zumindest trägt die gegenwärtige Situation einzelner Stunden selbstständigen Ausbildungsunterrichts zusätzlich dazu bei, einen durchgängigen fächerübergreifenden Klassenlehrerunterricht sowohl bei Mentoren als auch bei Lehramtsanwärtern schwierig bzw. unmöglich zu machen, denn jeder Lehrkraftwechsel bedeutet zwangsläufig einen Bruch im Klassengeschehen, egal wie selbstständig die Kinder arbeiten.

6.2.5 Methodische Offenheit als Grundforderung jeglichen Unterrichts

> Ich möchte bezweifeln, konventionelle Methoden lieferten das Grundgerüst für OFFENEN Unterricht. Das hieße ja, daß ReferendarInnen zunächst eine andere Grundhaltung vor allem zu sich selbst einnehmen müßten, bevor sie sich öffnen und somit wieder erschwert umlernen müßten. Schließlich geht es auch darum, daß jede/r ReferendarIn die eigene Lehrerpersönlichkeit entwickeln kann, ohne ein Stück von sich aufgeben zu müssen. (Haser 1991 a, 26)

Da sich zurzeit nur selten Ausbildungsklassen finden lassen, die einen Offenen Unterricht praktizieren, wie er uns vorschwebt, muss man sich auch Gedanken über die Gestaltung der Ausbildung in „normal“ unterrichteten Klassen machen. Generell wird Offener Unterricht in der Ausbildung – auch auf Grund der vorhandenen Bedingungen – eher als eine Methode denn als Gesamtkonzept betrachtet, was durchaus im Sinne vieler Ausbilder ist, die sich nicht mit einem echten Offenen Unterricht anfreunden können und immer noch eine falsch verstandene „Methodenvielfalt“ für das Schlüsselwort halten. Von daher müssen zumindest hohe Ansprüche an die „Methode“ offener Unterricht gestellt werden und Arbeitsformen im Vordergrund stehen, die auf Eigenproduktionen und Eigenvorhaben der Kinder basieren. In diesem Sinne sollten die momentan in der Ausbildung verbreiteten Unterrichtsformen wie Werkstatt- oder Stationsarbeit qualitativ weiterentwickelt werden. Dies kann z. B. dadurch geschehen, dass sie zu eigenen Projekten der Kinder werden. Und zwar möglichst nicht im Sinne einer traditionellen Aufbereitung von (geschlossenen) Angeboten, sondern in der Form offener, eigene Zugänge und Vorgehensweisen ermöglichenden Herausforderungen zu einem Thema (vgl. Kapitel 1.3 bzw. Peschel 2002e).

Diese Art der Öffnung für bestimmte Vorhaben der Kinder ist in der Regel in jeder Klasse machbar, weil hier die notwendige Motivation und Identifikation, die für das selbstständige Lernen notwendig ist, über die Interessen der Kinder „mobilisiert“ werden kann. Neben fächerübergreifenden Arbeiten, wenn sich z. B. Kinder mit eigenen Projekten zu allen möglichen Themen beschäftigen und diese zur Vorstellung für die Klasse aufbereiten, erscheinen Stunden Freien Schreibens oder mathematischen Kniffelns, die auf Eigenproduktionen der Kinder abzielen, immer durchführbar. Aber auch Stunden zu bestimmten, vom Lehrer festgelegten Themen sind umsetzbar und gewähren trotzdem ein Stück der gewollten Offenheit, wenn man dazu z. B. die Vorschläge von Gallin und Ruf für einen Unterricht nutzt, der den Lernenden zumindest die Methode freigibt und auf ihren individuellen Zugängen und Eigenproduktionen aufbaut.

Zwar liefert diese Ausbildung den Beteiligten dann nicht unbedingt eine Vorstellung eines Gesamtkonzeptes von Offenem Unterricht, aber es wird hautnah erlebt, wie und was Kinder selbstständig und ohne Lehrgang produzieren können – in der Regel Sachen, die ihnen niemand zugetraut hätte. Wir bekommen innerhalb der Betreuung unserer Schulpraktika immer wieder mit, wie sprachlos die Klassenlehrer der entsprechenden Klassen oft im Bezug auf die Kinder sind. Viele sagen, sie würden „ihre Kinder“ plötzlich nicht mehr „wiedererkennen“, weil sich die Kinder und ihre Arbeiten ganz anders darstellen als sonst – und zwar auf ungleich höherem kognitiven und sozialen Niveau.

7 Kurzer Rückblick – und Ausblick auf den zweiten Teil

> Lehrer müssen sich als Pädagogen begreifen lernen.
> Dies ist eine, so scheint es, tautologische Forderung. Doch, beobachtet man die praktische Arbeit vieler Lehrer in den verschiedenen Schularten unseres gegliederten Schulsystems, oder bedenkt man ihre Einstellungen zum unterrichtlichen Handeln, wie sie sich in manchen Gesprächen erschließen lassen, erscheint das Bild des *pädagogischen Lehrers* eher die Ausnahmeerscheinung oder dem bloßen Idealbild zu entsprechen. Lehrer orientieren sich stark an Fachwissenschaften und Didaktik, manchmal an Psychologie oder einer mehr oder minder vorwissenschaftlichen Anthropologie, selten aber an *Pädagogik*. (Krawitz 1997, 24 f.)

Wir haben in diesem Teil unserer „Didaktik Offenen Unterrichts" angefangen, ein Konzept für einen Unterricht zu entwickeln, der die hehren Ziele der Richtlinien und Lehrpläne ernst nimmt und sich nicht auf die momentan zu oft vorzufindende alibihafte Umsetzung beschränkt. Ausgehend von der pointierten Darstellung der in der Praxis vorkommenden „offenen Unterrichtsformen" haben wir versucht, die grundlegenden Anforderungen an einen Offenen Unterricht zu dimensionieren und mit entsprechenden Konzepten aus der Praxis zu beschreiben:

- die „methodische Öffnung" als unabdingbare Grundanforderung für jegliche Öffnung, das heißt die Freigabe des Lernweges der Kinder, beispielhaft veranschaulicht an der „Didaktik der Kernideen" nach Gallin und Ruf;
- die „methodisch-inhaltliche Öffnung", das heißt die weitgehende Freigabe der Inhalte als weitere Öffnung unter dem Aspekt interessegeleiteten Lernens, beispielhaft veranschaulicht an der „Didaktik des weißen Blattes" nach Zehnpfennig und Zehnpfennig;
- und letztendlich additiv die „soziale-integrative Öffnung", das heißt die konsequente Weiterführung der Öffnung in der Form einer Mitbestimmung bzw. Selbstregulierung auch im sozialen Bereich, beispielhaft veranschaulicht an der „Didaktik der sozialen Integration".

Danach sind wir auf die daraus resultierenden Veränderungen in Bezug auf die verschiedenen Rollen der Beteiligten eingegangen und haben versucht, gängige Fragen aufzugreifen und zu beantworten. Über die grundsätzlich andere Basis der Unterrichtsplanung im Offenen Unterricht ging es dann im Zusammenhang mit den Schwierigkeiten einer aussagekräftigen Evaluation bis hin zur Problematik der Implementation des Konzeptes in die Praxis.

All diese Ausführungen sind bislang sehr allgemein gehalten worden, so dass zwar wahrscheinlich die Grundeinstellung, die wir für diesen Unterricht erforderlich halten, theoretisch und praktisch klarer geworden ist, aber nicht unbedingt die konkrete Umsetzung. Uns ist klar, dass eine derartige Darstellung immer nur begrenzt leistbar sein wird, da zwar die Offenheit durch einen konkreten

Konzeptvorschlag gestützt werden kann, zugleich aber die Offenheit und Situationsorientierung des Offenen Unterrichts ein ganz konkretes Konzept nur ansatzweise zulässt. Offener Unterricht ist kein statisches, auf alle möglichen Situationen übertragbares Gebilde, sondern ein Prozess ständiger Aushandlungen zwischen Schüler, Mitschüler, Lehrer und Sache.

Wir möchten trotzdem im zweiten Band nach einer kurzen Grundlegung der Komplexität des Lernbegriffs und einer knappen Wiederholung der uns wichtigen unterrichtlichen Grundsätze bzw. Elemente des Offenen Unterrichts in die fachdidaktische Diskussion einsteigen, indem wir (ganz subjektiv) unsere Gedanken und Erfahrungen in den Fach- und Lernbereichen der Grundschule schildern und begründen. Wir hoffen, damit dem Leser Möglichkeiten und Wege aufzuzeigen, die ihm bei seiner eigenen Suche helfen können – und ihn vielleicht veranlassen, mit uns ins Gespräch zu kommen und seine eigenen Erfahrungen und Vorschläge in die Diskussion einzubringen. Nur so können wir den Offenen Unterricht aus seinem konzeptlosen Schattendasein befreien.

> We know that very young children explore their environment and learn in manifold ways, at a rate that will never be equalled in later life; and this with no formal teaching. It is through their play that they experiment, see interrelationships, get some control over their surroundings. Learning to walk, manipulate things, sense parents' feelings, communicate verbally and non-verbally, are all quite complex and often subtle. [...] Anything taught in a school classroom is extremely simple in comparison. Yet these same children *seem* unable to learn most of those trivial things, especially when *taught*. (Whitney 1985, 222)

8 Literatur

Alberg, Rudolf: Das Bildungsgutachten – ein wirklichkeitsfremdes und leistungshemmendes Konzept. In: Schlaffke, Winfried / Westphalen, Klaus: Denkschrift NRW – Hat Bildung in Schule Zukunft? Köln (Deutscher Instituts-Verlag) 1996 (S. 28–45)

Appleton, Matthew: Summerhill – Kindern ihre Kindheit zurückgeben. Demokratie und Selbstregulierung in der Erziehung. Herausgegeben von Falko Peschel. Baltmannsweiler (Schneider Verlag Hohengehren) 2000

Arbeitskreis Grundschule e.V. (Hrsg.): Wer hat Angst vor Freier Arbeit? Wir nicht! Entgegnung auf Henning Günther „Freie Arbeit in der Grundschule". Frankfurt am Main (Arbeitskreis Grundschule) 1990

Balhorn, Heiko / Niemann, Heide (Hrsg.): Sprachen werden Schrift. Lengwil (Libelle) 1997

Bauer, Karl-Oswald / Rolff, Hans-Günter: Vorarbeiten zu einer Theorie der Schulentwicklung. In: Bauer, Karl-Oswald / Rolff, Hans-Günter (Hrsg.): Innovation und Schulentwicklung. Weinheim (Beltz) 1978 (S. 219–266)

Bauersfeld, Heinrich: Wie lernen Kinder Mathematik und was ist guter Mathematikunterricht? Manuskript zum Fachgespräch „Wie lernen Kinder Mathematik und was ist guter Mathematikunterricht?" im Landesinstitut für Schule und Weiterbildung. Soest 1999

Baum, Monika / Wielpütz, Hans: Arbeitspapier zum Workshop „Mathematik auf eigenen Wegen. Unv. Manuskript. Köln 1998

Becher, Hans-Rudolf / Bennack, Jürgen / Jürgens, Eiko (Hrsg.): Taschenbuch Grundschule Neu. Baltmannsweiler (Schneider Verlag Hohengehren) 1998[3]

Beck, Erwin / Guldimann, Titus / Zutavern, Michael: Eigenständig lernende Schülerinnen und Schüler. In: Beck, Erwin / Guldimann, Titus / Zutavern, Michael (Hrsg.): Eigenständig lernen. St. Gallen (UVK) 1995 (S. 15–58)

Bender, Peter / Beyer, Dieter / Brück-Binninger, Ute / Kowallek, Rainer / Schmidt, Siegbert / Sorger, Peter / Wielpütz, Hans / Wittmann, Erich Ch.: Überlegungen zur fachmathematischen Ausbildung angehenden Grundschullehrerinnen und –lehrer. In: Journal für Mathematik-Didaktik. Heft 4/99. Stuttgart (Teubner) 1999 (S. 301–310)

Bennack, Jürgen: Der Erwerb pädagogischer Handlungskompetenz. In: Bildung und Erziehung. Heft 2. 6/96. Köln (Böhlau) 1996 (S. 233–244)

Bennack, Jürgen / von Martial, Ingbert: Einführung in schulpraktische Studien. Baltmannsweiler (Schneider Verlag Hohengehren) 1997[4]

Bennack, Jürgen: Schulaufgabe: Unterricht. Neuwied (Luchterhand) 2000

Benner, Dietrich: Auf dem Weg zur Öffnung von Unterricht und Schule. In: Die Grundschulzeitschrift. Heft 27. Seelze (Friedrich Verlag) 1989 (S. 46–55)

Berger-Kündig, Patricia: Gespräche über Namenwörter ziehen ihre Kreise. In: Ruf, Urs / Gallin, Peter: Dialogisches Lernen in Sprache und Mathematik. Band 2: Spuren legen – Spuren lesen. Unterricht mit Kernideen und Reisetagebüchern. Seelze-Velber (Kallmeyer) 1998b, (S. 161–166)

Berger-Kündig, Patricia: Es braucht Mut, seinen eigenen Erfahrungen zu trauen. In: Ruf, Urs / Gallin, Peter: Dialogisches Lernen in Sprache und Mathematik. Band 2: Spuren legen – Spuren lesen. Unterricht mit Kernideen und Reisetagebüchern. Seelze-Velber (Kallmeyer) 1998 (S. 186–191)

Bildungskommission NRW: Zukunft der Bildung – Schule der Zukunft. Neuwied (Luchterhand) 1995

Bönsch, Manfred / Schittko, Klaus (Hrsg.): Offener Unterricht. Hannover (Schroedel) 1979

Bönsch, Manfred / Schittko, Klaus: Einführung: Offener Unterricht – Vorschläge zur Veränderung des Unterrichts. In: Bönsch, Manfred / Schittko, Klaus (Hrsg.): Offener Unterricht. Hannover (Schroedel) 1979 (S. 9–31)

Boettcher, Wolfgang / Otto, Gunter / Sitta, Horst / Tymister, Hans Josef: Lehrer und Schüler machen Unterricht. Weinheim (Beltz) 1982

Brügelmann, Hans: Auf der Suche nach der verlorenen Offenheit. In: Haller, Hans-Dieter/ Lenzen, Dieter (Hrsg.): Lehrjahre in der Bildungsreform. Resignation oder Rekonstruktion. Stuttgart (Klett) 1976 (S. 121–137)

Brügelmann, Hans: Veränderungen des Curriculum auf seinem Weg vom Autor zum Kind. In: Zeitschrift für Pädagogik. Heft 4/1978. Weinheim (Beltz) 1978 (S. 601–618)

Brügelmann, Hans: Kinder auf dem Weg zur Schrift. Bottighoven (Libelle) 1983

Brügelmann, Hans: Geschlossene Forschung über offenen Unterricht. In: Die Grundschulzeitschrift. Heft 23. Seelze (Friedrich Verlag) 1989 (S. 2–3)

Brügelmann, Hans: „Öffnung des Unterrichts“ aus der Sicht von LehrerInnen. OASE-Bericht Nr. 3 und Nr. 3a. Universität Siegen 1996/1997

Brügelmann, Hans: Die Öffnung des Unterrichts muss radikaler gedacht, aber auch klarer strukturiert werden. In: Balhorn, Heiko / Niemann, Heide (Hrsg.): Sprachen werden Schrift. Lengwil (Libelle) 1997a (S. 43–60)

Brügelmann, Hans: Öffnung des Unterrichts. Befunde und Probleme der empirischen Forschung. OASE-Bericht Nr. 10a. Universität Siegen 1997b

Brügelmann, Hans: Öffnung des Unterrichts. Befunde und Probleme der empirischen Forschung. In: Brügelmann, Hans / Fölling-Albers, Maria / Richter, Sigrun (Hrsg.): Jahrbuch Grundschule. Fragen der Praxis – Befunde der Forschung. Seelze (Friedrich) 1998 (S. 8–42)

Brügelmann, Hans: Qualität und die Kunst, den Erfolg von Unterricht zu messen. OASE-Bericht Nr. 55. Universität Siegen 1999

Brügelmann, Hans: Selbsttätigkeit. Serie: Prinzipien des Anfangsunterrichts. In: Die Grundschulzeitschrift. Heft 140. Seelze (Friedrich) 2000 (S. 49–51)

Brügelmann, Hans / Brinkmann, Erika: Individualisierung „von unten“ statt Differenzierung „von oben“. Fehlerverständnis und Fehlertoleranz als Grundlage wirksamer Förderung. In: Grundschulunterricht. Heft 2/94. Berlin (Pädagogischer Zeitschriftenverlag) 1994 (S. 9–12)

Brügelmann, Hans / Brinkmann, Erika: Die Schrift erfinden. Lengwil (Libelle) 1998

Brügelmann, Hans / Brügelmann, Karin: Kann man „Offenen Unterricht“ beurteilen? In: Die Grundschulzeitschrift. Heft 87. Seelze (Friedrich) 1995 (S. 36–39)

Brügelmann, Hans / Schüler, Henning: Grundschulreform durch Job-Rotation. Skizze eines Kooperationsmodells von Schule, Universität und Studienseminar. In: Die Grundschulzeitschrift. Heft 79. Seelze (Friedrich) 1994 (S. 54)

Brügelmann, Hans / Schüler, Henning: Ausbildung für die Arbeit mit Kindern. Vorschlag zu einer Reform der ersten Phase der LehrerInnen-Ausbildung für die Primarstufe. In: Die Grundschulzeitschrift. Heft 84. Seelze (Friedrich) 1995 (S. 48–53)

Bund-Länder-Kommission für Bildungsplanung und Forschungsförderung (Hrsg.): Heft 60: Gutachten zur Vorbereitung des Programms „Steigerung der Effizienz des mathematisch naturwissenschaftlichen Unterrichts“. Bonn 1997

Claussen, Claus: Freie Arbeit als Element eines Konzepts der Öffnung von Schule. In: Claussen, Claus (Hrsg.): Handbuch Freie Arbeit. Weinheim (Beltz) 1995 (S. 13–23)

Croall, Jonathan: Neill of Summerhill. The Permanent Rebel. London (ARK) 1983

Dewes, Andrea / Geiger, Diana / Roos, Christian / Weimann, Christiane / Holle-Winterberg, Eva: Stationenarbeit als Einstieg in ein Jahreszeitenprojekt. In: Hegele, Irmintraut (Hrsg.): Lernziel: Stationenarbeit. Eine neue Form des offenen Unterrichts. Weinheim (Beltz) 1996 (S. 44–55)

Diederich, Jürgen: Zweifel an Projekten. Eine reformpädagogische Idee und ihr Pferdefuß. In: Friedrich Jahresheft XII. Seelze (Friedrich) 1994 (S. 92–94)

Einsiedler, Wolfgang: Konzeptionen des Grundschulunterrichts. Bad Heilbrunn/Obb. (Klinkhardt) 1979

Einsiedler, Wolfgang: Neue Lern- und Lehrformen in der Grundschule aus empirischer Sicht. In: Olechowski, Richard / Wolf, Wilhelm (Hrsg.): Die kindgemäße Grundschule. Wien (Jugend und Volk) 1990 (S. 224–236)

Erichson, Christa: Authentizität als handlungsleitendes Prinzip. In: Beiträge zum Mathematikunterricht. Hildesheim (Franzbecker) 1999 (S. 161–164)

Faust-Siehl, Gabriele / Garlichs, Ariane / Ramseger, Jörg / Schwarz, Hermann / Warm, Ute: Die Zukunft beginnt in der Grundschule. Reinbek (Rowohlt) 1996

Frech-Becker, Cornelia: Wenn Freiarbeit zur freien Arbeit wird. In: Praxis des neusprachlichen Unterrichts. Heft 1. Berlin (Pädagogischer Zeitschriftenverlag) 1997 (S. 86–92)

Gage, Nathaniel L. / Berliner, David C.: Pädagogische Psychologie. Weinheim (Beltz) 1986[4]

Gallin, Peter / Ruf, Urs: Sprache und Mathematik. Zürich (Verlag Lehrerinnen und Lehrer Schweiz – LCH) 1990 und Seelze-Velber (Kallmeyer) 1998

Gallin, Peter / Ruf, Urs: Ich – du – wir. Sprache und Mathematik 1.–3. Schuljahr. Zürich (Interkantonale Lehrmittelzentrale – ILZ) 1995

Gallin, Peter / Ruf, Urs: Ich – du – wir. Sprache und Mathematik 4.–5. und 5.–6. Schuljahr. Zürich (Interkantonale Lehrmittelzentrale – ILZ) 1999

Gardner, Howard: Der ungeschulte Kopf. Stuttgart (Klett-Cotta) 1994

Gaudig, Hugo: Die Schule im Dienste der werdenden Persönlichkeit. Leipzig 1917. Zitiert nach: Reble, Albert (Hrsg.): Die Arbeitsschule. Bad Heilbrunn/Obb. (Klinkhardt) 1963

Geissler, Erich E.: Analyse des Unterrichts. Bochum (Kamp) 1973

Geist, Martin / Jungblut, Gerd / Philipp, Elmar: Projektlernen – Eine Zauberformel? Ansätze zur Qualitätsverbesserung von Schule – Ergebnisse einer Schülerbefragung. In: Die Deutsche Schule. Heft 3/86. Weinheim (Juventa) 1986 (S. 306–316)

Gemeinsame Kommission für die Studienreform im Land Nordrhein-Westfalen (Hrsg.): Perspektiven: Studium zwischen Schule und Beruf. Neuwied (Luchterhand) 1996

Gervé, Friedrich: Freie Arbeit in der Grundschule. Eine praxisbegleitende Fortbildungskonzeption zur Steigerung der Innovationsrate. Dissertation. Karlsruhe 1997a

Gervé, Friedrich: Zur Praxis der freien Arbeit in der Grundschule. Situationsanalyse zur Entwicklung einer innovationswirksamen Fortbildungskonzeption. OASE-Bericht Nr. 39. Universität Siegen 1997b

Gesing, Harald (Hrsg.): Pädagogik und Didaktik der Grundschule. Neuwied (Luchterhand) 1997

Giaconia, Rose M. / Hedges, Larry V.: Identifying Features of Effektive Open Education. In: Review of Educational Research. Santa Barbara, California (American Educational Research Association) 1982 (S. 579–602)

Giles, Geoff: Ist Lehren ein Hindernis für Lernen? In: mathematik lehren. Heft 21. Seelze (Friedrich) 1987 (S. 6–10)

Goetze, Herbert: „Wenn Freie Arbeit schwierig wird ...“ – Stolpersteine auf dem Weg zum Offenen Unterricht. In Reiß, Günter / Eberle, Gerhard (Hrsg.): Offener Unterricht – Freie Arbeit mit lernschwachen Schülern. Weinheim (Deutscher Studien Verlag) 1995[3] (S. 254–273)

Golding, William: Lord of the Flies. New York (Capricorn Books) 1954

Gossweiler, Martin: Der Zähler als Kernidee für das Dezimalsystem. In: Ruf, Urs / Gallin, Peter: Dialogisches Lernen in Sprache und Mathematik. Band 2: Spuren legen – Spuren lesen. Unterricht mit Kernideen und Reisetagebüchern. Seelze-Velber (Kallmeyer) 1998 (S. 42–45)

Die Grundschulzeitschrift. Themenheft „Erste Schritte zur Öffnung“. Heft 105. Seelze (Friedrich) 1997

Günther, Henning: Tiefgreifende Veränderungen in der Grundschule. Teil 1. In: Theologisches. Nr. 185. September 1985. Beilage der „Offerten-Zeitung für die katholische Geistlichkeit Deutschlands“. Siegburg (Verlag Franz Schmitt) 1985 (S. 6623–6629)

Günther, Henning: Unterricht heute: handlungsorientiert – sozialintegrativ – lehrerzentriert? In: Katholische Bildung. Heft 1/86. Essen (Verein katholischer deutscher Lehrerinnen) 1986 (S. 36–48)

Günther, Henning: Freie Arbeit in der Grundschule. Bonn (Elternverein Nordrhein-Westfalen / Hessischer Elternverein) 1988

Günther, Henning: Kompetenzvermittlung durch Erziehung – Kritische Befunde zum „offenen Lernen“. In: Mittelstraß, Jürgen (Hrsg.): Wohin geht die Sprache? Wirklichkeit – Kommunikation – Kompetenz. Sonderdruck aus Band 28 zum Kongreß der Hanns Martin Schleyer-Stiftung am 25./26. Mai 1988 in Essen. Essen (MA Akademie-Verlag) 1989 (S. 318–325)

Günther, Henning: Neue Tendenzen in der Schule – kritisch betrachtet. In: Menschenkenntnis. Heft 4/91. Zürich (Verein zur Förderung der psychologischen Menschenkenntnis) 1991 (S. 5–44)

Günther, Henning: Kritik des offenen Unterrichts. Bielefeld (Lernen für die Deutsche und Europäische Zukunft) 1996

Gutt, Armin: 1. Beispiel: Grundschullehrerin Ursel Q. – Deutsch. In: päd. extra. Heft 3/77. Wiesbaden (Extra Verlag) 1977 (S. 23–27)

Haarmann, Dieter: Was heißt hier „offen“? Über die Mehrdeutigkeit etablierter Unterrichtskonzepte. In: Kasper, Hildegard (Hrsg.): Laßt die Kinder lernen. Offene Lernsituationen. Braunschweig (Westermann) 1989 (S. 22–32)

Haarmann, Dieter: Resumé. In: Kasper, Hildegard (Hrsg.): Laßt die Kinder lernen. Offene Lernsituationen. Braunschweig (Westermann) 1989 (S. 118)

Haenisch, Hans: Erfolgreich unterrichten – Wege zu mehr Schülerorientierung. Forschungsergebnisse und Empfehlungen für die Schulpraxis. In: Landesinstitut für Schule und Weiterbildung (Hrsg.): Schularbeiten. Heft 4. Schülerorientierung. April 1992. Soest (Landesinstitut für Schule und Weiterbildung) 1992 (S. 1–8)

Haenisch, Hans / Schuldt, Wilhelm: Schulentwicklung. Zur Wechselwirkung zwischen curricularen Rahmenbedingungen und inneren Gestaltungskräften von Grundschulen. Soest (Landesinstitut für Schule und Weiterbildung) 1994

Hänsel, Dagmar: Didaktik des Sachunterrichts. Sachunterricht als Innovation der Grundschule. Frankfurt am Main (Diesterweg) 1980

Hagstedt, Herbert: Offene Unterrichtsformen. Methodische Modelle und ihre Planbarkeit. In: Hameyer, Uwe / Lauterbach, Roland / Wiechmann, Jürgen: Innovationsprozesse in der Grundschule. Fallstudien, Analysen und Vorschläge zum Sachunterricht. Bad Heilbrunn Obb. (Klinkhardt) 1992 (S. 367–382)

Hagstedt, Herbert: Lernen an Stationen. In: Hameyer, Uwe (Hrsg.): Pädagogische Ideenkiste Primarbereich. Kronshagen (Körner) 1995² (S. 55–64)

Haller, Hans-Dieter / Lenzen, Dieter (Hrsg.): Lehrjahre in der Bildungsreform. Resignation oder Rekonstruktion. Stuttgart (Klett) 1976

Hanke, Petra: Forschungen zur inneren Reform der Grundschule am Beispiel der Öffnung des Unterrichts. In: Rossbach, Hans-Günther / Nölle, Karin / Czerwenka, Kurt (Hrsg.): Forschungen zu Lehr- und Lernkonzepten für die Grundschule. Opladen (Leske und Budrich) 2001 a (S. 46–62)

Hanke, Petra: Pädagogik und Didaktik des Schriftspracherwerbs in Theorie und Praxis. Auszüge aus der Habilitationsschrift. Universität Köln 2001 b

Haser, Werner: Offener Unterricht und Ausbildung. In: Fragen und Versuche. Heft 51. Bremen (Pädagogik Kooperative) 1991 a (S. 20–27)

Haser, Werner: Mut und Selbstvertrauen. Offener Unterricht und Lehrerausbildung. In: Päd extra. Heft 10/1991. Wiesbaden (Extra Verlag) 1991 b (S. 10–13)

Heckt, Dietlinde H.: Vorwort. In: Claussen, Claus (Hrsg.): Wochenplan- und Freiarbeit. Braunschweig (Westermann) 1993 (S. 5–6)

Hegele, Irmintraut (Hrsg.): Lernziel: Stationenarbeit. Eine neue Form des offenen Unterrichts. Weinheim (Beltz) 1996

Heitzlhofer, Karin: „Machen Sie den Kindern endlich Angst!" In: Die Grundschulzeitschrift. Heft 41. Seelze (Friedrich) 1991 (S. 2–3)

Helmke, Andreas: Student Attention During Instruction and Achievement. In: Newstead, Stephen E. / Irvine, Sidney H. / Dann, Peter L. (Hrsg.): Human Assessment: Cognition and Motivation. Dordrecht (Martinus Nijhoff Publishers) 1986 (S. 273–286)

Hemmings, Ray: Fifty Years of Freedom. A Study of the Development of the Ideas of A. S. Neill. London (George Allen & Unwin) 1972

Hofmaier, Martin: Über die Kunst, Aufträge zu formulieren. In: Ruf, Urs / Gallin, Peter: Dialogisches Lernen in Sprache und Mathematik. Band 2: Spuren legen – Spuren lesen. Unterricht mit Kernideen und Reisetagebüchern. Seelze-Velber (Kallmeyer) 1998 (S. 78–85)

Holli, Heike: Die Aufgaben der Lehrerin im Offenen Unterricht, dargestellt anhand der Planung, Durchführung und Reflexion von Lernprozessen in einem vierten Schuljahr. Schriftliche Hausarbeit zur Zweiten Staatsprüfung für das Lehramt für die Primarstufe. Unv. Manuskript. Köln 1997

Holling, Eggert / Bamme, Arno: Lehrer zwischen Anspruch und Wirklichkeit. Frankfurt am Main (päd. extra-Buchverlag) 1976

Holt, John: Kinder lernen selbstständig oder gar nicht(s). Weinheim (Beltz) 1999

Huschke, Peter: Wochenplan-Unterricht: Entwicklung, Adaption, Evaluation, Kritik eines Unterrrichtskonzepts und Perspektiven für seine Weiterentwicklung. In: Klafki. Wolfgang / Scheffer, Ursula / Koch-Priewe, Barbara / Stöcker, Hermann / Huschke, Peter / Stang, Henner (Hrsg.): Schulnahe Curriculumentwicklung und Handlungsforschung. Weinheim (Beltz) 1982 (S. 200–278)

Illich, Ivan: Deschooling Society. London (Penguin) 1970

Ingenkamp, Karlheinz (Hrsg.): Diagnostischer Rechtschreibtest. DRT 1-5. Weinheim (Beltz) div. Jahrgänge und Neunormierungen

Jungwirth, Helga: Verlangsamung als Ziel. In: mathematik lehren. Heft 71. Seelze (Friedrich) 1995 (S. 59–61)

Jürgens, Eiko: Die 'neue' Reformpädagogik und die Bewegung Offener Unterricht. Theorie, Praxis und Forschungslage. St. Augustin (Academia) 1994a

Jürgens, Eiko (Hrsg.): Erprobte Wochenplan- und Freiarbeits-Ideen in der Sekundarstufe I. Heinsberg (Agentur Dieck) 1994b

Jürgens, Eiko: Offener Unterricht: Einige Anmerkungen zur aktuellen Diskussion und zur Praxis. In: Jürgens, Eiko (Hrsg.): Erprobte Wochenplan- und Freiarbeits-Ideen in der Sekundarstufe I. Heinsberg (Agentur Dieck) 1994b (S. 168–180)

Jürgens, Eiko: Zur Geschichte: Wichtige reformpädagogische Vorläufer der Freiarbeit. In: Jürgens, Eiko (Hrsg.): Erprobte Wochenplan- und Freiarbeits-Ideen in der Sekundarstufe I. Heinsberg (Agentur Dieck) 1994b (S. 19–38)

Jürgens, Eiko: Offener Unterricht im Spiegel empirischer Forschung. Oldenburger Vordrucke Heft 265/95. Universität Oldenburg 1995

Kaiser, Astrid: Einführung in die Didaktik des Sachunterrichts. Baltmannsweiler (Schneider Verlag Hohengehren) 1996

Kamp, Johannes-Martin: Kinderrepubliken. Geschichte, Praxis, Theorie radikaler Selbstregierung in Kinder- und Jugendheimen. Opladen (Leske und Budrich) 1995

Kaufmann, Theo: Selbständige Informationsbeschaffung im Offenen Unterricht. In: Jürgens, Eiko (Hrsg.): Erprobte Wochenplan- und Freiarbeits-Ideen in der Sekundarstufe I. Heinsberg (Agentur Dieck) 1994 (S. 210–222)

Kasper, Hildegard (Hrsg.): Laßt die Kinder lernen. Offene Lernsituationen. Braunschweig (Westermann) 1989

Kasper, Hildegard u. a.: Offener Unterricht. Modewort oder Besinnung auf schulische Lernkultur? In: Kasper, Hildegard (Hrsg.): Laßt die Kinder lernen. Offene Lernsituationen. Braunschweig (Westermann) 1989 (S. 5)

Kasper, Hildegard: Offene Unterrichtsformen in der englischen Primarschule – Entwicklungen und gegenwärtige Problematik. In: Reiß, Günter / Eberle, Gerhard (Hrsg.): Offener Unterricht – Freie Arbeit mit lernschwachen Schülern. Weinheim (Deutscher Studien Verlag) 1995[3] (S. 93–114)

Keller, Olivier: Denn mein Leben ist lernen. Freiamt (Mit Kindern wachsen Verlag) 1999

Klafki. Wolfgang / Scheffer, Ursula / Koch-Priewe, Barbara / Stöcker, Hermann / Huschke, Peter / Stang, Henner (Hrsg.): Schulnahe Curriculumentwicklung und Handlungsforschung. Weinheim (Beltz) 1982

Kleingeist-Poensgen, Helga / Oschmann, Sigrid: Schulentwicklung gestalten. Soest (Landesinstitut für Schule und Weiterbildung) 1998

Klewitz, Elard / Mitzkat, Horst (Hrsg.): Entdeckendes Lernen und offener Unterricht. Braunschweig (Westermann) 1977

Klewitz, Elard / Mitzkat, Horst: Erfahrungen mit „offenem Unterricht“ In: Klewitz, Elard / Mitzkat, Horst (Hrsg.): Entdeckendes Lernen und offener Unterricht. Braunschweig (Westermann) 1977 (S. 229–240)

Knauf, Tassilo (Hrsg.): Handbuch zur Unterrichtsvorbereitung in der Grundschule. Planungshilfen und Unterrichtsmedien. Bensheim (päd. extra-Buchverlag) 1979a

Knauf, Tassilo (Hrsg.): Handlungsorientiertes Lernen in der Grundschule. Grundlagen und Beispiele. Bensheim (päd. extra-Buchverlag) 1979b

Knauf, Annegret / Knauf, Tassilo: Das Medienlexikon – Ein Beitrag zur Humanisierung der Lehrerarbeit. In: Knauf, Tassilo (Hrsg.): Handbuch zur Unterrichtsvorbereitung in der Grundschule. Planungshilfen und Unterrichtsmedien. Bensheim (päd. extra-Buchverlag) 1979a (S. 9–17)

Knauf, Tassilo: Statt einer Einleitung: Lehrerhandeln – kann, muß es verändert werden? In: Knauf, Tassilo (Hrsg.): Handlungsorientiertes Lernen in der Grundschule. Grundlagen und Beispiele. Bensheim (päd. extra-Buchverlag) 1979b (S. 11–16)

Knauf, Tassilo: Einführung in die Grundschuldidaktik. Stuttgart (Kohlhammer) 2001

Knoll, Michael: 300 Jahre Lernen am Projekt. Zur Revision unseres Geschichtsbildes. In: Pädagogik. Heft 7-8/93. Beltz (Weinheim) 1993 (S. 58–63)

Kozdon, Baldur: „Öffnung der Schule" – ein gefahrloses Experiment? In: Pädagogische Welt. Heft 11/89. Donauwörth (Auer) 1989 (S. 485–488)

Kraus, Josef: Spaßpädagogik. Sackgassen deutscher Bildungspolitik. München (Universitas) 1998

Krauthausen, Günther: Lernen – Lehren – Lehren lernen. Zur mathematik-didaktischen Lehrerbildung am Beispiel der Primarstufe. Leipzig (Klett) 1998

Krawitz, Rudi (Hrsg.): Bildung im Haus des Lernens. Bad Heilbrunn (Klinkhardt) 1997

Krawitz, Rudi: Vorwort an unseren verehrten Kollegen Anton Menke. In: Krawitz, Rudi (Hrsg.): Bildung im Haus des Lernens. Bad Heilbrunn (Klinkhardt) 1997 (S. 7)

Krawitz, Rudi: Für eine individualpädagogische Praxis der Schule. In: Krawitz, Rudi (Hrsg.): Bildung im Haus des Lernens. Bad Heilbrunn (Klinkhardt) 1997 (S. 9–12)

Krawitz, Rudi: Bildung durch Unterricht und Erziehung. In: Krawitz, Rudi (Hrsg.): Bildung im Haus des Lernens. Bad Heilbrunn (Klinkhardt) 1997 (S. 13–26)

Krawitz, Rudi / Kurz, Gerhard: Unterricht zwischen Planung und Prozess. (Zur didaktischen und individualpädagogischen Unterrichtsvorbereitung). In: Krawitz, Rudi (Hrsg.): Bildung im Haus des Lernens. Bad Heilbrunn (Klinkhardt) 1997 (S. 92–108)

Kube, Bernhard: Wie wollen Sie das denn bewerten? Bewertungsprobleme bei offenen Unterrichtsformen. In: Die Grundschule. Heft 2/1996. Braunschweig (Westermann) 1996 (S. 71–73)

Kultusminister des Landes Nordrhein-Westfalen (Hrsg.): Richtlinien und Lehrpläne für die Grundschule in Nordrhein-Westfalen. Sachunterricht. Mathematik. Sprache. Kunst / Textilgestaltung. Musik. (einzelne Bände) Frechen (Verlagsgesellschaft Ritterbach) 1985

Kunert, Kristian: Theorie und Praxis des offenen Unterrichts. München (Kösel) 1978

Kunert, Kristian (Hrsg.): Schule im Kreuzfeuer. Baltmannsweiler (Schneider Verlag Hohengehren) 1993

Landesinstitut für Schule und Weiterbildung (Hrsg.): Entwurfsfassung der Richtlinien und Lehrpläne für die Grundschule in NRW. Soest (Landesinstitut für Schule und Weiterbildung) 1983

Lange, Otto: Wieviel Steuerung bei problemlösenden Lernen? In: Scholz, Frank (Hrsg.): Arrangements für den Unterricht. Universität Oldenburg 1988 (S. 117–128)

Laus, Matthias / Schöll, Gabriele: Aufmerksamkeitsverhalten von Schülern in offenen und geschlossenen Unterrichtskontexten. Berichte und Arbeiten aus dem Institut für Grundschulforschung. Nr. 78. Erlangen-Nürnberg (Institut für Grundschulforschung an der Universität Erlangen-Nürnberg) 1995

Lehmann, Rainer H. (Hrsg.): HAMLET 3-4. Hamburger Lesetest für 3. und 4. Klassen. Weinheim (Beltz) 1997

Lenzen, Dieter: Offene Curricula – Leidensweg einer Fiktion. In: Haller, Hans-Dieter / Lenzen, Dieter: Lehrjahre in der Bildungsreform. Resignation oder Rekonstruktion. Stuttgart (Klett) 1976 (S. 138–162)

Lemmer, Christa: Wechsel tut gut. In: Sennlaub, Gerhard (Hrsg.): Mit Feuereifer dabei. Praxisberichte über freie Arbeit und Wochenplan. Heinsberg (Agentur Dieck) 1990[5] (S. 70–71)

Lepper, Mark R. / Greene, David: Undermining Children's Intrinsic Interest with Extrinsic Reward: A Test of the „Overjustification" Hypothesis. In: Journal of Personality and Social Psychology. Heft 1/73. Washington, District of Columbia (American Psychological Association) 1973 (S. 129–137)

Linder, Gerhard: Untersuchungen zum Konzept der Ganzheit in der deutschen Schulpädagogik. Frankfurt am Main (Lang) 1984

Lipowsky, Frank: Lernzeit und Konzentration. Grundschulkinder in offenen Lernsituationen. In: Die Deutsche Schule. Heft 2/99. Weinheim (Juventa) 1999 (S. 232–245)

Lobeck, Arnold: Rechentest. 1.–3. Klasse. Basel (Beltz) 1987

Lobeck, Arnold: Rechentest. 4.–6. Klasse. Basel (Beltz) 1990

Meier, Richard: Freie Arbeit. In: Reiß, Günter / Eberle, Gerhard (Hrsg.): Offener Unterricht – Freie Arbeit mit lernschwachen Schülern. Weinheim (Deutscher Studien Verlag) 1995[3] (S. 45–92)

Marshall, Hermine H.: Open Classrooms: Has the Term Outlived its Usefulness? In: Review of Educational Research. Heft 2/81. Santa Barbara, California (American Educational Research Association) 1981 (S. 181–192)

May, Peter: Hamburger Schreibprobe zur Erfassung der grundlegenden Rechtschreibstrategien. In: Naegele, Ingrid / Valtin, Renate: Rechtschreibunterricht in den Klassen 1–6. Frankfurt am Main (Arbeitskreis Grundschule) 1994[3] (S. 94–98)

May, Peter: Hamburger Schreib-Probe. Hamburg (Verlag für pädagogische Medien) 1997[3]

Messner, Rudolf: Planung des Lehrers und Handlungsinteressen der Schüler im offenen Unterricht. In: Westermanns Pädagogische Beiträge. Heft 4/78. Braunschweig (Westermann) 1978 (S. 145–150)

Meyer, Hilbert: Leitfaden zur Unterrichtsvorbereitung. Frankfurt am Main (Cornelsen Skriptor) 1991[11]

Ministerium für Schule und Weiterbildung des Landes Nordrhein-Westfalen (Hrsg.): Ausbildungsordnung Grundschule. Frechen (Verlagsgesellschaft Ritterbach) 1997

Mühlhausen, Ulf: Überraschungen im Unterricht. Situative Unterrichtsplanung. Weinheim (Beltz) 1994

Müller, Gerhard / Wittmann, Erich Ch.: Mit Kindern rechnen. Frankfurt am Main (Arbeitskreis Grundschule – Der Grundschulverband) 1995

Nehles, Rudolf: Offenheit – pädagogisches Engagement ohne Theorie? Frankfurt am Main (Lang) 1981

Neill, Alexander Sutherland: A Dominie's Log. London (Herbert Jenkins) 1918[5]

Neill, Alexander Sutherland: Das Prinzip Summerhill: Fragen und Antworten. Reinbek bei Hamburg (Rowohlt) 1969

Neill, Alexander Sutherland: Neill, Neill, Birnenstiel. Erinnerungen eines großen Erziehers. Reinbek bei Hamburg (Rowohlt) 1973

Neill, Alexander Sutherland: The New Summerhill. Herausgegeben von Albert Lamb. London (Penguin) 1992

Neubauer, Wolfgang: Effektivitätsuntersuchungen zum Training des Lehrerverhaltens. In: von Martial, Ingbert / Ludwig, Harald / Pühse, Uwe (Hrsg.): Schulpädagogik heute – Probleme und Perspektiven. Frankfurt am Main (Lang) 1994 (S. 217–251)

Neuhaus-Siemon, Elisabeth: Reformpädagogik und offener Unterricht. In: Grundschule. Heft 6. Braunschweig (Westermann) 1996 (S. 19–27)

Neumann, Dieter: Falsche Ansichten über das Lernen? Reformgrundsätze auf dem Prüfstand (Teil 1). In: Realschule in Deutschland. Heft 6/97. München (Verband Deutscher Realschullehrer) 1997 (S. 15–19)

Nussbaum, Albert / Leutner, Detlev: Entdeckendes Lernen von Aufgabenlösungsregeln unter verschiedenen Anforderungsbedingungen. In: Zeitschrift für Entwicklungspsychologie und pädagogische Psychologie. Heft 2/86. Göttingen (Hogrefe) 1986 (S. 153–164)

Oellrich-Wagner, Margret: Offener Unterricht unter der Lupe – Leitfaden zur Reflexion und Unterrichtsvorbereitung. Essen (Eigenverlag Margret Oellrich-Wagner) 1996

Oerter, Rolf: Implizites Lernen beim Sprechen, Lesen und Schreiben. In: Unterrichtswissenschaft. Heft 3/00. Weinheim (Juventa) 2000 (S. 239–256)

Peschel, Falko: Offener Unterricht – Am Anfang oder am Ende? OASE-Bericht Nr. 2. Universität Siegen 1995 a

Peschel, Falko: Das Prinzip Glocksee. Theorie und Praxis der antiautoritären Erziehung. Unv. Manuskript. Troisdorf / Hannover 1995 b

Peschel, Falko: Das Prinzip Glocksee in Theorie und Praxis. In: Glocksee Info 2-95. Hannover (Glocksee-Schule) 1995 c (S. 6–7)

Peschel, Falko: Offen bis geschlossen – Formen und Chancen offenen Unterrichts. In: Gesing, Harald (Hrsg.): Pädagogik und Didaktik der Grundschule. Neuwied (Luchterhand) 1997 a (S. 229–268)

Peschel, Falko: Ist das Unterricht? Unterricht ohne zu unterrichten. In: Friedrich Jahresheft XV. Seelze (Friedrich) 1997 b (S. 30–31)

Peschel, Falko: Wenn schon, denn schon. Öffnung zwischen Radikalität, Konsequenz und Illusion. In: Die Grundschulzeitschrift. Heft 105. Seelze (Friedrich) 1997 c (S. 21–23)

Peschel, Falko: Schreiben und Rechtschreiben lernen in der Grundschule. In: Schulzeit Eins/97. Düsseldorf (Ministerium für Schule und Weiterbildung des Landes NRW) 1997 d (S. 10–11)

Peschel, Falko: Freie Arbeit als durchgängiges Unterrichtsprinzip. In: Peschel, Falko / Saborowski, Cornelia: Erfahrungen aus der Öffnung des Unterrichts im Schulalltag. Siegen (Projekt OASE) 1997 e (S. 1–24)

Peschel, Falko: Verschiedene Beiträge in: Kaiser, Astrid: Lexikon des Sachunterrichts. Baltmannsweiler (Schneider Verlag Hohengehren) 1997f

Peschel, Falko: Verschiedene Aufsätze zum Offenen Unterricht in: Bartnitzky, Horst / Christiani, Reinhold (Hrsg.): Die Fundgrube für Freie Arbeit. Berlin (Cornelsen Scriptor) 1998 a

Peschel, Falko: Spich – eine „ganz normale“ Grundschule stellt sich vor. Mit einem Beitrag von Cornelia Saborowski. In: Becher, Hans-Rudolf / Bennack, Jürgen / Jürgens, Eiko (Hrsg.): Taschenbuch Grundschule. Baltmannsweiler (Schneider Verlag Hohengehren) 1998[3] b

Peschel, Falko: Werkstattunterricht. In: Holenz, Klaus / Peschel, Falko / Schwandt, Ulrike / Taaks, Gerd-Ulrich: Integrierender Sachunterricht. Werkstattunterricht. Soest (Landesinstitut für Schule und Weiterbildung) 1998c

Peschel, Falko: Computer von Anfang an. Oder: Was muss passieren, damit Lehrer Schülern endlich mehr vertrauen? In: Mitzlaff, Hartmut / Speck-Hamdan, Angelika (Hrsg.): Grundschule und neue Medien. Frankfurt am Main (Arbeitskreis Grundschule – Der Grundschulverband) 1998d (S. 231–237)

Peschel, Falko: Leistungsbewertung: Und unsere Beurteilungskriterien stimmen immer noch nicht! Oder: Für eine andere Sichtweise von Produkt- und Prozessbeurteilung im (offenen) Unterricht. In: Fragen und Versuche. Heft 89. 9/99. Bremen (Freinet-Kooperative) 1999 (S. 39–44) (Leider sind die Seiten vertauscht gedruckt worden. Die Seite 41 ist die vorletzte Seite.)

Peschel, Falko: Kinder planen ihr Lernen selbst: Möglichkeiten und Erfahrungen im Mathematikunterricht. In: Sache – Wort – Zahl. Heft 29. Köln (Aulis Verlag Deubner) 2000a (S. 49–53)

Peschel, Falko: Stell dir vor, es gibt Autonomie und keine(r) nimmt sie wahr ... In: Die Grundschulzeitschrift. Heft 131. Seelze (Friedrich) 2000b (S. 56–57)

Peschel, Falko: Ein Blick über den eigenen Zaun ... In: Die Grundschulzeitschrift. Heft 131. Seelze (Friedrich) 2000c (S. 57) und in: Lernchancen. Heft 13. Seelze (Friedrich) 2000d (S. 77)

Peschel, Falko: GRAM-MATIK? In: Die Grundschulzeitschrift. Heft 138. Seelze (Friedrich) 2000e (S. 56) und in: Der Deutschunterricht in der Grundschule. Heft 1/00. Seelze (Friedrich) 2000f (S. 27–28)

Peschel, Falko: Summerhill – Kindern ihre Kindheit zurückgeben. In: Fragen und Versuche. Heft 92. 6/00. Bremen (Freinet-Kooperative) 2000g (S. 65–66)

Peschel, Falko: Offener Unterricht ist präventiver Unterricht – Präventiver Unterricht ist Offener Unterricht. In: Lumer, Beatrix (Hrsg.): Integration behinderter Kinder. Berlin (Cornelsen Scriptor) 2001a (S. 74–88)

Peschel, Falko: Kinder lernen anders! In: Die Grundschulzeitschrift. Heft 143. Seelze (Friedrich) 2001b (S. 41–42)

Peschel, Falko / Reinhardt, Astrid: Der Sprachforscher: Rechtschreiben. Seelze (Friedrich) 2001c

Peschel, Falko / Reinhardt, Astrid: Der Sprachforscher: Rechtschreiben. Informationen für Lehrer und Eltern. Seelze (Friedrich) 2001d

Peschel, Falko: Vom Einüben zum Ausüben – vom Einprägen zum Erforschen. Rechtschreiblernen im Wandel. In: Grundschule Sprachen. Heft 3/01. Seelze (Kallmeyer) 2001e (S. 10–11)

Peschel, Falko: Offener Unterricht – Idee, Realität, Perspektive und ein praxiserprobtes Konzept zur Diskussion. Teil II: Fachdidaktische Überlegungen. Baltmannsweiler (Schneider Verlag Hohengehren) 2002 b

Peschel, Falko: Das „Integrierende Schulpraktikum Primarstufe". In: PÄD Forum. Heft 2/02. Baltmannsweiler (Schneider Verlag Hohengehren) 2002c (i. V.)

Peschel, Falko: Öffnung des Unterrichts – ein Stufenmodell. In: Bartnitzky, Horst / Christiani, Reinold (Hrsg.): Berufseinstieg: Grundschule. Leitfaden für Studium und Vorbereitungsdienst. Berlin (Cornelson Scriptor) 2002d (i. V.)

Peschel, Falko: Offene Unterrichtsformen – qualitativ absichern und weiterentwickeln. In: Bartnitzky, Horst / Christiani, Reinold (Hrsg.): Berufseinstieg: Grundschule. Leitfaden für Studium und Vorbereitungsdienst Berlin (Cornelsen Scriptor) 2002e (i. V.)

Peschel, Falko: Vom Edutainment zur kreativen Herausforderung: Der Computer als Werkzeug im Offenen Unterricht. In: Thissen, Frank (Hrsg.): Multimedia-Didaktik (Arbeitstitel). Berlin (Springer Verlag) 2002f (i. V.)

Petri, Gottfried: Idee, Realität und Entwicklungsmöglichkeiten des Projektlernens. Graz (Bundesministerium für Unterricht, Kunst und Sport – Zentrum für Schulversuche und Schulentwicklung) 1991

Pitzschel, Friedrich: Sie sollen wollen, was sie tun. Freie Arbeit in der Hauptschule. In: Lehrer Journal. Heft 5/86. München (Oldenbourg / Prögel) 1986 (S. 221–224)

Pliefke, Annemarie: Das „offene Kindergartenkind" in der Schule. In: Theorie und Praxis der Sozialpädagogik. Heft 2/00. Seelze-Velber (Kallmeyer) 2000 (S. 29–30)

Potthoff, Willy: Einführung in die Reformpädagogik. Freiburg (Reformpädagogischer Verlag Jörg Potthoff) 1992

Prange, Klaus: Lebensgeschichte und pädagogische Reflexion. In: Zeitschrift für Pädagogik. Heft 3/87. Weinheim (Beltz) 1987 (S. 345–362)

Ramseger, Jörg: Offener Unterricht in der Erprobung. Weinheim (Juventa) 1977

Ramseger, Jörg: Das Nicht-Planbare planen? Anregungen zur Gestaltung von Offenem Unterricht. In: Knauf, Tassilo (Hrsg.): Handbuch zur Unterrichtsvorbereitung in der Grundschule. Planungshilfen und Unterrichtsmedien. Bensheim (päd. extra-Buchverlag) 1979 (S. 18–34)

Ramseger, Jörg: Neun Argumente für die Öffnung der Grundschule. In: Die Grundschulzeitschrift. Heft 1. Seelze (Friedrich Verlag) 1987 (S. 6–7)

Reichen, Jürgen: Lesen durch Schreiben. Lehrerkommentar. Hefte 1-8. Zürich (Sabe) 1982

Reichen, Jürgen: Sachunterricht und Sachbegegnung. Zürich (Sabe) 1991

Reichen, Jürgen: Hannah hat Kino im Kopf. Die Reichen-Methode Lesen durch Schreiben und ihre Hintergründe für LehrerInnen, Studierende und Eltern. Hamburg (Heinevetter) 2001

Reinhardt, Klaus: Öffnung der Schule. Weinheim (Beltz) 1992

Reiß, Günter / Eberle, Gerhard (Hrsg.): Offener Unterricht – Freie Arbeit mit lernschwachen Schülern. Weinheim (Deutscher Studien Verlag) 1995[3]

Retterath, Gerhard: Man kann jede Art von Unterricht beurteilen. Unv. Manuskript. o. J. Überarbeitet abgedruckt in: Retterath, Gerhard: Das Lernen vom Kind aus planen. In: Grundschule. Heft 4/96. Braunschweig (Westermann) 1996 (S. 38–40)

Revuz, André: Est-il impossible d'enseigner les mathématiques? Paris (Press universitaires de France) 1980

Rogers, Carl Ransom: Lernen in Freiheit. München (Kösel) 1974

Rost, Detlev H. (Hrsg.): Handwörterbuch Pädagogische Psychologie. Weinheim (Psychologie Verlags Union) 1998

Ruf, Urs / Gallin, Peter: Dialogisches Lernen in Sprache und Mathematik. Band 1: Austausch zwischen Ungleichen. Grundzüge einer interaktiven und fächerübergreifenden Didaktik. Seelze-Velber (Kallmeyer) 1998a

Ruf, Urs / Gallin, Peter: Dialogisches Lernen in Sprache und Mathematik. Band 2: Spuren legen – Spuren lesen. Unterricht mit Kernideen und Reisetagebüchern. Seelze-Velber (Kallmeyer) 1998b

Ruf-Bräker, Regula: Was sich in meinem Unterricht verändert hat. In: Ruf, Urs / Gallin, Peter: Dialogisches Lernen in Sprache und Mathematik. Band 2: Spuren legen – Spuren lesen. Unterricht mit Kernideen und Reisetagebüchern. Seelze-Velber (Kallmeyer) 1998 (S. 197–205)

Rumpf, Horst: Was ist frei an der freien Arbeit ? In: Pädagogik. Heft 6/91. Beltz (Weinheim) 1991 (S. 6–9)

Saint-Exupéry, Antoine de: Die Stadt in der Wüste (Citadelle). Düsseldorf (Karl Rauch) 1956

Scheerer-Neumann, Gerheid: Was kommt schon dabei raus? Lernen und Leisten in offenen Situationen. In: Kasper, Hildegard (Hrsg.): Laßt die Kinder lernen. Offene Lernsituationen. Westermann / Braunschweig 1989 (S. 66–90).

Schlaffke, Winfried / Westphalen, Klaus (Hrsg.): Denkschrift NRW – Hat Bildung in Schule Zukunft? Köln (Deutscher Instituts-Verlag) 1996 (S. 28–45)

Schmidt, Edeltraut / Wopp, Christel: Beurteilungsspinne zum Offenen Unterricht. Oldenburger Vordrucke Heft 294. Universität Oldenburg (Zentrum für pädagogische Berufspraxis) 1996

Schubert, Elke / Strick, Rainer: Leitfaden zum „Spielzeugfreien Kindergarten". München (Aktion Jugendschutz) 1994

Schuler, Heinz: Noten und Studien- und Berufserfolg. In: Rost, Detlev H. (Hrsg.): Handwörterbuch Pädagogische Psychologie. Weinheim (Psychologie Verlags Union) 1998 (S. 370–374)

Schwedes, Hannelore: Lernziele / Erste Erfahrungen. Stuttgart (Klett) 1976

Selter, Christoph: Wie gut sind deutsche Grundschüler in Mathe? (4). Mehr Offenheit bei schriftlichen Tests. In: Sache – Wort – Zahl. Heft 25. Köln (Aulis Verlag Deubner) 1999 (S. 41–46)

Seneca, Lucius Annaeus: Epistulae morales ad Lucilium. Liber XVII et XVIII. Briefe an Lucilius über Ethik. 17. und 18. Buch. Übersetzt und herausgegeben von Heinz Gunermann. Stuttgart (Reclam) 1998

Sennlaub, Gerhard: Chinesisch aus dem Wörterbuch. In: Grundschule Heft 9. Braunschweig (Westermann) 1990 (S. 69–70)

Sennlaub, Gerhard (Hrsg.): Mit Feuereifer dabei. Praxisberichte über freie Arbeit und Wochenplan. Heinsberg (Agentur Dieck) 1990[5]

Sennlaub, Gerhard: Auf die Reform sind wir stolz. In: Sennlaub, Gerhard (Hrsg.): Mit Feuereifer dabei. Praxisberichte über freie Arbeit und Wochenplan. Heinsberg (Agentur Dieck) 1990[5] (S. 9–18)

Spitta, Gudrun: Kinder schreiben eigene Texte: Klasse 1 und 2. Frankfurt am Main (Cornelsen Scriptor) 1988

Spitta, Gudrun: Schreibkonferenzen in Klasse 3 und 4. Frankfurt am Main (Cornelsen Scriptor) 1992

Straka, Gerald A.: Auf dem Weg zu einer mehrdimensionalen Theorie selbstgesteuerten Lernens. Universität Bremen 1998

Sundermann, Beate / Selter, Christoph: Quattro Stagioni. Nachdenkliches zum Stationenlernen aus mathematikdidaktischer Perspektive. In: Friedrich Jahresheft XVIII. Seelze (Friedrich) 2000 (S. 110–113)

Tent, Lothar: Zensuren. In: Rost, Detlev H. (Hrsg.): Handwörterbuch Pädagogische Psychologie. Weinheim (Psychologie Verlags Union) 1998 (S. 580–584)

Traub, Silke: Schrittweise zur erfolgreichen Freiarbeit. Bad Heilbrunn / Obb. (Klinkhardt) 2000

Ulich, Klaus: Lehrer/innen-Ausbildung im Urteil der Betroffenen. Ergebnisse und Folgerungen. In: Die Deutsche Schule. Heft 1/96. Weinheim (Juventa) 1996 (S. 81–97)

Vester, Frederic: Denken, Lernen, Vergessen. München (Deutscher Taschenbuch Verlag) 1978

Wagner, Angelika C.: Selbstgesteuertes Lernen im offenen Unterricht – Erfahrungen mit einem Unterrichtsversuch in der Grundschule. In: Einsiedler, Wolfgang: Konzeptionen des Grundschulunterrichts. Bad Heilbrunn/Obb. (Klinkhardt) 1979 (S. 174–186)

Wagner, Gerhard / Schöll, Gabriele: Selbständiges Lernen in Phasen freier Aktivitäten – Entwicklung eines Beobachtungsinventars und Durchführung einer empirischen Untersuchung in einer 4. Grundschulklasse. Berichte und Arbeiten aus dem Institut für Grundschulforschung. Nr. 70. Erlangen-Nürnberg (Institut für Grundschulforschung an der Universität Erlangen-Nürnberg) 1992

Wallascheck, Uta: Lernzirkel – eine Arbeitsform, die selbständiges, individuelles Arbeiten ermöglicht. In: Lehmann, Bernd (Hrsg.): Kinder – Schule: Lehrer – Schule. Langenau (Armin Vaas) 1991

Wallrabenstein, Wulf: Offene Schule – Offener Unterricht. Ratgeber für Eltern und Lehrer. Reinbek bei Hamburg (Rowohlt) 1991

Wallrabenstein, Wulf: Wie planbar ist Offener Unterricht? „Planung und Öffnung – Das kommt einer Quadratur des Kreises gleich". In: Pädagogik. Heft 4/96. Weinheim (Beltz) 1996 (S. 27–31)

Wallrabenstein, Wulf: Hilfe – ich habe den Überblick verloren! Zur Passung von offenen und geschlossenen Lernphasen. In: Friedrich Jahresheft XII. Seelze (Friedrich) 1994 (S. 32–34)

Weber, Anders: Werkstatt – Erfahrungen im individualisierenden und gemeinschaftsbildenden Unterricht. Zell (Zürcher Kantonale Mittelstufenkonferenz) 1991

Winkel, Rainer: Offener oder beweglicher Unterricht? In Grundschule. Heft 2. Braunschweig (Westermann) 1993 (S. 14–16)

Winner, Anna: Der „Spielzeugfreie Kindergarten". Ein Beitrag zur Suchtprävention. München (Aktion Jugendschutz) 1996

Wittmann, Erich Ch.: Mathematiklernen zwischen Skylla und Charybdis. In: Mitteilungen der mathematischen Gesellschaft in Hamburg. Band XII. Heft 3/91. Hamburg (Mathematische Gesellschaft in Hamburg) 1991 (S. 663–679)

Wittmann, Erich Ch. / Müller, Gerhard: Handbuch produktiver Rechenübungen. Band 1. Vom Einspluseins zum Einmaleins. Stuttgart (Klett) 1990

Wittmann, Erich Ch. / Müller, Gerhard: Handbuch produktiver Rechenübungen. Band 2. Vom halbschriftlichen zum schriftlichen Rechnen. Stuttgart (Klett) 1992

Wittmann, Erich Ch: Aktiv-entdeckendes und soziales Lernen im Rechenunterricht – vom Kind und vom Fach aus. In: Müller, Gerhard / Wittmann, Erich Ch.: Mit Kindern rechnen. Frankfurt am Main (Arbeitskreis Grundschule – Der Grundschulverband) 1995

Zander, Conrad: Wer erlöst uns von dem Übel? (Verdammte Schule 6. Teil). In: Stern Nr. 29/76. Hamburg (Gruner und Jahr) 1976 (S. 42–50)

Zehnpfennig, Hannelore / Zehnpfennig, Helmut: Was ist „Offener Unterricht". In: Landesinstitut für Schule und Weiterbildung (Hrsg.): Schulanfang. Ganzheitliche Förderung im Anfangsunterricht und im Schulkindergarten. Kapitel 5.2: Basis „Offener Unterricht". Soest (Landesinstitut für Schule und Weiterbildung) 1992 (S. 46–60)

Zehnpfennig, Hannelore / Zehnpfennig, Helmut: OFFENER UNTERRICHT, aktiv-entdeckendes Lernen und Mathematik in der Grundschule. In: Grundschulunterricht. Heft 1/94. Berlin (Pädagogischer Zeitschriftenverlag) 1994a (S. 20–22)

Zehnpfennig, Hannelore / Zehnpfennig, Helmut: „Es riecht nach Weltall. Zauberhaft!“. Kinder schreiben Gedichte – eine Unterrichtsdokumentation. In: Grundschulunterricht. Heft 4/94. Berlin (Pädagogischer Zeitschriftenverlag) 1994b (S. 11–12)

Zehnpfennig, Hannelore / Zehnpfennig, Helmut: „Mit einem Bild ist es fast so wie mit einer Geschichte, wenn sie fertig ist, fängt sie erst richtig an“. Kinder malen ihre Gedichte. In: Grundschulunterricht. Heft 10/94. Berlin (Pädagogischer Zeitschriftenverlag) 1994c (S. 29–32)

Zehnpfennig, Hannelore / Zehnpfennig, Helmut: „Eins minus Hundert ist gleich neunundneunzig unter Null“. Erstkläßler entdecken und erobern den Zahlenraum. In: Grundschulunterricht. Heft 11/94. Berlin (Pädagogischer Zeitschriftenverlag) 1994d (S. 27–30)

Zehnpfennig, Hannelore / Zehnpfennig, Helmut: Das Arbeitsblatt: Für und Wider. In: Grundschulunterricht. Heft 1/95 Beiheft. Berlin (Pädagogischer Zeitschriftenverlag) 1995a (S. 10–11)

Zehnpfennig, Hannelore / Zehnpfennig, Helmut: Die „alte“ und die „neue“ Lehrerrolle. In: Grundschulunterricht. Heft 5/95. Berlin (Pädagogischer Zeitschriftenverlag) 1995b (S. 9–11)

Zehnpfennig, Hannelore / Zehnpfennig, Helmut: „Neue“ Schule in „alten“ Strukturen. In: Grundschulunterricht. Heft 6/95. Berlin (Pädagogischer Zeitschriftenverlag) 1995c (S. 5–7)

Zehnpfennig, Hannelore: Thesenpapier (zur Arbeitsgruppe 5: Grundschule in Bewegung). Unv. Manuskript. Köln 1995d

Zürcher, Käthi: Werkstatt-Unterricht. Am Beispiel 1 × 1. Bern (Zytglogge) 1987

Inhaltsverzeichnis Teil II

Basiswissen Grundschule

Band 10

Offener Unterricht

Idee, Realität, Perspektive und ein praxiserprobtes Konzept zur Diskussion

Teil II

Fachdidaktische Überlegungen

Von

Falko Peschel

Schneider Verlag Hohengehren GmbH

Basiswissen Grundschule

Herausgegeben von Jürgen Bennack

Umschlaggestaltung: Wolfgang H. Ariwald, BDG, 59519 Möhnesee

Gedruckt auf umweltfreundlichem Papier (chlor- und säurefrei hergestellt).

Anschrift des Autors: Falko Peschel
Mühlenstraße 13
53844 Troisdorf
Tel. u. Fax: 02241 / 40 46 28
E-Mail: Falko.Peschel@Uni-Koeln.de

Die Deutsche Bibliothek – CIP-Einheitsaufnahme

Peschel, Falko:
Offener Unterricht : Idee, Realität, Perspektive und ein praxiserprobtes Konzept zur Diskussion / von Falko Peschel. –
Baltmannsweiler : Schneider-Verl. Hohengehren
ISBN 3-89676-531-0

Teil 2. Fachdidaktische Überlegungen. – 2002
(Basiswissen Grundschule ; Bd. 10)
ISBN 3-89676-530-2

Printed in Germany – Druck: Frech, Stuttgart

Inhaltsverzeichnis Teil II

Vorwort des Herausgebers der Reihe

In der Reihe „Basiswissen Grundschule“ (Bände 1–8 siehe Verlagsanhang) legt Falko Peschel zwei Bände zum Thema „Offener Unterricht – Idee, Realität, Perspektive und ein praxiserprobtes Konzept zur Diskussion“ vor.

Teil I – als Band 9 der Reihe – enthält „Allgemeindidaktische Überlegungen“. Peschel beschreibt zunächst den Offenen Unterricht anhand der in der Unterrichtswirklichkeit gebräuchlichen Formen und Konzepte; er gewinnt Bestimmungsstücke des Phänomens über die Darlegung wissenschaftlicher Zugänge und die Formulierung von Grundsätzen, mit denen er ein neues Rollenverständnis der Personen sowie eine neue Sichtweise der Intentionen, Methoden und Verfahren als Bedingung fordert. Zudem äußert er sich, bezogen auf Offenen Unterricht, zu Fragen der Unterrichtsplanung und Schülerbewertung, zur Problematik der Evaluation und Implementation.

Teil II – als Band 10 der Reihe „Basiswissen“ – nimmt „Fachdidaktische Überlegungen“ vor. Der Autor stellt einleitend, als Voraussetzung und Folge Offenen Unterrichts, einerseits Lernkultur gegen den traditionellen Lernbegriff und andererseits Bildung, verstanden als verantwortungsvollen Umgang mit Wissen, gegen dessen bloße und folgenlose Anhäufung. Als Beweise, dass Peschel die Inhalte Offenen Unterrichts keineswegs von der Bequemlichkeit, Beliebigkeit und Mutwilligkeit zufälliger Schülerinteressen abhängig machen will, sondern der Lehrerin / dem Lehrer durchaus die Verantwortung für den Erwerb lebensrelevanter Inhalte und Kompetenzen zumutet, geht er auf Sprache, Mathematik und Sachunterricht als zentrale Themen der Grundschule mit wichtigen Hinweisen auf deren Lern- und Kompetenzgehalt einschießlich notwendiger Materialien ein.

Der Band schließt mit Bemerkungen zu Vorbehalten, auf die der Offene Unterricht häufig bei Kollegen(innen) und Eltern stößt, z. B.: Kann man die heterogenen Arbeitsverläufe der Schüler überblicken? Werden die Schüler sich auf andere Arbeitsweisen an weiterführenden Schulen einstellen können?

Die beiden Bände enthalten eine Bestandsaufnahme der unter dem Begriff Offener Unterricht zusammengefassten Reformbemühungen in Schule und Unterricht; sie beinhalten eine Fülle anregender Versuche und daraus gewonnener Hinweise eines real agierenden Lehrers; sie bieten – theoretisch anspruchsvoll, inhaltsreich und differenziert – zudem eine kompetente reflexion engageé zu diesem Thema und sie stellen zugleich den Erfahrungsbericht eines Lehrers auf der Suche nach einer Schule dar, in der Schüler erfolgreich und sinnvoll lernen können und wollen.

Peschel hat sich auf diesem Wege nicht mit Hospitationen zufrieden gegeben und sich nicht auf die Wiedergabe positiver Erfahrungen und gelungener Beispiele anderer beschränkt. Er hat sich seinem Anliegen persönlich angenommen und als Grundschullehrer seit Jahren Offenen Unterricht durchführt, in den er überdies Kolleginnen, Kollegen und Studierende als Handelnde und kritische Betrachter einbezieht.

Peschels Werk über den Offenen Unterricht ist theoretisch fundiert, d. h. es richtet den Blick auf die fachliche Diskussion, auf deren Ergebnisse und Einsichten und es geht eigenen Fragestellungen nach. Dies aber geschieht eben nicht mit verengtem Blick „aus der Praxis für die Praxis“ und auch nicht nur aus der abgehobenen Position eines „kühlen“ wissenschaftlichen Analytikers und Experimentators. Peschel schreibt über den Offenen Unterricht als kompetent handelnder und forschender Lehrer.

Der Leser findet in den beiden Bänden gewiss einen Zugang zu Theorie und Praxis des Offenen Unterrichts, er wird weder durch platte Praxiologie noch abstrakte Wirklichkeitsferne enttäuscht werden. Er kann fasziniert und angeregt dem Bemühen Peschels folgen, eine Schule jenseits quälender Einpaukerei oder auch des schönen Scheins bunter, freundlicher Lernmanipulation zu bauen, die sich nicht mit im Grunde marginalen Fragen abgibt, wie der Dauer der Schulzeit, der Anzahl der Pflichtfächer, der Festlegung genauer Inhalte – etwa im Lichte der Globalisierung – lediglich sprachlich ausgestalteten Schulprofilen und Schulprogrammen, Disziplinarmaßnahmen, burn out und desgleichen mehr.

Peschel geht es um den Kernauftrag der Schule: Das Interesse der Schüler am Lernen offenzuhalten und ihre Lernkompetenz zu erhöhen. Seine Beispiele und Vorschläge vermitteln die begründete Hoffnung, Schülern tatsächlich und durch die Schule zur Selbständigkeit verhelfen zu können.

Diese Bände werden in den Hochschulen, Studienseminaren und Schulen interessierte Leser finden; es wird ihnen gelingen, viele für die Idee und Realisierung des Offenen Unterrichts zu gewinnen.

Köln, im Januar 2002 Jürgen Bennack

Einleitung

> Ich brauche endlich ein stützendes Konzept. Ich brauche endlich stützende Ideen für Fragen. Ich brauche Vertrauen in das, was ich sehe. Ich brauche die Kraft, Eltern etwas zu erklären, was ich selbst nicht verstehe. Die ersten mißtrauen dem System schon. Nicht, weil die Leistung nicht stimmt. Nein, weil ihre Kinder lernen, ohne zu arbeiten. [...]
> Ich brauche ein Konzept. Ich brauche Ideen. Konzept und Ideen für meinen Unterricht.
> Konzept und Ideen für meinen Nicht-Unterricht. (Peschel 1997b, 31)

> Es geht nicht darum, daß dieser Ansatz der Person Macht verleiht; er nimmt sie ihr niemals weg. (Rogers 1978, 8)

Der zweite Band dieses Buches über Offenen Unterricht und seine praktische Umsetzung ist nicht weniger fordernd als der erste. Vielleicht sogar fordernder, weil nun das konkret wird, was vorher allgemein ausgedrückt war. Je klarer ich hier meine Vorstellungen und Erfahrungen darlege, um so eher können sie den Erfahrungen der Leser widersprechen. Deshalb kann dieses Buch nichts anderes sein als ein Diskussionsvorschlag. Ein Vorschlag, doch einmal aus einem anderen Blickwinkel auf Schule und die an ihr Beteiligten – vor allem die Kinder – zu schauen. Es ist aber auch ein Vorschlag, aus der *Didaktik*, der Wissenschaft des Lehrens, doch *Mathetik*, die Wissenschaft des Lernens, zu machen. Und zwar nicht um die Fächer (und ihre Didaktiken) zu schwächen, sondern um sie zu stärken, um die ihnen innewohnende Kraft wieder zugänglich zu machen. So zugänglich, dass die Neugier und die Begeisterung, die Kinder zum Erforschen ihrer Welt mit in die Schule bringen, nicht nur erhalten wird, sondern auch auf uns Lehrer[1] ausstrahlt und uns gefangen nimmt. Dann werden nicht nur Fächer wie Deutsch oder Kunst wieder hochspannend, sondern auch „geächtete" Fächer wie Physik und Mathematik wieder zu dem, was sie vor ihrer Verschulung einmal waren: spannende Zugangsweisen zu gefangennehmenden Phänomenen und Strukturen.

[1] Aufbauend auf unsere Überlegungen im ersten Band (FN 1) wird auf die Nennung beider Geschlechtsformen verzichtet, wobei wir den Grundsatz der Gleichberechtigung in keiner Weise in Frage stellen.

In der Gesellschaft hat Forschung die höchste Anerkennung,
warum nicht in der Schule?
Es ist in der Tat fast ein Wunder,

daß die modernen Methoden der Ausbildung
die heilige Neugier des Forschens noch nicht völlig erstickt haben;
denn diese zarte, kleine Pflanze bedarf
– neben dem Ansporn –
hauptsächlich der Freiheit;
ohne diese geht sie ohne Zweifel zugrunde.

Albert Einstein

Um das zu erreichen, soll hier im Folgenden nach einer kurzen bildungstheroetischen und lernpsychologischen Begründung ein praxiserprobtes Konzept selbstgesteuerten und interessegeleiteten Lernens vorgestellt werden – einschließlich der zur Durchführung notwendigen Werkzeuge. Diese Überlegungen können natürlich keine Handlungsanweisung darstellen, aber sie können helfen, einen eigenen Weg zu finden, sei es durch konkrete Tipps und Vorschläge oder aber auch durch die zum Nachdenken herausfordernde Sichtweise.

Die Anforderung an unser Konzept eines „Offenen Unterrichts" wurden schon im ersten Band benannt:

- eine Basis einfacher, möglichst nicht zu verletzender unterrichtlicher Grundsätze als Konzeptgrundlage, gewonnen aus dem Respekt vor dem Einzelnen und seinem Recht auf individuelles, selbstgesteuertes Lernen, aus aktuellen Anforderungen der Fachdidaktiken und dem Grundgedanken einer Erziehung zu einem demokratischen Miteinander durch demokratisches Tun;
- eine Zusammenstellung der grundlegenden Anforderungen der Fächer als Minimalkonsens bezüglich der in der Schulzeit auf jeden Fall abzudeckenden Inhalte;
- eine Palette von Werkzeugen, die diesbezüglich Schülern und vor allem Lehrern ein offenes Arbeiten auf individuellen Wegen (also ohne impliziten Lehrgang durch Lehrer oder Material) ermöglichen und sie stützen;
- und eine Sammlung von Impulsen, die den Schüler zur Auseinandersetzung mit der Sache herausfordern können, und dem Lehrer beispielhaft seine neue Rolle als Impulsgeber und Lernbegleiter aufzeigen.

Das kann im Rahmen dieses Buches sicherlich nur ansatzweise geschehen, einerseits aus Platzgründen, andererseits aber auch aus Kompetenzgründen. Aber vielleicht kann hier eine erste Plattform geschaffen werden, von der aus gemeinsam weitergearbeitet werden kann.

Aber selbst wenn die hier bzw. im ersten Band geäußerte Kritik an bestehenden Unterrichtsformen und der dargebrachte Konzeptvorschlag den Lesern nicht angemessen erscheinen sollten, so bleibt immer noch die Hoffnung auf eine erneute Diskussion um die Ziele und Umsetzungsmöglichkeiten „Offenen Unterrichts" – wenn es dafür nicht mittlerweile schon zu spät ist.

> Solange sich die Diskussion ausschließlich auf die Notwendigkeit beschränkt, bestimmte Unzulänglichkeiten zu beheben, läßt sich eine gewisse Übereinstimmung erreichen. Schließlich fordert es keinen besonderen Widerspruch heraus, wenn man nach besser ausgebildeten Lehrern, rührigeren Verwaltern, Schulen mit engagierteren Schülern und niedrigeren Zahlen für Schulabbrecher und Gesellschaften ruft, die ihr Bildungssystem fördern. Aber wenn es um die Art von Schülern geht, die man am Ende haben möchte, um die Schritte, die man unternehmen muß, um dieses Ziel zu erreichen, und die Prioritäten unter verschiedenen pädagogischen Zielen, lassen die Widersprüche nicht lange auf sich warten. (Gardner 1994, 231)

Der Ruf nach einem „Zurückholen des Pendels" in geschlossenere Formen wird immer lauter. Und dies, obwohl kaum jemand bislang eine wirkliche Umsetzung der Offenheit angegangen ist, geschweige denn Sinn oder Unsinn von Öffnung empirisch analysieren, überprüfen oder begründen konnte. Es wäre schön, wenn wir zumindest dafür möglichst bald gemeinsam eine Grundlage entwickeln könnten – eine Grundlage für einen Unterricht, der Fächer, Fachdidaktiken und Pädagogik endlich miteinander verbindet.

1 Fächer, Fachdidaktiken, einseitige Vorstellungen vom Lernen und der Bildungsauftrag der Schule

Das wohl weitgehendste – aber auch strittigste – Reformkonzept für die „Schule der Zukunft“, das in den letzten Jahren von einer Bildungskommission entwikkelt worden ist, ist wohl die Denkschrift „Zukunft der Bildung – Schule der Zukunft“. Dort werden die Aufgaben von Schule und Unterricht – für alle Schultypen – folgendermaßen umrissen:

> Schule soll sich auf das Lernen konzentrieren, jedoch nicht im Sinne einer historisch überwundenen Lernschule. Schule bedarf vielmehr der Ausgestaltung und Ausformung einer *Lernkultur*, die Mittelpunkt für die damit verbundenen erzieherischen und sozialen Aufgaben sein kann.
>
> Der traditionelle Lernbegriff geht von einem festen, geschlossenen Wissenskanon und einem auf seine Vermittlung hin organisierten Unterrichtsplan aus. Er ist auf Lernergebnisse im Sinne von Reproduktion überprüfbaren Wissens orientiert.
>
> Das von der Kommission vertretene Verständnis von Lernen und Lernkultur setzt andere Schwerpunkte. Es zielt darauf, in den Lernzusammenhängen Identitätsfindung und soziale Erfahrung zu ermöglichen. Dies erfordert anders gestaltete Lernsituationen. Sie müssen Fachlichkeit und überfachliches Lernen, individuelle und soziale Erfahrungen, Praxisbezug und die Einbeziehung des gesellschaftlichen Umfeldes miteinander verknüpfen. (Bildungskommission NRW 1995, 82)

Wir teilen diese Ziele und sehen das hier entwickelte bzw. beschriebene Konzept eines Offenen Unterrichts als eine naheliegende Möglichkeit, sie zu erreichen – und nicht nur in der Grundschule. Allerdings erscheint es uns dabei notwendig, dass es sich um ein Gesamtkonzept von Unterricht, ein durchgängiges Unterrichtsprinzip handelt. Was nicht zum Erreichen dieser hohen Ziele führen wird – und das wissen alle engagierten Lehrer, die dies tagtäglich versuchen –, ist, herkömmlichen Unterricht mit ein paar Stunden Offenheit zu garnieren. Wir bestreiten nicht, dass es höchst effektive Einzelstunden eines offeneren Unterrichts auch im regulären System gibt. Wir denken aber, dass sich die hohen Ziele eines wirklich autonom und verantwortlich Lernenden nur dann erreichen lassen, wenn sie als Grundhaltung in der Schule gefordert sind.

Ein solches Vorgehen hat zwangsläufig Auswirkungen auf die Fächer und die dazugehörigen Fachdidaktiken. Es muss also geprüft werden, wo sich hier Überschneidungen oder Widersprüche ergeben und in der Folge bewusst Schwerpunkte gesetzt werden müssen. Wir wollen das in den nächsten Kapiteln exemplarisch für Fächer der Grundschule tun, sehen aber das Konzept nicht nur als ein auf die Grundschule allein Anwendbares an. Deshalb gelten die Ausführungen in diesem Kapitel für alle Schulformen. Eine entsprechende Didaktik des Offenen Unterrichts für die Fächer der Sekundarstufe, ja vielleicht sogar für die berufliche Ausbildung bzw. das Studium könnte darauf aufbauen – wenngleich sie nicht leicht zu entwickeln sein wird und wahrscheinlich noch viel weniger toleriert werden wird, als die Versuche in der Primarstufe (obwohl man eigentlich jüngeren Kindern generell weniger Selbststeuerungsfähigkeiten zutraut als älteren ...).

1.1 Der Wandel des Bildungsbegriffes – der Wandel der Fächer

> Die heutige Schule ist reformbedürftig. „Bildung ist das, was übrig bleibt, wenn man alles vergessen hat, was man in der Schule gelernt hat", lautet eine häufig zitierte Ketzerei. Und in der Tat ließe sich darüber streiten, ob sich Bildung gegenwärtig wegen oder eher trotz Schulbesuchs vollzieht. (Wollersheim 1996, 31)

Bei all diesen Konzepten muss klar sein, dass es hier eben nicht um das Verbinden der Fächer zu einem „fächerübergreifenden offenen Unterricht" geht, sondern vielmehr um das Nutzen der Fächer als inhaltliche und verfahrenstechnische Zubringer einer entfachlichten bzw. fachübergeordneten Vorstellung von Bildung. Natürlich gehen von den Fächern kulturgenetisch bedingt gewisse Strukturen aus, die unser Bild von Bildung prägen, aber sie dürfen dieses nicht vorgeben. Der Zugang über die Fächer darf nicht zu einem Alibi für bildungstheoretisch nicht zu begründende Inhalte und Verfahren führen, indem die jeweiligen Fachinteressen separiert und dem angestrebten Bildungsziel übergeordnet werden. Bildung ist mehr als die geschickte Kombination einzelfachlichen Wissens und kann nur durch eine ganzheitliche Sichtweise auf die Welt sinnvoll erworben werden.

> *Bildung* betrifft das Wissen eines Schülers und seinen Umgang damit. Lange Zeit in der Geschichte schien es einen bestimmten Wissenskanon zu geben, den man als Gebildeter beherrschen musste; er wurde zumeist mit den Fächern des humanistischen Gymnasiums gleichgesetzt. Diese scheinbare Gewissheit war falsch und sie war schädlich. [...] Heute sind wir davon überzeugt, dass sich Bildung kaum mehr an ganz bestimmten Inhalten festmachen lässt. [...] Vor dem Hintergrund „gebildeter" Mörder und Mitläufer im Nationalsozialismus wird wohl vollends klar, dass als entscheidendes Bestimmungsmerkmal der Bildung außer Wissen auch dessen verantwortungsbewusste Handhabung gehören muss. (Bennack 1998, 288)
>
> Bildung soll [...] als individueller, aber auf die Gesellschaft bezogener Lern- und Entwicklungsprozess verstanden werden, in dessen Verlauf die Befähigung erworben wird
> - den Anspruch auf Selbstbestimmung und die Entwicklung eigener Lebens-Sinnbestimmungen zu verwirklichen,
> - diesen Anspruch auch für alle Mitmenschen anzuerkennen,
> - Mitverantwortung für die Gestaltung der zwischenmenschlichen Beziehungen und der ökonomischen, gesellschaftlichen, politischen und kulturellen Verhältnisse zu übernehmen und

- die eigenen Ansprüche, die Ansprüche der Mitmenschen und die Anforderungen der Gesellschaft in eine vertretbare, den eigenen Möglichkeiten entsprechende Relation zu bringen. (Bildungskommission NRW 1995, 31)

Wir haben es hier in der Abkehr von einer vorrangig auf materiale Wissensinhalte und formale Fertigkeiten ausgerichteten Bildung mit einer individualpädagogischen und sozialintegrativen, ethischen Vorstellung von Bildung zu tun. Wo die Einigung auf ein bestimmtes, unbedingt von jedem Menschen zu benennendes Faktenwissen mit Recht in Frage gestellt wird, bekommt (Allgemein-)Bildung einen neuen Auftrag. Sie soll der zentrifugalen Tendenz der Vielfalt auf der inhaltlichen Seite durch das Schaffen einer neuen „Gemeinsamkeit" auf der sozialethischen Seite begegnen. Einer individualpädagogischen Gemeinsamkeit, die vom Einzelnen ausgehend die Belange seiner Umwelt reflektiert und so eine übergreifende Verbindung zwischen Individuum und Gesellschaft hervorbringt. Es ist eine Bildung, die von der „intellektuellen Außenseite der Geistesbildung" zur „subjektiven Innenseite von Bildung als Entfaltung, Prägung und Umwendung des *ganzen* (individuellen) Menschen" (Krawitz 1997, 14) unsere Vorstellung von Erziehung mit einschließt und so die – zumindest für den Lehrer in der Praxis – leidliche Diskussion über den Stellenwert der Erziehung in der Schule auflöst (vgl. Giesecke 1997; Fauser 1996).

Es ist eine Bildung, die nicht fremdbestimmt und vom Lernenden losgelöst einfach „übergestülpt" wird, sondern die den sich in einer bestimmten Kultur (selbst) bildenden Menschen zu ihrem Zentrum macht. Fachliches Wissen und fachliche Qualifikationen, Wissenschaft an sich, hilft dem Menschen unter diesem Bildungsbegriff, sich die Welt zu erschließen, sich darin wiederzuerkennen. Ausgehend von seiner individuellen, immer mehr oder weniger subjektiven Sichtweise ermöglicht das tradierte Wissen eines Faches so eine Erweiterung des Blicks in Richtung einer differenzierteren oder objektiveren Wahrnehmung. Auf diese Weise lässt sich Wirklichkeit erschließen und nutzbar machen. Ganz im Gegenteil zu einer ganz von der Wirklichkeit losgelösten Fachvermittlung bzw. einer mutwilligen Konstruktion eines Wirklichkeitsbezuges aus didaktischen bzw. methodischen Gründen.

Dieser Wandel des Bildungsbegriffes hat viele Ursachen, die hier nicht im Einzelnen dargestellt werden können. Allerdings erscheint uns im Zusammenhang mit der Zukunftsorientierung des Konzeptes vor allem der Hinweis auf die gesellschaftlichen Veränderungen im Hinblick auf den Wandel zur „Informations-" oder „Wissensgesellschaft" wichtig. Leicht kann dieser Begriff als die Forderung nach noch mehr zu erlernendem Faktenwissen missverstanden werden. Natürlich gibt es so etwas wie ein „Grundwissen" unserer Kultur, aber es muss in der Schule von heute auf Grund der zunehmenden Informationsdichte und Spezialisierung um etwas anderes gehen: Statt der reinen Anhäufung fachlichen Wissens (Wissen konnte man sich schon immer beschaffen), muss dem bestehenden

Mangel an Informationsverarbeitung, an gezielter Unterscheidung relevanter und weniger relevanter Informationen als Basis für eine kompetente Teilnahme am gesellschaftlichen Leben begegnet werden. Und das ist ein individueller, von jedem Menschen einzeln zu entwickelnder Prozess, der wegen der hohen affektiven Komponente, die der Bereitschaft zu einem „lebenslangen Lernen" zu Grunde liegt, eben nicht „gelehrt" werden kann, sondern von der Sinngebung des Einzelnen abhängt.

Lerntheoretisch können dazu als Maßgabe die von Rogers für ein „signifikantes" Lernen herangezogenen Kriterien gelten, die auf Grund des humanistischen bzw. personenzentrierten Ansatzes Selbststeuerung und Selbstregulierung aller Beteiligten – auch die des Lehrers – mit einschließen:

> Signifikantes Lernen zeichnet sich dadurch aus, daß es die ganze Person erfaßt, praktisch und erfahrungsbezogen ist, selbstinitiiert und freigewählt und Themen und Einsichten behandelt, die einen Einfluß auf die Entwicklung und Lebensgestaltung des Einzelnen Einfluß nimmt. Signifikantes Lernen ist begleitet von Emotionen und orientiert an einer existentiellen Suche nach „Sinn". Es schließt die Bewertung des Lernerfolgs durch den Lernenden selbst mit ein, und verändert sein Selbstbild sowie seine Auffassungen und Überzeugungen von der ihn umgebenden Welt. (Groddeck 1998, 92 mit Bezug auf Rogers 1974, 11 ff.)
>
> *Menschen besitzen ein natürliches Potential zum Lernen.* [...] Der gesamte Erziehungsansatz, den wir beschrieben haben, baut auf dem natürlichen Wunsch des Schülers zum Lernen auf. *Signifikantes Lernen findet statt, wenn der Lerninhalt*

> *vom Lernenden als für seine eigenen Zwecke relevant wahrgenommen wird.* Ein Mensch lernt in belangvoller Weise nur jene Dinge, die für ihn mit der Erhaltung oder mit der Entfaltung seines Selbsts verbunden sind. [...] Wenn ein Mensch ein Ziel hat, das er erreichen möchte, und wenn er sieht, daß das ihm zur Verfügung stehende Material wichtig ist, um dieses Ziel zu erreichen, findet Lernen mit größter Geschwindigkeit statt. [...] *Lernen wird gefördert, wenn der Lernende den Lernprozeß verantwortlich mitbestimmt. [...] Selbstinitiiertes Lernen, das die ganze Person des Lernenden – seine Gefühle wie seinen Intellekt – miteinbeziehen, ist am eindringlichsten und in seinen Ergebnissen am dauerhaftesten.* [...] Ein wichtiges Element in diesen Situationen ist, daß der Lernende weiß, daß es sich um seinen eigenen Lernweg handelt. [...] *Unabhängigkeit, Kreativität und Selbstvertrauen werden gefördert, wenn Selbstkritik und Selbstbeurteilung von grundlegender Bedeutung sind [...]. Das sozial brauchbarste Lernverhalten in der modernen Welt ist jenes, bei dem das Lernen als Prozeß gelernt wird; darin drückt sich aus, daß man ständig für Erfahrung offen ist und Wandlungsprozesse verarbeitet.* (Rogers 1974, 156ff.)

„Der Lehrer steht im Mittelpunkt des Unterrichts – und damit allen im Weg“ – dieser provozierende Spruch ist nicht aus der Luft gegriffen. Grundlage allen (schulischen) Lernens muss die Sicht auf die Dinge selbst sein – und zwar nicht durch den didaktischen Filter des Lehrers, der von außen auswählt, vereinfacht, modelliert, motiviert, lehrt, sondern durch die des Schülers, der ja als Einziger inmitten dieses (seines) Lerngeschehens ist. Deshalb müssen Selbstregulierung und Selbststeuerung des Lernens oberstes Primat jedes Lernarrangements sein: Der Weg zwischen Kind und Sache darf nicht durch (gut gemeinte) Arrangements und Absichten verstellt werden. Dabei soll auch der Lehrer authentisch bleiben. Ohne Kind oder Sache aus dem Auge zu verlieren, kann er zum Lernprozess Stellung nehmen, seine Gedanken äußern, Sachen gut finden und auch Missmut äußern, aber bitte als Freund, Begleiter und Experte, nicht als (Be-)Lehrer mit sach- und kindfremden didaktischen Motiven. Ein solcher Unterricht ist überfachlich und exemplarisch anzulegen, er integriert die Fächer in dem Sinne, als dass er sie zur Lösung bestimmter Problemstellungen oder zum Erwerb bestimmter Qualifikationen nutzt, aber es wird vermieden, „um des Faches willen“ zu lernen.

> Eine neue Ordnung des Lernens erweist sich dann als geeignet, wenn sie gewährleistet,
> - daß schulisches Lernen in Fächern und Lernbereichen auf Bildungsziele hin zusammengeführt wird und auf Seiten der Schülerinnen und Schüler „Lernsinn“ ergibt,
> - daß Lerndimensionen, die im Lernen und im Unterricht aller Schülerinnen und Schüler präsent sein müssen, ihren festen Platz in der Unterrichtsplanung haben,

- daß Offenheit für eine Vielzahl von Gegenstandsbereichen – zum Beispiel für aktuelle Probleme – und für individuelle Lerninteressen gewährleistet ist,
- daß selbstgesteuertes Lernen und damit die Entwicklung von Lernkompetenz selbst Gegenstand des Lernens ist. (Bildungskommission NRW 1995, 106)

Wir haben es hier mit einem Lernkonzept zu tun, das nicht die einfache Erweiterung traditioneller Überlegungen oder Vorgehensweisen darstellt, sondern von einer ganz anderen Qualität ist. Dabei scheint es so zu sein, dass dieser Unterschied zwar beschrieben, aber von den Forschern und Didaktikern in letzter Konsequenz gar nicht wirklich wahrgenommen wird: Die alten Vorstellungen setzen sich trotz anderer Forschungsergebnisse immer wieder in den Fragestellungen und Interpretationen von Untersuchungen, in den Überlegungen der Didaktiker und ihren Umsetzungsvorschlägen für die Praxis, und nicht zuletzt, bei den Anwendern vor Ort, den Lehrern, durch und lassen so Neues gar nicht zu. Um dieses Problem etwas näher zu beleuchten, erscheint ein kurzer Ausflug in die pädagogische Psychologie angebracht.

1.2 Exkurs: „Selbst" ist nicht gleich „selbst" – Missverständnisse, Irreführungen und falsche Folgerungen in Bezug auf „Lernen"

> Daß Lernende ihre eigenen Lehrer sein sollten, ist eine alte pädagogische Forderung und ein aktueller Trend in der pädagogisch-psychologischen Diskussion. Dabei vermischen sich nicht selten ideologische (autonomes Lernen als Wert an sich), gesellschaftliche (die Notwendigkeit lebenslangen Lernens erfordert die Entwicklung entsprechender Fähigkeiten) und pädagogisch-psychologische Argumente (günstige kognitive, motivationale und volitionale (= willentliche) Rückwirkungen dieser Methode auf den Lernenden). (Weinert 1996a, 35)

Die verschiedenen Vorstellungen vom Menschen, von den Anforderungen der Gesellschaft an diesen und letztendlich von der Schule, die dem gerecht wird, gehen weit auseinander – auch (oder vor allem?) unter den Wissenschaftlern, die sich damit beschäftigen. Schnell merkt man, dass sogar Begriffe, die eigentlich eindeutig definiert sein müssten, eine wahre Bandbreite von Interpretationen und Verwendungen ermöglichen. Dies wäre nicht so schlimm, wenn nicht durch scheinbar erprobte Zugänge und Methodologien bestimmte andere Sichtweisen regelrecht unterbunden würden. Für den hier angesprochenen Offenen Unterricht mit dem ihm eigenen Bild von Mensch, Lernen, Schule usw. bedeutet die eingeschränkte Interpretation einzelner Wissenschaften im Bezug auf Begriffe wie Selbststeuerung, Selbstregulierung, Autonomie, Lernkompetenz, dass die Undurchführbarkeit des offenen Ansatzes implizit belegt erscheint, wenn diese Begriffe weitgehend so verwendet werden, dass ihre *konsequente* Umsetzung von vornherein als unmöglich dargestellt wird.

Diese Problematik hat mit der wissenschaftlichen Tradition eines „geschlossenen" Bildes von Lernen und Unterricht zu tun, aus dem sich dann andere

Forschungszweige entwickelt haben. So hat sich z. B. historisch gesehen „die Forschung zum selbstgesteuerten Lernen ausgehend von Modellen des fremdgesteuerten Lernens entwickelt.“ (Schiefele / Pekrun 1996, 256) Trotz der sogenannten „kognitiven Wende“, in der man sich in Pädagogik und Psychologie offiziell vom Behaviorismus, vom Reiz-Reaktions-Lernen, gelöst hat und zu einer eher konstruktivistischen Auffassung vom Lernen gelangt ist, schwingen die alten Schemata, Untersuchungsmethoden, Interpretationsweisen und Vorurteile immer noch viel zu stark mit, um eine wirkliche Wende und wirklich neue Erkenntnisse bewirken zu können. Daher ist die Gefahr groß, dass auch in Zukunft Forschungsvorhaben und Einordnungen von Phänomenen sehr eingeschränkt und einseitig interpretiert werden – von einer Basis ausgehend, die sich nicht als Basis eignet:

> We study these processes to build modells of them. We build models of them so that we can teach them. Our first goal ist to understand the processes and our ultimate goal is to teach them. (Wittrock 1988, 289)

Entsprechend der unterschiedlichen und meist unabhängig voneinander erfolgten Entwicklungen der verschiedenen Wissenschaften haben diese zumeist auch einen sehr unterschiedlichen Zugang zu gleichen Themen – was zu einer völlig unterschiedlichen Nutzung der selben Begriffe führt. So verstehen sich z. B. Selbstregulierung und Selbststeuerung unter einer sozialwissenschaftlichen, pädagogischen oder philosophischen Zugangsweise ganz anders als z. B. unter einer rein biologischen oder psychologischen. Statt einer Gesamtsicht geht es hier nämlich immer noch eher um Laborversuche und darin erworbene Teilerkenntnisse, die dann per Theorie zu einem Gesamtbild zusammengefügt werden, ohne dass diese aber in ein übergreifendes Konzept eingebettet werden bzw. so einfach auf die komplexe Lebenswirklichkeit übertragbar wären. Etwas böse formuliert Terhardt diese Reduktion folgendermaßen:

> Unterrichten ist dann angewandte Lernpsychologie – und sonst nichts. [...] Ergebnisse der Lernforschung, die an Tieren gewonnen worden sind, lassen sich nicht auf menschliches Lernen übertragen. Geschieht dies doch, so finden tatsächlich auch nur solche Lernprozesse statt, die tierischem Lernen entsprechen. (Terhardt 1997², 53)

Der Lehrer oder Pädagoge findet sich darin oft nicht wieder, denn es scheint so zu sein, dass viele Phänomene der Praxis trotz langjähriger Forschungszeit auf diese Art nicht oder nur sehr unbefriedigend erklärt werden können. Entweder werden immer noch die falschen Forschungsfragen gestellt oder aber pädagogische Erklärungen der Beweggründe des Lernens nicht zur Kenntnis genommen. So bleibt die alte Vorstellung der Leistungsmotivationstheorie bestehen: Lernleistung in der Leistungsgesellschaft kann nur unter Instruktion und Zwang erfolgen.

> Der Begriff der Selbststeuerung wird künftig im Zentrum aller didaktischen Überlegungen stehen; ähnlich wie der Begriff der Motivation in den vergangenen 20-30 Jahren den Mittelpunkt aller Überlegungen über Lernen, Schule und Unterricht bildete. Denn so gewiss es ist, dass ohne Motivation nichts gelernt wird, so gewiss wird auch ohne Selbststeuerung nichts gelernt. (Reichen 1991, 20)

Um der pädagogischen Sichtweise ein bisschen Vorschub zu leisten, sollen in den folgenden Unterkapiteln die Begrifflichkeiten und die dahinter stehenden Vorstellungen beispielhaft ausgehend vom zentralen Begriff der „Selbststeuerung" in verschiedene Richtungen hinterfragt werden. Dabei ist zu beachten, dass die Begriffe „selbstgesteuertes Lernen", „selbstreguliertes Lernen", „autonomes Lernen", „selbstbestimmtes Lernen" in der Literatur vielfach austauschbar erscheinen. Sie hängen in dem Sinne zusammen, als dass Lernen dann als selbstreguliert bezeichnet wird, wenn Selbststeuerungsmaßnahmen erfolgen. Selbstregulation bezieht sich dabei eher auf den Lernvollzug, Autonomie eher auf die klassische Selbstbildung (eigenverantwortliche Lernplanung und Lernbedürfnisbefriedigung) und Selbstbestimmung eher auf Entscheidungsprozesse. Der übliche Begriff des selbstgesteuerten Lernens ist dabei nicht unproblematisch, denn im naturwissenschaftlichen bzw. technischen Bereich ist die „Steuerung" ein Informationsfluss, der nur in *eine* Richtung erfolgt, die „Regelung" hat hingegen zusätzlich eine Rückkopplung, so dass ein Regelkreis entsteht. Lernen ist daher eigentlich immer selbstreguliertes und nicht selbstgesteuertes Lernen. Wichtiger ist aber Folgendes: Obwohl man sprachlich exakt zwischen selbstgesteuertem bzw. selbstreguliertem Lernen und Selbststeuerung bzw. Selbstregulierung als einer auf den ganzen Menschen bezogenen Verhaltensform unterscheiden sollte, erfolgt diese Unterscheidung in der Regel nicht – was unter anderem zu den im Folgenden beschriebenen unterschiedlichen Konnotationen der Begriffe führt.

1.2.1 Selbstgesteuertes und selbstreguliertes Lernen – Innen- oder Außensteuerung?

> Die Diskussion um Selbststeuerung von Lernprozessen nimmt ihren Ausgangspunkt in Piagets Theorie der kognitiven Entwicklung. Zu den drei klassischen Entwicklungsfaktoren (Reifung, Erfahrung der materiellen Umwelt, Wirkung der sozialen Umwelt) fügte er die Äquilibration (Selbstregulierung) als weiteren hinzu. Für das Lernen ergeben sich im Anschluß daran zwei Konsequenzen: Lernen als personinterner, selbstregulatorischer Prozeß enthält eine Selbststeuerungskomponente. Gleichzeitig erfordert Lernen als interaktiver Prozeß, in dem ein Individuum intentional in Auseinandersetzung mit seiner Umwelt tritt, bewußte Steuerung der Lernaktivitäten durch den Lernenden. (Wagner / Schöll 1992, 6 mit Bezug auf Wenzel 1987, 39)

Für die Aneignung von Wissen bedeutet das:

- Wissen wird nicht durch die bloße Reproduktion von Informationen, sondern in einem aktivem Konstruktionsprozeß erworben.
- Die eingesetzten Konstruktionsprozesse sind individuell verschieden. Deshalb sind auch die Ergebnisse von Lernprozessen nicht identisch.
- Wissen ist immer subjektives Wissen, das durch wahrnehmungsbedingte Erfahrungen entsteht.
- Neues Wissen impliziert die Umstrukturierung bereits vorhandenen Wissens. Der soziale Kontext, das soziale Aushandeln von Bedeutungen, sind beim Lernen ausschlaggebend.
- Von besonderer Bedeutung ist das Prinzip der Selbstorganisation. Der Mensch als in sich geschlossenes System organisiert sich selbst und organisiert damit für sich die Welt.
- Zur Reflexion bzw. Kontrolle des eigenen Lernhandelns ist der Einsatz metakognitiver Fertigkeiten wesentlich. (Konrad / Traub 1999, 65 mit Bezug auf Gerstenmaier / Mandl 1995)

Während diese Vorstellung von Lernen als Wissensaneignung mittlerweile eigentlich von niemandem mehr in Frage gestellt wird (höchstens die Art der Wissensdarbietung), so überliest man beim letzten Punkt der Aufzählung schnell die dieser Ausführung innewohnende Problematik: Lernen – und damit auch jede Form selbstregulierten oder selbstgesteuerten Lernens wird auf das altbekannte Regelmodell reduziert (das eigene Lernen vorbereiten können; die notwendigen Lernschritte ausführen; Lernen selbst regulieren; sich selbst Feedback geben; Konzentration und Motivation aufrechterhalten; vgl. Konrad / Traub 1999, 43 f.). Obwohl man also gerade vorher noch in hohem Maße individualpädagogisch und konstruktivistisch argumentiert hat, degradiert man den hochkomplexen Prozess des Lernens nun auf bestimmte Fähigkeiten und Fertigkeiten, die in vorbestimmter Weise ablaufen bzw. ablaufen sollten. Dadurch wird indirekt die Möglichkeit der Fremdsteuerung dieses Lernens (z. B. durch Lernstrategietraining) suggeriert. Hält hier nicht die (geschlossene) Vorstellung der Wissenschaftler über die Hintertreppe Einzug, dass Fremdsteuerung zum Erlernen von Selbststeuerung unabdingbar notwendig sei?

Vielleicht ist an dieser Sichtweise auch der Begriff der „Steuerung“ oder der „Regulierung“ Schuld, da er eine technische Interpretation nahe legt. Lernen ist aber kein technischer Vorgang, denn es geht nicht um eine einfache Input-Output-Reaktion, keinen einfachen Ursache-Wirkungs-Zusammenhang, der beliebig manipulierbar oder überhaupt von außen steuerbar wäre. Der Wortteil „Selbst“ in Selbststeuerung weist ja gerade darauf hin, dass das Lernen möglichst vom *„Selbst“* gesteuert wird – und nicht etwa das Selbst *„reguliert“*, wie es in der englischen Literatur als „regulation of the self“ zu finden ist. Der Begriff „autoregulation“, den z. B. Piaget (vgl. 1971 nach Neber u. a. 1978, 5) benutzt hat, wäre hier wahrscheinlich unmissverständlicher. Vom „Selbst" gesteuerte Handlungen schließen dabei auch automatisch und unbewusst ablaufende Prozesse mit ein. Ansonsten würde man den ganzen Bereich impliziten oder inzidentellen (beiläufigen) Lernens vorsätzlich aus allen Betrachtungen des (schulischen) Lernens ausklammern.

Das Bild des Menschen ist in der Lernpsychologie im Grunde in hohem Maße ein behavioristisches geblieben, das heißt der Mensch wird als ein passives und manipulierbares Wesen angesehen und die Steuerung / Verstärkung seines Verhaltens erfolgt primär von außen – und zwar durch Verstärker, die per se in keiner direkten Beziehung zum Lerninhalt oder zum Lernenden stehen (vgl. Schiefele 1996, 255). Aspekte der Selbststeuerung beim Lernen werden maximal als Ergänzung der traditionellen Formen angeführt. Das ist umso verwunderlicher, als dass ja gerade die Lernpsychologie aufzeigt, wie effektiv und sinnvoll gelernt wird bzw. was den Lernerfolg einschränkt: neben dem anzunehmenden geringen Lernerfolg eines Lernens gegen den eigenen Willen, entsteht vor allem dann, wenn der Wunsch, das eigene Tun selbst zu steuern, durch Vorgaben eingeschränkt wird, automatisch Unzufriedenheit, Opposition und Reaktanz auf Seiten des Lernenden. Dabei führt eine Verbesserung der Lehrtätigkeit bzw. der vom Lehrer zu handhabenden Variablen für den Schüler oft zu einem Teufelskreis von erlebter Fremdbestimmung (vgl. Wenzel 1987, 23):

> *Die Lösungen, die Lehrern in den Sinn kommen, haben gewöhnlich eines gemeinsam: sie gehen alle davon aus, daß es darauf ankommt, die Fremdsteuerung des Schülerverhaltens zu verfeinern oder zu intensivieren.* Eine Verfeinerung der Steuerung wird versucht, wenn Lehrer sich noch bessere Methoden überlegen, die Schüler zu motivieren. Da diese Versuche nur selten erfolgreich sind, gehen viele Lehrer bald zum zweiten Verfahren über und verschärfen die Fremdsteuerung, indem sie ihr Lenkungsverhalten autokratischer gestalten. *Auf den Gedanken, daß das Sperrigkeitsverhalten von Schülern gerade durch zuviel Fremdsteuerung bewirkt worden sein könnte und am besten dadurch „behandelt" oder beantwortet wird, daß man das Ausmaß der Fremdsteuerung verringert und den Schülern in größerem Umfang als bisher Selbststeuerung zugesteht, kommen Lehrer entweder gar nicht oder sie können ihn nicht umsetzen.* (Grell / Pallasch 1978, 95)

Auch noch so durchdachter oder guter lehrer- bzw. fremdgesteuerter Unterricht muss daher auf Dauer zwangsläufig scheitern. Das alte Modell vom „lehrenden Lehrer" kann nicht funktionieren – zumindest nicht auf lange Sicht und als durchgängiges Unterrichtskonzept.

> Meine Erfahrung ist gewesen, daß ich einen anderen Menschen nicht lehren kann, wie man lehrt. Es zu versuchen, ist für mich – auf lange Sicht hin – sinnlos. Mir scheint, daß alles, was man einen anderen lehren kann, relativ belanglos ist und wenig oder keinen signifikanten Einfluß auf sein Verhalten hat. [...] Ich bin zu der Ansicht gekommen, daß die einzigen Lerninhalte, die Verhalten signifikant beein-

> flussen, selbst entdeckt, selbst angeeignet werden müssen. Solch ein selbst entdeckter Lerninhalt – Wahrheit nämlich, die man sich durch Erfahrung persönlich zu eigen gemacht und die man assimiliert hat – kann einem anderen nicht direkt vermittelt werden. Sobald ein Mensch versucht, solch eine Erfahrung – oft mit einem völlig natürlichen Enthusiasmus – direkt zu vermitteln, wird Belehrung daraus, und die Ergebnisse sind irrelevant. (Rogers 1974, 153 f.)

1.2.2 Selbststeuerung und Selbstregulierung – durch Fremdsteuerung und Fremdregulierung?

Selbststeuerung und Selbstregulierung dürfen also nicht – zumindest nicht von Pädagogen – als eine mögliche Lerntechnik angesehen werden, sondern sie müssen als Forderung nach Mitspracherecht bzw. Selbstbestimmung des Lernenden gewertet werden. Diese Auffassung von Selbstregulierung hat in der Pädagogik eine lange Tradition, sie kann genauso auf die Beschreibung der Idee einer natürlichen Erziehung bei Rousseau angewendet werden wie auch im Zusammenhang mit den Bemühungen Freier Alternativschulen. Hier werden vor allem die (echte) Freigabe von Zeit (das Erlauben von „Eigenzeit"), Raum (auch Inhalten / Tätigkeiten / Kontakten) und Konfliktlösungen (eigene Sozialerziehung und Regelfindung in der Gemeinschaft) als Grundprinzipien des Lernens gewertet (vgl. Köhler / Krammling 1997; Peschel 1995b). Selbststeuerung und Selbstregulierung ermöglichen dem Individuum in der Gemeinschaft, so zu sein, wie es ist. Sie stellen zugleich auf individueller Ebene das dar, „was das Ideal der Demokratie auf der gesellschaftlich-politischen Ebene anstrebt: Mündigkeit, Selbstbestimmung und aktive Selbstverwirklichung." (Deitering 1995, 26) Sie sind damit sowohl Ziele als auch Unterrichtsprinzipien.

Für viele Autoren sind sie allerdings irriger Weise auch Voraussetzungen für sich selbst, das heißt diese gehen davon aus, dass man Selbststeuerung erst (fremdgesteuert) erlernen muss, um sie dann praktizieren zu können. Hier werden Voraussetzungen mit Niveaumessungen verwechselt – oder sollen vielleicht die hohen Zielansprüche bzw. die daraus resultierende Unterstellung der Unmöglichkeit selbstgesteuerten Lernens des Schülers nur den Machtverlust des Lehrers beim autonomen Lernen möglichst klein halten?

> Selbstgesteuertes Lernen bedarf sorgfältiger Anleitung und Begleitung. Die Lehrkraft muss den Lernenden Schritt für Schritt und häufig über einen längeren Zeitraum an das selbstgesteuerte Lernen heranführen. [...] Selbstgesteuertes Lernen setzt bei den Lehrpersonen Kompetenzen hinsichtlich des Erkennens von Lernbedarf, des Planens von Lernschritten, der Ausführung dieser Lernschritte und der Einschätzung von Lernfortschritten voraus. (Konrad / Traub 1999, 50 f.)

> Der [...] Selbststeuerung der Lernprozesse sind – unter dem Anspruch von Qualität und Leistung – selbst in der gymnasialen Oderstufe enge Grenzen zu setzen. Zumindest für die Schüler der Klassenstufen 5 bis 10 gilt, daß sie weder in der La-

ge noch willens sind, ihre Lernprozesse selbstverantwortlich zu steuern. (Nordrhein-Westfälischer Lehrerverband 1997, 41)

Diese Sichtweise erscheint aus der Sicht des Offenen Unterrichts zu einfach und eingeschränkt, das Bild vom Kind so negativ, dass Erprobungen innerhalb dieser Konstellation zwangsläufig schief gehen müssen – und sich die Annahmen bzw. Befürchtungen dadurch selbst bestätigen werden. Genau wie eine halbherzige Öffnung des Unterrichts nie die Kraft entwickeln kann, die dieser Unterrichtsform im Falle einer wirklichen Identifikation aller Beteiligten mit ihr innewohnt, genauso wird ein auf diese Art selbstgesteuerter Unterricht nicht etwa der immer noch völlig fremdgesteuerten Situation zugeschrieben werden, sondern den unzureichenden Fähigkeiten der Schüler, die eben ohne Lehrer nicht lernen können – was man eigentlich (bewusst oder unbewusst) auch beweisen wollte.

Auch in laufenden internationalen Studien wie z. B. in der „PISA-Studie" (Programme for International Student Assessment) wird mittlerweile die allgemeine Forderung nach selbstgesteuertem Lernen gewürdigt – und zwar in einem Extra-Teil „Komponenten selbstregulierten Lernens". Wenn man dann allerdings liest, was die Wissenschaftler unter „selbstreguliertem Lernen" verstehen und worauf sie dieses durch das Abfragen von Lernstrategien und -formen reduzieren, verliert man schon ein wenig den Glauben daran, dass sich irgendwann etwas an der geschlossenen Auffassung ändern könnte. Beschrieben wird hier keine wirkliche Veränderung in Richtung eines effektiveren oder sinnvolleren Lernens, sondern nur eine andere Form herkömmlicher Unterrichtstradition, die maximal in „Lerntätigkeit", aber wahrscheinlich nicht unbedingt in Lernen endet (vgl. www.mpib-berlin.mpg.de/pisa; März 2000).

An die Stelle solcher, sich selbst karikierender Bemühungen um selbstreguliertes Lernen muss ein Unterricht treten, der weder dem Primat der Didaktik noch dem der Methodik folgt, sondern dem Primat der Lernenden und dem Primat des Faches – allerdings dem unverfälschten und undidaktisierten Fach aus der Sicht der Lernenden. Die Lernenden müssen dann selbst im Rahmen der ihnen durchaus bewussten gesellschaftlichen Anforderungen und der ihnen eigenen Möglichkeiten über Inhalte und Methoden entscheiden und sie so einsetzen, dass sie für sich sinnvoll (und damit effektiv) lernen können. Es geht also nicht um einen Verzicht bezüglich des Erlernens von Lernstrategien, sondern um ein selbstgesteuertes, eher indirektes als direktes Aneignen ebendieser.

1.2.3 Selbstgesteuertes und selbstreguliertes Lernen – intrinsische, extrinsische oder interessengeleitete Motivation?

Wir gehen davon aus, daß hochqualifiziertes Lernen nur durch ein vom individuellen Selbst ausgehendes Engagement erreicht werden kann. Mit anderen Worten: Effektives Lernen ist auf intrinsische Motivation und/oder integrierte Selbstregulation angewiesen. Die gleichen sozialen Faktoren, die zur Steigerung von intrin-

> sischer Motivation und integrierter extrinsischer Motivation beitragen, sollten deshalb auch hochqualifiziertes Lernen unterstützen. (Deci / Ryan 1993, 233)

Eng mit dem selbstgesteuerten oder selbstregulierten Lernen ist die Forderung nach intrinsischer statt extrinsischer Motivation verknüpft, basierend auf der Forderung nach einem möglichst interessegeleiteten Lernen des Einzelnen. Ein vom Selbst und seinen Interessen bzw. Bedürfnissen gesteuertes Lernen wird vom Individuum als ein sinnvoller bzw. notwendiger Vorgang erlebt und entspringt einer inneren Motivation (oder erzeugt diese?). Dabei ist die Motivation ein auf den Augenblick bezogener Zustand, der nicht erlernt werden kann – im Gegensatz zum Prinzip des Interesses, das sich über Lernprozesse entwickeln kann (vgl. Prenzel / Lankes 1995, 12f.). Dass sich ein solches bedürfnisorientiertes Lernen durch sehr hohe Anforderungen des Lernenden an sich selbst auszeichnet, wird immer wieder belegt – obwohl Kritiker oft versuchen, die hohe innere Lernmotivation auf ein Lustprinzip herabzuwürdigen. Vielleicht muss in diesem Zusammenhang das interessegeleitete Lernen stärker von allgemeinen Interessen der Kinder abgegrenzt werden. Beim interessegeleiteten Lernen entspringt das Lerninteresse einer inhaltsbezogenen Leistungsbereitschaft, das heißt der Situation der Kinder im Offenen Unterricht im Austausch mit Freunden und den Herausforderungen des Stoffes bzw. der Lernumgebung, aber nicht zwangsläufig irgendwelchen Hobby-Interessen. Leider wird das auch in der Literatur nicht immer voneinander getrennt.

Ob man dabei alle Lernmotive als intrinsische Motivation definiert, das heißt das Ziel liegt für den Lernenden in der Lernhandlung selbst, oder aber auch extrinsische Momente findet, das heißt der Lernende zielt eher auf die Folgen seiner Handlungen, liegt eher an den Motiven des Betrachters als an der Situation selbst. Solange die Motivationsanlässe im Sinne selbstintentionalen und selbstbestimmten Lernens die Folge haben, dass sich das Kind selbst mit ihnen identifiziert und nicht einer Manipulation von außen erlegen ist, kann die Benennung der Art der Motivation relativ egal sein. Extrinsische und intrinsische Motivation sind dann kein Widerspruch an sich, denn auch extrinsische Motivationsanlässe können zu intrinsischen werden: Gruppenmotivation, Freundschaften, anregende Lernumgebungen, Zufälle können innere Begeisterung und Neugier für eine Sache bzw. die Auseinandersetzung mit dieser auslösen. Diese Art äußerer Motivation ist eine, die Menschen, Sachen, Situationen entspringt – sie ist klar abzugrenzen von einer vorsätzlichen äußeren Motivierung, die als didaktisches Mittel zum Zweck fungiert und deren Funktion dem Individuum nicht klar ist. Es geht also für die Schule nicht um die Frage, wie man eine „interessante Unterrichtsgestaltung" vornimmt, um den Schülern ein „interessiertes Lernen" zu ermöglichen, sondern es geht darum, dass die Schüler ihr Lernen als (für sie) sinnvoll und selbstbestimmt und damit als interessegeleitet *erleben* können.

> Die Selbstbestimmungstheorie postuliert dreierlei angeborene psychologische Bedürfnisse, die für intrinsische und extrinsische Motivation gleichermaßen relevant sind [...]: Bedürfnis nach Kompetenz oder Wirksamkeit, Autonomie oder Selbstbestimmung und soziale Eingebundenheit. (Deci / Ryan 1993, 229)

> Je offener die Lernsituation ist und um so mehr der Lerner zum Organisator seiner eigenen Lernbemühungen wird, um so stärker empfindet er sich für das Lernergebnis selbst verantwortlich, um so weniger Möglichkeiten hat er, das Scheitern seiner Bemühungen auf externe Faktoren zurückzuführen und um so größer ist seine Anstrengungsbereitschaft. (Deitering 1995, 88)

Nicht nur, dass ein fremdgesteuertes, also ein von außen kontrolliertes Lernen genau das demotivierende Gegenteil eines selbstintentionalen, autonomen Lernens darstellt, es birgt zudem viel eher die Gefahr einer oberflächlichen Motivierung als Mittel zum Zweck. „Kinder lernen besser, wenn sie Interesse an einer Sache haben. Ziel der Schule darf aber nicht nur sein, Interesse zu wecken, damit der Unterricht 'klappt'. Vielmehr sollte sie helfen, lang anhaltendes Interesse zu entwickeln.“ (Blumenstock 1995, 10) Zu verzichten ist auf eine extrinsische Motivation, die die Selbstbestimmung des Schülers und damit ein für ihn sinngebendes Lernen untergräbt. Dies tut man – meist unbewusst – auch dann, wenn selbstmotivierte Arbeiten unaufgefordert von außen belohnt werden. Man nimmt dem Agierenden durch die extrinsische Motivation seine Selbstbestimmung bzw. reduziert sein Motiv auf innewohnende Belohnungsabsichten:

> In einer Reihe empirischer Untersuchungen wurde nachgewiesen, daß die intrinsische Motivation abnimmt, wenn man Versuchspersonen extrinsische Belohnungen wie Geld oder Auszeichnungen für eine ursprünglich intrinsische Aktivität anbietet. [...] Nachdem man Versuchspersonen belohnt hatte, waren sie weniger geneigt, die gleiche Tätigkeit in ihrer Freizeit erneut aufzunehmen; sie äußerten weniger Interesse als Personen, die für dieselbe Tätigkeit keine Belohnung erhalten hatten. (Deci / Ryan 1993, 226).

Vielleicht wird an diesen Überlegungen noch einmal der Unterschied zwischen einer auf Freiwilligkeit und Interesse beruhenden „geschlossenen“ Unterrichtssequenz und einem Unterricht, der eben nicht auf Freiwilligkeit oder Interesse beruht, klarer. Dieselbe Vermittlungsform frontaler Unterweisung kann zum einen als Hochform eines geschlossenen Unterrichts vorkommen, der das Kind auf Grund fehlender Mitbestimmung konzeptbedingt zum Objekt degradiert, zum anderen kann sie aber auch als Element eines Offenen Unterrichts vorkommen – nämlich dann, wenn der Lernende die frontale Vermittlung als ein informierendes Element in seinem selbstgesteuerten Lernprozess wahrnimmt. Solange ich als Lernender selbst über diese Lernform bestimmen kann (und dies auch willentlich bzw. reflektiert tue), kann mein Lernen durchaus auch in solchen Phasen noch als autonom bezeichnet werden, auch wenn es kein autodidaktisches Lernen ist. Es geht um die vom Individuum selbst erlebte bzw. empfundene Autonomie und Selbstbestimmung.

Im Offenen Unterricht finden sich diese Formen neben der Lehrererklärung auf Nachfragen z. B. als ständige Institution des Kreisgespräches mit frontalen Vorträgen der Schüler oder bei der Einladung von Experten, die über ein bestimmtes Thema Auskunft geben. Dabei kann Interesse nicht auf ein kognitives Wissensbedürfnis im Bezug auf ein bestimmtes Thema reduziert werden, sondern wird sich auch im sozialen, emotionalen und affektiven Bereich einstellen: aus dem Interesse am gemeinsamen Kreisgespräch bzw. am Miteinander wird wiederum Interesse an der Sache erzeugt. Interessegeleitetes Lernen erzeugt langfristige Lernmotivation in allen Dimensionen, es legt die Grundlage zu Wissensdurst und neugierigem Verhalten – was mehr kann Schule in dieser Hinsicht leisten?

1.2.4 Selbstgesteuertes und selbstreguliertes Lernen – bewusstes, unbewusstes oder intuitives Ausbilden von Kompetenzen?

Alles, was zur Lernkompetenz gehört, ist den Kindern bereits aus ihrem vorschulischen Lernen bekannt. Im Umgang mit Menschen und Gegenständen haben sie erfahren, was es bedeutet, Resonanz zu spüren und zu erzeugen, Vorhandenes spielerisch zu variieren und Regelhaftigkeiten zu entdecken. Weil Lernprozesse außerhalb der Schule aber kaum je von langer Hand vorbereitet und systematisch auf gewisse Ziele hin gelenkt werden, verlaufen sie spontan und unbemerkt. Kinder lernen unmittelbar aus den Situationen, in die sie mehr oder weniger zufällig hineingeraten, darum brauchen sie kein Bewusstsein des Lernens zu entwickeln.

> Das ändert sich radikal beim Eintritt in die Schule. Schulisches Lernen ist bewusst inszeniertes, auf globale Normen gerichtetes Lernen. Angesichts der Leistungsfähigkeit der globalen Normen kann die persönliche Lernfähigkeit nur überleben, wenn sie ins Bewusstsein gehoben und als Instrument verfügbar gemacht wird. Aufgabe der Schule ist es, die Kinder auf ihre Fähigkeit zur Resonanz, zur Variation und zur Regelbildung aufmerksam zu machen und sie herauszufordern und zu ermutigen, diese Fähigkeiten im Umgang mit den fachlichen Objekten systematisch einzusetzen. (Ruf / Gallin 1998 a, 239)

Obwohl der primär natürliche Erwerb von Kompetenzen und Strategien von den meisten Autoren (irgendwie) zugegeben und auch die Unzulänglichkeit der Schule bei der Förderung entsprechender Kompetenzen nicht unterschlagen wird, gibt es bislang noch kein Gesamtkonzept „natürlichen" bzw. „selbstgesteuerten" Lernens. Für ein solches Modell würde sich vor allem die wichtige Frage nach der Notwendigkeit der Bewusstmachung des eigenen Lernprozesses stellen. Gallin und Ruf gehen im obigen Zitat davon aus, dass es auf Grund der „inszenierten" Gestaltung der Schule notwendig ist, die unbewusst vorhandenen Kompetenzen bewusst zu machen, um sie systematisch einzusetzen. Wir teilen diese Ansicht nicht. Die Bewusstmachung der eigenen Lernstrategien ist ein individuelles Erkennen eigener Vorgehensweisen und Strukturen und kann nicht gelehrt, höchstens herausgefordert werden – mit der üblichen Gefahr, im normalen Schulbetrieb daraus doch wieder das Lehren von nicht wirklich verstandenen Techniken zu machen.

Das klassische „Lern-Modell" ist ein lineares, das davon ausgeht, dass der Lernende kein Vorwissen hat. Entsprechend werden bestimmte Teilleistungen gelehrt, die dann ein bewusstes Können auf niedrigem Niveau („er-lesen", „erschreiben", „er-rechnen") erzeugen. Dieses Können wird durch ständige Übung weiter automatisiert, bis es ein unbewusstes Können von Techniken wird (flüssig lesen, schreiben, automatisiertes Rechnen), um dann – meist mit zunehmendem Alter – ein Nachdenken über diese Fertigkeiten und ihre Strukturen anzubahnen. Dabei kommt die wirklich bewusste und reflektierte Anwendung von Strategien in der Praxis nur in relativ wenigen Fällen vor (z. B. bei Experten). Meistens erfolgt ein unverstandenes Reproduzieren der (fremd-)gelehrten Zusammenhänge und auswendig gelernten Fakten – es scheint sich also nicht um leicht zu erwerbende Kompetenzen zu handeln. Ganz im Gegenteil zu einer anderen Form von Perfektion, die jedem Menschen von klein auf gegeben zu sein scheint: das *unbewusste* Nutzen und Ausführen von Strategien und Techniken.

> Die Kinder, die so mühelos Symbolsysteme wie Sprachen und Künste wie die Musik meistern; dieselben Kinder, die komplexe Theorien über das Universum oder den Geist entwickeln, haben oft die größten Schwierigkeiten beim Schuleintritt. Es war unproblematisch, Sprache zu sprechen und zu verstehen, aber Lesen und Schreiben erweisen sich vielleicht als schwierige Herausforderungen; Zählen und

> Zahlenspiele sind vergnüglich, aber mathematische Verfahrensweisen zu erlernen, kann mühevoll sein, und die höheren Bereiche der Mathematik bleiben den Kindern manchmal für immer verschlossen. Auf eine Weise scheint das natürliche, universale oder intuitive Lernen, das in den ersten Lebensjahren zu Hause oder im näheren Umkreis vor sich geht, von einer völlig anderen Art zu sein als das Lernen, das in der ganzen schreib- und lesekundigen Weit mit dem Schuleintritt gefordert wird. (Gardner 1994, 14)

> Fängt man an, darüber nachzudenken, was ein Schulanfänger im Vergleich zu einem Neugeborenen schon alles gelernt hat (und zwar ohne Schule), dann kann man nachvollziehen, dass es Schätzungen gibt, wonach Schulanfänger bereits mehr als die Hälfte dessen erlernt haben, was in unserem Kulturkreis ein durchschnittlicher 20 Jähriger weiß und kann. (Reichen 2001, 34)

Entsprechend widersprüchlich zu dem oben angesprochenen klassischen, linearen Modell sind viele unserer tagtäglichen Erfahrungen mit Kindern, wenn wir ihre unzähligen Fähigkeiten und Fertigkeiten beobachten, die sie unbewusst und auf hohem Niveau richtig ausführen, ohne sie bewusst eingeübt haben zu müssen. Daran erinnern uns immer wieder die „geborenen" Rechenkünstler oder Rechtschreiber. Aber auch das schnelle Erlernen einer in der Umgebung vorhandenen (Fremd-)Sprache oder das Expertenwissen, das Kinder in bestimmten Bereichen an den Tag legen, sind alles Kompetenzen, die sie nicht in einer linearen Stufenfolge gelernt haben. Oft ist es sogar so, dass sie diese Sachen schnell verlernen, wenn sie dann beschult werden – und damit bewusst lernen sollen: Das Lehren und seine Motivation überwältigt das Lernen und seine Motivation … (Vgl. von Hentig 1985, 105)

Man könnte sich ja auch ein anderes Modell vorstellen, das statt eines linearen Ansteigens eher einen „U"-Verlauf zeigt: Den Anfang des „U" bildet oben links das unbewusstes Können auf hohem Niveau, eine Fähigkeit, die von jedem Lernenden (bei einigermaßen ergiebiger Umgebung) zu einem ihm eigenen Zeitpunkt auf einem ihm eigenen Niveau erreicht wird. Greift man aber in das natürliche Lernen ein und unterwirft es einem anderen Weg, einer anderen Zeit, anderen Interessen, so kann sich diese Fähigkeit nicht mehr von selbst entwickeln (womit keine Reifung gemeint ist, sondern schon das Zusammenspiel von Umweltherausforderungen und Reaktionen des Individuums!), sondern wird auf eine hart zu erlernende, fremdgesteuerte Technik reduziert – oft genug auf niedrigstem Niveau. Der „U"-Bogen sinkt in der Mitte ab. Diesen zu heben ist ein Prozess, der mit viel Üben und Anstrengung in Einzelfällen dann wieder hoch gehen kann – zur rechten Seite des „U"s – bestenfalls zur bewussten Automatisation als Hochform.

> In diesem Zusammenhang ist es wichtig, zwischen implizitem Wissen und Automatisierungen zu unterscheiden. Implizites Wissen funktioniert in der Produktion und Perzeption, gerade ohne segmentale strukturierte Repräsentationen notwen-

> dig vorauszusetzen. Das heißt, es ist automatisch von Anfang an da. Automatisierungen dagegen sind sekundäre Produkte des Geläufigwerdens eines zuvor segmental repräsentierten und gesteuerten Zusammenhangs. (Feilke 2000, 16)

Gardner kommt in ähnlichen Überlegungen zu dem Schluss, dass Schüler zwar durchaus in einem gewissen Maße „gelerntes" Wissen reproduzieren können, aber sobald sie es in anderen Situationen anwenden oder auf andere Zusammenhänge transferieren müssen, schnell wieder die intuitiv erworbenen Lernvorstellungen des Kindes hervorkommen. „Intuitiv erworbenes Wissen" und „schulisches Wissen" lösen sich also nicht ab (wie es z. B. die Stufentheorie Piagets nahe legen würde), sondern bleiben bezugslos nebeneinander stehen. Das Wissen des Experten ist hingegen genauso leicht verfügbar wie das intuitiv gelernte, aber von eher reflexiver Qualität. Es ist daher dem intuitiven Wissen viel näher als dem „schulischen Wissen" (vgl. Gardner 1994, 19 ff.).

Zusammenfassend ist festzustellen: Primat muss das intuitive Lernen haben, das möglichst wenig durch „verschultes" Lernen, das heißt auswendig gelerntes Wissen gestört wird. Während die Bewusstmachung von außen ineffektiv bzw. störend ist, erfolgt vom Kind selbst ganz automatisch eine eigene Bewusstmachung bzw. Musterbildung. Das Entscheidende ist also der intuitive Zugang, der auf der Seite des Lernenden sowohl bewusste als auch unbewusste Elemente enthalten kann. Diese gehen dann in eine höhere Stufe eines verstandenen Wissens über, die durch das wirkliche Verständnis dann wie automatisiert erscheint, aber von einer ganz anderen Qualität ist als die Automatisierung, die im normalen schulischen Unterricht durch Üben oder Auswendiglernen angestrebt wird. Weil die meisten dieser Prozesse höchst individuell und selbstgesteuert (im Sinne eines „vom *Selbst* gesteuert") verlaufen, erübrigt sich eigentlich die Frage nach einem Strategietraining. Dieses erfolgt durch das Lernen und den Lernenden selbst.

1.2.5 Selbstgesteuertes und selbstreguliertes Lernen – bewusstes Trainieren oder prozessuales Ausbilden von Strategien?

> Es ist pädagogisch relevant, auf welche Weise sich die menschliche Lernkompetenz ausbildet und wie dieser Vorgang von außen gefördert werden kann. Eine wichtige Quelle hierfür ist die Lerntätigkeit selbst. Indem der Lerner sein Lernhandeln realisiert, sammelt er Erfahrungen über den Bereich des Informationsgewinnens und -speicherns und lernt zugleich beiläufig, seine Lerntätigkeit zu planen und zu regulieren. Er gewinnt so Informationen darüber, unter welchen Bedingungen welche strategischen Vorgehensweisen zum Lernerfolg beitragen können und welche Art von Lernzielen er mit welchem Anstrengungsaufwand realisieren kann. Gleichzeitig sind mit dem Lernhandeln Übungseffekte bei den eingesetzten Lernfähigkeiten und -fertigkeiten verbunden. (Deitering 1995, 90f.)

Es geht also bei den zu erlernenden Strategien nicht um lineare Abfolgen und Rezepte im Sinne einer „hierarchisch sequentiellen Organisation des Lernhandelns" (Deitering 1995, 81), sondern vielmehr um die zeitweise bewusst, in hohem Umfang aber auch *unbewusst* erfolgende Reflexion der eigenen Vorgehensweise im Rahmen des eigenaktiven Suchens, Erarbeitens und Strukturierens von Informationen. Dafür ist keine direkte Lehrerinstruktion notwendig, sondern vielmehr ein „herausfordernder" Raum, in dem mit einer eigenen Zielsetzung (allerdings keiner statischen, sondern jederzeit anpassbaren) selbstreguliert gearbeitet werden kann – eingebunden in ein soziales Umfeld, das auf Anfrage des Lernenden Hilfe und Unterstützung bieten kann. Dabei nehmen auch Kinder mit Lernproblemen in kritischen Lernsituationen eher eine aktive statt einer passive Lernhaltung ein und überwinden so problematische Lernmomente konstruktiv statt sie resignativ abzubrechen. Das Unterbrechen, Verschieben, Abbrechen und neu Aufrollen von Lernprozessen ermöglicht Kindern, die nicht reibungslosen Lernverläufe des (selbstgesteuerten) Lernens nicht als verunsichernd, sondern als sicherheitsgebend zu erleben (vgl. Lambrich 1992, 322f.).

Die für die Selbststeuerung geforderten zu erlernenden „metakognitiven" Strategien (z. B. Analyseprozesse, Planungsprozesse, Überwachungsprozesse, Bewertungsprozesse) müssen keineswegs als Metawissen vom Lernenden formulierbar oder explizit reflektiert werden, sondern es kommt auf die prozeduralen Fähigkeiten, die Fähigkeiten im Prozess der Auseinandersetzung an. Auf diese

Weise werden sich die intuitiv erworbenen Theorien und Muster durch den selbstgesteuerten, reflektierten und kritischen Umgang in die Richtung eines Expertenwissens entwickeln. Dabei ist zu beachten, dass der Übergang vom naiven, intuitiven Wissen zum Expertenwissen nicht unbedingt bewusst bzw. durch explizites Lernen erfolgen muss.

> Vielleicht ist es in der Schule mehr angebracht, dem jeweils individuellen Sach-Zeit-Rhythmus eines Kindes Raum zu geben, damit lernende Kinder die Routine entwickeln können, mit einem selbstdosierten Aufwand an einem Lernbereich verharren zu können, um dann mit dem Gefühl, ihn zu beherrschen, sich anderen Dingen zuzuwenden. In diesem Sinne wäre auch zu überlegen, ob nicht das Hin- und Hergezerre von Kindern von einer häppchenweise zu bearbeitenden Lernsache zur anderen gerade solche Lernhemmnisse wie Abgelenktsein und Unkonzentriertheit erst hervorbringt. Statt an Lerncurricula ist mehr an individuelle Lernstile zu denken. (Lambrich 1992, 323)

1.2.6 Selbstgesteuertes und selbstreguliertes Lernen – implizites, explizites oder inzidentelles Lernen?

> It is the exception, not the rule, when thinking is conscious; but by its very nature, conscious thought seems the only sort. It is not the only sort; it is the minority. [... Consciousness; FP] is not necessary for effective cognition. In fact, most cognition goes on outside of awareness, though it is nevertheless exceedingly complex. (Lachman u. a. 1979, 207 f.)

Während die Schule konzeptionell durch das „Unterrichten" der Schüler primär von expliziten Lernprozessen ausgeht, Lernen also als eine bewusste Tätigkeit ansieht, weisen viele Effekte darauf hin, dass das meiste Lernen eher implizit oder inzidentell, das heißt unbewusst und beiläufig, abläuft. Das heißt es kann sein, dass langfristig gar nicht das explizit Gelehrte für einen Lernerfolg wichtig ist, sondern der Lernende eher „zwischen den Zeilen" lernt und nahezu unabhängig vom dargebotenen Stoff bzw. von der didaktischen Absicht Kompetenzen und Fähigkeiten ausbildet. Da das inzidentelle Lernen wegen seiner Zufälligkeit nur schwer zu erfassen ist, soll hier vor allem das implizite Lernen kurz beschrieben werden. Beim impliziten Lernen lernt der Lernende nicht bewusst auf einen bestimmten Sachverhalt hin, sondern es erfolgt ein unbewusster oder beiläufiger Wissenszuwachs, meist in der Art, dass so etwas wie „ein Gefühl" für komplexe Prozesse und Strukturen erworben wird. Das Erlernen von Sprachen (Grammatik / Rechtschreibung), die Sozialerziehung, das Wahrnehmungsvermögen usw. gelten als naheliegende Beispiele. Implizites Lernen ist dabei weitgehend unabhängig von strategie- und wissensabhängigen Lernvorgängen:

> Damit wird ein Grundmechanismus skizziert, der die Verbindung einer grundlegenden Gedächtnisfunktion der Sinne zu höheren interpretativen Formen der bewußten Begriffsbildung und -nutzung und damit die Begründung des Lernens dar-

> stellt. Daß diese primitive Gedächtnis- oder Lernkomponente von ihrer Funktion her selber unempfänglich ist für strategie- und wissensabhängige Lernvorgänge, ist eine notwendige Voraussetzung für das skizzierte Lerngeschehen. (Perrig / Perrig 1993, 45)

Beachtenswert ist, dass mit dem hier als „primitive Gedächtnis- oder Lernkomponente“ benannten impliziten Lernen zwar einfach (deshalb „primitiv“), aber keineswegs auf einfachem Niveau gelernt wird. Implizite Lernprozesse zeichnen sich gerade dadurch aus, dass sie komplexe Systeme erfassen und dort hohe Abstraktions- und Transferleistungen bedingen, das heißt der „nicht-bewusste“ Lernvorgang ermöglicht ein unbewusstes Erfassen der Strukturen und Zusammenhänge und vor allem ein Übertragen auf andere, fremde Situationen, das sich durch ein implizites Bilden von Regularitäten auszeichnet – und nichts mit der „Transferleistung“ zu tun hat, die als Hochform im herkömmlichen Unterricht kleinschrittig und mühevoll eintrainiert wird.

> So haben insbesondere die Arbeiten aus der Forschungsgruppe um Reber [...] empirisch belegt, daß eine aktive, bewußte Suche nach Regularitäten nicht notwendigerweise vorteilhaft sein muß, sondern sogar hinderlich sein kann, wenn es um den induktiven Erwerb komplexer Relationen geht. In mehreren Studien konnte überzeugend demonstriert werden, daß erwachsene Probanden die komplexen, abstrakten Regeln einer Kunstsprache auch dann – oder gerade dann – abstrahieren und in Transferaufgaben nutzen konnten, wenn ihnen nicht bewußt wurde, daß das Lernmaterial strukturiert war, und sie deshalb auch nicht gezielt auf die Regularitäten achteten oder nach diesen suchten. (Weinert, S. 1991, 39)

> Die Abstraktion formaler Invarianten erfolgt beim impliziten Lernen nicht sequentiell, sondern durch parallele Verarbeitung holistischer, d. h. nicht selektiv gespeicherter Informationen. Auf diesen Prozeß haben explizite Instruktionen und Informationen über die zu lernenden Regeln entweder keinen, nur einen geringen, lediglich unter sehr speziellen Bedingungen einen größeren und gelegentlich sogar einen störenden Einfluß. (Weinert, S. 1991, 230)

Explizites Lernen (zum Beispiel das, das durch „Lehren“ hervorgerufen wird) kann also das implizite Lernen stören – im schlimmsten Falle sogar so weit, dass der Lernende seine implizit vorhandenen Fähigkeiten nicht mehr nutzt bzw. nutzen kann – sie werden blockiert. Wir alle kennen Kinder, die als „geborene Rechtschreiber“ plötzlich anfangen, haufenweise Fehler zu machen, nachdem Rechtschreibung auf einmal geübt oder irgendwelche Regeln thematisiert werden. Diese Fehler sind dann keine produktiven Fehler der Übergeneralisierung, die zum Aufbau bzw. Umstrukturieren der eigenen Strukturen und Muster unverzichtbar sind, sondern es sind echte Fehler, die aus Nichtverständnis der Sache und eigener Bezugslosigkeit entstehen. Fehler, die es ohne den Einfluss von außen nicht gäbe.

> Um Experte in einem Inhaltsgebiet zu werden, bedarf es nicht nur der verhältnismäßig leicht explizierbaren fachspezifischen Wissensbestände wie sie etwa in Lehrbüchern zu finden sind. Man benötigt darüber hinaus implizites Wissen, das normalerweise im offiziellen Wissenskanon einer Disziplin nicht dokumentiert ist, etwa heuristische Problemlösestrategien, Kontrollstrategien, Wissenserwerbs- bzw. Lernstrategien. Der Lernende muß von Anfang auch an diesem impliziten Wissen partizipieren können, da ansonsten das explizite „Lehrbuchwissen" in Problemsituationen häufig nicht angemessen genutzt werden kann. (Friedrich 1995, 137)

Der größte Teil unseres „Lernens im Prozess der Arbeit" beruht auf unbewusster Qualifikation, die Straka treffend mit „... denn sie wissen nicht, was sie tun" (Straka 1999, 20) bezeichnet. Dabei ist der größte Teil dieses Wissens nicht nur dem Lernenden nicht bewusst, sondern auch demjenigen, der ihm als Vorbild dient – der „Novize" lernt bei seinem „Meister" Handlungs- und Vorgehensweisen, von denen selbst der Meister nicht wusste, dass er sie beherrscht. Implizites Wissen wird deshalb als „Kern der praktischen Intelligenz" bezeichnet. Das heißt aber auch, dass das in der Schule explizit gelehrte Wissen von sich aus nur einen verhältnismäßig kleinen Wissensbereich überhaupt zugänglich machen kann. Es ist dadurch maßgeblich für das „Theorie-Praxis-Problem" verantwortlich – zumal es den Aufbau impliziten Wissens eher zu behindern als zu stützen scheint.

> Die Konzepte des impliziten Lernens und Wissens beziehen ihren didaktischen Reiz vor allem aus der Bezugnahme auf das Phänomen möglicher Deckungsungleichheiten zwischen Wissens- und Handlungsexpertentum, das – etwa in der Debatte um das sogenannte „Theorie-Praxis-Problem" – zu den Dauerbrennern der didaktischen Diskussion gehört. Während schulisches Lehren und schulische Leistungsbeurteilung in hohem Maße auf die Vermittlung und Messung expliziten Wissens in meist ausschließlich zu Lernzwecken veranstalteten Aneignungsprozessen hin ausgelegt sind, legt die experimentalpsychologische Forschung die Vermutung nahe, dass Lerner in der direkten Konfrontation mit praktischen Aufgabenstellungen vieles und mehr, als man vermuten möchte, *auch* implizit lernen können. Polanyi betont darüber hinaus, dass vieles nur auf diese Weise erlernt werden kann. In dem Ausmaß, in dem sich komplexe Dispositionen der Formalisierung entziehen, können sie nur implizit erworben [...] werden. (Neuweg 2000, 210)

Wir halten daher implizites und inzidentelles Lernen für genau das, was sinnvolles und effektives Lernen in der Schule ermöglicht. Genauso wie sich die Fachdidaktiken im Laufe der letzten Jahre immer mehr von der Vorgabe eines expliziten Lehrgangs hin zur Akzeptanz der unterschiedlichen und verschlungenen Lernwege der Kinder entwickelt haben, wird sich Schule zu einem Ort weiterentwickeln müssen, an dem impliziten Lernprozessen als Basis für „flexibles" Wissen und nachhaltigen Kompetenzerwerb der hohe Stellenwert eingeräumt wird, den sie verdienen. Denn es ist zu vermuten, dass die Bildung, die Schule momentan erzeugt, viel eher durch das implizite Lernen der Schüler „zwischen den Zeilen“ erfolgt, als durch die explizite Behandlung des Stoffes. Das explizit gelehrte Wissen wird erfahrungsgemäß schnell vergessen – die implizit gebildeten Strukturen, Muster, Zusammenhänge jedoch nicht – wenn sie denn entstehen. Es geht also um eine Schule, die um ein Vielfaches effektiver wird, wenn sie die Lernprozesse unterstützt, die auch wirklich „Lernen“ bewirken. Etwas überspitzt formuliert könnte man sagen: Zurzeit geschieht Lernen vielfach *trotz* der Schule, nicht auf Grund der Schule ...

> Da die Unterrichtsdidaktik einschließlich der Ansätze des selbstgesteuerten Lernens fast ausschließlich explizites Lernen im Auge hat, ist zu vermuten, daß Formen des expliziten Lernens didaktisch ausgereizt sind. (Oerter 2000, 254)

> Durch ungeeignete Formen von Fremdsteuerung werden vermutlich die für erfolgreiches Lernen unerlässlichen Selbststeuerungsprozesse irritiert oder blockiert. [...]
> Es sieht so aus, als ob wir dann am effektivsten lernen, wenn unser Lernen selbstgesteuert ist, d. h. wenn wir unabhängig von direkter zielorientierter Fremdsteuerung durch andere Personen lernen. In der Tat erwerben wir den weitaus größten Teil unseres Wissens und Könnens über selbstgesteuerte Lernaktivitäten im Alltagsleben, zu denen uns niemand einen direkten Lernauftrag gegeben hat. (Grell / Pallasch 1978, 91)

1.2.7 Selbstgesteuertes und selbstreguliertes Lernen – Einüben von Lehrstoff oder integriertes Ausüben von Lerninteressen?

> Obwohl es, je nach vorherrschendem Zeitgeist, schulpolitischer Orientierung und didaktischer Position, durchaus Unterschiede hinsichtlich der Wertschätzung von Übung im Unterricht gibt, kann es keinen ernsthaften Zweifel daran geben, daß das Üben ein unverzichtbarer Bestandteil schulisch organisierten Lernens ist. (Helmke u. a. 1987, 247)

> Eigentlich zweifelt ja niemand im Ernst daran: Um dauerhaft zu sichern, was im Unterricht gelernt werden soll, kann auf Üben und Wiederholen nicht verzichtet werden. (Heymann 1998, 7)

Üben ist wohl ein Hauptthema von Schule; egal welche Lerntheorie einem Konzept zu Grunde liegt, die Notwendigkeit des Übens zweifeln nur wenige Didaktiker an – erstaunlicherweise auch die, die ansonsten sehr fortschrittlich und konstruktivistisch denken – beim Thema „Üben“ fallen sie alle zurück in behavioristische Traditionen. Mir ist dabei nicht klar, warum „effektives Lernen“ und „Üben“ immer wieder wie zwei völlig unterschiedliche Dinge behandelt werden. Der Lernzuwachs eines Individuums sollte doch als eine dauerhafte Verhaltensänderung definiert sein.

> Reine Wiederholungen haben nur unbedeutende Auswirkungen auf einen Lernprozeß; andere Faktoren (z. B. aus Fehlern, aus Rückmeldungen lernen), können bei der Wiederholung allerdings wirksam werden, so daß Üben nur in indirekter Weise förderlich ist. (Kohnen / Kohnen 1987, 254)

> Von **„Übung“** sprechen wir in der Regel dann, wenn ein Satz von Wissenselementen oder eine Fertigkeit anhand eine **größeren** Zahl **gleichartiger** Aufgaben geübt wird. (Wittmann / Müller 1992, 177)

Aus dem traditionellen Schema 1. Einführung, 2. Übung, 3. Anwendung wird im Offenen Unterricht ein vielfach vernetztes Lernen, in dem die oben genannten Phasen eben nicht – und schon gar nicht mehr in dieser Reihenfolge – durchlaufen werden. Durch die selbstgesteuerte Auseinandersetzung mit einem Inhalt, durch das Überlegen und Ausprobieren von Lösungsmöglichkeiten, durch das Einordnen und Reflektieren der Ergebnisse wird immer gleichzeitig auch geübt, denn es werden wiederholt Gedächtnisinhalte durchmustert, umgeordnet, neugeordnet (vgl. Winter 1987, 31). Sinnvolles Üben ist für uns „Aus-Üben“, „Üben im Gebrauch“:

> Die Handwerker halten ihre Lehrlinge nicht mit Betrachtungen hin, sondern führen sie sogleich zur Arbeit, daß sie schmieden durchs Schmieden, bildhauen durchs Bildhauen, malen durchs Malen, tanzen durchs Tanzen lernen. Deshalb soll auch in den Schulen schreiben durch Schreiben, sprechen durch Sprechen, singen durch Singen und rechnen durch Rechnen gelernt werden. Die Schulen sollen nichts anderes sein als Werkstätten, in denen tüchtig gearbeitet wird. (Comenius 1960, 142 nach Piaget 1999, 259)

Üben geschieht dabei nicht in einer reproduktiven Art eines reinen Auswendiglernens, sondern fordert vom Schüler immer eigene Denkleistungen, die über den (dann nebenbei wiederholten) Übungsstoff hinausgehen. Ein solches Üben kann nicht das übliche tote oder träge Wissen erzeugen. Es geht darum, ein selbstgesteuertes Üben „im Gebrauch“ zu ermöglichen, das in den Lernprozess des Einzelnen integriert ist und nicht darum, weitere „interessante, didaktische Ansätze zu einem 'anderen', nämlich lebendigeren, lustvolleren und zugleich effizienteren Üben“ (Heymann 1998, 7) zu entwickeln.

> Wenn man beobachtet, mit welcher Ausdauer sich Kinder und Jugendliche in ihrer Freizeit der Vervollkommnung von Fertigkeiten widmen, über die sie im Prinzip bereits verfügen, wird deutlich, dass die verbreitete Unbeliebtheit des Übens im Unterricht ein Charakteristikum unserer üblichen Lehr-Lern-Kultur und der mit ihr verknüpften Wertungen ist. [...] In vieles, was sich Kinder und Jugendliche (und übrigens auch Erwachsene) außerhalb schulischen Unterrichts aneignen, investieren sie unglaublich viel Zeit und zielgerichtetes Bemühen, das oft von einer beeindruckenden Funktionslust getragen ist und Rückschläge spielend überwindet. [...] Rein zeitlich nimmt das Üben und Wiederholen in derartigen Lernprozessen mehr Raum ein als alles andere, doch es bleibt meist implizit und wird als

solches nicht bewusst. So bleibt es eingebettet in das Streben nach Vervollkommnung des angezielten Könnens und der spielerische Charakter des Tuns trägt zur emotional positiven Besetzung bei.

Üben von Fertigkeiten im Unterricht sollte so organisiert werden, dass möglichst viele der genannten Merkmale aus außerschulischen Situationen dabei zum Tragen kommen. (Heymann 1998, 9)

1.2.8 Selbstgesteuertes und selbstreguliertes Lernen – Kompetenzerwerb statt trägem Wissen?

Ist die Schule in der Lage, ihre Absolventen für die Herausforderungen der neunziger Jahre und danach ausreichend ausgebildet in die Gesellschaft zu entlassen? [...] Kritisiert wird vor allem die Art, in der der Wissenserwerb in der Schule gefördert wird sowie der unzureichende Anwendungsbezug des gelehrten und gelernten Wissens. „Träges“ Wissen ist die Folge: Wissen, das nicht zur Anwendung kommt, das in bestehendes Vorwissen nicht integriert wird und zu wenig vernetzt und damit zusammenhanglos ist. Als Ursache dieser für das Lehren und Lernen zentralen Probleme identifizieren fast alle Kritiker die fehlende Einbettung des Lernens in authentische Kontexte. Sie betonen die Notwendigkeit, den Erwerb von Wissen in dem Kontext zu verankern, der ihm seine Bedeutung verleiht. Gefördert werden soll aktives und selbstreguliertes Lernen in authentischen Kontexten [...] (Gerstenmaier / Mandl 1995, 867)

Wenn sich – wie Gerstenmaier und Mandl es fordern – die Pädagogik und Psychologie des Wissenserwerbs ändern müssen, um Schülern ein sinnvolles Lernen in authentischen Kontexten zu ermöglichen, kann es nicht mehr um ein didaktisch ausgefeiltes Arrangieren von Lernumgebungen gehen. Authentizität erreicht man nicht durch didaktische Arrangements, sondern durch den ehrlichen Einbezug des Lernenden (bzw. aller Lernenden einschließlich des Lehrers) in den Lernprozess. Hartinger hat in seiner Untersuchung festgestellt, dass ein eher interessegeleitetes Vorgehen im Unterricht nicht nur deshalb effektiver ist, weil die Inhalte „verstehender" gelernt werden, sondern dass diese Art des Lernens bzw. Wissenserwerbs – anders als beim „schulischen Lernen" – direkt ganz in das Lernen des Kindes integriert ist und so auch auf andere Bereiche ausstrahlt bzw. von sich aus zum Weiterlernen, zum Anwenden, zum Übertragen auffordert.

> Ein zentrales Ergebnis der Untersuchung war die Tatsache, daß sich die Schüler/innen der Klasse, deren Unterricht als interessenfördernd vermutet wurde, in ihrer Freizeit nach dem Unterricht signifikant häufiger mit Fragestellungen und Tätigkeiten aus dem unterrichteten Themenbereich beschäftigten [...]. Die Gefahr, daß das in der Schule gelernte Wissen 'träge' bleibt, indem es keine Anwendung außerhalb des Unterrichtskontextes findet, ist demnach überwunden. Dabei waren die Unterschiede vor allem bei den Tätigkeiten bemerkenswert, die eine vergleichsweise hohe Kompetenz von den Schüler/innen einfordern. So führten diese Kinder deutlich mehr 'kleine Untersuchungen' durch als die Schüler/innen der anderen Klassen. [...]. Die Schüler/innen, die gerne mehr weitergehende Aktivitäten am Teich unternehmen wollten, gaben auch mehr Tätigkeiten an, die sie im Rahmen des Themas 'Tiere und Pflanzen im Wald' ausführen wollen. (Hartinger 1997, 229)

Der Vorteil eines solchen Lernverständnisses, bei dem es nicht um die Vermittlung eines bestimmten Curriculums geht, ist die gleichzeitige Schulung im Umgang mit Gelerntem und Ungelerntem, das heißt die Verbindung von vorhandenem Wissen mit noch zu erwerbendem Wissen zu erkennen und zu erlernen. Diese Qualifikation ist gerade deshalb zukunftsweisend, weil Bildung – auch fachlicher Art – nicht mehr nur auf Schule reduziert ist, sondern die Neuen Medien immer mehr leicht verfügbare und nachfrageorientierte Bildungsangebote ermöglichen, die individuell genutzt werden können und müssen. Die neuen Medien werden Bildung im Sinne von Vielwisserei durch den direkten Informationszugriff immer mehr in Frage stellen. Es ist vielmehr der „gebildete" Umgang mit diesen Medien zu erlernen: verantwortliches, selbstständiges, kompetentes Handeln tritt an Stelle einer Wissensanhäufung. Für die Schule heißt das, dass die (ethisch orientierte) Handlungsbefähigung des Lernenden den höchsten Stellenwert bekommt, damit dieser einmal Probleme der Zukunft lösen kann, die wir jetzt noch gar nicht kennen.

Bevor wir in den nächsten Kapiteln praxiserprobte Vorschläge zum Stellenwert der Fächer und ihrer didaktischen Umsetzung in einem auf Selbststeuerung und Interessenorientierung beruhenden Offenen Unterricht machen, sei mit einem Zitat von Hartinger noch einmal daran erinnert, dass dieses Prinzip nur funktionieren kann, wenn es ehrlich und authentisch umgesetzt wird – und nicht als methodisch-didaktischer Trick:

> Will man Unterricht verbessern, indem man die Interessen der Schüler/innen aufgreift, so ist große Vorsicht geboten. Es dürfte ohne Auswirkungen bleiben oder vielleicht sogar kontraproduktiv wirken, wenn angeblich das Interesse der Kinder aufgegriffen wird, indem der/die Lehrer/in einzelne Aspekte eines 'interessanten' Gegenstandes in den Unterricht aufnimmt ohne zu überprüfen, ob diese Elemente diejenigen sind, die für das Kind wirklich interessant sind. Drastisch formuliert: Ein Kind, das sich für Pferde interessiert, weil es gerne reitet, striegelt u. ä., muß es nicht als interessanter empfinden, mit Pferden anstatt mit Äpfeln zu rechnen. Es wäre deshalb verfehlt, wieder gesamtunterrichtliche Überlegungen, diesmal ausgehend von einem Interesse der Kinder, aufgreifen zu wollen. Ein Aufgreifen der Interessen von Kindern ist nur möglich, wenn die Kinder weitreichende Entscheidungsmöglichkeiten haben, wie sie ihr Interesse in den Unterricht einbeziehen möchten. Auch dazu ist es erforderlich, die Schüler/innen den Unterricht mitbestimmen zu lassen. (Hartinger 1997, 233)

1.3 Der Beitrag der Fächer zur schulischen Bildung

> Zahlreiche empirische Belege unterstützen die in älteren spekulativen Theorien geäußerte Vermutung, daß die interessenorientierte Auseinandersetzung mit einem bestimmten Themengebiet besonders intensive und wirkungsvolle Lernprozesse in Gang setzt. Lernen aus Interesse führt zu vergleichsweise umfangreichen, differenzierten und tief verankerten Wissensstrukturen [...]. So betrachtet unterstützen diese Befunde die tradierte pädagogische Überzeugung, daß die formellen Lehrpläne und das aktuelle Lehrangebot so weit wie möglich auf vorhandene individuelle Interessen abgestimmt werden sollten. (Krapp 1992, 765)

> Das erste Auftreten von Lernmüdigkeit bei Schulkindern fällt in der Regel zeitlich mit dem Übergang zum überwiegend fachlich parzellierten Lernen zusammen, das dem Bedürfnis nach ganzheitlicher Wahrnehmung und Erkenntnis widerspricht. [...] Es kann nicht Ziel der Schule der Zukunft sein, eine fachbezogene Ordnung der Lernzusammenhänge als alleiniges und zentrales Ordnungsprinzip beizubehalten. (Bildungskommission NRW 1995, 102f.)

Wie konkret lässt sich nun das, was Schule zur Bildung beitragen soll, im Hinblick auf die – ja immer noch vorhandenen und nicht wegzudiskutierenden – Fächer benennen, oder stehen wir gar vor einer ganz neuen Art von Schule, die so stark mit der Tradition bricht, dass die angestrebte Reform von vornherein zum Scheitern verurteilt ist?

> Historische Erfahrungen sprechen dafür, daß eine über „Fächer" repräsentierte Ordnung des von der Schule zu vermittelnden Wissens zu den nur schwer veränderbaren Rahmenbedingungen schulischen Lernens gehört. Welche Fächer aber für die Allgemeinbildung unverzichtbar sind, in welchen Punkten der traditionelle Fächerkanon der allgemeinbildenden Schulen reduzierbar, ergänzungs- oder revisionsbedürftig ist, diese Frage ist immer wieder neu zu stellen – unabhängig von der Tatsache, daß der reale Gestaltungsspielraum schon wegen der fächerorientierten Lehrerausbildung eher als gering einzuschätzen ist. (Heymann 1996, 29)

Wir halten wie Heymann das Umdenken der primär fachwissenschaftlich ausgebildeten Lehrer für den schwierigsten Punkt innerhalb der Bemühungen. Heymann folgert vollkommen realitätsnah, dass es darum gehen muss, die bestehenden Fächer so zu unterrichten, dass der Unterricht, das heißt die zu vermittelnden Inhalte und ihre methodische Aufbereitung, immer im Dienste eines übergreifenden Allgemeinbildungskonzept steht. Dieses schlüsselt er in die „sieben Aufgaben der allgemeinbildenden Schule" auf, die hier zusammenfassend dargestellt sind:

1. Lebensvorbereitung (Lern- und Arbeitstechniken, Informationsbeschaffung und -nutzung, Artikulationsfähigkeit, basale Qualifikationen / Kulturtechniken / Fremdsprache etc.)
2. Stiftung kultureller Kohärenz (Generationenverständigung, reflektierte (multi-)kulturelle Identität, Fortschreibung der Alltagskultur)
3. Weltorientierung (fachliches Entgrenzen, Schlüsselprobleme)
4. Anleitung zum kritischen Vernunftgebrauch (vernünftiger Umgang mit Personen und Sachen, Denkenlernen, Mündigkeit)
5. Entfaltung von Verantwortungsbereitschaft (Verantwortung für andere, Verantwortung für das eigene Lernen)
6. Einübung in Verständigung und Kooperation (Kooperation zwischen Experten und Laien, Interkulturelle Erziehung)
7. Stärkung des Schüler-Ichs (Schutz vor Fremdbestimmung, Stützung realitätsgerechten Verhaltens, Hilfe zur Identitätsfindung und Identitätsbalance / Phantasie / Kreativität / Ganzheitlichkeit) (vgl. Heymann 1996, 50ff.)

Er zeigt dann am Beispiel des Mathematikunterrichts, dass sich die Erfüllung dieser Aufgaben durchaus im Unterricht umsetzen lässt – wenn man das Fach so offen und schülerbezogen unterrichtet, wie er das entwickelt. Trotzdem muss unserer Meinung nach eine Schulreform weiter gehen, denn einzelne Schulfächer lassen sich durch „ein bisschen mehr allgemeinbildenden Unterricht" zwar besser rechtfertigen als vorher, aber sie verfehlen durch die ihnen eigene Einteilung der Welt in einzelne Fachaspekte immer noch den Kern der oben ausgeführten Bildungsaufgaben. Und zwar auch die von Heymann genannten, denn die lassen sich – fast sämtlich – nicht fächerübergreifend, sondern nur überfachlich bzw. fachunabhängig erreichen. Sie haben sowohl Welt als auch Individuum als komplexe Ganzheit zur Grundlage, die sich zwar aus dem Blickwinkel verschiedener Fächer beleuchten, aber nicht aus einer einzelfachlichen Betrachtungsweise zusammenfügen oder rekonstruieren lässt.

Es muss ein anderer, ein „überfachlicher" Zugang geschaffen werden, in dem nicht mehr vom Fach aus, sondern vom fachunabhängigen Bildungsauftrag der Schule gedacht wird. Die Bildungskommission NRW schlägt dazu aktuelle Fragen und Problemlagen vor, die sich aus der Lebensaktualität des einzelnen Schülers bzw. der Gesellschaft, in der er lebt, ergeben:

> Die Dimensionen des Lernens sollen die Verknüpfung fachlicher Wissensbestände und Methodenansätze im Hinblick auf den Erwerb „intelligenten" Wissens leisten. Sie bezeichnen Grundsituationen individueller und gesellschaftlicher Existenz, die Bezugsrahmen für Erkenntnisprozesse werden können; sie weisen ihre Gestaltungskraft dadurch aus, daß sie dem Bedarf nach „Lernsinn" entgegenkommen. [...] Die Dimensionen sind keine Fächer, Lernbereiche oder Unterrichtsthemen. Dimensionen sind dynamische, nicht streng voneinander abgesetzte Perspektiven, in denen Menschen ihre Wirklichkeit erfahren, sie erkennen, sich mit ihr auseinandersetzen, sie gestalten. Sie eröffnen bestimmte Denk- und Erschließungsmöglichkeiten von Welt, die sich wechselseitig ergänzen, aber auch in Frage stellen können. (Bildungskommission NRW 1995, 107)
>
> Als beispielhafter Grundbestand werden sieben Lerndimensionen zur Diskussion gestellt:
>
> 1. Identität und soziale Beziehungen, eigene Körperlichkeit und Psyche [...]
> 2. Kulturelle Tradition: Weltbilder, Wissenschaften, weltanschauliche Gemeinschaften, Kulturen [...]
> 3. Natur, Kunst und Malerei: gestaltender Umgang mit Materialien, Konstruktion und Rekonstruktion, Informieren, Manipulieren, Inszenieren und Schaffen, Erleben von Natur und Kunst [...]
> 4. Sprache, Kommunikation: Sprache als Medium des Ausdrucks und der Verständigung, Wege und Medien der Kommunikation, Internationalisierung der Lebensverhältnisse [...]
> 5. Arbeit, Wirtschaft, Beruflichkeit: Fremdbestimmung und Selbstverwirklichung in der Arbeitswelt, ökonomische Sachzwänge und Gestaltbarkeit wirtschaftlicher Verhältnisse, Beruflichkeit als Lebens- und Bildungsform [...]
> 6. Demokratie und Partizipation: verantwortliche Entscheidungen, Beteiligung an der Gestaltung der Wirklichkeit [...]
> 7. Ökologie: Umgang mit der Welt der heute lebenden und der folgenden Generationen (Bildungskommission NRW 1995, 108 ff.)

Diese Lerndimensionen dienen als Grundlage für einen Unterricht mit „Lernsinn", der auf die Sicherung der Kulturtechniken (gemeint im weiteren Sinne einschließlich der Erschließung und Darstellung von Informationen aller Art) und den Erwerb von „Schlüsselqualifikationen" ausgerichtet ist:

> *Schlüsselqualifikationen* sind erwerbbare allgemeine Fähigkeiten, Einstellungen und Strategien, die bei der Lösung von Problemen und beim Erwerb neuer Kompetenzen in möglichst vielen Inhaltsbereichen von Nutzen sind. [...] Sie sind nicht auf direktem Wege zu erwerben, z. B. in Form eines eigenen fachlichen Lernangebotes; sie müssen vielmehr in Verbindung mit fachlichem und überfachlichem Lernen aufgebaut werden. (Bildungskommission NRW 1995, 113 ff.)
>
> 1. Problemlösefähigkeit und Kreativität
> 2. Lern- und Denkfähigkeit
> 3. Begründungs- und Bewertungsfähigkeit
> 4. Kooperations- und Kommunikationsfähigkeit
> 5. Verantwortungsfähigkeit
> 6. Selbständigkeit und Leistungsfähigkeit (Projektgruppe Schlüsselqualifikationen 1992, 22 nach Heymann 1996, 58)

Von den oben genannten „sieben Aufgaben der allgemeinbildenden Schule“ nach Heymann unterscheidet sich diese Aufstellung nur geringfügig, wenn man die Dimensionen des Lernens, die Schlüsselqualifikationen und die Kulturtechniken zusammennimmt. Der Unterschied besteht darin, dass die Vorschläge der Bildungskommission nicht als Referenz zum Bestimmen der „Allgemeinbildungstauglichkeit“ eines Faches oder Unterrichtsvorhabens entwickelt wurden, sondern als alternatives Vorgehen zum üblichen Einzel-Fachunterricht. Entsprechend sind die betreffenden „Dimensionen des Lernens“ nicht als „Fächer“ mit bestimmten zu unterrichtenden Fachinhalten zu verstehen, sondern weisen auf Betrachtungsmöglichkeiten hin, die nicht fachlich reduziert, sondern überfachlich integrativ wirken. Der „Inhalt“ dieses Unterrichts entspringt individuellen und gesellschaftlichen Problemstellungen und Fragen, die exemplarisch zu verstehen sind und auf die Grundlegung bzw. den Ausbau der oben genannten Schlüsselqualifikationen bzw. der Kulturtechniken zielen.

1.4 Offener Unterricht ist fachliche und überfachliche Bildung

Ein mögliches Modell für einen solchen überfachlichen und integrativen Unterricht müsste sich aus den im ersten Band geschilderten Überlegungen zu einem Offenen Unterricht ableiten lassen. Es muss dabei an den aktuellen fachdidaktischen Entwicklungen gemessen werden, die sich in eine solche Theorie einbinden lassen. Wir möchten dies in den folgenden Kapiteln für den Bereich der Grundschule tun, indem wir aktuelle offene Konzepte theoretisch und – durch die Schilderung unserer eigenen Erfahrungen – auch praktisch reflektieren.

Entsprechend unserem Kenntnisstand erscheinen dabei als offene Fachkonzepte unter anderem für den Sprachunterricht das Freie Schreiben, in dem sowohl der Spracherfahrungsansatz (vgl. Brügelmann / Brinkmann 1998) als auch die etwas kompromisslosere Methode „Lesen durch Schreiben“ (vgl. Reichen 2001) aufgehen, hilfreich, für die Mathematik liefert neben Ansätzen von Eigenerfindungen (vgl. Le Bohec 1994) vor allem die Projektgruppe „mathe 2000“ (vgl. Wittmann/ Müller 1990; 1992) praxiserprobte Umsetzungsideen und Impulse. Für den Sachunterricht kristallisiert sich eine Form offenen Sachunterrichts heraus, die in der Erweiterung und Öffnung traditioneller Konzepte – wie dem Projektunterricht und einem handlungs- und erfahrungsbezogenen Lernen – schülereigene Individual- oder Minivorhaben als Ausgangsbasis für Vorträge oder Experimente zulässt, die dann z. B. durch gemeinsame Projekte bis hin zu von Schülern selbst erstellten Angeboten ergänzt werden. Entsprechend können auch alle anderen Fächer im Offenen Unterricht aufgehen, wenn man sie entsprechend offen gestaltet (Sport) oder indem man neben Einzelprojekten von Schülergruppen auch Klassenprojekte zu bestimmten Themen integriert. So war es in unserer Schule z. B. möglich, auch zunächst fachlehrergebundene Fächer wie Religion, Musik oder Kunst durch entsprechende Organisation zu klassen- und schulübergreifenden Projektwochen zu machen, die allen Beteiligten wesentlich produktiver erschienen als die herkömmliche Form irgendwelcher an den Klassenunterricht angehängter Fachlehrerstunden.

Die Unterrichtsgestaltung ist dabei aus den oben beschriebenen Gründen eines selbstgesteuerten, interessegeleiteten Lernens immer überfachlich, da die Eigenproduktionen und Projekte der Kinder nicht auf bestimmte fachliche Bereiche beschränkt werden. Zugleich ist der Unterricht aber auch immer fachlicher Unterricht, da sehr wohl Fachcurricula eine Rolle spielen und auch die Eigenproduktionen zu einem großen Teil ganz fachspezifisch sind, wenn z. B. mathematische Erfindungen gemacht werden oder bestimmte Gedichtsformen in der Klasse Wellen schlagen. Diese Art der Fachspezifizierung stellt durch das selbstgesteuerte bzw. interessegeleitete Lernen aber keine Einschränkung des Lernenden dar, sondern spiegelt eher seinen unverblümten Zugang zum Fach und die von diesem ausgehende Motivation wider. Fachlicher und überfachlicher Unterricht sind keine Gegensätze mehr, sondern ergänzen sich für alle Seiten vorteilhaft.

Dabei ist zu erwarten, dass sich die allgemeine Didaktik eines Offenen Unterrichts nicht immer mit den jeweiligen fachdidaktischen Vorstellungen unter einen Hut bringen lässt. Vor allem muss sorgfältig geprüft werden, welche zusätzlichen, nicht automatisch im Offenen Unterricht erwerbbaren Ziele die Fächer bzw. die Fachdidaktiken liefern können bzw. einfordern – aber auch auf welche Kosten eine etwaige fachdidaktische Aufbereitung bzw. Einbettung dieser Ziele und Inhalte im Offenen Unterricht geht bzw. gehen kann. Dann müssen evtl. bewusst Prioritäten gesetzt werden – oder es muss auf das Erreichen bestimmter Ziele zu Gunsten anderer verzichtet werden. Dies gilt für den inhaltlichen Bereich, für die zu erlernenden Techniken, Verfahren und Kompetenzen, aber auch für den sozialen Bereich, der sonst in der Fachdidaktik eine eher untergeordnetere Rolle spielt.

Die Grundlage allen Lernens ist die subjektive Motivation des Lernenden, weshalb – viel zu vorsichtig ausgedrückt – „im didaktischen Geschäft Strategien, die das Subjekt unterstützen, häufig erfolgreicher sind als objektbezogene." (Ossner 2001, 143) Deshalb sollen im folgenden Kapitel noch einmal kurz die wichtigsten unterrichtlichen Grundsätze des im ersten Band entwickelten und begründeten Konzeptes Offenen Unterrichts zusammenfassend vorgestellt werden.

2 Überfachliche Grundsätze der Unterrichtsgestaltung

> Umwelten, in denen wichtige Bezugspersonen Anteil nehmen, die Befriedigung psychologischer Bedürfnisse ermöglichen, Autonomiebestrebung des Lerners unterstützen und die Erfahrung individueller Kompetenz ermöglichen, fördern die Entwicklung einer auf Selbstbestimmung beruhenden Motivation. Die Erfahrung, eigene Handlungen frei wählen zu können, ist der Eckpfeiler dieser Entwicklung. Entscheidend ist auch die eigene Wertschätzung des Handlungsziels auf der Basis intrinsischer oder integrierter extrinsischer Motivation. Im Gegenzug bewirkt die engagierte Aktivität des Selbst eine höhere Lernqualität und fördert zugleich die Entwicklung des individuellen Selbst. Verantwortlich für alle diese Prozesse sind letztendlich die sozialen Bedingungen, die das Bestreben nach Autonomie, Kompetenz und sozialer Eingebundenheit unterstützen oder verhindern. (Deci / Ryan 1993, 236)

Wenn „im didaktischen Geschäft Strategien, die das Subjekt unterstützen, häufig erfolgreicher sind als objektbezogene“ (Ossner 2001, 143), dann erscheint es sinnvoll, ein Konzept zu entwickeln, das von dieser subjektiven Motivierung des Einzelnen ausgeht und von dort aus die fachdidaktischen Ansätze einbezieht, die mit diesem Zugang vereinbar scheinen. Wir haben uns an der Entwicklung eines solchen Konzeptes versucht und dies selber über die gesamte Grundschulzeit erprobt. Dabei meinen wir auf Grund unserer Erfahrungen sagen zu können, dass unser Vorgehen nicht nur alle in der Grundschule zu vermittelnden Inhalte der Fächer leicht integriert, sondern weit über den Anspruch der beabsichtigten „grundlegenden Bildung“ hinausgeht und die Schüler sowohl inhaltlich als auch im methodischen und sozialen Bereich verblüffend umfassend und weitreichend qualifiziert. Allerdings muss dem Leser klar sein, dass es in den Ausführungen trotz des Rückgriffs auf die allgemeine Fachdidaktik um ein subjektiv zusammengestelltes Konzept geht, das keinen einfachen Anspruch auf Übertragbarkeit oder gar Allwissenheit erheben kann. Entsprechend sollte es als Diskussionsanregung verstanden werden – und nicht etwa als persönlicher Angriff auf mögliche andere pädagogische Vorstellungen. Wir möchten lediglich unsere – und für uns gültigen – Erfahrungen darstellen und fachdidaktisch einbetten, um den entsprechenden Ansatz und die Sichtweise anschaulicher zu machen als z. B. eine einfache Formel wie: *Lasst die Kinder doch einfach lernen …*

Im Rahmen unserer Arbeit ist uns dabei immer klarer geworden, dass man wirklich so etwas wie eine überfachliche Didaktik (oder besser Mathetik?) Offenen Unterrichts sichtbar machen kann: einfache und einleuchtende Elemente, die Pädagogik, allgemeine Didaktik, Fachinteressen und Fachdidaktik für alle Seiten gewinnbringend zusammenführen. So wird das Prinzip eines Unterrichts verkörpert, der Lernen in inhaltlichen, methodischen und sozialen Bereichen verstärkt herausfordert, aber auch durch den individualpädagogischen Ansatz so stützt, dass dieses Lernen auch langfristig für den Lernenden Sinn macht, weil er sich immer selbst im Lerngeschehen wiederfindet. Zugleich werden aktuelle fachdidaktische Forschungsergebnisse berücksichtigt und entsprechende fachliche Anforderungen an die Schule von heute (und morgen) in das Konzept integriert. Das kann manchmal gewöhnungsbedürftige Formen annehmen. Vor allem dann, wenn die subjektive Motivierung des Lernenden Bereiche übernimmt, die man sonst nur einer geschlossenen Unterrichtsdidaktik bzw. einer lehrgangsmäßigen Unterweisung (Rechtschreibung, Mathematik usw.) zugetraut hat. Hier sollte man einfach den Erfahrungen der Autoren in der Praxis zumindest so weit vertrauen, dass man selber zusammen mit den Kindern eigene „unorthodoxe" neue Wege ausprobiert. Nur so kann sich etwas an einem System ändern, mit dem in der jetzigen Form niemand so richtig glücklich zu sein scheint.

Beginnen wir nun mit einigen praktischen Beispielen zur Unterrichtsgestaltung, die aus dem ersten Punkt der uns begleitenden Überlegungen einer „Didaktik Offenen Unterrichts" folgen und schon ausführlich im ersten Band geschildert wurden:

- eine Basis einfacher, möglichst nicht zu verletzender unterrichtlicher Grundsätze als Konzeptgrundlage, gewonnen aus dem Respekt vor dem Einzelnen und seinem Recht auf individuelles, selbstgesteuertes Lernen, aus aktuellen Anforderungen der Fachdidaktiken und dem Grundgedanken einer Erziehung zu einem demokratischen Miteinander durch demokratisches Tun.

Wie alle Elemente des Offenen Unterrichts sind auch die nachfolgend gelisteten „Grundsätze zur Unterrichtsgestaltung" trotz der Bezeichnung „Grundsätze" nicht statisch oder unabänderlich. Wie alle Elemente Offenen Unterrichts müssen sie sich den situativen Gegebenheiten, das heißt den Kindern, dem Lehrer, den organisatorischen Bedingungen, den konkreten inhaltlichen Zielen anpassen. Im Großen und Ganzen beinhalten sie die notwendige Flexibilität schon durch ihre offene Form und Anwendbarkeit. Gleichzeitig stellen sie – und nur dadurch lassen sie sich letztendlich begründen – den Schutz der Offenheit dar: Sie fordern vor allem dann zur Reflexion auf, wenn sie als Grundprinzipien verletzt werden; Abweichungen müssen begründbar sein.

Grundsätze der Unterrichtsgestaltung im Offenen Unterricht

Organisatorische Öffnung – Öffnung von Raum, Zeit und Sozialformen:

- Die Wahl des Arbeitsplatzes richtet sich nach den Anforderungen der Arbeit / der Lernenden, nicht nach einer einmal getätigten Zuweisung, auch Arbeitsplätze außerhalb der Klasse können sinnvoll sein.
- Die Einteilung der Arbeitszeit richtet sich nach den Anforderungen der Arbeit / der Lernenden, nicht nach einer fremd vorgegebenen Zuweisung, auch ein eigener Pausenrhythmus kann sinnvoll sein.
- Die Wahl der Arbeits- und Sozialform richtet sich nach den Anforderungen der Arbeit / der Lernenden, nicht nach einer fremd vorgegebenen Zuweisung, es lassen sich die verschiedensten Kombinationen und Rhythmen vorstellen.

Methodische Öffnung – Öffnung der Lernwege

- Der Lernweg wird über das Erstellen von Eigenproduktionen frei gegeben, d. h. die Aneignung des Wissens erfolgt nach den Anforderungen der Arbeit / der Lernenden, nicht nach einem fremd vorgegebenen Lehrgang; statt Arbeitsmitteln finden sich „Werkzeuge“ (wie eine Buchstabentabelle, ein Wörterbuch, ein Hunderterfeld etc.) sowie verschiedenste Alltagsmaterialien (Bücher, Experimentiermaterial etc.) zur Unterstützung des Lernens.

Inhaltliche Öffnung – Öffnung der Fächer und Themen

- Die Eigenproduktionen der Kinder werden fachlich frei gegeben, d. h. die Aneignung des Wissens erfolgt nach den Anforderungen der Arbeit / der Lernenden, sie unterliegt innerhalb des offenen Lehrplans als „Minimalcurriculum“ keinen fremd vorgegebenen Fachabfolgen und -lehrgängen; statt Fachstunden findet ein überfachliches, interessegeleitetes Arbeiten und Austauschen statt.

Soziale Öffnung – Öffnung zu Mitbestimmung, Demokratie und gegenseitigem Austausch

- Die Regulierung der Gemeinschaft wird frei gegeben, d.h. Regeln, Austausch, Klassenleben etc. richten sich nach den Anforderungen der Arbeit / der Lernenden, sie sind prozessual und können jederzeit in entsprechenden Verfahren angepasst bzw. geändert werden; als organisatorische Hilfsmittel hat sich hier die Versammlung der Klasse oder Einzelner im Sitzkreis bewährt.

Um diese Elemente etwas transparenter bzw. konkreter zu machen, werden sie im Folgenden noch einmal kurz dargestellt und mit unseren Erfahrungen aus der Praxis ergänzt. Da uns allerdings die Redundanz bei manchen Punkten auf Grund der ausführlichen Darstellung im ersten Band zu groß erscheint, werden einige Themen nur kurz angerissen, andere hingegen – die vorher noch nicht ausführlicher dargestellt wurden – etwas länger behandelt. Wir hoffen, dass dies der Lesbarkeit keinen Abbruch tut.

2.1 Organisatorische Offenheit: Öffnung von Raum, Zeit und Sozialformen

Eines der wichtigsten Elemente des Offenen Unterrichts ist die Annahme aller am Unterricht Beteiligten „so wie sie sind". Alle sollen so weit wie möglich authentisch agieren und reagieren können. Wenn die Stärke des Offenen Unterrichts darin liegt, selbstgesteuert bzw. selbstreguliert lernen zu können, müssen zunächst unnötige organisatorische Zwänge vermieden werden, das heißt so weit wie möglich sollten die Beteiligten frei über Raum, Zeit und Sozialformen entscheiden können. Feste Sitzplätze, feste Stundenvorgaben und feste Vorgaben, alleine oder nur mit bestimmten Partnern zu arbeiten, machen grundsätzlich wenig Sinn und müssen immer wieder im Einzelfall begründet werden.

2.1.1 Öffnung des Raumes

Damit sich die Kinder mit ihrem Lernen im „Haus des Lernens" identifizieren können, müssen sie diesen Raum als den ihren betrachten (vgl. i. F. auch Peschel 1998 a). Der Klassenraum ist also kein statisches Objekt, sondern unterliegt der „prozessualen Ordnung", er kann verändert und an die momentanen Bedürfnisse angepasst werden. Feste Plätze für Kinder und Materialien sind nicht vorgeschrieben, sondern ergeben sich aus Gründen der Praktikabilität bzw. dem individuellen Wunsch nach dem eigenen Platz. (Der weitestgehende Einbezug der Kinder wäre natürlich der nackte Klassenraum, den man mit ihnen zusammen renovieren und einrichten könnte, aber man möchte die Kinder natürlich auch nicht unbedingt am Tag der Einschulung mit einem kahlen Raum schockieren.)

Ich habe daher die Einrichtung der Klasse in groben Zügen zunächst selbst vorgenommen (oft sind Standplätze für Regale und andere Möbel ja auch zwingend vorgegeben oder von sich aus naheliegend). Gute Erfahrungen haben wir mit einer vollkommen dezentralen Sitzordnung gemacht, da im Offenen Unterricht ja keine Ausrichtung zur Tafel stattfinden muss. In einer Ecke der Klasse ist ein fester Sitzkreis auf einem Podest aus Spanplatten installiert (selbst bauen oder evtl. alte Biertischbänke verwenden). Die Tische der Kinder sind zunächst einfach entlang den Wänden gestellt (mit Blick zur Wand / zur Fensterbank). Vor dem Sitzkreis ist noch Platz für einen großen Gruppentisch. Die Kinder haben keine vorgegebene Sitzordnung, ein paar Kinder haben Lieblingsplätze, die sie als die ihren betrachten, ein paar Kinder wählen ihren Platz jeden Tag neu. Die Arbeitsplätze an der Wand sind ablenkungsarm und zur individuellen Arbeit geeignet, der Gruppentisch bietet Raum für gemeinsame Aktivitäten. Der Vorteil der dezentralen Sitzordnung liegt im Raumgewinn, da der gesamte Innenraum der Klasse praktisch frei bleibt und hier genügend Platz zum großflächigen Malen, zum Experimentieren, Basteln, Probieren vorhanden ist. Die Schulranzen lassen die Kinder zum Teil draußen unter der Garderobe (Blätter und Stifte sind ja in der Klasse vorhanden, Schulbücher gibt es nicht), zum Teil haben sie ihren Ranzen aber auch lieber bei sich. Dabei bleibt die Klasse trotz der knapp 30 Tische, der Sitzecke, der Computer und Regale sehr übersichtlich.

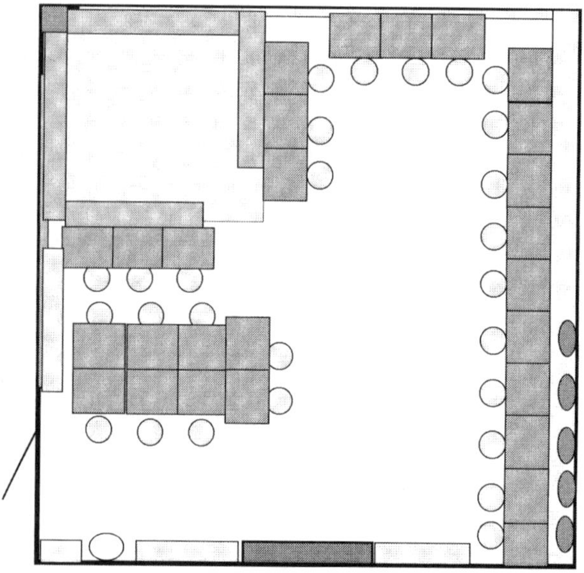

Natürlich gehört zum Lebens- und Lernraum der Kinder nicht nur der eigene Klassenraum, sondern die ganze Schule bzw. das ganze Schulgelände, das sie zum Arbeiten genutzt haben. Klassen- und Kellerflur, sowie stundenweise freie Schulräume boten den Kindern zusätzlich Ausweichmöglichkeiten für Arbeiten, die aus den verschiedensten Gründen nicht so gut in der Klasse umsetzbar waren (Musik machen, Projekte durchführen, Theaterstücke proben, Material sammeln). Hier bietet sich sicherlich zu Schulanfang ein gemeinsames Begehen des Schulgeländes bzw. ein Besuchen anderer Klassen sowie des Hausmeisters und der Verwaltung an, damit die Kinder schnell ihre Sachen alleine regeln können – von der Zusammenarbeit mit anderen Klassen über die Materialbeschaffung beim Hausmeister oder den Genehmigungsantrag beim Schulleiter.

2.1.2 Öffnung der Zeit und der Sozialformen

Zu einem effektiven Lernen gehört es, den Lernenden möglichst in seinem eigenen Rhythmus lernen zu lassen und ihn Anspannungs- und Entspannungsphasen selbst bestimmen zu lassen. Damit gehören sowohl die üblichen alle 10 Minuten zu erfolgenden Phasenwechsel als auch die Unterteilung des Tages in einen 45-Minuten-Takt der Vergangenheit an. Mit der einzigen (von ihnen selbst beschlossenen) Auflage, die „Rausgehpause" zur dafür festgesetzten Zeit zu nutzen (weil es sonst für andere Klassen störend oder neiderregend sein kann, wenn zu ihrer Unterrichtszeit andere Kinder auf dem Hof spielen dürfen), haben die Kinder bei uns ihren Arbeitsrhythmus ganz selbst bestimmen können. Viele Kinder kommen schon vor dem eigentlichen Unterrichtsbeginn in die Klasse oder bleiben oft auch länger. Dazu ist allerdings organisatorisch notwendig, dass ich als Lehrer möglichst den ganzen Unterricht in meiner Klasse gebe und Fachlehrerstunden entweder vermieden werden oder in Randstunden liegen. Entsprechende Möglichkeiten sollte man im Schulprogramm der Schule entwickeln.

Im Laufe der Zeit hat sich bei uns ein bestimmter Tagesablauf ergeben, der zwar nicht immer gleich stattgefunden, sich aber als organisatorisch nützlich und sinnvoll herausgestellt hat: Nach einem offenen Anfang trifft man sich morgens zunächst im Sitzkreis. Nach dem Bestimmen eines Gesprächsleiters können Kinder oder Lehrer dann Dinge mit der gesamten Klasse demokratisch abstimmen, Sachen erzählen, Ideen loswerden. Darauf fragt der Gesprächsleiter die Kinder reihum, was sie heute machen wollen. Wer seine Arbeitsabsicht geäußert hat, verlässt den Sitzkreis oder hört sich noch an, was die anderen so vorhaben. Das

Öffentlichmachen der Ideen ergibt ein großes Ideenpotential und „hält“ gleichzeitig das Lernen an sich „hoch“, da sich die Kinder durch ihre Arbeitsvorschläge gegenseitig mitreißen.

Danach arbeiten die Kinder an den von ihnen gewählten Sachen, wobei Wechsel, Unterbrechungen, neue Absprachen usw. immer möglich sind. Der offene Raum, der mögliche Platzwechsel, die jederzeit mögliche Kontaktaufnahme usw. bedingen zusammen mit den zeitlich großzügig bemessenen Kreisphasen einen intensiven sozialen und kommunikativen Austausch untereinander, der nicht extra inszeniert werden muss, sondern auf ganz natürliche Weise erfolgt. Wer eine Sache besser einzeln erarbeiten kann, macht das, wer ein Projekt mit anderen vorhat, macht das. Die Sozialformen passen sich den Schülern und den Sachen an, nicht etwa umgekehrt. Ich selber bin während der Arbeitsphase für die Schüler ansprechbar, besorge auf Anfrage Material, gebe individuelle Impulse, unterhalte mich mit einzelnen Kindern usw. Nach zwei Stunden pendelt sich das Arbeiten dann bei einigen Kindern aus, sie beginnen mit der Frühstückspause, lassen Musik laufen, spielen oder lesen und gehen anschließend in die „Rausgehpause“; viele arbeiten aber auch gerne in der Pause weiter. Nach der Pause trifft man sich dann wieder im Kreis, wo Kinder erste Arbeitsergebnisse vorstellen bzw. Vorträge halten können. Wer nicht teilnehmen will, weil er unbedingt weiterarbeiten will, stimmt das mit dem Kreisleiter ab. Nach der Vorstellungsrunde arbeiten die Kinder dann weiter, viele haben noch einmal einen Kick für intensives Weiterarbeiten bekommen, andere nutzen die Zeit eher für gemeinsame Projekte, Werk-, Bastel- und Forschaktionen. Abschließend trifft man sich am Ende des Schultages nach dem Aufräumen nochmals, um den Tag zu reflektieren, Bewertungen zu äußern oder von anderen zu erfragen, Hausaufgaben zu überlegen oder etwas vorzulesen.

Während die gemeinsamen Treffen im Sitzkreis in den ersten beiden Schuljahren ein wichtiges Moment waren, sich zu Unterrichtsbeginn oder nach der Pause wieder auf das gemeinsame Lernen einzustimmen, haben sich im Laufe der Jahre immer wieder andere Zeit- und Arbeitsrhythmen ergeben, so dass wir im dritten und vierten Schuljahr schließlich oft auch Tage ganz ohne Sitzkreise hatten bzw. vor allem „Vorstellkreise", in denen die Kinder Vorträge gehalten haben. Insgesamt ist das Arbeiten der Kinder vom ersten bis zum vierten Schuljahr nicht nur viel ruhiger, sondern auch gleichmäßiger geworden, sowohl auf die Berücksichtigung aller Fächer bezogen als auch im Hinblick auf den gesamten Arbeitsrhythmus, das heißt es wurde tendenziell immer länger und ausdauernder ohne Pausen gearbeitet.

2.2 Methodische, inhaltliche und soziale Öffnung: Öffnung der Arbeitsmethoden, Arbeitsmaterialien und Institutionen des Unterrichts

2.2.1 Vom Arbeitsmittel zur Eigenproduktion

Schon im ersten Band ausführlich als allgemeiner Ansatz beschrieben und in den folgenden Kapiteln aus fachdidaktischer Perspektive weiter ausgeführt, kann hier auf eine längere Begründung der Freigabe der Arbeitsmittel in einem auf den Eigenproduktionen der Kinder beruhenden Unterricht verzichtet werden. Statt zu reproduktivem Lernen oder spielerischem Konsum einladenden Arbeitsmitteln werden neben verschiedenen alltäglichen Informationsquellen (Sach- und Geschichtenbücher, Zeitschriften, Lexika usw.) und Alltagsmaterialien nur wenige ausgewählte Werkzeuge (Buchstabentabelle, Wörterbücher, Hunderterfeld) benötigt, die die Eigenproduktion in den Fächern unterstützen bzw. als Schlüssel dienen können. Der Zugriff auf diese Materialien steht den Kindern frei, genauso wie das Mitbringen oder gemeinsame Beschaffen, z. B. bei Büchereibesuchen oder beim Aufsuchen außerschulischer Lernorte.

Die erstellten Eigenproduktionen stammen dabei aus verschiedenen Bereichen. Zentral sind für die Kinder sicherlich das Freie Schreiben von Geschichten und Rechengeschichten, das eigene Erfinden bzw. Bearbeiten von Rechenaufgaben sowie das Ausarbeiten von Vorträgen aller Art. Mit der „Eigenproduktion" unmittelbar verbunden ist dabei immer die „Eigenrezeption", das heißt das Freie Lesen von Geschichtenbüchern, Sachbüchern, Lexika – einschließlich der Suche nach Anregungen zur Mathematik aus Übungsheften oder Computerprogrammen. Diese Eigenproduktionen sind in vielen Bereichen von sich aus „überfachlich“, denn die Vorträge und Geschichten bedingen nicht nur einen reflektierten Umgang mit Sprache und Schrift, sondern in der Regel auch mit künstlerischen bzw. gestalterischen Elementen bis hin zum Bau von Modellen oder der Gestaltung von Plakaten. Auch bringen Statistiken, Größenvergleiche in den Vorträgen und Geschichten usw. immer wieder anwendungsbezogene mathematische Aspekte ein, die zwar sicherlich nicht die Beschäftigung mit der Mathematik und ihren Strukturen ersetzen, aber doch ergänzen können. Aber dazu ausführlicher in den fachdidaktischen Überlegungen.

2.2.2 Vom Strategietraining zum methodischen Ideenpool

In unserem weitgehend überfachlich ausgerichteten und auf Eigenproduktionen und Vorhaben der Kinder basierenden Offenen Unterricht sollen die Kinder neben Grundlagen- und Fachwissen vor allem auch Methodenkompetenz erlernen. das heißt sie sollen verschiedenste Zugangsweisen und Darstellungsformen zur Lösung und Präsentation ihrer Produktionen bzw. Forschervorhaben nutzen können. Sicher ist, dass eine solche Methodenkompetenz genauso wenig einfach gelehrt werden kann wie inhaltliche Zusammenhänge und Strukturen. Die fertigen, systematischen Methoden der Wissenschaft sind nicht gleichzusetzen mit denen, die Kindern beim Aufbau ihrer Methodenkompetenz helfen. Der Weg der Kinder ist ein anderer, der nicht von oben vorgegeben werden kann, sondern der von unten selbst gegangen werden muss. Methodenkompetenz ist „Ergebnis eines hochkomplexen, unstetig verlaufenden, mehrjährigen Lernprozesses mit ansteigender Bewusstheit vom Nutzen methodischen Vorgehens“ (Beck / Claussen 2000, 6). Methoden sind wichtiger Bestandteil des Offenen Unterrichts, – ohne dass sie dadurch zum Lehrgang werden. Sie sind die primären Werkzeuge, mit denen die Schüler sinnvoll umgehen. Sinnvoll in dem Sinne, als dass ihr Gebrauch für den Schüler auf einer bestimmten Notwendigkeit beruht, für ihn ein Problem löst:

> Unter den spezifischen Rahmenbedingungen einer handlungsorientierten Unterrichtskultur mit offenen Problemlösesituationen (und deren potentiellem Erfahrungsreichtum) baut sich Methodenkompetenz [...] auf. Eine isolierte Schulung von Methoden trägt nicht. [...] Die Methodenkompetenz eines Kindes in der Schule besteht aus der Fähigkeit den eigenen Lernprozess zur Gewinnung von Wissen, Einsichten und Erkenntnissen zu gestalten, sich Handlungsziele zu setzen und zu erreichen. [...] Das Kind kennt im Sach- oder Fachzusammenhang Methoden, weil es im Unterricht auch Gelegenheit bekam, sich nützliche, dem Ziel angemessene und erfolgreiche Methoden bewusst zu machen (Meta-Lernen) und sie bei sich mit diesen Gütekriterien zu speichern. Nichts motiviert mehr zum Weiterlernen als Erfolg. (Beck / Claussen 2000, 6)

Das hier angesprochene Meta-Lernen erfolgt im Offenen Unterricht neben der individuellen Reflexion der Schüler (einzeln oder zusammen in der Gruppe) auch durch das Vorstellen der Produkte im Kreis. Aber auch hier wird das „Meta-Lernen“ nicht zum Unterrichtsinhalt, sondern erfolgt beiläufig aus der entsprechenden Situation heraus – und der Neugier der Kinder, wie etwas konkret zustande gekommen ist. Das meiste an Methodenkompetenz wird aber wahrscheinlich durch die Lern- und Forscheratmosphäre in der Klasse grundgelegt, durch das „Einfach-Mitbekommen“ der Vorgehensweise der anderen, durch das „Tipp-Geben“ im Vorübergehen, durch das Mitdenken aus Interesse, durch das Ausprobieren und Überprüfen von Hypothesen. Und zwar in allen Fächern.

Entsprechend dieser Auffassung eines primär situationsorientierten Unterrichts, der die vielfältigen Interessen der Kinder zur Grundlage hat, kann hier kein Lehrgang für methodische Ziele bereitgestellt werden – wohl aber ein Ideenpool, der den Kindern „im Hinterkopf des Lehrers“ zur Verfügung steht und bei Bedarf eingebracht werden und die Ideen der Kinder unterstützen kann – mit aller Vorsicht, die dazu notwendig ist. So können die im Folgenden als Anregung aufgelisteten Darstellungsformen den Kindern nicht nur helfen, ihren Vorhaben eine konkretere Zielvorstellung zu verleihen, sondern die Ideen zur Aufbereitung haben auch einen nicht zu unterschätzenden Einfluss auf die Vorhaben selbst, wenn diese aus der Erprobung interessanter Darstellungsformen durch die Kinder resultieren.

Darstellungsformen
• **Großformen:** Ausstellung, Demonstration, Experiment, Exkursion, Planspiel
• **Mündlich darstellen:** Vortrag, Erzählen, Vorlesen, Lesung, Lerngespräch, Quiz, Konfliktgespräch, Problemgespräch (sokratisches Gespräch), Streitgespräch, Interview, Expertenbefragung, Brainstorming
• **Simulativ darstellen:** Podiumsdiskussion, Expertenbefragung, Diskussion mit realen Gästen, Tribunal, Gerichtsverhandlung, Pro und Contra, Internationaler Frühschoppen, Talkshow
• **Schriftlich darstellen:** Vortrag, Erlebnisgeschichte, Dokumentation, Freie Texte, Steckbrief (Kategorisierungen), Fragebogen, Korrespondenz, Wandzeitung, Wandtext, Rollzeitung, Litfasssäule, Zeitung, Mappe, Klassenbuch, Kartei, Arbeitsblätter, Fenstertext
• **Graphisch darstellen:** Bild, Zeichnung, Grafik, Plan, Tabelle, Folienbild, Wandfries, Fensterbild, Collage, Comics, Plakat, Bilderbuch, Kalender
• **Gedruckt darstellen:** Computerausdruck, Styropordruck, Spirit-Carbon-Umdruck, Linolschnitt, Holzdruck, Foliendruck, Siebdruck, Gipsdruck, Milchtütendruck, Pappdruck, Bleiletterndruck, Holzletterndruck
• **Visuell darstellen:** Fotoreportage, Diavortrag, Videofilm, Fernsehsendung, Bildvergleich, Trickfilm, Dosenkino
• **Auditiv darstellen:** Klang-Ton-Collage, Tonreportage, Tonmontage, Radiosendung, Interview, Hörspiel, Ton-Bild-Show
• **Musisch darstellen:** Plastisches Gestalten, Textile Umsetzung, Musikalisches Gestalten, Tanz
• **Modellhaft darstellen:** Diorama / Schaukasten, Ausstellungstisch, Modellbau, Funktionsmodell, Großobjekte, Plastiken, Bau von Originalen, Blockrelief, Kartoncollage, Objektumsetzung, Glas, Kleinstobjekte
• **Szenisch / Gestisch darstellen:** Stegreifspiel, Pantomime, Puppen-/ Figurentheater, Schattenspiel, Rollenspiel, Sketch, Standbild, Nachspiel / Antizipation, Marionetten, Lustspiel, Moritat, Theater: experimentelles, absurdes, realistisches, verstecktes
• ...

(vgl. Hövel 1993, 36; Kaiser 1996, 218 ff.)

2.2.3 Der Sitzkreis: Demokratie, Gemeinschaft und „Lernen hochhalten“

Der Sitzkreis mit seinen Treffen scheint zwar für das Lernen der Kinder nicht direkt notwendig zu sein, aber die Zusammenkunft im „Kreis“ ist trotzdem ein zentrales Moment im Offenen Unterricht. Sie stellt den strukturierenden Pol inmitten der „zentrifugalen Tendenz“ selbstgesteuerten, individualisierten Lernens dar, indem sie

- vielfältige Anregungen bietet und gegenseitige Neugier weckt;
- den eigenen Produktionen eine Zielperspektive gibt (Vorstellen im Kreis);
- den Schüler eine Würdigung seiner Arbeiten – bis hin zur Eigen- und Fremdbenotung – erfahren lässt;
- ihm durch Fragen, Anregungen, Impulse von Schülern und Lehrer einen zusätzlichen situativ passenden „Input“ gibt;
- Schule als einen Ort des Lernens bewusst macht und erhält;
- zu Schulbeginn oder nach der Pause wieder einen schnellen gemeinsamen Einstieg ermöglicht;
- Gruppenarbeitsprozesse fördert, weil gemeinsame Absprachen und Ideenfindungen schnell und effektiv möglich sind;
- soziales Lernen fördert, da die Klasse schnell, unkompliziert und selbstverständlich in alltägliche Problemlösungsprozesse einbezogen werden kann;
- als demokratische Versammlung die Gleichberechtigung aller Anwesenden untermauert und sie so zu einer Gemeinschaft macht;
- die veränderte Lehrerrolle als einer unter Gleichberechtigten verdeutlicht, wenn der Lehrer zwar andere Aufgaben und Funktionen innehat, sich aber demokratischen Verfahren anschließt;
- die Verantwortung des Einzelnen als Teil einer Gemeinschaft anspricht;
- das Selbstbewusstsein des Einzelnen durch Kompetenzdelegation und sein Recht auf Mitbestimmung stärkt.

Die gemeinsamen Treffen unterstützen daher nicht nur die demokratischen Grundformen in der Schule oder sind Ausdruck der bestehenden Gemeinschaft, sondern – und wir halten das für den zentralen Punkt – dienen in hohem Maße dazu, „das Lernen hochzuhalten“. Die Umsetzung offenen Unterrichts in der Schule pendelt nach dem, was wir so mitbekommen, zwischen verblüffend hohen Leistungen der Kinder in allen Bereichen und erschreckend schlechten Leistungen in einzelnen Klassen. Viele Missverständnisse im Bezug auf die Offenheit des Unterrichts haben wir im ersten Band versucht festzumachen und auszuräumen. Und dennoch werden wir – wie sehr wir uns auch bemühen – das Wichtigste nicht gefasst bekommen: eine Anleitung wie es funktioniert, „das Lernen hochzuhalten“ und so den Kindern ein herausforderndes Umfeld zu bieten, das ihre Eigenmotivation zur produktiven Selbststeuerung anspricht.

> Maßstäbe sind in der fortschrittlichen Pädagogik wichtig. Wenn hohe Leistungsnormen gesetzt und erreicht werden, kann diese Form der Pädagogik als Beispiel für die Welt dienen. Fehlen die Maßstäbe, kann ein fortschrittliches Programm rasch zu einer Entschuldigung für Faulheit, Nachlässigkeit und sogar Anarchie werden. Aber solche Normen lassen sich – wie Francis Parker betonte – nicht von außen aufprägen. Sie müssen sich auf natürliche Art ergeben, wenn Schüler und Lehrer in einer Atmosphäre gegenseitiger Achtung zusammenarbeiten. (Gardner 1994, 243)

„Das Lernen hochhalten“ kann man nicht verordnen oder aufzwingen. Es ist eine Atmosphäre, die in der Klasse herrscht und von allen getragen wird – so getragen wird, dass sie auch dann noch Bestand hat, wenn einzelne Kinder sie zeitweise nicht mittragen. Autonomes, selbstbestimmtes und selbstgesteuertes Arbeiten ist sicherlich eine Grundvoraussetzung für diese Atmosphäre, aber ein solches Arbeiten allein ist vermutlich nicht ausreichend, denn es handelt sich hier nicht um die einfache Anwendung einer Methode. Es bedarf einer Kultur des Wissen-wollens, der Neugier, der Freude am Lernen. Diese aufzubauen (bzw. zuzulassen) ist Hauptaufgabe des Lehrers. Er interessiert sich für Sachen, findet Sachen spannend, möchte die Eigenproduktionen der Kinder verstehen, ihre Erfindungen und Entdeckungen nachvollziehen können. Er möchte sie aber auch herausfordern, Neues anzugehen. Er ist jemand, der das Lernen hochhält – aber eben nicht erzwingt – und das färbt ab. Das Maßgebliche geschieht dabei ganz nebenbei und oft zufällig während des offenen Arbeitens, wenn immer wieder Neues entsteht und gewürdigt wird, aber auch der Sitzkreis ist dienlich, wenn der Stolz des Einzelnen auf das eigene Produkt immer wieder Wellen schlägt, denen sich kaum ein Kind auf Dauer entziehen kann.

In diesem Zusammenhang ist auch die schon ausführlich beschriebene Rolle der Leistungsmessung zu sehen, die nicht Mittel zur Kontrolle ist, sondern der Würdigung der Leistungen dient. Die Eigenbewertung, das eigenständige Einfordern von Fremdbewertungen, das Gespräch mit Mitschülern oder dem Lehrer bieten Herausforderungen und Bestätigungen, die nichts mit der üblichen defensiven Haltung gegenüber der notenmäßigen Bewertung oder dem Machen von Fehlern zu tun hat. Reduziert man Leistungen nicht auf Ziffernnoten, sind vom Kind selbst eingeforderte Rückmeldungen keine Belastung – und es gibt wahrscheinlich nur wenige Kinder, die eine ehrliche, nachvollziehbare Rückmeldung nicht gerne hätten. Sie muss nur individuell und fair sein.

2.3 Und weiter zur Fachdidaktik ...

Die von uns für das Konzept einer die Fachdidaktik einschließenden Didaktik Offenen Unterrichts formulierten Anforderungen

- eine Basis einfacher, möglichst nicht zu verletzender unterrichtlicher Grundsätze als Konzeptgrundlage, gewonnen aus dem Respekt vor dem Einzelnen und seinem Recht auf individuelles, selbstgesteuertes Lernen, aus aktuellen Anforderungen der Fachdidaktiken und dem Grundgedanken einer Erziehung zu einem demokratischen Miteinander durch demokratisches Tun;
- eine Zusammenstellung der grundlegenden Anforderungen der Fächer als Minimalkonsens bezüglich der in der Schulzeit abzudeckenden Inhalte;
- eine Palette von „Werkzeugen", die diesbezüglich Schülern und Lehrern ein offenes Arbeit auf individuellen Wegen ermöglichen und stützen;
- und eine Sammlung von „Impulsen", die den Schüler zur Auseinandersetzung mit der Sache herausfordern können, und dem Lehrer beispielhaft seine Rolle als Impulsgeber und Lernbegleiter aufzeigen.

sollen nun aus fachdidaktischer Perspektive weiter ausgeführt werden, nachdem die allgemein-didaktischen Grundlagen im ersten Band ausführlich bzw. gerade noch einmal in Kürze beschrieben wurden. Dabei sind die nachfolgenden Kapitel vom Aufbau her relativ unterschiedlich, was vielleicht auf den ersten Blick irritieren mag, auf den zweiten Blick aber eine logische Schlussfolgerung aus der Gliederung in Fächer bzw. Lernbereiche und unserer subjektiven Annäherung an diese ist. Die thematisierten Fächer unterscheiden sich unserer Meinung nach nämlich stark im Hinblick auf die ihnen innewohnenden Lehrgänge, das heißt die fachimmanenten Strukturen, Inhalte und didaktischen Klippen.

Da sich unsere Vorschläge nicht nach einer fachwissenschaftlichen Systematik, sondern nach den daraus abgeleiteten fachdidaktischen Anforderungen richten, gibt es einerseits Bereiche, in denen wir genauere Ausführungen zur Wahrung unseres Konzeptes bzw. als Hilfestellung für die Praxis für sinnvoll halten, andererseits aber auch Bereiche, in denen wir dies nicht für notwendig befunden haben, da entweder die konkreten Inhalte auswechselbar sind (z. B. an welchen Texten ich Lesen lerne) oder aber die Entwicklung innerhalb der von uns vorgeschlagenen Rahmenbedingungen mit großer Wahrscheinlichkeit ganz „von selbst“ vonstatten gehen wird. So erscheinen uns z. B. im Sprachunterricht Ausführungen über die Grundlegung des Freien Schreibens (mit Buchstabentabelle) im Anfangsunterricht oder ein selbstgesteuertes Erlernen der Rechtschreibung wichtiger als die Diskussion einer überholten Aufsatz- oder Leseerziehung, da in diesen Bereichen die Öffnung der Lehrer von sich aus ungleich größer ist als im Anfangsunterricht oder beim Rechtschreiblernen. Auch im Mathematikunterricht stellt nach unseren Erfahrungen das fortschreitende Rechnen der Kinder kein großes Problem dar, wohingegen der Übergang von den Eigenproduktionen zu den Normalverfahren doch beispielhaft dargestellt werden sollte, damit der Lehrer die entsprechende Freiheit auch hier weitmöglichst aufrechterhalten kann.

Neben diesen sehr subjektiven Betrachtungsweisen spielt bei der Ausführlichkeit der Darlegung unserer Gedanken natürlich auch das generelle Verhalten von Lehrern im Hinblick auf bestimmte Fächer und Fachinhalte eine Rolle. So erleben wir z. B. im Sprach- und im Sachunterrichtunterricht bei Lehrern von vornherein eine größere Öffnung des Faches als z. B. im Mathematikunterricht. Entsprechend werden wir für den Bereich Mathematik detailliertere Beispiele und Möglichkeiten aufzeigen, die vielleicht den notwendigen Mut und Halt zur Öffnung auch dieses Faches geben können.

3 Sprachunterricht

Die verschiedenen Bereiche des Sprachunterrichts in der Grundschule, der mündliche Sprachgebrauch, der schriftliche Sprachgebrauch, der Umgang mit Texten und der Grammatikunterricht werden in der Praxis auf unterschiedlichste Art umgesetzt. Zwar wird die Aufgabe des Sprachunterrichts, die Entwicklung kommunikativer Kompetenzen entsprechend einer „Didaktik des sprachlichen Handelns“ (Bartnitzky 1987, 34), in der Regel nicht angezweifelt, die dem Unterricht zu Grunde liegenden Prinzipien entsprechen aber oft genug nicht diesem Leitbild und erzeugen ganz andere Schwerpunkte. Während durch die Richtlinien und Lehrpläne eine individuelle Entwicklung der sprachlichen Fähigkeiten im Rahmen *für das Kind sinnvoller Situationen* vorgeschrieben ist, findet sich in der Praxis doch häufig ein Sprachunterricht, der statt der real in der Klasse vorkommenden Kommunikationsanlässe lieber auf entsprechend strukturierte Vorgaben aus Lehrbüchern oder Arbeitsblättern zurückgreift.

So entwickeln vor allem der schriftliche Sprachgebrauch, der Umgang mit Texten sowie der Grammatikunterricht eine bedenkliche Eigendynamik. Sie entfalten sich in einem solchen Unterricht nicht situativ aus individuell sinnvollen und bedeutsamen (Sprech-)Situationen, sondern werden als „Rechtschreiblernen“, „Vorlesenüben“ oder „Grammatikanalyse“ auf Techniken reduziert, die für das Kind weit entfernt von einem bewussten „sprachlichen Handeln“ sind. Auch der mündliche Sprachgebrauch setzt paradoxerweise oft nicht an den Erfahrungen der Kinder der Klasse an, sondern wird mittels Vorgaben initiiert. Aber gerade weil sich die Erfahrungen der Kinder heute mehr denn je voneinander abheben, kann vom Lehrer nicht einfach eine sprachliche Norm vorbildhaft „gelehrt“ werden. So erfolgt keine wirkliche Anknüpfung an die Ausgangsbedingungen des einzelnen Kindes und die einsichtige, beteiligte Auseinandersetzung kann nur von wenigen Kindern geleistet werden. Und das sind in der Regel nicht die Kinder, die es auf Grund ihrer benachteiligten Ausgangslage nötig hätten. Im Sinne der im ersten Band beschriebenen „Didaktik der sozialen Integration“ müssen auch hier im Fach selbst gleichberechtigt gemeinsame Kommunikationsmuster entwickelt und aus der Situation heraus verabredet werden.

Der Sprachunterricht sollte entsprechend den oben beschriebenen Grundsätzen eines konstruktivistischen Lernens an den individuellen Voraussetzungen eines jeden Kindes anknüpfen und ihm situativ sinnvolle Handlungsmöglichkeiten zur Weiterentwicklung gewähren. In diesem Sinne müssen Schreiben- und Rechtschreiblernen, Lesen und Vorlesen sowie die grammatikalische Reflexion von Sprache in den gesamten Unterricht integriert werden. Es ergibt sich dabei ein für alle Schuljahre weitgehend gleiches Grundkonzept, das – je nach Entwicklungsstand der Schüler – durch Verschiebung der Schwerpunkte gekennzeichnet ist, aber auf denselben Prinzipien beruht. Da das Rechtschreiblernen einen besonders hohen Stellenwert in unserer Gesellschaft hat, und sich gerade hier große Unsicherheiten von Seiten der Lehrer und Eltern in Bezug auf die den Schülern zu gewährende Freiheit finden, sei dem Thema Rechtschreiben und Rechtschreiberwerb im Folgenden mehr Platz eingeräumt, als diese in Anbetracht immer rechtschreibsicherer Computerprogramme vielleicht verdienen. Kommunikationsfähigkeit, sprachlicher Ausdruck, Genauigkeit, Fremdsprachenkenntnisse und allgemeine sprachliche Kreativität müssten eigentlich weitaus vorrangiger und sinnvoller erscheinen (vgl. auch Reichen 2001, 114ff.).

3.1 Ausgangsbedingungen für die Schreib- und Leseentwicklung

Um das folgende Konzept kurz auf einen (konstruktivistischen) Nenner zu bringen: Schreiben, Lesen und Rechtschreiben lernt man durch freies, selbstgesteuertes Schreiben und Lesen. Dabei sind Schreiben und Lesen eng miteinander verknüpfte Fertigkeiten. Zunächst müssen wir allerdings eine wichtige qualitative Unterscheidung treffen. *Schreiben* ist nicht „Abschreiben", sondern die eigene, sinngebende Konstruktion von Wörtern. Genauso ist *Lesen* nicht „Entziffern" oder „Vorlesen", sondern die Sinnentnahme von Wörtern. Jeder kann z. B. einen fremdsprachigen Text unseres Alphabets abschreiben und auch vorlesen, das heißt aber nicht, dass er selber in dieser Sprache schreiben oder diese Sprache verstehend lesen kann. Nur wenn auf diese wichtige qualitative Dimension geachtet wird, kann eine Prävention von Lese-Rechtschreibschwierigkeiten erfolgen. Denn Lesen- und Schreibenkönnen ist mehr als Buchstabenkenntnis – das zeigt uns die hohe Zahl erwachsener Analphabeten und Kinder in Sonderschulen, die nicht lesen und schreiben können, obwohl sie alle Buchstaben kennen (vgl. Reichen 2001, 26).

Zu Beginn der ersten Klasse haben wir eine bunte Mischung von Kindern vor uns: einzelne Kinder, die keinerlei Vorkenntnisse bezüglich Schrift und Buchstaben haben, ein paar Kinder, die irgendwelche Formen bzw. Gebilde als Buchstaben „kritzeln" können, viele Kinder, die ihren Namen oder vielleicht auch andere Wörter (auswendig) „aufmalen" bzw. „abschreiben" können und vielleicht sogar Kinder, die schon auf dem Weg zum (lautgetreuen) Verschriften sind, das heißt Wörter auflautieren können und erste Buchstaben beherrschen. Entsprechend gibt es einzelne Kinder, die Buchstaben nicht als solche erkennen können, ein paar Kinder, die Buchstaben erkennen, sie aber noch nicht nutzen können, viele Kinder, die ihren Namen oder andere Wörter erkennen und auswendig „vorlesen" können, und vielleicht sogar Kinder, die schon auf dem Weg zum sinnentnehmenden Lesen sind.

Rathenow stellte Anfang der achtziger Jahre folgende Vorkenntnisse von Schulanfängern fest: Knapp 20 % der Kinder waren in dem Sinne „Leser", als dass sie selbstständig Texte erlesen konnten oder über mindestens 20 Buchstaben verfügten, das synthetisierende Verfahren im Prinzip begriffen hatten und einige Ganzwörter kannten. Weitere 40 % waren Leseanfänger, kannten einzelne Wörter aus ihrer Umwelt, zwischen 6 und 20 Buchstaben und sie zeigten erste Ansätze der Synthese. Die restlichen 40 % waren Nicht-Leser, kannten höchstens 5 Buchstaben, keine Wörter und hatten zum Teil noch gar keine Lust, lesen zu lernen (vgl. Rathenow / Vöge 1982, 50).

Auch Richter und Brügelmann bestätigten in ihrer Untersuchung Ende der achtziger Jahre die hohen Vorkenntnisse der Kinder, die eben nicht bei „Null" liegen, wie fast jeder Lehrgang unterstellt: Im Durchschnitt (Prozentränge 25–75 als mittlere 50 %) konnten die Kinder 7 bis 14 Buchstaben(formen) reproduzieren, 1 bis 2 Wörter orthographisch richtig aufschreiben, 5 bis 9 Laute den korrespondierenden Buchstaben zuordnen und 4 bis 7 Schriftzüge aus Werbe-Emblemen aus einer Anzahl von Schriftweisen in Normalschrift herausfinden (vgl. Richter / Brügelmann 1994, 62ff.; Richter 1997, 251ff.). Auffällig bei diesen Untersuchungen ist die große Bandbreite der Vorerfahrungen der Kinder, die – in Schuljahren ausgedrückt – drei bis vier Jahre ausmachen kann. Dabei schreiben und lesen Jungen anders als Mädchen, was tendenziell dazu führt, dass Jungen größere Probleme mit dem Schriftspracherwerb zu haben scheinen. Im Laufe der Entwicklung sind Mädchen z. B. beim Rechtschreiben in der Leistungsspitze ca. doppelt so stark vertreten wie Jungen und diese wiederum zwei- bis dreimal so stark im unteren Leistungsbereich. Trotz der hochsignifikanten Unterschiede ist die Leistungsstreuung innerhalb der beiden Geschlechtergruppen aber so groß, dass die Geschlechtszugehörigkeit im individuellen Fall nichts über die Schreib- und Rechtschreibfähigkeit aussagen kann (vgl. May 1997[3], 64ff.).

Um den Kindern und ihren unterschiedlichen Ausgangslagen gerecht zu werden, muss man als Lehrer die Verschiedenheit erkennen und wirklich akzeptieren – und zwar nicht als Handicap für den beabsichtigten Lehrgang, sondern als Voraussetzung für 25 oder 30 unterschiedliche Wege zum Ziel. Zum gleichen Zeitpunkt sind Fähigkeiten und Fertigkeiten auf unterschiedlichsten Niveaus vorhanden. Das hat zur Folge, dass ein Großteil der Kinder dem Klassenziel schnell voraus ist, es aber immer auch einzelne Kinder gibt, die einfach noch nicht so weit sind, z. B. Laute herauszuhören oder Buchstaben Sinn zu entnehmen. Meiner Meinung nach kann man diese Fähigkeiten auch nicht „einüben": entweder ist das Kind so weit oder nicht. Man kann zwar evtl. gewisse Teilleistungen eintrainieren, z. B. indem Wörter abgeschrieben oder auswendig gelernt werden, damit kann man aber höchstens die Eltern beruhigen. (Viele) Lehrer wissen, dass diese unverbundenen Teilleistungen nichts sind, was vom Kind wirklich „gelernt" wurde. Vielmehr ist die Gefahr groß, dass diese Übungen dem richtigen Lernen im Sinne eines Verstehens bzw. Beherrschens im Wege stehen – man denke an die oben erwähnte hohe Zahl von buchstabenbeherrschenden Analphabeten.

Hier wird dann auch schnell klar, warum die Lese-Rechtschreibschwierigkeiten-Prävention so vor dem Sich-Verlassen auf Schreiblehrgang und Fibel warnt:

Durch das wiederholte Abschreiben oder Vorlesen von vorgegebenen Wörtern und Texten werden diese zwar evtl. von Schülern kurzfristig auswendig gelernt und sind reproduzierbar, der wahre Stand der Schreib- und Lesekompetenz wird aber schnell verdeckt. Man stellt zum Teil erst nach Jahren im Rahmen frei geschriebener Texte fest, dass Kinder gar nicht richtig schreiben und lesen können, da sie nie die Möglichkeit hatten, die für sie individuell notwendigen Grundlagen zu bilden. Die Notwendigkeit, Kinder ihren individuellen Weg beim Erwerb von Schrift und Rechtschreibung gehen zu lassen und sie nicht einzelne Entwicklungsstufen überspringen oder wiederholen zu lassen wird durch das folgende Stufenmodell zur Rechtschreibentwicklung deutlich (vgl. Spitta 1988, 73ff.; Brügelmann 1998b, 29):

Stufenmodell zur Schreib- und Rechtschreibentwicklung

Stufe	Kennzeichen	Beispiele
1 – Vorkommunikative Aktivitäten: Kritzeln	Spuren mit Schreibgeräten und malen von Kritzelbildern.	
2 – Vorphonetisches Stadium: „Abmalen" statt Schreiben	Erste Buchstabenformen, meist Großbuchstaben Es werden beliebige Buchstaben für ein „Wort" gewählt oder Wörter werden auswendig „gemalt", es erfolgt kein Lautbezug der Buchstaben.	A O STEFFI
3 – Halbphonetisches Stadium: Anlaut- und Skelettschreibung	Erste Vorstellung davon, dass Buchstaben Laute eines Wortes abbilden. Zuerst meist Anlautabbildung, Weiterentwicklung zur Skelettschreibweise: Buchstaben bekommen eine Funktion, stehen für die prägnanten Laute.	DN Dino MTR Mutter
4 – Phonetische Phase: Lautgetreues Schreiben	Lautgetreues Schreiben: Die Lautstruktur des Wortes wird weitgehend verschriftet – und zwar meist so, wie das Kind das Wort *selbst* verlangsamt *ausspricht*! Rechtschreibmuster spielen noch keine Rolle. Wortgrenzen werden sicherer.	MUTA Mutter BALT BEN GEH KROS Bald bin ich groß
5 – Phonetische Umschrift mit Rechtschreibmustern: Generalisierendes Schreiben	Orthographische Gesetzmäßigkeiten ergänzen das lautgetreue Schreiben. Silben erhalten immer öfter auch Vokale, nasale Konsonanten werden berücksichtigt, auslautendes -en und -er erhalten ihr „e". Wahrnehmbare, aber für das Schreiben irrelevante Laute werden weggelassen. Neue Schreibstrategien werden übergeneralisiert.	Aus laufn wird laufen Aus Muta wird Mutter Und aus Kola folglicher Weise dann Coler
6 – Übergang zur entwickelten Rechtschreibfähigkeit: Rechtschriftliches Schreiben	Grundlegende Kenntnisse unseres Rechtschreibsystems sind verankert. Wortaufbau (Morpheme, Wortfamilienprinzip), Vor- und Nachsilben und zusammengesetzte Wörter werden in immer größerem Ausmaß beherrscht. Die Fähigkeit, Dehnungs- und Dopplungszeichen korrekt zu gebrauchen, nimmt zu. Zur akustischen tritt die visuelle Korrekturhilfe.	Aus ferker wird Verkehr Aus salzich wird salzig Und aus Farat vielleicht sogar schon Fahrrad

Auf Altersangaben ist hier bewusst verzichtet worden, da man in der Praxis immer einer mehrjährigen Überlappung begegnet – einschließlich des wort- oder kontextabhängigen gleichzeitigen Vorhandenseins mehrerer Stufen beim einzelnen Kind. Der Vergleich der konkreten Kinderleistung mit den Angaben der Tabelle, insbesondere etwaigen Altersangaben, kann unserer Meinung nach zu leicht von der Diagnose vorhandenen Könnens zu einer Diagnose vorhandener Defizite führen, obwohl die Leistung auf das einzelne Kind bezogen durchaus stimmig sein kann.

Tatsächlich sind in einer Klasse ab dem zweiten Schuljahr wahrscheinlich mindestens die Stufen vier bis sechs zeitgleich vertreten. Ignoriert man das und setzt nicht bei jedem Kind genau am tatsächlichen Entwicklungsstand an, kann es schnell passieren, dass die „schwachen" Kinder so tun müssen, als wären sie schon auf einer höheren Stufe: Sie entwickeln dann keine eigenen Schreib- bzw. Rechtschreibstrategien, sondern versuchen durch Auswendiglernen von Wörtern der höheren Phase gerecht zu werden, also Entwicklungsphasen zu überspringen. Schreiben sie dann aber Texte, bei denen sie die Wörter nicht vorher haben auswendig lernen können, erkennt man den wahren Entwicklungsstand bzw. die niedrigere Entwicklungsstufe, die sie nicht haben weiterentwickeln können.

Aber auch bei den „starken" Kindern, die schon gute Vorkenntnisse haben, kann das Ignorieren des eigentlichen Entwicklungsstandes zu Problemen führen. Sie verlieren u. U. mit der Zeit die Lust an den „Vorübungen" oder den banalen Schreib- und Fibeltexten, wehren sich evtl. gegen die künstliche Einschränkung und werden disziplinär auffällig. Zumindest aber besteht die Gefahr, dass sie durch die sie irritierenden Schreib- und Rechtschreibübungen ihre schon intuitiv erworbenen Rechtschreibkompetenzen wieder verlernen. Sie werden unsicher und müssen evtl. etwas schon Gekonntes plötzlich üben. Schlimmstenfalls bricht ihr vorher gut funktionierendes System zusammen, ihr „Rechtschreibgefühl" verlässt sie und sie werden so bei eigentlicher Unterforderung zu „schlechteren" (Recht-)Schreibern (vgl. Kapitel 3.6).

3.2 Anfangsunterricht

Schreiben ist nichts, das mir „von selbst" geschieht. Es ist ein aktiver, bewusster, willentlicher, mit Motorik verknüpfter Akt, bei dem Wörter nicht als Ganzes produziert werden können, sondern einzelne Buchstaben in zeitlichem Hintereinander gemalt, geschrieben, gesetzt oder getippt werden müssen. Schreiben hat äußere Anteile und daher ist es „zu sehen". Ich kann dem Kind zeigen und vormachen, wie es geht. Didaktische Maßnahmen sind möglich und förderlich.

Lesen hingegen „geschieht mir", wenn mich „Wörter anspringen". Es ist ein rezeptives, nicht willentliches, nicht bewusst gesteuertes, rein geistiges Geschehen, bei dem im erkennenden Wahrnehmen gleichzeitig begriffliche Bedeutungen er-

> fasst werden. Äußerlich ist hier nichts zu sehen. Lesen ist ein rein geistiger Vorgang, den ich nicht „zeigen" kann, den ich nicht erklären kann und den ich daher auch nicht „lehren" kann. Didaktische Maßnahmen verursachen lediglich Störeinflüsse. (Reichen 2001, 84)

Da niemand wirklich für 20 oder 30 Kinder differenzieren kann – und das beim Schreibenlernen als aktivem Lernprozess natürlich auch wenig Sinn macht – erscheint es ratsam, den Kindern einfach ein „Werkzeug" an die Hand zu geben, mit dem sie sich das Schreiben und Lesen selbst beibringen können. Dabei hat das Schreiben den Vorteil, dass es automatisch zum Lesen hinführt: wer auflautiert und aufschreibt, versucht sich gleichzeitig auch immer lesend zu orientieren – allein um zu wissen, welche Buchstaben er schon verschriftet hat bzw. welche ihm noch fehlen. Denselben Schluss kann man natürlich nicht so einfach vom Lesen auf das Schreiben übertragen, da die motorische Arbeit beim Schreiben nicht nur im Kopf erfolgen kann, sondern tatsächliches „Handanlegen" benötigt: Buchstaben werden – stark verlangsamt durch das „zu Papier bringen" – einzeln nacheinander in einer bestimmten Reihenfolge notiert, während Lesen eher ein Prozess ist, bei dem ganzheitlich-gleichzeitig ganze Wörter / Wortteile erfasst werden.

Es geht nicht um den alten Streit, was zuerst kommt: das Lesen oder das Schreiben. Man kann sowohl Lesen als auch Schreiben ganz losgelöst vom anderen lernen. Die Frage ist, welches (schulische) Vorgehen das andere miteinschließen kann. Da resultiert das Lesen eher aus dem eigenen Schreiben als das Schreiben aus dem Lesen, denn beim Aufschreiben muss ich immer wieder „lesen", wo ich bin, beim Lesen aber nicht „schreiben", was ich gerade lese. Also in der Regel: „Lesen durch Schreiben", aber nicht „Schreiben durch Lesen". Zudem hat das Schreiben den Vorteil, dass es als Kommunikationsimpuls vom Kind ausgehen kann und nicht von etwaigem von außen vorgegebenem Material abhängig ist.

3.2.1 Anfangswerkzeug Buchstabentabelle

Zunächst ist also nur ein Werkzeug notwendig. Eines, das beim Schreibenlernen unterstützt. Es muss dem Schüler die Möglichkeit geben, die Laut-Buchstaben-Zuordnung selbsttätig vorzunehmen. Dazu eignet sich eine „Buchstabentabelle", auf der die wichtigsten im Deutschen vorkommenden Laute als Grapheme in Druck- oder Kursivschrift (siehe Kapitel 3.2.5) aufgemalt sind und neben sich ein Bild von einem Wort haben, das mit diesen Graphemen (bzw. den entsprechenden Buchstaben und Buchstabengruppen) anfängt. Diese Buchstabentabelle können sich die Kinder z. B. selber machen, indem sie Bilder malen oder aufkleben und den dazugehörigen Anfangsbuchstaben daneben schreiben.

Je nachdem macht es Sinn, sich im Anfangsunterricht auf nur eine Buchstabenschreibweise (klein oder groß) zu beschränken. So muss der Schüler nicht aus zwei Buchstaben einen zur Verschriftung auswählen. Hannelore Zehnpfennig hat z. B. in ihrem Unterricht (siehe erster Band) den Kindern immer nur die Großbuchstaben gezeigt, und die Kinder haben trotzdem die Kleinbuchstaben ganz selbstverständlich gelesen und auch später in ihrer Schreibschrift verwendet. Da vielen Kindern die Großbuchstaben schnell bekannt sind, ergibt sich so ein Einstieg, bei dem die Kinder nach sehr kurzer Zeit ihre eigenen Wörter und Texte in Großbuchstaben verschriften können.

Die größere Geläufigkeit der Großbuchstaben kann aber auch zu der Überlegung führen, die Buchstabentabelle auf die wesentlich häufiger vorkommenden kleinen Buchstaben zu beschränken. Das hätte den Vorteil, dass von den Kindern nicht Groß- und Kleinbuchstaben durcheinander geschrieben würden und auch keine Probleme mit den Zwielauten auftauchen, die ja in der Regel als Kombination von Groß- und Kleinbuchstaben (z. B. als „Au“, „Ei“ und „Eu“) in der Tabelle stehen und entsprechend nicht konsequent gehandhabt werden können (z. B. HAuS und SchULE). Stehen den Kindern Klein- und Großbuchstaben in einer Tabelle zur Verfügung, so kann dies einerseits verwirrend auf sie wirken, andererseits haben sie aber auch eine größere Möglichkeit, schon bekannte Buchstaben aufzufinden. Einen individuellen Kompromiss könnten verschiedene Tabellen mit Großbuchstaben bzw. Kleinbuchstaben oder beidem darstellen – mit dem Nachteil statt einer einzigen Tabelle nun u. U. mehrere in der Klasse zu haben.

Letztendlich sind diese Überlegungen aber nur bei Kindern wichtig, bei denen sich ein gewisser Entwicklungsverzug feststellen lässt, denn die anderen Kinder benötigen die Tabelle nur für einen relativ kurzen Zeitraum und finden sich auch mit dem doppelten Vorkommen der Buchstaben zurecht (bzw. vermissen sogar evtl. die großen oder kleinen Pendants). Das Beste wären daher individuelle Tabellen, die an die Bedürfnisse des einzelnen Kindes angepasst sind.

Das große Problem bei der Entwicklung einer eigenen Buchstabentabelle durch das Kind selbst ist die Tatsache, dass es zur Erstellung eigentlich schon die Buchstaben-Laut-Zuordnung beherrschen muss, denn es soll ja einem entsprechenden Buchstabenzeichen das Bild eines Wortes zuordnen, das diesen Buchstaben als Anlaut hat. Hier ergeben sich verschiedene mögliche Vorgehensweisen. Die Tabellen können als „wachsende Anlauttabellen“ von den Kindern gemeinsam oder alleine so weit ausgefüllt werden, wie ihre Vorkenntnisse reichen. Dies hätte den Vorteil eines recht guten Beitrages zur Standortbestimmung des einzelnen Kindes. Zu achten ist natürlich darauf, dass den Kindern dabei nicht etwa von „hilfsbereiten“ Erwachsenen vorgesagt wird. Man sollte die Tabellen also nicht zu Hause ausfüllen lassen! Die fehlenden Buchstaben bzw. Laute und Anlautbilder können die Kinder dann durch den Austausch mit anderen herausfinden und einfügen. Ein Vorstellen der verschiedenen Kindertabellen im Kreis schafft so für jedes Kind die Möglichkeit, die eigene Tabelle im Laufe der Zeit zu vervollständigen. Natürlich können die Kinder auch mit unfertigen Tabellen schon drauflos schreiben, denn die zum Verschriften vor allem benötigten Vokale sind wahrscheinlich unter den ersten Buchstaben, die die Kinder erkennen und mit einem Anlautbild versehen werden. Im Folgenden ein Beispiel für ein „Anlaut-ABC" aus einer anderen Klasse:

Eine Lösung des Problems, (unbekannte) Buchstaben / Laute hörbar zu machen, um diesen eigene Bilder zuordnen zu können, liefern viele aktuelle Computerprogramme, wie z. B. das in Anlehnung an das Konzept „Lesen durch Schreiben" (Reichen 1982) entwickelte Programm „Der sprechende Setzkasten" (Tewissen, o. J.). Die Kinder können sich die jeweiligen Laute anhören und durch das Einbringen eigener Bilder (selbstgemalt, eingescannt oder aus der Datenbank) eine eigene Tabelle im PC erstellen (die man natürlich auch ausdrucken kann). Unterstützung für das Entwickeln einer eigenen Anlauttabelle ohne Computer gibt das „ABeCeDarium" von Erika Brinkmann (Brinkmann / Uihlein 1996), das nicht nur erste Lese- und Schreibblätter zu jedem Buchstaben enthält (bitte frei nutzen, nicht zum lehrgangsmäßigen Buchstaben(ab-)feiern!), sondern auch Hunderte von Anlautbildern und Buchstabentypen zum Ausschneiden und Aufkleben sowie eine „wachsende Anlauttabelle", die sich das Kind nach Belieben selbst gestalten kann.

Möchte man den Kindern diesen Prozess ersparen und ihnen vom ersten Tag an die Möglichkeit geben, alle Wörter der Welt zu schreiben, so bleibt nur der Rückgriff auf eine vorhandene Tabelle. Diese Art des selbstgesteuerten Schreibenlernens hat Jürgen Reichen Anfang der siebziger Jahre als „Lesen durch Schreiben" entwickelt und eine entsprechende Buchstabentabelle (Reichen 1982, Heft 1, 17) dazu entworfen, die wir als Ausgangsbasis sehr empfehlen möchten.

Wenn man also das Werkzeug Buchstabentabelle nicht extra von den Kindern selber entwickeln lassen will, sollte man beruhigt auf die bekannte Tabelle von Reichen zurückgreifen. Es gibt mittlerweile eine Menge weniger durchdachter Buchstabentabellen – meist als modischen Anhang zur Fibel. Viele dieser Tabellen sind einfach durch das Anfügen von Bildern zum Alphabet entworfen worden, ohne aber auf den Zweck der Tabelle als *Schreib*-Werkzeug (und die *dazu* notwendigen Hilfen zum Verschriften) zu achten. Da steht z. B. der „Clown“ für ein „C“, das vom Kind natürlich als „k“-Laut identifiziert wird, genauso wie das „Q“ neben „Qualle“, die ja vorne wohl auch eher wie ein „k“ klingt. Vielleicht taucht auch noch ein „Chor“ für das „ch“ auf. Was schreibt das Kind jetzt für den „k“-Laut, „C“, „Ch“, „K“ oder „Q“? Und wer braucht beim lautgetreuen Schreiben ein „X“, ein „Y“ oder ein „ß“? Vielleicht wurde aber auch an der falschen Stelle an Bildern gespart, wenn bei den Vokalen nur einer der beiden verschieden klingenden Laute berücksichtigt wurde – das „E“ klingt in „Ente“ aber anders als in „Esel“! Wer ein bisschen tiefer in die Problematik der „durchdachten“ Buchstabentabelle einsteigen will, kann dies im folgenden Exkurs tun – man kann diese Überlegungen aber auch überspringen und trotzdem mit seiner Klasse ein problemloses Freies Schreiben mit Buchstabentabelle praktizieren.

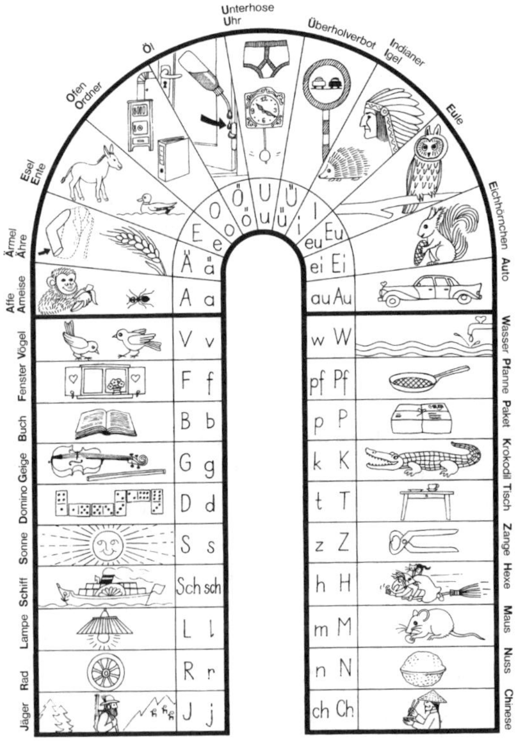

3.2.2 Exkurs: Kriterien zur Erstellung eigener Buchstabentabellen

Natürlich sollen Kinder im ersten Schuljahr sowohl das Schreiben als auch das Lesen lernen, da aber Schreiben und Lesen keine identischen Prozesse sind und auch nicht irgendwie das eine die Spiegelung des anderen, sollten wir sie auch nicht mit den gleichen Materialien und Verfahren unterrichten.

> Etwas technisch ausgedrückt gehört Lesen, wie das Hören, zu den Aufnahme- (oder Eingabe-)Funktionen und Schreiben, wie das Sprechen, zu den Ausgabefunktionen. Wer eine Anlauttabelle zusammenstellt, muss sich als Erstes darüber klar sein, ob er eine Tabelle für das frühe selbstständige Schreiben- oder für das frühe selbstständige Lesen herstellen bzw. verwenden möchte. Beim frühen Schreiben geht das Kind von der Lautung aus und soll entsprechende Schreibzeichen finden. Also muss die Tabelle für jede wichtige Lauteinheit (etwa 40 Phoneme) ein Zeichen anbieten. Beim frühen Lesen wollen die Kinder Texte entschlüsseln. Für diesen Zweck müsste eine Tabelle alle vorkommenden Schreibzeichen (etwa 80 Grapheme) enthalten und abbilden. Diese große Zahl zeigt schon, dass wir eigentlich keine Anlauttabelle zum selbstständigen Lesen auf dem Markt haben. Eine Tabelle, die für das Schreiben konzipiert ist, auch als Hilfsmittel für frühes Lesenlernen verwenden zu wollen, ist genau so, als ob man mit einer Gabel Suppe essen wollte. (Thomé 2000, 116)

Da wir davon ausgehen, dass das Lesen durch den Prozess des Verschriftens quasi automatisch bzw. „von selbst" erlernt wird, stellt sich für uns nur die Frage nach einer Anlauttabelle als Werkzeug für das Freie Schreiben von Anfang an. Wie schon gesagt, halten wir die Buchstabentabelle von Reichen für eine gute und durchdachte Grundlage, die so direkt einsetzbar ist. Entsprechend sind die folgenden Überlegungen eher ein theoretisches „Durchspielen", das dem Lehrer ein tieferes Verständnis für die Tabelle bzw. den Schreiblernprozess mit ihr ermöglicht, denn eine unbedingt notwendige Modifikation.

In diesem Sinne: Ergänzen ließe sich die Buchstabentabelle unserer Meinung nach evtl. noch durch „sp" und „st", die Reichen weggelassen hat, um bei der Erstbegegnung keine Verwechselung mit dem „sch" zu ermöglichen, denn z. B. „Spinne" und „Stern" als mögliche Vertreter von „sp" und „st" klingen halt vorne wie „sch", so dass derjenige, der das „sch" sucht, auf „sp" oder „st" zurückgreifen könnte. Für das lautgetreue Schreiben ist das Vorhandensein von „sp" und „st" natürlich nicht notwendig, aber unsere eigenen Erfahrungen haben gezeigt, dass die Kinder mit der direkten Verwendung in der Regel kein Problem haben (und zumindest Steffi und Stephan das „St" lieber ist als ein „Scht"). Zugleich scheint der direkte Zugriff auf „sp" und „st" auch spätere Übungen zu dieser Rechtschreibbesonderheit zu erübrigen – wir hatten zumindest in unseren Klassen kein derartiges Problem.

Weglassen kann man u. U. – wenn man eine möglichst reduzierte Tabelle haben möchte – auch Buchstaben, die sich lautmäßig nicht von anderen unterscheiden bzw. diesen nahe liegen (ä, pf, v) und die dabei auch nur selten vorkommen (ai, äu). Ergänzt werden manchmal von Lehrern auch noch das „ng" oder (seltener) das „chs" als Auslaute; hier handelt es sich unserer Meinung nach aber nicht um zum Schreibenlernen notwendige Laute, sondern eher um eine höhere Stufe der individuellen Rechtschreibentwicklung (siehe Kapitel 3.1). Das „ng" wird als „ng" oder „nk" lautgetreu korrekt verschriftet, das „chs" genau so wie das „x" als

„ks“. Eine Aufnahme in die Tabelle erscheint uns daher nicht notwendig. Auch hier haben wir keine Auswirkungen auf späteres Falschschreiben erkennen können.

In eine ähnliche Richtung bezüglich der Fehlerprävention geht die Überlegung, ob man das „scharfe s“ nicht irgendwie als Laut berücksichtigen kann. Da „ß“ und „ss“ allerdings nicht als Anlaute vorkommen, macht es wohl mehr Sinn, sie wie andere Rechtschreibphänomene auch (z. B. das „ck“ oder die Konsonantenverdopplung) der späteren Rechtschreibentwicklung zu überlassen. Bzgl. der verschiedenen „s“-Laute könnte man höchstens überlegen, ob man den fehlenden Laut durch die Ergänzung des bestehenden stimmhaften „s“-Laut (Phonem „z“ wie bei „Sonne“) mit einem stimmlosen „s“ wie bei „Skelett“ verfügbar macht.

Leider hört sich das „ch“ oft wie ein undefinierbarer Rachenlaut an (wie in „acht“) und wird von den Kindern dann z. B. als „r“ verschriftet. Da dieser „ach“-Laut nur als Inlaut vorkommt, müsste man hier überlegen, ob man ein „Inlautbild“ in die „Anlauttabelle“ aufnehmen will. Jürgen Reichen hat in einer neueren Ausgabe seiner Buchstabentabelle daher neben „Ring“ für „-ng“ noch „Buch“ als Endlautbild für „ch“ ergänzt (vgl. Reichen 2001, 22) – was uns beides auf Grund der andersartigen Lautzuordnung (Endlaut statt Anlaut) nicht überzeugt. Während das „ch“ wie in „Christoph“ auch mit „k“ verschriftet werden kann (außer bei Christoph und seinen Freunden), muss für das „ch“ wie in „ich“ wahrscheinlich der „Chinese“ verwendet werden (so wie der Indianer für das kurze „i“) – ohne dabei irgendeine Volksgruppe diskriminieren zu wollen. Oder sind „China“, „Insel“ oder „Imker“ vorzuziehen? Eindeutig verständliche Abbildungen sind nicht immer leicht zu finden – gute Ideen aber willkommen!

Je nach Geschmack kann man auch das bei Reichen für das „ü“ stehende, nicht unbedingt kindgemäße „Überholverbot“ durch ein wesentlich näherstehendes „Überraschungs-Ei“ oder „Ü-Ei“ ersetzen (wenn man keine Probleme mit Appetitanregung oder Schleichwerbung hat). Es wäre auch zu überlegen, ob man das lange „i“ wie in „Igel“ nicht direkt als „ie“ einführt, denn fast immer wird das lange „i“ als „ie“ geschrieben. Ausnahmen stellen nur „Miniwörter“ (dir, mir, wir) und Wörter, die auf Fremdwörter oder andere Ursprünge zurückgehen (z. B. Apfelsine, Familie, Kaninchen, Kilo, Kino, Krokodil, lila, Linie, Margarine, Maschine, Musik, prima, Ski, Tiger, Vampir) dar. Leider kommt das „ie“ nicht als Anlaut vor, man müsste die „Ausnahme“ „Igel“ erst einmal „falsch“ als Bildbeispiel für „ie“ stehen lassen. *Mut zum „Fehler“ …*

Auch bei einer eigenen Tabelle (z. B. mit Bildern der Kinder) würden wir die Anordnung der Grapheme von Reichen gegenüber anderen Anordnungen (z. B. alphabetischer Art) vorziehen, da eine Vorbereitung auf die Buchstabenreihenfolge des Alphabets zu diesem Zeitpunkt und auf diese Art keinen großen Sinn macht (dazu wird die Tabelle einerseits viel zu früh im Lernprozess, andererseits auch zu kurz und unsystematisch benutzt). Die Abtrennung der Vokale im oberen Torbogen gegenüber den Konsonanten erscheint uns hingegen sinnvoll und auch die Gegenüberstellung von „weichen“ (unter anderem in der linken Säule) und „harten“ Konsonanten (unter anderem in der rechten Säule) erscheint uns geschickt, da die Laute beim Durchlaufen der Tabelle nicht unmittelbar hintereinander liegen, und doch durch ihre Anordnung einen Bezug bzw. ein „Gegenüber“ ausdrücken.

Ein weiteres Kriterium zum Erstellen einer Tabelle könnte die Berücksichtigung der Häufigkeit des Vorkommens eines Buchstaben sein, da so evtl. das Auffinden von Buchstaben effektiver gemacht werden kann. Die Reihenfolge von nach Häufigkeit sortierten Buchstaben (leider nicht Graphemen) der deutschen Schriftsprache ist nach Feldkeller und Bosse (vgl. 19764, 4): e, n, i, s, t, r, a, d, h, u, g, m, c, l, b, o, f, k, w, v, z, p, j, q, y, x. Wir halten dieses Kriterium allerdings nicht für unbedingt notwendig, denn die Kinder sind im Allgemeinen schnell mit der Tabelle vertraut und das „Durchlaufen“ der Tabelle beim Suchen des richtigen Anlautes hat u. U. auch einen gewissen Lernwert.

So ergeben sich für eine eigene Tabelle unter Berücksichtigung der gemachten Überlegungen folgende Anforderungen:

- *Je zwei Bilder für die offenen und geschlossenen Vokale: a, e, i/(ie), o, u;*
- *Bilder für die Um- und Zwielaute: (ä,) ö, ü, eu, ei, au; (Verzicht auf „äu“ und „ai“)*
- *Bilder für die stimmhaften und stimmlosen Laute: p, b, k, g, t, d, z, s (evtl. beide);*
- *Bilder für: w, (v,) f, (pf;)*
- *Bilder für sch, sp, st, ch (evtl. 2 Felder)*
- *Bilder für h, l, m, n, r, j*
- *Auf jeden Fall Verzicht auf: c, qu, x, y*

Macht insgesamt rund 35 bis 40 Bilder für 30 bis 33 Grapheme. In manchen Empfehlungen wird geraten, mindestens zwei Bilder pro Laut anzubieten, damit die Kinder den Anlaut nicht verwechseln können (z. B. „Uhu“ statt „Eule“, deshalb Abbildung von „Eule“ und „Euter“) oder ihn mit der Anfangssilbe gleichsetzen („te“ wie Telefon). Es scheint uns allerdings eher eine Grundanforderung an die Auswahl der Anlautbilder zu sein, dass man möglichst eindeutige Bilder verwendet und bei den Phonemen, deren Buchstabennamen durch Anhängen von „e“ („t“ → „Te“) oder „a“ („k“ → „Ka“) gebildet wird (das wären be, de, ge, pe, te, we, ha und ka) Anlautbilder vermeidet, die den entsprechenden Buchstaben nach dem Anlaut führen. Da in unserer Praxis aber kein Kind merkbare Schwierigkeiten mit der richtigen „Bild-Anlaut-Zuordnung“ hatte, halten wir eine Verdopplung der Bilderanzahl (dann auch vier Bilder pro Vokal?) für unnötig bzw. für eher verwirrend.

3.2.3 Schreiben mit der Buchstabentabelle

Vielleicht wirken die Ausführungen zur Buchstabentabelle auf den Anfänger eher abschreckend. Aber kein Kind wird nicht schreiben lernen, nur weil ein Laut oder ein Bild auf der Tabelle nicht zu finden ist. Die Tabelle schafft als „Nachschlage-Werkzeug“ die Freiheit von Unterricht und Lehrgang, aber sie wird von den Kindern nicht lange gebraucht und ist nicht der einzige Zugang des Kindes zum Schrifterwerb.

Sieht ein Lehrer die dringende Notwendigkeit zur Differenzierung, z. B. bei Kindern mit sonderpädagogischem Förderbedarf, die trotz Eigenzeit keine Fortschritte machen, würden wir statt der dann meist doch in Betracht gezogenen „Einführung“ von Buchstaben viel eher zu einer reduzierten Tabelle raten: Man repräsentiert (unter der Vorgabe von Wörtern oder Bildern als Schreibanlass) nur eine begrenzte Anzahl einschließlich der zum Schreiben notwendigen Anlaute. Man könnte auch eine aufklappbare Tabelle herstellen, in der nur die notwendigen Anlautfelder (zusammen mit ein paar anderen zur Auswahl) durch Öffnen sichtbar gemacht werden. Mittlerweile gibt es Computerprogramme, die ähnliche Hilfen von der selektiven Auswahl der Anlautbilder (Reichen) bis hin zum schon erwähnten Vorsprechen der Laute (Otterbach; Tewissen) bieten.

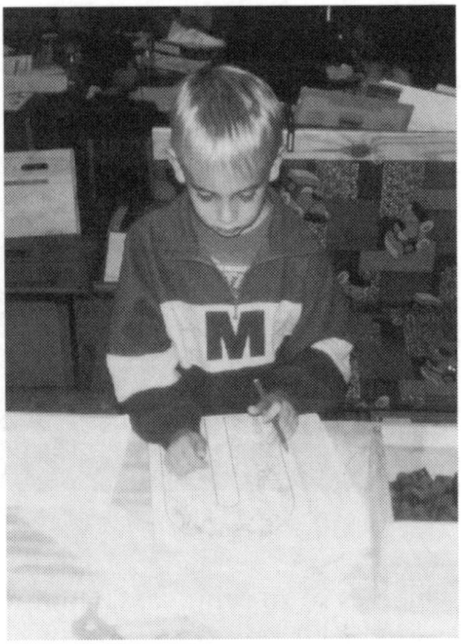

Früh genug, am besten lange vor der Einschulung, sollte man Eltern und Erzieher (auch im Kindergarten) informieren, dass sie in Gegenwart der Kinder nicht die Buchstabennamen „Beh“, „Zeh“, „Deh“ usw. verwenden, sondern die Laute phonetisch versprachlichen. Mit den Buchstabennamen als „Laute“ kann man natürlich nicht schreiben, sonst würde „Ente“ ja nur als „NT“ und „Essen“ nur als „SN“ verschriftet werden. Leider wird dieser Fehler sogar stellenweise auch noch im Schulkindergarten und in der Schule gemacht, aber auch seit Jahrzehnten von Autoren oder Übersetzern bekannter Vorschulsendereihen. Es fällt wohl manchem Schreibkundigen schwer, sich in die Lage von Anfängern zu versetzen.

Haben die Kinder mit der Buchstabentabelle ein Werkzeug zum Schreibenlernen – oder schaffen sie es sich selber – dann steht dem Freien Schreiben *von Anfang an* nichts mehr im Weg. Auszuhalten ist auf Lehrerseite nur noch die beabsichtigte Individualisierung und die Freigabe des Lernens der Kinder auf Grund ihrer unterschiedlichen Vorkenntnisse. Und das ist mit Abstand der am schwersten umzusetzende Teil des Konzeptes. Während in unserer Klasse L. schon am ersten Tag „MOTORAT“ und „StAuPsAuGA“ schrieb, fing D. das Schreiben erst nach über einem halben Jahr an, als er unbedingt einen Brief an seine Tante schreiben musste. Das ist eine große Bandbreite, die in der Tat mehrere Jahre Schreibentwicklung umfassen kann (siehe Kapitel 3.1). Dabei muss sich der Lehrer immer klar darüber sein, dass nicht etwa das Freie Schreiben diese Bandbreite schafft, sondern diese so extrem von Anfang an vorhanden ist.

Viele Lehrer machen aus „Lesen durch Schreiben“ schnell wieder einen Lehrgang, indem sie zahlreiche Übungen mit den Kindern veranstalten. Während es selbstverständlich ist, Kindern unklare Begriffe der Tabelle (z.B. ausländischen Schülern das Eichhörnchen) auf Nachfrage (!) zu erklären, kam mir im ersten Schuljahr das gemeinsame oder einzelne Üben des Heraushörens von Lauten überflüssig vor: den Kindern, die diese Laute schon hörten, brachten die Übungen nichts, denn sie konnten es ja schon, und die anderen hörten die Laute auch mit Übungen nicht eher heraus. Zugleich schien es so zu sein, dass dann, wenn die Fähigkeit des Heraushörens für einen Laut einmal erfasst worden war, sich auch bei anderen Lauten keine Probleme mehr ergaben, ähnlich der optischen Diskriminierung beim Lesenlernen: Kann ein Kind Buchstaben diskriminieren, so kann es das dann in der Regel bei allen Buchstaben. Die in den Fibelmaterialien zu findenden immer gleichen Übungen mit jedem neuen Buchstaben machen absolut keinen Sinn – außer vielleicht, Kinder sinnlos zu beschäftigen.

3.2.4 Buchstaben schreibt man so wie man möchte

Ich habe es also dann wirklich so gehalten, dass die Kinder nur mit der Buchstabentabelle als Werkzeug Schreiben gelernt haben, ohne irgendwelche Einführungen von Buchstaben, ohne die üblichen Lautierübungen oder sonstige Aktionen. Alle haben schnell angefangen, Wörter zu schreiben, sich Bilder aufgemalt oder ausgeschnitten, die sie dann beschriftet haben; oder sie haben sogar direkt schon kleine Wort-Geschichten oder „Forschervorträge“ verfasst.

Aus der Möglichkeit für die Kinder, ihre Texte direkt frei mit der Buchstabentabelle zu verschriften, resultiert zwangsläufig, dass sie keine Vorgabe bezüglich der konkreten Schreibweise der Buchstaben bekommen. Da sich die (unverbundene) Druckschrift als Ausgangsschrift mittlerweile weitgehend durchgesetzt hat, gibt es keinen Grund, eine Schreibrichtung vorzugeben. Zudem habe ich früher immer wieder festgestellt, dass die Kinder, die Buchstaben vom Schreibverlauf her „verkehrt“ schrieben, das auch in der Folge langer „Abgewöhnungs-“ bzw. „Übungsphasen“ nach einer Zeit dann doch wieder taten. Entsprechendes kann man auch gut bei der Schreibung von Zahlen sehen. Gehen Sie einmal durch die dritten und vierten Klasse ihrer Schule und Sie werden sich wundern, wie viele Kinder Zahlen nicht so schreiben, wie man es ihnen antrainiert hat. Aber warum eigentlich nicht die „1“ von unten schreiben? Linkshänder lässt man ja – Gott sei Dank – auch mittlerweile in Ruhe so schreiben, wie es am besten für sie selbst passt.

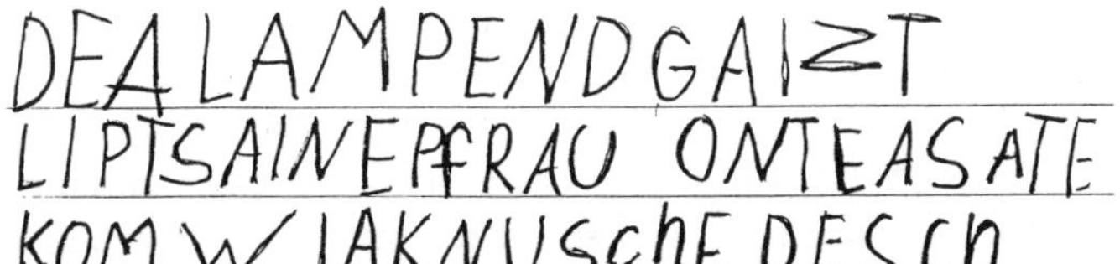

Entsprechendes gilt auch für die „Gesamtästhetik“ der Niederschrift. Viele Lehrer achten nicht nur darauf, dass die Buchstaben genau so wie vorgeschrieben abgemalt werden, sondern auch darauf, dass Wortgrenzen eingehalten und die Wörter schön in die vorgegebenen Lineaturen eingepasst werden. Das läuft jeder natürlichen Schreibentwicklung zuwider, denn hier wird wieder einmal das Endziel des Unterrichts schon am Anfang vorausgesetzt. Das Heraushören und Verschriften von Wortgrenzen ist etwas, das zwar beim Schreiben einzelner Wörter oder beim Abschreiben vorgegebener Sätze noch relativ leicht ist, aber beim eigenen Verschriften eines Satzes oder eines Textes eine sehr hohe Anforderung mit einem großen Gefühl für Sprache darstellt, denn die Wortgrenzen liegen beim Sprechen oft ganz woanders als beim Schreiben (vgl. Brügelmann 1992[4], 79ff.). Die Entwicklung eines Gespürs für Wortgrenzen erfolgt genauso von selbst durch das Freie Schreiben wie auch später die Entwicklung eines Gefühls für Satzgrenzen und Kommasetzung (vgl. Afflerbach 2001).

Die Behinderung der Motorik des Schreibers durch die Vorgabe einer festen Lineatur, in die er seine mühsam abgemalten Buchstaben dann noch einpassen soll, entspricht auch nicht der Idee eines Freien Schreibens. Die Schreibbewegungen werden stark verlangsamt und die gleichzeitige Beachtung der verschiedenen unterschiedlichen Anforderungen lässt bei dieser hohen Leistung – vom Ausdenken des Inhalts über das Auflautieren und Verschriften der Laute – das zusätzliche Einpassen in einen bestimmten Rahmen fast schon als Anmaßung erscheinen. In unseren Klassen haben die Kinder Hefte und Linien von ganz alleine eingefordert, wenn sie nach einiger Zeit eine entsprechende Gleichmäßigkeit bei der Niederschrift für sich selbst gefunden hatten. Kein Kind hat durch die eigene Schreibtechnik eine schlechtere Schrift oder später Probleme mit dem Erlernen der Schreibschrift bekommen – im Gegenteil, wahrscheinlich hat der eigene Lernweg auch im Bereich der Motorik seinen Sinn und ermöglicht ein unverkrampftes Schreibenlernen.

3.2.5 Eine eigene Handschrift entwickelt man selbst

Ihre eigene Schrift haben sich die meisten Kinder mit Hilfe der Vereinfachten Ausgangsschrift übrigens sehr schnell (individuell) innerhalb von zwei bis drei Wochen in der Mitte des zweiten Schuljahres selbst angeeignet; ein Zeitpunkt, zu dem sie schon gut und flüssig lautgetreu Druckschrift schreiben konnten. Ich habe einfach ein Schreibschriftalphabet aufgehängt bzw. den Kindern eine „Schreibschrifttabelle“ gegeben und nur wenigen Kindern auf Nachfrage einzelne Buchstaben gezeigt. Die Kinder haben dann beim Freien Schreiben ihre eigenen Wörter direkt in Schreibschrift geschrieben und mussten sich nicht wochenlang durch langweilige (Ab-)Schreibkurse quälen. Ähnlich wie die später im Mathematik-Kapitel erläuterten schriftlichen Rechenverfahren ist das Erlernen der Schreibschrift eine der wenigen didaktischen Maßnahmen, die im Verhältnis zum sonst üblichen Unterricht unbedingt zu einem eher späten Zeitpunkt erfolgen sollten – zumindest von der Tendenz her. Während andere Inhalte im Offenen Unterricht eher viel früher als im herkömmlichen Unterricht Thema sind, muss hier den Kindern Raum für ihr eigenes Lernen geschaffen werden, um einem „Abmalen“ beim Schreibschriftlernen oder einem „Abrechnen“ von Algorithmen vorzubeugen.

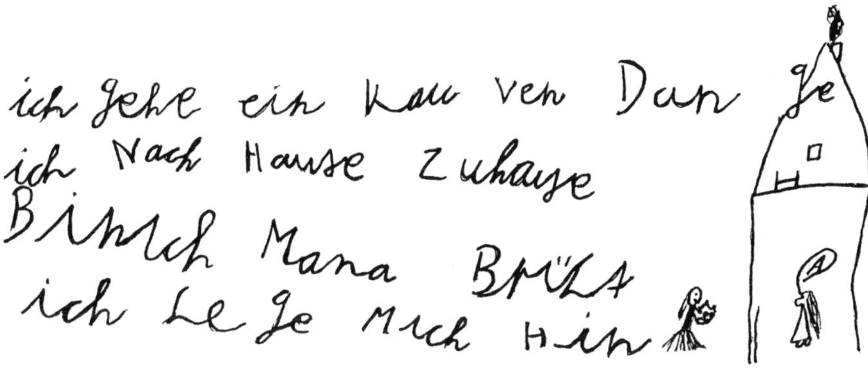

Da die in der Schule eingeführte Schreibschrift laut Lehrplan nur Mittel zum Entwickeln einer eigenen Verbundschrift ist, steht auch Abänderungen nichts im Wege. Das geliebte Schreibschrift-„e“ oder das „z“ wurden von einzelnen Kindern sehr geschickt eingebunden bzw. sahen bei ihnen eher druckschriftähnlich oder „lateinisch“ aus, was dem Schriftbild aber ganz und gar nicht schadete. Die Schreibrichtung der einzelnen Buchstaben ergab sich durch die Buchstabenanbindungen für die Kinder von selbst – was wahrscheinlich bei Verwendung der Lateinischen Ausgangsschrift nicht so einfach gewesen wäre. Der Tipp ist also – wie gesagt – die Schreibschrift als Vereinfachte Ausgangsschrift erst so spät wie möglich zugänglich zu machen („eingeführt“ wird sie ja nicht), eben dann, wenn das Kind schon fließend schreiben kann. So kann man vermeiden, dass „schwächere“ Kinder wochenlang irgendwelche Schreibschriftbuchstaben nur abmalen, ohne überhaupt wirklich (in Schreibschrift) schreiben zu können.

> *Untersuchungen zu den Bewegungsabläufen beim Schreiben haben keinen Eingang in die pädagogische Diskussion gefunden. Dabei könnten Verbesserungen des gegenwärtigen Schreibunterrichts mit relativ einfachen Mitteln erfolgen.* […] Die Schulschrift mit ihren umständlichen Buchstaben fördert nicht die Geschwindigkeit, sondern bedingt eine zusätzliche Verlangsamung. Außerdem wird mit der Schulschrift zur Norm erhoben, dass möglichst viele Buchstaben miteinander verbunden werden, ohne den Stift vom Papier abzuheben. […]
>
> Trotz aller Unterschiede zwischen individuellen Handschriften lassen sich bei routinierten Schreibern überraschende Ähnlichkeiten in den Bewegungsabläufen

> feststellen. Kaum einer, der viel schreibt, behält die Form der Schulschrift bei. In routinierten Schriften sind die Buchstaben gegenüber der Schulvorlage deutlich vereinfacht, ähneln den Druckbuchstaben und erfordern zumeist erheblich einfachere Schreibbewegungen. Es finden sich zahlreiche Unterbrechungen innerhalb einzelner Wörter, bei denen der Stift abgehoben wird. Direkte Anbindungen kommen in der Regel nur vor, wenn sie sich aus dem Bewegungsablauf ergeben. [...] Viele Lehrer, die in der Grundstufe unterrichten, gewöhnen sich mühsam wieder die Schulschrift an. (Mai 1991, 12 ff.)

Sollte es schulpolitisch möglich sein, frei über die verwendeten Schriften entscheiden zu können, so kann man auch dem Vorschlag von Mechthild Dehn (vgl. 1993; 1995) folgen. Sie schlägt die „Gleichstrich-Kursiv-Schrift“ als Ausgangsschrift vor, das heißt eine unverbundene kursive Druckschrift, die sich durch die fließendere Form und die Neigung zugleich als Ausgangsschrift für die eigene Verbundschrift eignet.

Gleichstrich-Kursiv als Ausgangsschrift (Augst / Dehn 1998, 221)

Durch die Aufnahme dieser oder ähnlicher Buchstabenformen in die Tabelle erlernen die Kinder zum Schulanfang eine Schrift, aus der sie dann später schnell durch das eigene Verbinden der Buchstaben ihre eigene Handschrift entwickeln können – oder sie entwickeln diese direkt aus der Druckschrift. Sollte dies nicht zugelassen werden (man sollte es trotzdem vielleicht einmal ausprobieren ...), so kann man natürlich den Umweg von der Druckschrift über die Vereinfachte Ausgangsschrift oder die Schulausgangsschrift zur eigenen Handschrift gehen. Die Lateinische Ausgangsschrift erscheint mir persönlich dabei nicht mehr zeitgemäß, da sie nur wenig Umweltbezug hat, nicht so problemlos eigenaktiv erlernt werden kann und unter Umständen fehleranfälliger ist. (Man beachte in der Auseinandersetzung um „LA“ oder „VA“, dass Kritiker wie Topsch (vgl. 1996) nicht die Überlegenheit der VA in Frage stellen, sondern methodologische Kritik an den empirischen Untersuchung (vgl. Grünewald 1984) zur „nachgewiesenen“ Überlegenheit der VA üben.)

Aber man kann die Kinder auch selber individuell (!) wählen lassen. Da es bei den Ausgangsschriften ja um „Schreib“-Schriften und nicht um „Lese“-Schriften geht (Leseschrift ist und bleibt die Druckschrift), stört es niemanden, wenn die Kinder nicht alle dieselbe Ausgangschrift auf ihrem Weg zur eigenen Handschrift schreiben. So werden Unterschiede von Schriften und Handschriften auch für die Kinder ganz selbstverständlich. (Und das lächerliche Einfordern mancher Klassen bei Anschriften an der Tafel: „Das können wir nicht lesen“ oder „Sie schreiben das und das aber falsch“ gehört ein für alle Mal der Vergangenheit an.)

3.3 Frei Schreiben ~~kann~~ muss man von Anfang an

> Vielleicht sollte man an dieser Stelle einem möglichen Missverständnis vorbeugen. Kinder schreiben am Anfang nicht deshalb nur einzelne Wörter, weil sie nicht mehr schreiben können, sondern weil sie für mehr Text keine Zeit haben. Grundsätzlich können sie alles schreiben, was sie wollen, aber ihr Schreiben ist enorm zeitaufwändig. (Reichen 2001, 107)

Das Freie Schreiben ist ein hoher Anspruch an die Kinder. Sie haben nur eine Buchstabentabelle und bekommen gesagt, dass sie nun schreiben könnten. Sie müssen versuchen, Laute herauszuhören und diese mit den Anlauten der Bilder der Tabelle vergleichen. Je nachdem, wo sich der richtige Buchstabe für den Laut dann befindet, eine sehr mühselige und anstrengende Arbeit.

Die Kinder durchlaufen auch hier verschiedene Phasen. So stellt das Heraushören des Anlautes den ersten Schritt zum Verschriften dar. Dies scheint eine Phase zu sein, bei der es entweder ein Können oder ein Nichtkönnen gibt. Insofern ist diese Phase relativ problemlos – man verschriftet oder verschriftet nicht. Die nächste Phase, das Heraushörens der Inlaute, stellt sich schon schwieriger dar. So gibt es einige Kinder, die eine Zeitlang ziemlich an der Verschriftung der Inlaute knapsen müssen, vor allem die Vokale werden u. U. zunächst weggelassen (Skelettschrift). Ein Wort kann dann durchaus einen Entstehungsprozess von mehreren Zehnminuten haben. Hier ist zeitweise ein gewisser Motivationsverlust beim Schreiben zu beobachten, der sich auch auf den Lehrer auswirken kann und ihn u. U. an der Richtigkeit der Methode zweifeln lässt. Ist diese Phase von meist wenigen Tagen oder Wochen dann allerdings vorüber, können die Kinder alle Wörter der Welt aussprachegetreu bzw. lautgetreu verschriften. Und das machen sie dann auch. Dadurch ist das Konzept trotz mancher viel Geduld erfordernden Zwischenphase im Vergleich zum Fibelunterricht wiederum so „fix“.

Bei mir waren die Eltern sehr erstaunt, wie schnell die Kinder Schreiben und Lesen gelernt haben. Während nebenan noch *„Fu Oma gerufen hat“* (und keiner wusste warum), haben die Kinder in meiner Klasse schon selber Forscherberichte, Geschichten und Briefe an Verwandte geschrieben. Auch das Lesenlernen ging schneller. Während in den Nebenklassen noch mühsam Buchstaben bzw. Laute zusammengezogen wurde und Buchstabenverdrehungen (MIT statt TIM o. Ä.) trotz der „Buchstabenkenntnis“ von den Kindern nicht „vorlesbar“ waren (mein „Test“ in einer Vertretungsstunde in der Parallelklasse), lasen bei uns schon viele Kinder kleine Geschichten und Heftchen.

Bei den Kindern, die erst relativ spät lesen und schreiben konnten, waren sowohl Eltern als auch Lehrer die Entwicklungsverzögerungen von vornherein klar. Hier war die „schwache" Leistung, z.B. das Verharren auf dem Stand lautgetreuen Schreibens bis ins dritte oder vierte Schuljahr zwar oft nur schwer auszuhalten, aber das rechtschriftliche Trainieren von einzelnen Wörtern hätte das Problem auch nicht gelöst, sondern eher verdeckt. Interessant war, dass teilweise Schüler, die als „Lernbehinderte" zu uns in die Klasse kamen, mittels des Freien Schreibens relativ schnell lautgetreu Schreiben und Lesen erlernt haben. Sie haben zum Teil in vier bis sechs Wochen ein ganzes Schuljahr aufgeholt. Wahrscheinlich deshalb, weil sie nun ihren eigenen Weg gehen konnten und ihre Zeit nicht mit irgendwelchen fremd vorgegebenen Übungen vertun mussten. Allerdings verharrten sie länger in der phonetischen Phase, bevor sie dann im vierten Schuljahr wiederum einen großen Schub in Richtung richtiger Rechtschreibung bekamen. Das offene Unterrichtsprinzip erlaubte ihnen diesen für sie notwendigen eigenen Rhythmus, sie konnten problemlos in der Klassengemeinschaft integriert bleiben, obwohl sie teilweise die Ziele der entsprechenden Jahrgangsstufe noch nicht erreicht hatten.

Auch Peter May (vgl. 1995, 220ff.) kommt bei der Auswertung eines Projektes, bei dem 400 Kinder ab der ersten Klasse wiederholt einzelne Wörter und Sätze geschrieben haben, zu dem Schluss, dass man bei schwachen Rechtschreibern im Wesentlichen eine Verzögerung der Gesamtentwicklung vorfindet und nicht etwa eine andersartige Lernentwicklung, die bestimmte Übungen erfordern würde:

> Kennzeichnend für schwache Rechtschreiber ist zunächst nicht, daß sie zu viele Fehler machen, sondern im Gegenteil, daß sie anfangs für ihre Möglichkeiten zu wenig Fehler machen, weil sie dem Schreiben überhaupt auszuweichen versuchen, also sich dem Problem nicht stellen. Erst indem sie sich trauen, etwas aufzu-

> schreiben und damit Fehler in Kauf zu nehmen, machen auch sie ganz allmählich Fortschritte. [...] Neben erheblich längerer Lernzeit benötigen diese Kinder auch Hilfen zur Veränderung ihres Problemlöseverhaltens. (May 1995, 228f.)

Wir halten das Freie Schreiben von Anfang an (mit entsprechender Fehlertoleranz) für die Situation, die hier die größtmögliche Förderung verspricht, wobei natürlich eventuelle organische oder psychische Probleme auch angegangen werden sollten. Aber der schwache (Recht-)Schreiber bedarf unserer Meinung nach normalerweise keiner speziellen, „andersartigen“ Förderung als andere Kinder, so dass keine „Desintegration“ durch spezielle Förderprogramme vorgenommen werden muss. „Fördern durch Fordern“ ist der hohe Anspruch, den das Freie Schreiben gerade an schwache Kinder stellt. Dabei ist, wie auch Mays Überlegungen bekräftigen, ein Unterricht, der vorwiegend auf „Abschreiben“ und Fehlervermeidung beruht, die schlechteste Alternative.

Schreibanlässe suchten sich die Kinder in unserer Klasse meist selber, sie beschrifteten Forscherzeichnungen, malten und schrieben eigene Geschichten, schrieben Wörter zu Bildern oder kopierten sich Bildergeschichten, zu denen sie sich dann etwas ausdachten. Ein paar Kinder griffen auf kleine Heftchen (DIN A 6) zurück, die ich nach der Idee eines Kindes aus doppelt gefalteten DIN A 4 Blättern gemacht hatte und in denen man Wörter zu (Anlaut-)Bildern schreiben konnten (z.B. aus Brinkmann / Uihlein 1996).

Gemeinsame Schreibanlässe hat es nicht gegeben, sie hätten ihren Motivationscharakter als gut gemeinte Lehrervorgabe wahrscheinlich auch ziemlich schnell verloren bzw. man hätte immer wieder entsprechenden Motivationsaufwand von außen treiben müssen (wie anstrengend das schon in einzelnen Stunden sein kann, weiß jeder, der mit der Ausbildung von Lehramtsanwärtern zu tun hat ...). Die Faszination, die vom „Schreiben an sich“, von der Eigenproduktion ausgeht, würde sicherlich in vielen Fällen durch die Fremdvorgaben relativiert oder bei manchen Kindern vielleicht sogar auf Dauer zerstört werden. Da eigentlich fast alle Kinder ziemlich viel schrieben, wollte ich ihnen den eigenen Druck, sich selber etwas ausdenken zu müssen, nicht nehmen. Stellenweise taten sich auch Schüler zusammen und schrieben gemeinsam eine Geschichte oder zu einem (Sach-)Thema, stellenweise diktierten sich ein paar Kinder später auch spannende oder interessante Passagen aus Büchern. Aber schreiben konnte jeder immer irgendetwas; man muss ja nur aus dem Fenster gucken oder an den gestrigen Tag denken und schon hat man genügend Schreibstoff, wenn man schreiben will.

> Ich füle mich heute nicht besonders gut. Ich bin abgehschlaft wie eine ~~zerg~~ zerquetschte Zitrone. Ich gar keine Lust irgendetwas zumachen. Aber ich hatte mich zusammengerissen und diesen bericht geschrieben. Ich wusste nicht woran es liegt aber man kann sich ja anstrengen. Heute Morgen sagte ich mir: "Das wird ein schöner Tag." Aber man solle ja den Tag nicht vor den Abend ~~bog~~ loben. Ich bin zerstört.

Sicherlich gab es auch Kinder, denen das Freie Schreiben schwerer fiel. Sie orientierten sich dann oft an Bildern oder Büchern, an den Texten anderer Kinder oder schrieben auf, was gerade in der Klasse passierte. Da alle etwas anderes machten, gab es dabei genug Ideen zum Schreiben. Obwohl ich zeitweise versucht war, den „einfallsloseren“ Kindern doch irgendwann reproduktive Schreibübungen zu geben, bin ich im Nachhinein froh, dass ich das nicht gemacht habe. Alle haben über kurz oder lang das Freie Schreiben entdeckt, und selbst die „Schwächeren“ schrieben später seitenlange Geschichten oder erarbeiten Vorträge zu einem Thema, das sie gereizt hat.

```
          Es war einmmal ein schönner Morgen.
Es ging ein Mädchen  Herraus sie müssen zur schule gehen.
dann  hatt einer sie getreten.Dann kamm ihre Mutter Lass mein Kind
Enrue sie hatt mich Austrüke Gesags,das schdimdt nich doch du
weist das nich.ich rufe die polietzei, wie du das mast dann Tüte
ich dich wen du das mast dann kann ich dich inst Gefenges
das können sie nich mach doch dan habe sie sich wie der Fatragen.
ich mache das nich mer wie dann Gehen wier ihnz Kino Nagut Komm
```

Teilweise half hier auch der Computer mit seiner Textverarbeitung als Werkzeug. Kinder, denen das Schreiben aus motorischen Gründen nicht behagte, konnten hier die Faszination des Geschichtenschreibens entdecken, was sich dann wiederum auch auf das „Mit-der-Hand-Schreiben" auswirkte. Zudem fällt die Überarbeitung von Geschichten am Computer viel leichter, da die Korrektur nicht das Schriftbild der Geschichte „verschandelt" und der Text nicht erneut abgeschrieben werden muss, wenn eine „schöne" Form beabsichtigt ist. Es war faszinierend zu sehen, wie gezielt viele Kinder den Computer mit der Zeit eingesetzt haben. Sie wussten genau, welche Texte sie „schön" in ihrem Geschichtenheft haben wollten, und welche sie später noch ändern oder überarbeiten wollten, so dass sie diese direkt mit dem Computer getippt haben (siehe Kapitel 6.3).

3.4 Exkurs: Freies Schreiben und Schreibkonferenzen

Die von den Kindern verfassten Texte konnten dann von ihnen in gemeinsamen Kreisphasen vorgestellt werden, ob als „Forschervortrag" oder als Geschichte. Die anderen Kinder und der Lehrer konnten sich dazu äußern und inhaltliche und sprachliche Verbesserungen vorschlagen oder entsprechend gut gelungene Stellen loben. Es gab also eine feste Institution zum Austausch über Texte: die Präsentation des Werkes im Sitzkreis. Hier wird die Brücke vom spontanen Schreiben zum bewussteren Verfassen von Texten geschlagen. Genau das, was z. B. Gudrun Spitta (vgl. 1992) mit den sogenannten „Schreibkonferenzen" bezwecken möchte.

Mich hat die Idee der „Schreibkonferenzen" auf der einen Seite immer fasziniert, andererseits habe ich sie selber in vielen Klassen bislang nur als sehr lehrergelenkte bzw. lehrerinszenierte Veranstaltung erlebt.

> Dreimal wöchentlich fest eingeplante „freie Schreibzeiten" z. B. im Rahmen des Wochenplanunterrichts.
> Jedes Kind kann, muß aber nicht schreiben (Wahlangebote ...)
> Individuelle THEMENFINDUNG und ERSTELLEN eines ENTWURFES.
>
> Ebenfalls während der freien Arbeitszeiten im Wochenplanunterricht:
> SCHREIBKONFERENZEN:
>
> Autorenkind und zwei weitere Mitarbeiter arbeiten am Entwurf zu inhaltlichen, stilistischen, rechtschriftlichen Aspekten des Textes. Autorenkind bearbeitet anschließend seinen Entwurf für die
>
> ENDREDAKTION des Entwurfes durch bzw. mit der Lehrerin.
> Erstellen der endgültigen korrekten Textfassung auf besonderen SCHMUCKBOGEN für die
>
> VERÖFFENTLICHUNG in der Veröffentlichungsstunde (Dichterlesung).
> Vorlesen des Textes und Gespräch über den Text mit der gesamten Klasse.
> Anschließend Textausstellung oder Buchprojekt mit den Kindertexten. (Spitta 1992, 43)
>
> Wichtige Regeln für den Ablauf von Schreibkonferenzen [...]
>
> 1. Schritt: Vorlesen – Spontanreaktionen zum Inhalt [...]
> 2. Schritt: Satzweises Durchgehen des Textes unter sprachlichen und inhaltlichen Aspekten [...]
> 3. Schritt: Satzweise Rechtschreibkontrolle [...]
> 4. Schritt: Endredaktion [...]
> 5. Schritt: Veröffentlichungsstunde (Spitta 1992, 48 ff.)

Spittas Empfehlungen zum Ablauf von Schreibkonferenzen stellen Hilfen für den Lehrer dar, der in seinem teilweise geöffneten Unterricht nun auch die Aufsatzerziehung öffnen will und hier einen konkreten Vorschlag bekommt, der ihm hilft, dies zu tun. Was für diesen Fall sicherlich sinnvoll sein kann (obwohl ich auch hier die Gefahr des Arrangements einer scheinbaren Offenheit bzw. des

Verharrens auf einer niedrigeren Stufe von „Offenheit“ sehe), kann aus der Sicht des Offenen Unterrichts ganz anders wirken. Welche Arrangements sind wirklich notwendig und lohnen sich, eingeführt und „durchgezogen“ zu werden? Welche Vorgaben brauchen Kinder, um „gut“ (schreiben) zu lernen; welche sind überflüssiger Ballast, der lediglich der heimlichen Lehrerorientierung dient bzw. die Offenheit in unnötiger Weise einschränkt?

In unserer Klasse hat sich nie etwas lange gehalten, was unnötig war. Ich bin mittlerweile sehr misstrauisch bezüglich gut gemeinter und „sinnvoller“ Vorgaben. Sie alle erscheinen mir auf einzelne Kinder und Situationen bezogen meist durchaus vielversprechend, ihre Anwendung auf 25 oder 30 Kinder zugleich stelle ich in den meisten Fälle aber in Frage, denn dann stimmen Situationsorientierung und individuelle Passung in der Regel nicht mehr. Gott sei Dank kann sich durch die Mitbestimmungsmöglichkeiten der Kinder auch im Hinblick auf Regeln und Rituale eigentlich nicht viel etablieren, was von ihnen langfristig als nutzlos empfunden wird bzw. ihnen auf Dauer missfällt. So glaube ich rückblikkend, dass diese, nach festen Regeln und Ritualen ablaufenden Schreibkonferenzen, auf längere Zeit gesehen nicht funktioniert hätten, denn sie hätten die Kinder auf zu vielen Ebenen eingeschränkt. Zum einen durch die festen Termine zum Schreiben, Überarbeiten und Präsentieren, zum anderen durch die Vorgabe der Art der Überarbeitung selbst. Ich möchte damit in keiner Weise den oben beschriebenen Strukturierungsvorgaben ihren Sinn absprechen, sie aber im Hinblick auf einen Unterricht, der sowieso schon ganz auf Freiem Schreiben basiert, doch relativieren.

Spitta bezieht sich in ihrem Konzeptvorschlag auf die Forschergruppe um Donald H. Graves (vgl. 1982; 1995), der Anfang der achtziger Jahre seine Erfahrungen und Ideen in dem Buch „Writing: Teachers and Children at Work“ beschreibt. Für mich stellt seine Abhandlung ein Plädoyer für Freies Schreiben dar, bei dem er auf viele Aspekte (Freigabe des Themas, Zurückhaltung und Impulssetzung des Lehrers, Entwicklung der Handschrift, Rechtschreibung usw.) eingeht. Der Begriff „conference“ wird von ihm für die individuellen Besprechungen zwischen Lehrer und Schüler gebraucht, die die alte Aufsatzerziehung mit ihrem einseitigen „Belehren“ ablösen.

> Kinder können uns in der Tat etwas lehren, sowohl über ihr Thema wie über die Art, wie sie schreiben. Ein Lehrer, der mit den Schülern Besprechungen *(conferences)* durchführt, hat ein starkes Bedürfnis zu lernen, zu lernen durch die Informationen, die das Kind mitteilt, und durch das, was er über das Kind und seine Schreibarbeit erfährt. (Graves 1995, 126)

Es geht hier also nicht um einen Arbeitsauftrag für die ganze Klasse, wie ihn die Schreibkonferenz bei Spitta u. U. darstellt (zumindest in vielen praktischen Umsetzungen). Ich würde daher die Idee der Schreibkonferenz, das heißt die Überarbeitung von Texten durch Kinder oder Lehrer, ganz in das Freie Schreiben einbetten – lockerer gehandhabt als mit den oben angeführten starren Regeln und Terminen. Der Wunsch nach Überarbeitung, Präsentation und Feedback kommt bei den Kindern automatisch und ist keine Sache, die auf das dritte und vierte Schuljahr reduziert werden sollte oder dann inszeniert werden muss. Würdigung der Textproduktion, Textkritik, Überarbeitungsvorschläge usw. werden von den Kindern ab dem ersten Tag eingefordert und verkraftet.

Auch das von Spitta vorgeschlagene gemeinsame Überarbeiten von Texten *durch die Kinder* kommt im Offenen Unterricht genauso von selbst vor, denn immer wieder wird dem Tischnachbarn etwas gerade Geschriebenes vorgelesen, das dieser dann kommentiert, immer wieder verfolgt der Computerschreiber, was am Bildschirm neben ihm vor sich geht, immer wieder wollen Kinder zu Textstellen eine Meinung von bestimmten anderen Kindern (Experten) oder vom Lehrer hören. All dies vollzieht sich im Unterricht ganz nebenbei, ohne Vorgaben und (offiziell) zu beachtende Ablaufregeln. Wenn dazu dann noch die Präsentation von Texten im Sitzkreis kommt, ist ein Rahmen vorhanden, der den Kindern die Vorteile von Schreibkonferenzen gewährt, ohne ihre Nachteile (das Initiieren, den Termindruck, die mögliche Lustlosigkeit der zuhörenden Konferenzpartner usw.) in Kauf nehmen zu müssen. Also: Schreibkonferenzen ja, aber im Offenen Unterricht „von unten“, nicht „von oben“ …

3.5 Feste Kriterien für die Aufsatzerziehung?

> Bis zu einem Alter von 10 Jahren gibt es praktisch keine Indikatoren, die auf eine Trennung von Textproduktion und Planung bzw. auf Planungsphasen überhaupt hinweisen. [...] Selbst bei der expliziten Aufforderung, erst Notizen zu machen und dann auf der Grundlage dieser Notizen einen Text zu schreiben, beginnen 10jährige Schreiber sofort mit der Textproduktion [...]. Die Fähigkeit zur Entwicklung eines Textplans aber mit einer eigenen, vom Textinhalt abstrahierenden konzeptuellen Struktur [...] kann erst [...] bei den 18jährigen festgestellt werden. [...]
>
> Die auf dieses globale Planungswissen zielenden Studien erbringen übereinstimmend ein bemerkenswertes Ergebnis: Schon zu einem relativ frühen Zeitpunkt ihres Lernprozesses kennen Schreiber solche Superstrukturen: bereits 8jährige verfassen ohne Probleme kleine Geschichtenerzählungen und 10- bis 14jährige sind ohne weiteres in der Lage, einen schriftlichen Bericht und schriftliche Argumentationen abzufassen. Dieses Wissen ist allerdings nicht als reflexives Strukturwissen bewusst, d. h. die Schreiber verfügen primär intuitiv und unbewusst darüber [...].
>
> Drittens schließlich kann festgestellt werden, dass erst mit zunehmendem Alter die Texte durch das Überarbeiten auch besser werden [...].
>
> [Die; FP] Schreibdidaktik muss Wege suchen, das implizite und unbewusste Strukturbewusstsein der Leser und Hörer von Texten ihnen auch als Schreibern verfügbar und so bewußt zu machen. (Feilke 1993, 25f.)

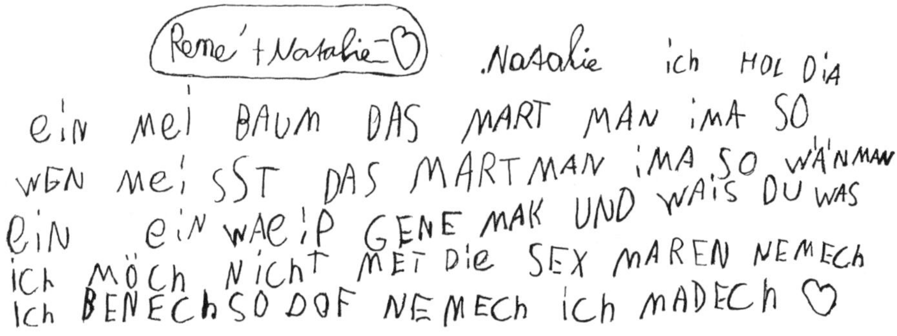
Rene' + Natalie = ♡ Natalie ich HOL DiA
ein mei BAUM DAS MART MAN iMA SO
WEN Mei SST DAS MARTMAN iMA SO WÄNMAN
ein ein WAEiP GENE MAK UND WAiS DU WAS
iCh MÖCh NiCHT MET DiE SEX MAREN NEMECh
iCh BENECh SO DOF NEMECh iCh MADECh ♡

Zumindest für den Bereich der Grundschule gilt, dass die Textproduktion weitgehend intuitiv und nicht detailliert nach einem bestimmten Schema vorgeplant erfolgt. Vergleicht man Texte, die Kinder frei bzw. selbstgesteuert geschrieben haben mit Texten, bei denen Lehrer versucht haben, den Kindern Vorgaben bezüglich des Schreibens zu machen, so kann man darüber nur froh sein. Freie Texte unterscheiden sich in Qualität und Quantität maßgeblich von angeleiteten Produktionen – und zwar positiv. Entsprechend sollte der „Aufsatzunterricht" ganz in das Freie Schreiben der Kinder eingebettet werden.

Dabei gehen die Kinder bei ihren Gesprächen im Kreis in der Regel von selbst auch auf die Gestaltung ihrer Sach- oder Geschichtentexte ein. Diese Gespräche kann der Lehrer nach Bedarf entsprechend unterstützen und im Rahmen der Vorschläge und Meinungen der Kinder gestalterische Varianten testen lassen. Wichtig ist, dass dies vorrangig an den Texten der Kinder geschieht und auch dieser Bezug nicht verloren wird. Wie (moderne) Textproduktionen aller Art zeigen, kann es kein allgemeingültiges Rezept für das Verfassen von Texten geben. Trotzdem muss den Zuhörern Kritik erlaubt sein, seien es langweilige Satzanfänge, seien es fehlende Adjektive, seien es Wechsel der Erzählperson, seien es Zeitsprünge, sei es unklare wörtliche Rede, seien es Wiederholungen, sei es fehlende Spannung oder ein unverständlicher oder nicht schlüssiger Inhalt. Sind diese Elemente nicht stilistisch begründbar, so können von den Kindern Alternativen gesucht und ausprobiert werden, solange der Autor dies als positiv empfindet. Hier muss natürlich auch stark differenziert werden und die dem Einzelnen mögliche Leistung beachtet werden. Aber damit haben die Kinder in der Regel überhaupt kein Problem. Sie erkennen meist ganz genau, was individuell geleistet worden ist und wo der nächste Schritt für jemanden hinführt.

Man sollte sich also von den mancherorts noch zu findenden abstrakten „Rezeptsammlungen" zum Schreiben eines Textes lösen. Viele dieser (gutgemeinten) Kriterien sind auf eine bestimmte Vorstellung von der Textsorte und ihrem Adressatenbezug zurückzuführen. Diese Vorstellung kann aber beim Kind ganz anders aussehen. Während man als Lehrer von der Adressierung an einen fiktiven „Leser" ausgeht, könnte das Kind einem fiktiven „Zuhörer" etwas schreiben – und zwar mit ganz anderen Formulierungen. Dass es sich dabei aber nicht um eine niedrigere „Entwicklungsstufe" handelt, wird offensichtlich, wenn das selbe Kind problemlos umformulieren kann, wenn es nun an einen „Leser" schreibt (vgl. Ossner 1996, 77 ff.)

> Im Sprachunterricht der Grundschule ist die mündliche Sprache der entscheidende Ausgangspunkt und das zentrale Medium. [...] Die anderen Bereiche, SCHRIFTLICHER SPRACHGEBRAUCH und UMGANG MIT TEXTEN, werden aus Sprachsituationen heraus entwickelt und durch mündliche Sprachverwendung wesentlich gefördert. (Kultusminister NRW LP Sprache 1985, 21)

Wir sollten daher das in den Lehrplänen geforderte Primat des Mündlichen und den sich daran anschließenden „entwickelnden Sprachausbau" auch wirklich berücksichtigen. Hier geht es nicht um das normative Einüben eines Kanons von Aufsatzgattungen, sondern um kommunikatives und personales Schreiben – und vor allem den Aufbau einer Schreibmotivation (und dieser Aufbau bzw. die Erhaltung eben dieser Motivation sollte Vorrang vor allen anderen Zielen haben, denn wer gar nicht erst schreibt, hat auch nichts zu überarbeiten). Das bedeutet unter anderem, dass der Schreibende eine wirkliche Schreibintention haben sollte und er sich auch selbst in den Schreibprozess (wie auch immer) einbringen darf. Beim Freien Schreiben von Anfang an wird diese wichtige Sinngebung des Prozesses ab dem ersten Tag grundgelegt. Den Kindern wird das Schreiben nicht durch das Eintrainieren sinnleerer Teilleistungen (Schwungübungen, Buchstaben und Wörter abmalen usw.), die nichts, aber auch gar nichts mit richtigem „Schreiben" zu tun haben, verleidet. Lassen Sie sich von Kinder einmal erzählen, wie enttäuschend sie rückblickend ihren Schulanfang fanden, weil sie hochmotiviert als „Schulkinder" endlich lesen, schreiben, rechnen lernen wollten, aber über Wochen nur unterfordert, ruhiggestellt oder für sie selbst sinnlos beschäftigt worden sind.

Aber zurück zur „Aufsatzerziehung". Solange der Text für den Schreiber und die Zuhörer seinen Zweck erfüllt (und die achten in den entsprechenden Besprechungen schon darauf), spielt es keine Rolle, ob der Text offiziell „Erzählung" oder „Erlebnisbericht" oder wie auch immer heißt. Kinder wissen sehr wohl zu unterscheiden, ob jemand eine Geschichte erzählt, die wahr ist, oder ob sich jemand etwas frei ausgedacht hat. Auch wissen sie genau, ob es sich um einen Sachtext handelt oder um das „Protokoll" einer tatsächlichen Begebenheit. Wenn man will, kann man als Lehrer und Zuhörer irgendwann entsprechende Termini im Gespräch über einen Text verwenden, aber es macht keinen Sinn, die Kinder zu einem bestimmten Zeitpunkt eine Geschichte in einer bestimmten Textform schreiben zu lassen und dann davon auszugehen, dass sie dadurch nun einen Begriff von dieser Textsorte hätten. Wie auch in anderen Bereichen müssen sich solche Strukturen und Einteilungen „im Kind selbst" bilden, sie können nicht gelehrt werden.

Wie schon oben beschrieben, sollten also die vielfältigen Gespräche über die von den Kindern produzierten Texte die Arbeit im Feld „schriftlicher Sprachgebrauch“ bestimmen. In der Regel werden bei diesem ständigen Austausch in großen und kleinen Gruppen genug Kriterien zur Überarbeitung und Verbesserung von Texten zur Sprache kommen. Aber: der Schreiber sollte letztendlich selber darüber entscheiden, ob durch die Überarbeitungsvorschläge sein Text auch wirklich besser wird. Pauschale Regeln gibt es auch hier nicht! Hat man z. B. vielleicht gerade darauf hingewiesen, dass Wortwiederholungen möglichst zu vermeiden sind, holt ein Kind leicht grinsend „Ben liebt Anna“ von Peter Härtling (vgl. 1986, 8) aus dem Regal an und liest einen Abschnitt vor, in dem so ziemlich jeder Satz mit einem „Dann“ beginnt. Zehn mal hintereinander. Hier wird die gerade noch tabuisierte Wiederholung vom Profi als gekonntes Stilmittel eingesetzt. Ähnliches kann auch für einseitigen Adjektivgebrauch, für Zeiten- und Personensprünge usw. gelten. Also: Tipps sind gut und wichtig, aber nicht als Regeln, sondern zum Testen. Dann macht Aufsatzerziehung Sinn und Spaß – und integriert zugleich den grammatikalischen Bereich des „Sprache Untersuchens“ (siehe Kapitel 3.8).

3.6 Rechtschreiben sicher lernen

> Die deutsche Rechtschreibung ist ein wahres Schulkreuz: denn wenn man die Zeit, die dafür aufgewendet, den Ärger, den sie Eltern und Lehrern bereitet und die Tränen, die um ihretwillen vergossen werden, summieren könnte, man würde erschrecken über das Unheil, das dieser Unterrichtsgegenstand anrichtet. (Kosog 1912, 3)

> Die Rechtschreibung ist eines der umstrittensten Gebiete der Grundschulpädagogik. In der bildungspolitischen Auseinandersetzung wird an ihr häufiger als an anderen Streitpunkten veranschaulicht, was die jeweilige pädagogische Ideologie selbst vorhat oder der anderen vorwirft: entweder den Kindern das wichtigste Ausdrucksmittel unserer Kultur und in ihm ihre Geschichte erkennbar machen oder die Kinder auf eine Konvention abrichten; Kindern das spätere Fortkommen erleichtern oder Kinder hier und jetzt disziplinieren etc. (von Hentig 1985, 109)

Auch wenn das Thema höchst spannend ist, wird es hier keine Diskussion um den Sinn oder Unsinn des Aufwandes geben, der um die deutsche Rechtschreibung getrieben wird und sämtliche Unterrichtsfächer überschattet. Ein bisschen überpointiert – aber mit einem erschreckend wahren Kern – könnte man wahrscheinlich in vielen Klassen den Rechtschreibunterricht als das weitaus umfangreichste Fach in der Schule enttarnen, denn oftmals gestalten sich nicht nur der Sprachunterricht, sondern auch viele andere Bereiche wie Sachunterricht, Religion oder Förderstunden als reine Stunden zur Rechtschreibübung, die dem eigenen Fach gar keinen (sinnvollen) Raum mehr lassen. Aber anstatt hier mit provokativen Thesen eine solche Gewichtung der Rechtschreibung im Gegensatz z. B. zu allgemeiner Sprachkompetenz oder einem zur selbstständigen Mediennutzung qualifizierenden Unterricht in Frage zu stellen, sollen im Folgenden die ersten von zehn Thesen zum Rechtschreibunterricht aus einer Publikation des Grundschulverbandes vorgestellt werden:

> *Schrift und Rechtschreibunterricht dienen als sekundäres Zeichensystem allein der Darstellung und Aufbewahrung von Sprache.* [...] Primäre Aufgabe des Sprachunterrichts ist Vermittlung und Ausbau von Sprache.
>
> 1. *Rechtschreibung soll die Sprache, der sie dient, so einfach, genau und eindeutig wie möglich wiedergeben. Eine sich wandelnde Sprache bedarf einer sich wandelnden Schreibung.* [...]
> 2. *Die Rechtschreibung ist von unnötigen, aus der Sprache nicht zu rechtfertigenden Schwierigkeiten zu entlasten.* [...]
> 3. *Die Überbewertung der Rechtschreibung in Schule und Öffentlichkeit bedarf dringend der Korrektur.* [...]
> 4. *Mangelnde Rechtschreibleistungen allein sind bei genügenden sprachlichen Fähigkeiten kein hinreichender Grund für die Nichtversetzung eines Schülers.*
> 5. *Der Rechtschreibunterricht der Grundschule muss in die Sprachbildung integriert werden und den ihm zukommenden Rang erhalten.* (Valtin 2000, 7)

3.6.1 Rechtschreiben sicher lernen – durch Fehler

Während außer den Eltern nur noch wenige Lehrer danach fragen, ob das nicht rechtschriftlich korrekte, aber lautgetreue Schreiben zu Beginn des Schreiblernprozesses zugelassen werden kann (die weiter oben abgebildete Schreibentwicklungstabelle fordert dies ja ausdrücklich), stellt sich in einem Konzept Freien Schreibens schon die Frage, ob Verschriftungen, die zu Anfang u. U. noch *nicht lautgetreu* sind, „statthaft" sind bzw. ob hier vom Lehrer eingegriffen werden sollte. Dies ist eine interessante Diskussion zwischen den führenden Didaktikern (– die aus Sicht des Praktikers bzw. des Pädagogen vor Ort allerdings zeitweise schon etwas an Haarspalterei grenzt).

Natürlich ist grundsätzlich die Schreibweise für ein Kind akzeptabel, die seiner Schreibentwicklungsstufe entspricht. Wenn nun ein Kind „hs" schreibt, kann dies eine große Leistung darstellen, denn es hat die prägnanten Laute eines Wortes richtig verschriftet. Man sollte diesem Kind aber nicht erzählen, dass es jetzt schon das Wort „Haus" geschrieben hätte, denn das hat es einfach nicht. Befindet sich das Kind auf einer Schreibentwicklungsstufe, bei dem das Heraushören von „h" und „s" eine gute Leistung ist, sollte man ihm dies auch sagen – ist es aber auf einer Stufe, auf der es schon erkennen kann, dass „hs" nicht „Haus" heißen kann, so sollte man diesbezüglich nachfragen und ihm das Manko verdeutlichen.

Eine Verschriftung wie „han“ würde hingegen auf dieser Entwicklungsstufe als „Hahn“ toleriert werden, denn das Wort ist lautgetreu richtig geschrieben, das Dehnungs-h (als Ausnahme der Schreibweise des langen „a“) ist als orthographische Besonderheit schon wieder ein oder zwei Entwicklungsabschnitte weiter. Befindet sich der Schüler schließlich auf dieser Stufe, würde man ihn auf die Verwendung des Dehnungs-h hinweisen. Dafür gibt es dann u. U. andere Phänomene, die man als noch nicht notwendig zu wissen ansehen würde, wie z. B. die Unterscheidung von „das“ und „dass“.

Dabei kann man für das entsprechende Vorgehen bzw. die Impulsgebung keine allgemeinen Regeln aufstellen. Die Entwicklungsstufen werden vom Kind nicht linear oder „lehrgangsmäßig“ durchlaufen, sondern Kinder benutzen sehr wohl zum selben Zeitpunkt Strategien, die wir verschiedenen Entwicklungsstufen zuordnen würden. Gerade diese Loslösung von vorgegebenen Schemata und der Blick auf das individuelle Kind ist das, was den offenen Sprachunterricht auszeichnet. Der Lehrer weiß bei entsprechend individuellem Vorgehen, was das einzelne Kind wann leisten kann, und wird es sowohl stützen als auch herausfordern. Im Bezug auf „Fehler“ bedeutet das: wann etwas „falsch“ ist, hängt von unzähligen Faktoren ab. „Falsch“ ist nur das, was man schon besser können müsste bzw. was man durch Einsicht verstehen kann, und nicht all das, was noch nicht der – dem Endziel entsprechenden – Norm entspricht. Und daraus folgt, dass zur gleichen Zeit ganz unterschiedliche (nämlich 25 bis 30) Fehlernormen in der Klasse existieren.

> Lerntempo und Leistungsniveau bleiben über die gesamte Beobachtungszeit hinweg unterschiedlich, so daß in einer idealtypisch repräsentativen Schulklasse die einen noch über elementare Phonem-Graphem-Beziehungen nachdenken müssen, während für andere die Orthographie im allgemeinen kein Problem mehr darstellt. Auf diese Bandbreite schriftsprachlichen Lernens hat sich das unterrichtliche Angebot über etliche Schuljahre hinweg einzustellen. (May 1995, 222)

Dabei haben die Kinder mit der individuellen Sichtweise auf Fehler unserer Erfahrung nach kein Problem, und auch für den Lehrer stellt die individuelle Reaktion auf die Leistung eines Kindes die plausibelste dar, zumal sich ja alle diese individuellen Normen im Laufe der Zeit in Richtung der einen Normschreibweise entwickeln. Die Reaktion des Lehrers ist bei der Fehlerkorrektur eben nicht nur von seiner Rolle als „Sprachlehrer“ abhängig, sondern viel mehr von seiner Rolle als Pädagoge. Es geht um ein individuelles Reagieren auf die situativen Bedürfnisse des Kindes und nicht um ein Patentrezept. Jeder Lehrer sollte sich zutrauen, zu wissen, welchem Kind zu welcher Zeit was abzuverlangen ist bzw. wann es nicht unnötig demotiviert werden sollte. Es gibt eben neben sprachdidaktischen Maßnahmen noch viele andere Faktoren, die Lernen und Unterricht beeinflussen, und entsprechend zu berücksichtigen sind, von psychischen Problemen einzelner Kinder bis zur subjektiven Einstellung zum Fach oder Lerngegenstand.

In unserer Klasse wurden die Geschichten mit der Zeit automatisch immer mehr von den Kindern überarbeitet bzw. auf die richtige Rechtschreibung hin durchgesehen. Der Ehrgeiz, richtig schreiben zu wollen, lag von Anfang an in der Luft. Aber es war für die Kinder (und zum Glück die Eltern) wiederum auch klar, dass sie erst einmal „Kinderschrift“ beherrschen mussten (also lautgetreu schreiben können mussten), bevor sie sinnvoll „Erwachsenenschrift“ (also orthographische Phänomene) lernen konnten. Kinder, die das dann tun wollten, kamen zu mir und baten mich, die „Fehler“ im Text zu markieren. Wohlgemerkt, hier kommt jemand, um über seine Fehler nachzudenken, es geht nicht ein anderer hin und streicht (ungefragt) im Text eines anderen herum, um ihm zu bescheinigen, wie viele Fehler dieser macht.

Ich habe dann in Anlehnung an die Praxis von Hannelore Zehnpfennig ein „x“ unter die Wörter gesetzt, die die Kinder eigentlich schon hätten richtig schreiben können, und ein „*“ unter die Wörter, deren Rechtschreibung sie noch nicht wissen konnten, aber die sie von ihrer Entwicklungsstufe her reflektieren bzw. herausfinden konnten. Dabei handelte es sich immer um eine ganz persönliche Richtungsweisung, u. U. für jedes Kind anders. So konnte jedes Kind von Anfang an individuell den Schritt vom lautgetreuen zum orthographisch richtigen Schreiben tun.

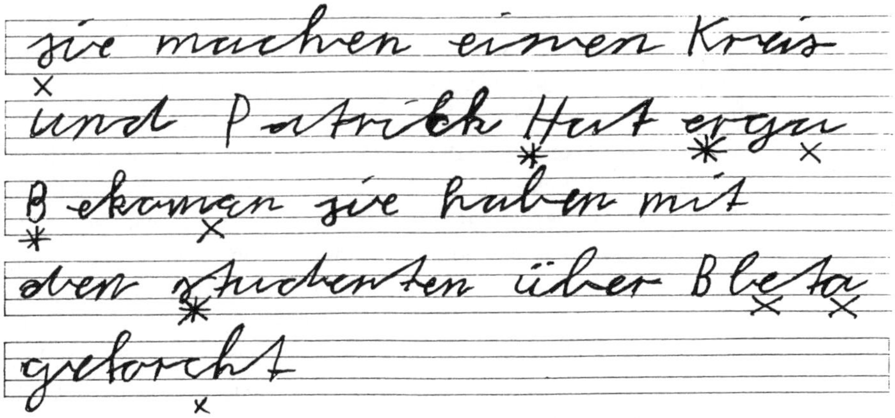

Ob man vor einer Veröffentlichung in der Klasse darauf besteht, dass ein Text nur fehlerfrei präsentiert werden darf, oder aber ihn in den ersten Schuljahren als Lehrer noch einmal in korrekter Form unter den Schülertext schreibt, muss man selber wissen. Wir halten dieses Vorgehen für viel zu zeitaufwendig und uneffektiv – vor allem, wenn sich kein Kind wirklich dafür interessiert. Sinn macht ein solches Vorgehen nur, wenn man damit in der Klasse das Rechtschreiben „hochhalten" möchte. Uns erschien dieses Vorgehen nicht notwendig, denn wir hatten den Eindruck, dass veröffentlichte Texte von sich aus wie Vorlagen für Schreibkonferenzen wirken, das heißt sie geben vielen Kindern einen Anlass, über Schreibweisen nachzudenken. Wie die Untersuchungen von Erika Brinkmann zeigen, lernen Kinder nicht zu einem bestimmten Zeitpunkt die richtige Schreibweise eines Wortes, sondern ihr Rechtschreibgespür pendelt sich quasi im Laufe der Zeit zwischen verschiedenen Schreibweisen ein (vgl. Brinkmann 1997, 350). Sind unter den unzähligen Texten, mit denen die Kinder laufend umgehen dann ein paar selbst gemachte, fehlerhafte, wird ihr Gespür wahrscheinlich eher zur Reflexion angeregt, als wenn sie davon ausgehen, dass alle Schreibweisen, die ihnen begegnen, immer von sich aus richtig sind. Also auch hier: *Mut zum Fehler.*

Wichtig ist, dass sich die Eltern entweder ganz aus der Rechtschreibung der Kinder heraushalten, oder aber genau so verfahren wie der Lehrer. (Entsprechendes gilt für andere Verwandte, Freunde, Bekannte usw.) M. hatte z. B. einen richtigen „Schreib- und Leseeinbruch“ im ersten und zweiten Schuljahr, weil ihr etwas älterer Bruder ihr immer wieder sagte, dass sie ja alles falsch schreibe und noch nicht einmal lesen könne, was sie schrieb. Vielleicht hätte man ihr damals schnell ein paar Fibelwörter zur Selbstverteidigung beibringen müssen? Ihre Lese- und Rechtschreibkompetenz ist zwar mittlerweile gut, aber das hat sie im dritten und vierten Schuljahr unnötigerweise viel Mühe und Ehrgeiz gekostet. Die Methode des Freien Schreibens von Anfang an ist meiner Meinung nach alternativlos sicher, aber sie braucht ein tolerantes Umfeld.

3.6.2 Rechtschreiben sicher lernen – durch intuitives Schreiben ohne Störungen von außen

> Der Weg durch die qualitativ ansteigenden Verschriftungsniveaus (Schreibentwicklungsniveaus) ist ein allmählicher Prozess zunehmender Annäherung an unsere Normorthografie. Dieser Annäherungsprozess verläuft nicht geradlinig, sondern – wie jeder Lernprozess – dynamisch: mit Sprüngen, mit Plateaus, mit Rückfällen, mit langsamem oder schnellem Fortschritt, von Kind zu Kind jeweils individuell. Wir können das Fortschreiten dieses Prozesses nicht erzwingen, wohl aber Kinder zum Schreiben ermutigen. [...]
>
> Kinder verhalten sich bei ihren frühen Verschriftungen wie Sprachforscher / Sprachdetektive: sie bringen all ihr Wissen auf die Waagschale, um ein Verschriftungsproblem zu lösen. Dadurch gewinnen Kinder, die freie Texte schreiben, sehr früh eine eher kognitive Einstellung zur Schrift und zu ihrem Funktionieren. Diese „intellektuelle Haltung gegenüber der Schrift“ ist für den Rechtschreiberwerbsprozess außerordentlich hilfreich. Frühe Spontanschreiber werden in der Regel gute Rechtschreiber.
>
> Spontanschreiber, die zunächst ihre „Privatorthografie“ erproben konnten, erleben dann unsere Normorthografie in ihrer kommunikationserleichternden Funktion als positiv, nämlich als sinnvolle Maßnahme, die das Lesen / Schreiben erleichtert. (Spitta 1999 a, 181)

Grundidee des Rechtschreiblernens durch Freies Schreiben ist, dass „richtig schreiben“ nicht gelehrt werden kann. Es ist also nicht sinnvoll, einen zusätzlichen „Rechtschreibunterricht“ durchzuführen, der ein bestimmtes Teilthema oder Phänomen (z. B. Übungen zum „ck“) behandelt, sondern das Kind bildet beim Freien Schreiben laufend sich verändernde Rechtschreibmuster, die meist unbewusst, implizit die neuen Eindrücke mit den schon vorhandenen in Beziehung setzen. Nur so kann eine wirkliche Rechtschreibkompetenz aufgebaut werden. Gerade das Machen von „Fehlern“ schafft beim Kind dabei die notwendige intellektuelle Diskrepanz, die ihm ein Lernen ermöglicht.

> Für die orthografische Kompetenz wurde bisher angenommen, dass diese nur durch die unterrichtliche Vermittlung von sprachlichem Wissen erworben werden könne. Neuere Forschungen zum Orthografieerwerb [...] zeigen deutlich, dass

die orthografische Kompetenz nicht allein auf der Kenntnis explizit formulierter Regeln beruht, sondern auch auf unbewusst und nicht willentlich aufgebauten inneren Regeln. Sie sind keine Übergangskompetenzen, die mit dem Erwerb der expliziten Regeln obsolet werden, sondern sie sind die psychischen Grundlagen des Rechtschreiben-Könnens. Diese inneren Regeln weichen oft deutlich von den expliziten ab, indem sie sich teilweise auf Elemente beziehen, die linguistisch nur schwer beschreib- und kategorisierbar sind. Daneben zeigt sich, dass selbst bei gleichem Schreibresultat große individuelle Unterschiede der jeweils zu Grunde liegenden inneren Regeln bestehen können. [...]

Der Schriftspracherwerb rückt durch die neueren Forschungen in große Nähe zum mündlichen Spracherwerb, was auch zu Konsequenzen für die Sprachdidaktik führen wird: Wenn man davon ausgeht, dass die orthografische Kompetenz unbewusst und ungesteuert erworben wird, ist es nahe liegend, für den Rechtschreibunterricht ähnlich zu verfahren wie im Grammatikunterricht. Auch hier sollte die Forderung des orthografischen Sprachbewusstseins und der metasprachlichen Kompetenz durch experimentierendes und forschendes Lernen in Bezug auf die Orthografie einsichtiges Lernziel werden. (Thomé 1999, 189)

Während **Sprachbewusstheit** gezielt und erfolgreich auf bewusst internalisierte Regelsysteme zurückgreifen kann, um diese zur Problemlösung bei sprachlichen Irritationen einzusetzen, kann der Zugriff auf unbewusst verankertes Sprach- und Regelwissen bei bzw. gerade durch diesen willkürlich initiierten und bewusst durchgeführten Reflexionsakt gestört bzw. verbaut werden und zu Irritationen bis hin zur Blockierung dieser Fähigkeitsbündel führen. Dies scheint besonders dann der Fall zu sein, wenn Bewusstseinsprozesse extern eingefordert werden. (Spitta 2000, 4)

Um es noch einmal anders auszudrücken bzw. die von Gudrun Spitta allgemein auf den Bereich Sprache bezogene Aussage hier als These für den Bereich der Rechtschreibung zu spezifizieren: Die (ausreichende) Grundlage für eine wirkliche Rechtschreibkompetenz, die sich vom reinen Auswendigbeherrschen bestimmter Wörter oder dem unverstandenen Hersagen von Regeln abhebt, ist so etwas wie ein Rechtschreibbewusst*sein*, das heißt ein Gefühl dafür, ob eine Schreibweise richtig oder falsch ist. Rechtschreibbewusst*heit* als explizite und systematische Reflexion sprachlicher Vorgänge ist hingegen eigentlich nur für den Fachmann interessant, der sich berufsmäßig mit Sprachanalyse bzw. Orthographie auseinandersetzt – und auch dabei ist sie nicht zu verwechseln mit dem auswendig gelernten Regelwissen, das in der Schule vorschnell für „Rechtschreibbewusstheit“ gehalten wird.

Ein Auswendiglernen von Wörtern oder Regeln macht wenig Sinn bzw. kann sogar störend wirken. Der Lernende konstruiert sein Wissen dauernd wieder für sich um, schreibt Wörter erst falsch, dann mal richtig, wieder falsch usw. Die richtige Schreibweise „pendelt“ sich quasi ein, ein direkter Zusammenhang zwischen Rechtschreibübungen und Rechtschreibleistung ist nicht erkennbar. Eine verbindliche Vorgabe erscheint daher nicht sinnvoll. Viel wichtiger und jegliche Grundlage auch für eine reflektierte Nutzung des eigenen Wissens ist das implizite Bewusstsein. Blockiert werden kann die Entwicklung bzw. der Zugriff auf dieses unbewusste Sprachgefühl bzw. Rechtschreibbewusstsein aber dann, wenn ein externer Bewusstseins- bzw. Bewusstmachungsprozess eingefordert wird – während eine vom Individuum selbst eingeleitete Reflexion (z. B. durch Irritation, Notwendigkeit oder Neugier) kein Problem bezüglich einer Blockierung der impliziten Fähigkeiten darstellt, ja sogar u. U. eine explizite Sprachreflexion bzw. Sprachbewusstheit bedingen kann.

Dieser Unterschied ist wichtig und der Schlüssel zu unserem Problem. Verkürzt und pointiert formuliert lautet die These: Vom Individuum selbst gesteuertes Lernen ist die Voraussetzung für den Aufbau wirklicher Rechtschreibkompetenz – von außen durch Lehren oder (Ein-)Üben fremdgesteuertes Lernen hilft nicht bzw. kann sogar kontraproduktiv wirken. Dazu gibt es zahlreiche Beispiele, wenn z. B. Lehrer und Didaktiker immer wieder berichten, dass Kinder nach dem Üben bestimmter Phänomene oder Inhalte mehr Fehler machen als vorher. So auch bei der aktuellen Untersuchung von einzelnen Rechtschreibmaterialien von Thomé und Hartmann:

> Die neueren Hefte sind grafisch besser gestaltet als die älteren. Im Unterrichtseinsatz zeigte sich, dass einige Texte [aus „Für Diktate üben 2"; FP] für die Kinder zu langweilig sind. Weiterhin fiel auf, dass die Kinder beim zweiten Schreiben der Texte mehr Fehler machen als beim ersten Mal, wahrscheinlich weil zu viele unterschiedliche Phänomene gleichzeitig geübt werden. Die Kinder üben dadurch auch Inhalte, die sie gar nicht mehr üben müssten. Sie vermuten dann dort Schwierigkeiten, wo keine sind und machen deshalb vermehrt Fehler. (Thomé 2000, 151)

Wir brauchen also kein Lehrgangskonzept mit vorgegebenen Aufgaben, sondern wir brauchen eine Umgebung, die zum Lernen und Forschen anregt, ohne die Eigenmotivation und die Neugier der Kinder zu beeinträchtigen.

3.6.3 Rechtschreiben sicher lernen – ohne Grundwortschatz und Sprachbuchregeln

Entsprechend kritisch muss das Üben eines Grundwortschatzes gesehen werden. So würde das rechtschriftliche Üben von Wörtern mit einem „Grundwortschatz" überhaupt nur bei den Wörtern Sinn machen, die wirklich in Texten auch häufig vorkommen, denn alle Wörter der Welt kann man ja nicht auswendig lernen. Ein Kind deckt mit den 50 häufigsten Wörtern aber schon rund 45 % seiner Texte ab, mit den 300 häufigsten Wörtern rund 70 %. Dabei handelt es sich zum größten Teil um Funktionswörter wie Artikel, Pronomen, Präpositionen, Bindewörter: „ich", „die", „der", „sie", „mir", „zum", „und" usw. Kann es diese Wörter schreiben, schreibt es also schon knapp Dreiviertel seiner Wörter in freien Texten richtig.

Danach wird das Kriterium der Häufigkeit aber rasch fragwürdig, denn das Vorkommen im Text nimmt fortlaufend ab, eine Steigerung auf 500 Wörter bringt nur noch 5 % mehr, die nächsten 500 Wörter (um dann auf insgesamt 1000 Wörter zu kommen) nur noch ca. weitere 7 % (vgl. Brinkmann / Brügelmann 1993, Karte S. 21). Darüber hinaus ist ein messbarer Zugewinn eigentlich nicht mehr festzustellen. Zu beachten ist auch, dass ein sprachstatistisch ermittelter Häufigkeitswortschatz nicht unbedingt viel mit dem Wortschatz zu tun hat, den ein einzelnes Kind tatsächlich verwendet. Mit anderen Worten: der größte und wichtigste Teil der Wörter eines Textes kann nicht auswendig gelernt werden, da man nach einer mehr oder weniger festen „Grundmenge" von Wörtern keinerlei sinnvolle Aussagen über die Häufigkeit des Vorkommens eines Wortes in einem Text mehr machen kann. Balhorn bekommt in einer Untersuchung von 114.000 Wörtern aus 793 Aufsätzen von Viertklässlern heraus, dass bei mehr als 93 % der verwendeten Lemmata (Grundform eines Wortes einschließlich aller Flexionsformen) keine bzw. kaum Vorhersagen über die Auftretenswahrscheinlichkeit gemacht werden können (vgl. Balhorn 1983, 32).

Ein verbindlicher, gemeinsamer Grundwortschatz, den es zu sichern lohnt, umfasst also auf Grund der „degressiven Struktur" des Wortgebrauchs sinnvollerweise nur die 300 häufigsten Wörter. Diese Wörter werden aber – weil sie eben als „häufige" Wörter auch dauernd in den freien Texten der Kinder vorkommen und somit Gebrauchswörter darstellen – in der Regel sowieso im Laufe der Zeit richtig geschrieben und müssen nicht extra ohne individuellen Textzusammenhang „geübt" werden. Ein für alle Kinder verbindlicher Grundwortschatz über diese 300 Wörter hinaus ist schon auf Grund der oben beschriebenen negativen Aufwand-Nutzen-Relation nicht sinnvoll. Zudem bildet er auch keine tragfähige Grundlage für das Rechtschreiblernen des einzelnen Kindes, da die Untersuchungen von Brinkmann gezeigt haben, dass das ein- oder auch mehrmalige Richtigschreiben eines Wortes nicht sicherstellt, dass es danach auch in Zukunft richtig geschrieben wird (vgl. Brinkmann 1997, 350). Entsprechendes gilt für einen „Modellwortschatz", der davon ausgeht, dass man durch das Lernen entsprechend ausgewählter Wörter exemplarisch die Strukturen der deutschen Sprache erlernt. Wir denken, der Grundwortschatz kann weder schul- noch klassenbezogen sein, sondern es muss der eigene Grundwortschatz des Kindes sein. Und der ergibt sich in seiner individuellen Ausprägung von selber durch das Freie Schreiben. Er wird dann dabei gleichzeitig sowohl Häufigkeits- als auch Modellwortschatz des einzelnen Kindes darstellen.

Ein anderer Ansatz für das Rechtschreiblernen ist das (gemeinsame) Thematisieren und Lernen von Regeln, wie es oft in Sprachbüchern und Rechtschreibkarteien der Fall ist. Unserer Meinung nach hat auch dieses Vorgehen nichts mit einer Ausbildung der Rechtschreibkompetenz zu tun. Nicht nur, dass sich die in solchen Werken zu findenden Regeln oft entweder sehr ungenau darstellen, durch zu viele Ausnahmen völlig relativiert werden oder ganz einfach falsch sind, meist sind sie auch völlig überflüssig, denn sie bieten in der konkreten Situation keine Entscheidungshilfe für das richtige Schreiben (vgl. auch Erichson 1995). (z. B. „Nach l, n, r, das merke ja, steht nie tz und nie ck. [Pelz, Kranz, Kerze] – Und weiter merke dir genau, nur k und z nach ei, eu, au. [Heike, Weizen, Pauke]" (Buck 1985, 106). Beide Regeln sind überflüssig, da sie sich zwangsläufig daraus ergeben, dass nur einzelne Konsonanten nach kurzen Vokalen verdoppelt werden.)

Zudem ist das Schreiben ein Prozess, bei dem niemand bewusst Regeln reflektiert, sondern diese im Normalfall intuitiv und unbewusst gebraucht. Nur in sehr seltenen Einzelfällen wendet man beim Schreiben explizit Regeln als „Eselsbrücken" an, meist wird aber auch in Zweifelsfällen „nach Gefühl", also nach implizitem Regelbewusstsein geschrieben bzw. überprüft. Wie viele explizite Regeln (ohne eigene Eselsbrücken) wenden Sie denn beim Schreiben in einem normalen Text an? Die Zahl wird verschwindend gering sein. Dies belegen auch die Untersuchungen von Augst zur Verwendung des expliziten und impliziten „Speichersystems" für orthographisches Wissen bei kompetenten Schreibern sowie die Ergebnisse von Hanke und Baumgartner, die in ihrer Untersuchung bei Kindern Ähnliches feststellen:

> In einer Untersuchung schreiben 50 Studenten und Sekretärinnen 71 % aller Rechtschreibfälle richtig, nur in 52 % aller Fälle können sie jedoch das Rechtschreibproblem erkennen, und gar nur in 8 % (!) aller Fälle lassen sie sich bei ihrer Schreibung von einer Begründung leiten, die – bei großzügiger Auslegung – einer richtigen (Duden-)Regel nahekommt oder entspricht. (Augst 1989, 9)

> Viele Kinder realisierten die orthografischen Phänomene in der Schreibprobe sachadäquat, äußerten jedoch in der unmittelbaren Befragung zu ihren Verschriftungen sachinadäquate Begründungen. (Hanke 1999, 116)

> Dass Kinder auf Fragen zu ihren Strategien Antworten geben können, dass Schreibweisen Strategien verdeutlichen, besagt lediglich, dass solche Strategien zum Einsatz gekommen sind, und dass bestimmte Kinder dies benennen können, nicht aber, dass sie bewusst eingesetzt wurden, wie der Begriff impliziert. Solche Aussagen stellen Rekonstruktionskurzschlüsse der Untersuchenden dar. (Spitta 1999b, 12)

Ferner kann jemand eine Regel nur dann anwenden, wenn er sie selbst für sich zur eigenen „inneren Ordnungsregel" gemacht hat, also Sinn und Zweck dieser Regel für sich selber kennt und Interesse am Gebrauch hat. Ob dazu aber die Vorgabe von außen besser ist als eigenes Aufspüren, ist mehr als fraglich. Christa Erichson (vgl. 1988) empfiehlt deshalb ein „Probieren statt Vorbeugen", ein „Jonglieren lernen" und veranschaulicht das „Zuviel des Guten" in Bezug auf die gut gemeinten Ratschläge: Sie versetzt sich einmal in ein Kind, das z. B. wissen will, ob es das Wort „krank" richtig geschrieben hat. Es hat vorher gelernt (oder besser gelehrt bekommen), dass sich bei d-t, g-k und b-p am Wortende Probleme ergeben können und dass man diese durch Verlängern erkennen kann. Da man aber nicht einfach drauflos „probieren“ soll, gibt es weitere Hilfen: Beim Substantiv hilft dir der Plural. Beim Verb hilft dir die Grundform. Beim Adjektiv hilft dir die Steigerungsform. Das Kind legt also los:

> 1. *rekapitulieren, ob der Endlaut zu der Problemkategorie „d-t, g-k, b-p“ gehört: Oder welche waren das noch mal?*
> 2. *die Wortart bestimmen: Was war noch mal „Wortart“? Welche gibt es? Zu welcher gehört „krank“?*
> 3. *entscheiden, welche Verlängerungsform dieser Wortart angemessen ist: Welche war das noch mal bei Adjektiven (sofern Überlegung Nr. 2 zu diesem Ergebnis geführt hat)? Mehrzahl? Grundform? Steigerungsstufe! Was war das noch mal „Steigerungsstufe“?*
> 4. *den Komparativ von „krank“ bilden: „kränker“? Gibt's das?*
> 5. *noch wissen, wozu es dieses Programm eigentlich hat ablaufen lassen: Endlaut von „krank“ in der Verlängerung „kränker“ abhören: „k“!*
>
> Mit der Verlängerung „Krankenhaus“ oder „krankes Huhn“ wäre dem Kind – wider jede Regel – all das erspart geblieben. (Erichson 1988, 21)

Erichson stellt fest, dass sich in der Praxis glücklicherweise viele Kinder von diesen Behinderungen lösen und sich ihren eigenen Reim auf die Dinge machen. (Es kann auch sein, dass das in der Schule gelehrte bzw. gelernte Wissen außerhalb der konkreten Übungssituation sowieso keine Anwendung findet). Dass man etwas über die Schreibweise von Wörtern herausfinden kann, indem man mit ihnen „jongliert“, ist das, was Kinder herausfinden müssen. Ob sie wissen, dass sie dabei „verlängern“ oder „an Verwandte denken“ oder andere Tricks haben, ist dabei nebensächlich. Mehr „Hilfen“ werden – wie im obigen Beispiel – schnell kontraproduktiv, da sie als externe Lösungsvorschläge mehr verbauen als helfen. Wir denken sogar, dass das „Jonglieren“ von den meisten Kindern ganz unbewusst (und ungelehrt) vorgenommen wird, wenn die naturgemäß überall vorkommenden Rechtschreibphänomene eben nicht explizit problematisiert werden.

3.6.4 Rechtschreiben sicher lernen – Eigenaktivität herausfordern anstatt Teilleistungen zu üben

> Lernhilfen, die die individuellen Lernwege der Kinder nicht ernst nehmen, stiften oft mehr Verwirrung, als dass sie zur Klärung beitragen. [...]
>
> Man mag vielleicht meinen, dass solche Erkenntnisse zum Rechtschreibunterricht nicht überraschend seien. Aber angesichts der Bedenkenlosigkeit mit der heute z. T. in der freien Arbeit spaßig aufgemachte, aber mechanisch zu erledigende Übungsmaterialien auf Tische verteilt werden, erscheint es uns wichtig, empirisch nachzuweisen, dass ein Unterricht, der eine bewusste Lernhaltung anregt, einem

> Unterricht überlegen ist, der nur auf das Schreiben und Einprägen von Wörtern setzt und z. B. durch Rätselraterei vom Nachdenken über Rechtschreibung ablenkt. (Spinner 1999, 78)

Schreiben (und Rechtschreiben) lernt man durch (Freies) Schreiben und Lesen. Durch den selbstgesteuerten Lernprozess erfolgt eine unbewusste, implizite Bildung von veränderbaren Rechtschreibmustern. Es wird vom Kind weder einfach nur ein Wortabbild im Kopf gespeichert noch eine bestimmte Regel auswendig gelernt: Ohne Rücksicht auf eine Einteilung in Grammatik oder Orthographie erfolgt das Rechtschreiblernen durch eine komplexe Vernetzung neuer Eindrücke mit schon vorhandenem Wissen, ganz individuell und nicht bei zwei Kindern gleich. Entsprechend kann das Rechtschreiblernen auch nur ganz individuell auf das einzelne Kind bezogen unterstützt werden. Durch den vielfältigen Umgang mit Schrift schafft sich das Kind eigene Ordnungen und Strukturen, eben sein implizites Regelbewusstsein.

Das Thematisieren von einzelnen Teilleistungen innerhalb eines Lehrgangs für die ganze Klasse, wie es bei einem Unterricht nach dem Sprachbuch nahe liegt, erscheint hingegen uneffektiv oder sogar kontraproduktiv, denn es werden ja in der Regel Strukturen eingeübt, die sich eigentlich im Laufe der Zeit von innen bilden müssten. So kann man feststellen, dass, wenn die Hälfte der Kinder Fehler macht, weil sie kein „ck" gebrauchen, nach der Thematisierung des „ck" nun die Hälfte der Kinder Fehler macht, weil sie nun immer „ck" gebrauchen – und das bei vielen Kindern kein normaler Prozess der „Übergeneralisierung" ist, sondern ein unverstandenes Anwenden eines Schemas. So passiert es häufig, dass Kinder ein Phänomen zufriedenstellend im entsprechenden Übungsteil einer Klassenarbeit einsetzen können, sie es aber nicht im frei zu gestaltenden Teil tun. Das Phänomen wird abgelöst von der Rechtschreibkompetenz nur als Selbstzweck reproduziert und stellt eine unverbundene, isolierte Wissenseinheit ohne Transfermöglichkeit dar.

Würde dies das einzige Problem darstellen, könnte man diesen Vorgang noch unter „schulischer Beschäftigungstherapie" abhaken. Aber das Problem liegt tiefer, denn die Gefahr ist groß, durch das (ungefragte) explizite Thematisieren eines Rechtschreibphänomens in den unbewusst ablaufenden inneren Regelbildungsprozess der Kinder einzugreifen und so die Rechtschreibung erst zur Schwierigkeit zu machen. Nicht wenige Kinder haben deshalb Rechtschreibprobleme, weil sie von der äußeren Vorgabe von Regeln und Vorschriften verwirrt werden, während sie spontan kein Problem mit dem richtigen Schreiben haben. Um also den eigenen Regelbildungsprozess zu stützen, sollte auf das Lehren von Rechtschreibung verzichtet werden und stattdessen ein der eigenen Rechtschreibentwicklung dienliches Umfeld bereitgestellt werden. Ein wichtiges Werkzeug dazu ist – neben dem Freien Schreiben und dem Freien Lesen – das Schaffen einer Möglichkeit, eigene Fragen an die Orthographie stellen zu können bzw. beantwortet zu bekommen. Dies können der Orthographie kundige Mitschüler oder Erwachsene sein, die entsprechend angesprochen werden, das kann ein Wörterbuch sein oder auch die Rechtschreibkontrolle eines Computers.

Um keine Missverständnisse zu erzeugen: Auch hier geht es nicht darum, dass das Kind durch die Verbesserung seines Fehlers in althergebrachter Weise etwas explizit lernt, sondern diese Haltung von Lehrer und Kindern fördert vielmehr das selbstgesteuerte Lernen, indem in der Klasse Lernen und auch Rechtschreiblernen eine wichtige Rolle spielen. Diese Atmosphäre anspruchsvollen und herausfordernden Lernens ist wichtig, denn in Klassen, in denen das nicht so ist, werden diese Ergebnisse trotz entsprechender Lernumgebung nicht in diesem Maße erzielt. Es geht also nicht um das Thematisieren bestimmter Phänomene oder Modelle durch Lehrer, Sprachbuch oder Mitschüler, sondern eher um eine Lernatmosphäre, die dem impliziten Lernen Raum und Spannung gibt – wie auch immer hier die Zusammenhänge sind. Zurzeit ist dieses Phänomen, das uns ähnlich z. B. auch aus dem Förderunterricht bekannt ist (der nützt nicht unbedingt durch das nochmalige Erklären etwas, sondern eher durch die emotionale Zuwendung bzw. die intensivere Lernatmosphäre), unserem Wissen nach bislang weder erforscht noch erklärbar.

Noch einmal etwas konkreter die Erfahrungen, *die ich gemacht habe*, die aber (noch) nicht systematisch genug geprüft sind – sie liegen einfach zu quer zu unserem gängigen Bild von Lernen: Es schien mir in meiner Klasse sogar so zu sein, als sei es nicht nur ziemlich egal, welche konkrete Rückmeldungen der Schüler im Einzelnen über die Jahre erhält (solange sie individuell und in der Situation gepasst haben), sondern es schien sogar so zu sein, dass es egal ist, wem in der Klasse eine solche Rückmeldung gegeben wird. Es gibt also auf das einzelne Kind bezogen kein Curriculum bestimmter zu thematisierender Themen. Die Rückmeldung ist nicht der Transport expliziten Wissens von einer Person zur anderen, sondern sie trägt zur Klassenatmosphäre bei, ist als einzelner Teil zum Lernen aber relativ unwichtig (höchstens als Antwort auf die gerade vorhandene Frage, um dann weiterarbeiten zu können, aber nicht, um diese Sache dann langfristig gelernt zu haben). Ich habe nur einzelnen Kindern Rückmeldungen gegeben, nämlich denen, die das wollten – und trotzdem haben auch die anderen Rechtschreibung genauso gut gelernt – vielleicht sogar noch besser, weil ungestörter.

3.6.5 Rechtschreiben sicher lernen – „Sprachforscher"-Werkzeuge statt Sprachbüchern und Rechtschreibkarteien

Dieser Versuch, Schülern durch den Verzicht auf Grundwortschatz- und Sprachbucharbeit ein implizites Lernen auch im Bereich der Rechtschreibung zu ermöglichen, stellt eine große Offenheit dar und man hat wenig Schutz, wenn z. B.

besorgte Eltern fragen, wann die Kinder denn nun endlich richtig schreiben lernen werden bzw. wann denn die ersten Diktate kommen. Es fehlt also gerade an dieser Stelle, nach erfolgreichem Einstieg in den Schriftspracherwerb mittels „Lesen durch Schreiben" an einer Fortführung des Konzeptes. Unserer Meinung nach funktioniert das Freie Schreiben von Anfang an als Grundprinzip des Rechtschreib- bzw. Sprachunterrichts praktisch bis zum Lebensende. Man bräuchte aber ein Werkzeug, das vor allem den Lehrer entsprechend stützt und nach außen hin absichert und (da dann sowieso vorhanden) dem Schüler (optional und nicht obligatorisch) die ganze Bandbreite des Lerninhalts zugänglich macht bzw. als Nachschlagewerk oder „Forschungsanreiz" dienen kann. Es sollte ein Werkzeug sein, das ganz individuell auf das einzelne Kind und seine Texte bezogen ist bzw. von diesem / diesen ausgeht, um zusätzlich die nächste Stufe der „Erkenntnis" anzuregen.

> Prozesse von spontan sich ausdrückendem **Sprachbewusstsein** können bei erfolglosen Lösungsversuchen allerdings von **der Person selbst** bewusst übergeleitet werden in Prozesse, die auf der Ebene von **Sprachbewusstheit** operieren, die also bewusste und willkürliche Reflexion von Sprache im Bewusstsein dieser Aktivität darstellen, um das irritierende Problem doch noch erfolgreich lösen zu können. [...] Bekanntermaßen wird diese Prozedur auch von Erwachsenen äußerst selten eingesetzt und nur dann gestartet, wenn sich eine sprachliche Irritation als so gravierend erweist, dass ohne eine Lösung des Problems eine Art von innerer Disbalance als zu unangenehm empfunden werden würde. [...] Ausgenommen sind hiervon selbstverständlich Menschen mit besonders ausgeprägten sprachanalytischen Interessen, die sich Sprachanalysen bzw. Sprachreflexionen zum Hobby oder zur Profession gemacht haben. (Spitta 2000, 4f.)

Das, was das sprachliche Umfeld des Kindes im Hinblick auf sein implizites *Sprach*bewusstsein leistet, möchten und können wir durch die herausfordernde Umgebung inmitten des Freien Schreibens und Lesens im Hinblick auf die Entwicklung seines *Rechtschreib*bewusstseins ausreichend bieten. Aber das intuitive Beherrschen von Rechtschreibung soll sich ja zusätzlich langfristig in die Richtung eines Expertenwissens weiterentwickeln, das sich durch bewusste Regelkenntnis und -reflexion auszeichnet. Formal bedeutet das, dass das Kind die Strukturen und Gesetzmäßigkeiten der deutschen Rechtschreibung erfahren soll – und zwar wirklich verstehend, nicht bloß reproduzierend.

Das heißt wiederum, dass dieser Erweiterungs- bzw. Aneignungsprozess möglichst selbstgesteuert verlaufen sollte, ganz so, wie sich auch beim Experten Sprachbewusstsein in Richtung Sprachbewusstheit weiter entwickelt: eher durch inneren Klärungsbedarf als durch äußere Belehrung, eher durch Irritation und Neugier als durch einen Lehrgang. Es gilt also, dem Kind Strukturen und Regelmäßigkeiten, aber auch „Merk"-würdiges (Balhorn) und Ungereimtes zugänglich zu machen, ohne seine Selbststeuerungskräfte zu verletzen. Ich denke, das ist der einzige Weg, der uns bleibt, wenn uns Rechtschreibbewusstsein allein nicht ausreicht, wir aber auch nicht Gefahr laufen wollen, eben dieses abzutöten und stattdessen „totes Wissen“ zu schaffen.

Im Rahmen unseres integrierten Rechtschreibunterrichts haben wir selbst einmal versucht, ein Arbeitsmittel zu entwerfen und zur Diskussion zu stellen, das unserer Vorstellung von größtmöglicher Offenheit und zugleich von einer möglichen Unterstützung eines selbstgesteuerten Erwerbs von Rechtschreibbewusstheit nahe kommt. Es basiert primär auf dem gezielten Sammeln von Wörtern aus freien Texten oder anderen Quellen, die dann in das sogenannte „Sprachforscherbuch“ (Peschel / Reinhardt 2001 c; d; vgl. Reinhardt 2001) eingeordnet werden. Dicses verkörpert durch seinen Aufbau mittels schnell zugreifbarer Register die rechtschriftlich relevanten Bereiche und Strukturen unserer Orthographie. So soll dem Kind, das dieses Werkzeug nutzen will, ein implizites Erfahren der Strukturen unserer Sprache ermöglicht werden.

Über das Sortieren und Einordnen der eigenen Wörter in die vorgegebenen Strukturen hinaus beinhaltet das Buch weiterführende „Forscheraufträge“, die das Kind aufgreifen kann. Diese Aufträge sind dann so etwas wie ein Fenster in neue Sichtweisen bzw. eine Anregung zu einer Auseinandersetzung mit Sprache, die an der Sache „Sprache“ orientiert ist. Sprache selbst wird so zum Untersuchungsgegenstand auf der Metaebene. Zugleich wird die forschende Haltung, die das Kind auch sonst im Offenen Unterricht einnimmt, weiter unterstützt. Das Buch stellt also ein Werkzeug dar, auf das das Kind wie z. B. auf eine Buchstabentabelle, ein Wörterbuch oder aber auch ein Lexikon oder ein Experimentierbuch zugreifen kann. Dabei kann es das Sprachforscherbuch im Gegensatz zu den anderen Werkzeugen als ganz persönliche Ordnungs- und Notiermöglichkeit nutzen – wann immer es selbst will und in dem Umfang, wie es diese braucht.

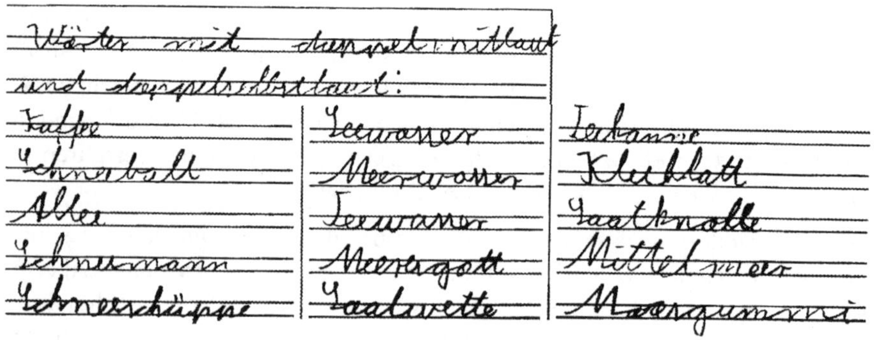

Auszug aus dem Sprachforscherbuch eines Kindes (Reinhardt 2000, 40)

Obwohl man das Buch hier sicherlich nicht so beschreiben kann, dass der Leser eine anschauliche Vorstellung davon bekommt, sei trotzdem im Folgenden (auch als Anregung für eigene Überlegungen) die von uns gewählte Einteilung beschrieben. Die Auswahl erfolgte dabei nicht nach der Vollständigkeit sprachwissenschaftlicher Phänomene, sondern nach den Phänomenen, die für die Rechtschreibung auch bedeutsam sind. Zwischen den einzelnen Oberkapiteln befinden sich zusätzlich Forscherrätsel und Sammelaufträge als Anregungen und Herausforderungen:

- Groß- und Kleinschreibung (Satzanfang / Nomen)
- Lange und kurze Vokale
  Unterregister mit: a, e, i, o, u, Doppellaute (au, äu, ei, ai, eu, oi)
  sowie mit: bb, ck, dd, ff, gg, ll, mm, nn, pp, rr, ss, tt, tz und Platz für „merk-würdige" Kurzwörter (am, bis ...)
- Verändern und Verwandte suchen
  Unterregister mit: e → ä, eu → äu, k → g, p → b, t → d, ß → s, z → s
- Zusammengesetzte Wörter
- Vorsilben und Endungen
  Unterregister mit: ab-, ent-, ver-, vor-, weg-, -ig, -lich
- Besondere Schreibweisen
  Unterregister mit: f → pf/v, kw → qu, w → v, ks → x/ks/ chs
  Fremdwörter und Wörter aus anderen Sprachen

Da viele Kinder schon von sich aus fast fehlerfrei schreiben können und die notwendigen Rechtschreibkompetenzen ganz beiläufig ausbilden, sollte die Benutzung des Buches freistehen. Wer gerne Wörter sammelt und ordnet oder Sprachforscheraufträge löst, kann das tun; wen das eher belastet, der sucht sich andere Möglichkeiten. Da die von den Kindern im Zusammenhang mit dem Sprachforscherbuch geleisteten Arbeiten genauso wie aus Geschichten oder Vorträgen resultierende andere Rechtschreibphänomene immer wieder im Kreis angesprochen werden, ergibt sich neben dem individuellen Lernen der Kinder zusätzlich eine Art Spiralcurriculum, das dieselbe Sache wiederholt auf verschiedenen Niveaustufen unverbindlich thematisiert. So haben die Kinder immer wieder aufs Neue eine Einstiegsmöglichkeit, sei es eine erste Sensibilität für Sprache und Rechtschreibung, seien es schon übergreifende Regelstrukturen oder das Aufspüren von Ausnahmen.

Um noch einmal darauf hinzuweisen: Trotz seines Charakters als sprachbuchersetzendes Schülerarbeitsheft stellt das Sprachforscherbuch für uns vor allem eine Absicherung des Lehrers in einem Offenen Unterricht dar, der in großem Maße auf der Selbststeuerung der Kinder beruht und auch impliziten und inzidentellen Lernprozessen Raum geben will. Mit dem Sprachforscherbuch hat der Lehrer für die Eltern und für sich selber eine (gut überschaubare) Übersicht über die

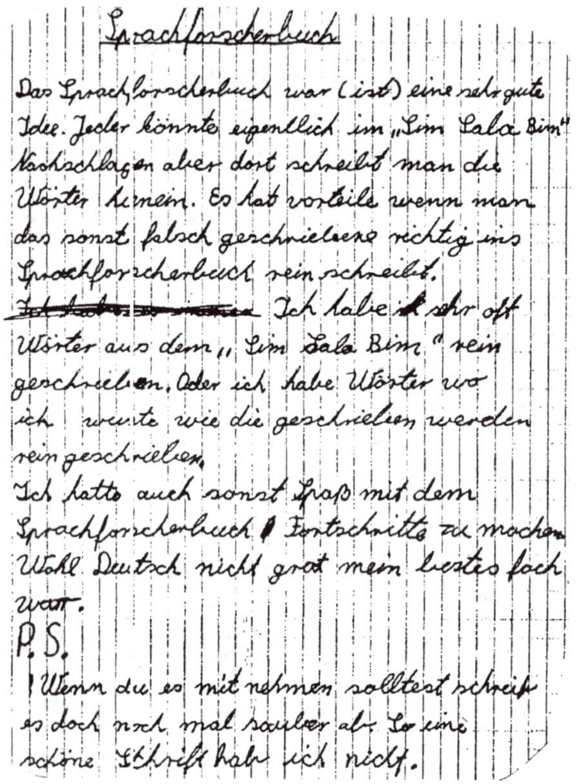
Sprachforscherbuch

Das Sprachforscherbuch war (ist) eine sehr gute Idee. Jeder könnte eigentlich im „Sim Sala Bim" Nachschlagen aber dort schreibt man die Wörter hinein. Es hat vorteile wenn man das sonst falsch geschriebene richtig ins Sprachforscherbuch rein schreibt.
~~[illegible]~~ Ich habe sehr oft Wörter aus dem „Sim Sala Bim" rein geschrieben. Oder ich habe Wörter wo ich wuste wie die geschrieben werden rein geschrieben.
Ich hatte auch sonst Spaß mit dem Sprachforscherbuch Fortschritte zu machen Wohl Deutsch nicht grat mein bestes fach war.
P.S.
! Wenn du es mit nehmen solltest schreib es doch noch mal sauber ab. So eine schöne Schrift hab ich nicht.

(Reinhard 2000, 40)

vorkommenden Rechtschreibphänomene. Er ist so entsprechend gewappnet, ob Eltern nun ein Sprachbuch einfordern oder ob Kinder ein Phänomen näher untersuchen wollen. Durch die Zusammenfassung aller wichtigen Phänomene ist das Buch relativ zeitlos (und damit kosteneffektiv), denn es kann vom ersten / zweiten Schuljahr an bis weit in die höhere Schule benutzt werden – zusammen mit dem Freien Schreiben an Stelle aller sonstigen Sprachbücher und Rechtschreibmaterialien.

3.6.6 Ein Modell für einen integrierten Rechtschreibunterricht

Wir möchten zum Abschluss dieser Ausführungen unser Modell des Rechtschreibunterrichts und seine Einbettung in einen ganz auf Freiem Schreiben und Lesen basierenden Sprachunterricht noch einmal kurz zusammenfassen (vgl. auch Brinkmann 1997, 356). Hauptmerkmal dieses Unterrichts ist, dass er sowohl implizite Lernprozesse innerhalb des „Ausübens" von Schrift und Sprache ermöglicht, als auch Herausforderungen einer expliziteren Beschäftigung mit Sprache und ihren Phänomenen birgt. Er führt im Prinzip das „Freie Schreiben von Anfang an" fort:

- Im Mittelpunkt des abgebildeten Modells steht die implizite orthographische Musterbildung des einzelnen Kindes. Sie wird maßgeblich durch das **Freie Schreiben** „von Anfang an" getragen, das den Kindern nicht nur ihren eigenen, individuell passenden „Weg zur Schrift" ermöglicht, sondern sie vor allem vor einem Unterricht schützt, der Schrift und Sprache auf das Einüben von Teilleistungen reduziert, die in keinem Zusammenhang mit der Grundfunktion von Schrift, mit Kommunikation oder Notation, stehen. Die Anforderungen beim Freien Schreiben sind zwar sehr hoch, aber das Kind weiß, warum es schreibt; es kann Schrift für sich selbst nutzen, indem es in immer umfangreicherem Maße z. B. Briefe an Freunde oder Verwandte schreibt, selbst Geschichten erfindet, eigene Forschungsergebnisse notiert oder für andere aufbereitet.
- Das **Freie Lesen** von Texten aller Art stellt dann das Pendant zur eigenen Konstruktion beim Freien Schreiben dar und regt durch die Begegnung mit fremden Konstruktionen zum Reflektieren, Vergleichen und dem Erproben neuer Gestaltungsmöglichkeiten an. Daneben ermöglicht das Lesen (und Zuhören) immer mehr die Erfahrung, dass man über Bücher wertvolle Informationen zu bestimmten Themen finden kann. Durch die Freigabe von Inhalt, Form, Zeit können die Kinder ohne die sonst üblichen, so oft eher frustrierenden Vorleseübungen im Klassenverband das Lesen als eine befriedigende und lustvolle Tätigkeit erleben – nachgewiesenermaßen eine aussichtsreiche Startbasis für andauernde Lesekarrieren.
- Sowohl beim Freien Schreiben als auch beim Freien Lesen spielt das **implizite Lernen** durch die selbstgesteuerte Begegnung mit Rechtschreibung eine große Rolle: auf der einen Seite durch das eigene Konstruieren und Austesten rechtschriftlicher Strukturen, auf der anderen Seite durch die wiederkehrende Begegnung mit den in diesem Bereich herrschenden Normen. Es ist anzunehmen, dass gerade diese eher unbewusste und beiläufige Begegnung mit Rechtschreibung den größten Anteil am impliziten Aufbau der eigenen Rechtschreibstrukturen hat.
- Daneben kann – individuell, von Kind zu Kind verschieden – durch das Überarbeiten und gemeinsame Besprechen von Texten die Aufmerksamkeit auch gezielter auf orthographische Phänomene gelenkt werden, die im Weiteren, beispielsweise durch das Sammeln und Sortieren von Wörtern mit ähnlichen oder gleichen Eigenschaften im Sprachforscherbuch, langsam von einer impliziten Musterbildung zu einer **expliziten Durchdringung** der Strukturen führt. So wird der strukturelle Aufbau unserer Sprache immer durchschaubarer – und zwar nicht durch das belehrende Thematisieren von Teilleistungen, sondern durch eigenes, individuelles Entdecken der entsprechenden Zusammenhänge. Lernen ist *Nacherfinden*, nicht *Nachmachen*. Individuelles Nacherfinden.

Modell eines integrierten Rechtschreibunterrichts (Peschel 2001 d, 12)

Entwicklung eines Rechtschreibgespürs
- als selbstgesteuerte implizite Struktur- und Musterbildung
- erfolgt beiläufig durch das Ausüben von Schrift und Sprache
- vor allem durch Freies Schreiben und Lesen
- durch Überarbeiten, Stutzen, Nachschlagen, Fragen anderer Kinder
- durch Schreiben am Computer mit RS-Kontrolle
- durch eigenes Sammeln und Sortieren von Wörtern
- durch eigene Entwicklung von Hilfen (Ableiten)

Freies Schreiben eigener Texte
(Geschichten, Vorträge, Ergebnisse eigener Forschungen)
- von Anfang an (Werkzeug Anlauttabelle)
- eigener selbstgesteuerter Zugang zu Schrift und Schreiben
- interessegeleitetes Ausprobieren von Schreibstilen, Baumustern, Sprachformen, Textsorten etc.
- immer wieder neues eigenes Konstruieren und Austesten von rechtschriftlichen Strukturen

Freies Lesen und Vorlesen
von Büchern und Texten anderer Kinder
- motivierender Zugang zu Schrift und Sprache
- Grundlegung der Lesemotivation
- Kennenlernen fremder Schreibstile, Baumuster, Sprachformen, Textsorten etc.
- immer wieder Begegnung mit unterschiedlichen rechtschriftlichen Strukturen

Forschende Auseinandersetzung als explizite Beschäftigung mit bestimmten RS-Phänomenen
- ist Expertenwissen und kann das RS-Gespür nicht ersetzen
- muss daher immer Anliegen des Kindes sein (oder werden)
- Sprachforscheraufträge als Angebote zum Sammeln, Sortieren, Überprüfen bestimmter Phänomene
- vorwiegend mit Rückgriff auf orthographisch korrekte Wörtersammlungen (überarbeitete Texte, Wörterbücher, Bücher)

3.6.7 Rechtschreibleistung sicher einschätzen

> Tatsächlich kann man in der landläufigen Form des Klassendiktats die am meisten „lehrerzentrierte“, sozusagen die „frontalste“ aller Unterrichtssituationen sehen. Der Lehrer „diktiert“ nicht nur seinen Text, sondern zugleich auch den völligen Gleichschritt in Arbeitsweise und Arbeitstempo: Nirgends hält er die Fäden so eindeutig-einseitig in der Hand – nirgends ist er mehr „Diktator“ als hier, nie erscheint der Schüler so hilflos ausgeliefert und stumpf reagierend wie als „Nachschreibender“. (Adrion 1978, 75)

> Nach-Diktat-Schreiben ist längst keine gesellschaftliche Anforderung mehr. Im privaten wie im beruflichen Bereich spielt es – wenn überhaupt – nur eine marginale Rolle. Lediglich in Aufnahme- und Eignungsprüfungen feiert es jährlich fröhliche Urständ', wohl wegen der vermeintlich leichten Auswertbarkeit, vermeintlich, weil allein die Richtig-falsch-Alternative keine differenzierte Auskunft zum rechtschreiblichen Entwicklungsstand gibt, eine präzisere Fehleranalyse aber aufwendig wäre. Tatsächlich sind die Anforderungen an normgerechtes Rechtschreiben im privaten, öffentlichen und beruflichen Alltag von anderer Qualität: Es wird erwartet, dass in den zumeist eigenen Texten fehlerfrei geschrieben wird, dass ein Gespür für Unsicherheiten vorhanden ist und die Fähigkeit Unsicherheiten zu beseitigen, z. B. indem Rechtschreibprogramme und Wörterbücher genutzt oder Regelungen berücksichtigt werden. [...] Schon an diesen Anforderungen wird deutlich, dass andere Fähigkeiten und Kenntnisse im schulischen Rechtschreiblernen zu vermitteln sind als das Nach-Diktat-Schreiben. (Bartnitzky 2000 a, 1)

Im Gegensatz zur üblichen Diktatüberprüfung bietet das Freie Schreiben große Vorteile bei der Feststellung der Rechtschreibfähigkeiten. Jeder Text der Kinder kann für eine solche „Standortbestimmung“ genutzt werden, da ja keine Wörter auswendig gelernt wurden und dadurch vielleicht eine höhere Entwicklungsphase vorgetäuscht werden konnte. Was die Kinder schreiben, das können sie auch. Hingegen könnte ein (geübter) Diktattext nur Aufschluss über kurzfristige Effekte des Auswendiglernens bzw. die Stressfähigkeit des Kindes geben. Nicht selten klaffen daher die Rechtschreibleistungen in freien und geübten Texten weit auseinander. Die Rechtschreibleistung kann natürlich nur im freien Text bzw. im ungeübten Diktat gemessen werden.

Um bei der großen Bandbreite einen Überblick über die individuelle Rechtschreibentwicklung der Kinder zu bekommen, bietet sich – direkt ab dem ersten Schuljahr – eine Überprüfung mittels eines sogenannten „Überforderungsdiktates“ an, das heißt es werden den Kindern Wörter diktiert, die nicht zu einem Grund- oder Häufigkeitswortschatz gehören und im Anspruch die Schreibkompetenz der Kinder übersteigen. Neben dem möglichen Diktieren von Kunstwörtern, die von sich aus den Anspruch an ein Auswendiglernen unterbinden, schlägt Hans Brügelmann z. B. ein Neun-Wörter-Diktat vor, das aus den folgenden Wörtern besteht: Kanu, Saum, Rosine, Leiter, Wand, billig, Esel, Lokomotive und Strumpf (vgl. Brinkmann / Brügelmann 1993; 1998, 143 ff.; Brügelmann 1994 a).

Diese Wörter enthalten verschiedene Rechtschreibphänomene und können dadurch den individuellen Entwicklungsstand des Schülers veranschaulichen. Diktiert man die Wörter in mehrwöchigem (oder halbjährigem) Abstand (ohne sie zwischenzeitlich zu thematisieren oder gar zu üben!), so hat man eine aussagekräftige Darstellung der Rechtschreibentwicklung des einzelnen Kindes.

Fort- und Rückschritte, Übergeneralisierungen und Unsicherheiten werden dokumentiert und geben Aufschluss über den Entwicklungsverlauf. (Besonders interessant sind dabei Wörter wie „Rosine“, die zunächst (lautgetreu) richtig geschrieben werden, dann – nachdem dem Schreiber klar geworden ist, dass das „lange-i“ in der Regel als „ie“ geschrieben wird – falsch z. B. als „Rosiene“ auftauchen und evtl. später – nachdem auch Ausnahmen zur Regel aufgespürt werden – wieder richtig als „Rosine“. Betrachtet man den Entwicklungsverlauf, ist die erste, richtig geschriebene „Rosine“ falscher als die darauf folgende rechtschriftlich falsche „Rosiene“.)

Analysiert man die Verschriftung der Wörter dann unter verschiedenen Aspekten genauer, so lässt sich leicht feststellen, auf welcher Stufe der Rechtschreibentwicklung sich das Kind zu einem bestimmten Zeitpunkt befindet: Verschriftet es schon fehlerfrei lautgetreu oder hat es da noch bei einzelnen Lauten Probleme? Werden von ihm schon orthographische Phänomene (z. B. Dopplung oder Dehnung) verwandt? Wie sicher ist es dabei? Übergeneralisiert es vielleicht oder schreibt es schon konsequent richtig? Hat es schon Einblicke in das morphematische Prinzip? Kann es Wörter in Bausteine zerlegen, von anderen ableiten, beachtet es Vorsilben? Sigrun Richter (vgl. 1994, 118; 122) zeigt an zwei Beispielen die unterschiedliche Entwicklung von Kinder im „Neun-Wörter-Diktat“:

Tabelle 2:
Schreibungen von MICHAEL bei "Wörter-Konstruieren" (Mitte und Ende der 1. Klasse)

	nach 6 Monaten Unterricht		nach 12 Monaten Unterricht	
Testwort	Schreibung	RS-Stufe	Schreibung	RS-Stufe
KANU	Kbnv	2	Karnu	4
SAUM	SAUM	5	Saum	5
ROSINE	Rosine	5	Rosine	5
SCHIMMEL	Sc(gedreht)hMl	3	Schöml	4
LEITER	Lter	3	Lanter	3
WAND	FtNT	2	Wand	5
BILLIG	Rlll	2	Bilik	4
LOKOMOTIVE	lOllMITAE	3	LokmotiWe	3
STRUMPF	SC(gedreht)hw	2	Schof	2
Durchschnitt		3,0		3,9

Tabelle 6:
Schreibungen von Beate bei "Wörter-Konstruieren" (Mitte und Ende der 1. Klasse)

	nach 6 Monaten Unterricht		nach 12 Monaten Unterricht	
Testwort	Schreibung	RS-Stufe	Schreibung	RS-Stufe
KANU	Kamu	2	Kanu	5
SAUM	Sa	2	Sau	2
ROSINE	Roi	2	Rosine	5
SCHIMMEL	M	1	Schemel	4
LEITER	-e	1	Laiter	4
WAND	----	0	Want	4
BILLIG	-	0	Bili	3
LOKOMOTIVE	LO	2	Lokomotiwe	4
STRUMPF	-	0	Schrom	3
Durchschnitt		1,1		3,8

Während Michael nach 6 Monaten alle Wörter zumindest in „Skelettschreibweise“ wiedergeben kann, gelingt dies Beate noch nicht. Sie hört – wenn überhaupt – nur einzelne Laute heraus. Nach 12 Monaten haben beide dazugelernt. Nur noch vereinzelt werden Buchstaben bzw. Laute ausgelassen. Bei Beate geschieht dies in der Regel am Ende, möglicherweise lässt ihre Konzentration dort nach. Sonst bildet sie alle Laute richtig ab. Michaels Schreibung des Wortes „Wand“ deutet möglicherweise darauf hin, dass er beginnt, sich von der rein lautgetreuen Verschriftung zu lösen und erste Regelhaftigkeiten anzuwenden.

	Beispiel "Fahrrad"				
Gruppe:	I	II	III	IV	V
Kl. 1 Mitte	fa—rat	fa—rat	fa—r-t fa—rat	f—r-t	——— f———
Kl. 1 Ende	fa—rat fa—rad	fa—rat	fa—rat	fa—rat	f——t f—r-t
Kl. 2 Mitte	fa—rad	fa—rat fa—rad	fa—rat	fa—rat	fa—r-t fa—rat
Kl. 2 Ende	fah-rad	fa—rad	fa—rat fa—rad	fa—rat	fa—rat
Kl. 3 Mitte	fahrrad	fah-rad	fa—rad	fa—rat fa—rad	fa—rat
Kl. 3 Ende		fah-rad fahrrad	fah-rad	fa—rad fah-rad	fa—rat fa—rad
Kl. 4 Mitte		fahrrad	fahrrad	fah-rad fahrrad	fa—rad fah-rad
Kl. 4 Ende				fah-rad fahrrad	fah-rad

Eine solche regelmäßige Dokumentation der Schülerverschriftungen über die gleichen (ungeübten!) Wörter macht deutlich, dass Rechtschreiblernen ein kontinuierlicher Prozess ist, der sich bei schwachen wie guten Rechtschreibern in ähnlicher Weise vollzieht, wenn auch mit individuell unterschiedlichem Tempo und Lernsprüngen. Die Schreibung von Wörtern wechselt nicht schlagartig von falsch in richtig, sondern verändert sich sukzessive mit dem Aufbau von Strategien. Peter May (vgl. 1995, 224) verdeutlicht das an der Verschriftung des Wortes „Fahrrad“ in einer in gute (I), durchschnittliche (II und III) und schwache bzw.

sehr schwache (IV und V) Rechtschreiber aufgeteilte Gesamtstichprobe (n = 400). Zum gleichen Zeitpunkt reichen die durchschnittlichen (!) Verschriftungen innerhalb dieser Leistungsgruppen von orthographisch korrekt bis zu gerade lautgetreu. Dabei ist in allen Gruppen die gleiche Stufenfolge zu beobachten – allerdings mit einem zeitlichen Unterschied von mehreren Jahren: zwischen starken und schwachen Kindern liegen im Schnitt ca. 1,5 bis 3 Jahre Differenz.

Dabei wird das oben vorgestellte Stufenmodell der Schreib- und Rechtschreibentwicklung durch die Ergebnisse Mays (vgl. 1995, 225) gestützt:

Schreibentwicklungsstufen	Beispiele für Schreibungen					
1 Voralphabetisches Stadium						
a) Nicht-Schreiben (*)	—	—	—	—	—	—
b) "willkürliche Schreibungen" (*)	mrüü	crwmn	öscht	senemtis	auitlei	zeneillteim
2 Alphabetisches Schreiben						
a) Bezeichnung einzelner Laute	m	i	t	r	f	k
b) Bezeichnung erster Lautfolgen	m t	s i	pl	r p	f t	f k
c) Wiedergabe der groben Lautstruktur	mo t	s i l	pl t	r pa	fa r t	fa k f
d) (fast) vollständige Verschriftung	mont	s i k l	plet a	ro pa	fa rat	fa ko faren
e) Beachten feiner Lautunterschiede	munt	s i g l	blet a	roiba		fa köiferen
3 Orthographisch orientiertes Schreiben						
a) Einfache orthographische Elemente		schbi g l				ferkeuferen
und Rechtschreibmuster		schpi gel	blet er	reuber		ferkeuferin
b) Beachten spezifischer Regeln						
- <sp/st>-Schreibung		spi gel				
- Auslautverhärtung	mund				fa rad	
- Umlautableitung			blät er	räuber		ferkäuferin
- bezeichnete Vokallänge		spiegel			fah rad	
- bezeichnete Vokalkürze			blätter			
c) Formale Morphemsegmentierung					fahrrad	verkäuferin
...						
komplizierte Ableitungen	(z.B. schiedsrichter, geburtstag)					

(*) Im Unterschied zum Vor-Schulalter kann bei Kindern nach mehrmonatiger Schulzeit nicht von voralphabetischem Schreiben gesprochen werden, sondern eher von gestörten Schreibprozessen.

Entsprechend können diese Entwicklungsstadien, vom lautgetreuen, alphabetischen Schreiben über das Verwenden orthographischer Elemente bis hin zur Erfassung des morphematischen Prinzips, das heißt der Erkenntnis, dass Wörter aus bestimmten „Bausteinen“ zusammengesetzt worden sind, sehr gut zur Bestimmung der Rechtschreibfähigkeit des Kindes genutzt werden. Die Rechtschreibentwicklung des einzelnen Kindes wird für den Lehrer fassbar, er kann das jeweilige Stadium in jedem Text des Kindes wiederfinden – im Gegensatz zur Reduzierung seiner Analyse auf eine Fehlerauszählung in einem Diktat!

Ergebnisse von K. und A. nach ca. 4 Monaten Schule: Während K. noch weit von der lautgetreuen Verschriftung entfernt ist, hat sich A. nach dem schnellen Erlernen des Schreibens schon selbst Schreibschrift beigebracht:

Das gleichzeitige Schreiben der Wörter in entsprechenden Abständen (z.B. halbjährlich vor den Gutachten oder Zeugnissen) gibt dabei durch die normierte Auswertung nicht nur Aufschluss über den individuellen Entwicklungsverlauf des Kindes, sondern ermöglicht auf Wunsch auch ein Inbeziehungsetzen der Leistung eines Kindes mit der anderer Kinder bzw. der ganzen Klasse. Möchte man darüber hinaus noch den Bezug zu einer allgemeinen Leistungseinschätzung sowohl des einzelnen Kindes als auch der ganzen Klasse herstellen, so kann man standardisierte Rechtschreibtests wie die „Hamburger Schreibprobe" von Peter May (vgl. 1997[3]; 1994[3]) verwenden. Hier wird schuljahrsgerecht die Schreibweise bestimmter Wörter bzw. Wortstellen genau analysiert und qualitativ und quantitativ ausgewertet. Es ergeben sich bestimmte Prozentränge für die alphabetische, die orthographische und die morphematische Strategie. Der standardisierte Test ermöglicht so, die Leistungen des einzelnen Kindes bzw. der Klasse mit dem Durchschnittswert einer bundesweiten Vergleichsstichprobe bzw. den daraus abgeleiteten Prozentrangplätzen zu vergleichen. Und genau dieses kann die Absicherung bzw. Beruhigung darstellen, die der Lehrer im offenen Rechtschreibunterricht oft so nötig braucht, um seine Offenheit auch durchzuhalten.

Die Hamburger Schreibprobe scheint uns dabei einfacher durchführ- und auswertbar zu sein als z.B. der „DRT", der „Diagnostische Rechtschreibtest" (Ingenkamp), und ist auch wesentlich kindgerechter. Die Stellung der eigenen Klasse im Vergleich zum „Bundesdurchschnitt" wirkt aber in jedem Fall beruhigend und zeigt, dass die Rechtschreibkompetenz eben nicht durch Lehrgänge, Karteien und Grundwortschatzarbeit aufgebaut wird, sondern durch selbstgesteuertes (Freies) Schreiben. Zumindest erzielten alle mir bekannten Klassen, die in dieser Art arbeiteten, überdurchschnittliche Ergebnisse (auch in anderen Normtests).

Möchte man dem Nachteil entgehen, dem ein Diktattext durch die zwangsläufige Vorgabe der Wörter unterliegt, so kann man die Kindertexte selber qualitativ untersuchen und so die Alltagsschreibungen der Kinder zur Ausgangsbasis der Rechtschreibbewertung machen. May (vgl. 1998) zeigt an Beispielen aus dem zweiten Schuljahr, dass sich vergleichbare Erkenntnisse aus dieser informellen Rechtschreibdiagnose ziehen lassen, wie man sie auch aus einem diagnostischen Rechtschreibtest gewinnen kann. Allerdings ist dabei die spezifische Wortwahl der Kinder und damit die orthographische Struktur ihres Wortmaterials zu beachten, denn in Normtests versucht die Wortauswahl das orthographische System zu repräsentieren, um das orthographische Strukturwissen der Kinder möglichst objektiv zu erheben. Der Vorteil, aus jedem Text des Kindes, also auch zu jedem beliebigen Zeitpunkt, ein quantifizierbares Ergebnis ableiten zu können, scheint uns allerdings nicht unbedingt in Relation zum Analyseaufwand bzw. der Aussagekraft zu stehen, wenngleich dieses diagnostische Vorgehen – vor allem auf Grund des Verzichts auf eine Testsituation und der fast unbegrenzten Menge an Analysematerial – bei einzelnen Kinder durchaus Sinn machen kann.

3.7 Lesen und Lesenlernen

Dass das Lesen und Lesenlernen hier als ein relativ kleiner Punkt – im Gegensatz zum Schreiben und Schreibenlernen – behandelt wird, hat nichts mit einer eventuellen geringeren Wichtigkeit zu tun, sondern viel eher mit der „Lehr-“ bzw. Lernmethode, die wir hier propagieren wollen. In der Tat halten wir sogar das Lesen, also die verstehende Sinnentnahme aus einer bestimmten Anordnung von Buchstaben, für eine weitaus wichtigere Kompetenz als das Niederschreiben eines Wortes.

Der Grund, warum wir im Folgenden diese Kompetenz nicht mit unzähligen Übungen fördern wollen, ist, dass wir die „Übungen“, die landläufig als der Lese(lern-)förderung dienlich eingeschätzt werden, in den meisten Fällen für kontraproduktiv halten. Im Gegensatz zum Schreiben, das heißt dem aktiven, *bewussten* Hintereinandersetzen bestimmter Zeichen bzw. Buchstaben, ist Lesen – so vermuten wir auf Grund der Arbeiten z. B. von Jürgen Reichen – ein eher *unbewusster* Akt einer gleichzeitigen Sinnentnahme bestimmter Zeichen bzw. Buchstaben. Das heißt, was für das Schreiben offensichtlich ist, dass man eben Buchstabe für Buchstabe hintereinander aufschreiben muss, erscheint uns für das Lesen nicht offensichtlich: Lesen ist nicht zwangsläufig das Zusammenziehen der vormals einzeln aufgeschriebenen Buchstaben. Wir haben hingegen den Eindruck, dass gerade dieses zusammenziehende „Vorlesen“, das in der Schule gelehrt wird, dazu führt, dass die „normale“ Leseentwicklung gefährdet werden kann, und zwar ganz genau so, wie auch das „Abmalen“ von Fibel- oder Grundwortschatzwörtern durch das Überspringen von (oder Zurückfallen auf niedrigere) Schreibentwicklungsstufen zu Schwierigkeiten beim Schreiben- und Rechtschreiblernen führen kann (siehe Kapitel 3.1).

Nimmt man nun mit Reichen an, dass das „entziffernde“ bzw. „zusammenschleifende“ Lesen unnötig, ja sogar in der Regel kontraproduktiv ist, so ergibt sich die Frage, wie denn nun Lesenlernen und Leseerziehung aussehen müssen. (Verstehendes) Lesen kann einem Kind nicht erklärt werden. Was vom „Sehen“ bestimmter Striche zur Sinnentnahme führt, weiß niemand. Reichen geht davon aus, dass das Lesenkönnen (ganz im Sinne Platons bzw. „platonisch“) schon irgendwo im Kind schlummert und durch Selbststeuerung, das heißt vom „Selbst“ des Kindes aus gesteuert, zu einem bestimmten Zeitpunkt „aktualisiert“ wird; je weniger dieser Prozess von außen gestört wird, desto besser. Er nennt dies dann auch entsprechend „platonische Spontanaktualisierung“. Wir wissen nicht, ob dies so ist, und empfinden auch ein gewisses Unbehagen bei dieser Erklärung, aber unsere eigenen Erfahrungen haben gezeigt, dass das „in Ruhe lassen“ der Kinder, das heißt der völlige Verzicht auf irgendwelche Vorleseübungen, die Kinder in unseren Klassen nahezu allesamt zu Viellesern gemacht hat. Sie lagen in entsprechenden Tests (z. B. dem Hamburger Lesetest, s. u.) bezüglich des sinnentnehmenden Lesens weit über dem Durchschnitt und ihre Vorlesekompetenz wirkte in puncto Betonung, Schnelligkeit, Deutlichkeit usw. sehr hoch – und zwar eben ohne dies je geübt zu haben. Selbst wenn also Reichens Theorie nicht stimmt, hat den Kindern unserer Klasse der Verzicht auf den sonst vorgesehenen (Vor-)Leseunterricht nicht geschadet, sondern ihnen im Gegenteil viel Zeit zum Selberlesen gebracht und einiges an möglichem Druck oder an Peinlichkeiten erspart.

Da Lesekarrieren in der Regel durch unterhaltendes, selbstvergessenes Lesen begründet werden (vgl. Bartnitzky 2000 a, 11), möchten wir dazu raten, die Leseerziehung wirklich ganz freizugeben. Von Anfang an sollte ein gewisser Bestand an Büchern und Heftchen (z.B. Balhorn u.a. 1997) in der Klasse den Kindern Lesen als sinnvolle und selbstverständliche Tätigkeit nahe bringen. Eine spezielle Leseförderung durch Übungen muss (und sollte) aber nicht stattfinden, das Erstlesen ergibt sich von selbst mit einer sehr hohen Motivation aus dem Freien Schreiben und dem Stöbern in den vorhandenen Büchern. Vielleicht ist die Leselust auch gerade deshalb so hoch, weil die Kinder Lesen eben nicht als langweiliges Fibellesen kennen gelernt haben oder beim Lesen nicht einer vom Lehrer künstlich erzeugten Spannung folgen mussten, wenn z.B. aus „didaktischen Gründen" gerade an den interessanten Stellen unterbrochen oder ihnen der Schluss vorenthalten wurde. Von Anfang an ist das eigene Lesen in den gesamten Textzusammenhang eingebettet, auch hier erfolgt durch den Verzicht von Teilleistungsübungen eine ganzheitliche Zugangsweise. Die eigene Texterschließung muss nicht den Vorstellungen anderer folgen, sondern wird selbst gesteuert, die Eigendynamik des Textes wird nicht gebrochen und kann so ganz ihre Motivation entfalten.

Ganz wichtig ist der Verzicht auf lautes Vorlesen im Sinne von Fibel- oder Lesebuchstunden. Lautes Vorlesen macht nur Sinn, wenn man anderen etwas mitteilen will, z.B. die eigene Geschichte oder einen Vortrag. Das obligatorische laute Vorlesen unbekannter Texte sollte vermieden werden, ansonsten kann es leicht passieren, dass die gleichzeitige Sinnentnahme auf der Strecke bleibt (immer wieder machen auch Erwachsene erstaunt die Beobachtung, dass sie – bei hoher Konzentration auf das Vorlesen eines Textes – im Anschluss gar nicht mehr wissen, was sie da eigentlich gerade vorgelesen haben). So wird durch die Schwerpunktverschiebung vom sinnentnehmenden Lesen zum möglichst perfekten Artikulieren schnell möglichen Leseschwierigkeiten Vorschub geleistet, vor allem, weil mit der Zeit auch Lesen zum „In-der-Schule-Vorlesen" „degradiert" werden kann und so das selbstständige Lesen aus Interesse an der Sache selbst völlig in den Hintergrund rückt (vgl. Altenburg 1991, 12). Sinnvoller scheint es daher zu sein, den Aufbau der Lesekompetenz den Kindern zu überlassen und sie durch das freie Verschriften mit der Buchstabentabelle ihren eigenen Weg zum sinnentnehmenden Lesen gehen zu lassen – und zwar ohne jeglichen Lesezwang –, aber nicht ohne eine zum Lesen reizende Umgebung! Da der gelesene Textumfang zwischen „erfolgreichen" und „schwachen" Lesern außerhalb der Schule im Verhältnis 1:100 variiert, haben wir dadurch eine Übungsdifferenz, die kein Unterricht ausgleichen kann (vgl. Brügelmann 2001, 15). Aber er kann die Grundlagen legen, dass Schüler durch die Motivation selbstbestimmten Lesens erfolgreiche Leser werden.

Im Sinne des Konzeptes „Lesen durch Schreiben“ verschriften die Kinder ihre Texte zunächst, ohne sie selber lesen zu können. Mit der Zeit – und das erstaunlich schnell – beginnen sie dann aber vielfach direkt sinnentnehmend zu lesen. Ob sie dabei die Stufe des „Zusammenschleifens“ überspringen oder unbewusst im Kopf durchführen, oder ob es diese Stufe gar nicht gibt, ist nicht zu klären; das ist aber auch belanglos, wenn man sie nicht von außen zu diesem Vorgehen zwingt. Mit der Zeit erweitert sich die Lesekompetenz dann ganz von alleine zu einem flüssigen und gut betonenden Vorlesen; mit dem Vorteil, dass die Sinnentnahme – gemäß unseren Beobachtungen – in der Regel auf jeden Fall erfolgt, denn diese Stufe der Leseentwicklung wurde nicht übersprungen.

Wie schon oben erwähnt, muss dieses Vorgehen möglichst allen Personen, die mit dem Kind näher umgehen, klar sein, denn die Kinder können zwar in der Regel früher als ihre Mitschüler in den Fibelklassen richtig lesen, aber ihre Leseentwicklung hat einen anderen Verlauf. Da sie zunächst nur schreiben, können sie in den ersten paar Wochen oder Monaten selbst das nicht vorlesen, was sie gerade selber geschrieben haben. Fängt man nun an, den Kindern dies als Manko mitzuteilen, so kann dies auf Kosten der Lese- und Schreibentwicklung gehen, wie es z. B. im schon oben erwähnten Beispiel von M. geschah. Das kann unter Umständen langfristige Folgen haben, denn diese Art Lesen zu lernen ist eng an die Selbststeuerung des Kindes gebunden. Man sollte also als Lehrer sehr genau beobachten, ob zu Hause – in falschem Ehrgeiz – nicht etwa das Zusammenschleifen von Buchstaben oder das „Vorlesen“ von Fibelwörtern geübt wird. Diesen Eltern muss man sofort eine „Abmahnung“ erteilen – hier hört unsere Offenheit aus verständlichen Gründen abrupt und kompromisslos auf ... Hingegen finden wir es vollkommen wünschenswert, wenn Kinder selber oder mit ihren Eltern Kontakt zu Büchern und Texten aufnehmen, sich Bücher ansehen, dabei Texte erschließen, Buchstaben und Wörter erkennen. Lesen ist also in unserem Konzept eines „Lesen durch Schreiben“ nicht generell tabu, sondern nur das Hinführen zum „Entziffern“ von außen und das mit ihm einhergehende „Vorlesen“ im Sinne von Fibelstunden.

Der Verzicht auf verpflichtendes lautes Lesen auch in den höheren Schuljahren heißt natürlich nicht, dass es keine Leseerziehung gibt. Nur wird die – wie die anderen Fachbereiche auch – weitgehend individualisiert und in den anderen Unterricht integriert. In den gemeinsamen Kreisgesprächen ergeben sich zusätzlich vielfältige Anregungen zur handlungs- und produktionsorientierten Textbearbeitung, wenn Geschichten bebildert, szenische Umsetzungen erprobt, Gedichte vorgetragen, Texte antizipiert oder Bücher vorgestellt und beurteilt werden. Textproduktion und Textrezeption bilden hier eine Einheit und stützen sich gegenseitig, sie werden nicht künstlich als Aufsatz- oder Leseerziehung voneinander getrennt.

Bei dem hier vertretenen Konzeptschwerpunkt der Förderung „sinnentnehmenden Lesens“ kann die reine Vorleseleistung der Kinder nicht die Grundlage der Leistungsmessung darstellen. Betonung und Flüssigkeit beim Vorlesen können ab einem bestimmten, individuell zu bestimmenden Zeitpunkt mit in die Note einfließen, aber es sollte klar sein, dass vor allem die Sinnentnahme den Bewertungsschwerpunkt bilden sollte. In den ersten Schuljahren kann man den Kindern z. B. Fragen schriftlich geben, die sie kurz beantworten sollen: Wie heißt du? Wo wohnst du? Wie heißt deine Oma? Wo spielst du am liebsten? Legen Vögel Eier? usw. Sind die grundlegenden Lesequalifikationen erreicht, lässt sich die Leseleistung z. B. durch Fragen zu einer Geschichte oder dem Bestimmen von Informationen in einem Sachtext überprüfen.

Möchte man auch hier einen standardisierten Vergleich haben, so empfiehlt sich z. B. der oben schon erwähnte Hamburger Lesetest „HAMLET“ (Lehmann 1997). Er besteht aus einem Schnelllesetest und einem Leseverständnistest. Der Schnelllesetest „Wort-Test O40“ ist ein von einer dänischen Forschergruppe international erprobter Test, der Aussagen über die grundlegende Lesesicherheit und Lesegeschwindigkeit von Dritt- und Viertklässlern macht, indem die Schüler in 90 Sekunden 40 Wörtern das passende Bild von vier Bildern zuordnen. Da bei mir beim Schnelllesetest nur ein Flüchtlingskind nicht ganz mit der Zeit hingekommen ist (alle Lösungen waren bei allen Kindern korrekt), kann man den

Schnelllesetest auf Grund seiner „Einfachheit“ auch für niedrigere Klassenstufen in Betracht ziehen. Im angegebenen Rahmen des dritten / vierten Schuljahres erscheint er mir für den Großteil der Kinder nicht sehr aussagekräftig. Einen wesentlich aussagekräftigeren Test mit Normen für das erste bis vierte Schuljahr stellt die „Würzburger Leise Leseprobe“ (Küspert / Schneider 1998) dar, bei der in fünf Minuten 140 Wörtern das passende Bild von vier Bildern zugeordnet werden soll – wobei hier die Bilder nicht wie beim „Wort-Test O40“ wahllos ausgewählt wurden, sondern in einer Beziehung zum Wort stehen (z. B. sind neben dem Wort „Knopf“ ein „Kopf“, ein „Knopf“, eine „Hose“ und ein „Topf“ abgebildet). Entsprechend genauer muss von den Kindern gelesen und ausgewählt werden.

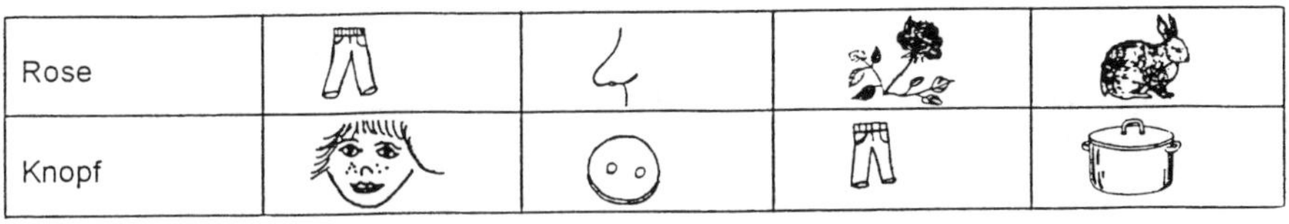

Beim Leseverständnistest des Hamburger Lesetests sollen zehn Texte einzeln gelesen und die dazugehörigen Fragen durch anzukreuzende Lösungen beantwortet werden. Die Texte sind unterschiedlicher Schwierigkeit und unterschiedlicher Art, von Geschichten bis hin zu Sachtexten, Tabellen, Anleitungen und anderen Gebrauchstexten. Auch die Auswahl der richtig(st)en Antwort erfordert unterschiedliche Kompetenzen des Lesers. Kategorisiert wurden vier Niveaustufen des Leseverständnisses, angefangen mit klar aus dem Text entnehmbaren Passagen, die zur Beantwortung dienen, bis hin zu komplexen Lösungsvariationen, die einen eigenen Transfer verschiedener Hinweise im Text erfordern. Entsprechend zeigen die Testergebnisse schnell Parallelen zu Ergebnissen von Intelligenz- oder Denktests auf. Daher sollte man die Anforderungen an das, was man letztendlich als Leseleistung bewerten möchte, kritisch überprüfen, vor allem bei Schülern, die in Intelligenztests niedriger abschneiden (möchte man „Lesen“ oder „Denken“ bewerten?).

3.8 Grammatikunterricht oder Sprache untersuchen?

> Wie erwirbt der Mensch sein Sprachwissen? Der kindliche Mutterspracherwerb vollzieht sich weitgehend unbewusst, ungesteuert und ohne willentliche Anstrengung, genügend natürliche Kommunikationssituationen vorausgesetzt. Der Grammatikunterricht hat nicht in erster Linie – wenn überhaupt – das Ziel die sprachliche Kompetenz unmittelbar zu verbessern, sondern er soll vorrangig der Ausbildung eines Sprachbewusstseins und metasprachlicher Fähigkeiten dienen. (Thomé 1999, 189)

Obwohl in der Literatur schon seit Jahrzehnten eine situations- bzw. kommunikationsorientierte Anbindung der Reflexion von Sprache an den Umgang mit ihr gefordert wird, hält sich in der Praxis immer noch ein Grammatikunterricht, der eher losgelöst vom sonstigen Unterricht Begriffe der Wort- und Satzlehre auswendig lernen lässt, denn auf ein Verstehen von Sprachstrukturen zielt. Begründet wird das allgemein mit der notwendigen Vorbereitung auf die weiterführende Schule, obwohl auch hier – zumindest laut Lehrplan – explizit vor einem solchen Unterricht gewarnt wird: „Ein isolierter Grammatikunterricht birgt die Gefahr, Wissen über Sprache in systematisch aufgebauten Lehrgängen zu vermitteln, ohne die Funktion dieses Wissens für die Praxis des Verstehens und der Verständigung bewußt zu machen." (Kultusminister NRW LP Deutsch Gymnasium 1993, 62) Grammatikalische Kenntnisse sollten weder in der Grundschule noch später Selbstzweck sein, sondern dann zum Thema werden, wenn sie für den Schüler bedeutsam werden, das heißt eine Rolle in der mündlichen oder schriftlichen Kommunikation spielen. Und trotzdem greift in der Regel auch der sonst so offene und kindorientierte Lehrer notgedrungen irgendwann dann doch zum bis dahin verschmähten Sprachbuch und macht einen Grammatiklehrgang.

Monika Dräger weist darauf hin: „Alle grammatikalischen Formen, die wir den Schülern ab Klasse 2 mühsam eintrichtern, werden in Klasse 5 erarbeitet bzw. wiederholt. Und wenn wir auf *Piaget* zurückgreifen, wissen wir, daß die Entwicklung zum logischen Denken, zur Abstraktion mit der Pubertät einsetzt, im Alter von etwa 11 bis 12 Jahren. Dann fällt diese Art von Lernen leichter." (Dräger 1995, 105) Auch wenn wir statt des Bezuges auf Piaget eher die fortschreitende eigene Strukturbildung als Begründung für eine Einführung grammatikalischer Begriff so spät wie möglich anführen würden, stellt sich die Frage, warum oder wofür ein Einpauken der Wortarten schon in der zweiten Klasse wirklich notwendig ist. Als Begründung wird oft das Erfordernis angeführt, dass die Kinder Wortarten unterscheiden können müssen, um die Groß- und Kleinschreibung richtig anzuwenden. Dazu muss man aber ein *Gefühl* für „Nomen" bekommen und Satzanfänge beachten, aber die *explizite* Benennung von „Verben" und „Adjektiven" spielt unter dem Gesichtspunkt der Großschreibung keine Rolle. Diese Einteilung verwirrt in der Praxis sogar oft eher, wenn Verben und Adjektive dann substantiviert als Nomen doch ins Spiel kommen. Unserer Meinung nach wird durch abstrakte Benennungen und das Lernen von grammatikalischen Regeln der implizite Aufbau von Mustern und die Entwicklung des Sprachgefühls eher beeinträchtigt, ja evtl. sogar verhindert – genauso wie oben im Bezug auf die Rechtschreibung ausgeführt. Tauchen die notwendigen Einteilungen und Begriffe allerdings individuell immer wieder beiläufig bei Textbesprechungen auf, so entwickeln die Kinder eine unbewusste Sensibilität, die ihnen ein Gefühl für die richtige Zuordnung der Worte gibt. Ob diese Zuordnungsgruppen dann irgendwann eine fachlich korrekte „Überschrift" bekommen, hat mit der Zuordnungsfähigkeit nichts zu tun.

Um nun einen Weg aus der Grammatikmisere zu finden, gibt es mehrere Möglichkeiten. Auf jeden Fall sollte man einen abstrakten Grammatikunterricht vermeiden. Immer wenn die Texte der Kinder individuell oder in den gemeinsamen Gesprächen reflektiert, Alternativen zu Wiederholungen gesucht, treffende Wörter ausprobiert, Groß- und Kleinschreibungen hinterfragt und Satzzeichen angesprochen werden, findet auch eine intensive Auseinandersetzung mit Grammatik statt. Diese ist so unauffällig, weil sie dann situativ eingebettet ist, aber sie ist wahrscheinlich nur so wirklich von Nutzen.

Ein abstrakter Begriffslehrgang weist diesen Nutzen nicht auf. Die gelernten Begriffe bekommen erst dann Sinn, wenn sie als treffende Bezeichnungen umständlichere Erklärungsarbeit abnehmen können oder zu übergreifenden Einsichten führen. Dabei handelt es sich dann eher um Expertenwissen, in der Regel kommt der Mensch sehr gut ohne solche formale Grammatikkenntnisse aus, denn das Paradoxe ist: „Grammatik kann man nur verstehen, wenn man die Systematik des Geschriebenen versteht, und man kann nur lesen und schreiben, wenn man die liegende Grammatik beherrscht. Lesen- und Schreibenlernen setzt Kenntnis dessen bereits voraus, was erst gelernt werden soll." (Hartmut Günther mündl. nach Dräger 1995, 106f.) Niemand würde behaupten, die bloße Kenntnis grammatikalischer Termini würde irgendwelche positiven Auswirkungen auf die Sprachkompetenz haben. Sonst müssten wir ja unseren ausländischen Schülern zuerst einmal reinen Grammatikunterricht geben, bevor wir sie in unserer Sprache sprechen und schreiben lassen.

Oft wird als Argument für den Grammatikunterricht die Hilfe beim Erlernen von Fremdsprachen angeführt. Aber auch als Vorbereitung für das Fremdsprachenlernen macht ein Grammatiklehrgang wenig Sinn, denn „schließlich muß berücksichtigt werden, daß sich die Lernziele und die Lernprozesse zwischen Deutschunterricht und Fremdsprachenunterricht erheblich unterscheiden und damit auch die Rolle, die grammatikalische Begriffe dabei spielen." (Kultusminister NRW LP Deutsch Gymnasium 1993, 59) Zudem scheinen aktuelle Ansätze des Fremdsprachenlernens viel mehr Wert auf eine Vermittlung durch den Gebrauch der Sprache zu legen als auf eine abstrakte Einübung grammatikalischer Formen. Was für die Muttersprache gilt, gilt auch für andere Sprachen: man erlernt sie durch Hören, Sprechen, Schreiben, Lesen, nicht durch „Grammatik" (vgl. Kapitel 6.2). Jeder, der sich schon einmal eine längere Zeit in einem fremdsprachigen Land bewegt hat, wird bestätigen, wie „automatisch" er die Sprache gelernt und wie wenig er dabei auf seine expliziten Grammatikkenntnisse zurückgegriffen hat.

Sollte der Lehrer beim Übergang der Schüler auf die weiterführende Schule aber doch den Eindruck haben, dass dieser integrierte Grammatikunterricht nicht ausreiche, oder dass die Schüler vorher noch bestimmte Termini explizit vermittelt bekommen sollten, kann er immer noch einen entsprechenden „Crashkurs" in der Form von gemeinsamen Forscherbetrachtungen anbieten. Ideen dazu geben z. B. Gallin und Ruf (vgl. 1995; 1999) in ihren praxisorientierten Büchern „Ich – Du – Wir", die „Grammatik-Werkstatt" von Wolfgang Menzel (vgl. 1999) oder auch das Sprachforscherbuch (Peschel / Reinhardt 2001 c; d).

3.9 Mündlicher Sprachgebrauch

Bislang wurde noch nicht direkt auf den mündlichen Sprachgebrauch eingegangen. Das hat seinen Grund darin, dass er alle anderen Bereiche durchdringt. Überall da, wo mit Sprache umgegangen wird, spielt er eine Rolle. Die offene Unterrichtsgestaltung lässt den Kindern zu jedem Zeitpunkt die Möglichkeit zur Kommunikation, seien es Absprachen über Vorhaben, das Vorstellen von Ergebnissen, Gruppen- oder Partnerarbeit – immer spielt der mündliche Sprachgebrauch eine große Rolle. In den gemeinsamen Kreisphasen bekommt die mündliche Äußerung dann durch die Öffentlichkeit noch einen zusätzlichen Anspruch. Etwaige Dialekte oder abweichende Sprachformen werden zwar anerkannt, aber die Standardsprache wird automatisch als Bezugspunkt gelten.

Auch hier erfolgt eine „soziale Integration“ – sogar in doppelter Hinsicht. Nicht nur die soziokulturellen Unterschiede im Sprachgebrauch werden zusammengeführt, sondern auch die Kompetenz in der Gesprächsführung. Die Kreisgespräche, die je nach Tag insgesamt ein bis zwei oder manchmal sogar drei Schulstunden einnehmen können, erfordern entsprechende Kommunikationsregeln und -fähigkeiten von den Kindern, die diese nicht von Anfang an perfekt beherrschen, die sie aber immer mehr selber einfordern werden. Die Kinder können die gemeinsamen Kreisphasen nur dann zur gegenseitigen Hilfe nutzen, wenn sie sich gegenseitig aktiv zuhören, aufeinander eingehen, Unsicherheiten formulieren, Erfahrungen einbringen, Vorschläge machen und Entscheidungen treffen. Dies tun sie genauso in allen einzelnen Unterrichtsfächern wie auch bei den Absprachen über die Klassenführung.

3.10 Fazit für den Sprachunterricht

Eingebettet in den Offenen Unterricht ermöglicht das Freie Schreiben einen Sprachunterricht, der nicht nur das Lesenlernen, sondern auch die Aufsatzerziehung, das Rechtschreiblernen, die weiterführende Leseerziehung, den Grammatikunterricht und – in besonderem Maße – den mündlichen Sprachgebrauch wirklich integriert. Denn unter einer solchen Integration verstehen wir nicht das Behandeln voneinander losgelöster Teilleistungen, die mutwillig unter ein „Themendach“ gebracht werden (wie es z. B. Sprachbücher oder „Kombinationswerke“ machen), sondern das Nutzen der einzelnen Bereiche, um über Texte aller Art zu sprechen, sie zu gebrauchen und sie weiterzuentwickeln, egal ob sie mündlich, schriftlich oder aus Bildern oder Handlungen bestehen.

Der Vorteil eines solchen auf Freiem Schreiben basierenden Sprachunterrichts ist der Verzicht auf das Einführen von Buchstaben, das Üben von Grundwortschatzwörtern, das Auswendiglernen von Rechtschreibregeln, das Eintrainieren des Zusammenschleifens beim Vorlesen, das Motivieren zum Geschichtenschreiben usw. Dadurch wird nicht nur ermöglicht, dass jedes Kind genau seinem Entwicklungsstand gemäß Schreiben und Lesen lernen kann (und nicht etwas Unverstandenes auswendig lernen muss), sondern vor allem, dass das Kind vom ersten Tag an Eigenverantwortung beim Lernen erfährt. Wenn es Schreiben und Lesen lernen will (und das wollen so ziemlich alle Kinder, wenn sie in die Schule kommen), dann muss es sich selbst dafür einsetzen. Wenn es Rechtschreiben lernen will, muss es sich selber darum kümmern. Wenn es Vorträge halten will, muss es diese selbst angehen. Nichts wird ihm abgenommen.

Lernen hat etwas mit Anstrengung zu tun, aber auch mit der Belohnung dieser Anstrengungen: Einer inneren Zufriedenheit, sich etwas selbst beigebracht zu haben. Nicht mit einer kleinschrittigen, spielerisch verpackten Aufbereitung von außen, die zu jedem neu zugeteilten „Löffelchen“ erst einmal ausgiebig und inflationär motivieren und danach genauso ausgiebig und inflationär für den pflichtgemäßen Verzehr loben muss. Das ist dann wirklich anstrengend. Für alle Beteiligten. Von einer ganz anderen Anstrengung ist es, wenn das Kind weiß, es lernt für sich selbst, nicht für jemand anderes. Das ist – denke ich – die höchste Motivation, die es erfahren kann. Und die sollte man nicht durch aufgesetzte, äußere Motivation mit Füßen treten.

Für den offenen Sprachunterricht ist ein sehr hohes Maß an Vertrauen in die Kinder als auch an Fachkompetenz erforderlich, dass aber die meisten Lehrer gerade im Sprachunterricht vorweisen bzw. mit ein bisschen Mut zum Loslassen erreichen können. Wir sehen im herkömmlichen Sprachunterricht keine Alternative, da die eigentlichen Prinzipien des Sprachunterrichts dort in der Regel durch den Einsatz von fertigen Aufgaben nicht berücksichtigt werden (können):

> Das Prinzip „Situationsbezug“ ist nicht beachtet, wenn Unterricht primär an Sprachbuchaufgaben orientiert ist, wenn Wörter des rechtschreiblichen Grundwortschatzes aus vorgegebenen Listen oder Karteien übernommen werden, wenn die Situationen des schulischen Alltags nicht auch für das Sprachlernen genutzt werden, wenn durch überwiegenden Frontalunterricht das Spektrum des Lebens und Lernens zu eng gehalten wird. [...]
>
> Das Prinzip „Primat des Mündlichen“ ist nicht beachtet, wenn nur hochsprachliches Sprechen akzeptiert und Kinder mit Sprachvarianten (Soziolekte, Dialekte) abgewertet werden, wenn die Kinder nur wenig Gelegenheit erhalten, sich über Texte / Sachverhalte / Probleme mündlich auseinandersetzen oder wenn dies nur

> ein besonders sprechaktiver Teil der Klasse macht (z.B. im Frontalunterricht), wenn Unterricht überwiegend buchorientiert verläuft. [...]
>
> Das Prinzip „Entwickelnder Sprachausbau“ ist nicht beachtet, wenn Anregungen ausbleiben, die neue sprachliche Mittel erfordern, wenn Kinder nicht selber ausprobieren können, weil ihnen das Sprachbuch oder die Lehrerin die Normen vorgeben („Schöne Satzanfänge“, Satzanalysen, Interpretationen), wenn das Leben in der Klasse (und Schule) keine Anregungen zum Sprachausbau enthält. [...]
>
> *„Das Sprachprinzip bei aller schulischen Arbeit“ ist nicht beachtet*, wenn kein absichtsvoll gestaltetes Klassen- und Schulleben entwickelt wird, wenn die Lernbereiche der Grundschule als isolierte Fächer unterrichtet werden, wenn Fachlehrer/innen die sprachliche Dimension mißachten, z.B. Fachbegriffe nicht erfahrungsbezogen entwickeln, vorwiegend buchorientiert arbeiten. (Bartnitzky 1987, 38ff.)

Wir halten das oben geschilderte Konzept für eine – weil auf einer sehr einfachen Basis beruhende – leicht umsetzbare, alle Prinzipien erfüllende Möglichkeit, Sprachunterricht effektiv und kompetenzerzeugend zu gestalten. Die oft angesprochene Gefahr fehlender, herausfordernder oder weiterführender Anreize in einem maßgeblich auf Schülerproduktionen beruhenden Unterricht sehen wir nicht, im Gegenteil, wir hatten eher immer Angst, die Kinder beschäftigen sich zu viel mit Sachen, die sie längst noch nicht können müssten. Es wird wenige Fragen geben, die die Klasse als solche nicht lösen kann. Und es wird entsprechend immer viele Fragen geben, die die Klasse sich selber stellt. Aber selbst wenn dem Lehrer ein Aspekt oder ein Thema im Unterricht fehlen würde, kann er sich ja genau so wie die Kinder auch einbringen. Solange dies einigermaßen gleichberechtigt passiert, wird es von den Kindern gerne und problemlos angenommen werden.

4 Mathematikunterricht

In einem vielzitierten Artikel zur Förderung schulschwacher Kinder beschreiben Trickett und Sulke zwei Auffassungen von Lehren und Lernen – hier auf den Mathematikunterricht bezogen:

> **Typ A: Mathematik als Fertigprodukt**
>
> Die meisten Schüler mögen Mathematik im Grunde nicht und meiden sie, wo immer sie können. Die Schüler wollen immer genau wissen, was sie tun sollen, und ständig Aufgaben vorgesetzt bekommen, die ihrem Leistungsstand angemessen sind. Die Schüler werden hauptsächlich durch das Lob der Lehrerin, durch Noten und durch sich schnell einstellende Erfolgserlebnisse motiviert. Die meisten Schüler verfügen nur über wenig Kreativität oder Vorstellungskraft – außer wenn es darauf ankommt, sich Entschuldigungen für vergessene Hausaufgaben auszudenken. Es gibt bestimmte Fertigkeiten, die nur die Lehrerin kennt, die sie den Kindern erklärt und anschließend mit ihnen einüben muß, so daß die Schüler für das spätere Leben gut vorbereitet sind. Die Schüler brauchen klare Erklärungen, damit sie nicht verwirrt werden.
>
> **Typ B: Mathematik als Geisteshaltung**
>
> Kinder beschäftigen sich von Natur aus gern mit Fragen, die im Grunde mathematisch sind. Außerhalb des Klassenzimmers spielen und erfinden sie komplexe Spiele, beschäftigen sich mit Rätselbüchern und suchen aktiv ihren eigenen Weg durch die Umwelt. Die Schüler sind in der Lage, sich selbst angemessene Aufgaben auszusuchen und diese zu behandeln. Die Schüler lassen sich von mathematischen Zusammenhängen und paradoxen Erscheinungen faszinieren und werden durch mathematische Aktivitäten aus der Sache heraus motiviert. Kreativität und Einfallsreichtum sind bei außerschulischen Aktivitäten der Kinder ständig zu beobachten.
>
> Das Beherrschen von Fertigkeiten hat nur einen geringen Wert, wenn die Kinder nicht wissen, wie sie sie anwenden müssen. Was die Schüler dagegen unbedingt benötigen, sind Strategien zum Lösen von Problemen, zum Interpretieren von mathematischen Methoden und Ergebnissen sowie zum Mathematisieren von Situationen. Diese müssen durch Erfahrungen in sinnvollen Kontexten erworben werden. Phasen der Unklarheit und das Gefühl, scheinbar nicht weiterzukommen, bilden das Herzstück allen Lernens. Die Schüler bringen eigene Kenntnisse und Erfahrungen mit und müssen an ihrer mathematischen Entwicklung aktiv beteiligt werden. (Trickett / Sulke 1993, 36)

Gerade im Mathematikunterricht hat das konstruktivistisch begründete entdeckende Lernen eine lange Tradition. Es wird dabei nicht nur von der Fachdidaktik gefordert, sondern ist auch in den Lehrplänen als Grundkonzeption des Mathematiklernens ausdrücklich vorgeschrieben. Von herausfordernden Situationen ausgehend sollen die Kinder eigene Lösungsansätze entwickeln und reflektieren sowie sich selbst neue Sachverhalte erschließen:

> Entdeckendes Lernen darf sich nicht auf die Erarbeitung neuer Lernstoffe beschränken. Es soll so weit wie möglich den Unterricht insgesamt bestimmen, die Anordnung der Inhalte ebenso wie die Art und Organisation der Lernaktivitäten und die Kommunikation in der Klasse. (Kultusminister NRW LP Mathematik 1985, 36)

Dabei sind Fertigkeiten wie das Rechnen kein Selbstzweck, sondern unterstehen Fähigkeiten des begrifflichen Denkens bzw. des Problemlösens. Grundfertigkeiten wie Kreativität, Argumentieren und Mathematisieren geben der Mathematik in diesem Zusammenhang eine Bedeutung für das tägliche Leben und integrieren sie in andere Unterrichtsfächer.

Sieht man sich nun aber die tatsächliche Umsetzung des Mathematikunterrichts in der Schule an, so beginnt das Dilemma schon bei den Lehrgängen, auf die fast alle Lehrer im Mathematikunterricht in großem Maße zurückgreifen. Dabei erfolgt die Arbeit nach dem Buch im Mathematikunterricht wesentlich enger und umfangreicher, als dies in allen anderen Schulfächern geschieht. Bei dieser Arbeit nach Lehrgang gleichzeitig den hehren Zielen des Lehrplans bzw. der Richtlinien in Bezug auf Selbstständigkeit, Kreativität, Situationsorientierung, Lebenswirklichkeitsbezug, sozialem Lernen usw. gerecht werden zu wollen, stellt ein fast hoffnungsloses Unterfangen dar, denn diese Variabilität kann der Lehrgang nicht bieten, obwohl viele Lehrerkommentare versuchen, dies weiszumachen. Durch den weitgehend starren Aufbau eines Unterrichtswerkes können diese, unweigerlich an das konkrete Bedingungsfeld gebundenen Prinzipien zwangsläufig nur noch sehr oberflächlich verfolgt werden. Man versucht daher in den Büchern, die durch die reproduktiv angelegte Vorgehensweise eines Lehrganges verlorene Motivation auf Seiten des Schülers durch spielerische Einkleidung der Aufgaben wieder zu erschaffen.

Auch Differenzierung und Individualisierung werden laut Handbuch ausdrücklich in den Mathematiklehrgängen berücksichtigt. In der Regel wird dabei allerdings der herrschende Gleichschritt nicht aufgehoben, es erfolgt meist nur eine zeitliche Korrektur der unterschiedlichen Arbeitsgeschwindigkeiten der Schüler durch vom Lehrer zugewiesene Zusatzaufgaben für die „Schnelleren", seltener eine qualitative Differenzierung durch anspruchsvollere Aufgaben. Die Einführung der Inhalte erfolgt fast nie entdeckend, das Üben in der Regel nicht produktiv, sondern rein reproduktiv. Entsprechend findet auch keine Akzeptanz unterschiedlichen Vorwissens oder verschiedener Vorgehensweisen der Kinder statt. Es gibt nur *ein* Thema, das auf *eine* vorbestimmte Art angegangen und dann *ein*geübt wird.

Bevor wir den Mathematikunterricht auf Grund der geäußerten Bedenken genauer betrachten, müssen wir daher eine qualitative Begriffsbestimmung treffen, damit keine Missverständnisse entstehen. Versteht man unter Rechnen nur das Ausführen eines bestimmten Algorithmus, so sollte man dafür den Kindern zum Rechnen am besten einen Taschenrechner zur Verfügung stellen. Denn ist lediglich das Erlernen einer Technik das Lernziel, so kann man sich viel Arbeit einer vermeintlichen Hinführung oder Erarbeitung sparen. Das Endprodukt wird mit oder ohne nahezu dasselbe sein. Die Rechenfertigkeit bekommt erst dann Sinn, wenn sie vom Kind als Mittel zum Zweck, das heißt zum Lösen von Problemen oder zum Entdecken von Strukturen verwendet wird. Und selbst hier tritt die rein technische Lösung der Rechnung an sich hinter andere Kompetenzen, z. B. dem Mathematisieren, dem Finden einer Frage und einer passenden Rechnung zu einer Aufgabe, zurück. Entsprechend vorbehaltlos kann man dort den Taschenrechner zulassen. „Rechnen“ wird also im Folgenden nicht nur als das Ausführen einer Technik, sondern umfassender verstanden. Vielleicht kann man zur begrifflichen Unterscheidung im ersten Fall eher von „Ausrechnen“ sprechen.

4.1 Ziele und Möglichkeiten des Mathematikunterrichts

Das Erlernen von Fertigkeiten in den drei Bereichen des Mathematikunterrichts in der Grundschule (Arithmetik, Geometrie und Größen) untersteht den übergeordneten Richtzielen dieses Unterrichts, das heißt ihr Erlernen ist (auch) immer Mittel zum Zweck. Zu lernen, kreativ zu sein sowie argumentieren und mathematisieren zu können, das heißt reale Situationen in mathematische zu übersetzen, zu lösen, zu interpretieren, darzustellen und zu begründen, steht klar im Vordergrund und fördert gleichzeitig auch die Entwicklung geistiger Vorgehensweisen wie Klassifizieren, Ordnen, Analogisieren und Formalisieren. Macht man sich diesen hohen Anspruch einmal klar, so merkt man schnell, dass dem z. B. das übliche Erlernen halbschriftlicher oder schriftlichen Rechenverfahren als abrufbare Technik nicht gerecht wird:

> In welchem Ausmaß Mathematikunterricht allgemeinbildend ist, entscheidet sich erst auf der Handlungsebene. Was an und über Mathematik und ihren Zusammenhang mit der übrigen Welt gelernt wird, hängt in hohem Maße davon ab, wie im Rahmen der unterrichtlichen Interaktion mit Mathematik umgegangen wird. (Heymann 1996, 276)

4.1.1 Mathematikunterricht zwischen Anwendungs- und Strukturorientierung

Mathematik ist neben dem Aufbauen und Durchschauen von Strukturen und Zusammenhängen vor allem der Gebrauch von Fertigkeiten und Kenntnissen, um Probleme lösen zu können. Diesen Beitrag muss das Fach zur Allgemeinbildung leisten, insbesondere in einer Zeit, in der das tatsächliche Ausrechnen so gut wie immer (und im Gegensatz z. B. zur Rechtschreibprüfung mit dem Computer schon seit längerer Zeit sehr sicher, praktisch und preiswert) von Maschinen geleistet wird. Wenn im Leben nach der Schule niemand mehr auf die Idee kommt, eine Division mehrstelliger Zahlen „per Hand“ durchzuführen (die ist mir bislang nur in der Schule begegnet, ansonsten benutzt man in der Regel den Taschenrechner oder überschlägt), rückt ein anderer Aspekt der Mathematik verstärkt in den Vordergrund: Ich muss wissen, was ich da eigentlich ausrechne und kombiniere, ich muss die richtigen Rechenschritte und Operationen wählen und das berechnete Ergebnis einordnen und beurteilen können.

Dazu ist aber zunächst überhaupt das Erkennen von Problemen und Zusammenhängen notwendig: das Stellen von (eigenen) Fragen hat auch in der Mathematik eine große Bedeutung, eine Bedeutung, die nur wenige Lehrbücher berücksichtigen bzw. durch ihre Form berücksichtigen können. Um zu Antworten auf diese gestellten Fragen zu kommen, gibt es viele Möglichkeiten, viele Lösungswege und Lösungsstrategien. Hier gilt es für den einzelnen Schüler, den für ihn selbst sinnvollsten Weg experimentierend zu finden, und dann, wenn er seinen eigenen Weg gefunden und verstanden hat, durch den Vergleich mit anderen Vorgehensweisen das effektivste Vorgehen herauszufinden. Das heißt, der Weg zum Lösen eines Problems muss vorrangig vom Schüler selbst ausgehen, er muss bestimmen, welche Veranschaulichungs- und Lösungshilfen ihm dienlich sind. Eine konkrete Vorgabe von außen riskiert das un- oder halbverstandene Übernehmen durch den Suchenden. Hilfen und Impulse sind statthaft, aber sie dürfen den Aufbau eigener Strukturen und Hilfsmittel nicht beeinflussen.

Ein solcher anwendungsorientierter Mathematikunterricht sollte dabei idealerweise einem echten (Sach-)Problem des Schülers entspringen (siehe Kapitel 4.6), es kann sich hier eigentlich nicht um eine vorgegebene Aufgabe aus dem Lehrbuch handeln, die für den Schüler in seiner konkreten Situation keinen Sinn macht. Ansonsten ist die Gefahr groß, dass das Stellen oder Beurteilen der Problemfrage schnell einem rein technischen Interesse an Mathematik weicht. Die Lösungen von Sachaufgaben, insbesondere von „Kapitänsaufgaben“, zeigen oft derartige Herangehensweisen, wenn bei Aufgaben wie „Auf einem Schiff befinden sich 26 Schafe und 10 Ziegen. Wie alt ist der Kapitän?“ (Baruk 1989, 29) Zahlen nur irgendwie so kombiniert werden, dass etwas (scheinbar Richtiges) herauskommt. Erschreckend ist dabei, dass die Lösungshäufigkeit für solche Aufgaben, die ja eben gar nicht lösbar sind, analog zum durchlebten Schulunterricht ansteigt: Vorschulkinder und Schulneulinge scheinen sich nicht auf die Zahlen, sondern auf die Sache selbst zu konzentrieren und lösen solche Aufgaben in der Regel nicht, während die Lösungshäufigkeit auf bis zu 60 % im vierten Schuljahr zunimmt (vgl. Radatz 1983, 214 f.). Dabei scheint das Lösen eigentlich unlösbarer Aufgaben weniger eine Frage mangelnder Intelligenz der Schüler zu sein, sondern vielmehr ein Anzeichen dafür, „dass die Kinder im schulischen Kontext früh und intensiv darin geübt werden, ein Frage-Antwort-Spiel mitzumachen.“ (Keller / Brandenberg 1999, 56)

Das Lösen und Bearbeiten vorgegebener Sach- und Textaufgaben ist aber nicht nur auf Grund der oft falschen Lösung problematisch, sondern vor allem deshalb, weil dort ein Anwendungsbezug vorgegaukelt wird, der gar nicht vorhanden ist. Zugleich wird die Motivation des Schülers zum Lösen solcher Aufgaben sehr gering sein:

> Aufgrund der wechselseitigen Beziehungen zwischen Mathematik und Umwelt, welche die Grundlage für das rechnerische Denken bilden, wurde im Elementarunterricht immer schon ein anschaulicher und handlungsorientierter Rechen- bzw. Mathematikunterricht gefordert, standen für die Mathematik schon immer zwei Fragen im Mittelpunkt:
> - Wo können mathematische Begriffe in der Wirklichkeit angewandt werden?
> - Welche Situationen der Umwelt gestatten es, eine mathematische Struktur zu finden?
>
> Man suchte die Antwort in der Forderung, Mathematikunterricht solle umweltbezogene Probleme und Fragestellungen aufgreifen, damit der Schüler erkenne, in welchem Maße mathematische Denk- und Betrachtungsweisen in der Umwelt Bedeutung haben. Doch gerade dieser Weg erwies sich als Sackgasse. Das Kind erfaßt entsprechende Zusammenhänge nur, wenn es wirklich motiviert ist, und das ist es nur bei anders gerichtetem Ansatz, d. h. wenn der Sachunterricht anhand seiner genuinen Sachprobleme eine für die Lösung dieser Probleme sinnvolle und notwendige Mathematik betreibt. (Reichen 1994, 29)

Wir sehen als Möglichkeiten für den Mathematikunterricht hier einerseits wie Reichen vor allem die integrative Verbindung zum Sachunterricht, indem Sachen bzw. Sachverhalte für Projekte oder Vorträge geordnet, strukturiert, berechnet, verglichen, veranschaulicht, tabellarisiert werden müssen. Wir sehen aber auch eine sehr wichtige (und vor allem praxistauglichere) Verbindung zum Sprachunterricht, wenn Kinder ihre eigenen (Sach-)Rechenprobleme formulieren, befragen, darstellen und berechnen. Eigene, von den Kindern geschriebene „Rechengeschichten" stellen hier die Brücke der Sprache zur Mathematik dar und ersetzen fremdvorgegebene Textaufgaben auf eine sehr effektive und einfache Art (siehe Kapitel 4.6.3). Dies hat zugleich nicht zu unterschätzende Auswirkungen auf die Motivation der Kinder, sich mit schriftlichen Aufgaben zu beschäftigen. Herkömmliche Textaufgaben liegen mit 83 % an der Spitze der Nennungen von Lehrern zu der Frage, mit welchen Inhalten Schüler Schwierigkeiten im Mathematikunterricht haben und sind sowohl bei Schülern als auch bei Lehrern entsprechend unbeliebt, wohingegen Rechengeschichten (auch durch Impulse vorgegebene) anscheinend zu den Lieblingsaufgaben der Kinder im Mathematikunterricht zählen (vgl. Radatz u. a. 1981; Käpnick 1993).

Um nicht missverstanden zu werden, möchten wir betonen, dass wir nicht die Arithmetik durch Sachrechnen ersetzen wollen. Mathematik ist ein faszinierendes Gebilde von Strukturen und Beziehungen, das in sich noch nichts mit

Lebenswirklichkeitsorientierung o. Ä. zu tun hat. Die Entwicklung eines Zahl- und Zahlraumverständnisses, der Aufbau von Zahlbeziehungen, Rechenstrategien und Rechenfertigkeiten usw. kann in Sachsituationen veranschaulicht werden, ist aber eigentlich ein Vorgang, der losgelöst von diesen innerhalb der Mathematik selbst stattfindet und gerade durch diese Abstraktion seinen eigenen Reiz erhalten kann. Sach- und Materialarrangements sind dann Mittel zum Zweck, dem Aufbau der o. g. mathematischen Vorstellungen. Der Schritt zur Mathematisierung von Alltagshandlungen ist von einer ganz anderen Qualität, wenngleich auch nicht weniger wichtig. Es ist unabdingbar, der Mathematik durch Anwendungsorientierung Sinn zu geben und so eine Verbindung zwischen den Bereichen Arithmetik, Größen und Geometrie zu schaffen, aber sie ist in diesem Sinne nicht *nur* als Mittel zum Zweck zu betrachten. Mathematik ist mehr als ein Verfahren, um Probleme zu lösen.

Wir denken, dass der herkömmliche Unterricht beiden Komponenten (und noch vielen anderen Ansprüchen) nicht gerecht wird. Statt die Faszination zu nutzen, die Mathematik ausstrahlen kann, wird diese oft genug nur auf ein Auswendiglernen von Rechentechniken reduziert, die dann zeitweise durch Einsetzübungen in abstrakten Sachsituationen weiter trainiert werden. Man erfüllt so weder den Anspruch der Strukturorientierung noch der Anwendungsorientierung, denn ein weitgehend unverstandenes Einsetzen von Rechenverfahren bei Sachaufgaben hat natürlich noch nichts mit Anwendungsorientierung zu tun, und ob sich beim Kind dabei eine Vorstellung von den zu Grunde liegenden mathematischen Strukturen ausbildet, bleibt fraglich. So unterrichtete Mathematik wird sinnleer und sinnlos – und zum reinen Selbstzweck.

> Aber auch das Konzept des entdeckenden Lernens wird den oben skizzierten Einsichten nur begrenzt gerecht. Es unterstellt weiterhin eine in der Sache gegebene Struktur, die nur ent-deckt werden muss –– und von allen Personen in gleicher Weise [...].
>
> KonstruktivistInnen interpretieren Lernen dagegen als Erfinden gedanklicher Modelle, die im Austausch mit anderen allmählich differenziert werden („von der Invention zur Konvention"). Solche Konstruktionen können durch Impulse und didaktisch zugerichtete Materialien angeregt, sie können gestützt und in Frage gestellt werden [...]. Durch Nachahmung von Vor-Bildern und durch Verstärkung von außen verändert sich oft nur das Verhalten, und auch das nur mit kurzfristigem Erfolg [...]. (Brügelmann 2001, 7)

4.1.2 Wie offen kann Mathematikunterricht sein?

> Man kann Mathematik nur verstehen, wenn man sie selbst erschafft und autonom bewertet, ohne sich auf eine vermittelnde Autorität zu stützen. In einem bestimmten Sinn kann man sich die Mathematik nur selbst beibringen. Jemanden unterrichten, kann dann nur heißen, günstige Bedingungen dafür zu schaffen, dass der

> andere sich selbst unterrichten kann: Jede zu direkte Intervention von außen verformt den Unterricht in eine Dressur und erstickt den wertvollsten Teil dessen, was der Unterricht seinem Auftrag gemäß hervorbringen und entwickeln soll. (Revuz 1980, 136ff. nach Krauthausen 1998, 21f.)

Um den oben genannten höheren Bildungszielen näher zu kommen, muss der Mathematikunterricht unserer Meinung nach sowohl inhaltlich als auch methodisch ganz geöffnet werden. Während die methodische Öffnung, also das eigene, konstruierende Lernen des Schülers im Grundsatz wahrscheinlich von keinem Mathematikdidaktiker in Frage gestellt wird, geht man die inhaltliche Öffnung, das heißt die Freigabe des Lernstoffs, eher zurückhaltend an – wie man an der Kontroverse „Entdecken“ oder „Erfinden“ sehen kann. Entsprechend schwierig ist eine Diskussion der konkreten Inhalte des Mathematikunterrichts – man ist sich manchmal fast unsicher, ob gezogene Schlussfolgerungen ernst oder ironisch gemeint sind:

> Wenn Konsens darüber besteht, daß der gegenwärtige Mathematikunterricht (z. B. mit Blick auf die Notwendigkeit des lebenslangen Lernens oder aus der Perspektive konstruktivistischer Lerntheorien) vorrangig an den o. g. Zielen [Zusammenhänge erfassen, Fähigkeit zu schlußfolgerndem Denken, Beweglichkeit des Denkens, Entdecken mathematischer Gesetzmäßigkeiten usw.; FP] ausgerichtet sein soll, dann benötigen wir eine Diskussion in erster Linie darüber, welche tradierten Unterrichtsinhalte mit Blick auf das dann notwendige exemplarische Lernen gestrichen werden sollen, in zweiter Linie darüber, welche Inhalte ggf. aufgenommen werden sollen, weil sie für den Prozeß des Mathematisierens besonders geeignet erscheinen. Wieviel Konvention brauchen wir in einem solchen inventionsorientierten Mathematikunterricht wirklich noch? (Schipper 1999, o. S.)

Wir sehen den hier von Schipper angesprochenen Bedarf eines neuen Lehrplans und einer groß angelegten inhaltlichen Diskussion momentan nicht. Eine solche Diskussion würde auf Wunsch der Didaktiker vielleicht den Stellenwert z. B. der schriftlichen Rechenverfahren nach unten korrigieren (siehe Kapitel 4.4.2), aber ob das dann wirklich Auswirkungen auf die Schulpraxis hätte, bleibt fraglich. Genauso wie Eltern den Sprachunterricht ihrer Kinder an deren Rechtschreibleistung messen (und gerade dort dann den entsprechenden Unterricht bzw. Lehrgang einfordern), halten die schriftlichen Rechenverfahren als Maßstab für die Mathematik her (Oder hat sich in Ihrem Umfeld schon einmal jemand über zu wenig Geometrieunterricht beschwert?).

Wir haben sowohl in unseren Klassen als auch in Klassen anderer Lehrer festgestellt, dass die radikale Öffnung des Mathematikunterrichts keineswegs ein Weniger an Wissen oder Inhalten bedeutet. Im Gegenteil: sowohl die größere methodische Öffnung in Richtung des exemplarischen Lernens als auch eine Freigabe der Inhalte hat eher – und deshalb macht man es ja auch (!) – eine höhere mathematische Kompetenz der Kinder zur Folge, sowohl in der Tiefe als auch in der

Breite. Die Frage nach einer Stoffänderung bzw. -reduktion stellt sich deshalb vorrangig für die Schulbuchautoren, die aus zwei Seiten Inhaltskatalog des Lehrplans dann rund 600 Seiten Mathematikwerk mit Arbeitsheft machen müssen, damit für jeden Schultag genügend „Stoff" bereitgehalten wird. Die Frage nach der Stoffreduktion stellt sich aber nicht für den selbstgesteuert lernenden Schüler, der die (Minimal-)Vorgaben des Lehrplans in der Regel im vorgesehenen Zeitraum sogar überschreiten wird, denn er muss bei sich selbst ja „nur" Strukturen und Zusammenhänge aufbauen und nicht *zusätzlich* noch 600 Seiten an Aufgaben abarbeiten, deren Fördereffektivität bei genauer Betrachtung doch sehr zweifelhaft erscheint – und zwar sowohl bei „starken" als auch bei „schwachen" Kindern (vgl. Trickett / Sulke 1993; Scherer 1997; Radatz 1997).

Das, was Mathematiker daran hindert, die Mathematik im Sinne eines „Freien Rechnens" freizugeben, ist wahrscheinlich die Angst, dass dann bestimmte Inhalte bzw. insbesondere bestimmte Grundlagen von einem Schüler nicht gelernt würden. Das wiederum ist aber ja genau das Problem des herkömmlichen Mathematikunterrichts, der voll von Vorgaben ist. Hier fallen immer wieder Kinder auf, die trotz des kleinschrittigen Lehrganges bestimmte Inhalte und Grundlagen anscheinend nie mitbekommen haben, ja in so mancher Untersuchung wird sogar dem größten Teil der Schulabsolventen nach zwölf oder dreizehn Jahren Mathematikunterricht ein höchst dürftiges mathematisches Verständnis unterstellt. Und gerade deshalb pochen Mathematikdidaktiker ja seit Jahren bzw. Jahrzehnten auf die Freigabe der Lernwege, die Freigabe der methodischen Aneignung durch den Schüler. Warum sie dann aber nicht auch konsequenterweise die Inhalte freigeben, ist schwer nachzuvollziehen, denn so beliebig, wie man fürchten könnte, kann der Schüler mit einer hierarchisch aufgebauten Wissenschaft wie der Mathematik ja gar nicht umgehen.

Das Öffnen der Mathematik z. B. durch Freies Rechnen oder „Mathematiktreiben" müsste doch eigentlich viel einfacher fallen als z. B. den Sprachunterricht mit Freiem Schreiben freizugeben (was in der Praxis ungleich häufiger vorkommt), denn die Mathematik hat – im Unterschied zum Bereich Sprache – einen „eingebauten Lehrgang", der von sich aus für die notwendige Strukturierung beim Lernen sorgt: Man rechnet mit immer größeren Zahlen und immer komplexeren Operationen und bekommt so immer mehr über unser Zahlsystem heraus.

Dabei ist auch die Angst vor einem etwaigen Verlust an automatisiertem Wissen in einem offenen Mathematikunterricht nach unseren Beobachtungen unbegründet, denn durch das kontinuierliche Nutzen der Operationen erfolgt in der Regel automatisch die Sicherung der diesbezüglichen Grundfertigkeiten. Bei uns hatten die meisten Schüler schon im dritten Schuljahr das große Einmaleins gut parat und auch die „schwächsten" hielten zumindest den Lehrplananforderungen Stand. Aber: Kein Schüler war gezwungen, zu einem vom Lehrer festgesetzten Zeitpunkt irgendetwas unverstanden auswendig zu lernen und so zu tun, als könnte er schon etwas, was er auf Grund seiner Entwicklungsstufe noch gar nicht verstehen bzw. einordnen konnte. Und dadurch konnte in der Folge auch niemand auf Grund unverstandenen Wissens oder etwaiger Lücken plötzlich „abkippen". Sobald ein fester Zeitpunkt zum Beherrschen der entsprechenden Reihen im Raum gestanden hätte, wäre statt des beabsichtigten „Beherrschens" bei einer nicht geringen Anzahl von Kindern nur ein „Auswendigreproduzieren" feststellbar gewesen.

Wir haben es in unseren Klassen so erlebt, dass sich eigentlich alle Kinder irgendwie von Mathematik haben ansprechen lassen. (Große) Zahlen zu schreiben, benennen und damit rechnen zu können, neue Operationen, dic die Ausführung von Wiederholungen abkürzen oder ganz neue Möglichkeiten des Berechnens eröffnen, das Trainieren von Rechenschnelligkeit, das Auffinden und Vergleichen von Größen, das Weiterführen von Reihen und Strukturen sind Sachen, die Kinder von sich aus sehr faszinieren können und in der Klasse eine schnelle Verbreitung finden. Entsprechend waren fast alle Kinder den Lehrplananforderungen gut voraus – und zwar durch eigene Aktivität, nicht einen verordneten Lehrgang. Wir würden das als „allgemeine" oder „natürliche Faszination durch Mathematik" bezeichnen.

Diese Öffnung hat gut funktioniert – aber wohlgemerkt die traditionellen Inhalte betreffend. Und das ist etwas, das dem Mathematiker nicht genügen könnte. Wir vermuten deshalb mittlerweile noch einen anderen Grund für das Festhalten am lehrergeleitetem Lernen (ob durch Aufgabenvorgabe beim entdeckenden Lernen, inszenierte Rechenkonferenzen oder die gewohnten Einführungs- und Übungsstunden). Einige Mathematikdidaktiker nutzen den neuen konstruktivistischen Ansatz noch weiter, indem sie – da sie nun auch auf der Seite des Lehrenden keinem kleinschrittig gestuften Lehrgang mehr unterworfen sind – wiederum ganz neue Ansprüche an den Stoff und damit den Schüler stellen. Sie wollen die Schüler an ihrer eigenen Motivation bezüglich der Mathematik teilhaben lassen und verfassen Aufgaben, die den Schülern tiefere mathematische Strukturen und Zusammenhänge aufzeigen sollen: Aufgaben wie z. B. das Untersuchen von „ANNA-Zahlen" (Berger u. a. 4. SJ 1997 a, 83) oder die Betrachtungen im „Zahlenteufel" (Enzensberger 1997) stellen eine interessante und spannende Herausforderung dar – zumindest für den Mathematiker.

Sicherlich werden sich auch ein paar solcher Mathematiker unter den Kindern einer Klasse finden. Aber das sind (leider) keine Herausforderungen, die den großen Teil der Kinder *von sich aus* reizen. Möchte man alle Kinder zu einer Begegnung mit einer solchen Fragestellung bewegen, ist in der Regel ein höherer Motivationsaufwand erforderlich (vgl. Verboom 1996) und es bleibt mehr als fraglich, ob so eine wirkliche, von innen getragene Auseinandersetzung erreicht werden kann. Kurzzeitig erscheint uns das möglich, langfristig halten wir ein

eigenständiges Verbreiten solcher Forscherideen für wesentlich aussichtsreicher, wenn einzelne Kinder von entsprechenden Fragestellungen fasziniert werden und andere Kinder damit „anstecken". Daher sollten die Kinder einen unverbindlichen Zugriff auf derartige (eben nicht selbst „erfindbare") Fragestellungen haben.

Es fällt nicht leicht, noch weitere Gründe dafür zu suchen, dass Freie Mathematik ungleich weniger häufig anzutreffen ist als Freies Schreiben, denn die Gründe, die einem einfallen, erscheinen m. E. viel zu pauschal. Aber ein paar Möglichkeiten seien doch kurz angesprochen. Einerseits ist bei vielen Lehrern immer wieder eine gewisse Unsicherheit im Bezug auf die Mathematik zu verspüren, die sicherlich schon oft in der eigenen Schulzeit grundgelegt und auch in der Hochschulzeit nicht gerade abgebaut wurde. Zum anderen kann natürlich gerade der oben beschriebene Vorteil der hierarchischen Stoffanordnung in der Mathematik von vielen Lehrern auch als Nachteil empfunden werden, denn wenn immer eine Sache auf der anderen aufzubauen scheint, liegt das Durchführen eines Lehrgangs nahe, der nur ja kein Stüfchen zu unterrichten versäumt. Hier vermag man – auf den ersten Blick – im Sprachunterricht wesentlich freier zu sein.

Des Weiteren liegt das Produzieren von eigenen Texten naturgemäß näher als das Produzieren eigener mathematischer Aufgaben, denn mit Wörtern und den durch sie beschriebenen „Bildern" kann der Durchschnittsmensch – ohne die Faszination der Mathematik leugnen zu wollen – wohl doch kreativer und „poetischer" umgehen als mit Zahlen und mathematischen Aufgaben. Auch ist natürlich das Lesen von Wörtern und Geschichten von einer ganz anderen Art als das „Lesen" mathematischer Aufgaben. Es fehlt hier der mathematischen „Textproduktion" in gewisser Weise ein der „Textrezeption" entsprechendes motivierendes Ebenbild, wie es das Lesen gegenüber dem Schreiben darstellt. Sicherlich kann man anderen die eigenen Aufgaben zum Lesen geben oder sich die Normalverfahren in einem Mathematikwerk „durchlesen", aber es ist zu bezweifeln, ob dabei wirklich so etwas wie eine mathematische Leselust zustande kommt. Das wird höchstens bei einigen wenigen Kindern passieren, die durch entsprechende Aufgaben von der Mathematik an sich fasziniert werden und abgebildeten Gesetzmäßigkeiten und Algorithmen dann auf die Spur kommen wollen. Und die sollten diese Möglichkeit haben, was im Offenen Unterricht der Fall ist – ohne andere auch dazu zu verpflichten.

4.2 Ausgangsbedingungen für die mathematische Entwicklung

Ausgangsbasis für die individuelle Öffnung des Mathematikunterrichts stellen die Vorkenntnisse der Kinder dar, die auch in der Mathematik weitaus höher – aber auch von einer größeren Bandbreite – sind, als vielfach angenommen. Dieses Unterschätzen der Kinderleistungen spiegelt sich fatalerweise sogar meist schon im Aufbau entsprechender Untersuchungsarrangements wieder, wenn sich die Testaufgaben (z. B. von van den Heuvel-Panhuizen 1995) nur auf bestimmte Zahlenräume beschränken, meist bis 10 oder 20, obwohl für eine aussagekräftige Untersuchung doch eigentlich eine Begrenzung zu vermeiden wäre. So nahmen z. B. Hengartner und Röthlisberger (vgl. 1995) in ihrer Schuleingangsuntersuchung irrtümlicherweise schon Aufgaben für den Schluss der ersten Klasse auf – mit dem erstaunlichem Resultat, dass die meisten Aufgaben schon ohne das vorgesehene Jahr Schulunterricht von den Schulanfängern gelöst werden konnten. Was hätte man herausbekommen, wenn man den Zahlenraum nicht begrenzt hätte? In meiner Klasse hatten einzelne Kinder kein Problem damit, in den ersten Schulwochen gemischte Millionenzahlen im Kopf zu addieren oder zu subtrahieren – solange ich sie ihnen aufschrieb, denn das konnten sie noch nicht.

Schon Anfang der achtziger Jahre stellte Roland Schmidt (vgl. 1982) in einer über 1100 Kinder umfassenden Untersuchung fest, dass ca. 97 % der Schulanfänger bis 10 zählen können, 70 % bis 20, die Hälfte der Kinder noch fast bis 30 und jedes sechste bis siebte Kind sogar mindestens bis 100 (wobei leider aus Zeitgründen bei der Zahl 100 abgebrochen wurde). Dabei scheint der nicht von vornherein unterstellbare Bezug zwischen dem Aufzählen von Zählzahlen und dem Vorhandensein einer mathematischen Kompetenz durch Untersuchungen wie die von Siegbert Schmidt und Weiser (vgl. 1982) belegbar zu sein. Überhaupt nicht zählen – und das ist ja das, von dem ein Lehrwerk ausgehen zu müssen scheint – konnten nur 0,6 % der Kinder, das ist ungefähr ein Kind pro 7 Schulklassen. Hendrickson (vgl. 1979) stellte in seinen Untersuchungen fest, dass jeder fünfte Schulanfänger die Aufgabe 8 + 13 sofort richtig löste, nach Hilfe sogar jedes zweite Kind. 86 % bzw. 98 % der Kinder konnten schon vor der Schule die Subtraktionen 14 – 6 bzw. 14 – 8 in einer konkreten Situation („Wenn du mir acht von deinen 14 Klötzchen gibst, wie viele sind dann übrig?“) lösen, die entsprechend eingebundenen Aufgaben 12 : 4 und 15 : 3 immerhin 75 % bzw. 67 % der Kinder, die noch nie „professionell“ mathematisch belehrt worden waren. Entsprechende Erhebungen wie die oben erwähnte von Hengartner und Röthlisberger (vgl. 1995), Betrachtungen von Selter (vgl. 1995) oder Grassmann u. a. (vgl. 1995) oder qualitative Untersuchungen wie die von Selter und Spiegel (vgl. 1997 a) haben ähnliche bzw. noch gravierendere Ergebnisse. Eine kompakte Übersicht gibt Brügelmann (vgl. 1994).

Man fragt sich, was im Unterricht eigentlich gemacht wird, wenn bei solchen (durchschnittlichen) Vorkenntnissen der Kinder dann doch am Schulanfang die Zahlen 1 bis 5 vier Wochen lang gleich- und kleinschrittig eingeführt werden, bis zum Halbjahrsende mühselig bis zur 10 vorgedrungen wird (dann dort mit allen Mitteln das Problem des Zehnerübergangs – oder Zehneruntergangs? – zu schaffen), um schließlich den Rest des Jahres im (völlig analogen) Zwanzigerraum zu verbringen. Da soll noch jemand bezweifeln, dass die Probleme im Mathematikunterricht nicht hausgemacht sind. Weder „gute“ noch „schlechte“ Kinder werden so den Reiz der Mathematik entdecken können. Und diese individuellen Unterschiede zwischen den Kindern sind ja gerade das Problem, das es zu meistern gilt, denn es scheint so, als ob die Bandbreite des Vorwissens, das heißt die Leistungsunterschiede zwischen „oben“ und „unten“ immer größer werden. Ein Lehrgang hat da keine Chance – und sei er noch so „offen“.

B. setzte sich ein paar Wochen nach Schulbeginn an den Computer und tippte munter eine Reihe Verdopplungsaufgaben von 1 + 1 bis 16384 (oder die Potenzen von 2^1 bis 2^{14}) drauf los.

1+1=2

2+2=4

4+4=8

8+8=16

16+16=32

32+32=64

64+64=128

128+128=256

256+256=512

512+512=1024

1024+1024=2048

2048+2048=4096

4096+4096=8192

8192+8192=16384
16384+16384=32000

R., die eine Zeitlang in unserer ersten Klasse war, hatte hingegen noch nichts, aber auch gar nichts mit Schule oder Rechnen im Sinn. Ich habe das verstanden, denn wie sie selber sagte, wollte sie später ja Prinzessin werden, und dazu muss man wahrscheinlich wirklich nicht unbedingt rechnen können (ich bin mir da allerdings nicht hundertprozentig sicher).

Kurzum, ihr sagten weder die Zahlen noch irgendwelche Plättchen oder andere Rechensachen etwas. Alles, was man bei ihr durch dieses Thema auf Dauer erreichen konnte, war eher eine Abneigung gegen Zahlen und Rechnen bzw. damit gegen die ganze Mathematik zu erzeugen. Unter ihren (nicht gelösten) Hausaufgaben (z. B. einer Übung aus einem Mathematikbuch) schrieb die Hortbetreuerin noch nach Monaten Kommentare wie: „R. hat 40 Minuten an den Aufgaben gesessen. Sie hat die Aufgabenstellung trotz mehrmaliger Erklärung noch nicht verstanden." Ich kann mir schon vorstellen, welche Misere, welcher Kampf zwischen innen und außen sich in dem Kind abgespielt hat. Ich habe von (solchen) Hausaufgaben abgeraten.

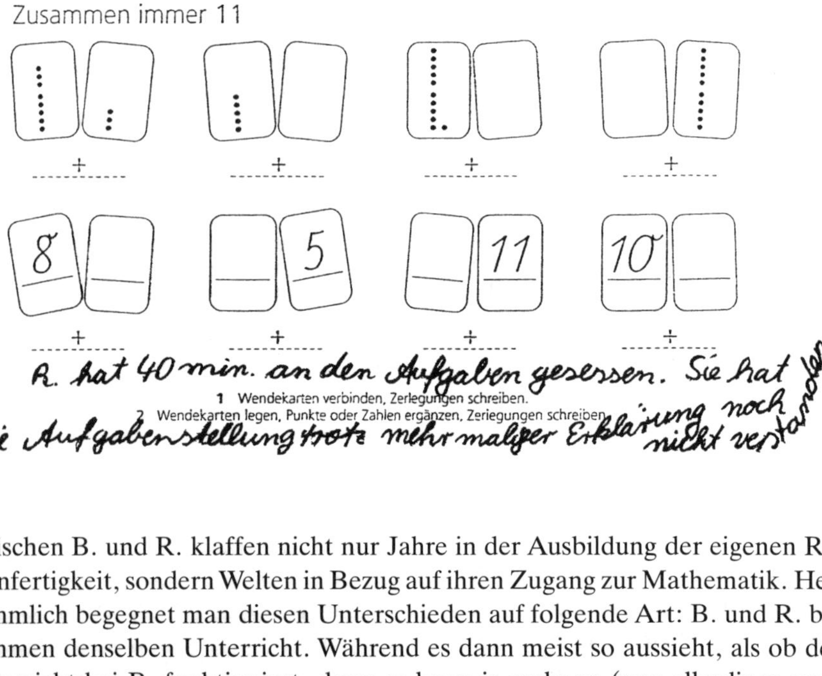

Zwischen B. und R. klaffen nicht nur Jahre in der Ausbildung der eigenen Rechenfertigkeit, sondern Welten in Bezug auf ihren Zugang zur Mathematik. Herkömmlich begegnet man diesen Unterschieden auf folgende Art: B. und R. bekommen denselben Unterricht. Während es dann meist so aussieht, als ob der Unterricht bei B. funktioniert, denn er kann ja rechnen (was allerdings auch schon vorher der Fall war), scheint R. ein Problem mit Mathematik zu haben. Also bekommt sie noch mehr Unterricht und Übungen aufgedrückt, denn es sieht ja sehr nach einer „Rechenschwäche" bei ihr aus. Ich hatte allerdings nicht den Eindruck, R. mit irgendwelchen Spielchen und Materialien weiterhelfen zu können, ohne ein unverstandenes Auswendiglernen zu riskieren, mit dem sie zwar irgendwann mit entsprechenden Torturen vielleicht Einspluseins und Einmaleins sowie die schriftlichen Rechenverfahren automatisiert haben würde, aber weder ein richtiges Zahlverständnis erwerben noch irgendwann den wahren Reiz der Mathematik erleben dürfte. Ich bin sicher, dass man nur über den eigenen Weg einen richtigen Zugang zur Mathematik bekommen kann. Bei R. lag dieser Zeitpunkt halt später in der Entwicklung (was bei ihr für das Schreiben- und Lesenlernen genauso galt – deshalb ist auch eine Diagnose wie „Rechenschwäche“ kritisch).

Auch Jens Holger Lorenz, der sich in vielen Veröffentlichungen dem Problem des Förderns im Mathematikunterricht angenommen hat, weist auf ein falsches Verständnis des Unterrichts für „lernschwächere“ Schüler ausdrücklich hin:

> Komplexität stellt auch für lernschwächere Kinder keine Überforderung dar, kleinschrittiges Zurechtstutzen des Stoffes hingegen schon. Materialfülle ist keine Lösung (auch und insbesondere für lernschwächere Schüler nicht), da arithmetische Strukturen nicht im Material liegen und gesehen werden können, sondern eigenständige Konstruktionen darstellen. (Lorenz 1999, o. S.)
>
> Aus den Ergebnissen geht auch hervor, dass lernschwache Schüler – entgegen vielen Einwänden – von einem aktiv-entdeckenden Lernen (vgl. z. B. Neber 1988) im Mathematikunterricht (vgl. Scherer 1995), hier realisiert in dem Konzept „mathe 2000“, mehr profitieren und größere Lernfortschritte erzielen als von einem kleinschrittig, streng gelenkten Unterricht, der Lösungswege und Handlungen vorschreibt und ausschließlich durch Wiederholung und Übung einzuprägen versucht. Förderschüler sind somit durchaus in der Lage, im Zusammenhang komplexer Situationen zu lernen, sich konstruktiv eigene Lösungswege zu suchen, diese anzuwenden und konstruktiv ihr Wissen und ihre Fertigkeiten im Fach Mathematik zu erwerben. (Walter u. a. 2001, 150)

Ein gutes, wenn vielleicht auch abgegriffenes Beispiel zur Veranschaulichung dieses Problems ist meiner Meinung nach die schon angedeutete Behandlung des Zehnerübergangs zu Beginn des zweiten Halbjahres in der ersten Klasse, nachdem die Kinder im ersten halben Jahr Mathematikunterricht die Zahlen 0 bis 10 „gelernt“ haben. Dabei fordert die Mathematikdidaktik schon seit langem eine Freigabe der Methode:

> Methodische Zwangsjacken, wie der Zehnerübergang und entsprechende Normalverfahren beim halbschriftlichen Rechnen im Hunderter und Tausender, sowie genau festgelegte Schreibweisen sind auch lernpsychologisch und pädagogisch unhaltbar. Sie sollten endlich aus unseren Schulen verschwinden. (Wittmann 1999, o. S.)

Und trotzdem gibt es nur wenige Schulbuchautoren, die versuchen, dieser Auffassung durch die Freigabe des Rechenweges bzw. die Darstellung verschiedener Lösungsansätze Rechnung zu tragen. Vielleicht, weil doch der größte Teil der Lehrerschaft Mathematik als ein starres, kleinschrittig zu lehrendes Gebilde ansieht.

Ich hatte zumindest, als ich in meiner Ausbildungszeit buchadäquat den Zehnerübergang lehren sollte, immer das Gefühl, dass nur die Besten irgendwann verstanden, was ich von ihnen wollte. Das waren die, die schon lange über die 10 rechnen konnten und auf Grund dieses Wissens nun zusätzlich auch noch meinen

Weg nachzuvollziehen vermochten. Den „Schwächeren“ mutete ich eine doppelte Leistung zu: Sie waren noch lange nicht auf dieser Stufe der Entwicklung der Rechenfähigkeit und sollten dann zusätzlich auch noch meinen – für sie natürlich völlig fremden und unverständlichen – Weg nachvollziehen. Mein Glück war, dass die Kinder (und Eltern) solche Vorgangsweisen gewohnt waren und den Fehler bei sich, nicht bei mir suchten.

Ganz im Ernst, ist nicht der Zehnerübergang, wie er in vielen Büchern angegangen wird, eher eine „Dreisatz-Geschichte“ für einen Sechs- oder Achtklässler denn etwas für einen Schulanfänger? Pointiert kann man das Vorgehen in vielen Klassen so beschreiben bzw. protokollieren:

„So, heute rechnen wir einmal etwas ganz Schwieriges. Die Aufgabe 8 plus 5! Nein, nein, nicht 13, ich will noch keine Lösungen! Ihr wisst ja noch gar nicht, wie das geht. Das ist nicht so einfach. Aber Gott sei Dank, da gibt es nämlich einen guten Trick, den lernen wir jetzt. Also, wenn du 8 plus 5 rechnen sollst, dann rechnest du nicht 8 plus 5, sondern 8 plus 2. Das ist dann 10. Und dann rechnest du natürlich nicht plus 5, sondern du rechnest von der 5 dann 2 weg, das ist 3. Und dann rechnest du 10 plus die 3. 8 plus 5 sind also 10 plus 3. So einfach ist das.“ Wer es glaubt …

Vielleicht kommt dem einen oder anderen Leser das sehr übertrieben vor, aber wie man in Gesprächen mit Schulpsychologen oder Veröffentlichungen von Dyskalkulie-Experten erfährt, ist es gerade diese Art von Unterricht, die viele Kinder plötzlich als „nicht schulfähig“, „rechenschwach“ oder „sonderschulbedürftig“ erscheinen lässt (vgl. Kubovsky 1995). Erschreckend ist, dass es sich dabei zu einem großen Teil sogar um besonders intelligente Kinder handelt.

In meiner „unbelehrten“ Klasse habe ich im ersten Halbjahr der ersten Klasse dann einfach mal neugierig gefragt, was denn 8 + 5 sei und wie man das herausbekommen könne. Es kamen die tollsten Antworten: „Klar, 8 plus 5 ist 20 minus 7“. „Ja, ist dasselbe wie 16 minus 3.“ „8 plus 5 ist 13, einer mehr als 12.“ Die Reihe ließe sich beliebig fortsetzen (vgl. auch Selter / Spiegel 1997 a). Der oben beschriebene Dreischritt über die 10 kam auch vor, aber nur bei einzelnen Kindern. Und ich glaube, die hätten ihren eigenen Rechenweg auch nicht verstanden, wenn ich ihn ihnen erklärt hätte.

Es sind also nicht nur die vielfach stark unterschätzten Vorkenntnisse, die Kinder schon mit in die Schule bringen, es ist vor allem die große Bandbreite, die dieses Vorwissen kennzeichnet. In Schuljahren ausgedrückt unterscheiden sich die „Lernstärkeren“ wahrscheinlich eher drei bis vier Schuljahre als weniger von den „Lernschwächeren“. Dabei passt der herkömmliche, gleich- und kleinschrittige Unterricht weder auf die „stärkeren“ noch auf die „schwächeren“ Kinder: die einen verweigern das Lernen oder werden disziplinarisch auffällig, weil sie völlig unterfordert sind, die anderen, weil sie sich noch lange nicht auf der Entwicklungsstufe befinden, die erwartet wird. Wir sehen auch aus dieser Sicht nur die

Möglichkeit, neben den Lernwegen der Kinder auch die Inhalte freizugeben, damit eine wirkliche Individualisierung erfolgen kann. Und zwar von innen, nicht von außen.

4.3 Offener Mathematikunterricht – von der Mathefibel zur Eigenproduktion

Wie kann nun ein offener Mathematikunterricht aussehen? Wahrscheinlich weichen gerade im Mathematikunterricht die wenigsten Lehrer vom Lehrbuch ab; es fällt ihnen aus den verschiedensten Gründen ausgesprochen schwer, die Mathematik zur eigenverantwortlichen Erkundung durch die Schüler freizugeben. Zum einen mag es der bereits oben angesprochene eigene Zugang zur Mathematik sein, der selber schon in Schul- und Universitätszeit vorwiegend lehrgangsbezogen und reproduktiv geprägt war, zum anderen mag es die vermeintlich abzuhandelnde Stofffülle sein, bis zu 110 Seiten Mathematikbuch pro Jahr müssen erst einmal bewältigt werden, ganz zu schweigen von zusätzlichen Arbeitsheften und Übungsblättern.

4.3.1 Lehrwerke im Spannungsfeld zwischen Reform und Tradition

Leider gibt es bislang noch kein Mathematikbuch, welches wirklich das umzusetzen vermag, was die Lehrpläne fordern. Der Transfer in die Schulbuchgestalt führt scheinbar auch bei noch so hohen Zielen immer zu einem mehr oder weniger kleinschrittigen Lehrgang. Entsprechend gut gemeinte Versuche wie die von Wittmann und Müller mit der Projektgruppe „mathe 2000“ entwickelte Schulbuchversion der „Handbücher produktiver Rechenübungen“ (vgl. 1990; 1992) als „Zahlenbuch“ (Berger u. a. 1994–97 a), aber auch die Produkte anderer Verlage wie z. B. das fächerübergreifend und handlungsorientiert aufgemachte „Xa-Lando“ (Ackermann u. a. 1995–1996) zeigen deutlich, wie groß doch die Kompromissbereitschaft der Autoren sein muss. Sie alle orientieren sich trotz besseren Wissens an den im Lehrplan vermeintlich vorgegebenen Beschränkungen bezüglich Zahlraum und Operationen. Wahrscheinlich lässt die Genehmigungspraxis nichts anderes zu. Dies ist bei genauer Betrachtung sogar vollkommen lehrplan- und richtlinienwidrig, da die selbst formulierten Zielsetzungen gar nicht erreicht werden können. Die Reform wird so im eigenen Haus erstickt, Curriculumentwicklung und Schulbuchgenehmigung erfolgen nicht aufeinander abgestimmt, sondern tradieren die alten Schüler- und Lehrerrollen wider besseren Wissens.

Der einzige Grund, der uns zur Rechtfertigung einer solchen Genehmigungspraxis einfällt, ist, dass die Aufnahme herausfordernder oder weiterreichender Aufgaben für viele Lehrer, Eltern und Kinder bedeuten würde, dass alle Kinder diese schaffen müssen, da sie ja – weil im Buch vorhanden – scheinbar Stoff des entsprechenden Schuljahrs sind. Die Folge dieser – in keiner Weise differenzierenden – Betrachtung ist, dass dadurch in den Lehrbüchern zwangsläufig immer „tiefgestapelt" wird. Die Aufgaben orientieren sich in der Regel am unteren Leistungsdurchschnitt, so dass in der Folge oft die Hälfte bis Zweidrittel der Klasse eigentlich völlig unterfordert werden. Da aber auch – wie eben schon angesprochen – den schwächeren Kindern ein kleinschrittiges Vorgehen nicht hilft, sinkt durch die Verwendung eines Lehrgangs in einer Klasse das Gesamtniveau so merklich, dass vielen Lehrern dann sogar dieser Lehrgang noch als zu umfangreich und schwierig vorkommt.

Zugleich ermöglichen Schulbücher, die auf aktuellen lernpsychologischen Erkenntnissen beruhen und eine offenere Arbeitsweise favorisieren, quasi eine „Alibiverwendung" durch Lehrer, die die neuen Konzepte (bzw. Begriffe) dann in altgewohnter, „geschlossener" Unterrichtspraxis umsetzen: „Ja klar, wir machen auch 'mathe 2000' an unserer Schule". Genauso wie die vielen momentan aus dem Boden sprießenden „Lesen-durch-Schreiben-Fibeln", die völlig widersprüchlich Fibelkonzept und Anlauttabelle zeitgleich anbieten, werden die eigentlich für ein entdeckendes Lernen vorgesehenen Unterrichtsvorschläge in den Mathematikbüchern dann doch wieder zum kleinschrittigen Unterrichtslehrgang mit Päckchenrechnen, egal ob als Werkstatt, Wochenplan oder Projekt getarnt:

> Bemühungen um eine „Öffnung" des Unterrichts ohne Bezug auf die innere Offenheit des FACHES bleiben leicht auf äußere Aspekte der Unterrichtsorganisation beschränkt. Gerade im Fach Mathematik besteht die große Gefahr, daß die Gleichschrittigkeit des Unterrichts zwar äußerlich zugunsten individualisierter, selbstgesteuerter Lernformen aufgebrochen wird, daß aber die Strukturen des kleinschrittigen Lernens innerhalb offener Organisationsformen (Freiarbeit, Wochenplan, Projekte) ungestört fortwirken: Die Lernwerkstatt mit kleinschrittigem Arbeitsmaterial („bunte Hunde" und „graue Päckchen") ist keine Fiktion! (Wittmann 1996, 5)

Dieses Problem ist gut erkennbar an der allgemeinen Kritik, das den Konzepten entgegengebracht wird: Während bei „Lesen durch Schreiben" völlig konzeptwidrig zum Freien Schreiben vom Lehrer Rechtschreib- oder Grundwortschatzübungen gefordert und hinzugefügt werden („schaden kann es ja nicht" – oder vielleicht doch?), wird bei den offeneren Mathematiklehrgängen wie „mathe 2000" bzw. dem „Zahlenbuch" (Berger u. a. 1994–97a) von Lehrern oft massiv über viel zu wenig Übungsmöglichkeiten geklagt. Das bedeutet aber nichts anders, als dass wahrscheinlich kein Raum zur Entwicklung eigener Aufgaben und Übungen durch die Kinder gegeben wird. Auch hier ein kolossales Konzeptmissverständnis (auf das die Autoren im Fall des „Zahlenbuches" dann sogar leider mit einer Erhöhung des Übungsanteils in ihren Lehrwerken eingestiegen sind!).

4.3.2 Offener Mathematikunterricht von Anfang an – mit Fehlern

Schon im Jahre 1833 schrieb Augustus de Morgan über das Unterrichten von Arithmetik:

> Alle motorischen und geistigen Fertigkeiten des Menschen benötigen zu ihrer Entfaltung ihre Zeit. [...] Die ersten unbeholfenen Versuche des Kleinkindes, „Papa“ und „Mama“ auszusprechen, werden jubelnd begrüßt, als wenn sich darin eine vielversprechende Rednerbegabung ausdrückte. Die ersten Versuche des kleinen Zahlenrechners dagegen, der überlegt, ob „6 plus 5“ das Ergebnis 13, 8, 7 oder 10 haben könnte und nicht gleich zielgerichtet auf die 11 zusteuert, wecken bei Erwachsenen oft ganz und gar nicht die Vision auf einen späteren Nobelpreisträger und werden keineswegs mit Sympathie verfolgt. Im Gegenteil, das Kind erntet mehr oder weniger leisen Tadel, weil es angeblich unaufmerksam ist oder sich dumm anstellt.
>
> Bei der *Sprachentwicklung* lernt das Kind *selbstgesteuert.* Es nimmt die *beiläufigen* Verbesserungen seiner Sprechversuche von den Erwachsenen produktiv auf und gelangt so unfehlbar zum Erfolg. Bei der *mathematischen Entwicklung* hingegen lassen sich die Erwachsenen dazu verleiten, das Kind *zu belehren,* und zwar mit Methoden, die keineswegs immer erfolgversprechend sind. Irritiert oder gar genervt durch offensichtliche Mißerfolge ihrer Belehrung neigen Erwachsene dazu, ungeduldig zu werden und ihre anfangs wohlwollende Haltung aufzugeben. Das Kind, das solche atmosphärischen Veränderungen außerordentlich sensibel wahrnimmt, wird dadurch gründlich verunsichert und entmutigt. Es gewinnt schließlich den Eindruck, die Schuld für den fehlenden Lernfortschritt liege bei ihm selbst, anstatt im didaktischen Ungeschick der Erwachsenen. (de Morgan 1833, 5 nach Berger u. a. 1. SJ 1994a, 25f.)

Um das im letzten Kapitel angesprochene Konzeptmissverständnis zu vermeiden bzw. diesem vorzubeugen, muss wie beim Freien Schreiben das Freie Rechnen bzw. das Freie Mathematik-Treiben Grundprinzip des Unterrichts sein. Genauso wie der Verzicht auf Fibel- und Abschreibeübungen im Sprachunterricht sollte auch im Mathematikunterricht kein Material vorhanden sein, das einen Lehrgang nahe legt. Wie schon erwähnt, gibt die Mathematik von sich aus ja sogar viel mehr Strukturen und Hilfen vor, als dies beim (freien) Schreibenlernen der Fall ist: Die Vorkenntnisse sind auf Grund der Beschränkung auf zehn Ziffern und vier Grundoperationen ungleich größer, denn Zählen und Ziffernaussehen sind den Kindern zu Schuleintritt weitgehend bekannt, genauso wie Zusammenzählen, Abziehen und sogar Malnehmen und Verteilen in Sachsituationen. Vielleicht nicht unter den mathematischen Begriffen „plus“, „minus“, „mal“ und „geteilt“, aber „mehr“ und „weniger“ und „dreimal irgendwohin gehen“ und „Bonbons verteilen“ sind nun wirklich jedem Regelschulanfänger klar. Das Vorhandensein der entsprechenden Operationsbegriffe wurde sogar schon bei Säuglingen und Kleinkindern festgestellt, weshalb so etwas wie ein angeborener „Zahlensinn“ vermutet wird (vgl. Dehaene 1999, 54ff.).

Auch das Erfinden von eigenen Aufgaben und Rechengeschichten sollte bei einem unverbauten Zugang zur Mathematik für die Kinder genauso wenig ein Problem darstellen wie das Freie Schreiben, lassen sich doch überall in der Umwelt Rechenaufgaben erkennen, vor allem aber können jederzeit die schon bekannten Aufgaben zu neuen führen. Die Erweiterung der vorhandenen Kenntnisse fällt durch die Strukturtreue unseres Zahlsystems nicht schwer, es sind mannigfaltige Analogien zu entdecken, Transfers zu bestreiten und Operationen zu verknüpfen. Natürlich erscheint dem mathematischen Laien die Welt der Mathematik nicht unbedingt so kreativ und farbenfroh wie eine Kindergeschichte, aber das ist wohl eher Ansichtssache und kann auch mit den eigenen Vorerfahrungen zu tun haben. Ein Mathematiker sieht das bestimmt anders und auch der interessierte Lehrer wird schnell Feuer und Flamme bezüglich der einfallsreichen Eigenproduktionen der Kinder sein – wenn er sich wirklich darauf einlässt.

Im Unterschied zum lautgetreuen Schreiben beim Schreibenlernen gibt es leider beim Rechnenlernen auf den ersten Blick nicht so etwas wie ein „kombinationsgetreues Rechnen“, das beim Betrachter den Blickwinkel von der evtl. fehlerhaften Rechnung auf den dahinter liegenden Denkprozess lenken würde. Warum aber eigentlich nicht? Ist es uns nicht allen zunächst relativ schwer gefallen, die Rechtschreibfehler der Kinder zu übersehen und zu versuchen, ihre mehr oder weniger lautgetreue Verschriftung als die unglaublich hohe Leistung anzuerkennen, die sie ja zweifelsohne ist – vor allem im Gegensatz zu einem bloßen

Auswendiglernen und Abmalen von Buchstaben und Wörtern? War es nicht unglaublich spannend, unserer eigenen Sprache mal aus Kindersicht auf die Schliche zu kommen und zu erkennen, wie regelwidrig und kompliziert sie außerhalb des Schonraumes eines didaktisch reduzierten Lehrbuches eigentlich ist? Wir konnten ja schlecht Kindern Sachen als Fehler anstreichen, die sie weder wissen noch ableiten konnten, zumal das richtige Schreiben ja erst Endziel unserer Schulbemühungen darstellt und nicht etwa die Voraussetzung dafür. Beim Rechnen ist das natürlich anders, weil $5 + 5 + 5$ eben 15 ist und nicht 35. Aber man könnte sich natürlich auch fragen, wie ein Kind z. B. auf 35 als Antwort kommt – vielleicht hat es schon die Beziehung zwischen Addition und Multiplikation entdeckt, aber noch kein Operationszeichen dafür parat: $5 + 5 + 5 = 35$ wird dann auf einmal zu $5 + 5 + 5 = 3 \cdot 5$? Das wäre sogar eine ungleich höhere Leistung.

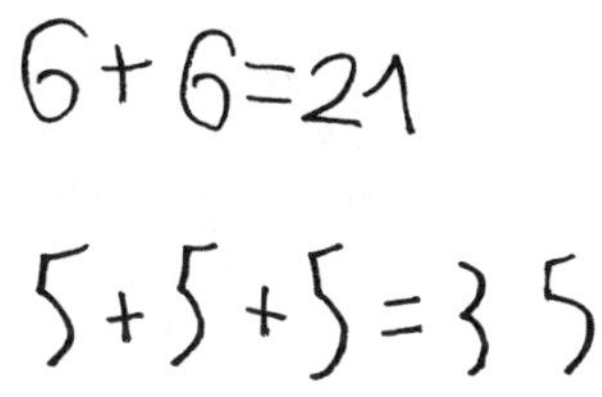

Ein anderer Hinweis in die Richtung eines Ablösens vom exakten Rechnen gibt vielleicht auch ein Blick auf die Verwandtschaft des „Zahlensinns“ (Dehaene 1999) von Babys und Kleinkindern (und Tieren bzw. Primaten) mit der Verwendung von Zahlwörtern bei Naturvölkern. In diesen Kulturen sind die Zahlwörter oft auf die Wörter eins, zwei und drei beschränkt – wobei die Bedeutungen von zwei und drei nicht unbedingt eine genaue Beschreibung der Anzahl sind, sondern eher „mehr als eins“, „ein paar“ oder „viele“ bedeuten. Genauso scheint Menschen und Tieren von Geburt an ein „Zahlensinn“ zur Verfügung zu stehen, der ihnen das genaue Abzählen von kleinen Mengen (bis zu drei Elementen) erlaubt, danach aber eher abschätzend vorgeht: $5 + 5$ ist dann nicht gleich 10, sondern ist ungefähr 10. Während im Alltag – und nicht nur bei Naturvölkern – der Unterschied zwischen 1 und 2 meist eine wichtige Rolle spielt, ist der Unterschied zwischen 100 und 101 oft eher unbedeutend. Entsprechend könnte man überlegen, ob nicht für das exakte Rechnen als hochstehende Kulturtechnik auch kulturelle Hilfsmittel wie Computer oder Taschenrechner verwendet werden sollten. Dann würde man exakte Rechnungen dort einsetzen, wo man sie wirklich braucht – während die Aufgabe der Mathematik eher in der Ausbildung des „Zahlensinns“ liegen würde, das heißt vor allem in mathematische Fähigkeiten wie Mathematisieren, Vergleichen, Ordnen, Analogisieren sowie Schätzen und Überschlagen. Aber zurück zum Umgang mit den Fehlern der Kinder …

Beim Schreiben haben wir vorgeschlagen, „Fehler“ in solche zu unterscheiden, die das Kind schon hätte wissen müssen, und solche, die das Kind noch gar nicht als solche erkennen kann, weil es dabei um nicht ableitbare Vereinbarungen geht. Warum kann man diese Haltung nicht auch beim Rechnen ähnlich übernehmen und den Denkprozess des Kindes mit in eine Bewertung einbeziehen?

Oft stecken hinter falsch gelösten Aufgaben ganz brillante Denkwege und Anstrengungen von Seiten des Kindes, die nur entweder durch Flüchtigkeitsfehler oder durch *eigene* mathematische Strukturvorstellungen (meist nicht weniger willkürlich als die „offiziellen" Konventionen) „entstellt" wurden. Also darf nicht eine etwaige falsche Lösung den Blick für andere Sachen trüben. Entsprechend der von Gallin und Ruf geforderten Schreib- und Gesprächskultur (vgl. Kapitel 3.1 im ersten Band) sollte die Vorgehensweise des Kindes im Vordergrund stehen. Sie gibt Aufschluss über die Vielfalt der Lösungsmöglichkeiten und führt dem Lehrer immer wieder vor, wie anmaßend die sonst übliche Vorgabe nur eines möglichen Weges ist.

Dieser Grundsatz gilt natürlich auch für den traditionellen Unterricht, denn die Fehlerforschung hat gezeigt, dass Kinder schon sehr viel früher als gemeinhin angenommen Theorien bilden, Erklärungsmodelle entwickeln und Zusammenhänge über Phänomene konstruieren, mit denen sie konfrontiert werden. So entwickeln sich im traditionellen Unterricht Rechenfehler, die auf systematischen Strategien beruhen, die die Kinder „unterhalb" der offiziellen, im Unterricht gelehrten entwickelt haben. Sie versuchen die Lücken mit eigenen Theorien zu stopfen. Ein viel gefährlicheres Unterfangen als Eigenproduktionen zuzulassen, an denen ich als Lehrer jederzeit die momentane Strategie des Kindes erkennen kann (vgl. Schütte 1994 a, 30 f.).

So sollten also die Aufgaben des Kindes immer auch vor dem Hintergrund seines Denkweges betrachtet werden (vgl. auch Selter / Spiegel 1997 a; b; Hengartner 1999). Dies ist besonders bei den Eigenproduktionen der Kinder interessant, wenn so alle möglichen Lösungswege auftauchen. Oft ist es nicht leicht, sich aus dem eigenen Schema zu lösen und in das Denken des einzelnen Kindes hineinzuversetzen. Man muss sich immer wieder klar machen, dass die eigene Vorstellung von umständlichem Vorgehen oder von unnötigen Abweichungen eine rein subjektive Betrachtungsweise ist. Der eigene „Umweg" eines Kindes kann für dieses immer noch hundertmal schneller zum Ziel führen als ein Ziehen und Schieben auf dem scheinbar direkten Weg eines anderen!

> Besonders, wenn Schülerfehler verbessert werden sollen, muß die Lehrerin die Methoden der Kinder kennen. Besteht nämlich die Verbesserung allein in einer Wiederholung der Lehrergedanken, so wird der Fehler innerhalb der Schülermethode gar nicht berührt. (Führer 1984, 7 mit Bezug auf Hart 1981, 214 ff.)

Mit der Zeit bekommt man als Lehrer einen guten Blick für solche eigenen Lösungswege der Kinder. Dabei muss man keine Angst vor zu viel Arbeit haben, denn der größte Teil der Aufgaben, die Kinder rechnen, wird von ihnen über kurz oder lang weitgehend normgerecht und sicher gerechnet, wenn sie ihren eigenen Zugang entwickeln durften. In diesem Fall werden für den Lehrer dann gerade die Aufgaben mit „falschem" Ergebnis interessant, um zu sehen, ob hier Denk- oder Rechenfehler Ursache sind bzw. zu neuen Taten oder Betrachtungsweisen herausfordern können.

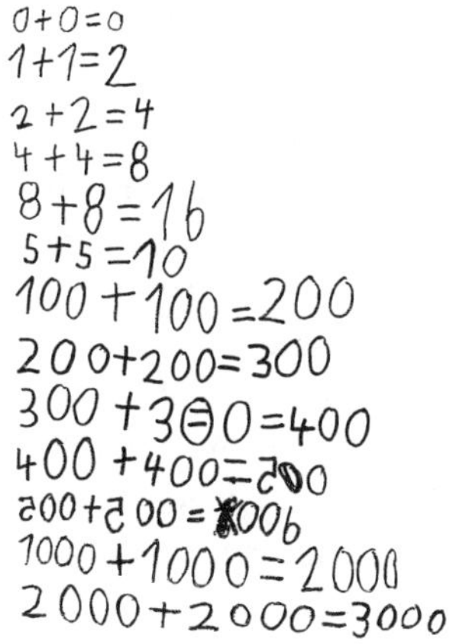

Im hier abgebildeten Beispiel hat N. in den ersten Schulwochen die oben schon abgebildete Aufgabenreihe von B. entdeckt (1 + 1 = 2, 2 + 2 = 4 usw. bis 16384) und möchte so etwas auch machen. Dabei kommt sie bis zur 16, deren Verdoppelung ihr wahrscheinlich noch zu schwer ist, so dass sie auf bekannte und analoge Aufgaben ausweicht. Hier gerät sie aber beim einfachen Fortsetzen der Reihe 100 + 100 = 200, 200 + 200 = 300 schnell mit ihrem schon vorhandenen Wissen in Kollision, denn 500+500 können nicht gleichzeitig 1000 und 600 ergeben. Noch siegt hier das schematische Fortführen der Reihe, aber es hat bei ihr ein wichtiger Reflexionsprozess eingesetzt, der sie nicht ruhen lassen wird, bevor der kognitive Konflikt gelöst ist.

Die üblichen Rechenfehler, die den Kindern unterlaufen, die an Stelle des Rechnens nur das „Ausrechnen", das Anwenden von Techniken gelernt haben, kommen beim Freien Rechnen nicht oder nur selten vor, da die Kinder durch die Eigenproduktionen nichts haben einfach auswendig lernen können. So verschiebt sich das Fehleraufkommen unter Umständen qualitativ eher nach oben und quantitativ eher nach unten: Beim Freien Rechnen werden beim eigenen Erforschen der Mathematik „Fehler" auftreten, die dem Lernprozess dienlich sind, da sie der Entwicklungsstufe entsprechen und gegebenenfalls durch Irritation oder Vergleich den nächsten Schritt weisen. Diese Fehler sind wichtige Zeichen eines Lernprozesses. Beim „gelenkten" Rechnen werden hingegen immer wieder Fehler auftreten, die aus dem Unverständnis des eigenen Tuns resultieren (Verwechseln von Zahlen, falsches Untereinanderschreiben, fehlende Größenvorstellungen, falsches Kombinieren von Zahlen in Sachaufgaben). Diese Fehler sind dann echte Fehler, die in der Regel auf das Kind viel eher demotivierend wirken, als es in seinem Lernprozess weiterzuführen. Es geht also nicht generell darum, nun alle Fehler zu akzeptieren, sondern es geht um ein anderes Unterrichtsverständnis, bei dem „Fehler" plötzlich eine ganz andere Aussagekraft bekommen.

4.4 Inhaltliche Überlegungen zum Mathematikunterricht

Der offene Mathematikunterricht fügt sich – genauso wie die anderen Fächer – in den gesamten Offenen Unterricht ein, das heißt es finden keine gesonderten Mathematikstunden statt, vielmehr spielt die Beschäftigung mit mathematischen Inhalten in der Klasse immer eine Rolle. Dabei gibt es zeitweise intensivere oder auch weniger intensive Phasen, Phasen der direkten Auseinandersetzung mit arithmetischen Themen oder Phasen impliziter mathematischer Arbeit innerhalb anderer Vorhaben, Phasen eher individueller Arbeit oder Phasen eher gemeinsamer Arbeit – ganz nach dem dem Offenen Unterricht eigenen Rhythmus aus Anspannung und Entspannung.

Leider fehlt meiner Meinung nach bislang noch ein klares Gesamtkonzept für einen offenen Mathematikunterricht, da sich hier die Lehrer und Fachdidaktiker – anders als z. B. im Sprachunterricht – mit einer größeren Freiheit auf Seiten des Schülers tendenziell schwerer tun. Einen Grund dafür könnte das oben beschriebene irrige Fehlerbewusstsein darstellen, nie etwas „Falsches" entstehen lassen zu dürfen, oder aber auch das Vorurteil, dass die starke Strukturorientierung der Mathematik auch nur durch stark strukturierten Unterricht vermittelbar sei. Neben vom üblichen Mathematikunterricht ziemlich losgelösten Konzepten z. B. eines ganz auf eigenen mathematischen Erfindungen der Kinder beruhenden (sehr spannenden) Unterrichts wie der „natürlichen Methode" des Freinet-Lehrers Paul Le Bohec (vgl. 1994; Glänzel 1991; Die Grundschulzeitschrift 74, 1994), der Forderung Jürgen Reichens (vgl. 1994) nach einem stärker anwendungsbezogenen Mathematikunterricht durch sein Verlangen „Rettet die Mathematik, macht Sachunterricht", oder dem gelungenen Experiment eines völligen Verzichts auf formales Rechnen bis zum siebten Schuljahr nach Benezett (vgl. 1935–36/1988), halten wir – trotz Zustimmung zu allen diesen Ansätzen (!) – eine freiere Aneignung der *üblichen Inhalte* des Mathematikunterrichts momentan für die aussichtsreichste Variante zu seiner Integration in den Offenen Unterricht, auch wenn sich durchaus ein ganz anderes Schul- und Mathematikcurriculum vorstellen ließe. Das heißt, ich akzeptiere (als Realist) den auf die Grundideen reduzierten Stoffkanon meines Lehrplanes, überlasse die Aneignung aber (fast) ganz den Kindern.

4.4.1 Kernideen und zentrale Inhalte der Mathematik

Damit der Lehrer die Sicherheit bekommt, die er braucht, um den Unterricht sowohl methodisch als auch inhaltlich in die Hand der Kinder zu geben, sollte er neben einer unerschöpflichen Neugier auf die Denkwege der Kinder einen guten Überblick über die in der Grundschule zu lehrenden Inhalte und deren Weiterführung haben. Er sollte die Bereiche kennen, auf die später aufgebaut wird, er sollte wissen, wann nach ausgiebigem halbschriftlichen Rechnen der richtige Zeitpunkt zum Hinweis auf eigene Erprobungen in Richtung „Normalverfahren" gekommen ist, und er sollte wissen, welche Bereiche von den Kindern exemplarisch auf unterschiedlichste Art angegangen werden können. Nur das kann ihn von der „Krücke" des den Kindern verordneten Lehrganges frei machen.

Wir wollen im Folgenden unsere Gedanken zu den einzelnen Bereichen der Grundschulmathematik aufzeigen, ohne dabei einen Anspruch auf Vollständigkeit erheben zu können. Uns liegt vielmehr daran, die Kernideen herauszuarbeiten und zu zeigen, dass die vier Jahre Grundschulmathematik ohne den üblichen

Lehrgangsstress gefahrlos bewältigt werden können, auch (oder gerade) wenn die Kinder ihrem eigenen Lehrgang folgen. Das Orientieren an diesen Kernideen erleichtert dem Lehrer das individuelle Verfolgen der Schülerentwicklungen inmitten der unzähligen und vielfältigen Impulse, die in der Klasse auftauchen werden. Und sollten sich wichtige Bereiche nach Meinung des Lehrers nicht rechtzeitig von alleine zeigen, so kann er auf Grund dieser Überlegungen eigene Impulse in die gemeinsame oder individuelle Arbeit einfließen lassen.

Es liegt nahe, die Kernideen nicht zuerst nach Schuljahren einzuteilen, sondern die sich durch ständige Erweiterung wie ein Spiralcurriculum entwickelnden Schuljahrsinhalte erst in einem zweiten Schritt zur Standortbestimmung des einzelnen Schülers zu nutzen. Jedem Schüler muss es möglich sein, sich auf der „Zeitachse" der Schuljahre in seiner eigenen Geschwindigkeit zu bewegen. Sowohl die Schüler, die schon einen „Startvorsprung" gegenüber den anderen haben, als auch die, die ein schnelleres Tempo vorweisen, dürfen nicht durch eine willkürliche Einteilung in Schuljahre, geschweige denn Lektionen zum langweiligen und uneffektiven Abwarten gezwungen werden. Aber auch die, die zum Messzeitpunkt den Anforderungen noch nicht genügen oder die, die generell langsamer oder sprunghafter lernen, dürfen nicht direkt disqualifiziert werden. Aus diesen Gründen macht die Sicht auf ein Gesamtwissen Mathematik bzw. der Verzicht auf eine Einteilung nach Schuljahren Sinn.

Ohne diese Rangstellung in dieser ausgeprägten Weise für richtig zu halten, scheint der zentrale Bereich der Grundschulmathematik die Arithmetik zu sein. Auch in Lehrbüchern, die den Bereich der Geometrie im Rahmen einer Übersicht über die inhaltlichen Grundideen des Mathematikunterrichts analog zum Bereich Arithmetik aufgliedern (vgl. Abbildung), ist der Geometrieunterricht mit einem Anteil von rund einem Zehntel der Buchseiten immer noch völlig unterrepräsentiert.

Arithmetik	**Geometrie**
1. Zahlreihe	1. Geometrische Formen und ihre Konstruktion
2. Rechnen, Rechengesetze, Rechenvorteile	2. Operieren mit Formen
3. Zehnersystem	3. Koordinaten
4. Rechenverfahren	4. Maße (Länge, Fläche, Volumen, Winkel)
5. Arithmetische Gesetzmäßigkeiten und Muster	5. Geometrische Gesetzmäßigkeiten und Muster
6. Zahlen in der Umwelt	6. Formen in der Umwelt
7. Übersetzung in die Zahl- und Formensprache (Textaufgaben, Sachaufgaben, Projekte)	
Größen und Sachrechnen	

(Berger u. a. 1994–97c, 0)

Klar wird aus dieser Darstellung auch, dass der Bereich der Größen in den – in der Praxis möglichst auch noch enger miteinander zu verknüpfenden – Bereichen Arithmetik und Geometrie aufgeht: Der Umgang mit Größen ist die Brükke zur Anwendungsorientierung, zur Erfahrungs- und Lebenswelt der Kinder. Entsprechend darf dieser Umgang mit Größen dann aber nicht zu einem sinnentfremdeten Üben von Rechentechniken durch das Abarbeiten von künstlich konstruierten Sachaufgaben werden, sondern muss – und insofern als ein ganz wichtiger, eigenständiger Bereich – der Lebenswelt der Kinder entstammen und durch das Mathematisieren entsprechender Situationen die Brücke zur Arithmetik und Geometrie schlagen (siehe Kapitel 4.6; vgl. auch Radatz u. a. 1996, 149).

Aus dem festgestellten Übergewicht der Arithmetik gegenüber der Geometrie und dem Sachrechnen resultiert zwangsläufig ein umfangreicherer Zielkatalog dieses Bereiches, der uns allerdings eher tradiert denn begründbar erscheint – zumal die Curricula anderer Nationen hier doch oft andere, genauso gut zu begründende Schwerpunkte setzen. Wir sehen als hier und heute umsetzbare Alternative allerdings nur die immer noch lehrplanentsprechende Reduktion aller Bereiche auf die zentralen Grundideen, wobei wir den traditionell weniger beachteten Bereichen Geometrie und Größen nicht durch mehr Stofffülle, sondern durch die in einem offeneren Unterricht mögliche größere Alltags- und Anwendungsorientierung einen höheren Stellenwert einräumen wollen.

Die mögliche Integration der drei Bereiche Arithmetik, Geometrie und Größen zu Grunde legend, streben wir die im Folgenden aufgeführten Inhalte und Vorgehensweisen als frei zu handhabendes Minimalcurriculum an. Dabei fällt es schwer, hier die „höheren" mathematischen Ziele (Beobachten, Mathematisieren, Argumentieren, kreativ sein usw.) als konkrete Punkte aufzuführen. Wir haben die Ausbildung dieser Kompetenzen als eng mit dem selbstgesteuerten Lernen und Entdecken verbunden erlebt, gehen also davon aus, dass sie sich zu einem großen Teil von selbst in einem Mathematikunterricht wie dem hier beschriebenen entwickeln werden (ähnlich der Sprach- bzw. Rechtschreibkompetenz im offenen Sprachunterricht). Durch die Übersicht möchten wir vor allem veranschaulichen, dass die Inhalte von vier Jahren Grundschulmathematik sehr überschaubar sind – wir möchten diese Mathematik aber nicht nur auf das Abarbeiten dieser Inhalte als Techniken reduzieren!

<u>Kernideen Arithmetik</u> (Zahlsystem und Rechenfertigkeiten)

- implizites Nutzen des Stellenwertsystems als Grundlage unseres Zahlsystems über den Umgang mit Zahlen bis unendlich, durch den Gebrauch in Rechnungen, das Ordnen, Bündeln und Vergleichen zur Anzahlerfassung, das Ablesen und Erstellen von Darstellungen etc.
- Rechnen bzw. halbschriftliches Rechnen mit den Operationen +, + __ (Ergänzen), –, ·, : in Gleichungen und Ungleichungen, jeweils im beherrschten Zahlraum

- Kontrollmöglichkeiten
  - Proberechnungen zu den Operationen +, −, ·, :
  - Lösungstechniken (in Verb. mit der Darstellung von Zahlen: Rechenstrich, Zahldarstellung mit Punkten etc., Notation im Stellenwertsystem etc.)
  - Runden und Überschlagen von Operationen +, −, ·, :
  - Gebrauch von Hilfsmitteln (Taschenrechner)
  - Nutzen von mathematischen Strukturen bzw. operative Beziehungen
- Beherrschen eines „verstandenen" Kopfrechnens bezüglich des Einspluseins, Einsminuseins, Einmaleins, Einsdurcheins und des großen Einmaleins
- *(Nicht zur freien Verfügung, sondern nach Absprache mit dem Lehrer:) Schriftliche Normalverfahren aus der Ableitung des eigenen halbschriftlichen Rechnens* +, −, ·, :

Kernideen Größen

- Rechengeschichten fortwährend von Anfang an begleitend als eigene Kinderproduktionen und/oder Resultate von Lehrer- oder Sachimpulsen
- Einheiten: Geld, Zeit, Längen, Gewichte, Rauminhalte
- Gebrauch von Größen in Rechengeschichten oder handelnd in eigenen Projekten / Vorhaben: Rechnen mit Größen, Schätzen, Messen, Kommaschreibweise / Brüche, Umwandeln, Tabellen etc.

Kernideen Geometrie

- Gebrauch von geometrischen Darstellungen und Mustern innerhalb rein geometrischer Erkundungen, beim Mathematisieren und Veranschaulichen von Problemstellungen, innerhalb eigener Projekte und Vorhaben etc.: Lagebeziehungen, Himmelsrichtungen, Muster / Parkette / Symmetrie, Strecken zeichnen / messen, Figuren verkleinern / vergrößern etc.

Anzunehmen ist, dass sich der größte Teil dieser Inhalte bei den Kindern von selbst entwickeln wird, durch ihre Vorkenntnisse oder das, was sie in der Schule oder zu Hause mitbekommen (man rechnet mit immer größeren Zahlen, anderen Operationen, erweitert sein Wissen über Größen, Messverfahren, Tabellen, geometrische Formen). Ein paar Inhalte sind hingegen nicht oder nur schwer selber zu entdecken, sie sollten als direkte oder indirekte Lehrerimpulse für einzelne Schüler oder in den gemeinsamen Kreisgesprächen in die Klasse eingebracht werden. Hierzu gehören neben den Normalverfahren evtl. die Zeichen für „größer als" und „kleiner als", die einfach in der Umwelt der Kinder keine Rolle spielen (wobei die Relation als solche den Kindern natürlich von klein auf bekannt ist), Ideen zur allgemeinverständlichen Darstellung von Lösungen (obwohl gerade hier individuelle Lösungen spannend sind!), Konventionen bezüglich des Rundens von Zahlen, Übersichten über nicht aus dem täglichen Gebrauch bekannte Größeneinheiten sowie bestimmte geometrische Ausdrücke und Bezeichnungen. Im Grunde sind aber vor allem die Normalverfahren das, was – zunächst absichtlich vor dem Selbstentdecken geschützt (!) – dann gezielt durch

Lehrerimpulse von der „Invention“ zur „Konvention“ geführt werden muss. Alle anderen Bereiche werden voraussichtlich entweder von selbst oder indirekt angesprochen im Unterricht auftauchen.

4.4.2 Veränderter Umgang mit dem Stellenwert der Rechenverfahren

Aus den oben beschriebenen Ausführungen geht nicht nur eine stärkere Integration der Bereiche Größen und Geometrie in den Arithmetikunterricht hervor, sondern vor allem auch ein ganz anderer Umgang mit der Stellung, den das Kopfrechnen, das halbschriftliche Rechnen, die schriftlichen Normalverfahren und das Rechnen mit dem Taschenrechner im Bezug zueinander einnehmen. Um endlich das oben schon mehrfach angesprochene Problem einer nicht zu rechtfertigenden Überbetonung der schriftlichen Rechenverfahren, also der von jeglicher Zahl- und Größenvorstellung losgelösten Reproduktion eines Algorithmus auf der Basis auswendig gelernter Kopfrechenaufgaben, zu lösen, muss der Stellenwert der Rechenverfahren einschließlich des sinnvollen Gebrauchs von elektronischen Hilfsmitteln neu bestimmt werden (vgl. Krauthausen 1993; 1995). Wir müssen uns auch in der Mathematik davon freimachen, den eigenen Lernweg – oder den vermeintlich allgemein üblichen Lösungsweg – anderen gut gemeint vorzugeben. Es spricht nichts dagegen, dann, wenn Kinder ihren eigenen Weg gefunden haben und sich sicher auf der entsprechenden Kompetenzstufe bewegen, gemeinsam einen einfacheren oder mathematisch reizvolleren Weg zu überlegen, aber Konventionen werden von den Kindern schneller und grundlegender akzeptiert, wenn diese mit eigenen Standardisierungen Erfahrung haben.

Halbschriftliches Rechnen

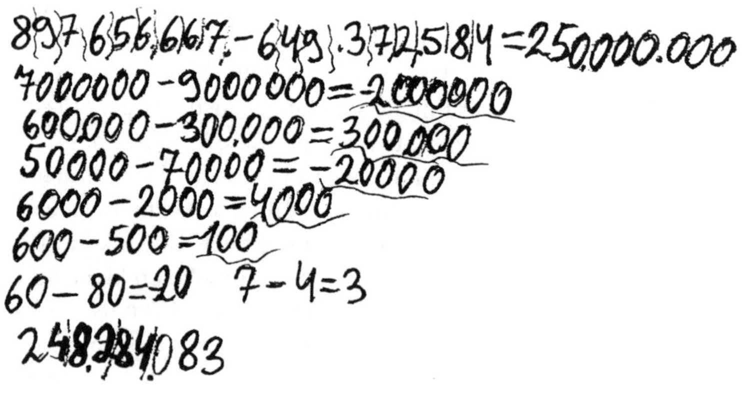

Den zentralen Ausgangspunkt für alle Überlegungen muss daher das individuelle (halbschriftliche) Rechnen darstellen, das heißt im Mittelpunkt des Mathematikunterrichts können weder irgendwelche nur auswendig gelernten Kopfrechenaufgaben noch irgendwelche genauso unverstanden auswendig gelernten Rechentechniken stehen. Es geht vielmehr um das kreative, flexible Rechnen auf eigenen Wegen zur Lösung entsprechender (eigener oder fremder) Problemstellungen. Dabei ist nicht nur die Chance größer, den fachspezifischen Lehrplanzielen wie „Argumentieren", „Mathematisieren" oder „kreativ zu sein" aus individueller Perspektive gerechter zu werden als im geschlossenen Lehrgangsunterricht, sondern unserer Meinung nach kann nur aus diesem zunächst individuellen Zugang als sinnvolle Folge später die Automatisierung entsprechender Aufgaben zur Arbeitserleichterung resultieren. Die sonst im Vordergrund stehende Automatisierung von Aufgabenreihen oder Rechenverfahren ist für uns erst der allerletzte Schritt nach einer „verstehenden" individuellen Auseinandersetzung des Schülers durch Eigenproduktionen. In der Regel erfolgt die Automatisierung dann sogar ohne das lästige, isolierte (und in der Regel fremdbestimmte) Üben einfach durch den motivierten und selbstverständlichen Gebrauch der entsprechenden Aufgaben in den Produktionen der Kinder.

Interessant ist in diesem Zusammenhang vielleicht, dass eine Reihe empirischer Erhebungen belegen, dass außerhalb der Schule eben nicht die in der Schule gelernten Standardverfahren angewendet werden, sondern situationsabhängige spezifische Methoden des Kopfrechnens und des halbschriftlichen Rechnens benutzt werden. Reys und Reys (vgl. 1986, 4) gehen sogar davon aus, dass dies in mehr als 80 % der Alltagsanforderungen geschieht. Ganz im Gegensatz dazu scheinen Schüler sich in der Schule geradezu an die Normalverfahren zu klammern, so dass sie dort dann sogar die falschen Ergebnisse der Normalverfahren den richtigen Lösungen ihres Kopfrechnens vorziehen (vgl. Selter 1999a, 8 f.).

Schriftliches Rechnen und Automatisieren von Aufgaben

Das halbschriftliche Rechnen auf eigenen Wegen kann daher *kein* „Vorbereitungs- oder Durchgangsstadium" für die schriftlichen Rechenverfahren sein, sondern stellt das zentrale arithmetische Thema der Grundschule dar. Die schriftlichen Normalverfahren sind hingegen nichts anderes als eine mechanistisch zu erledigende Technik zur Arbeitserleichterung – und als wirkliches mathematisches Ziel entsprechend unbedeutend. Sie dürfen erst dann eingeführt werden, wenn die individuelle mündliche bzw. halbschriftliche Rechenkompetenz vom Schüler schon sicher durch halbschriftliches Rechnen bzw. Eigenproduktionen erworben worden ist. Ansonsten werden die Algorithmen schnell nur als unverstandener Rechentrick angewandt. Dabei ist das noch nicht einmal das eigentliche Problem, denn man wird auch bei Schülern, die die schriftlichen Rechenverfahren zunächst verstanden haben, feststellen, dass dieses Verständnis über kurz oder lang immer mehr in den Hintergrund tritt und auch dort die schriftlichen Rechenverfahren zwangsläufig zur Technik verkommen. Das Problem, dann nicht mehr zu wissen, was da eigentlich passiert oder worauf zu achten ist, ist aber nur die eine Seite der Medaille. Viel schlimmer ist das mit der Einführung der Algorithmen zwangsläufig einhergehende Unterbinden eines aktiv-entdeckenden (halbschriftlichen) Rechnens auf eigenen Wegen. Denn natürlich fällt vielen Schülern ein rein auf die auswendig gelernten primitiven Aufgaben eines Einspluseins oder Einmaleins reduziertes Rechnen erst einmal viel leichter als ein aktiv-entdeckender bzw. erfindender Umgang mit mathematischen Problemstellungen.

Es ergibt sich natürlich die Frage, ob man nicht wenigstens „rechenschwächeren" Kindern das mühselige Herumrechnen durch das Beibringen der schriftlichen Rechenverfahren abnehmen sollte, denn z. B. ist das für die schriftliche Addition und Subtraktion notwendige Einspluseins bei „rechenschwachen" Kindern, die auf ihrem eigenen Weg lernen konnten, im Normalfall im dritten Schuljahr gut präsent, so dass sie damit in der Regel gut schriftlich rechnen können. (Beim Einmaleins ist diese Analogie für das vierte Schuljahr ähnlich, aber unter Umständen nicht ganz so einfach zu ziehen.) Ich würde aber auch hier mit der notwendigen Geduld trotzdem möglichst lange warten und versuchen – evtl. auch mit Hilfe des Taschenrechners –, die Kinder eigene mathematische Wege entdecken zu lassen, bevor man sie nur Techniken oder Aufgaben einüben lässt. Je länger man das Beibringen der „Techniken" hinauszögern kann, desto mehr können die Kinder sich eigenaktiv mit Mathematik auseinandersetzen. Die Normalverfahren kann man immer noch später – ähnlich dem Grammatikunterricht – zum Ende der Grundschulzeit beibringen, wobei diese dann auf Grund des zwangsläufig höheren Vorwissens der Kinder in jedem Fall leichter und schneller erlernt werden können als vorher. (Zudem sind diese Verfahren dann durch die zeitliche Nähe unter Umständen in der weiterführenden Schule ohne Wiederholungen direkt präsent.)

Insgesamt schlagen wir also vor, ganz auf die Eigenproduktionen der Kinder zu vertrauen, die sich vor allem in halbschriftlichem Rechnen (mit oder ohne konkreter Notation eventueller Rechenschritte) äußern werden und ganz von alleine zu einem hohen Grad an Automatisierung von Aufgaben führen. Indirekt sollte allerdings schon auf diese automatisierten Kenntnisse des kleinen Einspluseins und Einmaleins, aber genauso die oft etwas stiefmütterlicher behandelten Einsminuseins- und Einsdurcheinsaufgaben insofern Wert gelegt werden, als dass sie von Anfang an auch für die Schüler als möglichst auswendig zu beherrschend im Raum stehen (wie z. B. auch die Rechtschreibung). Aber der Zeitpunkt, an dem sie dann schnell abrufbar sein sollten – nämlich bei der Anwendung der schriftlichen Rechenverfahren – gewährt doch so viel Spielraum, dass die Aneignung nicht durch Auswendiglernen erfolgen muss, sondern sich im normalen Lernprozess mehr oder weniger beiläufig ergibt. Hier ist das Hintergrundwissen des Schülers wichtig – wie schon gesagt –, ein reines Auswendiglernen bringt nichts, vielmehr sollte die Automatisierung vernetzt von den vorhandenen Kenntnissen der Schüler her erfolgen (siehe Kapitel 4.5.4).

Die schriftlichen Rechenverfahren werden dann aus den halbschriftlichen Strategien der Kinder entwickelt, indem diese zunächst „konventioniert" werden, um eine entsprechende Ausgangsbasis für das normierte Verfahren zu haben. Dieses Konventionieren kann z. B. durch eine Gegenüberstellung verschiedener Vorgehensweisen eines oder mehrerer Kinder erfolgen. Dieser Vergleich und das Überlegen bezüglich eines eventuell effektiveren Vorgehens ist solange statthaft, wie man dem Kind die Konvention nicht aufdrückt, sondern als Alternativvorschlag zeigt. In der Praxis zeigt sich aber schon, dass das zum Normalverfahren hinführende „konventionierte" halbschriftliche Verfahren entweder sowieso ganz ähnlich von den Kindern ausgeführt wird, nicht weit davon entfernt ist oder aber schnell durchschaut wird (Beispiele bzw. Vorschläge für dieses Vorgehen finden sich in Kapitel 4.5.4).

Taschenrechner

Es bleibt die Frage nach dem Stellenwert des Taschenrechners. Er ist im Offenen Unterricht mit Sicherheit nicht das Gerät, mit dem man sich vor der eigenen Arbeit drückt, denn wenn man sich die Aufgaben selber vornimmt, macht es keinen Sinn, sie mit dem Rechner abzuerledigen. In der Entwurfsfassung der zurzeit bestehenden Richtlinien von NRW formuliert Heinrich Winter: „Es gibt keinen Hinweis darauf, dass der Einsatz des TR zu einer Verkümmerung der Rechenfähigkeiten führt, man hat vielmehr eine stärkere Sensibilität für Zahlen und Zahlzusammenhänge beobachtet." (Winter in: Landesinstitut NRW 1983b nach Spiegel 1988, 177) In diesem Rahmen dient der Taschenrechner nicht nur als schnelle Kontrollmöglichkeit – wobei die Kinder in unserer Klasse zu einem großen Teil lieber Proberechnungen oder Überschläge per Hand zur Kontrolle gemacht haben –, sondern er kann durch die schnelle und leichte Verfügbarkeit der Ergebnisse eingetippter Rechenaufgaben in ganz anderer Hinsicht wichtig werden: Zahlenmuster, Zahl- und Aufgabenbeziehungen sowie -strukturen lassen sich auf faszinierende Weise erproben und untersuchen – Mathematik von einer ganz anderen Seite, die so ziemlich jedes Kind gefangen nimmt.

Des Weiteren entlastet er den Lehrer, wenn Kinder sich gegenseitig Aufgaben stellen wollen, deren Lösung sie direkt benötigen (z. B. beim gegenseitigen Abfragen des großen Einmaleins) oder Geteiltaufgaben ausrechnen wollen, die glatt aufgehen. Insgesamt werden durch den Einsatz des Taschenrechners Techniken, die sonst schnell zu kurz kommen, wie z. B. das Erfassen von Zahlbeziehungen oder das überschlägige Rechnen weiter gestärkt. Entsprechend sollten die Kinder im Offenen Unterricht eine Zugriffsmöglichkeit zu einem Rechner oder einem Computer haben. (Bei uns wurden allerdings zeitweise die Aufgaben der Kinder so groß, dass weder Taschenrechner noch Computer von ihrer Stellenanzahl her zur Kontrolle reichten. Da blieb Kindern und Lehrer nichts weiter übrig, als per Hand nachzurechnen.)

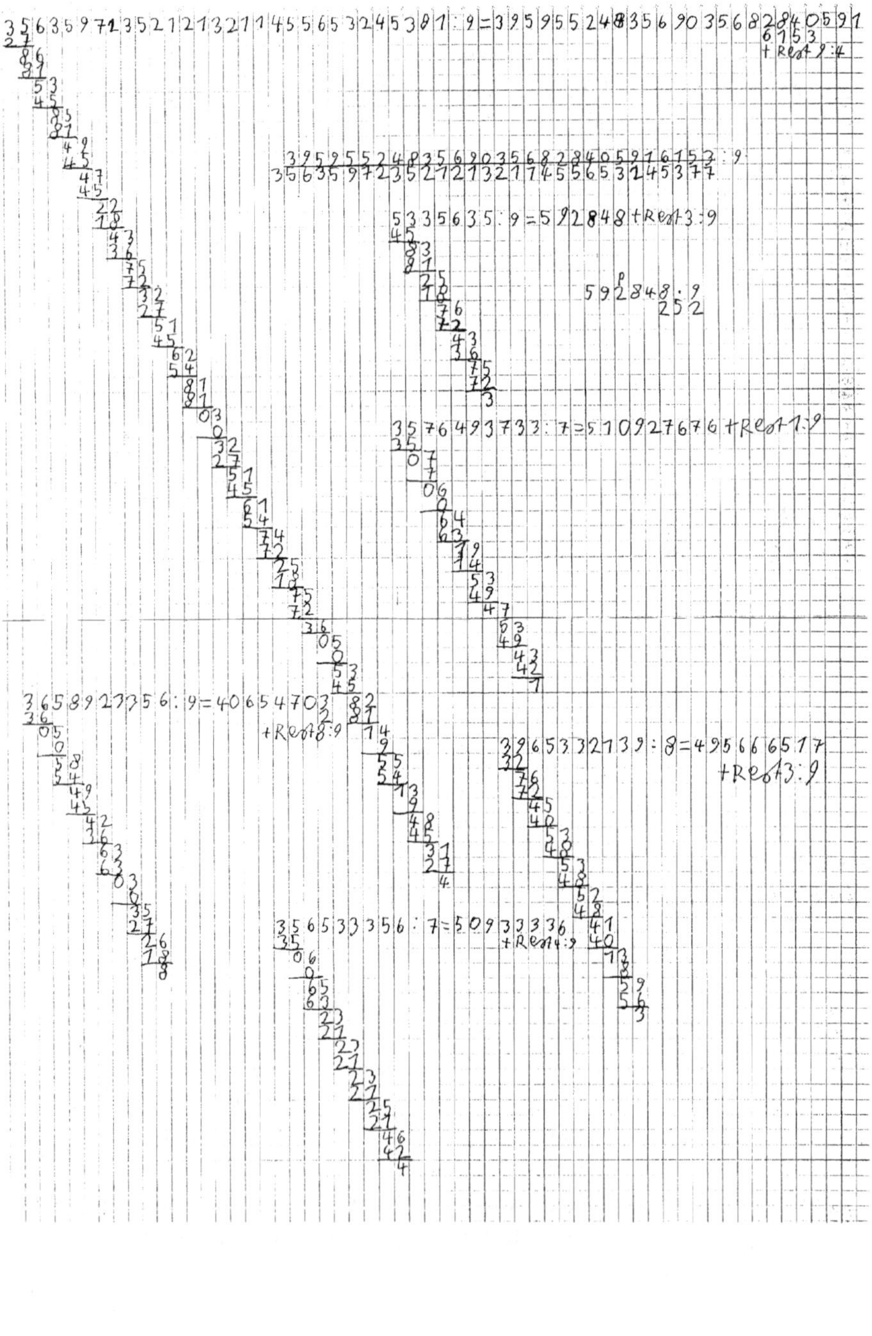

4.5 Werkzeuge und Praxishilfen

Um den Kindern über die vier Jahre Grundschulzeit wirklich Freiraum für die eigenen Wege geben zu können, braucht es Stützen – für die Kinder und für den Lehrer. Unter der Voraussetzung, dass die Auseinandersetzung der Kinder mit Mathematik *primär auf Eigenproduktionen* beruht, erscheint es in unserem Ansatz statthaft, den Kindern innerhalb des Freien Mathematiktreibens die wichtigsten Kernideen und auch Ideen für Aufgaben und Übungsformate in einer unverbindlichen Form zugänglich zu machen. Von Anfang an sollte dabei im Grunde der gesamte Stoff der Grundschule (mit Ausnahme der schriftlichen Rechenverfahren, siehe Kapitel 4.4.2) zur Verfügung stehen. Wir möchten dazu im Folgenden mögliche „Werkzeuge" vorstellen, die wir – individuell auf Lehrer und Klasse angepasst – als haltgebend ansehen:

4.5.1 Zahlenalbum, Roter Faden und Matheforscherbuch

Den Einstieg in das „Freie Rechnen" bzw. die „Freie Mathematik" kann man allen oder einzelnen Kindern mittels entsprechender Impulse erleichtern. Dabei sollten die Impulse so offen sein, dass das Kind nicht die Chance des Auswendiglernens oder „Abarbeitens" hat, und sich auch nicht Kinder, die problemlos eigene Aufgaben produzieren können, grundlos in die Abhängigkeit äußerer Motivation begeben, nur weil es – zugegebenermaßen – einfach „bequemer" ist.

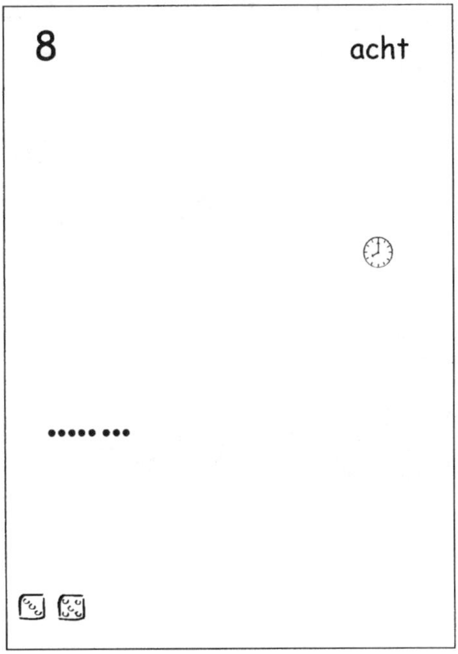

Zahlenalbum und Zahlen-Forscherbuch

Einen solchen Impuls könnte so z. B. ein „Zahlenalbum" darstellen, in dem auf einer oder mehreren Seiten Ziffern bzw. Zahlen im Mittelpunkt stehen, zu denen die Kinder Aufgaben, Situationen, Assoziationen usw. notieren können. Ein derartiges Buch können sich die Kinder leicht selber machen, und es kann dann automatisch in ein eigenes Forschungsbuch für ihre Eigenproduktionen übergehen. Möchte der Lehrer statt leerer Seiten die Struktur des Buches als Impuls zum eigenen Ausfüllen vorgeben, so können zur entsprechenden Ziffer der ausgeschriebene Name der Zahl oder auch ihre Darstellung im Punktefeld bzw. als Würfelzahl ergänzt werden (vgl. Geering 1994a; b).

Anregungen zum Erfinden und Notieren von „Zahlengeschichten“ bieten sowohl die eigenen Erfahrungen (Lieblingszahlen; Zahlen, die mich etwas angehen usw.) als auch die Umwelt (Gegenstände im Klassenzimmer; Meine Familie; Tiergeschichten usw.) oder beliebiges Alltagsmaterial wie Zeitschriften, Kataloge etc. (vgl. Radatz u. a. 1996, 21). Die Fortführung des Zahlenbuchs führt zum „Sachenforscherbuch“, in dem alle möglichen Daten, Rechengeschichten, mathematischen Zusammenhänge usw. eingetragen werden können (vgl. Kapitel 4.6.3).

Das „offene“ Lehrbuch als „roter Faden“ zur eigenaktiven Aneignung

Neben ihren freien Eigenproduktionen und mathematischen Erfindungen fanden viele Kinder die Aufgaben in den Übungsheften des „Zahlenbuches“ (Berger u. a. 1994–97b) als Arbeitsimpulse für eigene Aufgaben oder aber auch so zum „produktiven Üben“ oder zur mathematischen Auseinandersetzung attraktiv. So hatten sie einen „roten Faden“ und mussten sich nicht immer selbst etwas ausdenken. Andererseits kamen sie aber auch nicht in einen Erledigungsdruck, denn die Bearbeitung der Aufgaben war ja freiwillig, und selbst die Kinder, die an sich selbst den Anspruch an das (möglichst schnelle) Bearbeiten stellten, hatten für die rund 180 Seiten aller Übungshefte von Klasse eins bis vier ja auch vier Schuljahre Zeit. Das entspricht rechnerisch rund einer Übungsseite pro Woche, wobei das erste Heft auf Grund der beschränkten Inhalte (Addieren und Subtrahieren im Zahlenraum bis 20) und der Vorkenntnisse der Kinder von den meisten schon nach wenigen Wochen erledigt war. Beliebt waren bei ein paar Kindern nach einiger Zeit vor allem die Bücher des fünften Schuljahrs, die (mit einzelnen Ausnahmen wie der Einführung der Bruchrechnung auf wenigen Seiten) grundsätzlich erst einmal eine Wiederholung des Grundschulwissens darstellen. So sind die dort angesprochenen Inhalte und Aufgaben – trotz der viel dichteren Präsentation – von fast allen Kindern gut leistbar – und nehmen zusätzlich eine etwaige Angst vor dem Übergang zur weiterführenden Schule.

Sollte jemand also diesen Weg des „offenen" Lehrbuches gehen wollen (wir empfehlen allerdings viel eher das „offene" *Arbeits- bzw. Übungsheft* mit denselben Inhalten, aber ohne die das eigene Denken zwangsläufig beschneidenden Lehrgangserklärungen – und dem Platz, Aufgaben nicht erst noch einmal ins Heft abschreiben zu müssen), so sollte er mit der Anschaffung der Arbeitshefte oder Bücher immer mindestens ein oder zwei Schuljahre voraus sein. Das ist z.B. gut möglich, wenn man statt des meist von den Eltern sowieso selbst gekauften Mathematikbuches die preiswerteren Arbeitshefte des entsprechenden Schuljahres plus eines Anteils darüber hinaus gehender Hefte anschafft. Dann bleibt in den folgenden Jahren sogar noch Luft, um verschiedenste „Erstaunliche Geschichten, mit denen man rechnen muß" (vgl. Erichson 1992) oder andere Herausforderungen wie Sachbücher usw. anzuschaffen. Für die Zukunft zu wünschen wäre dabei, dass endlich einmal ein Mathematikwerk wie das „Zahlenbuch" (Berger u.a. 1994–97) bruchlos in die höheren Klassen überginge, so dass der „rote Faden" bestehen bleibt und der Bedarf der Kinder nach „schwierigen" Aufgaben entsprechend gestillt werden kann.

Das Matheforscherbuch als Impulsgeber zur selbstgesteuerten Aneignung

Zusätzlich erschien es uns notwendig, zu überlegen, ob man nicht für das Freie Rechnen eine ähnliche Hilfe des direkten Zugangs zu arithmetischen Aufgabenstellungen schaffen kann, wie sie das oben angesprochene „Sprachforscherbuch" (Peschel / Reinhardt 2001c) beim Rechtschreiben bereitzustellen versucht. Das Buch hätte dabei zwei maßgebliche Funktionen: Zum einen soll das Buch Kindern, Lehrer und Eltern zeigen, um wie wenig Stoff, wie wenige Grundideen es bei der Grundschulmathematik eigentlich geht. Zum anderen soll das Buch den Kindern als Anregung zum Weiterforschen dienen und so ihren eigenen Zugang zum Stoff in ein Gesamtgefüge einbetten.

Noch eher als die immer noch (zwangsläufig) nach Schuljahren aufgebauten Übungshefte sollten dazu alle in den vier Grundschuljahren zu lernenden arithmetischen Inhalte von Anfang an als Minimalplan im Buch vertreten sein. Was in Schulbüchern durch die schrittweise Erweiterung des Zahlraums und die Erarbeitung immer anderer Operationen in der Form von Hauptwerk und Arbeitsheften schnell 600 bis 700 Seiten Arithmetik ergibt, kann in der Schülerversion auf einen wirklich kleinen Bruchteil von rund 10 Basisaufgaben reduziert werden, die sich aus Gründen der Motivation in verschiedenen Zahlenräumen wiederholen. Entsprechend viel Platz wird Eigenproduktionen eingeräumt. Die Buchgestaltung verlangt deshalb, die laut Lehrplan zu vermittelnden Inhalte kurz, prägnant sowie leicht auffindbar und kindgerecht bereitzuhalten. Dabei sollte die Form eben keine lehrgangsmäßige Bearbeitung nahe legen und möglichst zu einer tieferen Auseinandersetzung mit mathematischen Strukturen und Zusammenhängen herausfordern.

Aufbauend auf den obigen „Inhaltlichen Überlegungen zum Mathematikunterricht" haben wir zu den uns wichtigen Inhalten bzw. Verfahren jeweils ein bis zwei (auf wenigen Seiten drei oder vier) Beispielaufgaben notiert, die mittels eines Registers direkt für die Kinder auffindbar sind und als Impuls fungieren sollen. Zusätzlich findet sich auf jeder Seite eine Anregung zur Sachauseinandersetzung in der Form einer Knobel- oder Kniffelaufgabe bzw. einer Projektidee o. Ä. Die folgende Übersicht gibt grob die Struktur des Buches wider. Die Gesamtzahl der Rechenimpulse ist auf insgesamt knapp 40 Aufgaben reduziert (1 Aufgabe für 4 Wochen Schule?), damit ist hier kein „Abarbeiten" möglich und der Zwang zur Eigenproduktion für die Kinder gegeben.

Matheforscher Arithmetik – Schülerband:

- Zahlen in der Umwelt sammeln
- Zahlen darstellen mittels graphischer Symbole, Rechenstrich, Stellenwertsystem, Geld usw.
- Additionsaufgaben (z. B. $8 + 5 = \_$)
- Ergänzungsaufgaben (z. B. $6 + \_ = 14$)
- Subtraktionsaufgaben (z. B. $13 - 7 = \_$)
- Ungleichungen (z. B. $6 < 11$, $19 > 11$)
- Ungleichungen mit verschiedenen Operationen (z. B. $6 + \_ < 11$)
- Multiplikationsaufgaben (z. B. $3 \cdot 4 = \_$)
- Divisionsaufgaben (z. B. $12 = 3 \cdot \_$ oder $12 : 3 = \_$)
- Führerscheine für $1 + 1$, $1 - 1$, $1 \cdot 1$, $1 : 1$, Großes $1 \cdot 1$
- Nachschlageseiten: Zwanzigerfeld, Hunderterfeld, Tausenderstrahl, Zahldarstellung bis 1 Million

Dabei haben wir für jeden Registerpunkt vier Seiten vorgesehen, in denen die Beispielaufgaben dem in den Schuljahren eins bis vier üblichen Zahlenraum entsprachen – allerdings nicht um doch wieder eine schuljahrsadäquate Benutzung vorzugeben, sondern als positiven Motivationsfaktor. Wir haben die Abstufung der Basisaufgaben in diese vier Stufen insofern als sehr positiv erlebt, als dass die Kinder durch den selbstbestimmten Zugriff auf den gesamten Grundschulstoff schnell ihrem jeweiligen Schuljahr voraus waren („Boh, ich kann schon Aufgaben aus dem dritten Schuljahr rechnen!“). Da sowohl alle Operationen als auch alle Zahlräume immer zur Verfügung standen, haben sie die Bereiche, in denen sie schon früh soweit waren, schnell ausbauen können, ohne aber zwangsläufig in allen Bereichen voraus sein zu müssen. Gleichzeitig konnten solche Erfolge eigentlich von allen Kindern verbucht werden, denn z. B. das Rechnen mit „großen Zahlen“ kann problemlos jeder Erstklässler vorzeigen, wenn er denn will: Er macht aus 2 + 5 einfach 200 + 500 oder 2.000.000 + 5.000.000 (und hat damit für sich schon früh ein bisschen den „Level“ des vierten Schuljahres erreicht – was selten zum Ausruhen, sondern viel eher zum Weiterentdecken anregt). Wir haben daher die jeweils vier Registerunterseiten auf farblich unterschiedlichem Papier gedruckt, so dass es sowohl möglich ist, z. B. erst einmal alle Seiten der ersten Stufe anzugehen, oder aber durch einfaches Weiterblättern innerhalb eines Registerpunktes in Teilbereichen schon in die zweite, dritte oder vierte Stufe vorzudringen.

Um den hier ganz auf den Bereich „Rechnen“ fokussierten Ansatz noch zu erweitern und evtl. eine Alternative zum oben beschriebenen offenen Gebrauch der lehrgangsangebundenen Arbeitshefte zu schaffen, überlegen wir zurzeit zusätzlich einen Gesamtband „Matheforscher“, der die Mathematik nicht in einzelnen, verstreuten Häppchen serviert, sondern die der Mathematik innewohnenden Strukturen zum Ordnungskriterium macht. Im Gegensatz zum gerade beschriebenen auf rund 40 Seiten reduzierten Arithmetikband für den Schüler haben wir es hier allerdings mit einem weitaus umfangreicheren Werk zu tun, das seinen Platz in der Klasse entweder als Buch mit Registern, als Kartei oder aufgeteilt in Themenhefte finden kann. Es kann bzw. soll so Kindern und Lehrer als Ideenbörse dienen.

Unabhängig von der Ideenfindung für die Aufgaben können die Eigenproduktionen sowohl direkt in das eigene Matheforscherbuch als auch in ein eigenes Heft oder auf irgendwelche Blätter notiert werden. In der Regel erfolgt bei den Kindern eine so muntere Eigenproduktion, dass das individuelle Notieren auf irgendein leeres Blatt am sinnvollsten erscheint, denn hier hat man den Freiraum zum Drauflosarbeiten, Ausprobieren, Verwerfen usw., den man – aus Kostengründen – in einem Heft nicht hat. Da die Auseinandersetzung mit der Problemstellung und die dabei ablaufenden Denkprozesse das Wichtigste sind, müssen die Eigenproduktionen für den Schüler nicht unbedingt gesammelt werden. Sie sind mit der Lösung des Problems oder der Vorstellung im Kreisgespräch erledigt. Im Sinne des oben vorgestellten Sprachforscherbuches könnte man allerdings überlegen, ob man den Schülern ein offenes Register (z. B. das des „Gesamtbandes Matheforscher“) zur Verfügung stellt, in dem sie ihre eigenen Produktionen dann sammeln – und so immer wieder (unbewusst) mit mathematischen Ordnungsstrukturen konfrontiert werden bzw. diese (bewusst) reflektieren.

4.5.2 Veranschaulichungsmittel

Was könnte den Kindern nun zu Schulbeginn bzw. später als Material bzw. Veranschaulichungshilfe für ihre Eigenproduktionen bereitgestellt werden? Wie z. B. Schipper (vgl. Schipper / Hülshoff 1984) und Radatz (vgl. 1995) in verschiedenen Untersuchungen in Grundschulklassen festgestellt haben, scheint ja der allergrößte Teil der im Mathematikunterricht aus Gründen der besseren Veranschaulichung eingesetzten Bilder und Darstellungen keineswegs seinen Zweck zu erfüllen. Vielmehr muss man vermuten, dass die meisten der gut gemeint vom Lehrer angebrachten Veranschaulichungshilfen kontraproduktiv wirken, da die Darstellungen von den Schülern ganz unterschiedlich interpretiert werden und eben ganz und gar nicht für sich selbst zu sprechen scheinen. Die für eine richtige Interpretation ausschlaggebende Komponente ist die vorherige Behandlung der Darstellung im Unterricht:

> Die im Mathematikunterricht verwendeten Darstellungen und sogenannten Veranschaulichungen sind allgemein nicht selbstsprechend oder eindeutig, – sie müssen für den Mathematikunterricht gelernt werden, um dann als Zeichen bzw. Konventionen benutzt zu werden, – ihre Deutung ist abhängig von den individuellen Vorerfahrungen und sie ist bereichs- bzw. situationsspezifisch [...]. (Radatz 1995, 51)
>
> Von vorrangiger Bedeutung sind weniger die konkreten Repräsentanten als vielmehr ihre mentalen (inneren) Vorstellungsbilder [...]; sie entstehen durch aktive Konstruktionsprozesse des Lernenden. [...] Veranschaulichungsmittel wirken nicht selbsterklärend. (Krauthausen 1998, 40 f.)
>
> Die *Veranschaulichungsmittel* werden von vielen Schülern *nicht* als Hilfe angenommen. Viele Schüler, die die Aufgabe mit Hilfe des Materials bearbeiten, rechnen die Aufgabe zunächst aus und zeichnen erst dann ihren Lösungsweg ein. (Padberg / Harass 2001, 58)

Ist das aber so, dann helfen diese Veranschaulichungen nicht, sondern stellen zusätzlichen Unterrichtsstoff dar, der im Extremfall sogar schwerer zu vermitteln ist als der Stoff, der veranschaulicht werden soll. Das Verstehen einer Veranschaulichung setzt auf eine gewisse Art die Strukturerkennung voraus. Wenn man aber noch kein Schema zum „Lesen“ dieses Bildes zur Verfügung hat, wird es eher Verwirrung stiften denn hilfreich sein. Und genau dies geht gerade zu Lasten der Kinder, für die diese Variationen eine mathematische Hilfe sein sollen (vgl. Schütte 1994 a, 56; Schipper / Hülshoff 1984, 55 f.). Entsprechend muss man nicht nur ernsthaft über eine radikale Beschränkung lehrerinitiierter Veranschaulichungshilfen, sondern auch über eine für Schüler und Lernstoff produktivere Form nachdenken.

Anforderungen an solche Veranschaulichungshilfen wären neben dem Kriterium ihres individuell für den einzelnen Schüler zu prüfenden Hilfegrades vor allem ihre Anwendbarkeit auf verschiedenste Operationen und Zahlenräume, so dass sie möglichst universell nutzbar bzw. erweiterbar sind und damit ihre Gesamtzahl so gering wie möglich ist. Ferner sollte bei einer Aufgabenstellung die Veranschaulichung bzw. Erkennbarkeit mehrerer Lösungswege möglich sein. Dabei ist Veranschaulichung so zu verstehen, dass der Schüler innere Vorstellungsbilder entwickeln kann, um mit diesen dann in der (eigenen inneren) Anschauung operieren zu können (vgl. Wittmann 1993). Wir möchten im Folgenden eine mögliche Materialauswahl vorstellen, die durch ihre Offenheit diesen Anforderungen nahe kommt. Es geht hier also nicht um einen verbindlichen Lehrstoff, sondern um ein begrenztes, individuelles Angebot, aus dem sich das einzelne Kind entsprechend seiner Suche nach Struktur und Darstellung bedienen kann.

Mengentabelle an Stelle des schrittweisen Einführens von Zahlen

Unabdingbar für den Anfangsunterricht ist der Verzicht auf das wochen- bzw. monatsweise Einführen der Zahlen. Die oben genannten Untersuchungen zu den Vorkenntnissen der Kinder bestätigen dies. Auch bei „schwachen" Kindern sollte unbedingt in dem Sinne ganzheitlich vorgegangen werden, als dass ihnen der unbegrenzte Zahlenraum (das heißt zunächst zumindest der Zwanziger- bzw. Hunderterraum) zur Verfügung steht. Ein schrittweises Einführen der Zahlen würde die Kinder schnell vom Durchschauen des dekadischen Systems ablenken und statt zu eigenen Vorstellungen des Bündelns bzw. Strukturierens zum Abzählen verleiten. Petra Scherer (vgl. 1997, 27) weist darauf hin, dass z. B. das übliche lange Verweilen im Zahlenraum bis 5 oder 6 – gerade bei Kindern mit Lernschwächen – oft zum abzählenden (Finger-)Rechnen führt. Schnell werden hier dann vom Lehrer Ursache und Wirkung verwechselt, wenn der Lehrer daraus vielleicht irrtümlicherweise folgert, man müsse zur Förderung der Kinder noch kleinschrittiger vorgehen bzw. noch länger in diesem beschränkten Zahlenraum verweilen.

Wenn aber direkt der unbegrenzte Zahlenraum zur Verfügung steht, benötigen die Kinder, die weniger Vorerfahrungen haben, u. U. ein Werkzeug, mit dem sie das Reich der Zahlen und – gemäß der Buchstabentabelle beim freien Schriftspracherwerb – ihre Schreibweise nachsehen können. Eine „Mengentabelle" mit den Zahlzeichen und entsprechenden Mengen von Gegenständen oder Punkten kann den Kindern, die sich damit noch schwer tun, veranschaulichen, wie die Ziffern bzw. Zahlen geschrieben werden und unter Umständen auch ikonisch dargestellt werden können.

Bzgl. der Toleranz der Schreibrichtung beim Zahlenschreiben gilt dieselbe Freigabe wie oben beim Buchstabenschreiben. Da beim Schreiben von (immer einzeln stehenden) Zahlen die Vorbereitung auf eine Verbundschrift zusätzlich wegfällt, ist eine Einschränkung der Eigenmotorik des Kindes durch eine Bewegungsvorgabe nicht zu begründen. Man erlebt auch in Klassen, die von Anfang an Schreibvorgaben massiv durchgesetzt haben, dass sich bei den meisten

Kindern nach einiger Zeit doch wieder die natürliche Schreibbewegungsrichtung durchsetzt. Den Stress sollte man sich aus Rücksicht auf einen unverbauten, direkten Zugang der Kinder zur mathematischen Auseinandersetzung sparen.

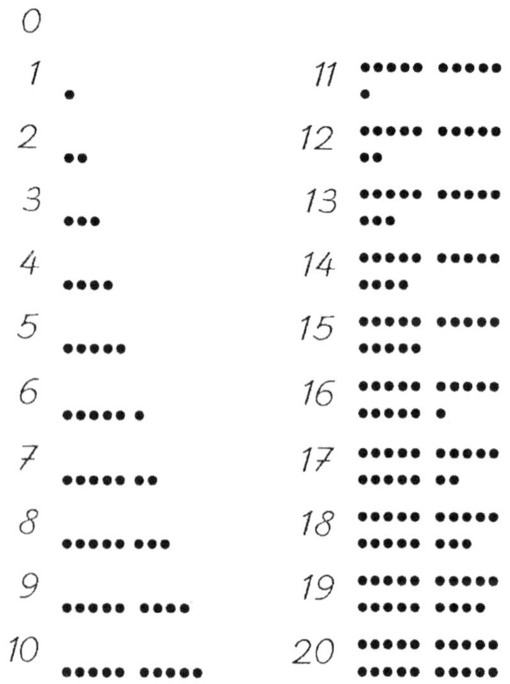

Da Anschauungsmaterialien bei mir allesamt nur von einzelnen Kindern genutzt wurden, bin ich mit Empfehlungen sehr vorsichtig. In der Regel würde ich Alltagsmaterial immer den Vorrang geben, wobei dieses in der Regel unstrukturierter Natur ist, also den Vorteil hat, eigene Strukturen und Kombinationen des Kindes zuzulassen, aber auch den Nachteil, in der Mathematik vorhandene Strukturen (Zehnersystem, „Kraft der Fünf") nicht unbedingt zu unterstützen. Bei größeren Anzahlen erscheinen daher Strukturierungshilfen unabdingbar – individuelle Strukturierungshilfen wohlgemerkt.

Gleiches Material in großer Menge

Der (nicht nur auf den Anfangsunterricht begrenzte) Ansatz „Gleiches Material in großer Menge" ist nicht nur ein Brückenschlag zwischen der Vorgabe von Strukturen von außen und dem Sichtbarmachen eigener Strukturierungsversuche, sondern vor allem ein Zugang zur Mathematik, der sich vom traditionellen Verständnis löst und die (mathematischen) Erfindungen und Kreationen der Kinder in den Vordergrund stellt. Durch die Bereitstellung diverser Materialien in großer Stückzahl werden die Kinder zum handelnden Erfinden herausgefordert – wiederholtes Zählen und Strukturieren eingeschlossen. Anton Strobel und Kerensa Hülswitt (vgl. 1999, 63f.) schlagen z.B. folgende Materialien in Stückzahlen zwischen 1000 und 4000 vor: farbige Eislöffel (Sortieren / Kombinieren von Farben), Pfennige (diverse Sortiermerkmale, runde Form, leg- und stapelbar, Geldwert) Holzwürfel (Verbindung von Geometrie und Arithmetik, Raumerfahrungen), mit den Zahlen von 100 bis 999 beschriftete Wäscheklammern (Ordnen, Zählen).

Im Sitzkreis oder in einer Kleingruppe präsentieren die Kinder dann ihre Erfindungen – allerdings völlig unkommentiert, das heißt die anderen Kinder und der Lehrer äußern zunächst ihre Vermutungen zur Idee bzw. den innewohnenden Beziehungen des Produktes. Erst dann erklärt der Erfinder sein Werk – wobei es hier natürlich kein richtig oder falsch der zuerst getätigten Vermutungen gibt, sondern alle Überlegungen zusammen die Vielfältigkeit der Mathematik bzw. mathematischer Betrachtungen veranschaulichen. Hier bekommt die Eigenproduktion der Kinder eine sehr kreative Komponente und Qualität – wenn die Erfindungen von ihnen ernst genommen werden und nicht ein ausweichendes Herumspielen entsteht. Dieses Problem sollte aber in einem ganz auf Selbststeuerung der Kinder basierenden Unterricht nicht auftreten bzw. wie z. B. auch der Umgang mit dem Spielen am Computer bei Bedarf von den Kindern geregelt wird.

Wendeplättchen und Punktfelder

Eine stärkere Strukturierung geben Veranschaulichungen wie Wendeplättchen und Punktefelder vor. Wendeplättchen können zunächst unstrukturiert genutzt werden, werden aber zusammen mit den strukturierenden Rechenschiffchen und Rechenrahmen zu strukturiertem Material. Entsprechend könnte man überlegen, ob ein Hunderterrahmen aus Holz (z. B. mit Zehnerschiffchen) oder Wendeplättchen und Zehnerstreifen / Hunderterfelder aus Pappe (z. B. aus dem Sparkassenverlag) in der Klasse zugänglich sein sollten. Wir hatten in unseren Klassen allerdings den Eindruck, dass die Punktfelder von den Schülern primär zur Durchdringung des Zahlenraumes, weniger als Rechenhilfe zum Rechnen mit mehrstelligen gemischten Zahlen genutzt wurden. Je höher der Zahlenraum, desto weniger haben die Kinder auf diese Arbeitsmaterialien zurückgegriffen.

Dabei wurde das Hunderterfeld noch am häufigsten verwendet. Das Zwanzigerfeld haben nur ein paar Schüler zu Schulbeginn auf Grund ihrer geringeren Rechenerfahrungen benötigt, die Erweiterung des Hunderterraumes auf den Tausenderraum fiel den meisten Kindern nach erfolgreicher und ausgiebiger Durchdringung des Hunderterraumes (und natürlich der Möglichkeit, direkt vom ersten Tag an im unbegrenzten Zahlenraum rechnen zu dürfen) so leicht, dass das (umständlichere) Tausenderbuch wiederum auch nur von einzelnen Kindern und sehr selten genutzt wurde. Dabei hatte man den Eindruck, dass dieses Arbeitsmittel für diese Kinder genauso komplex war wie der entsprechende Zahlenraum – und damit der Hilfegrad doch m. E. fragwürdig wurde. Eine ähnliche Feststellung machten auch Beishuizen, Klein und Treffers in den Niederlanden, die festgestellt haben, dass die Punktfelder gerade für schwächere Schüler nicht leicht zu handhaben sind (vgl. Beishuizen / Klein 1997, 22). Je nach Aufgabenstellung und Veranschaulichungszweck machen also einfachere Werkzeuge wie z. B. der Rechenstrich (s. u.) mehr Sinn als komplexe Punktfelder.

Wendeplättchen können dabei nicht nur im Anfangsunterricht zur Mengendarstellung bzw. als Rechenhilfe genutzt werden, sondern bieten bis in die höhere Mathematik hinein Hilfestellung zur Veranschaulichung komplexer Aufgaben bzw. mathematischer Zusammenhänge. Auch aus diesem Grund rechtfertigen sie sich als in der Grundschule grundgelegte universell nutzbare Darstellungsform (vgl. i. F. Wittmann 1994, 44).

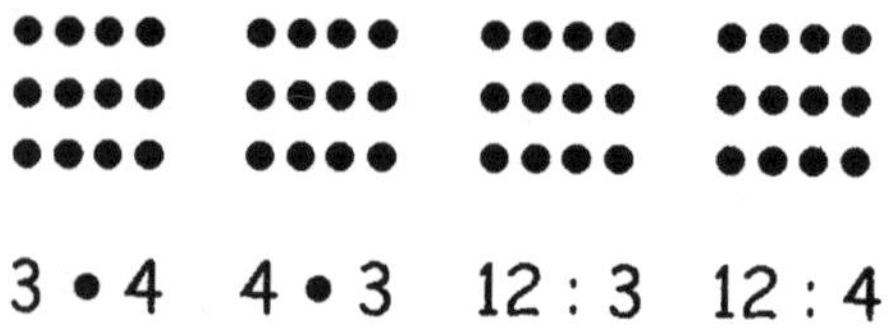

Je nachdem wie z. B. Additions- und Subtraktionsaufgaben (im Punktfeld) gelegt werden, können durch die Darstellung mit Plättchen oder Punkten verschiedene Rechenwege und Rechengesetze direkt sichtbar gemacht werden. Bei einer Anordnung in Rechteckfeldern kann man Multiplikations- und Divisionsaufgaben und ihre Umkehrbeziehung veranschaulichen bzw. sie als verkürzte Schreibweise einer sich wiederholenden Addition bzw. Subtraktion erkennen und die in der ikonischen Darstellung enthaltenen Rechengesetze nutzen. Der Begriff der geraden und der ungeraden Zahlen kann durch das Nebeneinanderlegen von Plättchen in einer Doppelreihe begründet werden. Zahlentreppen, Dreieckszahlen, Quadratzahlen, Rechteckzahlen usw. können sichtbar gemacht und strukturell untersucht bzw. miteinander verglichen werden. Das Rechnen mit Rechendreiecken ist ohne das Ausprobieren mit Plättchen bzw. das Aufmalen von Punkten sonst nur mit Gleichungen mit mehreren Unbekannten leistbar. Plättchen und Punktdarstellungen unterstützen algebraisches Denken und bereiten dieses vor. Das geht sogar soweit, als dass man auch komplexe algebraische Gleichungen zeichnerisch darstellen und auflösen kann (vgl. Kratzin 1999).

Es wäre dabei wünschenswert, wenn diese Materialen in der Klasse nicht zu schnell als „Krücken" gelten würden oder ihr Gebrauch verpönt wird. Man kann sehr anspruchsvolle Aufgaben mit Wendeplättchen oder Hunderterfeldern anregen, bei denen auch die „Mathe-Cracks" auf Hilfsmittel zur Veranschaulichung zurückgreifen werden. Andererseits halte ich aber auch das obligatorische Verwenden von Material oder den Zwang zur „Handlungsorientierung" nicht für sinnvoll, da hier dem Kind implizit dann doch wieder Vorgaben bezüglich seines Weges gemacht werden:

> Gängige Veranschaulichungsmittel legen den schlichten Wahrnehmungsakt nahe und in nicht geringem Teil fördern sie das Zählen (gängiger Zahlenstrahl, Hunderterfeld, Steckwürfel, Rechenmaschine usw.) und sie verhindern, verschiedene Rechenstrategien auszubilden. (Lorenz 1999, o. S.)

In unserer Klasse hat der Großteil der Kinder schnell einen eigenen, materiallosen Zugang zur Mathematik gefunden. Auch zeigen entsprechende Forschungen, dass Kinder schon lange vor der Schule den kardinalen Aspekt der Zahlen beherrschen und dieser durch die üblichen umfangreichen und materialintensiven Übungen in der Regel vollkommen überbetont wird. Eine verpflichtende Stufenfolge „vom Konkreten zum Abstrakten“, wie sie z. B. oft in Rückführung auf Piaget oder Bruner (EIS: enaktiv – ikonisch – symbolisch) angeführt wird, ist so nicht zu halten, da schon Babys und Kleinkinder abstrakt denken können. Viele Schulkinder gehen sehr wohl schon direkt auf abstrakten Ebenen mit symbolischer Mathematik um – und zwar ohne dass man behaupten könnte, ihnen würden bestimmte Entwicklungsschritte fehlen (vgl. auch Dehaene 1999). Entsprechend sollte man ein *verpflichtendes* Benutzen von Veranschaulichungsmitteln (schaden kann es ja nicht?) sehr genau überlegen, damit die Kinder nicht durch den spielerischen Effekt und die motivierende Aufmachung von der eigentlichen Mathematik abgelenkt werden. Beishuizen und Klein weisen darauf hin, dass nach Untersuchungen an der Universität Leiden die Rechenblöcke (Einerwürfel, Zehnerstangen, Hunderterquadrat) in den Niederlanden in Misskredit gekommen seien, weil sie eher passives Ablesen denn aktives Kopfrechnen förderten (vgl. Beishuizen / Klein 1997, 22).

Konkret hätte ich den Gebrauch von Material zum Rechnen sehr vielen Kindern aufzwingen müssen, die sich einfach so aus sich heraus mit Mathematik beschäftigt haben. Und ich hatte nicht den Eindruck, Kindern, die noch keinen Zugang zur Mathematik zu haben schienen, diese durch das Material näher bringen zu können. Wohlgemerkt: Aufgaben schematisch lösen hätten sie mit Material bestimmt zur Zufriedenheit von Mama, Papa und Oma gekonnt. Aber darum ging es mir ja nicht, denn Mathematik auf diese Art auswendig zu lernen, hätte ihnen auf lange Sicht alles verbaut. Sie haben auch so alle ihren eigenen Zugang zur Mathematik gefunden – auf ihrem eigenen Weg: durch die Faszination, die Zahlen nun einmal ausstrahlen können, durch die Alltagsnotwendigkeit des Rechnens, durch Erfindungen und Ideen anderer Kinder und vor allem durch den eigenen Stolz des „Auch-Können-Wollens“.

Freie Darstellungsformen bei Eigenproduktionen

Gleichzeitig mit den ersten Erfahrungen mit Ziffern und Zahlen beginnt direkt auch das erste Rechnen der Kinder. Dabei werden die mehr oder weniger komplexen Aufgabenstellungen in der Regel im Kopf gelöst. Kinder mit weniger Rechenerfahrung werden sich beim Rechnen u. U. stärker an hilfreichen Materialien orientieren, die meisten Kinder werden aber direkt so loslegen und alle möglichen Aufgaben aufschreiben, die sie schon kennen, um dann daraus – und den Ideen der Nachbarn – weitere Aufgaben zu entwickeln.

Das Lösen von Aufgaben im Kopf wird umso schwieriger, je komplexer die Operationen bzw. je größer die Zahlräume werden. Ab einem gewissen Punkt – der je nach Kind direkt zu Beginn jeglicher Rechentätigkeit oder auch bei „fast nie" liegen kann – werden die Kinder beim Lösen von Aufgaben Zwischenschritte einfügen, sich Sachen aufmalen oder Veranschaulichungshilfen benutzen. Hier kommt der Vorteil eines freigegebenen halbschriftlichen Rechnens zum Tragen, denn die Kinder können nicht nur unterschiedlichste Strategien, sondern auch verschiedenste Darstellungsformen erfinden und erproben, ganz so wie es flexibles und kreatives Rechnen erfordert.

Ungeachtet der Akzeptanz der vom einzelnen Schüler gewählten Veranschaulichungshilfe für den eigenen „privaten" Gebrauch dürfen natürlich sinnvolle Formen als Impulse vom Lehrer oder auch von anderen Schülern eingebracht werden, die allen als Anregung dienen oder sich zur Klassenvereinbarung entwikkeln können, wenn sie sich in den gemeinsamen Besprechungsphasen als eine für alle einigermaßen verständliche Veranschaulichungshilfe erweisen. Dies ist also kein Prozess des Lehrens entsprechender Darstellungsformen, sondern ein Einbringen einer Möglichkeit, die von den Kindern individuell oder gemeinsam aufgegriffen, modifiziert oder abgelehnt wird.

Rechenstrich

Ein durch Einfachheit und Flexibilität bestechendes Veranschaulichungsmittel ist der Rechenstrich. Dabei handelt es sich um einen Zahlenstrahl, auf dem keine Einteilungen vorhanden sind. Er symbolisiert die Abfolge von Zahlen, ohne dabei genau oder proportional zu sein. Man muss also nicht wie beim genormten Zahlenstrahl genau auf die einzelnen Einteilungen achten, sondern kann sich frei auf dem Strahl bewegen. Entsprechend hinfällig ist auch die Wahl der Skalierung bzw. der Abstandseinheiten. Der leere Zahlenstrahl ist für jeden Zahlenraum gleich verwendbar, es werden nur die Zahlen eingetragen, die benötigt werden. Man ist daher an keine Vorlagen gebunden, sondern kann den Rechenstrich aus dem Stegreif zeichnen, eben immer dann und so, wie man ihn braucht. So kann er der Aufgabe und der individuellen Lösungsstrategie angepasst werden, ohne dass Zeit für das Abzählen von Strichen verschwendet wird oder Unsicherheiten bezüglich der gewählten Einheit oder Strahllänge bestehen. Entsprechend ergibt sich eine Angleichung des Hilfsmittels an die individuelle Aufgabenwahrnehmung durch den Schüler, wenn z. B. Einer und Hunderter addiert oder subtrahiert werden und der entsprechende Schritt gut sichtbar gemacht werden kann, ohne dass die Verhältnismäßigkeit der Abstände gewahrt werden muss.

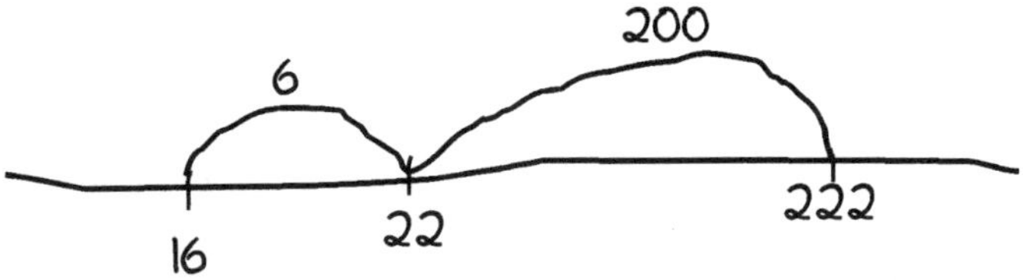

Diese flexible und einfache Nutzung des Rechenstrichs ermöglicht den Kinder einen kreativen Umgang mit Problemstellungen, da verschiedene Strategien ausprobiert und in der Regel weitaus anschaulicher notiert werden können, als es z.B. eine Darstellung in einer Rechenaufgabe oder das Aufmalen von Mengen leisten kann. Damit stellt der Rechenstrich ein immer verfügbares, schnell zu erstellendes Kommunikationsmittel dar, das von den Kindern bei der Illustration ihrer Strategien bzw. der Diskussion über ihre Vorgehensweise unmittelbar und einfach verwendet werden kann (vgl. auch Lorenz 1997, 23).

4.5.3 Üben, Übungsformate und Übungsmaterial im Mathematikunterricht

> Die Möglichkeit, im Mathematikunterricht Automatismen zu bilden, kann bei einem Schüler Einsicht und Verständnis vortäuschen, ohne dass er eine grundlegende einsichtige Leistung erbringen muss. Daher steht häufiges Üben in Form von Drill und Regellernen in der Gefahr, zu unverstandenen Fertigkeiten statt zu Fähigkeiten zu führen oder (noch schlimmer) bereits vorhandene Einsichten nachträglich zu „vernebeln". Beides steht jedem Transfer im Wege. Vor jeder Übungssequenz sollte man sich daher fragen, ob diese wirklich erforderlich ist, oder ob es nicht besser wäre, darauf zu verzichten: Einsicht und Verständnis sind die Grundpfeiler des Lernens, nur sie ermöglichen das Anwenden und Übertragen des Gelernten auf andere Probleme. Fehlen sie, dann werden Lernbarrieren aufgebaut, die in späteren Schuljahren den Zugang zur höheren Mathematik versperren. (Reichen 1991, 116)

Ähnliche Kriterien der möglichst starken Beschränkung auf wenige, aber dafür vielseitig und langzeitig nutzbare Hilfen gelten nicht nur für Veranschaulichungsmittel, sondern auch für Übungsformate, das heißt mögliche Aufgabengrundformen, die sowohl zum Rechnen als auch zum Entdecken von Zusammenhängen anregen. Wir übernehmen dabei den Begriff der „Übungsformate" aus der Literatur und verstehen dabei – wie schon oben ausführlicher beschrieben und ausgeführt – „Üben" nicht als „Einüben" eines bestimmten Verfahrens oder Auswendiglernens bestimmter Aufgaben, sondern als das in das Freie Rechnen integrierte „Ausüben" von Rechenfertigkeiten und mathematischen Überlegungen, also eine Tätigkeit, die ganz in unser Konzept der Eigenproduktionen eingebettet ist.

Spezielle Stunden, in denen bestimmte Inhalte trainiert werden, halten wir daher auch im Mathematikunterricht für unnötig, da sich die Kompetenzen bei entsprechend motivierter (und dadurch meist auch häufiger) Anwendung mehr oder weniger ganz von alleine entwickeln werden. Strukturierte oder operationalisierte Übungen können zwar den Fokus gezielt auf bestimmte Strukturen und Zusammenhänge richten, aber nach unseren Erfahrungen ist das Ergebnis solcher Stunden in der Klasse alles andere als eine Rechtfertigung für dieses Vorgehen. Viele Kinder – eben die, die noch nicht so weit sind, die entsprechenden Strukturen für sich selbst zu bilden – sehen die für den Mathematiker faszinierenden Zusammenhänge viel eher als zu kopierende Schemata oder als Anleitungen zu bestimmten Reproduktionsalgorithmen an: Miteinander zusammenhängende Aufgabenreihen werden dann z. B. gar nicht mehr gerechnet, sondern die einzusetzenden Zahlen werden einfach spaltenweise fortgeführt (weshalb man als Lehrer oder Schulbuchautor wiederum Unregelmäßigkeiten als „Fallen" in diese Reihen einbaut).

Eine entsprechende Empfindung fehlender Schülerorientierung hatten wir auch bei der Visualisierung von Aufgabenzusammenhängen in der Form der Einspluseins- und der Einmaleins-Tafeln des Projektes „mathe 2000" (vgl. Wittmann / Müller 1992, 42 ff.; 119 ff.). Durch den Kontakt mit der Tafel (quasi auf Knopfdruck) eigene Strukturen zu entwickeln und zu verinnerlichen bzw. einzuüben, schien uns kein sehr produktives Verfahren zu sein. Wir hatten eher den Eindruck – ähnlich wie beim Lehren des Zehnerübergangs (siehe Kapitel 4.2) – hier ziemlich an den Schülern vorbei zu unterrichten, nur um die schöne (und für uns als Strukturinhaber auch schlüssige) Tafel angeboten bzw. behandelt zu haben. Entsprechend sollten die Tafeln als unverbindliche Herausforderung in der Klasse hängen oder als Veranschaulichung bzw. Impuls individuell für einzelne Kinder eingesetzt werden.

Entsprechend den Sprachforscherrätseln und den Arbeitsimpulsen, die im Zusammenhang mit dem Schreiben von Geschichten in puncto Rechtschreibung, Grammatik oder Textproduktion in der Regel ganz automatisch erfolgen, sollte es zusätzlich zu einem Angebot an einfachen Übungsformaten und Austauschmöglichkeiten noch eine Ideenkiste mit „Matherätseln" geben, durch die Kinder und Lehrer ihren Vorrat an guten Impulsen zum Weiterarbeiten an spannenden Fragestellungen ergänzen.

Übungsformate

Unter diesem produktiven Verständnis von (Aus-)Üben kann man den Kindern Aufgabenformate als Angebot an die Hand geben. So erscheinen Zahlenmauern oder ähnliche Formate sehr vielseitig, gut durchdacht und durch ihre Einfachheit bestechend. Die Kinder haben hier die Möglichkeit, auf einfache Art auch außerhalb der „grauen Päckchen" rechnen bzw. Mathematik „treiben" zu können.

Vor allem wird so auf die langwierige und umständliche Notation von Aufgaben mit Operatoren und Gleichungszeichen verzichtet und das Kind kann sich ganz auf das Rechnen bzw. Kombinieren konzentrieren.

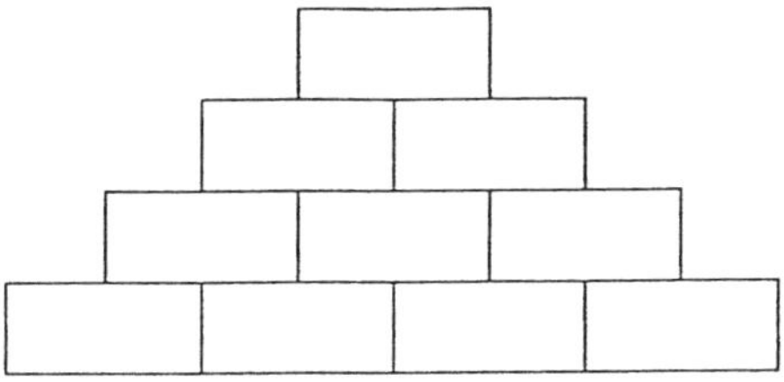

Für die Zahlenmauer gilt die einfache Vereinbarung, dass auf zwei benachbarte Steine einer Schicht ein dritter Stein gesetzt wird, in den die Summe der darunter liegenden Steine eingetragen ist. Je nachdem, welche Zahlen bekannt sind bzw. wie diese zusammenhängen, ergeben sich vielfältige Rechenmöglichkeiten. Zahlenmauern reizen dabei nicht nur durch ihre Einfachheit und ihre (nur durch die „Stein-" bzw. Blattgröße begrenzte) Ausbaubarkeit, sondern auch durch die ihnen innewohnende Herausforderung, Strukturen und Zusammenhänge zu erforschen, wenngleich Letzteres nicht alle Kinder ansprechen wird. Die einfache Notation ohne umständliche Rechenzeichen und Zahlwiederholungen und die schnelle Erweiterung sowohl der Mauern als auch der Größe der Zahlen regt viele Kinder zu umfangreichen Rechnungen und gegebenenfalls auch Nachforschungen an.

Führerscheine für die zu automatisierenden Inhalte

Wie schon oben angesprochen, haben wir es so erlebt, dass die in der Grundschule zu automatisierenden Inhalte (Einspluseins, Einsminuseins, Einmaleins, Einsdurcheins) von allen Schülern ohne inszenierte Übungsstunden im Laufe der Grundschulzeit sicher erworben worden sind, die meisten Schüler hatten im dritten Schuljahr sogar schon das große Einmaleins gut parat. Ich bezweifle stark, dass dabei alle Schüler im traditionellen Sinne „üben" mussten, ich hatte vielmehr den Eindruck, dass sie die Aufgaben eben irgendwann durch ihre vielfältigen Eigenproduktionen oder vielleicht auch „einfach so" konnten. Wichtig war mir allerdings, dass das Beherrschen der Aufgaben von Schulbeginn an im Raum stand. So konnten die Schüler zum Beispiel immer wieder (auch wiederholt!) entsprechende „Führerscheine" machen, in denen die entsprechenden Aufgaben stichprobenartig abgefragt wurden. Dadurch war bei den Kindern ein gewisser Ehrgeiz zum Auswendigwissen geschaffen, aber kein Druck, der zu einem vorschnellen Auswendiglernen geführt hätte – zumal das bei entsprechender Fragestellung beim „Führerscheintest" auch schnell aufgefallen wäre, wenn jemand nur Unverstandenes reproduziert hätte – einfache Reihen wurden natürlich nicht abgefragt.

1 • 1 – Führerschein

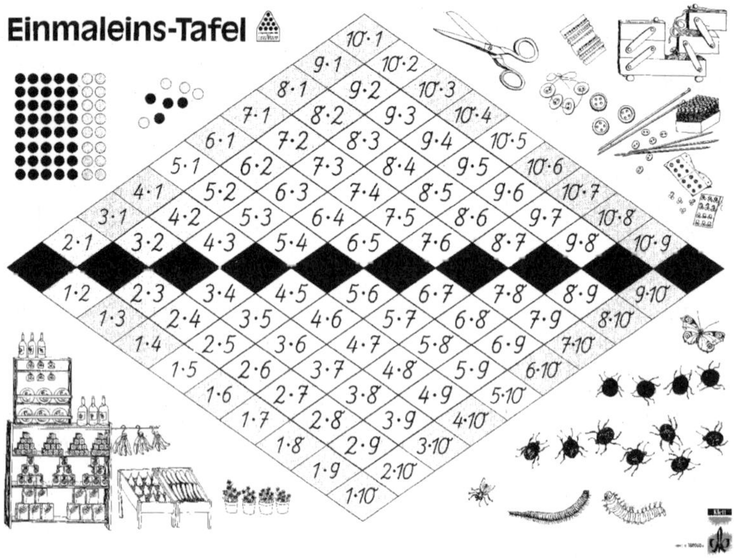

Reihe:	1	2	3	4	5	6	7	8	9	10	
Klasse 1.1 __.__.__											
Klasse 1.2 __.__.__											
Klasse 2.1 __.__.__											
Klasse 2.2 __.__.__											
Klasse 3.1 __.__.__											
Klasse 3.2 __.__.__											
Klasse 4.1 __.__.__											
Klasse 4.2 __.__.__											

4.5.4 Übergänge vom halbschriftlichen zum schriftlichen Rechnen

Entsprechend dem veränderten Stellenwert der Rechenverfahren im offenen Mathematikunterricht muss irgendwann die Brücke von den halbschriftlichen Eigenproduktionen der Kinder zu den normierten schriftlichen Rechenverfahren geschlagen werden. Dieser Übergang ist immer ein Bruch, da es sich beim halbschriftlichen Rechnen um ein Rechnen mit Zahlen handelt, beim schriftlichen Rechnen um ein Rechnen mit Ziffern. Damit diese Klippe aber nicht dazu führt, den Kindern statt der Freigabe des Rechnens zu früh irgendwelche schriftlichen Techniken des Ziffernrechnens an die Hand zu geben, sollen im Folgenden beispielhaft Möglichkeiten des Übergangs aufgezeigt werden.

Allen halbschriftlichen Strategien ist hier gemein, dass die ersten Nebenrechnungen mit einem Strich von der darüber stehenden Aufgabe (einschließlich eventueller Zusammenfassungen der Nebenrechnungen und dem Ergebnis) getrennt werden. Diese Notation ist dann – im Gegensatz zur Notation in einer Zeile – schon relativ nah am angestrebten schriftlichen Verfahren.

Addition

Die schriftliche Addition wird über den Verzicht überflüssiger Notationen (Nebenrechnungen und beim Stellenwertrechnen weglassbarer Nullen) bzw. das Berechnen von einzelnen Rechenschritten im Kopf entwickelt.

Halbschr. Addition „Stellenwerte extra":

```
HZE   HZE
338 + 256 = 500 + 80 + 14 = 594
---------
300 + 200 = 500
 30 +  50 =  80
  8 +   6 =  14
```

Man kann ja schon im Kopf zusammenrechnen:

```
  HZE
  338
+ 256
-----
  500
   80
   14
-----
  594
```

Die Nullen kann man weglassen, wenn man mit den Einern anfängt:

```
  HZE
  338
+ 256
    1
-----
  594
```

Subtraktion

Bzgl. des „günstigsten" Normalverfahrens bei der schriftlichen Subtraktion scheiden sich immer noch die Geister. Nach der wohl etwas vorschnellen Mitteilung 1996, Nordrhein-Westfalen habe das Verfahren freigegeben, ist wieder eine Diskussion entbrannt (vgl. Radatz / Schipper 1997; Schipper u.a. 1998). Der Streit macht sich im Wesentlichen fest an der Frage, ob die Subtraktion weiterhin als Ergänzung, das heißt als auf dem kleinen Einspluseins aufbauenden Verfahren, oder aber besser als Abziehen, das heißt auf dem kleinen Einsminuseins aufbauenden Verfahren, eingeführt werden soll. Eine Freigabe des Verfahrens in dem Sinne, dass man individuelle Verfahren für jeden Schüler zulässt (was man entsprechend dem schon oben angesprochenen geringen Stellenwert der schriftlichen Rechenverfahren ja auch andenken könnte), wird nicht diskutiert.

Beide Verfahren haben Vor- und Nachteile (vgl. auch Padberg 1986, 139ff.). So verbinden Kinder ganz klar mit dem Begriff der Subtraktion eher das Abziehen als das Ergänzen, genauso wie Sachrechensituationen in der Regel eher auf dem Wegnehmen einer Menge beruhen als auf dem Ergänzen gar nicht konkret vorhandener Sachen. Eine Veranschaulichung fällt daher für das Abziehen leichter (z.B. gegebener Geldbetrag minus Kosten gleich Differenz) als das Ergänzen (Kosten plus Wechselgeld-Differenz gleich gegebener Geldbetrag). Entsprechend enger erscheint das Abziehverfahren an die Kopfrechen- und halbschriftlichen Strategien der Kinder angelehnt zu sein. Schwieriger zu bewältigen sind bei diesem Verfahren dann später allerdings Aufgaben mit mehreren aufeinanderfolgenden Nullen im Minuenden (z.B. 5000 – 1234), da hier das für das Abziehen zuerst notwendige Entbündeln über mehrere Stellen erfolgen muss (bei der Aufgabe 5 000 – 1234 muss z.B. schon beim Abziehen der Einer mühsam schrittweise bis zum Tausender entbündelt werden).

Das Ergänzungsverfahren bietet den Vorteil, dass „vorwärts" und nicht „rückwärts" gerechnet werden muss, was allgemein leichter fällt. So wird auch beim Subtrahieren nur das schon für die schriftliche Addition benötigte Einspluseins als Rechengrundlage gebraucht. (Allerdings suggeriert dieser Vorteil irgendwie, dass das Erlernen des kleinen Einsminuseins keinen Wert an sich hat!) Wittmann, der – trotz der sonst von ihm gewohnten Forderungen zur methodischen Öffnung des Mathematikunterrichts – klar für die Beibehaltung des Ergänzungsverfahrens eintritt, begründet das primär mit der dann möglichen stärkeren mathematischen Durchdringung des Stoffes, auch als Vorbereitung auf die später im Lehrplan stehende Algebra. Er sieht die empirisch belegte bessere Abstützung des mit dem Abziehen einhergehenden „Borgeverfahrens" als „ein schwer wiegendes *Defizit des herrschenden Erstrechenunterrichts*" (Schipper u.a. 1998, 8) an, der es durch eine stärkere Betonung des Ergänzens – mittels verbindlicher Verordnung – entgegenzuwirken gilt. Als Hinführungsmöglichkeit zum Ergänzungsverfahren schlägt er das im „Zahlenbuch" vorgestellte „Ergänzen durch Zähler" vor, das heißt es wird schrittweise zum Subtrahenden addiert, wobei der Zähler des Subtrahenden bei Überschreiten der nächsten Stelle um eins weiterspringt (vgl. Berger u.a. 3. SJ 1996c, 169ff.). Dieses Vorgehen wird auf Grund der Bekanntheit solcher „Zähler" (Fahrradtacho, Kilometerzähler im Auto, Zählanzeige des Kassettenrecorders usw.) von den Schülern zwar bestimmt verstanden, spiegelt aber in der Regel nicht ihre eigene Herangehensweise an Subtraktionsaufgaben wider und ist demgemäß (auch) weit von den eigenen halbschriftlichen Verfahren entfernt.

Entsprechend unzufrieden sind wir mit beiden herrschenden Subtraktionsverfahren, Abziehen und Ergänzen. Keines lässt sich direkt aus halbschriftlichen Vorgehensweisen entwickeln. Trotzdem möchten wir hier jeweils eine mögliche Hinführung vorschlagen. Zum einen kann man (mit den Kindern) ein halbschriftliches Verfahren entwickeln, das auf Ergänzung beruht. Allerdings wird dieses Verfahren in der Regel relativ weit weg von den Eigenproduktionen der Kinder sein, so dass es weniger eine „Verständnisbrücke“ denn eine davon losgelöste, reine Vorbereitung der schriftlichen Verfahren bedeuten würde – die aber unter diesen Umständen auch statthaft erscheint.

Ergänzungsverfahren

Halbschriftl. stellenweise Ergänzen:

H	Z	E					
6	3	4	-	3	7	8	= 6 + 50 + 200 = 256
				3	8	4	
				4	3	4	
				6	3	4	

Man kann ja schon im Kopf zusammenrechnen:

	H	Z	E
	6	3	4
-	3	7	8
		1	1
			6
		5	0
	2	0	0
	2	5	6

Und Überflüssiges weglassen:

	H	Z	E
	6	3	4
-	3	7	8
		1	1
	2	5	6

Die andere Möglichkeit wäre die Brücke vom halbschriftlichen Rechnen zum Abziehverfahren. Hier scheint unserer Meinung nach das schrittweise Subtrahieren naheliegend zu sein. Man müsste allerdings im Gegensatz zur Gewohnheit vieler Kinder mit den Einern anfangen und hat – egal wie man es denn nun auch anfängt – auch hier eher einen ziemlich konstruiert erscheinenden Übergang denn eine einleuchtende Weiterentwicklung des halbschriftlichen Rechnens. Zudem muss beim Abziehverfahren zunächst in der Aufgabe selbst viel (und unübersichtlich) verändert bzw. notiert werden. Ein Vorteil gegenüber dem Zählermodell des Ergänzungsverfahrens wäre höchstens die u. U. etwas bessere Veranschaulichung der Vorgehensweise z. B. durch enaktive oder ikonische Darstellungen mit Plättchen oder Geldwerten (Entbündeln statt Zählersprung). Aber das scheint doch eher zu einer Geschmackssache zu werden … Und auch dann wäre das Verfahren keine Entwicklung aus halbschriftlichen Strategien, sondern Selbstzweck.

Abziehverfahren

Halbschriftliches schrittweise Abziehen:

HZE					
634	-	378	=	256
634	-	8	=	626
626	-	70	=	556
556	-	300	=	256

1 Zehner wird in 10 Einer und 1 Hunderter wird in 10 Zehner entbündelt:

H Z E	H Z E	H Z E
2 10	5 10 10	10 10
6 ~~3~~ 4	~~6~~ 2 4	5 2 4
- 3 7 8	- 3 7 8	- 3 7 8
6	5 6	2 5 6

Mögliche Kurzfassungen:

H Z E	H Z E
5 2	
~~6~~ ~~3~~ 4	~~6~~ ~~3~~ 4
- 3 7 8	- 3 7 8
2 5 6	2 5 6

Eine für uns denkbare Alternative wäre es, die schriftliche Subtraktion direkt aus der schriftlichen Addition zu entwickeln, wobei es hier dann keine einfache Rückführung auf das halbschriftliche Rechnen gibt und die schriftliche Subtraktion so in gewisser Weise zu dem Selbstzweck wird, den sie meist sowieso schon darstellt. Uns erscheint dabei das Ergänzungsverfahren näherliegend, da dieses ja schon von Natur aus eine auf der Addition basierende Subtraktion ist. Entsprechend können dieselben Aufgaben des kleinen Einspluseins gebraucht werden, was in der Praxis die Probe dann einerseits erleichtern kann, andererseits aber auch Wiederholungsfehler nicht ausschließt.

Entwicklung des Subtraktionsverfahrens aus dem Additionsverfahrens

Schriftliche Addition und dazugehörige Einspluseinsaufgabe:

H Z E	
2 5 6	E 8 + 6 = 14
+ 3 7 8	Z 8 + 5 = 13
1 1	H 4 + 2 = 6
6 3 4	

Schr. Subtraktion (Ergänzen) und dazug. Einspluseinsaufgabe:

H Z E	
6 3 4	E 8 + 6 = 14
- 3 7 8	Z 8 + 5 = 13
1 1	H 4 + 2 = 6
2 5 6	

(Abziehen) und dazugehörige Einsminuseinsaufgabe:

H Z E	
~~6~~ ~~3~~ 4	E 14 - 8 = 6
+ - 3 7 8	Z 12 - 7 = 5
2 5 6	H 5 - 3 = 2

Multiplikation

Als Vorbereitung für das Verfahren der schriftlichen Multiplikation führt z. B. Wittmann schon für das halbschriftliche Rechnen das Malkreuz als eine mögliche Strategie ein, damit alle zum halbschriftlichen Rechnen notwendigen Rechnungen auch ausgeführt werden (und nicht z. B. aus $35 \cdot 27$ nur $30 \cdot 20 + 5 \cdot 7$ wird). Das Malkreuz wird dann beim schriftlichen Rechnen wieder aufgegriffen und mit Hilfe des mittelalterlichen Rechnens mittels „Malstreifen“ schließlich zum schriftlichen Rechnen weitergeführt (vgl. Wittmann / Müller 1992, 58f.; 134ff.). Barbara Höhtker und Christoph Selter (vgl. 1998) schlagen dabei vor, das Malkreuz direkt so anzuordnen, dass der Multiplikator – wie später beim Normalverfahren – am rechten Rand und nicht am linken Rand notiert wird. Die Addition der Zahlen erfolgt dann als Nebenrechnung oder im Kopf.

Malkreuz mit „Rechtsanschlag“:

30	5	•
600	100	20
210	35	7

```
  600
  100
  210
+  35
  945
```

Neper’sche Malstreifen

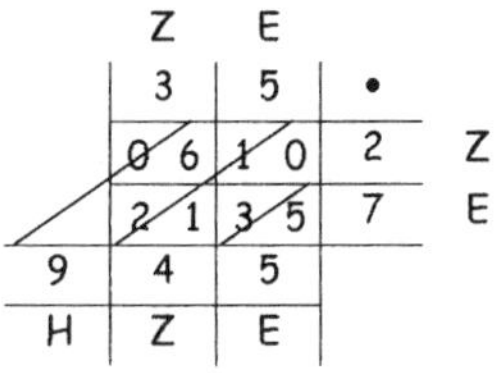

Wir haben in unserem Unterricht die Einführung des Malkreuzes nicht vornehmen wollen, um nicht schon das halbschriftliche Rechnen der Schüler einer – evtl. trotz anschaulicher Einführung mittels Punktfeldern o. Ä. – unverstandenen „Technik“ zu unterwerfen. Lässt man die Kinder frei rechnen, so kann es zwar passieren, dass sie zunächst nur die einzelnen Stellenwerte miteinander malnehmen ($35 \cdot 27 = 30 \cdot 20 + 5 \cdot 7$), uns erscheint aber – wie auch Angela Glänzel (vgl. 1994) – diese Art von Fehler als sehr konstruktiv und wir betrachten sie bei den Kindern, die sie machen, als unbedingt notwendigen Umweg zu einem verstandenen Multiplizieren mehrstelliger Zahlen. In der Regel werden die Kinder aber entweder von Anfang an oder aber sehr schnell auf eine schrittweise Strategie zurückgreifen, in der sie die notwendigen Aufgaben (analog zum Malkreuz) nacheinander ausrechnen.

Normalerweise beginnen die Kinder dabei mit Aufgaben, in denen gemischte Zahlen mit einstelligen Zahlen malgenommen werden. Analog erfolgt dann (obwohl in der Regel nicht mehr für eine halbschriftliche Lösung vorgesehen) die entsprechende Erweiterung zu mehrstelligen Zahlen, die so schrittweise miteinander malgenommen und anschließend addiert werden. Nachvollziehen müssen die Kinder zunächst, dass sich evtl. die gewohnte Reihenfolge, nämlich vom „Großen“ zum „Kleinen“ zu rechnen, ändert. Über diesen Zwischenschritt und gegebenenfalls den Verzicht der gesamten Notation in einer einzigen Zeile ($35 \cdot 27 = 30 \cdot 20 + 5 \cdot 20 + 30 \cdot 7 + 5 \cdot 7 = 600 + 100 + 210 + 35 = 945$) kann dann einfach durch Weglassen überflüssiger Notationshilfen das Normalverfahren entwickelt werden. Uns erscheint dieses Vorgehen näher an den Eigenproduktionen der Kinder zu liegen als das Rechnen mit Malkreuz und Malstreifen. Eine denkbare Alternative wäre es, Malkreuz und Malstreifen als zu enttarnende Forscheraufträge historischen Rechnens in den Raum zu stellen.

Halbschriftliches Rechnen, in evtl. anderer Notation:

```
Z E
3 5 • 2 7 = 7 0 0 + 2 4 5 = 9 4 5
  5 • 2 0 = 1 0 0
3 0 • 2 0 = 6 0 0
  5 •   7 =   3 5
3 0 •   7 = 2 1 0
```

Und einiges kann man sich sparen:

```
3 5 • 2 7 = 9 4 5
    1 0 0
    6 0 0
      3 5
  + 2 1 0
    9 4 5
```

Bzw. im Kopf zusammenrechnen:

```
3 5 • 2 7 = 9 4 5
      7 0
  + 2 4 5
    9 4 5
```

Division

Beim Geteiltrechnen lässt sich das Normalverfahren schnell durch das Weglassen überflüssiger Notationshilfen bzw. Nullen aus dem dargestellten halbschriftlichen Verfahren ableiten, das entsprechend aus den individuellen Vorgehensweisen der Kinder entwickelt wird.

Halbschr. Dividieren wie sonst:

```
  T H Z E           T H Z E
1 3 9 5 2  :  8  =  1 7 4 4
  8 0 0 0  :  8  =  1 0 0 0
R 5 9 5 2
  5 6 0 0  :  8  =      7 0 0
R   3 5 2
    3 2 0  :  8  =        4 0
R     3 2
      3 2  :  8  =          4
        0
```

Und alles Graue kann man sich sparen, also weg damit:

```
  T H Z E           T H Z E
1 3 9 5 2  :  8  =  1 7 4 4
  8 0 0 0  :  8  =  1 0 0 0
  5 9 5 2
  5 6 0 0  :  8  =      7 0 0
    3 5 2
    3 2 0  :  8  =        4 0
      3 2
      3 2  :  8  =          4
        0
```

Und das bleibt übrig:

```
  T H Z E         T H Z E
1 3 9 5 2 : 8  =  1 7 4 4
  8
  5 9
  5 6
    3 5
    3 2
      3 2
      3 2
        0
```

S. kam eines Tages zu mir und sagte: „Du Peschel, die Aufgabe hört nie auf, die fängt immer wieder von neuem an.“ So hat sie ihren Weg über das Normalverfahren zu sich periodisch unendlich wiederholenden Zahlen gefunden.

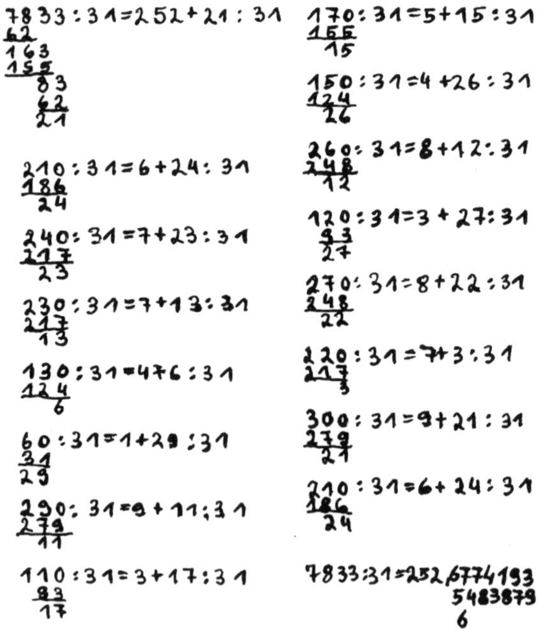

4.6 Vom Geometrie-, Größen- und Sachrechenunterricht zur mathematischen „Anwendung“

> In Mathe schalten eben viele Schüler – und auch ich – den ‘gesunden Menschenverstand’ aus. (Grassmann 1995, 31)

Während bestimmte Teilgebiete der Mathematik wie z. B. die Geometrie entweder als Lückenfüller oder als entspannende Auflockerung zwischen den eigentlich „wichtigen“ Inhalten der Arithmetik dienen, werden Sachrechnen und der Umgang mit Größen meist dazu missbraucht, auch in Stunden mit diesem Thema noch ein bisschen mehr Arithmetik einzuüben – ganz genauso wie in vielen Klassen der Sachunterricht dazu dient, den Diktatwortschatz des Sprachunterrichts mittels ein paar Arbeitsblättern und dem entsprechendem Mehr an Stunden weiter zu trainieren. Es handelt sich weder bei der Geometrie noch beim Umgang mit Größen um einen Bereich, der im traditionellen Unterricht wirklich akzeptiert ist und als ein Bereich mit Gewicht angesehen wird. Wir möchten diese Problematik hier vor allem am Beispiel des Sachrechnens darstellen, da uns der Bereich der Geometrie noch viel weniger fassbar – und dadurch auch weniger kritisierbar – erscheint. Es ergibt sich der Eindruck, dass es gerade hier auch von Seiten der Fachdidaktik noch kein stimmiges Konzept gibt, das eine wirkliche Alternative zu den üblichen Lückenfüller-Stunden darstellt.

Wie schon oben erwähnt, liegt das herkömmliche Sachrechnen mit Textaufgaben an der Spitze der Nennungen von Lehrern zu der Frage, mit welchen Inhalten Schüler Schwierigkeiten im Mathematikunterricht haben. Entsprechend unbeliebt sind diese Aufgaben bei Schülern und Lehrern (vgl. Radatz u. a. 1981). Dabei muss man sich darüber im Klaren sein, dass ein falscher Sachrechenunterricht die Kinder nicht nur der Möglichkeit beraubt, sich Größenvorstellungen aufbauen zu können, sondern dass in vielen Fällen die sinnstiftende Brücke der Mathematik zur Lebenswirklichkeit der Kinder zerstört wird. Damit rückt dann auch die Anwendbarkeit des Gelernten in weite Ferne, so dass Mathematik wirklich zum reinen Selbstzweck wird (angeblich zur Schulung logischen Denkens ...).

Stella Baruk beschreibt treffend den Bezug, den Kinder zu den üblichen Text- und Sachrechenaufgaben aufbauen können,

> [...] jenen Aufgaben, die dem Leben des Kindes entnommen sind, dem, womit das Kind alltäglich konfrontiert ist: sich kreuzende Züge, tropfende Wasserhähne, sparsame Hausfrauen, die sich um die Ernährung ihrer Familien sorgen. Denn wenn das Kind in einen Zug steigt, ist es wohlinformiert darüber, dass zu einer gewissen Zeit am anderen Ende der Strecke ein anderer Zug losfährt und daß dieser ganz genau eine gewisse Geschwindigkeit einhält, die man dem Kind mitgeteilt hat; gewiß ist es begierig darauf, den Zeitpunkt vorherzusehen, zu dem dieser an-

> dere Zug denjenigen kreuzen wird, in dem es gerade sitzt und dessen Geschwindigkeit ihm freundlicherweise ebenfalls von jemandem gesteckt worden ist. Nicht weniger dürfte das Kind fasziniert sein von den Opfern, die ihm durch den ständigen Verlust der Wassertropfen am Spülstein auferlegt werden, in Anbetracht seiner Besorgnis um das Haushaltsgeld und um den Preis von Koteletts und Kopfsalat. (Baruk 1989, 252f.)

Auch Christa Erichson (vgl. 1991; 1993) kritisiert immer wieder die vermeintliche „Lebensnähe" der üblichen Textaufgaben, deren Autoren bemüht sind, die Inhalte aus dem unmittelbaren Erfahrungsfeld der Kinder zu rekrutieren, wobei die Identifikation der Kinder mit solchen Aufgaben in der Regel aber völlig auf der Strecke bleibt. Die Folge daraus ist, dass die Kinder schnell durchschauen, dass es hier in keiner Weise um eine anwendungsorientierte Mathematik oder das Wiederfinden von Mathematik in *ihrer* Lebenswirklichkeit geht, sondern dass der Sachbezug lediglich Deckmantel für weitere Rechenübungen ist.

Entsprechend verständlich ist auch das Vorgehen der meisten Schüler, die sich gar nicht erst auf die Sachsituation einlassen, sondern sofort anfangen zu rechnen. Dabei wenden sie in der Regel entweder die gerade durchgenommenen bzw. zu übenden Verfahren an, oder sie verwenden andere plausible Strategien: ähnlich große Zahlen werden am besten addiert oder subtrahiert, stark unterschiedliche Zahlen multipliziert oder dividiert – ob das zur Aufgabe passt oder nicht (vgl. Lorenz 1994). Erkennbar wird dieses strategische Vorgehen meist nur dann, wenn – was in der Regel selten der Fall ist – von der normalen Aufgabenroutine abgewichen wird, z.B. bei den schon oben angesprochenen „Kapitänsaufgaben" (z.B. „Auf einem Schiff sind 26 Schafe und 10 Ziegen. Wie alt ist der Kapitän?"; Baruk 1989, 29), die mit dem in der Aufgabe dargebotenen Zahlenmaterial gar nicht lösbar sind. Selters berichtet z.B. über einen Versuch, den er zusammen mit zehn Studentinnen durchgeführt hat: Drittklässlern wurden sechs Aufgaben vorgelegt, darunter waren vier Kapitänsaufgaben:

> Und es herrschte die feste Überzeugung vor, daß „normale" Drittklässler niemals auf diesen Aufgabentyp hereinfallen würden. [...] Als wir am Ende der Stunde zusammenkamen, waren wir ohne Ausnahme bis ins „pädagogische Mark" erschüttert: *Alle* Schüler hatten jeweils *alle* sechs Aufgaben gelöst, indem sie die angegebenen Zahlen irgendwie miteinander in Beziehung setzten. (Selter 1994, 20) [Selter reputiert in diesem Artikel allerdings die Kinder wieder, indem er ihr Vorgehen genauer analysiert und trotz der grotesken Antworten im Vorgehen der Kindern viele rationale und kompetente Handlungen erkennt; FP]

Aus dem Nichtvermögen der Kinder nun aber zu folgern, dass Sachrechenaufgaben für Kinder einfach zu komplex seien, um sie dann noch vereinfachter oder noch gleichförmiger auf ein bestimmtes Frage-Rechnung-Antwort-Schema zu reduzieren, ist natürlich der falsche Weg. Wie schon oben beschrieben, ist gerade die Gewöhnung der Kinder an das immer wiederkehrende „Frage-Antwort-

Spiel“ das, was diese dazu verleitet, bei jeder Aufgabe irgendetwas herauszubekommen – koste es, was es wolle. Entsprechend ist hier eben nicht eine etwaige Überforderung der Kinder das Problem, sondern wieder einmal die Vorgabe von außen:

> *Nicht die Kinder sind 'schwach', sondern die Textaufgaben sind es und mit ihnen die Praxis des Sachrechnens.* Wie weiland in der Legasthenieforschung wurde also auch hier nur wieder ausgebrütet, was selber gelegt worden war. (Erichson 1991, 23)

Der hohe Anspruch an das Sachrechnen, statt der vom Lehrer ausgedachten, aufgesetzten, für die Schüler in der Regel inhaltsleeren Textaufgaben nun bedeutende, authentische Situationen als Ausgangsbasis für das mathematische Erforschen der Welt zu Grunde zu legen, ist in seiner Idealisierung kaum zu übertreffen. Sieht man sich die Beispiele an, die von den Autoren dann oft nach einem Rundumschlag bezüglich der desolaten Situation des Sachrechnens als positive Beispiele angeführt werden, so wirkt der vermeintliche Fortschritt durch die andere Aufgabenauswahl doch oft ernüchternd und der Reformwunsch scheint sich selbst zu erledigen.

> Da muß es Defizite geben, wenn nur Aufgaben aus dem Schulbuch behandelt werden. Dem Unterrichtenden erwächst deshalb die Verpflichtung, sachrechnerische Themen der Heimat selbst zu erarbeiten (z. B. Aachen als Grenzstadt, als Domstadt, als Reiterstadt, als Hochschulstadt, als ...). (Winter 1991, 28f.)

Rechengeschichte.

Peschel hat heute Geburtstag. Er geht Süßigkeiten einkaufen. Er kauft zwei Packungen Lutscher, drei kleine Pakete Schokoladen Bonbons, zwei Kekse einen, Zitronen Keks und einen Haselnuss Keks. In der Klasse sind 28 Kinder, Peschel weiß nicht wieviele Lutscher in einer Packung sind. Auf der Packung stand nur, dass es 800g sind. Er nimmt einen Lutscher und legt auf die Waage, der Lutscher wiegt 15g. Peschel rechnet: $15g \cdot 28 = 10 \cdot 20 \pm 5 \cdot 8 + 5 \cdot 20 = 200 + 40 + 100 = 340g$ Wenn jedes Kind 2 Lutscher kriegt dann sind es 680g, also braucht Peschel fast eine Packung Lutschers. Die zweite lässt er lieber für sich allein. Eine Packungs Schokoladen Bonbon wiegt 200g, ein Schokoladen Bonbons wiegt 8g. Also wiegen 3 Packungen Bonbons 600g. Wieviele Bonbons kriegt jedes Kind? $8 \cdot 28 = 8 \cdot 20 + 8 \cdot 8 = 160 + 64 = 224g$, für 56 Bonbons 448g, also kriegt jedes Kind 2 Schokoladen Bonbons und 152g bleiben noch übrig fast eine Packung. Ein Keks ist 14cm breit wenn man zwei Kekse in 28 Stücke schneidet wird jedes Stück 1cm. Und so verteilte Peschel Süßigkeiten die und feierte fröhlich seinen Geburtstag. Die Kinder haben Peschel ein Käppi für 9,10DM geschenkt, dann einen Kuscheltier einen Bär, der hieß „Diki," für 14,96DM und neue Turnschuhe für 27,14DM. Alles zusammen kostete 9,10DM+14,96DM+27,14DM=51,20DM. Jedes Kind hat 2DM mitgebracht, das ganze Geld hat für die Geschencke gereicht und es sind noch 4,80DM übrig geblieben.

Da wir das Sachrechnen auf Grund der Möglichkeit, für Anwendungsorientierung und Sinnstiftung der Mathematik zu sorgen, für einen sehr wichtigen Bereich der Mathematik halten, möchten wir uns auch hier radikal vom üblichen Textaufgaben- oder Buchunterricht lösen. Wir favorisieren eine offenere Vorgehensweise, die Anwendungsorientierung und Sinnstiftung durch – wie könnte es anders sein – die Forderung nach Eigenproduktionen der Kinder als Basis jeglichen Sachrechenunterrichts umsetzen möchte. Dass Kinder in ihren eigenen Fragestellungen und Lösungsvorhaben Sinn sehen und ihre Vorhaben auch selbst nachvollziehen, also in der Regel auch anwenden können, steht außer Frage. Dabei sollten der fehlende Lehrgang und das möglicherweise unsystematischere Lernen der Kinder als Vorteil, nicht als Nachteil gesehen werden, denn nur so können sich die Kinder individuell ihre eigenen Strukturen aufbauen.

> Selbstinitiierte Tätigkeiten haben in der Regel eine ausdrückliche Sinnzuweisung nicht nötig. [...] Mathematische Tätigkeiten, wie Zählen und Messen, Klassifizieren und Ordnen, Rechnen mit Größen, Umgang mit graphischen Darstellungen, räumliche Orientierung, Formalisierungen u. a., können zum Teil auf die Erfahrungswelt der Kinder bezogen und in sinnvolle Handlungszusammenhänge eingebunden werden. Die Aneignung von Kenntnissen und Fertigkeiten wird hier sehr unsystematisch erfolgen. Beim Bezug zur Erfahrungswirklichkeit sollte der Hilfscharakter der Mathematik zur Lösung echter sachinhaltlicher Fragestellungen betont werden, auch wenn dies auf Kosten einer strengen Systematik geht. (Schütte 1994, 126f.)

> Eben weil Mathematik als Wissenschaft in hohem Mass systematisch ist, präsentiert sich auch die Mathematik-Didaktik weitgehend systematisch. Doch um wirkungsvolles Lernen in einem systematischen Unterricht zu ermöglichen, wären umfassende Kenntnisse über den Aufbau mathematischer Denkstrukturen bei Kindern sowie über den Ablauf der entsprechenden Lernprozesse Voraussetzung. Gerade solche Kenntnisse sind jedoch, trotz PIAGET, noch sehr lückenhaft, und vor allem ist in der Mathematik-Didaktik anscheinend noch kaum bekannt, dass Kinder prinzipiell unsystematisch lernen. (Reichen 1991, 116)

Größen

Gerade der Aufbau von Größenvorstellungen scheint etwas zu sein, dass sich am besten aus dem (handelnden) Umgang mit Größen und Maßen in entsprechenden Aktionen in der Klasse ergibt: Wiegen und Messen beim Backen, Ausmessen von Gegenständen beim Umräumen der Klasse, Zeichnen von Plänen dazu, Messen und Wiegen im Sport- und im Sachunterricht, Bauen von Modellen, Anlegen und Parzellieren eines Klassengartens. Des Weiteren hält dieser Bereich auch durch das Zulassen von Alltagsmaterialien in der Klasse Einzug: Sachbücher und Kartenspiele mit Größenvergleichen werden mitgebracht, Tiere und Pflanzen sind zu versorgen usw. Man merkt bei dieser Zusammenstellung, dass hier auch Geometrie und Arithmetik von selbst eine große Rolle spielen.

Im Bezug auf den Bereich Größen erscheint uns vor allem das Schätzen als sehr wichtig, um nicht nur sinnvolle „Schnellverfahren“ zur Hand zu haben (man wird wahrscheinlich später im Leben mehr schätzen und überschlagen denn genau ausrechnen), sondern auch um selber Größenvorstellungen aufbauen zu können. Dabei kann das Schätzen vom ersten Schultag an eine Rolle spielen, es fängt schon an, wenn von den Kindern Mengen gleicher Gegenstände mitgebracht werden oder sich die Kinder durch entsprechende Impulse gegenseitig provozieren, ihre Größenvorstellungen zu äußern: Wie viele Münzstücke habe ich wohl in meinem Beutel? Wie viele Reiskörner in der Streichholzschachtel? Wie viele Wassertropfen im Glas? Wie viele Bauklötze in der Kiste? Wie viele

Kaulquappen im Aquarium? Mit der Zeit werden die Kinder dabei immer andere Schätzmethoden anwenden, die sich in ihrer Genauigkeit oder in ihrer Effektivität unterscheiden (Teilmengen sortieren, abwiegen, in Felder unterteilen, addieren, multiplizieren, potenzieren usw.).

Wir denken auch, dass sich im Offenen Unterricht die übliche Einführung der Maße und Maßeinheiten relativiert bzw. erübrigt. Man kann im Offenen Unterricht nicht eine Pädagogik des „leeren Kopfes" praktizieren und so tun, als wüssten die Kinder nichts über Normmaße, wenn man z. B. den genetischen Weg geht und das Messen einführt, indem man schrittweise von Individualmaßen (Hand, Fuß, Schritt) zu Normmaßen (cm, m usw.) kommt. Es erscheint uns viel sinnvoller, die Entwicklung vom Individualmaß zum Normmaß aus geschichtlicher Sicht zu thematisieren, z. B. wenn Kinder über alte Kulturen oder das Mittelalter forschen.

Als mögliche Werkzeuge für diesen Bereich machen sicherlich neben Geräten zum Sortieren, Messen und Wiegen entsprechende Tabellen Sinn, auf denen Einheitenübersichten der verschiedenen Größenbereiche abgebildet sind: Geld, Zeit, Längen, Gewichte, Rauminhalte. Diese Tabellen ersetzen zwar nicht den individuellen Zugang, der zum Aufbau der Größenvorstellungen notwendig ist, aber sie bieten zumindest eine Informationsmöglichkeit bei Rückfragen. Am besten erstellen die Kinder sie selbst – mit entsprechender Veranschaulichung

durch Norm- und Alltagsrepräsentanten (bei den Längen kann man mm, cm, dm, m usw. leicht mit Maßbändern und Gegenständen oder Tierabbildungen der entsprechenden Länge veranschaulichen; Gewichte lassen sich über Gewichtsstücke und wiederum über Gegenstände oder Tiere entsprechenden Gewichts anschaulich abbilden; Geldwerte über Münzen und Scheine sowie Dinge mit entsprechendem Wert; Zeiteinheiten einerseits durch Zeitabschnitte auf der Uhr, anderseits durch Abbildungen von Zeitspannen z. B. durch Bildergeschichten oder Fotos).

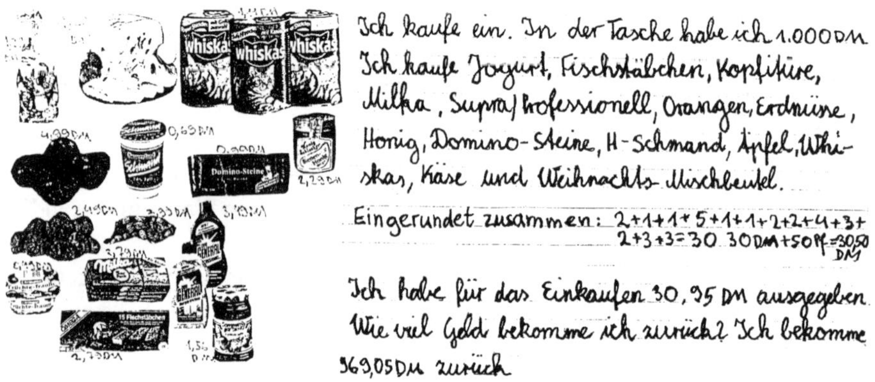

In diesem Zusammenhang taucht auch das Thema Kommazahlen auf. Diese sind den Kindern durch den fast täglichen Umgang mit Geld schon lange bekannt; des Weiteren fördern die (eigenen) Projekte im Sachunterricht zwangsläufig den Umgang mit Dezimalzahlen durch das Messen, Überschlagen, Schätzen, Rechnen sowie das Erstellen und Lesenkönnen von Tabellen und Statistiken. Von unsinnigen Umrechnungs- und Umwandlungsübungen in Maßeinheiten, die im Alltag nicht vorkommen (z. B. dm oder dl), halten wir relativ wenig, hier geht es mehr um das Auswendiglernen einer bestimmten Technik (Komma verschieben) denn um einen wirklichen Anwendungsbezug. Entsprechendes gilt für das übliche Rechnen mit Größen, das sich vielfach darauf beschränkt, hinter die gerade zu übenden Rechenaufgaben immer wieder die Größe schreiben zu müssen, ohne einen sonstigen Zugewinn zu haben. Solche Rechnungen machen im Hinblick auf den Umgang mit Größen keinen Sinn – außer, dass man sich merken sollte, Größen konsequent und einheitlich zu notieren. Das leuchtet Kindern aber oft erst dann ein, wenn die Aufgabe für sie selbst bedeutend wird – und dann notieren sie in der Regel auch die Einheit.

Geometrie

> Geometrische Themen werden mehr wegen ihres Unterhaltungswertes als wegen ihrer mathematischen Bedeutung behandelt. Sie werden als Auflockerung, freudvolle Abwechslung und zur Motivierung der Kinder eingesetzt. Damit wird häufig nur Aktionismus betrieben, der die Lehrer nicht zufrieden stellen kann. Vielleicht verzichtet mancher Lehrer gerade deshalb auf Geometrie im Unterricht. (Franke 2000, 12)

Wie schon gesagt, möchten wir hier zunächst auf ein Konzept für den Geometrieunterricht verzichten, da wir denken, dass der Offene Unterricht in diesem Bereich schon sehr viel von sich aus leistet – zumindest viel mehr, als es das sporadische Durchführen entsprechender Übungen im herkömmlichen Unterricht tut. Lagebeziehungen, Himmelsrichtungen, Muster, Parkette, Symmetrien, das Verkleinern und Vergrößern von Figuren sowie das Zeichnen und Messen von Strekken tauchen im Offenen Unterricht immer wieder auf – meist implizit auf Grund einer bestimmten Anwendungsnotwendigkeit oder auch explizit durch eine Idee in einem Mathematikbuch, ein Computerprogramm (z. B. „Bauwas“), Arbeitsmittel wie „Schauen und Bauen“ oder geometrisches Material, mit dem man verschiedenste Körper, Netze und Konstruktionen zusammenstecken kann wie „Clixi“ oder „Knex“.

Auch müssen die geometrischen Grundformen genauso wenig eingeführt werden wie z. B. das Lesen der Uhr; ich kenne kein Kind, das nicht einen Kreis von einem Dreieck unterscheiden kann. (Und die Uhr lernt man wohl auch irgendwann ganz von alleine, mir ist noch kein Schulabgänger begegnet, der die Uhrzeit nicht ablesen kann; spätestens der eigene Fernseher leitet das in die Wege.) Bei den geometrischen Körpern werde ich mir etwas unsicherer, hier geht es aber eher um lateinische Vokabeln denn geometrisches Verständnis. Ansonsten werden halt einmal solche Körper als Martinsfackeln oder Geschenkverpackungen gebastelt, dann werden auch die Netze dieser Körper „be-griffen".

Erfindungen, Skizzen, Beschriftungen, Dokumentationen und Protokolle stellen Impulse zur gemeinsamen Auseinandersetzung im Kreis dar – und sorgen für die Weitergabe und Reflexion von geometrischen Begriffen und Beziehungen. So erweitern sich die geometrischen Kompetenzen und Begrifflichkeiten der Kinder in deren individuellen Spiralcurriculum. Aus der auf das Quadrat oder Rechteck beschränken Vorstellung des „Vierecks" wird mit der Zeit ein umfassender Begriff; Kegel, Pyramiden und Zylinder werden von Bezeichnungen für konkrete Gegenstände zu Ordnungssystemen. Und das, was vorher aus Gründen der fehlenden Begrifflichkeit näherungsweise mit Alltagsbezeichnungen benannt wurde, wird nun immer häufiger treffend fachlich korrekt bezeichnet – als Ausdruck der Begriffsbildung, nicht der auswendig gelernten Buchlektionen.

Zusammenfassend gesagt geht es uns also um eine Einbettung des Geometrie-, Größen- und Sachrechenunterrichts nicht nur in den Mathematikunterricht, sondern in den gesamten (Offenen) Unterricht, wodurch gleichzeitig die Mathematik in ihrer Ganzheit den notwendigen Anwendungsbezug für die Schüler bekommt. Die üblichen Aufgaben der Schulbücher kommen hingegen entweder im (Schüler-)Alltag gar nicht vor oder sie würden vom Schüler so nie gestellt werden. Auch die Lösungswege sind in der Realität meist ganz andere als die in der Schule gelernten Verfahren – nur wenige Menschen greifen später noch auf genau die Standardverfahren zurück, die sie einmal als mustergültige Vorgehensweise gelernt haben (vgl. Kapitel 4.4.2). Quantitative Abschätzungen und sachinhaltliche, qualitative Überlegungen sind in der Realität vielmehr ineinander verschränkt und entfalten erst in der realen Anwendung oder in der Simulation ihr Bildungspotential. Um die Umsetzung aber etwas konkreter zu machen, möchten wir im Folgenden die unserer Meinung nach tragfähigen „Säulen" eines solchen integrierten „Sach-Anwendungsunterrichts" vorstellen und beispielhaft als kleine Ideenkiste auch ausführen:

- Freie Projekte integrieren auch Mathematisieren (Sachen „begreifen")
- Freies Lesen integriert auch Sachtexte (Sachen „staunen")
- Freies Schreiben integriert auch Rechengeschichten (Sachen „verwenden")
- Forscherfragen integrieren auch Problemlösen (Sachen „denken")

4.6.1 Projekte als Basis für die zum Handeln anregende Auseinandersetzung mit Sachen und Größen

Als Idealform für ein Lernen bezüglich des Umgangs mit Größen in authentischen, sinnvollen Situationen ist an erster Stelle das Projekt zu nennen. Hier steht die Sachsituation klar im Vordergrund, beim „echten“ Projekt ist nicht zu befürchten, dass der Sachbezug nur das „Deckmäntelchen“ für eine erneute arithmetische Übung ist. Im Gegenteil, es kann sogar sein, dass erst das Projekt das Erlernen arithmetischer Kompetenzen begründet bzw. herausfordert.

Von einem „echten“ Projekt, in dem die Mathematik plötzlich eine große Rolle spielte, berichtet z. B. Dieter Hermann (vgl. 1981) aus den Anfängen der Freien Alternativschule Glocksee in Hannover. Im Rahmen der damals üblichen gemeinsamen Unterrichts- bzw. Projektabsprachen zwischen Schülern und Lehrern kam die Idee auf, selbst einmal ein „Go-cart“ zu bauen. Als dann endlich der gemeinsam wiederhergestellte Motor zusammen mit dem alten Kett-car-Chassis einen fahrbaren Untersatz ergab, wollten die Kinder wissen, wie schnell denn nun ihr selbst zusammengebautes Fahrzeug fuhr. Den Lehrern erschien die Sache nun dann doch etwas zu kompliziert, aber die Kinder ließen nicht locker und fingen an, Versuche zur Bestimmung und zum Hochrechnen der Radumdrehungszahl zu machen und den Radumfang zu bestimmen. Im Rahmen der Überlegungen mussten große Zahlen miteinander multipliziert bzw. durcheinander dividiert werden – ein wirklicher Grund, nun die schriftlichen Rechenverfahren anzugehen. Obwohl ein Teil der Kinder auf Grund ihres Alters bzw. dem Verzicht auf Unterrichtspflicht noch nie etwas von einem Stellenwertsystem gehört hatte oder nur schlechte Kenntnisse bezüglich des Einmaleins hatte, nahmen sie sich der Sache an und versuchten aus eigenem Interesse die festgestellten „Mängel“ bei sich anzugehen. – Dass „die Mühle“ dann doch nur „13 Klamotten“ fuhr, war letztendlich schon ein bisschen enttäuschend. Aber die von den Kindern eingeforderten Rechenaktivitäten verselbstständigten sich weiter, indem andere Kinder anfingen, den Schulhof zu vermessen, um wegen des regen Go-cart-Verkehrs einen Verkehrsplan aufzustellen. Maßstabszeichnungen und entsprechende topologische Grundprobleme waren plötzlich angesagt.

Leider erscheint dieses Projekt rückblickend ein bisschen so wie das von den Erfindern der Projektmethode Dewey und Kilpatrick beschriebene „Thyphusprojekt“ von Ellsworth Collings (vgl. 1935), das – zahlreich zitiert – die notwendige Utopie des Projektlernens aufrecht erhält, aber wenig ebenbürtige Nachfolger zu haben scheint. Zumindest konnte sich ein entsprechender Mathematikunterricht aus Projekten trotz intensiver Bemühungen noch nicht einmal an der freien Glocksee-Schule etablieren.

> Wer sich einmal mit dem Aufspüren brauchbarer Situationen im Umfeld von Kindern befasst hat, merkt recht bald, daß die Projektstoffe eben doch nicht auf der Straße liegen. Und dann ist die Gefahr krampfhaft konstruierter Wirklichkeitsausschnitte relativ groß. (Erichson 1993, 18)

Wir möchten deshalb hier beispielhaft ein paar Projektideen nennen, die in unserer Klasse teilweise durch die Kinder initiiert, teilweise vom Lehrer als Vorschlag in die Klassenbesprechungen eingebracht wurden.

(Klassen- oder Gruppen-)Projekte zum konkreten Umgang mit Größen:

- Plätzchen backen → Maßeinheiten kennen lernen, wiegen, messen usw. Rezepte vervielfachen → Multiplizieren, Größenvorstellungen ausbauen
- Laternen basteln → messen
- Masken basteln → Symmetrie
- Wir richten unsere Klasse neu ein → messen, Maßstabszeichnungen
- Stimmt die Höhe unserer Tische und Stühle? → messen
- Wir dokumentieren unseren Klassengarten → messen
- Wir interviewen Leute bezüglich ...
- Wir wollen ins Waldjugendlager fahren ...
- ...

Nicht alle Projekte bzw. Projektanlässe müssen ihren Ursprung in wirklichen Situationen haben. Denkbar sind auch Simulationen oder Planspiele, in denen man so tut „als ob" (Wir fahren einmal um die Welt ...).

4.6.2 Sachtexte als Basis für die zum Staunen anregende Auseinandersetzung mit Sachen und Größen

Wenn nun aber das Angebot an Projekten beschränkt oder zu sehr dem Zufall überlassen ist, macht es Sinn, kontinuierlichere Formen der Auseinandersetzung mit Sachsituationen in der Klasse zu kultivieren. Da im Offenen Unterricht sowieso keine Trennung der Schulfächer besteht, war bei uns das Sachrechnen nahezu komplett in den Sachunterricht eingebettet, der wiederum eine direkte Brücke zum Fach Sprache innehatte. Neben Projekten war vor allem der Sachtext zentrales Medium. Sachbücher, Zeitungen, Zeitschriften, Nachschlagewerke, Computerprogramme, Rekordebücher usw. wurden zum Lesen, Referieren, Veranschaulichen und (Sach-)Rechnen genutzt. Ganz so wie Christa Erichson es beschreibt, ist es eben nicht die banale Alltagssituation einer Textaufgabe, die zum Lesen (und das ist ja der erste Schritt der Bearbeitung) verlockt, sondern es sind die Texte, die „Unbekanntes, Fremdartiges, Erstaunliches als auch Spannendes, Witziges und Anrührendes vermitteln: lesenswerte Texte." (Erichson 1989, 15) Das heißt, die Kinder brauchen Lesestoff, der sowohl zum Lesen als auch zum Rechnen verlockt.

Sachtexte mit interessanten Inhalten und authentischen Situationen bieten das, allerdings haben die Alltagstexte oder die (Kinder-)Sachbücher in der Regel den Nachteil, dass sie entweder wenig Daten zum Rechnen enthalten oder aber die Informationen, die man für die eigenen Forschungen benötigt, sehr weit gestreut sind. Erichson (vgl. 1992) hat daher selbst eine Text- und Aufgabensammlung „Von Lichtjahren, Pyramiden und einem regen Wurm" herausgegeben, in der die Kinder vielfältige Anlässe zum Staunen, Forschen und Rechnen finden.

4.6.3 Freie Rechengeschichten als Basis für die zum Forschen anregende Auseinandersetzung mit Sachen und Größen

Wir schätzen die gerade genannte Aufgabensammlung von Erichson sehr, sie hat für uns allerdings – durch die konkreten Fragestellungen – doch immer noch ein bisschen den Beigeschmack eines Lehrbuches. (Eine kleine Sammlung ohne Aufgabenstellungen – allerdings auch ohne die „zum Lesen verlockende" Einbettung in Hintergrundwissen, Anekdoten usw. – findet sich als Kopiervorlage für ein Schülerheftchen bei Stadler 1994.) Wir möchten Bücher wie das von Christa Erichson auf keinen Fall missen, aber doch noch stärker auf die aus dem Freien Schreiben resultierenden Texte der Kinder setzen, in denen Zahlen, Größen und mathematische Problemstellungen vorkommen.

Um eine entsprechende Klassenkultur zu etablieren, kann z.B. schon zum Schulanfang ein „Sachenforscherbuch" angeregt werden, in das – ähnlich dem in Kapitel 4.5.1 angesprochenen Zahlenalbum – gezählte, gemessene, gewogene, geschätzte Sachen bzw. wichtige Daten über mich selbst, andere Kinder (Haarfarben, Größen, Schwimmer, Lieblingsfächer), Tiere, Autos, Flugzeuge, Computer, das eigene Zimmer, den Klassenraum, die Schule, den Wohnort, Länder, Flüsse, Berge, Naturphänomene, geschichtliche Ereignisse, Maßeinheiten, Zeitabläufe usw. eingetragen werden können (einschließlich der Ergebnisse eigener oder fremder Problemstellungen und Projekte).

Diese Daten können durch eigene Texte und Darstellungen (oder auch Situationsbilder aus Zeitschriften, Zeitungen, Büchern) ergänzt werden, so dass sich hier die Rechengeschichten der Kinder mitunter in die Richtung von Sach- oder Forschervorträgen entwickeln können. Entsprechend den Ausführungen zum Freien Schreiben fassen wir dabei den Begriff der Rechengeschichte im Sinne eines freien Textes, in dem Zahlen und Größen bzw. Mathematik oder Geometrie vorkommen, sehr weit. Wir verstehen die Rechengeschichte nicht als einen vom Lehrer vorgegebenen Rechenimpuls. Denn dann kann sich zu leicht das Problem der unterschiedlichen Interpretation einer Sachsituation oder der Einschränkung des (kreativen) Umgangs mit dieser einschleichen (was natürlich bei einem bewussten Umgang damit durchaus auch reizvoll sein kann).

> *Beispielsweise muss beachtet werden, dass Kinder oft Bilder anders sehen als Erwachsene.* Unter Umständen kann das dazu führen, daß die Kinder in den Bilddarstellungen Aufgaben entdecken, die für den Lehrer überraschend oder sogar unverständlich sind. Solche Überraschungen erlebte ich des öfteren. Zum Beispiel zeigte ich einige Tage vor Weihnachten Schülern einer zweiten Klasse ein

Bild, auf dem ein Mädchen abgebildet war, das gerade das 17. Fenster eines Adventskalenders öffnete. Ich war davon überzeugt, daß für die Schüler nun die interessante Frage sein würde: *Wie viele Tage sind es noch bis zum 24. Dezember?* Für die Kinder waren jedoch die folgenden Fragen wichtiger: *Wie viele Fenster verdeckt das Mädchen mit seinem Arm? Wie viele Fenster sind auf der linken Seite und wie viele Fenster befinden sich auf der rechten Seite des Kalenders? Warum gibt es auf einem Adventskalender eigentlich nur 24 Fenster?* (Käpnick 1993, 21)

4.6.4 Forscherfragen als Basis für die zum Problemlösen anregende Auseinandersetzung mit Sachen und Größen

Das heißt natürlich nicht, dass der Lehrer keine Impulse oder Forscherprobleme einbringen darf. Entsprechend der Beachtung des Grundsatzes authentischer Situationen können Zusammenhänge der Lebenswirklichkeit der Kinder hinterfragt werden bzw. gemäß dem Ansatz von Erichson das Erstaunliche oder Witzige in ihnen aufgespürt werden. Wie minimal doch der Schritt von einer herkömmlichen Aufgabe zum „Abarbeiten“ zu einer Herausforderung zum Forschen sein kann, beschreiben Gallin und Ruf in der Schilderung eines Besuchs bei Wittmann und Müller. Die auch für Mathematiker spannende Aufgabe „Wie viele Sekunden hat ein Jahr“ war Ergebnis eines kleinen Diskurses des Themas „Rechnen mit großen Zahlen“. Die beiden stellten in Frage, ob diese für die Fachleute interessante Aufgabe auch Kindern ein Identifikationsangebot geben würde. Schließlich kam man zur weitaus spannenderen (und ergiebigeren) Fragestellung

„Wie viele Sekunden bist du alt?“, als man die rein sachbezogene Dimension durch die „menschliche“ erweiterte. „Die Änderung ist minimal, die Wirkung gewaltig. Jetzt ist nicht nur jedes einzelne Kind, das sich mit der Frage befassen muss, persönlich angesprochen, auch fachlich öffnet sich plötzlich ein weites Feld. [...] Schließlich enthält die Fragestellung noch eine versteckte Pointe. Wer kennt denn schon seine Geburtsstunde, geschweige denn die Sekunde seiner Geburt. Wie müsste sie festgelegt werde? Und außerdem: Der Rechner wird älter während er rechnet. Und wie steht es mit der Schaltsekunde, die dann und wann mal [...] eingeschoben werden muss? Je länger man über die scheinbar harmlose Aufgabe nachdenkt, desto problematischer wird ihre Lösung. (Ruf / Gallin 1998b, 63)

Herausfordernd erscheinen vor allem die nach ihrem Erfinder benannten „Fermi“-Probleme, das heißt Aufgabenideen, denen kein konkretes Zahlenmaterial zu Grunde liegt und die nur ungenau bzw. durch Schätzen gelöst werden können (vgl. Peter-Koop 1999; Selter 1999b). Gerade hier kann eine Brücke vom eigenen Alltag zum Staunen über Größenordnungen und Zusammenhänge geschlagen werden. Viele der folgenden Aufgabenbeispiele können dabei in Projekte münden bzw. daraus resultieren. Sie sollten aber wirklich nur als Anregung und nicht als neuer Lehrgang gebraucht werden – und sei eine Vorgabe auch für den Lehrer noch so verlockend: die Authentizität der Aufgabe kann nur vom einzelnen Kind bestimmt werden.

- Was kostet die Schulmilch unserer Klasse über unsere Schulzeit? Wie viel Papier verbraucht unsere Schule im Monat? Wie viel Wasser verbrauchst du pro Woche?
- Wie oft schlägt dein Herz im Jahr? In deinem Leben? Wie oft atmest du am Tag? Wie lange brauchst du, um bis zu einer Million zu zählen? Wie viele Stunden schläfst du im Jahr? In deinem ganzen Leben?
- Wie viele Tischtennisbälle passen in unseren Klassenraum? (Glänzel 1994) Wie viele Literpackungen (Wassereimer) passen in das Schwimmbad?
- Wie viel Müll produziert ihr im Jahr? Der ganze Ort? Das Land? Weltweit? Wie viele Telefonanschlüsse gibt es in unserem Ort? Wie viele Bücher stehen in der Bücherei? Wie viele Autos fahren am Tag an der Schule vorbei? Wiegen alle Kinder unserer Schule mehr als ein Dinosaurier?
- Wie viele Stunden deines Lebens hast du schon in der Schule verbracht? Wie viele werden es noch sein? Wie viele Stunden Hausaufgaben? Schaffe ich in 9-jähriger Schulzeit eine Äquatorumrundung? (Dröge 1995, 414) Und wie lange sitzt du vor dem Fernseher? Am Tag? Im Jahr? Im Leben?

Es gibt natürlich auch konkretere Fragen, die eine genaue(re) Beantwortung zulassen und die genauso zu Projekten oder Miniprojekten anregen können:

- Der Schulranzen eines Grundschülers sollte höchstens ? kg wiegen. Was wiegen die Einzelteile? ➔ alles Mögliche wiegen ...
- Wie groß ist unser Klassenraum? Wie groß unser Schulhof? Wie groß der Schultisch? ➔ alles Mögliche messen ...
- Ich kann 50 m in ? Sekunden laufen. ➔ alles Mögliche stoppen ...
- In die Gießkanne passen ? Liter. ➔ alle möglichen Gefäße „ausmessen" ...
- Wo kaufen wir die Sachen für unser Frühstück am preiswertesten ein?
- Mit welchen Verkehrsmitteln / Fahrscheinen fahren wir am günstigsten?
- Wie viele Schultage sind es noch bis zur Klassenfahrt?

Zusätzlich begegnen den Kindern in Zeitschriften und Büchern immer wieder Denksportaufgaben, die zum Kniffeln und Knobeln reizen und die wir hier auf Grund ihrer Eigenschaft als Textaufgaben und ihrer Verbindung zu anderen Aufgaben, die zum Staunen oder Schmunzeln anregen, nennen möchten. Der Anwendungsbezug ist dabei zwar nicht immer gegeben, aber es ergibt sich schon allein aus der Bemühung, der Aufgabe nicht auf den Leim zu gehen, eine gewisse Motivation zum Nachdenken. Eine solche Reflexion von Aufgabenstellungen sollte frühzeitig angebahnt werden, damit sich ein kritischer Umgang mit zur Verfügung stehenden Daten ergibt. Etwas, was in unserer „Informationsgesellschaft" immer wichtiger wird. (Man denke hier nur an die schwerwiegenden, aber gängigen Interpretationsfehler von Datensammlungen oder Statistiken im Alltag bzw. in wissenschaftlichen Arbeiten; vgl. z. B. Bornholdt / Dubben1997).

- Ein Ei kocht 5 Minuten. Wie lange kochen 4 Eier?
- Für den Weg aus der Klasse in die Turnhalle braucht Carsten 4 Minuten. Wie lange brauchen Carsten und Kjeld zusammen?
- Martin schießt in der 5. Minute ein Tor. Das Spiel dauert 45 Minuten. Wie viele Tore schießt Martin insgesamt?

Im Bezug auf Scherz- und Kapitänsaufgaben kann auch reizvoll sein, diese in „richtige", das heißt lösbare Sachaufgaben umzuwandeln bzw. „normale" Sachaufgaben durch Umformulierung oder Weglassen von Daten zu nicht mehr lösbaren Kapitänsaufgaben zu machen.

4.7 Exkurs: Offener Mathematikunterricht – Rechenkonferenzen anderer Art

> Mathematik ist in erster Linie eine Einstellung, eine Art, Probleme anzugreifen [...] Eine Geisteshaltung lernt man nicht, indem einer einem erzählt wie er sich zu benehmen hat. Man lernt sie im Tätigsein, indem man Probleme löst, allein oder in seiner Gruppe – Probleme, in denen Mathematik steckt. Die gibt es, wenn man nur recht zusieht, massenhaft. [...] Mathematik ist eine Geistesverfassung, die man sich handelnd erwirbt, und vor allem die Haltung, keiner Autorität zu glauben, sondern immer wieder „warum?" zu fragen. [...] Immer wieder „warum" fragen – sagte ich. Selber fragen. Nicht, daß ein anderer einen fragt: „warum?" (Freudenthal 1980, 635 f.)

Entsprechend dem Freien Schreiben integriert sich das Freie Rechnen bzw. die Freie Mathematik problemlos in den Offenen Unterricht. In den gemeinsamen Gesprächsphasen, zu denen man sich fachunabhängig trifft, werden neben Sachvorträgen und Textproduktionen auch mathematische Entdeckungen und Erfindungen vorgestellt, Probleme und Lösungswege angesprochen, Lernwege reflektiert und Impulse zur Weiterarbeit gesetzt, ganz so wie es Elisabeth Sänger-Feindt im Rahmen einer Empfehlung zur Qualitätssicherung und Qualitätsentwicklung für die Mathematik formuliert:

> *Das eigene Handeln mündlich und schriftlich begründen und beschreiben.*
> Hiermit sind auch **Grundlagen im sozialen Bereich** angesprochen. Dabei sind nicht nur Formen der Partnerarbeit und Gruppenarbeit als Foren für den Austausch im Lernprozess gemeint, sondern hier wird auch der Klassenverband als das Diskussionsforum zur Besprechung von Lösungsvorstellungen, zur Begründung von Strategien, zur Reflexion von Lösungswegen, zur Überprüfung von Lösungen angesprochen. Der Erwerb sozialer Kompetenzen kann durch den Mathematikunterricht verstärkt werden durch das Wechselspiel von individueller Suche nach Lösungsmöglichkeiten und gemeinsamer Diskussion im Vergleichen, Abwägen und Argumentieren. Dazu gehören genaues Hören, aufeinander Achten, Beachten der Vorschläge, Auseinandersetzen mit den Vorgehensweisen anderer. (Sänger-Feindt 1998, o. S.)

Ähnlich wie im obigen Exkurs zu Schreibkonferenzen würden wir den offenen und themenungebundenen Rahmen des Austauschs in den sowieso stattfindenden täglichen Treffen auch hier für sinnvoll halten und auf Dauer inszenierten Rechenkonferenzen o. Ä. vorziehen, die – aus Sicht des Offenen Unterrichts (!) – doch wieder viele geschlossene Elemente mit entsprechend negativen Auswirkungen nach sich ziehen könnten. So ließe sich vorstellen, dass ein vorwiegend auf Rechenkonferenzen beruhender Unterricht langfristig den Verzicht auf eigenes, interessegeleitetes Lernen mit sich bringen könnte, was wiederum das uns wichtig erscheinende inzidentelle, beiläufige Lernen tangieren bzw. evtl. sogar außer Kraft setzen würde.

Die uns bekannte, klassische Situation der Rechenkonferenz entspricht in großem Maße des im ersten Band vorgestellten Konzepts des Reisetagebücherunterrichts von Gallin und Ruf. In der Regel sorgt ein Lehrerimpuls als Kernidee für eine Aufgabenstellung, die von den Kindern auf verschiedenen Wegen angegangen wird, Lösungsmöglichkeiten werden miteinander besprochen, ausprobiert und verifiziert. Nach einiger Zeit werden die verschiedenen Wege dann im Kreis vorgestellt und besprochen. Wir halten dieses Vorgehen, bezogen auf das einzelne Individuum und seine Verbindung zum zu lernenden Stoff, für sehr effektiv. Trotzdem bringt die ritualisierte Durchführung viele Komponenten des lehrergeleiteten Lernens mit sich, die unserer Meinung nach vor allem schwächere Schüler benachteiligen kann. Wie gesagt, immer aus der Sicht eines Offenen Unterrichts! Ansonsten stellt ein solches Vorgehen sicherlich eine unterrichtliche Hochform dar, die auf Grund ihrer großen Methodenfreiheit dem traditionellen Mathematikunterricht weit überlegen ist.

Aber weiter zu unseren Bedenken: Es fängt schon bei der Auswahl der Kernidee bzw. des Impulses durch den Lehrer an. Wir stellen in Frage, ob es wirklich möglich ist, den gesamten Mathematikunterricht aus Kernideen zu bestreiten, ohne zwangsläufig ein Übergewicht an zusätzlich durchzuführenden Lehrgangsphasen zu bekommen (denn die Kinder sind dann das Bearbeiten von Vorgaben gewöhnt). Und selbst wenn ein Unterricht nur mit Kernideen möglich wäre, halten wir die momentan in den Schulen vorzufindende Kompetenz der Mathematik unterrichtenden Lehrer (und wir schließen uns da selber absolut mit ein!) nicht für derart ausreichend, solche Impulse auf Dauer in der notwendigen Qualität (und Quantität) gewährleisten zu können.

Denn im Gegensatz zu einem Offenen Unterricht, bei dem ich als Lehrer zwar den Lehrplan der Grundschule (und der anschließenden Klassen) im Kopf haben und eine gewisse Neugier für die „Fehler“ der Kinder aufbringen muss, stellt ein Curriculum aus Kernideen einen ganz anderen Anspruch. Ich muss als Lehrer eine Vielzahl von Problemstellungen und Impulsen finden, die über die „normalen“ Mathematikinhalte hinaus gehen und die Faszination der Mathematik in entsprechenden Aufgaben widerspiegeln, damit diese Aufgaben zum Selbstläufer für die Kinder werden und zu eigenen Forschungen angregen und dauerhaft motivieren. Ansonsten ist der Unterschied zu einem Frontalunterricht mit Gruppenarbeit zu gering. Solche Impulse fallen Lehrern (und Schülern) im Sprachunterricht ungleich leichter; es ist deshalb auch kein Wunder, dass Schreibkonferenzen wesentlich eher umgesetzt werden als Rechenkonferenzen.

Zugleich muss die Problemstellung der Aufgabe derart sein, dass eine automatische Differenzierung durch die Kinder erfolgen kann, das heißt sowohl der leistungsstärkste als auch der leistungsschwächste Schüler muss Gewinn aus der Bearbeitung derselben Aufgabe ziehen können. Selbst wenn auch dies wiederum bei einem Großteil der Impulse machbar wäre – was wir allerdings in vielen Bereichen der Mathematik erst einmal in Frage stellen bzw. als eine eher unproduktive Form von Differenzierung sehen würden –, so wird sich das Arbeitsverhalten der Kinder doch maßgeblich unterscheiden. Die ständige Vorgabe von zu lösenden Aufgaben wird wahrscheinlich von „stärkeren" Kindern eher konstruktiv genutzt werden können als von „schwächeren", denen die Bearbeitung der vorgegebenen Aufgaben ungleich schwerer fallen wird. Es ist auch zu vermuten, dass diese Kinder wesentlich mehr Bearbeitungszeit brauchen, so dass hier doch schnell wieder äußere Differenzierungsmaßnahmen notwendig werden.

Die „schwächeren" Kinder werden zwar bestimmt Gewinn aus der Beschäftigung mit der Aufgabe und vor allem auch dem Austausch mit anderen Kindern ziehen können, aber ihnen wird – durch die gemeinsame Bearbeitung derselben Problemstellung durch die ganze Klasse – in einer Vielzahl der Fälle auch immer wieder vor Augen geführt werden, dass andere schneller und besser sind als sie selber. Und selbst wenn man auf das Bearbeiten der gleichen Aufgabenstellung durch alle Kinder verzichten würde und die ritualisierten Rechenkonferenzen themenungebunden durchführen ließe, würde wie bei der Schreibkonferenz die Vorgabe fester Termine zum Problemlösen, Verschriften, Austauschen und Präsentieren doch wieder so viel äußeren Druck erzeugen, dass die von uns favorisierte, selbstgesteuerte Auseinandersetzung mit der Mathematik schnell hinfällig wäre. Zugleich wäre die Umsetzung nicht unproblematisch, da auch ein schwacher oder uninteressierter Schüler seine Meinung zu einer Geschichte oder einem Sachtext kundtun kann, das aber bei einer mathematischen Aufgabenstellung nicht ganz so einfach ist.

Wir halten daher einzelne Rechenkonferenzen im Sinne einer projektartigen Auseinandersetzung mit einer Fragestellung durchaus für sehr gewinnbringend, sowohl im traditionellen als auch im Offenen Unterricht, würden aber eine ritualisierte Durchführung nur da in Betracht ziehen, wo die Rechenkonferenz eine Öffnung des Unterrichts darstellt. Außerhalb dessen erscheint uns die negative Rückwirkung der verbindlichen Vorgaben oder Rituale auf das implizite und interessebezogene Lernen der Kinder doch zu groß, denn die Aufgabenauswahl durch den Lehrer ist zwangsläufig anders geartet als beim selbstgesteuerten

Lernen: Die Kernidee-Aufgaben stellen durch ihren oft abstrakteren Anspruch einfach einen anderen Zugang zur Mathematik dar als die auf den individuellen Lernstand und das individuelle Lerninteresse abgestimmten Eigenproduktionen der Kinder. Das heißt allerdings keineswegs, dass nicht entsprechende, mathematisch anspruchsvolle Impulse vom Lehrer oder anderen Kindern ausgehen können! Aber das sollten möglichst individuelle Impulse sein.

Versteht man die Rechenkonferenzen so offen wie das von uns propagierte Freie Rechnen, entscheiden die Kinder selbst, mit was sie sich beschäftigen, ob sie die Lehrerimpulse aufgreifen (wie gesagt, die Möglichkeit, Kernideen einzubringen, besteht ja auch hier für den Lehrer – allerdings ohne Bearbeitungsverpflichtung auf Seiten der Schüler) und mit wem, wann, wo und wie sie sich austauschen bzw. ihre Ergebnisse präsentieren wollen. Der Druck vorgegebener Zeiten fällt genauso weg wie die Vorgabe, unbedingt mit anderen zusammenarbeiten zu müssen. Unserer Meinung nach sollte sich die Kooperation mit anderen Menschen aus der Sache heraus ergeben und nicht aufgezwungen werden. Teamwork macht bestimmt an manchen Stellen Sinn, aber wenn man genau hinsieht, lassen sich auch viele Sachen in Eigeninitiative genauso gut, wenn nicht sogar besser lösen. Der Einbezug der Gruppe erfolgt automatisch und zwanglos dann, wenn der Bedarf auftaucht – spätestens in den gemeinsamen Besprechungen im Sitzkreis. Hier tauchen im Laufe der Zeit dann immer wieder interessante Inhalte auf, ohne dass man als Zuhörer den Druck empfindet, genau wissen zu müssen, um was es da geht. Und trotzdem scheint gerade dieses unbewusste Mitbekommen im Sinne eines inzidentellen Lernens eine wichtige Grundlage für das eigene (mathematische) Lernen darzustellen.

Die auf diese Art im Unterricht entstehende Gruppendynamik sorgt für eine schnelle Verbreitung wichtiger und interessanter Inhalte. Die verschiedenen, zur selben Zeit stattfindenden Arten des Freien Rechnens haben zwar den Nachteil, dass sich nicht alle Schüler zu einem Zeitpunkt über genau dieselbe Sache austauschen können, aber gerade deshalb ist in der Klasse eigentlich immer eine gewisse Neugier, ein gegenseitiges Interesse an der Arbeit des anderen zu verzeichnen. Und zwar ein Interesse, das nicht aus dem Druck, etwas auch *können zu müssen* entsteht und nach einem schnellen Kopieren oder Abschreiben strebt, sondern ein Interesse, das entweder aus der Faszination an der Arbeit des anderen entspringt, oder aber aus dem eigenen Wunsch, etwas auch *können zu wollen*. Ein Unterschied, der von Erwachsenen oft maßgeblich unterschätzt wird, wahrscheinlich auf Grund der eigenen Schulerfahrungen, bei denen leider das *Könnenmüssen* ungleich häufiger eine Rolle gespielt hat als das *Könnenwollen*.

So kommt es im Offenen Unterricht äußerst selten vor, dass Schüler das Fach Mathematik oder wichtige Teilbereiche dessen vermeiden, etwas, was dem inhaltsoffenen Arbeiten leider völlig zu Unrecht immer wieder von Lehrern unterstellt wird: „Wenn ich immer das hätte tun können, wozu ich gerade Lust gehabt hätte, hätte ich bestimmt nie Mathematik gemacht." Dieser Satz zeigt deutlich die negative Besetzung des Faches durch die eigenen Erlebnisse. Bislang ist mir noch kein Kind im Offenen Unterricht begegnet, das sich nicht irgendwann selbstgesteuert und eigenmotiviert mit Mathematik beschäftigt hat. Selbst die wenigen Kinder, denen das Fach nicht sonderlich lag, haben sich immer wieder aufgerafft und wollten anderen (und damit sich selbst) nicht nachstehen. Das ist eine ganz andere Motivation, als ein täglich aufs Neue demotivierend wirkendes, kleinschrittiges Förder-Pflichtprogramm zu durchlaufen.

4.8 Leistungsmessung beim Rechnen durch Überforderung

Die Leistungsbeurteilung ist in einem solchen offenen Mathematikunterricht auch kein Problem – zumindest wenn man die herkömmlichen Messlatten anlegt und die Rechenfertigkeiten überprüft. Die übergeordneten mathematischen Ziele lassen sich im Offenen Unterricht genauso wie im Frontalunterricht nur schwer evaluieren, und sind besser durch entsprechende Unterrichtsbeobachtungen zu bewerten denn durch irgendwelche Tests. Das ist aber in jedem Fach so.

Im Fach Mathematik stellt wahrscheinlich die Rechenfähigkeit – genauso wie die Rechtschreibleistung im Fach Sprache – das Gebiet dar, dessen Beurteilung am ehesten von Außenstehenden eingefordert wird. Somit dienen entsprechende Leistungsfeststellungen nicht nur der Einordnung des Lernstandes des Schülers, sondern gerade auch der Rechtfertigung des in der Klasse praktizierten (Offenen) Unterrichts. Werden hier die Leistungen – ob sinnvoll oder nicht sei einmal dahingestellt – erbracht, die üblicherweise im herkömmlichen Unterricht überprüft werden, und zwar auch mittels der gewohnten Messinstrumente bzw. Messverfahren, so kann der Lehrer ganz anders argumentieren, als wenn er diese Leistungen bzw. ihre Messung relativieren oder verwerfen würde. Deshalb nennen wir hier primär Beispiele zur Überprüfung solcher Leistungen, obwohl wir die Stärke des Offenen Unterrichts eigentlich in den üblicherweise nicht abgetesteten Bereichen sehen.

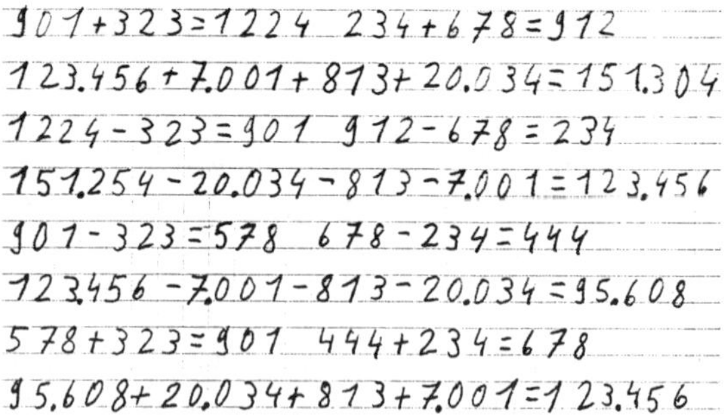

Da viele Lehrer die Leistungsmessung gerade in Mathematik immer noch auf bestimmte „Arbeiten" oder „Tests", das heißt meist auf Automatismen oder Algorithmen, reduzieren, sei hier in aller Kürze noch einmal auf die Möglichkeiten hingewiesen, die sich aus einem auf den Eigenproduktionen der Kinder basierenden Unterricht ergeben:

Das „Freie Rechnen" bzw. das „Freie Mathematik-Treiben" auf der Basis einer eigenen Auseinandersetzung mit dem Fach ermöglicht genauso wie auch das Freie Schreiben einen unverfälschten Blick auf das Können des Kindes in den unterschiedlichsten Bereichen. Man sieht direkt, in welchem Zahlraum sich der Schüler sicher bewegt, welche Operationen er schon beherrscht, welche Analogien er bildet, welche mathematischen Strukturen er ausgebildet hat – und irgendwann auch (so spät wie möglich …), welche Algorithmen er anwenden kann. Genauso wie man in der Rechtschreibentwicklung bestimmte Stadien der Entwicklung unterscheiden kann (lautgetreues Schreiben, orthographische oder morphematische Strategien), genauso lassen die Eigenproduktionen (und die eventuellen Fehler darin) relativ genaue Rückschlüsse auf den mathematischen Leistungs- und Entwicklungsstand des Schülers und seine Strukturbildung zu.

Im Gegensatz zu den üblichen Testverfahren ist dies eine „kompetenzorientierte" Sichtweise, die nicht nur ein anderes Fehlerbild hat als das, das traditionell gerade in der Mathematik vorherrscht, sondern Mathematik und mathematische Kompetenz viel umfassender und individueller versteht – bis hin zu ihrem fachspezifischen Beitrag zu den allgemeinen Bildungszielen. Zugleich ermöglicht die Eigenproduktion den wichtigen dialogischen Zugang zur Thematik, sowohl zwischen den Schülern als auch zwischen Schülern und Lehrer. Das Schülerprodukt wird dabei nicht als etwas zu Bewertendes angesehen, sondern als Herausforderung für beide Seiten. Die Leistungsmessung tritt hinter weiterführende Impulse zurück.

Hilfreich zu einer Einschätzung der Leistungen der Klasse bzw. zur normierten Dokumentation der Leistungsentwicklung der Schüler kann zusätzlich ein „Überforderungstest" ähnlich den Überforderungsdiktaten beim Rechtschreiben sein. Da sich die eigentliche Schülerleistung nicht mit einem Test messen lässt, der nur einen bestimmten Teil des Unterrichtsstoffes abfragt (wie die in den Schulbüchern vorzufindenden Lernzielkontrollen, die sich meist nur auf die Reproduktion des Stoffes der letzten Wochen beschränken), habe ich den Kindern vom ersten Schuljahr an einen Test mit Aufgaben aus der ersten, zweiten, dritten, vierten und fünften Klasse gestellt:

Wie gut bist du im Rechnen ? Name: Carsten 3e
1. Halbjahr

1. Schuljahr: 7 + 8 = 15 13 - 7 = 6 3 + 17 = 20

2. Schuljahr: 35 + 24 = 59 35 + 27 = 62 33 + 7 = 40
56 - 23 = 33 56 - 28 = 28 33 + 18 = 51
3 • 4 = 12 6 • 6 = 36 7 • 8 = 56 15: 5 = 3
24 Bonbons für 6 Kinder. Wie viele bekommt jedes?
24 : 6 = 4

3. Schuljahr: 234 + 125 = 359 346 + 436 = 782 589 + 243 = 832
234 - 133 = 101 334 - 146 = 188 756 - 198 = 558
5 • 12 = 60 8 • 17 = 136 136 7 • 80 = 560
24 : 4 = 6 48 : 8 = 6 72 : 8 = 9
640 Kinder sitzen in 8 Reihen.
Wie viele Kinder sitzen in einer Reihe ?
640 : 8 = 80

4. Schuljahr: 3454 + 1235 = 4689 12466 + 13489 = 25955
45777 - 11234 = 34543 6416 - 1234 = 5182
5 • 75 = 375 488 : 8 = 61
924 Kinder wollen in drei Vorstellungen.
924 : 3 = 312

5. Schuljahr: 345.654.891 + 132.242.104 = 477.896.995
897.456.765 - 645.332.534 = 252.124.231
345.654.891 + 172.262.128 = 517.917.019
897.656.765 - 649.372.584 = 248.284.181
5 • 2500 = 12500 7 • 71 = 497
2404 : 4 = ____ 5688 : 8 = ____
7 Brötchen kosten 2,59 DM. Wie viel kosten 5 Brötchen ?

Eigene schwierige Aufgaben, die ich schon weiß:

Wie aus der Abbildung ersichtlich, wurde entsprechend den Lehrplanvorgaben für die einzelnen Klassen bei den ausgewählten Aufgaben der Zahlraum immer größer bzw. es kamen andere Operationen hinzu. Die Kinder hatten beliebig Zeit zum Lösen und konnten so weit arbeiten, wie sie wollten. Schon im ersten Schuljahr gab es Kinder, die problemlos alle möglichen Aufgaben der verschiedenen Klassenstufen lösen konnten (primär Plus- und Minusaufgaben im unbegrenzten Zahlenraum), aber auch einzelne Kinder, die noch mit dem (Minus-)Rechnen im Zwanzigerraum Probleme hatten. Die ganze Bandbreite der Leistungen wurde (zumindest eingeschränkt) offensichtlich. Offensichtlicher zumindest als es ein auf das momentane Klassenziel bezogener Leistungstest hätte zeigen können, denn die dort gestellten Aufgaben (das Rechnen im Zwanzigerraum) hätten die meisten Kinder problemlos beherrscht. Man hätte lediglich durch ein enges zeitliches Korsett eine gewisse Rangfolge in die Arbeitsergebnisse hineinbringen können, aber auch das nur in sehr geringem Maße, denn die Mehrheit der Kinder lag beim Lösen der Aufgaben weit unter dem üblichen Zeitlimit. Und bei den einzelnen Kindern, die evtl. zeitlich knapp dran gewesen wären, war es für mich als Lehrer natürlich wiederum sehr wichtig zu wissen, ob sie die Aufgaben aus Zeitgründen (Prüfungsangst) oder Unverständnis nicht haben lösen können. Das hätte ein Test mit zeitlicher Beschränkung nicht zeigen können.

Im Laufe der nächsten Schuljahre drangen dann alle Kinder im Test immer mehr nach oben zu den höheren Schuljahren vor, wobei teilweise erhebliche Lernsprünge, stellenweise aber auch Rückschritte vorzufinden waren. Aber immer war es nicht nur ein kleiner Teilbereich der Mathematik bzw. des Rechnens, der beleuchtet wurde, sondern eine größere Bandbreite, die im Hinblick auf die mathematisch rechnerische Kompetenz wesentlich aussagekräftiger zu sein schien als ein üblicher Schulbuchtest. Zumindest konnte niemand einen begrenzten Themenbereich auswendig lernen, (nur) um im Test zu bestehen. Das ging natürlich auch wegen des fehlenden Lehrgangs gar nicht.

Dabei korrelierten die Testergebnisse stark mit denen der auf die jeweilige Klassenstufe bezogenen Normtests (z.B. Lobeck 1987; 1990), die wiederum aus einem anderen Zugang heraus das Niveau der Kinder bestätigten und die Ergebnisse in den Zusammenhang einer größeren Gesamtstichprobe mit entsprechendem Aussagewert brachten. So ergab sich ein Kontrollinstrument, das sowohl Aufschluss über die individuelle Schülerentwicklung geben als auch die Schülerleistung in Bezug zur Klasse setzen konnte. (Die Normtests, die ich zur Verfügung hatte und die den Lehrstoff eines bestimmten Schuljahres testen, waren die bei der Testzentrale erhältlichen „Schweizer Rechentests", die eher anspruchsvollere Inhalte abfragen, als in deutschen Schulbüchern und Lehrplänen üblicherweise vorzufinden sind. Hier lagen die Ergebnisse der Klasse trotzdem rund 15 % über dem Normmittel, die der Kinder, die von Anfang an in unserer Klasse waren, sogar bei einem durchschnittlichen Prozentrang von 75.)

Alle diese Tests haben trotzdem immer noch das Problem, dass sie primär Rechenfertigkeiten o. Ä. abfragen und somit nur einen kleinen Ausschnitt der mathematischen Kompetenz eines Kindes beleuchten. Tests wie der schon im ersten Band im Zusammenhang mit der Evaluation Offenen Unterrichts erwähnte AMI-Test (vgl. Selter 1999 c) scheinen eher in eine aussagekräftigere Richtung zu gehen, vor allem wenn man die offene Aufgabenform in einen Test münden lässt, der mehrere Schul- bzw. Leistungsstufen umfasst. In der letzten Zeit ergeben sich – vor allem auch als Reaktion auf die Kritik an den Testaufgaben der TIMS-Studie – erste Ansätze einer anderen Art der Leistungsüberprüfung – wobei die Mathematiker und Didaktiker immer wieder unumwunden zugeben, dass Kritik an Aufgabenstellungen die eine Sache sei, aber bessere Fragestellungen zu entwickeln, eine andere. Mathematische Kompetenzen wie Mathematisieren, Entdecken, Darstellen, Argumentieren lassen sich eben nicht leicht durch vorgegebene Aufgaben erfassen. Wir halten deshalb den Blick auf die Eigenproduktionen der Kinder für den immer noch besten Zugang zu einer aussagekräftigen Leistungsbewertung, bei Bedarf durch Überforderungstests und Normtests zur eigenen Absicherung abrundbar.

5 Sachunterricht

> [...] gegenwärtiger Sachunterricht hat bislang keinen fest umrissenen Unterboden. Er ist aus vielen älteren und neueren Bauteilen zusammengesetzt. In ihm stecken noch Ansätze vom Anschauungsunterricht des 19. Jahrhunderts [...]. Wir finden dieses Relikt heutzutage in vielen Arbeitsheften und Arbeitsblättern für den Sachunterricht, bei denen die Kinder etwa alle Berggipfel Hessens, die Nebenflüsse der Donau oder die verschiedenen Haltestellen der Straßenbahnlinien Dresdens mit Namen nacheinander auswendig eintragen bzw. hersagen sollen, ohne dabei etwas von Gesteinen, dem Wasser oder von Verkehrsproblemen verstanden haben zu müssen. (Kaiser 1996, 3)

Der Sachunterricht spielt für den Offenen Unterricht eine zentrale Rolle, nimmt er doch als Unterrichtsfach, das sich im weitesten Sinne mit allen „Sachen" der Welt beschäftigt, durch die unendliche Zahl an möglichen zu reflektierenden Themen eine besondere Stellung ein. Zugleich steht er dadurch in der vermittelnden Rolle zwischen unzähligen Fachdidaktiken und einer alle Lernbereiche umfassenden allgemeinen Didaktik des Grundschulunterrichts und wird gerne als „Rückgrat der Grundschule" bezeichnet: Die Kinder sollen im Sachunterricht die Möglichkeit bekommen, sich selbsttätig ihre Lebenswelt zu erschließen, wobei erste Kontakte mit „wissenschaftlichem Arbeiten" erfolgen. Hier wird also Maßgebliches für die der Primarstufe eigene Grundlegung der Bildung getan und zwar – in der Idealform – mit unmittelbarem Bezug zur Lebenswirklichkeit des einzelnen Kindes. Zusätzlich wird auf viele der – inner- und außerschulischen – Sachunterrichtseindrücke, Themen und Verfahren später in den entsprechenden Fächern der Natur- und Gesellschaftswissenschaften aufgebaut – sicher nicht primäres Ziel des Sachunterrichts in der Grundschule, aber durchaus auch zur Legitimation nutzbar. Der Sachunterricht kann so zum zentralen, alle Fächer und Methoden integrierenden Lernbereich der Grundschule werden. Inszeniertes fächerübergreifendes Arbeiten wird abgelöst von einer sachorientierten Erschließung der Welt, Grundschule insgesamt wird zum „Integrierenden Sachunterricht", dem die anderen Fächer dienen, ohne ihre eigene Gestalt und ihre eigenen Ziele zu verlieren.

5.1 Vom Sachunterricht zur Welterkundung

Verfolgt man die Entwicklung des Sachunterrichtes bzw. seiner Vorläufer einmal über die Jahrhunderte, so lassen sich sehr enge Parallelen zur allgemeinen Geschichte der Schule, aber vor allem zum Methodenwandel erkennen. Vom Anweisungsunterricht bis zum Anschauungsunterricht, von der Arbeitspädagogik bis zur Erlebnispädagogik, vom kindertümelnden Heimatkundeunterricht bis zum demokratischen Projektunterricht, von lernzielorientierten, „teacherproof" Curricula bis zu ganz offenen Rahmenplänen spiegelt der Sachunterricht wie kein anderes Fach die didaktischen Errungenschaften und Prinzipien der jeweiligen Zeit wider. Auch im Zusammenhang mit der Öffnung des Unterrichts hat der Sachunterricht eine maßgebliche Rolle gespielt, denn gerade hier haben sich die Konzepte entwickelt, die die heutige Auffassung und die schulpädagogische Bedeutung von Handlungsorientierung, entdeckendem Lernen, fächerübergreifendem Arbeiten usw. geprägt haben.

Fast noch wichtiger als die vielfältigen Einflüsse der Reformpädagogik auf die Öffnung von Unterricht scheint aber der Prozess der Klärung von Begriffen wie Wissenschaftsorientierung und Kindorientierung und vor allem die Diskussion um den Stellenwert von Inhalten und Verfahren im Sachunterricht gewesen zu sein. Diese Diskussion, die in den sechziger Jahren im Rahmen der Nachwehen des sogenannten „Sputnik-Schocks" (siehe Kapitel 2.1 im ersten Band) und inmitten ganz neuer pädagogischer und politischer Strömungen begann, ist zwar immer noch nicht ausgestanden, aber es zeichnen sich zumindest Tendenzen bei der Beantwortung dieser auch für andere Fächer wichtigen Frage ab.

So wird der Sachunterricht mehr und mehr als ein eigenständiges Unterrichtsfach gesehen, das eben nicht nur die „Grundschulausgabe" der Natur- und Gesellschaftswissenschaften der weiterführenden Schule ist. Damit steht als Sache des Sachunterrichts nicht mehr nur die reine wissensmäßige „Erschließung der Welt" im Vordergrund, sondern die Auseinandersetzung bekommt eine andere Qualitätsstufe, wenn (Sach-)Wissen dazu genutzt wird, über die Beziehung des Menschen zur belebten und unbelebten Natur bzw. über die Bewältigung dieser Verhältnisse nachzudenken. Dann wird auch klar, dass nicht die oben angesprochenen Wissenschaftsdisziplinen, sondern die Bereiche kultureller Tätigkeiten des Menschen die eigentliche Grundlage für die Inhaltsauswahl darstellen. Entsprechend werden die zwischenmenschlichen Beziehungen bzw. die Verhältnisse zwischen Mensch und Mensch auch zur „Sache" des Sachunterrichts (vgl. Faust-Siehl u.a. 1996, 63).

Die begrenzten, klar abgesteckten Bereiche der gemeinsamen Lebenswirklichkeit der traditionellen Schulklasse gibt es immer weniger. An ihre Stelle tritt eine individuelle Lebenswirklichkeit des einzelnen Kindes inmitten einer hochspezifischen heterogenen Gesellschaft. Eine so individuelle Lebenswirklichkeit, die sich oft so stark von anderen unterscheidet, dass es sich eher um sich widersprechende denn zusammenführbare Wirklichkeiten zu handeln scheint. Entsprechend hat sich die aktuelle Auffassung von Bildung bzw. Allgemeinbildung von der reinen Wissensaneignung zu einem eher ethischen Bildungsbegriff gewandelt, das reine Faktenwissen tritt in den Hintergrund und weicht einer Bildung, die menschliche Qualitäten wie Kritik- und Selbstkritikfähigkeit, Argumentationsvermögen und Empathie, also die Fähigkeit, sich in andere hineinversetzen zu können, in den Vordergrund rückt (siehe Kapitel 1.1). Für den Sachunterricht bedeutet dies, dass sich die Umwelt nicht als einfach lernbare Stoffansammlung darstellt, sondern als ein komplexes Gefüge, in dem jeder Einzelne das Recht auf eigene Sichtweisen und Lebensbestimmung innehat, diesen Anspruch aber auch für alle Mitmenschen anerkennen muss. Innerhalb dieser Verpflichtungen muss Mitverantwortung für die Gestaltung der zwischenmenschlichen Beziehungen und der ökonomischen, gesellschaftlichen, politischen und kulturellen Verhältnisse übernommen werden, um so die eigenen Ansprüche, die Ansprüche der Mitmenschen und die Anforderungen der Gesellschaft in eine vertretbare, den eigenen Möglichkeiten entsprechende Relation zu bringen (vgl. Bildungskommission NRW 1995, 31).

Es wird also in Zukunft viel wichtiger sein, zu wissen, was man nicht weiß, als etwas auswendig zu wissen. Die Pluralisierung der Lernwege durch die neuen Medien, die im schulischen, aber noch mehr im außerschulischen Bereich durch den direkten Informationszugriff Bildungsangebote ermöglichen, die individuell genutzt und den jeweiligen Zielen, Bedürfnissen und Möglichkeiten der Nachfragenden angepasst werden können, stellt Bildung im Sinne von Vielwisserei immer mehr in Frage. Es ist vielmehr der gebildete Umgang mit diesen Medien zu erlernen: verantwortliches, selbstständiges, kompetentes Handeln tritt an Stelle einer Wissensanhäufung. Daraus folgt die Kürzung des Stoffes, die Besinnung auf die Kernideen und die Handlungsbefähigung der Lernenden, damit diese die Probleme der Zukunft lösen können, die wir jetzt noch gar nicht kennen. Das Lernen muss entsprechend fundamental, exemplarisch und überfachlich sein und muss auch soziales Lernen miteinschließen, da das Lernen das Ziel hat, den reflektierten Umgang mit Gelerntem und Ungelerntem zu lernen (vgl. Bildungskommission NRW 1995, 32).

5.2 Veränderte Ausgangsbedingungen, Inhalte und Zielsetzungen im Sachunterricht

Natürlich sind das Ziele, die für alle Unterrichtsfächer gelten, und die entsprechend schon mehrfach angesprochen worden sind. Aber sie wirken in einem Fach, das keine direkte Bezugsdisziplin hat und sich dadurch weitaus offener geben kann als andere Fächer, eher umsetzbar als in Bereichen, in denen die Inhalte wesentlich stärker durch die fachimmanenten Strukturen vorgegeben sind wie in der Mathematik oder m. E. im Bereich Sprache. Und trotzdem scheint gerade die größtmögliche Öffnung, die völlige Freigabe des Faches in die Hand der Kinder durch diese Tatsache eingeschränkt zu werden, denn es fehlt der zu einer derartigen Öffnung notwendige „eingebaute Lehrgang" des Faches. Fächer wie die Mathematik oder der Bereich Sprache lassen sich relativ problemlos in die Hand der Kinder geben. Lässt man die Kinder ihre Entwicklungsstufen – wie oben beschrieben möglichst selbstreguliert durchlaufen, so werden sie mit großer Wahrscheinlichkeit sicher zum Ziel kommen. Sie folgen einfach ihrem eigenen Fortschritt, dem „immanenten Lehrgang" der Fächer: Sie rechnen mit immer größeren Zahlen, mit immer anderen Operationen, sie versuchen Laute zu hören und aufzuschreiben, begegnen orthographischen Regelmäßigkeiten, schreiben und lesen immer besser. Im Sachunterricht gibt es einen solchen „eingebauten Lehrgang" nicht. Es gibt keine sachimmanente Struktur des Faches, die nur angestoßen werden müsste, um dann mehr oder weniger von selbst einem gewissen Stoffkanon zu folgen, weil es gar keinen abgesteckten Inhaltskanon des Faches gibt bzw. geben kann:

> Sachunterricht ist das Fach der Grund- und Sonderschule, das die Inhalte der Welt zu vermitteln hat, es hat dabei nicht die Sprache oder die numerischen und geometrischen Systeme im Zentrum wie der Deutschunterricht oder der Mathematikunterricht, es ist nicht zentral auf visuelle oder akustische ästhetische Wahrnehmungen ausgerichtet, wie die Fächer Kunst und Musik, es ist auch nicht zentral als Bewegungsförderung zu verstehen wie das Schulfach Sport. Prinzipiell gehören alle restlichen Inhalte des Weltwissens in den Sachunterricht – vorausgesetzt, dies ist in den wenigen Grundschuljahren und mit den 6–10jährigen Kindern leistbar. Diese unscheinbar wirkende Einschränkung macht bereits deutlich, daß dies auch nicht annäherungsweise zu leisten ist. Es muß also eine pädagogisch begründete Auswahl getroffen werden. (Kaiser 1996, 145)

5.2.1 Sachunterricht zwischen Fach- und Verfahrensorientierung

Die Inhaltsdiskussion hat den Sachunterricht über Jahre geprägt und tut dies immer noch. Es ist fraglich, ob sie auch nur annähernd sachlich geführt werden kann, denn in ihr spiegelt sich klar das Weltbild bzw. die Biographie der Diskutierenden. So halten tendenziell vor allem die Fachwissenschaftler und Fachdidaktiker der Bezugsdisziplinen am Stellenwert der einzelnen Fächer und ihrer spezifischen Inhalte im Sachunterricht fest, während viele Erziehungswissenschaftler und Schulpädagogen diesen hohen Stellenwert eines reines Fachwissen bezweifeln und eher verfahrensorientiert bzw. allgemeindidaktisch argumentieren. Grotesk wird die Situation dann, wenn diese Positionen in der Praxis so kompromisslos zusammenprallen, wie sie es im Hinblick auf die *zwei* Abschnitte *einer* Lehrerausbildung tun: Die der aktuellen Auffassung von Sachunterricht entsprechenden Unterrichtskonzepte, die den gültigen Richtlinien und Lehrplänen, den Veröffentlichungen in den Fachzeitschriften und der Ausbildung in der zweiten Phase entsprechen, stehen oft genug im krassen Widerspruch zu dem, was in der ersten Ausbildungsphase von den dem Sachunterricht zugeteilten universitären Bezugsdisziplinen gelehrt wird.

Lösbar scheint dieser Ausbildungskonflikt nur zu sein, wenn auch die Ausbildung in der ersten Phase den Sachunterricht als eigenständigem Lernbereich den ihm als Zentrum des Grundschulunterrichtes entsprechenden Stellenwert einräumt. Sachunterricht ist eben nicht die mehr oder weniger willkürliche Kombination natur- oder gesellschaftswissenschaftlicher Fachinhalte bzw. Fachdidaktiken, sondern die Integration unzähliger fachlicher und nichtfachlicher Inhalte und Verfahren zur Erschließung der individuellen Lebenswirklichkeit. Man könnte jetzt auf die Idee kommen, einfach die Bezugsdisziplinen des Sachunterrichts noch mehr zu erweitern (wobei in der Praxis dann die jeweiligen Inhalte noch mehr als jetzt schon reduziert werden müssten), wird dabei aber schnell an die Grenzen stoßen. Hier reicht der Rückbezug auf die Wissenschaften allein nicht aus, es geht um eine andere Zugangsweise. Eine Zugangsweise zur Welt, welcher Wissenschaften, die aus der Erforschung historischer Teilprobleme erwachsenen sind, nicht gerecht werden können – denn auch eine Rolle im Sachunterricht spielen Elemente, die eben nicht oder nur sehr schwer wissenschaftlich fassbar sind: die „künstlerische, religiöse, weltanschauliche, philosophische Sichtweise sowie die Darstellung der Realität im Dialog, in der Alltagssprache und in der Narration“ (Kurowski / Soostmeyer 1986, 25).

> Unter dieser Perspektive ist die in der Sachunterrichtsdidaktik immer noch weit verbreitete Debatte, ob der Sachunterricht nach Lernbereichen, alle „Bezugsfächer“ integrierend oder einzelfachlich orientiert wird, wie es immer noch in den völlig verschiedenartigen Ausbildungsordnungen der Bundesländer zum Ausdruck kommt, zu kurz gegriffen. Denn weder ein, zwei, fünf oder acht Fächer geben die richtige Orientierung für den Sachunterricht, sondern eine allgemeindidaktische Sichtweise auf die Inhalte, die kulturell-gesellschaftlich und subjektiv bedeutsam sind – unabhängig von ihrer Organisationsform in den Wissenschaften. (Kaiser 1996, 147)

Astrid Kaiser weist auch darauf hin, dass zugleich bezweifelt werden muss, dass die in den momentanen Bezugsdisziplinen des Sachunterrichts gelehrten Inhalte im Hinblick auf die selbstständige Erschließung der Lebenswirklichkeit zukunftsweisend sein können. Sie wurden ursprünglich aus anderen gesellschaftlichen Problemlagen entwickelt und die einmal gewonnenen wissenschaftlichen Begriffe lassen sich nicht so einfach wieder in „Wirklichkeit“ rückübersetzen. Aber nur in der besseren Bewältigung der Wirklichkeit kann die didaktische Legitimation des Sachunterrichtes bzw. von Unterricht überhaupt liegen (vgl. Kaiser 1996, 147). Von ihr sollten alle didaktischen Bemühungen ausgehen.

Einen hohen Stellenwert für eine solche Konzeption bekommen dabei die den Fächern eigenen wissenschaftlichen Verfahren: „In den Richtlinien für Sachunterricht können keine inhaltlichen, sondern nur verfahrensorientierte Lernzielkataloge verbindlich vorgeschrieben werden.“ (Mayer 1985, 48) Allerdings nicht derart, wie diese in der Vergangenheit in entsprechenden Konzepten verfahrensorientierter Curricula unterrichtspraktisch aufbereitet worden sind. So gab es nach einer Phase sehr starker Inhaltsorientierung in lernzieldeterminierten Curricula in den siebziger Jahren auch eine Phase, in der man die zur „Welterschließung“ notwendigen wissenschaftlichen Methoden und Verfahren zum Stoff des Sachunterrichts gemacht hat – in nicht weniger geschlossenen bzw. lehrerzentrierten Curricula. Die Inhalte wurde dabei in dem Sinne funktionalisiert, als dass sie nur noch zum Träger der zu vermittelnden Arbeitsverfahren wurden. So entstand ein losgelöstes Repertoire an Methoden – die ja eigentlich dazu da sein sollten, inhaltliche Probleme zu lösen. Die Folge war, dass natürlich auch hier der Sinnverlust entsprechend groß war und von einer Erschließung der Lebenswirklichkeit nicht die Rede sein konnte.

So haben weder die fachinhaltsorientierten noch die verfahrensorientierten Curricula eine Chance, heutigem Sachunterricht gerecht zu werden. Wie löst man diese Probleme nun in der Praxis? Welche Kompromisse findet man vor?

> Wenn wir eine Grundschule morgens früh – bevor die Kinder hineindürfen – betreten, werden wir die aktuelle Antwort auf den jahrhundertelangen Streit um die didaktischen Prinzipien des Heimat- und Sachunterrichts sehen und hören. Am schuleigenen Kopierer stehen viele Lehrkräfte und versuchen, klassensatzweise Arbeitsblätter, meist in einer Kombination aus Bild, Text und auszufüllenden Lücken, herzustellen. [...] Auch im Osten des Landes beginnt die Adaption westlicher Unterrichtsstandards über das Kopieren von Kopien. Nicht Lupen oder Bücher für die Kinder, Materialien für kreatives Gestalten, Ausstellungskästen für Kinderprodukte oder Zuschüsse für Fahrten, sondern Kopiergeräte stehen auf der Hitliste der Anschaffungswünsche von Schulen auf Platz eins. (Kaiser 1996, 7)

5.2.2 Ausgangsbedingungen für die sachunterrichtliche Entwicklung

Klar ist, dass weder die Arbeitsblattdidaktik noch ein auf bestimmte Inhalte oder Verfahren reduzierter lehrerzentrierter Unterricht mit „roten Plastikkoffern“ oder eine handlungsintensive Beschäftigung an Lernstationen, an denen die Schüler irgendwelche Angebote „abarbeiten“, die Lösung sein kann. Um einem möglichen Konzept auf die Spur zu kommen, müssen wir uns an den Vorkenntnissen der Kinder orientieren, denn nur diese können uns Hinweise auf den individuell sinnvollen Lehrgang geben.

Kinder unterscheiden sich immens in ihrem Vorwissen, ihrem Lernbedürfnis und ihrer Abstraktionsfähigkeit. Dabei lässt sich wahrscheinlich kein generelles Modell für die unzähligen Begriffs- und Fähigkeitsentwicklungen erstellen. Es gibt keine bestimmten sachunterrichtlichen Entwicklungsstufen, die durchlaufen werden. Vielmehr verändern sich Wissen und Kompetenzen der Kinder bereichsspezifisch, wobei die vorhandenen Vorkenntnisse der Kinder eine nicht zu unterschätzende Rolle spielen. So entwicklen die Kinder anknüpfend an ihre konkreten Vorerfahrungen durch Integration und Differenzierung inhaltlichen Wissens ihre theorieähnlichen Strukturen weiter (vgl. Einsiedler 1996, 15 mit Bezug auf Carey 1985). Dabei unterscheiden sich Mädchen und Jungen in ihren Lernvoraussetzungen und Zugangsweisen zu inhaltlichen Aspekten – gerade im Sachunterricht – beträchtlich (vgl. Kaiser 1996, 134).

Entsprechend lassen sich die Lernvoraussetzungen der Kinder eben nicht nur auf ihre Denkfähigkeiten reduzieren, wie es in einem Unterricht mit festen inhaltlichen Vorgaben oft der Fall ist. Eine Aufteilung des Lernstoffs gemäß bestimmter Entwicklungsstufen der Kinder erscheint nicht sinnvoll. Während man dies früher für den inhaltlichen Bereich durchaus getan hat – erinnert sei an die schrittweise Erweiterung des Sachunterrichtcurriculums von der Schulklasse über den Wohnort bis zum gesamten Heimatland –, wirkt ein solcher Stoffkanon heute absurd. Grundsätze wie „vom Konkreten zum Abstrakten", „vom Leichten zum Schweren", „vom Nahen zum Fernen" sind nicht haltbar, auch deshalb, weil sie übersehen, „dass der Weg zur Erkenntnis auch umgekehrt verlaufen kann – und wahrscheinlich häufiger verläuft – nämlich von Begriffen zur Wahrnehmung." (Reichen 1991, 45)

Durch die den Schülern heute zur Verfügung stehenden Medien scheint es weder räumliche noch andere inhaltliche Beschränkungen der Vorkenntnisse mehr zu geben. Entsprechend der großen Leistungsbandbreite, die auch in den anderen Fächern zu beobachten ist, reicht das Vorwissen der Kinder ein und derselben Klasse von einer noch völlig subjektiven und sehr eingeschränkten Wahrnehmung der Welt bzw. des eigenen Umfeldes bis hin zu einer teilweise hochspezifischen, anspruchsvollen Kenntnis um Fakten und Zusammenhänge. Dabei kann dieses Wissen in sich sehr fundiert sein – vor allem in Bereichen, mit denen ein

Kind sich intensiv auch außerhalb der Schule beschäftigt –, es kann aber auch sehr oberflächlich bzw. bruchstückhaft sein, wenn Kinder im Alltag z. B. in entsprechenden Fernsehsendungen detaillierte Informationen und Zusammenhänge aufnehmen, aber nicht mit anderen Informationen verbinden bzw. verbinden können. Das räumlich verstandene „vom Nahen zum Fernen" der Heimatkunde muss zu einem psychisch verstandenen werden: die individuelle psychische Nähe zu einem bestimmten Inhalt dient als Auswahl- bzw. Legitimationskriterium (vgl. Kaiser 1996, 46).

5.2.3 Inhalts- und Verfahrensorientierung vom Kinde aus

Das alte Ziel des Sachunterrichts, Emanzipation und Selbstständigkeit durch Information zu fördern, kann in der heutigen Informationsgesllschaft und bei den beschriebenen Voraussetzungen der Kinder nicht mehr gelten. Vielmehr muss der Sachunterricht Hilfe geben, die vielfältigen in der Klasse bzw. bei den einzelnen Kindern schon vorhandenen Informationen und Wissensbruchstücke erst einmal zu sortieren, einzuordnen und für sich nutzbar zu machen. Und hier liegt die Schwierigkeit des Sachunterrichts und seiner Inhalte:

> Es fehlt nicht nur den Lehrerinnen und Lehrern, sondern offenkundig auch den meisten Lehrplanautoren eine Orientierung an allgemeingültigen inhaltlichen Kriterien, die bildende Begegnungen von purer Beschäftigung mit irgendwas unterscheidbar machen. (Faust-Siehl u. a. 1996, 64)

Das heißt, es geht weder um einen festen Stoffkanon noch um eine völlige Beliebigkeit der zu bearbeitenden Unterrichtsgegenstände. Im Rahmen eines exemplarischen Lernens wandeln sich die Anforderungen an die Inhalte. Sie erscheinen dann zweckmäßig, wenn sie durch Lebensbedeutsamkeit und Exemplarität der Klärung der Lebenswirklichkeit des Kindes dienen und ihm darüber hinaus noch möglichst Methoden wissenschaftlichen Arbeitens nahe bringen.

> Im Lernbereich „Welterkundung" sollen die Kinder nicht länger an Themen und Inhalten arbeiten, die in Lehrplänen vorgegeben sind, sondern sie sollen *ihren eigenen Fragen nachgehen* und *dabei* die Interpretations- und Darstellungsmuster der Erwachsenen für die von ihnen untersuchten Probleme kennenlernen. (Faust-Siehl u. a. 1996, 65)

Die Auswahl der Inhalte entspringt also der Auseinandersetzung der Kinder mit ihrer Umwelt. Hier findet sich das dialogische Prinzip wieder, das sich durch die ganze Didaktik des Offenen Unterrichts zieht: Ausgehend von den individuellen, subjektiven Erfahrungen und Fragen der Kinder erfolgt auf Grund der Begegnung mit neuen Inhalten bzw. mit verschiedenen Sichtweisen durch den Austausch mit anderen Personen eine Erweiterung und Klärung des eigenen Wissens, die bis hin zum Verständnis übergreifender Zusammenhänge und normativer Vereinbarungen führen kann. Anstatt einer reinen Wissensaneignung findet ein konstruktiver Austauschprozess statt, der zur eigenen Welterkundung führt. Sach- bzw. Inhaltsorientierung und Methoden- bzw. Verfahrensorientierung werden so zu einem kind- und wissenschaftsorientierten Sachunterricht integriert: Verfahren und Inhalte ergänzen sich zu einem „handlungsbefähigenden Erfahrungslernen" oder einer „erfahrungsbezogenen Handlungsbefähigung".

Dieses veränderte Verständnis von Sachunterricht bewirkt deshalb nicht nur eine Übergabe der Inhalte vom Lehrer zum Schüler, sondern begründet eine ganz andere Unterrichtsform. Die die Inhalte des Sachunterrichts charakterisierenden Aufgabenschwerpunkte des Lehrplans rücken als Rahmenvorschläge in den Hintergrund und geben dadurch der individuellen Erfahrungserweiterung bzw. methodischen Formen der Handlungsbefähigung den notwendigen Raum. Die weite Zusammenstellung und die offene Formulierung der Inhalte in den Lehrplänen weist maßgeblich auf ein solches Verständnis hin, vor allem wenn man die bestehenden Lehrpläne mit ihren Vorgängern vergleicht: In Nordrhein-Westfalen stehen dann 273 Seiten Lehrplan Sachunterricht 1973 mit dezidierten, kleinschrittigen Stundenvorgaben nunmehr 1,5 Doppelseiten an offenen Aufgabenschwerpunkten gegenüber (vgl. Kultusminister NRW 1973; 1985, 27ff.).

> Die Lehrplankommission war sich mit zahlreichen Didaktikern einig,
> - daß es kein allgemein gültiges Konzept für die Auswahl der Lehrinhalte gibt,
> - daß die Curriculumforschung nur erste Hinweise dafür bietet, welche Sachbereiche dem Kind im Laufe seiner Entwicklung angemessen sind und wie sie strukturiert sein müssen. (Kurowski / Soostmeyer 1986, 71)

Dadurch ist trotz der Freigabe der Inhalte im Offenen Unterricht die „Behandlung“ der in den Lehrplänen genannten Aufgabenschwerpunkte gesichert, zudem zu jeder Zeit in der Klasse eine so große Bandbreite an Ideen und Themen vorzufinden ist, dass es wahrscheinlich viel schwieriger wäre, das Aufkommen eines Aufgabenschwerpunktes zu vermeiden, als dass dieser von selbst irgendwann auftaucht. Hingegen scheint gerade der herkömmliche, lehrergeleitete Sachunterricht immer sehr viel enger zu verlaufen. Meist wird nur ein Bruchteil der in den Büchern vorgeschlagenen Themen behandelt oder – wenn der Lehrer ohne Buch arbeitet – klar das Fach favorisiert, in dem er sich selbst – zumindest auf Grundschulniveau – am besten auskennt.

Ganz im Gegenteil dazu wird im Offenen Unterricht der jetzige Lehrplan sogar noch um ein Vielfaches erweitert – und zwar in der Regel um die ihm eigenen Defizite, denn trotz aller Offenheit sind viele der aktuellen Lehrpläne in Bezug auf ihre Vorgaben immer noch zu stark an traditionelle Inhalte bzw. notwendig erscheinende Elementarisierung geknüpft:

> Auch in der neueren Grundschulreform wird die Kategorie der Kindorientierung letztlich als Argument für die „Vereinfachung“ von Inhalten verwendet. Dies führte etwa in der Neufassung der Richtlinien des Landes Nordrhein-Westfalen von 1985 zu stärker nahräumlichen Inhaltsbereichen (z. B. im Sachunterricht: Ernährung, Kleidung, Schulweg, Familie etc), aber nicht notwendig auch zu einem durchdachten Kindheitskonzept, denn es ist schwer zu begründen, warum Inhalte wie „Umweltschutz“, „Angst“ oder „Eine Welt in der Grundschule“ als explizite Themenbereiche in den aktuellen Richtlinien nicht vorkommen. (Kaiser 1996, 116)

> Grundschulkinder sind in außerordentlich hohem Maße von den in der Erwachsenenöffentlichkeit diskutierten Problemen betroffen, sie wissen um den inhaltlichen Kontext von aktuellen gesellschaftlichen Problemen wie Arbeitslosigkeit, ökologischer Krise oder Rationalisierung und Technisierung. (Kaiser 1996, 135)

Der rege und immer mögliche gegenseitige Austausch der Kinder liefert eine so fruchtbare und breite Basis an Inhalten und vorhandenem Wissen, dass dieser Unterricht ungleich effektiver erscheint als das Thematisieren einzelner Problemstellungen im herkömmlichen Sachunterricht. Dafür ist allerdings nicht nur die breite Palette an interessanten Fragestellungen verantwortlich, sondern vor allem das interessegeleitete Lernen eines jeden Kindes, das nicht nur eine hohe Eigenmotivation verspricht, sondern ganz klar immer auch auf die anderen Kinder „abfärbt“, die sich in der Regel sehr für die Fragestellungen und Projekte ihrer Klassenkameraden interessieren und oft von diesen mitgerissen bzw. zu eigenen ähnlichen Vorhaben angeregt werden – ein großer Unterschied zu einer von auszumalenden Arbeitsblättern getragenen extrinsischen Motivierung der Kinder im traditionellen Unterricht.

> Ich habe oft erlebt, dass die Kinder in einer ersten Klärung die meisten Lehrplanziele genannt haben und klargelegt haben, dass sie dies schon alles wissen. Ihre Fragen gingen dann in andere Bereiche und der Unterricht bleibt interessant und spannend. Einem Unterricht, der Kindern beibringt, was sie schon können, möchte ich nicht weiter nachspüren. (Kanzler 1997, 209)

Und sollte der Lehrer trotzdem inhaltliche Lücken in den vier Grundschuljahren feststellen, so kann er ja auch selber Fragestellungen, Projekte und Vorhaben formulieren und gleichberechtigt in das Klassengeschehen einbringen (z. B. als „sein Projekt").

5.3 Für eine Didaktik der Handlungsbefähigung

Viel schwieriger zu lösen als die inhaltliche Frage erscheint hingegen der Anspruch an den Erwerb einer entsprechenden Methodenkompetenz auf Seiten der Schüler. Entsprechend den obigen Überlegungen ergibt sich die inhaltliche Freiheit nicht aus einer Beliebigkeit oder einer Gleichgültigkeit gegenüber dem Sachunterricht in der Grundschule, sondern aus der Verlagerung der Ziele: sie wechseln von der lehreraufbereiteten Wissensvermittlung zum eigenständigen Wissenserwerb im weiteren Sinne, das heißt ausgehend vom Finden subjektiver oder intersubjektiver Fragestellungen über die Beschaffung und Auswertung von Informationen bis hin zur Reflexion und Aufbereitung von Ergebnissen mit anderen bzw. für andere. Damit bestimmt die Verlagerung der inhaltlichen Ziele auch die Methodik des Unterrichts.

5.3.1 Von der Handlungsorientierung zur Handlungsbefähigung

Wir möchten diesen gesamten Prozess mit dem Stichwort „Handlungsbefähigung" überschreiben, vor allem deshalb, weil wir den in den Richtlinien und Lehrplänen verwendeten Begriff der „Handlungsorientierung" als in der Praxis zu oft missinterpretiert sehen, wenn diese Handlungsorientierung zu schnell auf der Stufe der Ausübung einer reinen (handlungsintensiven) Tätigkeit stehen bleibt. Handlungsorientierung wird als ein möglicher Teilbereich in unseren Begriff der Handlungsbefähigung miteingeschlossen. Dabei verstehen wir darunter weniger das konkrete manuelle Tun, sondern die bewusste Auseinandersetzung mit einer Sache in ihrer Gesamtheit, die für den Einzelnen erst dann handlungsorientiert und handlungsbefähigend ist, wenn sie maßgeblich von ihm gesteuert wird bzw. mitbestimmt werden kann. So wird die Handlungsbefähigung das über alle Inhalte erhabene Werkzeug der Welterkundung im Sachunterricht, die individuell und subjektiv beginnend zu einer intersubjektiven und empathischen Wahrnehmung der Welt führen kann.

Grundlage und Ziel einer solchen „Didaktik der Handlungsbefähigung" ist das selbstgesteuerte Lernen der Kinder. Dabei sind die individuellen Lernvoraussetzungen des einzelnen Kindes auch hier die Basis für jegliche Unterrichtsgestaltung. Das heißt, die thematische Basis ergibt sich primär aus den Erfahrungen der Kinder bzw. der Anregung durch ihre Umgebung. Als Maßgabe kann hier – wie hilfreich auch immer – die „Sinnfrage" gestellt werden. Die Sache (und damit der Inhalt) steht nicht dem Kind gegenüber, sondern muss aus seinen Bedürfnissen heraus entwickelt werden, wenn ein wirklicher Erfahrungszuwachs angestrebt wird. Martin Wagenschein hat den scheinbaren Widerspruch „Von der Sache aus *oder* vom Kind aus?" treffend in seinem Satz „Mit dem Kind von der Sache aus, die für das Kind die Sache ist." (Wagenschein 1990, 11) aufgelöst.

> Fachinhalte als solche sind also weder pädagogisch übersetzbar noch pädagogisch begründbar, denn es kommt wesentlich auf Sinn-Intentionen (Copei) an, wenn Inhalte zu Unterrichtsinhalten werden. Nicht oberflächliches Erfassen von Begriffen ist pädagogisch gefragt, sondern nur wenn Inhalte subjektiv bedeutsam sind, können auch wirkliche Erkenntnisse entwickelt werden. Gerade wegen der notwendigen subjektiven Bedeutsamkeit reicht es nicht aus, von subjektabgelösten Fachstrukturen Unterrichtsinhalte zu gewinnen. (Kaiser 1996, 58)

5.3.2 Von der Lernstandserhebung zur Fragekultur

> Ist das Ziel die Fähigkeit zum Problemlösen, so bedarf es zunächst des Problems. Da nicht zu erwarten ist, dass 30 an Schultischen aufgereihte Kinder zur stundenplantechnisch angesetzten Stunde zufällig gleichzeitig das gleiche Problem haben, wird das Problem zum ersten Problem. (Wiebel 2000, 44)

Wenn aber nun an Stelle vorgegebener Inhalte die Lernvoraussetzungen und Lernbedürfnisse der Kinder die Basis des Unterrichts darstellen, so müssen diese zum zentralen Moment des Unterrichts werden. Die übliche Art, entweder die Vorkenntnisse der Kinder gar nicht zu erfragen oder – wenn mündlich oder schriftlich abgefragt – in der weiteren Unterrichtsplanung dennoch nicht zu beachten (was auf Grund der starken Leistungsheterogenität auch nahe liegt), kann nicht funktionieren.

> Wichtig ist es, die Lernvoraussetzungen im gesamten Unterrichtsprozeß als Kompaß für den weiteren Weg zu nehmen. Dazu gehört das Gespräch mit den Kindern in allen Phasen des Unterrichts. Ihre Einschätzung des Problems, ihre Fragen und Vermutungen sind der Wegweiser, während die Lehrkräfte aus ihrem Können und Wissen immer wieder den Weg bereiten, Unebenheiten glätten, Hindernisse aus dem Weg räumen. Das eigene ferne Ziel bleibt zwar im Auge, kann aber nicht direkt angesteuert werden, wenn der Kompaß vieler Kinder auf einen Querweg weist. Dann ist es wichtig, erst diesen trittfest auszubauen und die nächste Richtung an der folgenden Wegkreuzung wieder gemeinsam auszuhanden. (Kaiser 1996, 140)

Die festgestellten Lernvoraussetzungen bei den Kindern haben keine direkte didaktische Konsequenz im Sinne der Aufbereitung eines „differenzierten Lehrgangs", sondern sie bestimmen die Unterrichtsform an sich: die Abkehr vom Lehrgang hin zu einem Offenen Unterricht. Es muss in der Klasse eine Kultur geschaffen werden, die das jederzeitige Einbringen von Vorkenntnissen und Lernbedürfnissen ermöglicht: „Noch ertragreicher für die Lernvoraussetzungsforschung als die Analyse von Denkstrukturen ist die Analyse von Kinderfragen." (Kaiser 1996, 132) Entsprechend muss in der Klasse eine Fragekultur angestrebt werden, die dem Lehrer die Bedürfnisse der Kinder offenbart und ihm darüber hinaus auch zeigt, wie deren Denkwege überhaupt verlaufen. Nur so kann die eigene „Verbildung" aufgebrochen und die Spannungsdynamik eines zwischen Kind und Sache vermittelnden Sachunterrichts wahrgenommen werden, in der Hochform vielleicht so, wie Martin Wagenschein es das „ergriffene Ergreifen" nennt:

> Wieder zeigt sich die Unmöglichkeit, Kind und Sache zu trennen. Je mehr also ein Lehrer, angerührt von dem kindlichen Suchen, vom Problem selber immer wieder ergriffen ist, desto geeigneter ist er, das gleiche bei den Kindern auszulösen. [...] So sehr nun der Lehrer in dieser Hinsicht (auf das Ergriffensein) dem Schüler gleichen sollte, so wenig im zweiten, dem „Ergreifen": Will er, daß die Kinder zugreifen, so muß er selber sich dessen gerade enthalten (so sehr es ihm im Geiste und in den Fingern zucken mag, ja muß). Er darf nicht einfach „sagen, wie es ist". Schweigen zu lernen ist seine höchste Kunst. (Wagenschein 1971, 126)

Dabei muss die beabsichtigte „Fragekultur" viel weitreichender verstanden werden, als dass sie sich nur auf das Einbringen von Fragen der Kinder beschränkt.

Wir möchten hier eine Brücke zum interessegeleiteten Lernen schlagen und verstehen „Fragen“ umfassender als Ausdruck von Interesse an einer Sache, als innere Motivation „etwas zu tun“. So verstanden werden auch „unbewusste“ Fragen bzw. Lernbedürfnisse als zulässig und wichtig angesehen, womit auch das „implizite“ bzw. „inzidentelle“, beiläufige Lernen akzeptiert und gefördert wird: Das Durchblättern eines Sachbuches, das Mitbekommen dessen, was andere machen, das Anschließen an eine Gruppe, das Beobachten von Pflanzen und Tieren, das Ausprobieren von baulichen Konstruktionen, all das ist Ausdruck für eine gewisse „Fragehaltung“, für eine gewisse Neugier, die es zu pflegen gilt.

Und hier wird wiederum die Brücke zu den Inhalten geschlagen: Sind keine Fragen der Kinder vorhanden, bleibt auch nicht viel zu klären. Wird die Situation in der Klasse aber durch die immer vorhandene Möglichkeit des Fragens und Hinterfragens bestimmt, finden sich unzählige Anlässe zur Auseinandersetzung mit „Sachen“. Da diese Fragen zu jeder Zeit und an den verschiedensten Stellen im Unterricht entstehen können, muss neben der Bereitschaft zur wirklichen (und nicht abwehrenden) Akzeptanz dieser Kinderfragen diesen vor allem erst einmal ein entsprechender Raum gegeben werden.

> Kinder und Jugendliche müssen in der Schule ermutigt werden, immer wieder ihre Fragen in den Unterricht einzubringen. Anhand solcher oft noch unspezifischer, naiver, aber eben ursprünglicher und deshalb fruchtbarer Ausgangsfragen können Schülerinnen und Schüler dann lernen, Phänomene, Sachverhalte, Texte, Infor-

> mationen schrittweise systematischer, mit Hilfe fachspezifischer und fächerübergreifender Kategorien zu befragen. Aufschließendes, schrittweise differenzierendes und weiterführendes Fragen benötigt Zeit, erfordert Besinnlichkeit, konzentrierte Aufmerksamkeit, ein Sich-Einlassen auf Phänomene, auf eigene und fremde Einfälle, spielerisches und explorierendes Umgehen mit Sachverhalten. Stoff- und Zeitdruck würden die Entwicklung dieser Fragehaltung verhindern. (Bildungskommission NRW 1995, 94)

Diese Möglichkeit der organisatorischen Grundlage einer Fragekultur bietet der Offene Unterricht natürlich in hohem Maße, wenn gemeinsame Kreisgespräche zu Tagesbeginn und Tagesende bzw. je nach individuellem oder gemeinschaftlichem Bedarf ein Forum für gegenseitigen Austausch, zum Miteinanderüberlegen gewähren, aber auch jederzeit andere Schüler und Lehrer in den Frageprozess einbezogen werden können. Diese zeitliche Offenheit ist die Grundlage dafür, dass Fragen entstehen können, denn der einzelne Schüler kann sich selbstgesteuert mit den verschiedensten Sachen beschäftigen und hat überhaupt erst einmal Zeit, Fragen zu bilden und ihnen dann auch nachgehen zu können.

Es ist schon erstaunlich, wie wenig (echte) Fragen in der Regel in einem lehrerzentrierten Unterricht entstehen, der ja theoretischerweise voll von Inhalten (aber nicht von Anregungen) ist, und welch großes Wissensbedürfnis sich hingegen bei vielen Kindern im Offenen Unterricht herauskristallisiert. Vor allem scheint es aber auch so zu sein, dass die Fragen im traditionellen Unterricht vor allem von den „leistungsstärkeren" Schülern kommen (denen, die den Stoff auf Grund ihres Vorwissens leicht einordnen können bzw. ihrer Unterforderung durch Fragen Luft machen), wohingegen diese Tendenz im Offenen Unterricht nicht offensichtlich ist. Je nach Klassenkultur haben hier „leistungsstarke" als auch „leistungsschwache" Schüler kein Problem damit, ihre Fragen und Erfahrungen zu äußern und sich von ihren Klassenkameraden aufklären zu lassen bzw. mit diesen dann an entsprechenden Vorhaben zu arbeiten.

Die in der Klasse zu pflegende Fragekultur hängt wiederum eng mit der Sozialerziehung bzw. der beabsichtigten „Didaktik der sozialen Integration" (siehe erster Band) zusammen. Werde ich als Kind so in der Schule angenommen wie ich bin, ohne mich auf Grund bestehender Regeln, Normen, Vorurteile usw. verstellen zu müssen, so steigt meine Bereitschaft, anderen über meine Erfahrungen zu berichten und – als Folge dessen – Fragen an mich, die Klasse, die Welt zu stellen. Gefühle wie Staunen, Freude, Trauer, Neugier, Wut, Lust, Hoffnung als Folge von individuellen Erfahrungen, Beobachtungen und Wahrnehmungen aller Sinne lösen Denk- und Frageprozesse aus, die erst einmal formuliert und dadurch greifbar gemacht werden müssen. Nur eine offene Atmosphäre, in der angstfrei mit diesen Erfahrungen und Fragen ungegangen werden kann, ermöglicht einen entsprechenden Zugang. Insofern ist der Aufbau einer echten Fragekultur in der Klasse ein anstrengender und zum Teil langwieriger Prozess, den manche Kinder schnell aktiv mitgestalten, andere vielleicht nur passiv verfolgen werden. Zugleich verkörpert eine entsprechende Klassenkultur wichtige Inhalte des Sachunterrichts an sich, wenn kulturelle Errungenschaften wie Freiheit, Gleichheit, Demokratie, Gerechtigkeit konkret erlebt und eben nicht durch einen untransparenten, machtmissbrauchenden Unterricht in sich karikiert werden.

> Die *Sache des Sachunterrichts* müsste es sein, dieses Staunen [im Sinne Blochs; FP] aufzugreifen und mit der unerschöpflichen Weite der Welt die unauslotbare Tiefe der Dinge und Ereignisse den Schülern vor Augen zu führen. Stattdessen, so beobachten wir, werden die brennenden Fragen in einer Art Beschwichtigungsritual im Unterricht ausgelöscht und die kümmerlichen Reste auf das Selektionsgeschäft verwendet. (Schreier 1982, 6)

Die Kinderfragen sind dabei unterschiedlicher Art. Neben den Fragen, die auch in dieser Weise von Erwachsenen gestellt werden würden, gibt es einen großen Teil an Fragen, die nicht der linearen (verbildeten?) Denkweise eines Erwachsenen entsprechen und in denen sich das oben genannte Staunen bzw. die Neugier offenbart.

> Beim Thema „Wasser" interessieren sich die Kinder mitnichten für die Aufteilung der Herkunft des Wassers vom Bodensee oder von gemeindeeigenen Quellen. Sie interessieren sich nicht für die ganze Organisation, die bewirkt, dass Wasser aus dem Wasserhahn fließt: Nein! Sie fragen fast in jedem Gespräch über dieses Thema, sehr nah an elementaren Erfahrungen, die sie unter Wasser gemacht haben: *„Warum können Fische unter Wasser atmen und wir nicht?"* (Kanzler 1997, 208)

> Als die Amerikaner Ende der 60er Jahre zum Mond flogen, hat das natürlich auch Lehrkräfte und Erziehungswissenschaftlerinnen bzw. Erziehungswissenschaftler sehr beeindruckt. [...] Die Mondflüge ließen sich trefflich als Anschauungsbeispiel für das Raketenprinzip nützen. Eine originäre Kinderfrage aus dieser Zeit betraf aber nicht das Raketenprinzip und andere physikalische Phänomene, sondern etwas viel Elementareres, nämlich: *„Wo tun die Astronauten ihre Exkremente hin?"* (Kanzler 1997, 208)

Kinder bekommen den ganzen Tag Anregungen für Fragen. Sie leben in einer hochmediatisierten Welt, voll von Informationsträgern, die zu einem großen Teil speziell auf die Kinder zugeschnitten sind – alle didaktisiert und mit deutlicher Lehrabsicht: Fernsehen, Computer, Kassetten, Radio, Kinderliteratur, Sachbücher, Kinderzeitschriften (vgl. Kanzler 1997, 209). Die Schule kann diese Vorerfahrungen aufgreifen, erweitern, strukturieren und vor allem zu einem bewussten Umgang damit anregen, indem sie den Kindern hier ergänzende bzw. andersartige Nutzungsmöglichkeiten aufzeigt. Darüber hinaus kann durch das Aufsuchen außerschulischer Lernorte eine weitere Brücke zwischen außerschulischer Realität und innerschulischer, „wissenschaftlicher" Aufarbeitung ebendieser Lernorte geschlagen werden. Die Frage ist nur, wie die Schule dies in der heutigen Zeit am besten leisten kann.

5.3.3 Von der Lehrerdemonstration zum Freien Forschen

> Bei den meisten der für die Grundschule angebotenen Materialsätzen, Bücher und Versuchskarteien zum naturwissenschaftlichen-technischen Bereich des Sachunterrichts wird deutlich, dass sie in enger Anlehnung an die Fachwissenschaft entwickelt wurden und deren Struktur vereinfachend übernommen haben. Ausgestattet mit entsprechenden Anleitungen in Arbeitsheften oder Kopiervorlagen leiten sie zur Nachahmung eines Experimentes an, ohne dass das auslösende Problem im Zusammenhang seines Auftretens dargestellt, noch die erforderliche Einsicht in die begründete Notwendigkeit der beschriebenen Versuchsanordnung geleistet wird. Was übrig bleibt, sind dann leere Begriffe und eingerahmte Lehrsätze, die zum Verständnis der eigentlichen Sache keinen Beitrag leisten. (Unglaube 1997, 225)

Was für jedes andere Fach auch gilt, leuchtet gerade im Sachunterricht besonders ein: die bei den Kindern von klein auf vorhandenen Theorien über Strukturen und Zusammenhänge, die subjektive Interpretation der Wirklichkeit soll möglichst so weiterentwickelt werden, dass neue Perspektiven die vorhandenen Konzepte immer mehr in Richtung einer intersubjektiven Wahrheit rücken bzw. zumindest unterschiedliche Sicht- und Zugangsweisen reflektieren. Was aber für die Wissenschaftler das planvolle, künstlich erzeugte Laborexperiment ist, mit dem einzelne, isolierte Parameter untersucht werden, ist für das Kind eher eingerahmt in ein allgemeineres Erforschen und Ausprobieren von Sachen, Phänomenen und Wechselbeziehungen, deren Ausgangspunkt ein bestimmtes Problem oder ein vermuteter Zusammenhang ist. Entsprechend kann es im Sachunterricht nicht um den Nachvollzug vorgegebener Experimente und Versuchsanweisungen gehen, wie es in den fach- oder verfahrensorientierten Curricula der siebziger Jahre oft war, sondern es müssen andere Kriterien eine Rolle spielen.

Maßgeblich ist dabei das Interesse des Kindes an einer Sache bzw. der Reiz des Erforschens einer Sache oder eines Problems. Entsprechend der schon oben beschriebenen Fragekultur gibt es in einer Klasse Offenen Unterrichts selten einen Mangel an entsprechenden Fragen oder Problemstellungen. Und hier leistet das offene Prinzip noch mehr. Das Problem des Einzelnen weckt oft das Interesse anderer. Und zwar auf eine Art, die sich maßgeblich von der unterscheidet, die wir aus dem traditionellen Unterricht kennen:

> Die [...] häufig angewandte Methode der Lehrerdemonstration, in der die Lehrerin oder der Lehrer einen verblüffenden Versuch oder ein überraschendes Naturphänomen vorführt, ist in der Regel wenig geeignet, die Kinder herauszufordern. Oft genug bleiben solche Vorführungen auf der Ebene eines Zaubertricks stehen, haben allenfalls Unterhaltungswert, aber gewinnen nicht die gespannte Aufmerksamkeit der Kinder. Dies um so mehr, da der Lehrer die Antwort, die Lösung des Rätsels eh schon weiß und die Kinder wieder einmal erfahren, wie dumm sie noch sind und was sie noch alles lernen müssen. (Unglaube 1997, 231)

Während im lehrerzentrierten Unterricht das Problem des Lehrers nur selten so motivierend auf die Kinder wirkt, dass sie es wirklich als ihr Problem annehmen, geschieht das im Offenen Unterricht weitaus häufiger – vor allem, wenn Kinder einen Klärungsbedarf haben, aber auch, wenn der Lehrer diesen hat. Die Erklärung dafür ist einerseits banal, andererseits verblüffend: Es scheint so zu sein, dass die Kinder (bzw. wahrscheinlich jeder Mensch) irgendwie wahrnimmt, ob es sich um ein echtes Problem handelt oder ob die Problemfrage ein didaktisches Mittel ist. Während sich im ersten Fall wahre Forschereuphorien entfachen können, wird die Problemstellung im zweiten Fall höchstens von einzelnen Kindern aus Liebe zum Lehrer oder aus Langeweile angegangen.

Dieses Phänomen ist eines, das mit die wichtigste Begründung für einen Offenen Unterricht (nicht nur im Sachunterricht) darstellt, in welchem sich der Lehrer zurückhält, sich didaktische bzw. rhetorische Fragen verkneift und eher selbst zum Lernenden wird. Möchte er die Kinder auf ein bestimmtes Problem hinlenken, so ist es allemal geschickter, wenn er sich selbst im Unterricht – genauso so wie die Kinder – arbeitend mit dem Problem auseinandersetzt, Informationen sammelt, Experimente überlegt, als wenn er versucht, die Kinder zur Auseinandersetzung mit „seinem" Thema zu „motivieren". Einen besonderen Fall nehmen dabei allerdings Fragestellungen oder Inhalte ein, mit denen sich der Lehrer besonders identifiziert. Hier kann auch er als Experte Lernbegeisterung ausstrahlen, die andere mitreißt. Solange seine Begeisterung authentisch ist, ist nichts dagegen einzuwenden. Als durchgängiges Motivationsmittel vorgetäuscht, wird sie allerdings schnell durchschaut werden.

Entsprechend vorsichtig ist nicht nur mit den im ersten Band kritisierten offenen Unterrichtsformen, die ja z. B. als Stationsbetriebe oder Werkstätten gerade im Sachunterricht eine große Rolle spielen, sondern auch mit einem primär auf Lernkarteien oder anderen didaktisierten Materialien fußenden Unterricht umzugehen. Sinnvoller als eine Komplettausstattung mit Materialien und Experimentieraufträgen erscheint daher der mögliche Rückgriff auf eine Grundausstattung an Werkzeugen – die hier einmal wirklich aus „Werkzeugen" besteht, von der Lupe bis zum Fotoapparat, vom Kompass bis zum Computer, aber auch Sachbücher, Lexika, Bestimmungsbücher, Experimentierbücher, Filme, Diasammlungen, Internetzugang, Modelle, Nachbildungen, Karten usw. einschließt. Zusätzlich sollte der Rückgriff auf alle möglichen Materialien, die man zum Probieren und Experimentieren brauchen kann, vorhanden sein. Dabei kann dieser Fundus durchaus ein in einem anderen Raum untergebrachter Schulfundus sein, der den Kindern zugänglich gemacht wird.

5.3.4 Von der Angebotsvorgabe zur offenen Projektkultur

Nach dem Unterricht sind / waren wir Lehrerinnen uns einig: Beim nächsten Mal würden wir den Kindern mehr zutrauen und weniger Vorgaben machen. Wir möchten den Kindern erst die Bücher in die Hand geben und sie dann daraus

> Themen und Fragestellungen entwickeln lassen, denen sie nachgehen können. (Knoll u. a. 1997, 271)

Anregungen und hilfreiche Informationsquellen gibt es – wenn man sie denn zulässt – genug. Die Kinder können auf dieser Basis alleine oder zu mehreren – bis hin zur ganzen Klasse – an der Erforschung ihrer Thematiken und Fragen arbeiten. Wie schon bei den obigen Exkursen zu Schreib- und Rechenkonferenzen geschildert, muss dabei das Spannungsfeld zwischen Verbindlichkeit und Offenheit reflektiert werden; alle Arbeitsweisen haben ihre Vor- und Nachteile. So bieten z. B. gemeinsame Klassenprojekte neben der Kraft, die aus einer gemeinsamen Arbeit hervorgeht, große Reflexions- und Austauschmöglichkeiten auf Klassenebene, die sicherlich sehr produktiv nutzbar sind. Wir halten allerdings Klassenprojekte als durchgängiges Unterrichtsprinzip im Sachunterricht nicht für sinnvoll, sondern möchten auch hier die individuelle Eigenproduktion in der Form von Einzel- oder Miniprojekten favorisieren. Bei diesen erscheint es uns viel eher möglich, das dem Projekt zu Grunde liegende „absichtsvolle Tun“, das Angehen einer Sache „mit ganzem Herzen“ zu erreichen, das die motivationale und lernpsychologische Grundlage des Offenen Unterrichts darstellt. Sobald eine (wenn auch demokratische) Einigung einer so großen Gruppe wie die einer Klasse auf ein bestimmtes Thema erreicht werden muss, kann es schnell sein, dass sich die Selbstbestimmung des Schülers nicht sonderlich von der unterscheidet, die er bei der ungefragten Zuweisung eines Themas in einem lehrerzentrierten Unterricht erfahren würde – was neben einem möglichen individuellen Motivationsabbau wiederum auch starke Auswirkungen auf die gesamte Arbeitsatmosphäre in der Klasse haben dürfte.

Umfangreichere Klassenvorhaben mit Auf- und Zuteilung von Tätigkeiten sollten daher entweder situativen Anlässen entspringen (Klassenfahrten, Ausflüge, Einrichtung der Klasse, Anlage eines Klassengartens, Vor- bzw. Nachbereitung des Aufsuchens außerschulischer Lernorte, Organisieren und Ausstatten von Festen und Feiern, Weihnachtsplätzchen backen, Laternen bauen) oder aber innerhalb der Thematik einen so breiten Rahmen zulassen, dass sich alle Kinder individuell und nach ihrem Interesse einbringen können. Aber – wie gesagt – warum nicht die Projektvorhaben in ihrem Inhalt und ihrer Größe freistellen? So können dann die Kinder, die dies auch wirklich wollen, Vorhaben wie die gerade genannten organisieren, daneben können andere Kinder aber weiter an ihren individuellen Fragestellungen, Vorträgen, Projekten arbeiten. Diese Vorgehensweise kommt auch der zeitlichen Dynamik des Offenen Unterrichts entgegen, denn es liegt auf der Hand, dass Arbeiten (auch gemeinsam geplante) nie zu einem bestimmten Zeitpunkt fertig sein können, dass sie immer wieder unterbrochen, abgebrochen, mehrgleisig fortgeführt, beiläufig bearbeitet werden. Zumindest muss die Möglichkeit dazu bestehen.

An dieser Stelle sei dafür plädiert, den irrwitzigen Grundsatz „Arbeiten müssen beendet werden“ mit Vorsicht zu genießen. Vielleicht spielt er – aus disziplinären Gründen? – im traditionellen Unterricht eine Rolle, im Offenen Unterricht macht er keinen Sinn, denn jeder muss natürlich das Recht haben, Fehler zu machen, Sachen ausprobieren zu können, Vorhaben revidieren zu dürfen oder ganz von ihnen absehen zu können. Und Kinder, die in dieser Hinsicht eher fahrig sind, lernen die Begeisterung für die Sache wahrscheinlich in den seltensten Fällen durch einen Erledigungszwang. Der alles beginnende und nichts beendende „Chaot“ ist mir noch in keiner Klasse Offenen Unterrichts begegnet – dafür aber durchweg Kinder, die genau wussten, welche Sachen es wert waren, fortgeführt zu werden und welche nicht.

Die offene Unterrichtsgestaltung, die den Kindern erlaubt, jederzeit andere Kinder aufzusuchen und anzusprechen, führt dabei zu einer sehr reichhaltigen gegenseitigen Information. Jedes Kind bekommt die Vielfalt an Themen, an denen in der Klasse gearbeitet wird, mit. Der Austausch untereinander erfolgt in altbewährter Weise sowohl ständig beiläufig während der Arbeitsphasen durch Zuschauen, Mitmachen, Fragen oder ungeplantes „Mitbekommen", als auch geplanter, wenn immer wieder im Sitzkreis Beobachtungen und Ergebnisse vorgestellt, Fragen aufgeworfen oder Absprachen getroffen werden.

> Bist du dafür?
>
> Ich will demnächst mal Kaulquappen mit in die Klasse bringen, und groß ziehen. Aber Ich muss Sie dann wenn Sie Sich langsam zu Fröschen verwandelt haben, Wieder mit nehmen. Warum?
>
> Die Frösche müssen mit drei jahren wieder zu ihrem Geburtsort zurück (Mein Teich) weil Sie Sich dann selbst paaren, und Eier legen. Wenn Sie in Spich ausgesetzt werden hätte das schlimme Folgen. Wenn die Frösche versuchen von Spich nach Kriegsdorf zu wandern könnten Sie leicht von einem Auto oder Fahrrad überfahren werden. Deswegen ist es besser wenn Ich Sie mit nehme, zu ihrem Geburtsort. Aber Ich behalte Sie nicht Ich lasse Sie frei.
> Bist Du dafür?

5.3.5 Von der Arbeitsblattdidaktik zur medienkompetenten Vortragskultur

In unserem Unterricht hat sich im Laufe der Zeit eine regelrechte „Vortragskultur" herauskristallisiert. Das Vorstellen der Unterrichtstätigkeiten des Tages bzw. der letzten Zeit wandelte sich immer mehr zur Präsentation bestimmter Themenvorträge, die die Kinder alleine oder in Kleingruppen erarbeitet haben. Oft entsprangen diese Vorträge bestimmten Interessensgebieten der Kinder wie „Hunde", „Pferde", „Wölfe", „Computerspiele", „Der zweite Weltkrieg", „Ägypten", „Die Entstehung der Welt", „Der Weltraum", „Baseball" usw. Es gab aber auch gemeinschaftliche Themenabsprachen wie „Der menschliche Körper", „Das Mittelalter", „Musikinstrumente" usw., zu denen dann fast alle Kinder verschiedenste Vorträge aufbereitet haben und sachkundig miteinander diskutiert haben.

In der Regel haben die Kinder sich dazu dann selbst Informationen beschafft, meist aus unserer klasseneigenen Sachbuchsammlung (da wir ja gar keine Schulbücher hatten, waren – über ein paar Umwege – entsprechende Mittel zur Anschaffung vorhanden), aus eigenen Buchbeständen oder durch das Mitbringen von Büchern aus der Stadtbücherei. Mit Hilfe der in der Klasse bzw. Schule vorhandenen Materialien und Werkzeuge konnten sie Plakate für ihre Vorträge gestalten, am Computer Texte immer wieder ergänzen und überarbeiten, zur Veranschaulichung auf Modelle zurückgreifen, selbst Fotos, Dias und Folien ergänzen usw. Regeln für die Art und Weise, in der die Vorträge gehalten werden sollten, gab es nicht: Genauso wie beim Präsentieren eigener Geschichten oder Rechenaufgaben war neben dem kontinuierlichen Austausch der Kinder beim Entstehen der Produkte letztendlich der gemeinsame Sitzkreis das Gremium, das alle zur Prüfung der Inhalte und der methodischen bzw. medialen Vorgehensweise der Kinder aufforderte.

Hier gab es ein Feedback auf Art und Form der Präsentation, auf den Sinn oder Unsinn der verwendeten Medien, auf Reihenfolge der Inhalte und Layout der Bilder und Plakate usw. Die Zuhörer versuchten auf Unklarheiten hinzuweisen, stellen weiterführende Fragen, wiesen auf Ungereimtheiten hin usw. So bewährten sich im Laufe der Zeit bestimmte Vorgehensweisen, während andere sich – zumindest für bestimmte Themen oder Kinder – als eher ungeeignet erwiesen. Als „Grundgerüst“ des Vorgehens kristallisierte sich im Laufe der Zeit eine

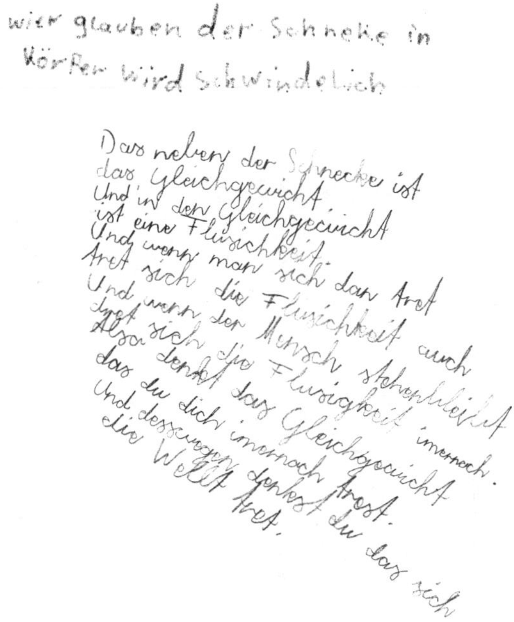

Vorgehensweise heraus, bei der die Kinder sich durch die Nutzung verschiedener Quellen (meist Bücher) Informationen zum Thema zusammenstellten, Sinn- und Unsinn einzelner Teilthemen abwägten und das Thema dann aufbereiteten. Schnell wurde den Kindern auch der Unterschied zwischen verschiedenen Vortragsarten (fremden Text ablesen, eigenen Text vorlesen, Stichwortvortrag, ganz freier Vortrag) klar, weil sie z. B. das Vorlesen eines abgeschriebenen fremden Textes alle sehr ermüdend und nicht gewinnbringend fanden, während freie Vorträge immer eine begeisterte Zuhörerschaft hatten. Entsprechend setzten sich solche Präsentationsformen dann auch durch.

Von der zunehmenden Qualität der Vorträge der Kinder war ich schon sehr überrascht. Es waren einzelne Referate von so hohem Niveau dabei, dass ich aus dem Staunen nicht mehr heraus kam. S. hielt z. B. einen Vortrag über das Auge, der nicht nur vollkommen souverän ohne Vorlage von ihr frei vorgetragen wurde und sehr anschaulich und aussagekräftig auf großen Plakaten illustriert war, sondern den sie zusätzlich mit in Einzelteile zerlegbaren Modellen aus der Schulsammlung unterstützte. Vorher hatte sie noch Sehtests und Befragungen mit den Schülern durchgeführt, deren statistische Auswertung sie darlegte. Zusätzlich bezog sie während ihres Vortrages ganz versiert die Kinder durch weitere Tests, optische Täuschungen, herausfordernde Fragen usw. in das Thema ein.

Aber was mich fast noch mehr verblüfft hat, war, dass dann im vierten Schuljahr sogar die „schwächsten" Kinder nachzogen und freie Stichwortvorträge vor der ganzen Klasse hielten. Kinder, die eigentlich als „lernbehindert" galten bzw. die über Jahre so unselbstständig erschienen, dass sogar ich immer wieder Zeiten hatte, in denen ich überlegt habe, ob ich ihnen nicht doch irgendwelche reproduktiven Übungen zur Beschäftigung geben müsse. Selbst diese Kinder konnten sich plötzlich Informationen beschaffen, diese sichten und auswerten und anderen zugänglich machen. (Etwas, was man ihnen dann – wenn überhaupt – erst wieder in der Oberstufe oder im Studium zutrauen würde ...) Man sollte also in keinem Fall vorschnell den Glauben an die Selbststeuerungsfähigkeiten des Kindes verlieren!

5.3.6 Vom Arbeitsmittellager zur eigenständigen Medienaufbereitung

Der Großteil der Aktivitäten bei uns war in dieser Hinsicht sicherlich eher „kopflastig". Mir kam es so vor, als ob die Kinder gar nicht immer alles „handlungsorientiert" angehen wollten, sondern ihnen der (frei gewählte) Zugang zu den verschiedenen Themen über Bücher und andere Medien in vielen Fällen lieber war. Es kann sein, dass das auch an der Ausstattung unserer Klasse lag, die eher auf Bücher als auf einen riesigen Fundus an Experimentiermaterial ausgerichtet war. Obwohl die Kinder jederzeit Sachen mitbringen konnten (und dies auch taten – von der Kaulquappe bis zum „Riesenhund", vom Solarexperiment bis zum Konstruktionsbaukasten) haben wir nie speziell ausgestattete Arbeitsecken gehabt, sondern die Kinder haben sich immer situativ eingerichtet und ihre Projekte in irgendeiner passenden Ecke irgendwo in der Klasse, im Schulgebäude (im Flur, im Keller, im Feierraum) oder draußen auf dem Schulgelände verfolgt.

Vielleicht hatten mich meine Beobachtungen in sehr „materialintensiv" eingerichteten Klassen davon abgeschreckt, den Kindern auch bei uns einen entsprechenden Fundus einzurichten. Oft hatte ich dort erlebt, dass der Umgang mit den Materialien entweder nur der oberflächlichen „Aberledigung“ entsprechender Aufträge diente (an die das Material fast immer gekoppelt war), oder aber ich bei den Tätigkeiten der Kinder vielfach nur ein Herumspielen mit dem Material als Überbrückung von Langeweile wahrnahm (– wobei ich denke, dass ich sehr wohl zwischen Herumspielen und Ausprobieren oder Versinken o. Ä. unterscheiden kann). Da sich bei uns ja wirklich jedes Kind auf Grund der fehlenden Vorgaben und Aufträge jeden Tag aufs Neue für oder gegen das Lernen entscheiden musste, wollte ich diese Fluchtmöglichkeit in eine reproduktive Beschäftigung bzw. in belangloses Tun nicht gleichberechtigt neben dem hohen Anspruch der selbstständigen Erstellung von Eigenproduktionen bzw. Vorträgen stehen haben. Wenn sich jemand nicht für das Lernen entschied, war das vollkommen korrekt, aber er sollte sich dann nicht selber etwas vormachen können. Etwas, was die Kinder wohl auch so sahen, denn ähnliche Situationen, in denen Kinder sich z. B. im Unterricht vorwiegend mit Computerspielen beschäftigten, wurden ganz demokratisch und fast einstimmig von den Kindern in die Pause verlegt (siehe Kapitel 3.3.4 im ersten Band).

Natürlich greift diese Begründung zu kurz und ist eine rein subjektive. Zu Grunde liegt ihr meine eigene Grenze für Offenheit, die für mich als Lehrer noch greifbar, vertretbar und begründbar sein muss – und mich so vor einem Laisser-faire-Unterricht schützt. Für mich war diese Grenze da erreicht, wo Handlungen nicht mehr durchschaubar waren – für mich oder den einzelnen Schüler. Ich wollte schon wissen, was los war, und nicht von undurchsichtigen oder nicht einschätzbaren Aktionen abhängig werden. Vielleicht ist das vergleichbar mit dem Unterbinden von Beschäftigungen mit „Drogencharakter“, wie ihn u. U. Fernsehen, Video und Computerspiele ausüben können, wenn die ihnen innewohnende Faszination jedes Mal besiegt werden muss, um Abstand zu ihnen zu gewinnen. Diesen Konflikt wollte ich uns allen ersparen, so dass jederzeit Material besorgt und mitgebracht werden konnte, aber nicht schon von sich aus in der Klasse war (bis auf Werkzeuge wie handwerkliche Gerätschaften, Gartengeräte, Lupen, Spiegel usw.). Es kann sein, dass ich den Kindern so viele fruchtbare praktische Erfahrungen genommen habe. Es kann aber auch sein, dass ihnen so erst die Konzentration auf das Wesentliche ermöglicht wurde. Hier muss jeder Lehrer unbedingt selbst Erfahrungen sammeln, inwieweit er wie kompensatorisch auf was reagieren will.

> Kinder leben heute in einer Welt der Erwachsenen bei gleichzeitig ausgedehnter institutionalisierter Kindheit. Sie nehmen durch Medien Anteil an der großen Politik, bekommen Einblick in sexuelles Verhalten und erfahren Probleme, auf die sie von sich aus nie gestoßen wären. Sie werden als Konsumenten im Marktgeschehen fest eingeplant und damit Objekt von Vermarktungsstrategien. Sachunterrichtsdidaktisch heißt dies, daß der Zugriff zu fernen Welten zwar nicht verhindert werden kann, daß aber auch Raum geschaffen werden sollte für eine Kindheit

der Kinder. Dazu gehört die Fähigkeit zur Distanzierung von Konsumangeboten materieller und medialer Art. Kinder sollen die Chance haben, ihre eigenen Fragen weiterzuverfolgen, Freiräume der Kindheit zu erleben und spielerisch auszugestalten. (Kaiser 1996, 164f.)

5.3.7 Vom festen Stoffkanon zu den Zielen im Hinterkopf

Ein solcher Sachunterricht, der maßgeblich von den Fragen der Kinder getragen wird, verlangt vom Lehrer weniger die didaktische Aufbereitung entsprechender Inhalte, sondern ist neben dem Erhalten einer Forscherneugier bei den Kindern vor allem an Arbeitsweisen und Darstellungsformen interessiert. Was die Inhalte betrifft, so sollte der Lehrer – neben der Kultivierung einer Fragehaltung und dem Nutzbarmachen dieser Fragen als „Lernbasen" – Kernideen erkennen und weiterführende oder strukturierende Impulse bereithalten. Dabei wird er immer nur in einzelnen Situationen und auf einzelne Kinder reagieren, wenn er nicht Gefahr laufen will, dass seine eigenen Sichtweisen und Erfahrungen von den Kindern unreflektiert einfach übernommen werden.

Seine Hauptaufgabe aber ist die Anbahnung wissenschaftlicher Arbeitsweisen. Damit aber auch hieraus kein „zu erledigender" Lehrgang entsteht, wie es in der Vergangenheit in entsprechenden verfahrensorientierten Konzeptionen (vgl. Breddermann 1983) erfolgt ist, muss dem Schüler ein situatives Nutzen von Arbeits- und Darstellungsformen ermöglicht werden. Diese stellen entsprechend keinen verbindlichen Kanon dar, sondern bleiben im Hintergrund – oder wie es im englischen Projekt „Science 5/13" so treffend formuliert wird – der Lehrer ist jemand „with objectives in mind" (Schwedes 1976, 7). Er hat Ziele, die sich in seinem „Hinterkopf" befinden und so zu situativen Impulsen und nicht zu einem Lehrgang führen, vor allem wenn sie – was bei Science 5/13 so noch nicht beabsichtigt war – primär im Dienste eines interessegeleiteten Lernens bzw. einer individuellen Erschließung der Lebenswirklichkeit stehen.

Dabei korrespondieren diese Lernziele bzw. Verfahren so stark mit allgemeinen Zielen der Grundschularbeit, dass sie automatisch immer wieder auftauchen und gerade innerhalb der selbstgesteuerten, autonomen Arbeit im Offenen Unterricht stetig vorkommen. Dies sei beispielhaft anhand einer – immer noch auf einen eher fachlichen (hier gesellschaftswissenschaftlichen) Bereich begrenzten – Sammlung zu erwerbender „Fertigkeiten, Fähigkeiten, Verhaltensweisen" gezeigt, die Kaiser aus den Richtlinien des Landes Hessen von 1979 (vgl. Der Hessische Kultusminister 1979) ausgewählt hat:

- „in Gruppen spielen und arbeiten"
- „um Hilfe, Rat, Information nachfragen, Fragen formulieren"
- „für andere sprechen können"
- „Gefühle aussprechen"
- „Aufgabenstellung verstehen, anderen Aufgaben stellen und erklären"

- „gemeinsam Pläne entwickeln“
- „Regelungen finden, vereinbaren, erproben, kontrollieren“
- „selbständig in Gruppen über einen längeren Zeitraum arbeiten“
- „kooperative Arbeit zwischen zwei Gruppen“
- „Erwachsene, Fremde zu einer Sache befragen“
- „Symbole lesen und entwickeln“
- „einfachste Tabellen herstellen“
- „Beobachtungen durchführen und festhalten“
- „Jemand befragen“
- „Gebrauch von Orts- und Lagebezeichnungen“
- „einfachste Formen der Protokollführung“
- „einfachste Ordnungssysteme benutzen“
- „Inhaltsverzeichnis und Stichwortregister benutzen“
- „Befragungsergebnisse auswerten“
- „Gruppenergebnisse auf Matrizen schreiben und vervielfältigen“
- „einfache Statistiken herstellen und lesen“
- „Informationen aus Zeitungen und Zeitschriften entnehmen“
- „nach Begründungen fragen, Begründungen geben“
- „Prioritätenlisten erstellen und verwirklichen“
- „erkennen von Kompromißmöglichkeiten“ (Kaiser 1996, 81)

Viele der aktuellen Lehrpläne verzichten daher auf eine solche detaillierte Aufstellung und formulieren eher übergreifendere Ziele z. B. als „Fachliche Qualifikationen“:

- Mit anderen umgehen (Regelungen wahrnehmen, aufstellen und erproben; Gespräche führen; Soziale Erfahrungen machen)
- Sich in Zeit und Raum orientieren (Zeit bewusst erfassen; Raum bewusst wahrnehmen)
- Beobachten (Phänomene und Vorgänge erfassen; Beobachtungen protokollieren)
- Vergleichen / Unterscheiden / Messen (Objekte beschreiben; mit Maßeinheiten vergleichen)
- Experimentieren / Untersuchen / Konstruieren (Durch eigenes Tun etwas herausfinden; Werkzeuge und Geräte auswählen und einsetzen)
- Probleme lösen und kritisch denken (Sachprobleme entdecken und nach Erklärungen suchen; Erkenntnisse herausarbeiten)
- Informationen sammeln, ordnen, weitergeben (Bilder und Gegenstände sammeln; Informationen finden und vergleichen; Informationen zusammenstellen und veröffentlichen)
- Planen / Projektieren (Kleine Vorhaben verwirklichen; über das eigene Tun reflektieren) (vgl. Der Hessische Kultusminister 1995, 125)

Sichtbar wird hier, dass der Sachunterricht dem Lehrer nicht nur eine größtmögliche Offenheit lässt, sondern auch, dass seine Ziele nur in einem Unterricht mit offenem Curriculum zu erreichen sind – nimmt man sie denn ernst und versucht sie nicht mittels einer vermeintlichen Kindorientierung in einen reproduktiv ausgerichteten Lehrgang zu zwängen. Von daher erscheint auch die immerwährende Inhalts- und Methodendiskussion der Didaktiker zweitrangig, denn ein an den Fragen und Lernbedürfnissen der Kinder orientierter offener bzw. integrierender Sachunterricht hat wahrscheinlich viel eher eine Chance auf sinnstiftendes Lernen als ein Sachunterricht, der primär auf Arbeitsblättern und Sprachbuchübungen basiert. Sachunterricht ist Unterricht, der sich an der Lebenswirklichkeit des einzelnen Kindes orientiert. Deshalb können auch an dieser Stelle – genauso wenig wie in den Lehrplänen – keine konkreten Vorschläge zur inhaltlichen und methodischen Aufbereitung gegeben werden. Diese gilt es situativ in der oben beschriebenen Form mit den Kindern zu entwickeln.

> Ich folgere aus den Darlegungen:
> Wir müssen episodenhaft angesiedeltes Wissen von Schülern erwerben lassen – also sach- und sozialbezogenes, aktives, situationsorientiertes und handelndes Lernen verwirklichen.
> Wir müssen uns davor hüten, Begriffe wie Offenbarungsweisheiten an die Kinder zu übermitteln.
> Wir müssen unbedingt gewährleisten, daß Kinder Begriffe selbst durch handelndes Lernen sachlich richtig aufbauen.
> Wir müssen daher Zeit und Geduld aufbringen, damit Kinder unter sich neue Begriffe aushandeln und sich bemühen können, daß ein jeder sie versteht.
> Wir müssen in der Grundschule episodisches Wissen grundlegen, das wegen seiner ihm inhärenten Handlungsstrukturen und Problemlösekompetenzen Brückenkopffunktion hat.
> Wir müssen ferner Abschied nehmen vom Vollständigkeitswahn und von der Stoffhuberei. (Soostmeyer 1987, 133)

5.4 Leistungsbewertung im Sachunterricht

> Wenigstens Sachunterricht sollte ohne Noten erteilt werden. [...] Dabei geht es nicht nur um ein Vermeiden von Mißerfolgserlebnissen und den Abbau aggressionsfördernden Wettbewerbs (Preuschoff 1992), sondern auch darum, daß die Kinder sich unmittelbar den Dingen / Inhalten zuwenden können, ohne dabei gleich in Ansprüche hineinzugeraten. (Kaiser 1996, 210)

Mehr noch als in den Fächern Sprache und Mathematik erscheint die Leistungsbewertung im Sachunterricht problematisch. Nicht nur, dass sich Noten vielerorts oft nur auf das (brave) Arbeitsverhalten bzw. die ordentliche Heftführung der Schüler beziehen, nein, auch die Verbalbeurteilungen erscheinen oft sehr oberflächlich, wenn dort zu lesen ist: „Hat mit Freude mitgearbeitet“, „Folgt dem Sachunterricht mit Interesse“, „Hat viel Material mitgebracht.“ (Vgl.

Faust-Siehl 1997, 140) Wir haben es hier indirekt mit einer gewissen Geringschätzung des Faches Sachunterricht zu tun – nicht zuletzt auch als Folge der Hilflosigkeit gegenüber dem von uns so geschätzten offenen Lehrplan.

Die Leistungsmessung basiert im herkömmlichen Sachunterricht meist auf der Beurteilung des Mitmachens (durch Aufzeigen) im Unterricht bzw. dem (z. B. in NRW eigentlich verbotenen) schriftlichen Abtesten des durchgenommenen Stoffs in der Form gezielter Fragen oder dem Ausfüllen von Lückentexten. All diese Bewertungsversuche erscheinen auch deshalb unglücklich, weil sie nicht zwischen dem schon vor der Durchnahme des Stoffs vorhandenen Vorwissen und dem eigentlichen im Unterricht erfolgten Wissenszuwachs unterscheiden können, den es ja eigentlich vorrangig zu bewerten gilt. Ich habe in meiner Ausbildungszeit einmal die an der Schule im Sachunterricht üblichen Tests (die dem Begleitmaterial bestimmter „roter Koffer“ im Lehrmittelraum entsprangen) zu durchgeführten und nicht durchgeführten Unterrichtsreihen ausfüllen lassen und bei beiden Varianten fast genau die gleiche Bewertung des einzelnen Schülers herausbekommen. Es gibt halt sachunterrichtlich, an den Dingen der Welt interessierte Schüler und wiederum andere, die sich nicht in solch hohem Maße dafür interessieren. Dieses Problem ist allerdings ein generelles, das sowohl in anderen Unterrichtsfächern als auch bei anderen Unterrichtsmethoden besteht.

Wichtig erscheint auch vor diesem Hintergrund die Freigabe der Inhalte, so dass der Schüler sich primär mit Sachen beschäftigen kann, die ihn selber faszinieren bzw. interessieren. Damit kann ein großes Stück an unterschiedlichen Voraussetzungen der Kinder überbrückt werden bzw. eine gewisse Chancengleichheit im Sachunterricht angebahnt werden. Zugleich sollte es Kindern möglich sein, auch Leistungen in Gruppen zu erbringen, in die – in der Hochform –jedes Kind seine Interessen und Fertigkeiten so einbringen kann, dass sie auch als Leistung angesehen werden. Entsprechend muss darauf geachtet werden, dass nicht die übliche Überbewertung von Verbalisierungs- und Notationskompetenzen erfolgt (vgl. Faust-Siehl 1997, 151). Auch Kinder, die sich weniger vorteilhaft darstellen können, müssen Möglichkeiten haben, ihre Leistungen zu zeigen. Es wäre nicht nur schade, sondern auch unfair, wenn sich geringere Leistungen in den Kulturtechniken auch auf die Sachunterrichtsnote auswirken würden.

Vor allem beim hier beschriebenen Konzept eines selbstgesteuerten, verfahrenintegrierenden Sachunterricht ergibt sich die Frage, was überhaupt auf welche Weise beurteilt werden kann. Die von den Kindern erworbenen Qualifikationen lassen sich nicht einfach in der üblichen Form „abtesten“ – es geht ja nicht mehr um einfaches, reproduzierbares Wissen. Neugier- und Frageverhalten, Problemlöse- und Darstellungskompetenzen usw. sind nicht nur schwer zu beurteilen, sondern hängen eben auch in großem Maße mit der Grundeinstellung des Schülers bis hin zu seinen Charakterzügen zusammen. Entsprechend der lebenswirklichkeitsorientierten Basis des Sachunterrichts, die in jeder Klasse, ja bei jeder

der beteiligten Personen anders ist, kann es daher keine allgemeingültigen Beurteilungsregeln oder -rezepte geben. Wir möchten daher dafür plädieren, eben diese Tatsache zur Basis der Leistungsbewertung im Sachunterricht zu machen, indem gerade hier die Selbstbewertungskompetenz der Schüler gefördert wird. Die Vielfalt der Themen, Methoden und Darstellungsformen, die sehr viele subjektive Beurteilungsvarianten zulassen, können dann als produktives Kapital zur Auseinandersetzung dienen. Dies ist im Sachunterricht viel eher möglich als in anderen Fächern wie Mathematik oder Sprache, da in diesen eher auf bestimmte „Normen“ (Richtigkeit der Aufgabenlösung oder der Schreibweise von Wörtern) zurückgegriffen wird.

Eine gute Möglichkeit, zu einer solchen „Bewertungskultur“ zu kommen, ist das schon oben beschriebene (freiwillige) Vorstellen von Arbeitsergebnissen im Sitzkreis. Dort können Vorträge gehalten werden, zu denen die anderen Kinder dann weitergehende Fragen stellen bzw. im Gespräch eventuelle Unklarheiten beseitigen, es können Modelle und Anschauungsobjekte vorgestellt werden, es können andere Kinder in das eigene Projekt oder den Vortrag einbezogen werden. Innerhalb dieser Aktivitäten bekommen alle Beteiligten einen Eindruck von der erbrachten Leistung, der dann innerhalb einer Diskussion erweitert und überprüft werden kann – unter Leitung des Kindes, das sich benoten lassen will. Auch hier ist – wie auch bei der gegenseitigen Bewertung der Schüler in anderen Fächern – in der Regel ein hohes Maß an individueller Bewertungskompetenz festzustellen: die Kinder können sehr wohl die Leistung eines Kindes im Rahmen seiner Möglichkeiten einschätzen, so dass auch „schwächere“ Kinder gute Erfolge mit ihren Produkten und Ausführungen erzielen.

Für den Lehrer ergibt sich durch das produktorientierte Arbeiten der Kinder genügend Stoff für eine differenzierte Verbalbeurteilung, die weitaus aussagekräftiger erscheint als ein solches, nicht aussagekräftiges Testergebnis wie das schon oben erwähnte, bei dem die Noten im Prinzip schon vorher feststehen. Auch die Einstufung in eine bestimmte Notenkategorie – wenn es denn unbedingt sein muss – kann durch die gemeinsame Bewertungsfindung im Kreis bzw. die der Notendiskussion in der Klasse transparenter und allgemein akzeptierter erfolgen – was natürlich für alle Fächer gilt.

6 Vom fächerübergreifenden Sachunterricht zum integrativen Offenen Unterricht

> Wenn am Anspruch einer konsequenten Lebensweltorientierung der Didaktik [...] festgehalten werden soll, kann der Sachunterricht nur als quer zu den anderen Lernbereichen der Grundschule liegender und sie übergreifender „offener“ Unterrichtsbereich und die Sachunterrichts-Didaktik als Didaktik dieses lernbereichsübergreifenden, offenen Unterrichtsbereichs definiert werden. Der Sachunterricht würde in diesem Ansatz einer Didaktik des Sachunterrichts als Integrationskern des Grundschulunterrichts begriffen, in dem sich die speziellen Fragestellungen, Inhalte und Methoden der verschiedenen Lernbereiche z. B. in Projekten vielfältig miteinander verknüpfen, in dem aber zugleich auch der inhaltliche Horizont der Lernbereiche transzendiert wird. Die spezifische Funktion des Sachunterrichts gegenüber den anderen Lernbereichen bestünde darin, die dort getrennten und systematisierten Aspekte der Wirklichkeitsbewältigung wieder zusammenzufügen und um spezifische natur- und sozialwissenschaftliche Aspekte zu erweitern. (Hänsel 1980, 76f.)

Ein solches Konzept ist dabei mehr als ein offener, fächerübergreifender Sachunterricht und viel mehr als das, was seit einigen Jahren als Reaktion auf die Zusammenfassung der Fächer Sprache, Mathematik und Sachunterricht zu einem fächerübergreifenden Lernbereich als „Kombinations-“ oder „Verbundwerk“ der Verlage Einzug in die Schulen hält. Sachunterricht ist eben nicht das, als was er in so vielen Klassen angesehen wird: die Fortsetzung des Sprachunterrichts, in dem die Lektionen des Sprachbuches in zu beschriftenden Sach-Arbeitsblättern weiter geübt werden.

Nimmt man die zur Auseinandersetzung mit den Fragestellungen bzw. Sachinhalten notwendigen Techniken und möglichen Umsetzungs- und Darstellungsformen des Sachunterrichts zusammen, so zeigt sich, dass eine weit über ein einfaches fächerübergreifendes Arbeiten hinausgehende Gesamtheit entsteht. Es werden Informationen gesucht, gelesen, ausgewertet, notiert, zusammengefasst, es werden Maßeinheiten und Größen miteinander verglichen, Rechnungen getätigt, Tabellen und Statistiken ausgewertet und erstellt, es werden Ausstellungen vorbereitet, Plakate gestaltet, Illustrationen und Modelle angefertigt, es werden Sachverhalte szenisch dargestellt, musikalisch begleitet, vertont, moralisch und ethisch hinterfragt, in bestehende Normen eingebettet. Sachunterricht ist nicht Üben, sondern „Aus-“üben von Sprache, Mathematik, ja auch Kunst, Musik und oft sogar auch Religion und Sport ... – ganz zu schweigen von der dem Fach immanenten Schulung von Arbeits- und Sozialverhalten.

Wir möchten einen solchen Unterricht, der der Sache entspringt und zu ihrer Bearbeitung *auch* die verschiedensten Fächer nutzt, deshalb nicht mehr „fächerübergreifend“ nennen, sondern „integrativ“. Der Begriff integrativ soll dabei verdeutlichen, dass es um eine Gesamtheit geht, die gar nicht erst durch die Aufteilung in Fächer zerstört wird. Entsprechend muss dann ein solcher Unterricht auch nicht extra „fächerübergreifend“ angelegt werden (– zudem sollte man auch nur dann von fächerübergreifendem Unterricht sprechen, wenn auch wirklich Fachinhalte der verschiedenen Fächer eine Rolle spielen).

> Die – gleich nach welchen Kriterien vorgenommene – lehrplanmäßige Aufschlüsselung der Welt in Bereiche kann im Unterricht nicht wieder in ihrer ursprünglichen Natürlichkeit hergestellt werden. Es scheint, man muß im Unterricht der natürlichen Gegebenheit der Welt mit den Kindern folgen und mit ihnen gehen, um Verstehen, Einsicht und Verantwortung zu fördern. (Meiers 1993, 90)

Die Ausführungen über offenen Sprach- und Mathematikunterricht haben gezeigt, dass es in diesen Fächern keines Lehrgangs bedarf und die in der Grundschule zu erreichenden Ziele nicht mit reproduktiven Verfahren wie dem Abschreiben von Diktattexten, dem Ausfüllen von Sprachübungen, der Erledigung einer Rechtschreibkartei, dem Abarbeiten von Rechenpäckchen zu erreichen sind, sondern – unter der Prämisse von Effektivität und der Prävention von Lernschwierigkeiten – einzig und allein durch eine selbstgesteuerte Aneignung. Der integrierend verstandene (Sach-)Unterricht bietet als handlungsoffene Auseinandersetzung mit der Wirklichkeit die Möglichkeit zum ganzheitlichen „Begreifen“ von Sache, Wort und Zahl. Er bietet den Raum, eigenen Vermutungen nachzuspüren, Informationen zu sammeln, Vermutungen auszutesten, Lösungen festzuhalten. Und zwar nicht nur im Bereich der Auseinandersetzung mit der Sache, sondern immer. Auch das Erlernen von Sprache und Mathematik wird so zur „Sache des Sachunterrichts“ bzw. zur „Sache des Offenen Unterrichts“, genauso wie die in der Schule oft genug ignorierte Erziehung zum Denken.

Über seine Vielseitigkeit hinaus liefert der integrative Offene Unterricht so Entscheidendes für die Fächer bzw. die Schule insgesamt. Er liefert ihnen bzw. ihr durch seine Erfahrungs- und Anwendungsorientierung den Sinn. Lesen, Schreiben und vor allem Rechnen werden zur Auseinandersetzung mit der Sache gebraucht. Sie müssen nicht losgelöst und untransparent als Techniken eingeführt und eingeübt werden. Auch nicht als „Grundlage“ im Anfangsunterricht. Zu jeder Zeit und in jeder Situation kann die Auseinandersetzung mit der Sache im Vordergrund stehen und das Erlernen bzw. Üben der Kulturtechniken unbewusst und sinnvoll im Dienste eines wirklichen Anlasses erfolgen. Das ist mehr als die Zeitersparnis, die dadurch entsteht, dass man mehrere Dinge effektiv und gleichzeitig tut: Es ist die Achtung vor dem Lernenden, die sich darin ausdrückt, ihn als Menschen und nicht als abzufüllenden Wissensspeicher zu behandeln. Aber auch noch andere kulturelle Errungenschaften kommen ununterbrochen implizit oder explizit in diesem Unterricht vor und vereinen dadurch Schule zu etwas, was dann wirklich dem ihr eigentlich eigenen Bildungsauftrag entspricht: autonomes Erlernen von individuell wichtigen Kenntnissen und Fertigkeiten unter gleichzeitiger ethisch bzw. emphatisch ausgerichteter Persönlichkeitsbildung.

6.1 Erste Ideen zur Integration von Kunst und Musik in den Offenen Unterricht

Neben den Kulturtechniken und den daraus entstehenden fachspezifischen Fragestellungen tauchen auch Fächer wie Kunst und Musik von selbst im Offenen Unterricht auf, wenn gestalterisches Tun gefragt ist. Sei es bei der szenischen Darstellung einer Situation, beim selbst entworfenen Layout der Textproduktion oder als konkretes Projektvorhaben (wie z. B. in unserer Klasse bei der Aufführung unseres Musicals „Tabaluga“, bei dem vom Bühnenbau bis zum Chorsatz gerade der musische Bereich verstärkt angesprochen war). Darüber hinaus sind Kunst und Musik auf andere Weise immer auch Sachthema, wenn die Kinder Vorträge über bestimmte Maler, Bilder oder Epochen halten bzw. Instrumente oder Musikrichtungen vorstellen.

Kunst

Für den Bereich Kunst bieten sich neben einer ständigen „Fälscherwerkstatt“ und einer herausfordernden Bibliothek mit (Kinder-)Kunstbüchern vor allem Aktionswochen an, in denen die ganze Klasse in ein Kunstatelier verwandelt wird und den Schülern nicht nur verschiedenste Bilder, sondern vor allem auch die unterschiedlichsten Materialien (diverse Papiersorten bzw. Untergründe, Farben, Modelliermassen, Textilien, Werkmaterialien, Werkzeuge) zur künstlerischen Verwendung zur Verfügung stehen. Aus dem langweiligen Kunstunterricht, in dem alle Kinder zeitgleich dasselbe Bild „abmalen“, wird eine Hochburg kreativen Ausdrucks.

Daneben ermöglichen Exkursionen in Museen „originale" Begegnungen, bei denen immer öfter auch die Möglichkeit zu entsprechendem Handeln vor Ort erlaubt wird (Bild- und Skulpturbetrachtungen mit anschließender Weiterführung durch eigene Produktionen). Es ergibt sich durch diese Kombinationen vom beiläufigem Gestalten der Eigenproduktionen und gezielten Kunstvorhaben ein Unterricht, der den grundlegenden Verhaltenweisen der Kinder zur Aneignung ästhetisch-kultureller Erfahrungen Raum gibt und sie weiterentwickelt. Zeichnen und Malen, Plastizieren und Bauen, das Bilden und Ausgestalten textiler Formen und Flächen sowie der Umgang mit Medien werden so ganz selbstverständlich zur Darstellung genutzt und begleiten den Lernprozess auf unterschiedlichste Art:

- etwas sammeln, ordnen, einordnen, gliedern
- etwas kennzeichnen, dokumentieren, an etwas erinnern
- etwas Gesehenes wiedergeben, nachahmen
- etwas Vorgestelltes wiedergeben, Vorstellungen präzisieren, klären
- etwas Vorgefundenes verändern, umgestalten, neue Formen finden
- etwas schmücken, sich schmücken
- etwas planen, herstellen, erproben
- anderen durch Zeichen etwas mitteilen
- Gefühle und Empfindungen ausdrücken (Kultusminister NRW LP Kunst 1985, 21)

Musik

Für den Bereich „Musik“ gilt Ähnliches. Zwar lässt er sich auf Grund der akustischen Komponente nicht ganz so leicht integrieren, aber der Offene Unterricht bietet den Kindern trotzdem Raum, Musik zu machen, Instrumente und Spieltechniken zu erlernen oder auch Eigenproduktionen oder Projekte mit musikalischen Elementen zu kombinieren. Bei uns hat sich z. B. schnell ein Kreis von Flötenspielern gebildet, den eine Lehrerin stundenweise als Arbeitsgemeinschaft betreuen konnte, neben dem sich Kinder aber auch untereinander „die Flötentöne beigebracht“ haben (und zwar nicht im übertragenen Sinne ...). Entsprechendes galt für das Weitergeben von Klavier- oder Keyboarderfahrungen. Da immer nur einzelne Kinder „üben“ gingen, reichte uns der Kellerflur zum Ausweichen. Zu erwähnen sind in diesem Zusammenhang vielleicht auch Werkzeuge zum Selbererlernen von Instrumenten und Noten wie der Klangbaukasten der Firma Heinen, der Glockenspiele beinhaltet, deren Klangstäbe variabel angeordnet werden können, so dass z. B. als erster Schritt eine Melodie in linear zu spielender Abfolge gelegt werden kann – ein motivierender Einstieg, das Glockenspiel dann auch in herkömmlicher Form beherrschen lernen zu wollen.

Ansonsten haben zahlreiche Aktionen, vom genannten Musical bis hin zu Klassentreffen mit Tanzvorführungen, von Konzertbesuchen bis zur Bitte an einen Bekannten, Rockband-Instrumente vorzuführen, zusätzlich mit den schulüblichen gemeinsamen Festen und Feiern dafür gesorgt, dass „Musik machen“,

„Musik hören" und „Musik umsetzen" als Lehrplanforderungen bei uns immer eine Rolle gespielt haben – auch wenn ich darin nicht sonderlich bewandert bin. Zusätzlich gab es bei den üblichen Präsentationen der Kinder im vierten Schuljahr eine Vortragsreihe, in der von ihnen unzählige Musikinstrumente theoretisch und praktisch mit Hörbeispielen und zum Teil mitgebrachten Originalgeräten vorgestellt wurden. Auf diese Weise konnten verschiedene Arten der Klangerzeugung, unterschiedliche Ordnungssysteme, Klang- und Spielunterschiede, Benennungen von Einzelteilen usw. erfahren werden. Und durch die gegenseitige Präsentation bestimmt mit bleibendem Eindruck …

Sicherlich stellt all dies noch kein fachdidaktisches Konzept für den musischen Bereich dar, aber vielleicht fühlt sich der eine oder andere Leser angesprochen, hier weiter mitzudenken und mit zu entwickeln. Einfach melden …

6.2 Erste Ideen zur Integration von Sport, Religion und Begegnungssprachen

Jetzt wird es mit einer Integration der Fächer etwas heikler, da Sport, Religion und Fremdsprachen – je nach Blickwinkel – zumindest nicht ganz so einfach in einem interessegeleiteten Unterricht vorkommen wie Sprache, Mathematik, Sachunterricht oder auch der musisch-gestalterische Bereich. Und dennoch sehen wir hier Möglichkeiten.

Sport

> *Nacheinander betreten die Kinder der Klasse 1a die Sporthalle. Jedes Kind in seinem Tempo und nicht in Formation einer Herde, die vor Stundenbeginn vor der Tür zusammengetrieben oder geometrisch positioniert wurde. [...] Nach kurzer Zeit sind ausnahmslos alle Kinder in ihre Bewegungswelt versunken. Niemand muß in Riegen oder Warteschlangen seinen natürlichen Bewegungsdrang bekämpfen. Bei keinem der Kinder sind Zeichen der Angst, Ablehnung oder Langeweile zu entdecken – und waren es im Verlauf des gesamten Schuljahres auch nur höchst selten. Der überwiegend zu beobachtende Gesichtsausdruck ist das Lächeln. Dennoch verläuft diese Stunde – wie jede andere – nicht konfliktfrei: Dimitra und Michelle streiten über die Benutzungsrechte der Ringe, eine Hockey- und eine Fußballgruppe besprechen lautstark die Größe des der jeweiligen Equipe zur Verfügung stehenden Feldes, Felix und Dennis erheben beide Anspruch auf den letzten der verbleibenden Hüpfbälle. Die Kinder sind es gewohnt, Raum und Gerät selbständig zu verwalten, sie kennen die Regel, daß vorhandenes Material, wenn nötig, geteilt werden muß und kommen schließlich auch zu einem Kompromiß. Nur selten muß ich eingreifen, um einem Kind, das sich bei mir beschwert, zu seinem Recht zu verhelfen. [...]*
>
> *Die sozialen Gefüge, in denen die Bewegungsaktionen geschehen, bilden sich von selbst. Jedes Kind sucht sich seinen Partner oder seine Gruppe aus oder befasst sich aber auch mit sich selbst respektive allein mit seinem Medium. [...] Mißerfolge sind Selbstverständlichkeiten auf dem Weg zum persönlichen Erfolg und bedeuten keine verletzende Blamage. Das Hallendach wird zur Zirkuskuppel, Erstklässler werden Trapezartisten. Andere Kinder beobachten das circensische Geschehen, lassen sich inspirieren und greifen die beobachteten Bewegungshandlungen auf. [...] Erst das Ende der Stunde macht es schließlich erforderlich, die Handlungen zu unterbrechen und damit massiv in das Geschehen einzugreifen, was von den Kindern wie jedesmal mit Enttäuschung und dem Hinweis, daß die 'Freiturnstunde' viel zu kurz gewesen sei, aufgenommen wird. Bis zu diesem Augenblick hatten die Kinder die Chance, ihre Bewegungshandlungen auszuleben, begonnene Spiele bis zum Ende 'auszuspielen'. Nun wird alles Gerät ordentlich an seinem Platz verstaut, wird die eben noch chaotisch anmutende Halle in kürzester Zeit in ihren Normzustand zurückversetzt.* (Auras 2001, 221–223.)

Im Bereich Sport haben wir sehr gute Erfahrungen mit einem ganz offenen Sportunterricht gemacht, in dem die Kinder in der Turnhalle frei auf Geräte, Übungen oder Spiele zugreifen konnten. Die Kinder haben die verschiedensten Sachen nebeneinander gemacht: ein paar haben Seile und Kletterwand für „mörderische Tarzanschwünge" umfunktioniert, andere die großen Matten hinter der Kletterwand zur „Gletscherspalte" modifiziert, wieder andere haben sich mit Rollbrettern, Kästen und Matten rollende Burgen gebaut, ein paar Kinder haben aus dem Turnverein bekannte Gymnastikübungen an andere Kinder weitergegeben, eine Gruppe ist an den Seilen hochgeklettert, und der Rest hat vielleicht Basketball gespielt. Diese bunte Mischung an Aktivitäten hat erstaunlich

„sicher" funktioniert, das heißt die Kinder wussten weitgehend, welche Sicherheitsmaßnahmen notwendig bzw. sinnvoll sind (auch scheint die Tendenz in der Sportdidaktik heute dahin zu gehen, dass man unnötige Absicherungen möglichst vermeidet, damit das natürliche Angstgefühl bzw. das Gefühl der Kinder für ihre eigenen Grenzen nicht außer Kraft gesetzt wird).

Schön war vor allem die Entwicklung der Kinder, die aus anderen Schulen zu uns gekommen sind und dort einen Horror vor Turnunterricht und sportlicher Betätigung aufgebaut hatten. Der selbstgesteuerte Sportunterricht hat ihnen schnell wieder einen Zugang zu sich selbst, zu ihrem Können, zur Lust an der eigenen Bewegung gegeben. So rannte G., der an seiner alten Schule gerade im Turnunterricht viele Schmähungen auf Grund seiner Figur und seiner motorischen Ungeschicklichkeit hatte einstecken müssen, nach kurzer Zeit bei uns mit einer Unterlegmatte als „Supermann" verkleidet und ein Gymnastikband als Trophäe schwingend, stundenlang überglücklich durch die Halle – und machte mit der Zeit immer gewagtere Sachen. Er hatte nun Zeit und Möglichkeit, sich selbst Schritt für Schritt herauszufordern, ganz in seinem Tempo und ohne Angst vor der neuen Situation – und dabei genauso unbeirrt und motiviert wie auch kleine Kinder stehen oder laufen lernen.

Gab es Sachen abzustimmen, oder wollten mehrere Kinder lieber gemeinsam Spiele spielen, wurde von den „Turnchefs" ein Sitzkreis einberufen (diesmal wirklich ein Kreis ...), in dem Vorgehensweisen geklärt, Regeln abgestimmt oder Sicherheitsmaßnahmen angesprochen wurden. So entwickelte sich schnell ein implizites Regelwissen bei den Kindern. Auch das Aufräumen wurde auf diese Weise geregelt, indem man sich rechtzeitig vor Schluss im Kreis traf, um die entsprechenden Zuständigkeiten zu klären bzw. aufzuteilen. Schnell war den Kindern klar, dass eine kürzere Aufräumzeit eine längere Sportzeit zur Folge hatte, so dass auch das Aufräumen meist sehr zügig verlief. Da wir uns auch sonst im Offenen Unterricht nicht an die normalen Stundeneinteilungen hielten, haben wir die festliegenden Turnhallenzeiten meist noch mit der davor oder danach liegenden Pause verlängern können, so dass wir eigentlich recht viel Bewegungszeit in der Woche hatten.

In einem derart gestalteten offenen Sportunterricht wird der größte Teil der Lehrplaninhalte ganz natürlich abgedeckt und zugleich erscheint es so, als ob bestimmte Forderungen des Lehrplans im Hinblick auf die Erschließung einer Bewegungs-, Spiel- und Sportkultur nur in einem solchen Sportunterricht erfüllt werden können. Die Grundsätze zur Unterrichtsgestaltung im Fach Sport „*Individualisieren und Integrieren, Öffnen und Anleiten, Üben und Anwenden* sowie *Erfahren und Begreifen*“ (vgl. MSWWF LP Sport 1999, 7) beschreiben genau das Spannungsfeld des Offenen Unterrichts, in dem ausgehend von den individuellen Erfahrungen des Kindes durch ein herausforderndes Umfeld eine Horizonterweiterung, ein Kennenlernen neuer Sachen und Zusammenhänge erfolgt. Die individuelle Freude an Sport und Bewegung stellt die Grundlage jeden Sportunterrichts dar und dieser ist durch vielfältige Bezüge in den gesamten Unterricht eingegliedert. Hier sind dann sowohl die Kinder als auch der Lehrer gefragt, entsprechende Arrangements zum Weiterlernen anzubieten, die über die Anwendung der aus Kindergarten, Turnverein oder Nachmittagsspiel bekannten Übungen oder Spiele hinausgehen. Dies kann so erfolgen, dass Lehrer oder Kinder einfach für sich entsprechende Stationen aufbauen und nutzen, oder entsprechende Bilder und Beschreibungen für neue Übungs- oder Spielideen werden von den Kindern aufgegriffen und als „Projekt“ aufbereitet.

Wenn auch die Integration in den Offenen Unterricht auf den ersten Blick im Sportunterricht schwer zu sein scheint, haben wir auch hier in hohem Maße die Möglichkeit, unsere Unterrichtsprinzipien umzusetzen. Wir finden organisatorische und methodische Offenheit vor, wenn Kinder Übungen und Bewegungen auf ihre eigene Art, Herausforderungen in ihrem eigenen Tempo angehen können. Die inhaltliche Offenheit findet sich darin, dass sie sich selber Übungen ausdenken bzw. aussuchen können und auch hier ihrem eigenen Curriculum folgen. Die soziale Offenheit ergibt sich aus den zum offenen Sportunterricht notwendigen Abstimmungen als Paradebeispiele für demokratische Verfahren, bei denen man einerseits lernen muss, die eigenen momentanen Bedürfnisse zurückzustellen, andererseits aber auch Wege und Möglichkeit der Vereinbarkeit finden muss (z. B. ein räumliches Ausweichen einer bestimmten Gruppe oder ein zeitliches Nacheinander von Aktionen als alle befriedigender Kompromiss).

Natürlich findet sich der Sportunterricht auf Grund der festliegenden Hallenzeiten primär in den entsprechenden Sportstunden wieder, aber die Bedeutung der

Möglichkeit der Bewegung in jeder Unterrichtsstunde im Offenen Unterricht sollte auch nicht unterschätzt werden. Die Kinder können sich von Anfang an frei bewegen und motorisch selbst regulieren – „normale“ Kinder genauso wie „hyperaktive“, „steife“ Kinder wie „sportliche“. Es geht also nicht mehr darum, alle 10 Minuten einen Phasenwechsel mit irgendwelchen Hampelmannspielchen machen zu müssen, weil die Kinder noch nicht stillsitzen können, sondern die „bewegte Grundschule“ erfolgt automatisch, beiläufig, wenn die Kinder miteinander arbeiten, sich Material besorgen, das ganze Schulgelände in ihre Vorhaben einbeziehen ...

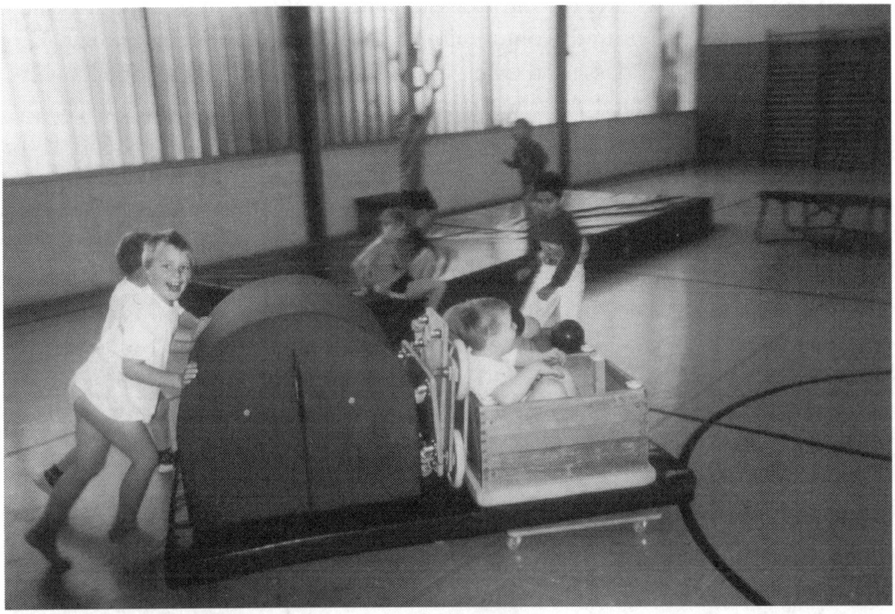

Der Sportunterricht schließt wiederum fächerübergreifende Aspekte bzw. Prinzipien mit ein, wenn das sportliche Spielen und Bauen ein besonderes Maß an Kreativität, Gestaltungskraft, Handlungsorientierung usw. erfordert („Burgen-Wagen“, „Verstecklandschaften“). Das Vorplanen größerer Abenteuerlandschaften schafft eine Brücke zur Geometrie bzw. zum räumlichen Vorstellungsvermögen und zur Notation von Bauplänen, die maßstabsgetreu gezeichnet und danach wieder decodiert, das heißt richtig aufgebaut werden müssen. Man sieht, die Brücken sind vielfältig, so dass der Grundsatz „Problemorientiert unterrichten und fächerübergreifende Lernchancen eröffnen“ (MSWWF LP Sport 1999, 9) des Lehrplans auf ganz natürliche Weise erfüllt werden kann.

Religion

Im Bereich Religion hängt die Integration in den Offenen Unterricht maßgeblich von der persönlichen Einstellung des Religionslehrers und seiner Interpretation der Lehrpläne ab. Ich habe in unserem Offenen Unterricht durch die Nähe der Kinder zueinander, durch unser gemeinsam gestaltetes Zusammenleben und unser vertrautes Miteinander-Umgehen ein sehr hohes Maß an christlicher Erziehung empfunden – und zwar ohne das heikle Problem etwaigen religiösen Dogmatismusses. Glaubensgrundsätze können (und dürfen) meiner Meinung nach nicht aufgezwungen werden (man denke an das dritte Schuljahr, wenn Kinder vor der Kommunion wirklich so mit Religions- und Katechismusstunden, zusätzlichen Seelsorgestunden und Kommunionsunterricht so mit Religion bzw. Kirche zugepackt werden, dass sie danach wahrscheinlich erst einmal eine längere, vielleicht sogar lebenslange Auszeit brauchen ...). Unabdingbar finde ich hingegen die Information über kulturelle Zusammenhänge, über verschiedene Religionen und Religionspraktiken, historische Hintergründe für Geschichten und Entwicklungen. Darüber hinaus schlagen die ständig auftauchenden Kinderfragen nach Gott, Sterblichkeit, Liebe, Himmel, Glaube usw. eine Brücke von der Lebenswirklichkeit der Kinder zu religions-philosophischen Fragen, die für alle Kinder (und Erwachsene) hochspannend ist.

Wichtig erscheint mir dabei, die Klassengemeinschaft nicht künstlich aufzuspalten, sondern Religion zu einem Thema für alle Kinder zu machen, egal ob katholisch, evangelisch, baptistisch, mohammedanisch oder konfessionslos. Die

Auseinandersetzung mit Religion wird ja gerade durch die verschiedenen Zugangsweisen erst interessant. Neben diesen philosophischen Fragen hält Religion regelmäßig durch die kirchlichen bzw. religiösen Feste und Feiertage Einzug in die Klasse, deren Hintergründe erforscht werden können – auch die der nichtdeutschen Kinder. Darüber hinaus bieten Exkursionen und Projektwochen eine gute Möglichkeit, sich verstärkt mit Religion zu beschäftigen, wenn Kirchen und Moscheen besucht und erkundet werden oder bestimmte Themen wie Tod und Auferstehung o. Ä. zur intensiven Beleuchtung aus verschiedensten Sichtweisen herausfordern. Hier lassen sich wiederum viele Brücken zu anderen Fächern schlagen, einschließlich der Interpretation thematischer Bilder (z. B. die von Relindis Agethen in Halbfas 1983–1986), der szenischen Gestaltung biblischer Geschichten und ihrer Hintergründe oder der Beleuchtung existentieller Fragen der Menschheit.

Und gerade dafür ist im Offenen Unterricht immer Zeit und Raum. M. klärt z. B. in einem mehrere Seiten umfassenden Text, der hier nur auszugsweise abgebildet werden kann, ihre Glaubensfrage:

Woran glaube ich???
Ich glaube, dass es mal ein Mann
gab der Geschafft hat, dass er Sohn
Gottes ist. Nur, dass seine Mutter „Maria
ein Baby bekommen hat ohne in
Berürung eines Mannes zu kommen
kann gar nicht sein. Maria hat dass
nur gesagt. Ihr Sohn Jesus würde
beliebt und bekannt nur weil er
gesagt hat, dass er Sohn Gottes ist.
Jesus wollte durchs Land ziehen.
[...]
Zwei wachen blieben am Kreuz
wo Jesus hing, bis er starb.
Nach ein paar Tagen kamen zwei Frauen
und wollten, dass Jesus begraben wird.
Also wurde Jesus begraben.
Das glaube ich von der Geschichte.
Ich glaube aber nicht das Jesus Ostern
Auferstanden ist.

Gerade die Möglichkeit in entsprechenden thematischen Projektwochen mit mehreren Klassen und (Religions-)Lehrern gemeinsam zu arbeiten, könnte eine Möglichkeit darstellen, nicht nur die übliche Aufteilung der Klasse, sondern auch die zum Teil sehr unbefriedigenden Fachlehrer-Einzelstunden zu vermeiden, die oft genug alles andere als produktiv bzw. religionsförderlich sind. Als meine Klasse zeitweise einen entsprechenden Fachunterricht in Religion hatte, fanden einzelne Kinder diesen gut: „Da hören wir immer Geschichten und malen dazu Blätter aus". Der größere Teil fand den Unterricht allerdings schrecklich, weil: „Da hören wir immer Geschichten und müssen dazu Blätter ausmalen". Nach einem Lehrerwechsel war der neue Kollege völlig überrascht, welche anspruchsvollen Diskussionen die Kinder mit ihm über das aufgekommene Thema „Tod und Sterben" führten ...

Wenn Religionsunterricht zur Beschäftigungstherapie wird – und das ist bei genauer Betrachtung in zu vielen Fällen so – kann man ihn nicht mehr sonderlich begründen. Ein religions-philosophischer Unterricht schafft hingegen bei den Kindern meiner Meinung nach eine Basis, die lange tragen wird – und so vielleicht einer Abkehr von der Religion, wenn die Teilnahme an religiösen Zusammenkünften ab einem bestimmten Alter eben nicht mehr durch entsprechende Verpflichtungen erzwungen werden kann, vorbeugt.

Fremdsprachen

Das Thematisieren bzw. Erlernen von Fremdsprachen in der Grundschule hat seine eigene Problematik. Die „Begegnung mit Sprachen" ist gerade im Offenen Unterricht ein fast alltäglicher Vorgang. Kinder anderer Muttersprache, ein zweisprachiges Elternhaus, Ferienerfahrungen oder die Fragen nach Bedeutungen von Fremdwörtern und Anglizismen sorgen für ein „natürliches" Vorkommen. Aber hat nicht das systematischere Erlernen einer fremden Sprache eine andere Qualität? Ist zum Erwerb einer Fremdsprache nicht ein Lehrgang unverzichtbar?

> Im Rahmen der Zweitsprachenerwerbsforschung wird wissenschaftlich dokumentiert, dass nicht nur Muttersprachen, sondern auch zweite Sprachen ohne Unterricht sehr erfolgreich gelernt werden können (häufig erfolgreicher als durch Unterricht) und wie verbreitet „natürliche" Mehrsprachigkeit ist. [...]
>
> Sprache muss nicht gelehrt werden, um gelernt zu werden. Sprache kann vielleicht gar nicht „gelehrt" werden. Das „Lehren" einer zweiten Sprache kann lediglich darin bestehen,
> - ausreichend sprachliche Daten bereitzustellen, auf deren Basis sich natürliche Spracherwerbsprozesse entfalten können,
> - und Lerner zum Erlernen einer zweiten Sprache zu motivieren. [...]
>
> Die Nützlichkeit expliziter Grammatik-Regeln ist skeptisch zu beurteilen, vor allem deshalb, weil von Linguisten formulierte Grammatik-Regeln nicht notwendig den Strukturen der „Grammatik im Kopf" entsprechen. (Knapp 2000, 2f.)

Die Beachtung dieser Erkenntnisse könnte bedeuten, dass auch für das Fremdsprachenlernen ein Unterrichtsmodell effektiv ist, das statt eines Lehrganges offenere Strukturen beinhaltet. Natürlich bleibt das Grundproblem des Fremdsprachenunterrichts, dass irgendwie ein entsprechender fremdsprachlicher Input erfolgen muss. Dieser lässt sich aber auf vielfältige Art erzeugen: Das gemeinsame Lesen eines englischen Buches, das Ansehen von Filmen in Originalsprache oder auch die Verwendung von Medien, die für Lehrsituationen gemacht wurden (z. B. für EFL – „English as a Foreign Language“), das Aufführen eines fremdsprachigen Theaterstücks, Rollenspiele, die Simulation von Alltagssituationen.

Grundbedingung jeden expliziten Fremdsprachenunterrichts sollte dabei sein, dass auch nur in der entsprechenden Sprache gesprochen wird – was zunächst schwer fällt, aber schnell von selbst geht – vor allem bei Sprachen, die den Kindern schon vielfältig bekannt sind, wie z. B. das Englische. Evtl. kann hier als didaktischer Trick (diese Empfehlung fällt mir allerdings sehr schwer ...) auch eine Handpuppe, die merkwürdigerweise nur die jeweilige Sprache versteht, hilfreich sein. Eine gute Idee ist bestimmt auch, die Fremdsprache in bestimmten Unterrichtssituationen (oder immer, wenn man will) ganz selbstverständlich zu benutzen, von den Kommandos oder Zurufen im Sportunterricht bis hin zu täglichen Floskeln, wie der Bitte um das Nachsehen eines Textes o. Ä. In jedem Fall sollte aber der Fremdsprachenunterricht primär auf Kommunikation beruhen, nicht auf dem Auswendiglernen bestimmter Wörter oder Sätze! Die Angst davor, dass das Kind u. U. eine falsche Aussprache verinnerlicht, oder dass sich „Fehler“ einprägen, ist unbegründet, ja sogar kontraproduktiv, da Spontansprecher erwiesenermaßen viel schneller und unkomplizierter die Sprache erlernen als Lernende, die keine „Fehler“ machen, weil sie sich gar nicht mehr zu äußern trauen ...

Wir haben also beim Fremdsprachenunterricht im Offenen Unterricht sicherlich eine gewisse Integration in der bekannten Form der natürlichen Begegnung mit Sprachen einschließlich des Singens entsprechender Lieder, aber ansonsten ist der Unterricht vom mehr oder weniger gezielten fremdsprachlichen Input abhängig. Der kann einerseits durch entsprechende Medien erfolgen (z. B. Computerprogramme, Hörspielkassetten), andererseits ist er aber von Personen abhängig, die die jeweilige Sprache sprechen. Diese können einzelne Stunden oder ganze Projekte gestalten oder aber im normalen Unterricht mit einer interessierten Kleingruppe arbeiten. Eine Integration in den Offenen Unterricht ist also durchaus möglich. Vor allem aber sind neue Ideen gefragt, die verhindern, dass durch einen geschlossenen Fremdsprachenunterricht effektivere Lernformen und Aneignungsformen unterbunden werden. Da eine entsprechende Didaktik für den Fremdsprachenunterricht in der Primarstufe noch fehlt, besteht zusätzlich die Gefahr, dass ein traditioneller Sekundarstufenunterricht nicht nur in der Primarstufenausbildung zum Vorbild wird, sondern auch Einzug in die Schulen hält. Daraus würden sich zwangsläufig negative Rückwirkungen auch auf den Offenen Unterricht ergeben, wenn dieser z. B. durch (traditionell unterrichtete) Fachlehrerstunden unterbrochen wird.

6.3 Medienerziehung und Computer

> Kinder leben heute in einer Welt zunehmender Informationsdichte. Informations- und Unterhaltungsmedien senden eine ungeordnete Fülle an Eindrücken und Informationen, werfen Fragen und Probleme auf und konfrontieren die Kinder mit verschiedenen Weltbildern. Sachunterrichtsdidaktich wäre ein belehrender und informationsvermittelnder Unterricht obsolet. Denn es besteht kein Mangel an Informationen, sondern ein Mangel an Informationsverarbeitung. Kinder brauchen Zeit, die Fülle an Informationen in Ruhe gemeinsam einzuordnen und aufzubereiten, eigene Wertmaßstäbe anzulegen und weiterzuentwickeln. [...] Der kopflastigen Informationsfülle gilt es, ein stärker ganzheitliches Lernen gegenüberzustellen, bei dem die Gefühle und Interessen nicht ausgeklammert werden. (Kaiser 1996, 164)

Trotz der höchst intensiven Bemühungen zur Vernetzung aller Schüler des Landes hat noch niemand ein didaktisches Konzept für die Arbeit mit Computern in der Schule. Sicher ist, dass die Kinder schon seit langem souverän als Autodidakten mit Computern umgehen, diese aber in der Regel privat primär als reine Spielzeuge konsumieren. Entsprechend unserer Auffassung von einem eigenaktiven, herausfordernden Lernen kann die Funktion des Computers in der Schule umrissen und abgegrenzt werden (vgl. i. F. Peschel 2002f.):

- Es kann nicht um einen „lehrgangsmäßigen" Computerunterricht gehen, bei dem kleinschrittig EDV-Kenntnisse „gelehrt" werden.
- Es kann nicht um „computerzentrierten Unterricht" gehen, bei dem der Computer die Lehrgangsfunktion übernimmt und als „Buch- oder Arbeitsblattersatz" zum vorstrukturierten Hauptarbeitsmittel wird.
- Und es kann nicht um ein „Lernen durch Spaß" gehen, bei dem der Computer die Palette der bunten Arbeitsmittelflut noch um eine verführerischere Form spielerischen „Lernkonsums" erweitert.

Genauso wie ein „richtiger" Offener Unterricht nur auf ein Minimum an didaktischen Werkzeugen zurückgreift, um den durch Arbeitsmittel, Schulbücher und Karteien vermittelten „heimlichen Lehrgang" zu vermeiden und Eigenproduktionen der Kinder nicht durch „Rumspielen" oder „Aberledigen" von Aufträgen im Wege zu stehen, genauso kann und darf der Computer im Unterricht nur ein für die Kinder aus dem Alltag bekanntes Werkzeug darstellen. Ein Werkzeug unter mehreren, das Eigenproduktionen fördert und sinnvoll eingesetzt eine Arbeitserleichterung bietet, weil z. B. unnötiges mehrmaliges Abschreiben bei Überarbeitungsprozessen vermieden werden kann oder eine professionelle Gestaltung von Veröffentlichungen für andere machbar wird.

Entsprechend lag das Hauptaugenmerk bei der Computernutzung durch die Kinder vor allem im Bereich der Textverarbeitung im weitesten Sinne. Dabei gab es keine Einschränkungen bezüglich der Textinhalte und Gestaltungsformen, so dass verschiedenste Produkte entstanden:

- Eigene Geschichten und Bilder, Fortsetzungserzählungen und Bücher;
- Sachtexte, Themenreferate, Themenplakate und Stichwortvorträge;
- Rechengeschichten, Rechenaufgaben, Rechenerfindungen;
- Listen, Tabellen und Übersichten für Vorträge und zur Klassenorganisation.

All dies sind Eigenproduktionen, die von den Kindern genauso auch mit der Hand erstellt worden sind. Der Computer wurde also eher als Abrundung der vielfältigen ansonsten per Hand erstellten Eigenproduktionen genutzt denn als eigener Lehrgang angesehen oder auf bestimmte Tätigkeiten reduziert. Und trotzdem war es gut, in vielen Fällen die Vorteile des Computers nutzen zu können:

- Der Computer hat als Werkzeug zur Textverarbeitung durch seine unbegrenzten Probier-, Korrigier-, Kopier-, Gestaltungs- und Vergleichsmöglichkeiten viele Vorteile gegenüber der herkömmlichen Verschriftung auf Papier: Man kann Texte ohne optische Verschlechterung überarbeiten, Abschnitte umstellen, Änderungen ausprobieren, das Layout ändern, Passagen austauschen, durch Ausdrucken vervielfältigen, Stichwortexzerpte für frei gehaltene Vorträge machen usw.

- Im Anfangsunterricht (und auch danach) war das immer vorzeigbare Schrift- bzw. Druckbild des Computers für viele Kinder ein sehr motivierender Impuls zum eigenen Schreiben, der sich auch bei den Kindern mit motorischen Schwierigkeiten positiv auf das Schreiben mit der Hand ausgewirkt und wahrscheinlich einer sonst riskierten Schreibunlust maßgeblich vorgebeugt hat.
- Die Rechtschreibüberprüfung des Computers ist durch den Überprüfungshinweis im Moment des Entstehens des Fehlers eine lernpsychologisch äußerst sinnvolle Korrekturart. Zusätzlich werden dadurch, dass nicht direkt die richtige Lösung angegeben wird, sondern ein Hinterfragen des „Fehlers" auf Seiten des Schülers erfolgt, sowohl implizites als auch explizites Rechtschreiblernen sinnvoll unterstützt – und zwar auf eine weitgehend neutrale Weise: im Gegensatz zur Lehrerkorrektur wird der Hinweis des Computers vom Schüler allgemein als ganz selbstverständlich, leicht verbesserbar und nicht wertend erlebt.
- Die graphische Gestaltung von Texten, die Kombination von Text und Bild, teilweise von Text, Bild und Ton ist relativ einfach und auch nach längerem Probieren ohne Qualitätsverlust möglich.
- Das Sammeln, Ordnen und Ergänzen von Texten, Wörtern, Listen, Übersichten usw. ist ohne die Probleme möglich, die ein späteres Einfügen von Daten in einen festen Text sonst mit sich bringt. Darüber hinaus kann der Computer Ordnungs- und Sortieraufgaben übernehmen und so zum weiteren Erforschen anregen (z. B. das Sortieren von Wörtern nach bestimmten Phänomenen o. Ä.). Zentral abgelegte Listen lassen sich von jedem direkt einsehen, ergänzen und pflegen.
- Mit Hilfe einfacher Tabellenfunktionen können selbst erdachte Rechenaufgaben jeder Größenordnung einfach und direkt überprüft werden, so dass man sowohl von beschränkendem Lehrgangsmaterial als auch von einer Lehrerkorrektur usw. unabhängig ist, wenn man die Umkehroperation einer Rechnung noch nicht beherrscht.

Mit der Zeit bildeten dabei viele Kinder eine beeindruckende Medienkompetenz aus. So gab es neben Kindern, die durchweg lieber am Computer als mit der Hand arbeiteten, eine immer größer werdende Gruppe von Kindern, die den Computer sehr gezielt für bestimmte Vorhaben einsetzte, für andere Arbeiten hingegen nicht in Erwägung zog. Das Eintippen eines Textes in den Computer machte für sie Sinn, wenn sie z. B. einen Vortrag verfassen wollten, den sie später noch ergänzen, ändern oder zusammenfassen wollten, oder wenn sie an einer Fortsetzungsgeschichte schrieben oder eine Klassenzeitung gestalteten. Hingegen wussten sie genau, wann sie einen Text lieber direkt in ihr Heft schreiben wollten: z. B. wenn die Geschichte voraussichtlich keiner großen Überarbeitung mehr bedurfte und ihnen die handgeschriebene Notation für ihre Geschichte bzw. Geschichtensammlung passender erschien als der ästhetisch weit weniger ansprechende Computerausdruck.

Ähnlich war es bei der Informationsbeschaffung. Hier waren in vielen Fällen die in der Klasse vorhandenen Sachbücher der Datensuche mit dem Computer über

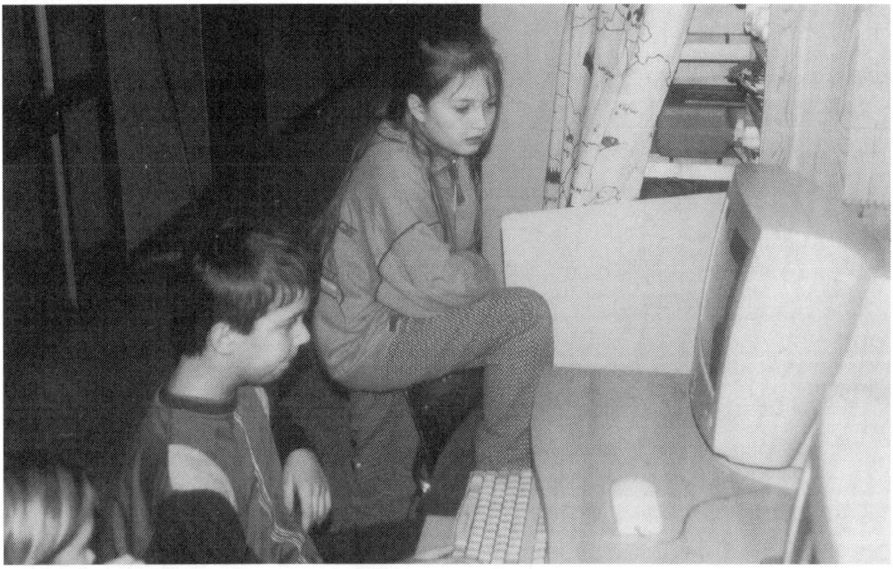

legen. Aber es gibt natürlich auch Bereiche, in denen Bücher keine Alternative darstellen, wenn z. B. ganz gezielt Daten oder Auskünfte benötigt werden, für die man statt einer einfachen Suchmaschineneingabe Hunderte von Seiten oder Werken würde durchblättern müssen, oder wenn die multimediale Informationsdarbietung des Computers mit Animationen, Simulationen oder authentischen Tondokumenten einfach nicht durch Printmedien ersetzbar ist.

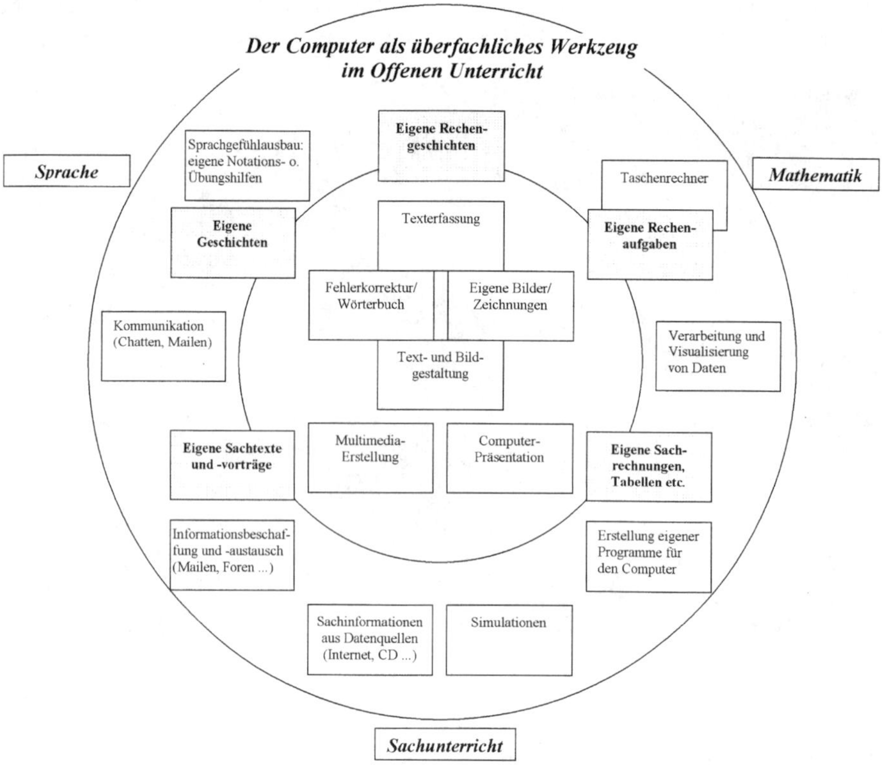

Selbstgesteuertes und selbstverantwortliches Arbeiten und Lernen muss also auch bei den Neuen Medien immer im Vordergrund stehen und darf nicht durch die ihnen eingebaute Verführung entwertet werden. Deshalb kann die Palette der zur Verfügung stehenden Programme wirklich minimal sein, das Wichtigste ist eine Textverarbeitung und eine entsprechende Möglichkeit zum Ausdrucken. Dabei kann das Schreibprogramm ein „normales“ Erwachsenenprogramm sein, spezielle Kinderprogramme erscheinen unnötig, da sich die Kinder erfahrungsgemäß auch in den üblichen Programmen direkt zurechtfinden und so leicht auf unnötige „kindgemäße Spielereien“ verzichtet werden kann. Entsprechend wäre zu wünschen, dass auch einfachere, motivational sparsamer und eher sachlogisch orientiertere Programme produziert und verwendet würden. Vieles, was zurzeit als neu und didaktisch durchdacht bezeichnet wird, entpuppt sich schnell als konsumorientierte Aufwärmung alter Arbeitsblätter-Pädagogik. Es wird wirklich höchste Zeit für Pädagogen, ihre Kompetenz und ihren Einfluss zu nutzen und endlich auf dem riesigen Computermarkt mitzureden. (Positiv zu erwähnen ist hier die von Erika Brinkmann und Hans Brügelmann an der Universität Siegen eingerichtete und geleitete „Didaktische Entwicklungs- und Prüfstelle Lernsoftware“, in der auf dem Markt befindliche Lernsoftware einer fachdidaktischen Prüfung unterworfen wird, die ansonsten meist gar nicht erfolgt – oder aber haarsträubenden Kriterien unterliegt.)

Ich selber kann mir den Computer aus dem Unterricht nicht mehr wegdenken. Setzt man ihn wirklich nur als ein Werkzeug unter mehreren ein, so können seine Vorteile gut genutzt werden, und die Kinder werden im Laufe der Zeit dann auch die Nachteile realistisch einzuschätzen wissen. Er nimmt dann einfach eine ganz normale Position in ihrer Lebenswirklichkeit ein, sodass einerseits eine falsche, zu spiel- und konsumorientierte Computernutzung zu Hause relativiert, andererseits aber auch ein computerloses Umfeld aufgefangen werden kann. Was mehr kann Medienerziehung im Rahmen einer Erziehung zum autonomen und selbstgesteuerten Lernen leisten?

7 FAQ – Frequently Asked Questions zum Offenen Unterricht

Natürlich darf man sich im Computerzeitalter nicht dem Bereich der FAQ, der „häufig gestellten Fragen“ verschließen. Und die gibt es gerade beim Offenen Unterricht zur Genüge. Das ist interessant, denn eigentlich müssten ja die bis ins Kleinste ausgefeilten Regeln, Vorschriften und Rezepte des traditionellen Unterrichtes allgemein viel eher in Frage gestellt werden – denn wie wenig effektiv diese funktionieren bzw. was sie letztendlich bewirken, haben ja alle in ihrer eigenen Schulzeit selbst erlebt oder zumindest hautnah mitbekommen …

Wann immer wir über die Erfahrungen mit unserem Konzept Offenen Unterrichts berichten, schwanken die Zuhörer zwischen grundsätzlicher Zustimmung, weil sie unsere Kritik am „normalen“ Unterricht auf Grund ihrer eigenen Schulerfahrungen nachvollziehen können, und einer Skepsis, was die konkrete Umsetzung der Ideen in der Praxis betrifft. Es ist in der Regel eine Situation, die die Betroffenen stark zum Nachdenken herausfordert, weil vieles, was sie in ihrem Bild von Schule und Lernen u. U. noch nie richtig hinterfragt haben, nun massiv in Frage gestellt wird. Einiges lässt sich durch das Beantworten von Fragen klären – im Grunde hängt es aber von der Einstellung des Einzelnen ab, inwieweit er eine solche Schulalternative nachvollziehen kann bzw. an sich heranlässt. Wir wollen trotzdem im Folgenden einen Auszug häufig gestellter Fragen vorstellen und auf Grund der nicht zu vermeidenden hohen Redundanz zu unseren bisherigen Ausführungen möglichst kurz gefasst beantworten.

7.1 Individualisiertes, selbstgesteuertes und interessegeleitetes Lernen

7.1.1 Wenn die Kinder in der Schule „machen können, was sie wollen“, machen sie denn nicht immer dasselbe oder das, was sie schon längst können?

Nein. Das ist ein erstaunliches Phänomen, das uns bislang in allen Klassen begegnet ist, die einen radikal Offenen Unterricht praktizieren, bei dem man nicht auf Arbeitsaufträge oder Arbeitsmittel zurückgreifen kann, sondern der stattdessen auf den Eigenproduktionen der Kinder beruht. Anscheinend besteht für die Kinder, da das Arbeiten in der Schule von ihnen selbst gesteuert und interessegeleitet verläuft, keine Notwendigkeit, sich vor dem Weiterlernen zu drücken. Hingegen gibt es in einem Unterricht, der auf dem Erledigen vorgegebener Aufträge basiert, eigentlich keinen Grund schnell oder effektiv zu arbeiten, denn tut man dies, so hat man nur davon, dass man noch mehr zu erledigende Aufträge bekommt … Selbst motivierte und intelligente Kinder genießen dabei dann oft ein mechanisches Erledigen der Aufgaben, für sie wird Quantität zur wichtigsten Arbeitsmotivation, eine echte Herausforderung findet in der Regel weder durch die Aufträge noch die Kinder selbst statt.

In einem Unterricht, in dem man sich aber nicht ständig möglichst gut verkaufen muss und in dem man Pausen und Auszeiten genauso selbst bestimmen kann wie intensive Arbeits- und Lernphasen, hat man einfach keine Zeit dazu, unproduktiv zu arbeiten. Das heißt natürlich nicht, dass Kinder nicht auch einmal bestimmte Sachen wiederholen bzw. wiederholt angehen, aber dies geschieht selbstgesteuert und lässt sich – unseren Beobachtungen nach – eigentlich immer individuell begründen, wenn Kinder z. B. bestimmte Leistungen trainieren wollen, psychische Sicherheit aus Wiederholungen nehmen oder sich in den Kopf gesetzt haben, etwas in einer bestimmten Art können zu wollen. Das ist aber nicht zu vergleichen mit dem Erledigen fremd gesteuerter reproduktiver Vorgaben.

7.1.2 Woher bekommen die Kinder denn ohne Unterricht und Lehrgang ihre Arbeitsideen?

Die einfachste Antwort auf diese Frage ist sicherlich: durch sich selbst und das vielfältige Lerngeschehen in der Klasse. Den Fächern wohnt ein „eingebauter" Lehrgang inne, so dass sich z. B. Schreiben-, Lesen- und Rechnenkönnen zu einem großen Teil von selbst entwickeln – in Korrespondenz mit den Entwicklungen der anderen Kinder in diesem Bereich. Merkwürdigerweise tauchen auch abstrakte Fragestellungen wie z. B. spezielle Inhalte aus der Mathematik fast immer von selbst in der Klasse auf. Zahlen werden immer größer, Begriffe wie „Malnehmen“ oder „Minus“ ziehen genauso die Runde wie „Wurzelziehen“ oder „Bruchrechnung“. Andere Fächer wie z. B. der Sachunterricht beschäftigen sich von Natur aus mit der Lebenswelt der Kinder, die diese in der Schule weiter erforschen können – wobei hier Bücher, Fernsehsendungen, Zeitschriften, Erlebnisse genügend Fragestellungen und Ideen für Eigenproduktionen oder Projekte geben. Das herausfordernde Potential, das 20, 25 oder 30 interessierte und fragende Kinder darstellen, birgt eine ungeheuere Anregungspalette.

7.1.3 Gibt es nicht bestimmte Inhalte, mit denen die Kinder sich nur durch den Impuls des Lehrers auseinandersetzen?

Sicherlich kommt dem Lehrer im Offenen Unterricht eine Schlüsselrolle zu, denn es geht in keiner Weise um einen Laissez-faire-Unterricht, in dem er sich etwa ganz heraushält. Entsprechend ist der Lehrer Beteiligter des Unterrichts; sogar mit einer besonderen Rolle, und wird – wie alle anderen auch – Impulse geben. Natürlich gibt es auch einzelne Inhalte, die laut Lehrplan unterrichtet werden müssen, die aber nur schwer vom Kind selbst zu entdecken sind – vor allem dann, wenn es um eine bestimmte Form oder ein bestimmtes Verfahren geht (z. B. die schriftlichen Rechenverfahren). Uns erscheint allerdings der Anteil der Inhalte, zu deren Auseinandersetzung ein Lehrerimpuls notwendig ist, sehr gering, da fast alle Lehrplaninhalte durch das normale Klassengeschehen (und die damit verbundenen Impulse) angeregt und dadurch ganz individuell angegangen werden können. Und auch die angesprochenen Normverfahren oder nicht-entdeckbaren Vereinbarungen bringt der Lehrer in der Regel durch die Beantwortung von Fragen im Kreis oder die individuellen Impulse, die er einigen Kindern gibt, so ins Klassengeschehen, dass auch sie im Laufe der Zeit dann allen Kindern geläufig sind.

7.1.4 Gibt es denn dann gar keinen herkömmlichen Unterricht mit Einführungen, Übungen usw. mehr?

Nein, den gibt es nicht mehr – was nicht heißt, dass die Unterrichtsform des Frontalunterrichts nicht auch im Offenen Unterricht vorkommen kann. Vorträge der Kinder oder Erklärungen des Lehrers auf Grund von Fragen können sowohl für einzelne Kinder als auch für eine größere Gruppe bzw. die ganze Klasse erfolgen. Aber eine zwangsläufige Einführung eines bestimmten Themas oder Verfahrens für alle mit dem illusorischen Ziel, dass alle danach verstanden hätten, um was es geht, erfolgt nicht. Diese Informationen werden durch individuelle Hilfestellungen und Tipps auf Nachfragen ersetzt – und sind in nur erstaunlich geringer Anzahl wirklich notwendig. Der klassische „Unterricht“ ist aufgebrochen und weicht einem autonomen Lernen der Kinder, bei dem sich alle Beteiligten – einschließlich Lehrer – gegenseitig stützen.

7.1.5 Was ist denn mit Kindern, die dann in einem Fach überhaupt nichts machen?

„Wenn ich mir früher in der Schule immer hätte aussuchen können, was ich hätte machen wollen, ich hätte nie Mathe gemacht ..." Diese Frage ist wahrscheinlich die mit Abstand am häufigsten gestellte Frage, die uns begegnet – vor allem, wenn wir mit Studierenden arbeiten (die auch an der Uni noch mit Pflichtklausuren, die oft nur maximal ein Fünftel aller Teilnehmer bestehen, nicht gerade zu Mathematikliebenden ausgebildet werden). Es scheint für viele Studierende oder Lehrer nach ihrer eigenen Schulzeit unvorstellbar zu sein, sich jemals freiwillig mit Mathematik (oder Physik) beschäftigt haben zu wollen. Wir halten das allerdings nicht für ein fachimmanentes Problem. Es ist viel wahrscheinlicher, dass die negative Einstellung zu den besagten Fächern aus jahrelangem Unterricht resultiert, der die ihnen innewohnende Faszination auf das unverstandene Reproduzieren von Formeln und Verfahren reduziert hat – anstatt den lernenden Schülern die hochspannenden Strukturen und Zusammenhänge bzw. die Erforschung von Gesetzmäßigkeiten und Naturphänomenen nahe zu bringen.

Das Spezialisieren auf bestimmte Fächer bzw. das Vermeiden eines bestimmten Faches konnten wir so nicht feststellen. Während einzelne Kinder bzw. Kindergruppen sich zu Anfang eher länger nur einem bestimmten Fach und danach dann einem anderen gewidmet haben, ist dieses Arbeiten mit der Zeit immer gleichmäßiger geworden, so dass in den höheren Schuljahren meist alle Fächer an einem Tag vorkamen. Dies ist sicherlich auch darauf zurückzuführen, dass die Kinder immer zügiger gearbeitet haben und somit relativ mehr Zeit hatten, verschiedene Sachen anzugehen. Aber auch die Kinder, die zum Teil über Wochen immer nur geschrieben haben, haben irgendwann gesehen, dass andere Kinder schon „mit so großen Zahlen rechnen" – und das wollten sie dann auch können. Daraufhin haben sie sich dann tagelang genauso ausdauernd und motiviert mit Mathematik beschäftigt wie vorher mit dem Schreiben.

Hätte man als Lehrer ein Schreibverbot und einen Mathematikzwang ausgesprochen, wäre wahrscheinlich im Bezug auf beide Fächer ein verheerender Motivationseinbruch erfolgt. Vielleicht wäre den Kindern sogar die ganze Lust auf eigenständiges Lernen bzw. die Schule genommen worden – ein Phänomen, das im traditionellen Unterricht sogar empirisch belegt ist: je länger die Kinder die Schule besuchen, desto weniger Lust haben sie auf diese. Und genau das haben wir nicht so erlebt. Es spricht nichts gegen Impulse oder Tipps des Lehrers, aber ein Zwang erscheint innerhalb des Bereichs selbstgesteuerten Lernens nicht nur unlogisch, sondern kontraproduktiv. Selbst die Kinder, die ein bestimmtes Fach oder einen Bereich, z. B. Mathematik oder Rechtschreibung, wirklich nicht gerade geliebt haben, haben allesamt darauf geachtet, dass sie zumindest „am Ball" blieben. Durch das interessegeleitete Lernen konnten sie ihren Interessen nachgehen – und hatten dadurch wahrscheinlich genügend Lernlust und Zeit, auch Interesse an von ihnen weniger geliebten Fächern auszubilden.

7.1.6 Ist Offener Unterricht nicht nur etwas für starke Schüler – gehen schwache Schüler dort nicht unter?

Wenn man rein vom „Bestehen" in der Schule ausgeht und die Qualität des erworbenen Wissens sowie alle darüber hinaus gehenden Kompetenzen (im affektiven, sozialen oder methodischen Bereich) ausklammert, dann kann man wahrscheinlich behaupten, dass es für Zweidrittel der Kinder relativ egal ist, in welchem Unterrichtskonzept sie lernen. Aber das sind gerade die „starken" und „angepassten" Kinder. Es sind die Kinder, die sich mit dem herkömmlichen Unterricht arrangieren können und sich weitgehend durch ihre Intelligenz bzw. ihr im Alltag erworbenes Vorwissen tragen lassen können. Oder es sind die Kinder, die durch die üblichen Belohnungsrituale motiviert sind, in der Schule entsprechend mitzuspielen und ihre Arbeit zu tun. Wer aber aus einem solchen Unterricht herausfällt, sind die schwachen Kinder – oder die unangepassten. Beide Gruppen haben Probleme mit dem kleinschrittigen Lehrgang, der ihnen eigentlich eine Hilfe sein soll: Die einen, weil sie die fremden Vorgaben nicht nachvollziehen können, solange sie nicht eine eigene Vorstellung entwickelt haben (was wiederum durch den gut gemeint verordneten Lehrgang fast unmöglich wird), die anderen, weil sie sich innerlich dagegen wehren, Sachen zu üben, die sie schon längst können – oder von denen sie ziemlich genau wissen, dass sie nur zu ihrer Beschäftigung dienen, weil ihnen gar keine Lernherausforderung innewohnt.

Im Offenen Unterricht gestaltet sich die Situation anders: Die „starken“ Kinder können auf ihrem Niveau arbeiten, ohne „beschäftigt“ zu werden bzw. auf andere warten zu müssen; die „angepassten“ Kinder emanzipieren sich aus ihrer teilweise selbstfremden Rolle, indem sie ihre eigenen Bedürfnisse und Motivationen erleben und ausleben können; die „schwachen“ Kinder haben zum ersten Mal die Chance, in ihrem eigenen Tempo, auf ihrem eigenen Weg, mit ihrer eigenen Motivation zu lernen; und die „unangepassten“ Kinder werden nicht zu Störenfrieden gemacht, sondern können sich selbst ohne Druck von außen Ziele setzen und haben so die Möglichkeit, das Lernen für sich wieder neu zu entdecken.

Wir haben es in unseren Klassen so erlebt, dass die einzelnen Kinder, die sich über einen längeren Zeitraum hinweg nicht mit „Lernsachen“ beschäftigt haben, immer andere, wichtigere Probleme zu lösen hatten – meist psychischer Art. Alle Verzögerungen waren begründbar – und alternativlos, denn die Kinder hätten in einem aufgepfropften Lehrgangsunterricht mit hoher Sicherheit gar nichts mehr mitbekommen und wären schnell zu „Förderkindern“ geworden. Dadurch hätten sie aber wiederum noch weniger Zeit gehabt, Sachen aufzuarbeiten, mit sich selbst ins Reine zu kommen, denn dies wäre weder in der normalen Unterrichtszeit noch in den zusätzlichen Förderstunden möglich gewesen. Abgesehen von dem negativen Selbstbild, das diese Kinder schnell hätten bekommen können, hätte man ihnen gut gemeint die letzte Chance zur eigenen Aufarbeitung ihrer Probleme genommen. Diesen Kindern hilft hier nicht Therapie, sondern Pädagogik: Zeit und Raum zur Selbstregulation.

K. kam trotz eines Jahres Schulkindergartens mit erheblichen Entwicklungsverzögerungen in die Schule, konnte sich vor nicht allzu langer Zeit noch nicht mit mehreren Menschen in einem Raum aufhalten, machte noch ins Bett usw. All das gab sich im Offenen Unterricht. Die Pflegeeltern waren erstaunt, wie gern er plötzlich in die Schule ging. Im Herbst fing er auf einmal an zu schreiben und nach den Sommerferien konnte er plötzlich rechnen – ohne Unterricht oder Üben. Ab da hat er dann immer mehr „schulisch“ gearbeitet.

Auch über D. habe ich schon berichtet. Er sollte auf die Sonderschule und hat dann in unserer Klasse in den paar Wochen bis zum Schluss des ersten Schuljahrs so gut lesen, schreiben und rechnen gelernt, dass er ganz normal versetzt werden konnte.

Auch H. und K., die später zu uns kamen und völlig verspielt lange nichts mit Schule anfangen konnten, haben sich im dritten Schuljahr so von selbst gemacht, dass sie ihre eigenen Schwächen ausgelotet und sich selbst Sachen vorgenommen haben (wie z. B. die Beherrschung des Einmaleins und des Einsdurcheins) und im vierten Schuljahr mit völlig eigenständig aufbereiteten und kompetent präsentierten Vorträgen aufwarten konnten. Bei ihnen hatte sogar ich zeitweise Phasen, in denen ich überlegt habe, ob ich ihnen nicht irgendeine reproduktive Übung geben müsste, damit sie überhaupt mal etwas tun.

Jetzt könnte man natürlich einwenden, dass diese Kinder bestimmt noch besser geworden wären, wenn sie einen gut strukturierten Unterricht genossen hätten. Aber genau das haben sie ja allesamt vorher erlebt: K. im Schulkindergarten, D. im Schulkindergarten und in der ersten Klasse, H. und K. in ihrer alten ersten Klasse. Von diesem Unterricht scheinen sie nicht viel mitgenommen zu haben außer vielleicht einer negativen Einstellung zum Lernen. Sie haben sich dort stündlich aufs Neue inkompetent gefühlt, weil sie den Lernstoff nicht so aufnehmen konnten, wie es vorgesehen war. Lernen war das Einüben von Sachen, die sie nicht verstehen konnten oder in diesem Moment nicht verstehen wollten.

7.1.7 Muss es neben dem individualisierten Lernen nicht auch gemeinsame Phasen / Gemeinschaftserlebnisse geben?

Sicherlich haben gemeinsame Phasen und Vorhaben auch in einem so hochgradig individualisierenden Unterricht einen hohen Stellenwert. Während man sich ein individualisiertes Lernen im kognitiven Bereich, das heißt die Aneignung eines bestimmten Lerninhaltes, auch ohne andere vorstellen kann, ist eine Sozialerziehung außerhalb einer Gemeinschaft sicherlich fragwürdig. Fragwürdig ist allerdings auch eine inszenierte Sozialerziehung, die eine Gemeinschaft nicht „von unten" wachsen lässt. Deshalb war uns die Selbstregulierung und Selbstregierung der Klasse wichtig. Die Sozialerziehung sollte möglichst natürlich verlaufen. Gemeinsame Vorhaben oder Rituale sollten sich mehr oder weniger von selbst entwickeln bzw. von den Beteiligten in der Situation entwickelt werden.

Zentral ist bei einem solchen Vorgehen neben gemeinsamen Projekten oder Aktionen (regelmäßiges „Schuleschlafen", Klassenfahrten vom ersten Schuljahr an) das gemeinsame Treffen im Sitzkreis, das nicht nur gegenseitige neue Impulse für Arbeitsvorhaben gibt, sondern als mehr oder weniger feste Institution die demokratische Selbstregulierung der Gemeinschaft ermöglicht – und auch „das Lernen hochhält". Insofern sind gemeinsame Phasen wichtig, um die Selbstregulierung von Leben und Lernen zu erhalten, dabei geht es aber – um das noch einmal zu betonen – nicht um eine Verklärung oder Harmonisierung der Gemeinschaft, für die die gemeinsamen Treffen in vielen Klassen herhalten müssen. Alle Zusammenkünfte sollten situativ begründet werden können – bis hin zu ihrer (demokratisch beschlossenen) Aufhebung.

7.2 Lehrersein im Offenen Unterricht

7.2.1 Wie behält der Lehrer den Überblick, wenn alle etwas Verschiedenes machen?

Diese Frage (wie auch die nächste) verwundert immer ein wenig, denn sie unterstellt implizit, dass der Lehrer im traditionellen Unterricht den Überblick über das Lernen bzw. die Lernleistung der Kinder hätte. Dass dieser vermeintliche Überblick oft nur reine Illusion ist und bei genauerer Betrachtung leicht in sich zusammenfällt, liegt auf der Hand. Solange man als Lehrer Kinder nicht „lernen" machen kann, und solange der Unterricht in der Schule ein „defensiver" Unterricht ist, in dem Kinder versuchen, sich möglichst gut zu verkaufen und dementsprechend ihren tatsächlichen Lernstand (bzw. ihre Fragen) vor dem Lehrer zu verbergen, solange wird sich der Überblick des Lehrers nur auf äußere Faktoren wie erledigte Arbeiten oder durchgenommenen Stoff beziehen, nicht aber auf das Lernen der Kinder.

Deshalb erscheinen uns auch die ganzen Kontrollmechanismen, die sich Lehrer für die offenen Unterrichtsformen so oft ausdenken – von Wochenplänen über große Listen, in denen die Kinder ihre Arbeiten eintragen, bis hin zu den Belohnungs-Smileys oder „Fleiß-Kärtchen-Stempeln" für erledigte Arbeiten – als unnötig, ja sogar als eher hemmend oder kontraproduktiv. Das Lernen der Kinder wird auf ein „Aberledigen" eigener oder fremder Vorgaben gegen Belohnung oder auf Grund von Kontrolle herabgewürdigt. Der Lehrer signalisiert damit nicht nur unterschwellig, dass er kein Vertrauen in das selbstständige Lernen des Kindes hat, sondern er signalisiert zugleich, dass Lernen anstrengend ist und nicht durch Eigenmotivation getragen werden kann. Zudem steht der organisatorische Aufwand in der Regel in keinem Verhältnis zum Nutzen, denn die meisten Kontrollen nützen den Schülern im Nachhinein recht wenig – etwas lernen tun sie dadurch nicht. Viel wichtiger erscheint uns hingegen, dass das Lernen in der Klasse seinen Stellenwert hat und behält. Wenn also entsprechende Pläne oder Listen dieses „Hochhalten" des Lernens stützen bzw. Lehrern und Kindern Halt bei der radikalen Öffnung geben, so sollte man diesen Halt nutzen, bevor man die Öffnung einschränkt. Begründet werden muss die Einschränkung der Offenheit, nicht etwa die Öffnung!

Wir gehen dabei auf Grund unserer Erfahrungen davon aus, dass es nicht die Kinder sind, die diesen Halt brauchen, sondern die Lehrer. Entsprechend sollte man immer ganz genau beobachten, welcher Art der Halt ist, den Pläne und Kontrollen geben bzw. wann man sie wieder abschaffen kann. Zu schnell bedingen sie – wie alle Fremdvorgaben – eine andere Arbeitsweise der Kinder, da die Selbstregulierung mit all ihren Hochs und Tiefs, ihren Anspannungs- und Entspannungsphasen, ihrer Begeisterung für bestimmte Dinge und dem daraus folgenden „unlinearen" Lernen beeinträchtigt wird. Es kann sein, dass es ein oder zwei Kindern in der Klasse hilft, einen Halt in der Form eines Planes zu haben – dann sollte man hier ganz individuell und nur über einen begrenzten Zeitraum agieren und so etwas wie einen Lernvertrag der Kinder mit sich selbst aufsetzen. Es kann nicht sein, dass die Struktur, die Einzelne benötigen, die Offenheit und Selbstregulierung der anderen einschränkt.

Wir haben allerdings in unserer Praxis festgestellt, dass primär die Offenheit und Selbststeuerung der Kinder das ist, was sie letztendlich alle stützt und zum Lernen herausfordert, und dass die Kinder, die scheinbar Schwierigkeiten mit dem offenen Arbeiten hatten, vielmehr Zeit zur Selbstfindung brauchten und nicht Lernverträge oder Pläne von außen. Aber hier muss und kann nur jeder Lehrer selbst situativ entscheiden, denn er muss die gewährte Offenheit nicht nur aushalten, sondern uneingeschränkt dahinter stehen. Die Angst, dabei den Überblick zu verlieren, ist allerdings unnötig, wie auch die Beantwortung der nächsten Frage zeigt.

7.2.2 Wie kann man die Kinder beurteilen, wenn alle etwas anderes machen?

Die Leistungsmessung im Offenen Unterricht wurde schon mehrfach sowohl allgemein als auch fachdidaktisch ausgeführt, deshalb hier nur eine ganz kurze Antwort: Im Gegensatz zum traditionellen Unterricht kann man in einem auf Eigenproduktionen beruhenden Unterricht Leistungsstand und -entwicklung der Kinder kontinuierlich verfolgen, da die Eigenproduktionen nicht auf auswendig gelernten Wörtern oder Techniken beruhen, sondern zum entsprechenden Zeitpunkt genau das Können des Einzelnen wiedergeben. Man kann diese Entwicklung auch durch Überforderungstests erfassen, bei denen die Aufgaben so gestellt sein müssen, dass wirklich die ganze Bandbreite der Leistungen jedes einzelnen Kindes der Klasse beurteilt werden kann (siehe Kapitel 3.6.7, 4.8, 5.4 sowie Kapitel 4.7 und 6.1.3 im ersten Band). Diese Tests sind aber nicht einfach zu erstellen, sodass die Beurteilung der individuellen Arbeit der Kinder wesentlich einfacher und sinnvoller erscheint, solange man nicht einen Gesamt-Klassenüberblick haben möchte. Da es bei der Leistungsmessung in der Schule nicht darum gehen kann, was jemand wie gut von einem in den letzten vier Wochen durchgenommenen Thema behalten hat, sondern darum, was er (umfassend) in einem bestimmten Gebiet leistet bzw. leisten kann, können nicht vordergründige Kriterien der Leistungsmessung zur Bewertung herangezogen werden: die Anzahl der falschen Wörter in einem Text oder die Anzahl der Fehler in einer bestimmten Menge an Mathematikaufgaben sagt so erst einmal nichts über die eigentliche Leistung aus.

Die Messkriterien sollten immer diagnostischer Art sein, das heißt es geht um eine umfassende Einordnung der individuellen Entwicklung eines Kindes in einem Fach, die man nur dann in den Bezug zur Norm setzt, wenn dies sinnvoll erscheint. Eine derartige umfassende Leistungsmessung unterscheidet sich in ihrer Aussagekraft um Welten von geübten Diktaten oder der üblichen Abfrage auswendig gelernter Rechentechniken. Solche Aufgabenstellungen haben zwar Tradition, sind aber absolut willkürliche Instrumente der Leistungsmessung – was vor allem an den zum Teil gravierenden Notenschwankungen abzulesen ist, die manche Lehrer den Kindern bescheinigen: Kein Kind kann in der Regel innerhalb von sechs Wochen seine Fachkompetenz so verlernen, dass es z. B. von „guten“ Leistungen auf „ausreichende“ oder „mangelhafte“ Leistungen rutscht. Hier hat die Leistungsmessung versagt, nicht das Kind.

7.2.3 Ist denn der Offene Unterricht für den „normalen“ Lehrer überhaupt leistbar?

Das ist eine gute Frage. Zunächst ist Offener Unterricht nur für den Lehrer leistbar, der sich mit ihm und dem ihm zu Grunde liegenden Welt- und Menschenbild nicht nur oberflächlich identifiziert. Alles andere muss langfristig schief gehen. Dann sollte dem Lehrer klar sein, dass die Belastung durch den Offenen Unterricht keine lineare ist, die über vier Schuljahre relativ konstant ist, sondern eher eine, die am Anfang extrem hoch ist und dann stetig abfällt. Die psychische Beanspruchung als Verantwortlicher in einer sich selbst regulierenden Gemeinschaft von 25 oder 30 quirligen Neulingen ist immens. Aber dieser Belastungsverlauf ist nur natürlich, denn völlig unnatürlich wäre es ja, wenn die Schulneulinge von einem auf den anderen Tag still und selbstlos in Bankreihen sitzen und im 45-

Minuten-Takt (oder wie auch immer) fachweise Wissen in sich aufnehmen könnten. Dass das nie funktionieren kann, ist allen Beteiligten meist klar. Und dennoch wird es gemacht – und sei es durch zehnminütige Phasenwechsel und Hampelmannspielchen (oder harte Disziplinierung) erzwungen.

Während im Offenen Unterricht die Selbstregulierung der Klasse mit der Zeit immer entlastender wird (bis hin zu Tagen oder Wochen, in denen man sich als Lehrer weitgehend aus allem heraushalten kann), da alle immer selbstständiger arbeiten und immer weniger neue Probleme entstehen bzw. Regeln vereinbart werden müssen, scheint die Belastung in vielen traditionellen Klassen hingegen schnell auf einem gewissen Niveau zu stagnieren. Entweder müssen die zu beachtenden Regeln und Rituale dann dauernd wiederholt werden, oder aber die Disziplinierung durch den Lehrer ist für alle zur Gewohnheit geworden. Beides erscheint pädagogisch unhaltbar.

Im Offenen Unterricht muss man als Lehrer die Selbstregulierung und -regierung der Kinder zulassen und aushalten können. Das ist ermüdend und erschöpfend wie jeder Beruf, in dem man es mehreren Menschen möglichst recht machen will, sei man nun Pfarrer, Sozialarbeiter oder Lehrer. Andererseits ermöglicht der Offene Unterricht auch dem Lehrer eine nicht zu unterschätzende Selbstregulierung, das heißt er kann viel mehr so sein, wie er auch außerhalb seiner Rolle ist, auch er kann seinen eigenen Rhythmus haben, sich selbst authentisch in den Lernprozess einbringen, sich aber auch Phasen zugestehen, in denen er sich eher zurückhält. Jeder, der schon einmal einen solchen Offenen Unterricht praktiziert hat, weiß diese Möglichkeit zur eigenen Ehrlichkeit zu sich selbst zu schätzen. Sie ist unbezahlbar und wahrscheinlich gerade das, was im Offenen Unterricht aus dem „Job“ des Lehrerseins die „Berufung“ zur Arbeit mit Kindern entstehen lässt.

7.3 Eltern und Kollegen

7.3.1 Wie soll ich meinen Offenen Unterricht gegenüber Eltern und Kollegen rechtfertigen?

Zunächst einmal muss klar sein, dass unserer Meinung nach die gültigen rechtlichen Vorgaben, das heißt die Richtlinien, Lehrpläne und Ausbildungsordnungen, Offenen Unterricht nicht nur ermöglichen, sondern sogar fordern. Die dort verankerten Richtziele verlangen einen Unterricht, der Kinder handlungsfähig macht, sie zu Selbstständigkeit, Demokratie und Verantwortung erzieht. Das ist in einem Unterricht, der diese Prinzipien selbst nicht beachtet, zumindest schwieriger als in einem Unterricht, der auf diesen Prinzipien basiert und in dem sie jeden Tag praktiziert werden. Auch die offenen Lehrpläne und Ausbildungsordnungen bzw. Stundentafeln, die ein fächerübergreifendes Vorgehen vorschreiben, legen einen fächerintegrierenden Offenen Unterricht nahe.

Eigentlich müssten sich also eher traditionell unterrichtende Lehrer vor Eltern und Schulbehörde verantworten und nicht offen unterrichtende. Aber da hier anscheinend zwangsläufig Gewohnheitsrecht gilt (man kann Offenheit nicht erzwingen – und es sich auch nicht leisten, bis an ihr Lebensende verbeamtete Lehrer nicht unterrichten zu lassen), sitzt oftmals der offen unterrichtende Lehrer zwischen den Stühlen, wenn er Eltern und Kollegen seine Vorgehensweise näher bringen will. Dabei sind beide Gruppen wichtig: Die Eltern, damit die Kinder nicht zwischen die Fronten geraten, und die Kollegen bzw. die Schulleitung, damit der Rücken frei gehalten wird bzw. das Arbeitsklima erträglich bleibt. Das Wichtigste scheint uns dabei die eigene Identifikation mit dem offenen Unterrichtsprinzip zu sein – und zwar auf allen Ebenen: vor allem vom Menschen- und Weltbild her, aber auch aus fachlicher bzw. fachdidaktischer Perspektive.

Wir haben es glücklicherweise so erlebt, dass die Schulleitung und die Schulaufsicht hinter unserem Konzept gestanden haben; in vielen Bezirken sind diese Stellen mittlerweile so besetzt, dass die Verantwortlichen offen für neue Impulse und innovative Umsetzungen der Richtlinien und Lehrpläne sind. Hier hatten wir den Rücken frei, was uns sicherlich stark gemacht hat, unser Konzept auch in schwierigeren Situationen konsequent vertreten zu können. Die Akzeptanz des Kollegiums war anderer Art. Generell war unsere Vorstellung von Unterricht so weit weg von dem, was die Kollegen selbst mit „Öffnung“ verbunden haben, dass unsere Umsetzung wahrscheinlich niemand als ernsthafte Konkurrenz seines eigenen Unterrichtes angesehen hat. Dass „Kinder machen können, was sie wollen“ und dabei noch etwas lernen sollen, erschien so absurd, dass man sich nicht unter Druck gesetzt fühlte. Hingegen haben sich viele Kollegen immer wieder allgemein- und fachdidaktische Elemente abgeguckt („Lesen durch Schreiben“, mathe 2000, fester Sitzkreis und Computer in der Klasse usw.) und auch unsere Klassenaktionen (mindestens einmal jährlich Klassenfahrt ab dem ersten Schuljahr, Schuleschlafen usw.) haben wohl einigen Kollegen als Anregung gedient.

Der nächste wichtige Part ist die Information der Eltern. Ich habe mit allen Eltern und Kindern noch vor der Einschulung Gespräche geführt, sie – meist bei ihnen zu Hause – kennen gelernt, ihnen unsere Unterrichtsform erklärt, Fragen beantwortet und sie dann gefragt, ob sie mitziehen wollen, oder ob wir die Klasse lieber anders zusammenstellen sollen (diese Möglichkeit besteht ja bei frühzeitiger Planung und unterschiedlich arbeitenden Klassen). Bei mir haben allerdings alle Eltern mitgemacht; ich denke, sie haben gemerkt, dass ich hinter diesem Unterricht stehe und mich damit identifiziere.

Das erste Jahr war stellenweise schon ziemlich chaotisch, oft haben die Eltern wahrscheinlich ihren Augen und Ohren nicht getraut. Aber die Leistungen der Kinder, die Einfachheit, mit der alle gelernt haben, die Beachtung jedes Einzelnen, die Integration auch der schwierigsten Kinder, all das hat die Eltern schließlich wahrscheinlich soweit überzeugt, dass unser ungewöhnliches Verständnis von Schule weitgehend akzeptiert worden ist. Dass es für die Eltern auch kein leichter Umlernprozess war, hat man an vielen Stellen gemerkt, z. B. wenn man ihnen bei der Klassenpflegschaftssitzung gerade zwei Stunden Einblick in den offenen Anfangsunterricht gegeben hat, und sie dann bei der ersten Klassenbesichtigung ganz erstaunt das nicht vorhandene Lehrerpult (vor der Tafel) suchten.

Auch habe ich mit unserem Unterricht durchaus auch in die familiäre Erziehung eingegriffen. Die bei uns vom ersten Tag an praktizierte Basisdemokratie, die dann ab dem zweiten Schuljahr so richtig von den Kindern genutzt wurde (abzulesen daran, dass es Tage gab, an denen ich den ganzen Tag nicht drangenommen wurde), wurde von vielen Kindern nun zumindest anteilig auch zu Hause eingefordert. Vielen Eltern ist wahrscheinlich erst beim Übergang an die weiterführende Schule so richtig klar geworden, dass unser Unterricht wohl doch nicht ganz so schlecht gewesen sein kann, denn es konnte (im Gegensatz zu den parallel geführten Klassen) der größte Teil der Kinder auf das Gymnasium gehen – und auch bei den restlichen Kindern waren es eher die Eltern, die bezüglich der Schulform tiefgestapelt haben.

7.4 Übergang

7.4.1 Wie kommen denn die Kinder auf der weiterführenden Schule klar?

Da wir uns als Klasse immer noch mehrmals im Jahr zu Aktionen oder zum Schlafen in der Schule treffen, und ich auch in den weiterführenden Schulen hospitiert bzw. an den Erprobungsstufenkonferenzen teilgenommen habe, kann ich über den Werdegang der Kinder relativ verlässlich Auskunft geben. Generell kommen alle Kinder gut klar. Auch die „schwachen" Kinder haben gute Noten. Viele Eltern sind immer noch erstaunt, wie das so gut gelingen konnte – vor allem, weil sie stellenweise den Eindruck haben, dass die Kinder in der weiterführenden Schule eigentlich viel weniger lernen als noch zur Grundschulzeit. Bemerkungen wie „Wir wissen ja immer noch nicht, wie und was Sie da gemacht haben, und können uns das auch immer noch nicht vorstellen, aber es ist ja schon erstaunlich, wie gut sich die Kinder gemacht haben" tauchen noch jetzt in Gesprächen mit Eltern immer wieder auf. Fasziniert waren und sind viele Eltern aber vor allem von der Entwicklung der „schwierigen" Kinder gewesen, die als unbeschulbar zu uns kamen und sich allesamt klasse gemacht haben – was die Eltern durch die vielen Treffen und Aktionen, die wir zusammen durchgeführt haben, hautnah mitbekommen konnten.

Bei zweien dieser Kinder sieht es an den entsprechenden Schulen (beide sind auf das Gymnasium gegangen) jetzt leider wieder anders aus. Diese Kinder, die als „hyperaktiv" bzw. als „erziehungsschwierig" in unserem Offenen Unterricht vor der Abschiebung an die Sonderschule bewahrt werden konnten („Abschiebung" deshalb, weil sie gar nicht „behindert" sind), scheinen von den weiterführenden Schulen nicht mehr genügend aufgefangen zu werden. Hier bleibt abzuwarten, ob sie das System trotzdem meistern können – oder doch verspätet auf der Sonderschule (oder als „Hochbegabte" auf der Hauptschule) landen. Man kann natürlich argumentieren, dass diese Kinder auch direkt auf die Sonderschule hätten gehen können – so wäre uns allen ein wesentlich stressfreierer Unterricht möglich gewesen. Aber wer die verblüffend positive Entwicklung dieser Kinder bei uns mitbekommen hat, zweifelt eher an den Möglichkeiten der weiterführenden Schule und nicht am „Integrationserfolg" des Offenen Unterrichts in der Grundschule.

7.4.2 Ist der Übergang auf die weiterführende Schule nicht ein Schock für die Kinder?

Mein Eindruck vom Übergang, der sich aus Beobachtungen der Kinder, deren Berichten, Gesprächen mit den neuen Lehrern, Hospitationen in ihren Klassen usw. zusammensetzt, ist folgendermaßen: Ich hatte den Eindruck, dass sich so ziemlich alle auf den neuen Lebensabschnitt gefreut haben – er stand ja direkt oder indirekt schon lange im Raum. Zunächst haben sie den andersartigen Unterricht, den sie nun dort erlebten, allesamt positiv aufgenommen. Sie haben ihre neuen Schulen (fast zu) schnell in Beschlag genommen, fanden ihre Lehrer durchweg „klasse" und haben den vornehmlich auf gemeinsamen Erarbeitungen und Vorgaben beruhenden Unterricht als Entlastung vom „Immer-selber-Sachen-machen-müssen" empfunden. Also ein allgemein positiver Einstand bei eigentlich allen.

Mit der Zeit haben sie dann allerdings wahrgenommen, dass das mit den „entlastenden" Vorgaben doch zwei Seiten hat: der Unterricht wurde teilweise höchst langweilig und sie haben gemerkt, dass sie weniger lernten als vorher – und das Lernen wurde auf Grund der anderen Vorgehensweise anstrengender, eben mehr wie „lernen". Statt des selbstgesteuerten, interessegeleiteten Lernens musste nun aufgepasst und geübt werden. Das war kein Problem für die Kinder, da sie gute und sichere Vorkenntnisse hatten und auch das Selbstbewusstsein, unfaire Behandlungen oder Bewertungen entweder anzusprechen oder zumindest daraus Schlüsse für die Weiterarbeit zu ziehen. Aber es ist an sich ein trauriger Vorgang, denn diese Schlüsse waren meist derart, dass sie nun eben nicht mehr elfseitige Geschichten oder Vorträge schrieben, sondern nur noch eine halbe Seite zum Erledigen der Arbeitsvorgabe. Also: Ein Schock war es für die Kinder nicht, eher ein langfristiges Zurückstecken in Bezug auf effektives Lernen.

7.4.3 Können sich die Kinder in der weiterführenden Schule anpassen?

Die Frage ist zum Teil schon gerade beantwortet worden. Die Befürchtung, dass Kinder, die freies Arbeiten gewöhnt sind, nicht in geschlossenen Strukturen zurecht kämen, hat sich nicht bewahrheitet (während die Umkehrung, dass Vorgaben gewöhnte Kinder schlechter in offenen Situationen zurecht kommen, richtig zu sein scheint). Im Gegenteil, alle Lehrer der weiterführenden Schulen haben nicht nur die hohe Sozialkompetenz der Kinder, sondern vor allem ihre große Selbstständigkeit hervorgehoben.

Interessant ist dabei allerdings, dass viele Qualifikationen, die die Kinder schon aus der Grundschule in die weiterführende Schule mitgebracht haben, erst Jahre später (wenn überhaupt) von den Lehrern entdeckt bzw. genutzt wurden. So hat sich z. B. erst nach eineinhalb Jahren der Geschichtslehrer auf den Vorschlag der Kinder, das anstehende Thema doch bitte als Referat an sie zu vergeben, eingelassen – und war dann völlig begeistert, wie kompetent die Kinder gearbeitet haben, von der selbstständigen Literaturbeschaffung in der Bibliothek bis hin zum freien Referieren vor der Klasse. Das hätte er wirklich auch schon früher haben können ...

Oder interessant ist, wenn der (strenge) Deutschlehrer nicht versteht, warum das Nacherzählen einer Fabel nach bestimmten Kriterien von den Kindern eher mittelmäßig gelöst wurde, er aber völlig perplex bei der nächsten Arbeit mit einer offeneren Fragestellung feststellt, dass er ja „lauter hochkompetente und kreative Schriftsteller“ in der Klasse sitzen hat. Es scheint so zu sein, dass sich zunächst die Schüler direkt vom einen auf den anderen Tag an die andere Unterrichtsform anpassen mussten (und das auch problemlos gemacht haben), hingegen die Anpassung der Lehrer an die schon vorher vorhandene Qualifikation der Kinder erst sehr allmählich erfolgt. Z. T. geben die Notenbilder erst nach eineinhalb Jahren die wahren Kompetenzen der Kinder einigermaßen wieder – so lange hat man mittels der üblichen „Stichproben-Leistungsbewertungen“ in der Form der drei zu schreibenden Arbeiten pro Halbjahr gebraucht, um einigermaßen die Leistungen eines Kindes zu erfassen.

7.4.4 Fehlen den Kindern nicht in der weiterführenden Schule wichtige Inhalte?

Von allen weiterführenden Schulen wird den Kindern neben hoher Sozialkompetenz (vor allem Empathie und Verantwortungsübernahme für andere) und Selbstständigkeit ein breites und solides Grundwissen und ein weit über das Notwendige hinausreichendes Spezialwissen in ungewöhnlich vielen Bereichen bestätigt. Sogar die (einzelnen) Kinder, denen ich nur ausreichende oder mangelhafte Leistungen in bestimmten Fächern bescheinigen konnte, zeichnen sich in ihrer Schulumgebung (Hauptschule / Gesamtschule) durch eben diese Überqualifikation aus. Eine Schülerin, die nach knapp einem Jahr von der Realschule auf das Gymnasium gewechselt ist, hatte für einen begrenzten Zeitraum primär in Englisch aufzuholen, also dem Fach, das neu hinzu gekommen ist.

Es scheint wirklich so zu sein, dass das selbstgesteuerte und interessengeleitete Lernen bei den Kindern ein „verstandenes Wissen“ erzeugt hat, das unter dem Strich wesentlich umfassender herauskommt, als ein nicht selbst konstruiertes Lehrgangswissen. Leider gibt es meines Wissens aber noch keine Modellversuche bezüglich eines solchen überfachlichen Offenen Unterrichtes für die weiterführende Schule, aber Schulmodelle wie z. B. die Sudbury Valley School in Framingham / Massachusetts (www.sudval.org), an der es keinen Unterricht im herkömmlichen Sinne gibt, scheinen die Effektivität eines solchen Lernens auch für die höhere Schule zu bestätigen. In Deutschland gestaltet sich leider sogar an Freien Alternativschulen der Unterricht in der Sekundarstufe immer noch eher traditionell als überfachlich bzw. offen. Hier herrscht Handlungs- und Erprobungsbedarf …

8 Schlussbemerkung: Das Lernen hochhalten …

> Verstehendes Lernen setzt […] voraus,
> - dass die Lernumgebung den Lernenden Möglichkeiten für individuelle Konstruktionen und ihre Überprüfung gibt (konstruktives Lernen);
> - dass die Lernumgebung Möglichkeiten zur Erfahrungsgewinnung bereithält (aktives Lernen);
> - dass Lernprozesse in sinnvolle, möglichst authentische Kontexte eingebettet sind (situiertes Lernen);
> - dass der Unterricht das interaktive Aushandeln von Deutungen und Meinungen in der Lerngruppe fördert (soziales und kooperatives Lernen) und
> - dass der Unterricht Möglichkeiten für selbstbestimmte Lernwege einräumt (selbstbestimmtes Lernen). (Möller 2000, 54)

Wir haben hier ein Konzept Offenen Unterrichts beschrieben, das mit den verschiedensten Begründungen pädagogischer, psychologischer, soziologischer aber auch fachdidaktischer Art einen Wandel von Schule verfolgt, der im Hinblick auf den traditionellen Unterricht vor allem durch eine Abkehr von einem geschlossenen Kanon „trägen Wissens“ zum Aufbau „flexiblen, prozeduralen, intelligenten Wissens“ gekennzeichnet ist. Einem Wissen, das sich von einem Wissenserwerb zum Selbstzweck (oder zur Selektion der Lernenden) darin unterscheidet, dass es nicht nur eine kompetente Grundbasis für weiteren Wissenserwerb darstellt, sondern vor allem das Lernen des Lernens produktiv unterstützt, das heißt den Aufbau methodischer und fachlicher Kompetenzen so ermöglicht, dass zugleich möglichst die Motivation für ein lebenslanges Lernen erhalten wird.

Wir haben auch gezeigt, dass unserer Meinung nach für den Aufbau dieser Kompetenzen ein selbstgesteuertes autonomes Lernen nicht nur Zielperspektive, sondern Grundvoraussetzung ist. Genauso wie man Schreiben durch schreiben, Lesen durch lesen und Rechnen durch rechnen am besten lernt, so gehen wir davon aus, dass man Selbständigkeit und Verantwortungsgefühl am besten durch selbstständiges und verantwortliches Handeln entwickelt. Wir trauen Kindern dabei eine Menge zu – so viel, dass manch Kritiker über so viel Naivität nur müde lächelt. Natürlich klingt unser Konzept sehr idealistisch. Vielleicht würden wir es selbst auch als konkrete Utopie ansehen, hätten wir nicht die Erfahrungen in unseren eigenen Klassen gemacht – und vorzuweisen.

Ich glaube, dass viele der Überlegungen und das in ihnen ausgedrückte, vor Positivität strotzende Menschenbild – und die damit einhergehende Relativierung didaktischer Bemühungen – für viele Leser nicht mehr nachvollziehbar sein werden. Ich möchte daher abschließend eine kleine Geschichte, einen Gedanken erzählen, der mich seit Jahren begleitet, nämlich der, dass unsere Wahrnehmung von Natur aus sehr begrenzt und immer rein subjektiv ist. Vielleicht gibt es andere Dimensionen von Zusammenhängen und Wahrheiten, die uns einfach noch nicht bekannt sind – aber die zu erforschen es sich sicher lohnt. Diese Idee verknüpfe ich persönlich unter anderem mit Edwin A. Abotts Schilderungen in seinem 1884 erschienenen „mehrdimensionalen“ Roman „Flächenland“ (vgl. 1986; 1994), seit ich in meiner eigenen Schulzeit in Paul Watzlawicks Buch „Wie wirklich ist die Wirklichkeit“ (vgl. 1978, 214ff.) einem Hinweis auf ebendieses alte Buch von Abott begegnet bin.

In Abotts Buch findet man sich wieder als ein Bewohner von Flächenland, einer zweidimensionalen Welt, die nur aus einer Fläche ohne die dritte Dimension von Höhe oder Tiefe besteht. In dieser Welt wird von den Bewohnern alles letztendlich nur als längere bzw. kürzere Gerade gesehen, denn jeglicher Gegenstand oder jegliches Lebewesen liegt bzw. bewegt sich in ja nur einer Ebene: der Horizontalen. Um sich in die fremdartige Sichtweise der Flächenländer hineinzuversetzen, lege man einfach ein Blatt Papier beliebiger Form (z. B. ein Dreieck) auf einen Tisch und lasse die Auge immer mehr zur Tischkante wandern. Haben Augen, Papier und Tischplatte eine Höhe erreicht, sieht man das Papier nur noch von vorne, das heißt als Linie. Verändert man die Form des Blattes (z. B. zu einem Viereck oder einem Kreis), so verändert sich gegebenenfalls die Länge der Linie, aber sonst auch nichts. Stellt man sich nun noch vor, dass sich Papier und Tischplatte *in* genau *einer* Ebene befinden (und nicht das Papier *auf* der Tischplatte), so hat man eine erste Ahnung der Dimensionen von Flächenland.

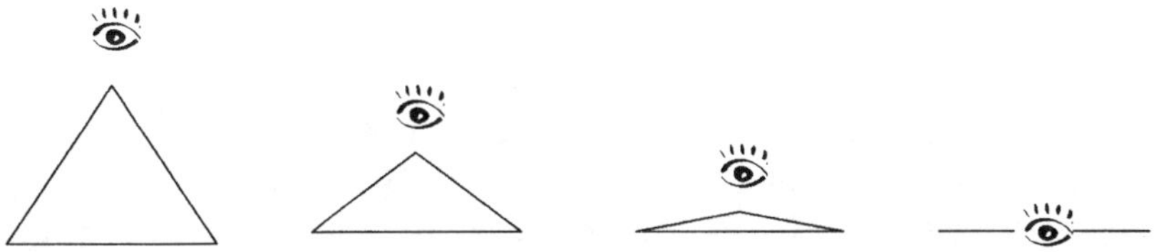

Nun, für die Bewohner von Flächenland ist das alles natürlich nichts Erstaunliches, sie haben andere Methoden des Erkennens untereinander gefunden (z. B. durch akustische Signale), als nur auf die Linienlänge zu achten. Aber eines Tages hat der Erzähler aus Flächenland eine Vision. Er träumt von einem anderen Land, „Linienland“. In Linienland bewegen sich die Bewohner als Striche und Punkte immer nur auf einer Linie vor und zurück. Sie selber nehmen sich optisch entsprechend nur als Punkte wahr – zudem können sie in ihrem ganzen Leben nie an ihren Nachbarn vorbei, da sie ja alle ein Teil derselben Linie, ihrer ganzen Welt, sind.

Der Besucher aus Flächenland (übrigens ein Quadrat) versucht dem König von Linienland zu erklären, dass es außer der Nord-Süd-Richtung noch eine Ost-West-Richtung geben würde: man könne sich nicht nur vor und zurück, sondern auch nach links oder rechts bewegen. Eine abstruse Vorstellung für den König von Linienland, der den unbekannten Besucher noch nicht einmal sehen kann. Daraufhin taucht unser Quadrat von einer Seite nach Linienland ein, durchläuft es und gleitet an der anderen Seite wieder hinaus. Alles was der König von ihm sieht, ist ein Punkt, wenn das Quadrat die Linie, das heißt seinen Augenhorizont, schneidet. Der eindimensionale König kann zwar mit Hilfe anderer Sinne Punkte von Linien unterscheiden, er kann aber nichts außer Punkten direkt sehen. Für ihn ist die Vorstellung einer zweidimensionalen Welt absolut unverständlich. Er kann nur die Phänomene zur Kenntnis nehmen, die die fremde Welt in seiner Welt (und seinem Weltbild) verursacht.

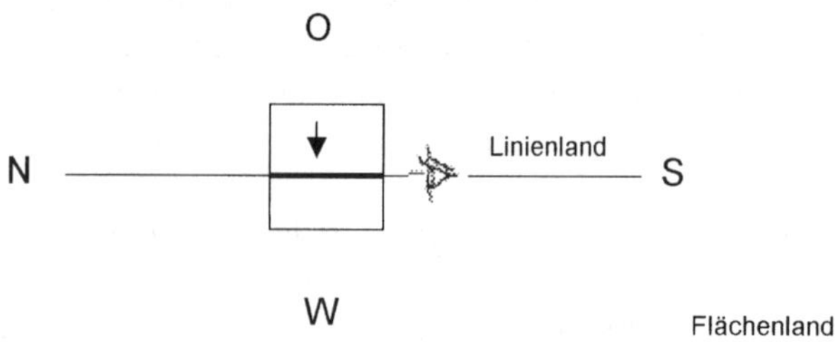

Das flächige Quadrat gleitet auf der Ebene waagerecht von Osten nach Westen durch Linienland hindurch – in Linienland ist nur ein Punkt wahrnehmbar, eine Linie ahnbar.

Aber es kommt noch besser, denn wenig später widerfährt dem zweidimensionalen Erzähler aus Flächenland, der Linienland auf Grund des beschränkten Vorstellungsvermögens des Königs aufgebracht verlassen hat, die gleiche Situation am eigenen Leibe: Unser Quadrat bekommt Besuch von einer Kugel aus „Raumland". Auch dieser Besucher taucht in die fremde Welt – hier Flächenland – ein. Aber alles, was unser flächenländer Quadrat von ihm zu sehen bekommt, ist das erschreckende Schauspiel einer Linie, (die er mit seinen anderen Sinnen zumindest als Kreis identifizieren kann,) die plötzlich in seinem ringsum geschlossenen (aber nach oben und unten natürlich offenen) Haus auftaucht und ständig ihre Größe ändert, für ihn wahrnehmbar vom Punkt bis zum großen Kreis und wieder zurück zum Punkt.

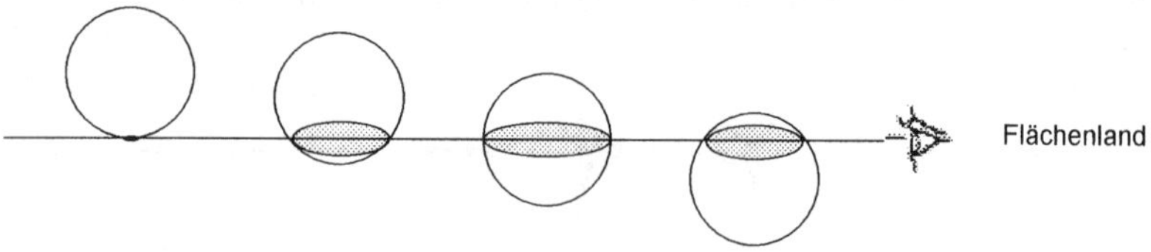

Die dreidimensionale Kugel gleitet vertikal von oben nach unten durch Flächenland hindurch – in Flächenland ist nur eine Linie wahrnehmbar, ein Kreis ahnbar.

Wir können uns das als Bewohner von Raumland ja noch gut vorstellen, was das nur zwei Dimensionen gewöhnte Quadrat von der dreidimensionalen Kugel zu sehen bekommt. Genauso wie das Quadrat selbst vorher dem eindimensionalen König von Linienland versucht hat, seine eigene Figur zu beschreiben, indem es ihm erklärt hat, dass es selber praktisch eine unendliche Anzahl von Linien sei, so versucht nun die Kugel dem Quadrat vergeblich zu erklären, dass sie selbst eine unendliche Anzahl von Kreisen sei. Schließlich aber folgt der ungläubige Bewohner Flächenlands dem Besucher aus Raumland in die unbekannte Dimension – und nimmt zum ersten Mal die Begrenztheit seines eigenen Weltbildes bzw. seiner Welt wahr, die er nun aus vorher *unvorstellbarer* Perspektive von oben betrachten kann. Zu den vier Himmelsrichtungen von Flächenland gesellen sich noch oben und unten als dritte Dimension. (In einem erneuten Traum zeigt die Kugel dem Quadrat dann noch „Punktland", einen hellen, unendlich kleinen Punkt, der sich selbstzufrieden für das ganze Universum hält – dimensionslos.)

Wie sieht es denn mit uns aus? Können wir uns – als „dreidimensionale Raumländer" eine vierte Dimension vorstellen? Geht man von den geometrischen bzw. mathematischen Folgen aus, so ergäbe sich (für das einfache Beispiel des Würfels) Folgendes:

0. Dimension – Punktland:	Ein in sich selbst ruhender und begrenzter (End-)-Punkt
1. Dimension – Linienland:	Ein sich bewegender Punkt ergibt eine Linie mit 2 Endpunkten eine Linie wird durch 2 Punkte begrenzt
2. Dimension – Flächenland:	Eine sich bewegende Linie ergibt ein Quadrat mit 4 Endpunkten ein Quadrat wird durch 4 Linien begrenzt
3. Dimension – Raumland:	Ein sich bewegendes Quadrat ergibt einen Würfel mit 8 Endpunkten ein Würfel wird durch 6 Quadrate begrenzt
4. Dimension -?:	Ein sich bewegender Würfel ergibt ? mit 16 Endpunkten ... ? wird durch 8 Würfel begrenzt ...

Selbst wenn wir als vierte Dimension die Zeit dazu nehmen würden, wären wir nicht in der Lage, eine „Vorstellung" von einem vierdimensionalen Gebilde zu bekommen. Wir würden uns auch hier an das uns Bekannte (z.B. den Würfel) klammern – was uns zweifelsohne der Begegnung mit der angestrebten nächsten Dimension völlig im Wege steht.

Warum erzähle ich hier von den Schwierigkeiten der Wahrnehmung anderer Dimensionen? Nun, für mich hat das viel mit der Ohnmacht zu tun, die ich im Hinblick auf die in diesem Buch angesprochene Thematik verspüre: *Auf der Suche nach der verlorenen Dimension der Offenheit.* Und zwar in mehrfacher Hinsicht.

Zunächst begegne ich immer wieder vielen Menschen, die mir und meinen Vorstellungen zuhören, mir von ihren Erlebnissen und Ansichten berichten, mit denen ich mich austausche. Dabei benutzen wir meist dieselben Begriffe und unterstellen uns auch ähnliche Ziele. Und dennoch wird mir dann bei bestimmten Äußerungen und Fragen meiner Gesprächspartner oft schlagartig klar, dass wir in so unterschiedlichen Welten leben, in so unterschiedlichen Dimensionen denken, dass ich mich frage, ob wirklich ein Austausch stattgefunden hat. Oder hat nur jeder seine Welt möglichst so geschildert, dass er ein williges Opfer zum Zuhören hat finden können – vornehmlich zur Selbstbestätigung? Vor allem, wenn ich mir dann hochgelobte Beispiele „innovativer Schulen" oder „offenen Unterrichts" in der Praxis ansehe, merke ich, wie weit weg meine eigenen Gedanken doch auch nur vom ersten Ansatz einer allgemeineren Praxis sind.

Es kann also gut sein, dass dieses Buch für viele Menschen eher einer unbekannten Dimension entspringt denn einer bekannten – wobei ich selber nicht weiß, wer hier den „höherdimensionalen" Einblick hat: der Leser, der meine Dimension vielleicht schon längst hinter sich gelassen hat und – zumindest aus seiner Sicht – über so viel Unverstand ärgerlich den Kopf schüttelt, oder ich, der ich mittlerweile die meisten Probleme von Lehrern nicht mehr nachvollziehen kann, weil ich sie zu oft als hausgemacht erlebt habe und selber erfahren habe, wie schön und einfach Schule – auch mit noch so „schwierigen" Schülern – sein kann, wenn man statt des Versteckens hinter irgendwelchen methodisch-didaktischen Rezepten die Lernverantwortung einfach vertrauensvoll (wieder) den Kindern übergibt – und sie ehrlich und konsequent als eigenständige Menschen ernst nimmt.

Aber auch in einer zweiten Hinsicht verspüre ich eine gewisse Ohnmacht in Bezug auf meine beschränkte Sichtweise bzw. mir unbekannte Dimensionen. Nach dem Paradigmenwechsel der Didaktik bzw. der Fachdidaktiken in den letzten Jahren / Jahrzehnten werden die weißen Felder auf den Landkarten wieder größer, denn die allzu zügige Kartographierung scheinbar erschlossener Gebiete hat sich mittlerweile als viel zu vorschnell bzw. als wissenschaftlicher Irrweg herausgestellt. Das, was man über das Lernen von Kindern zu wissen glaubte, wird immer unglaubwürdiger und muss mehr und mehr wieder durch schwarze Flächen bzw. „black boxes" ersetzt werden. Wir wissen eben doch (noch?) nicht, wie Kinder lernen. Dabei verschwimmt die Wissenschaftlichkeit der Wissenschaft zunehmend und auch ernst zu nehmende Didaktiker versuchen mittlerweile unbekannte „vierte" Dimensionen aufzuspüren – weil sich die traditionellen Bahnen als zu eng gedacht bzw. immer wieder vom Ziel wegführend erwiesen haben. Genau so wie Physiker heute versuchen, in einer Quantentheorie der Gravitation die beiden sich gegenseitig ausschließenden und doch beide richtigen Theorien der Quantenmechanik und der allgemeinen Relativitätstheorie unterzubringen, genauso kann es sein, dass Lernen ganz anderen Gesetzen folgt als wir bislang vermuten. Denn es existieren doch allzu viele Beispiele für ein sehr erfolgreiches Lernen außerhalb pädagogischer bzw. didaktischer Situationen.

Eine verstärkte Aufmerksamkeit auf gerade diese Lernprozesse wird in der Zukunft richtungsweisend sein. Wir sehen hier den Schlüssel zu vielen pädagogischen und didaktischen Fragen, vielleicht ein bisschen so wie die eben erwähnte Suche nach der „Weltformel", die unterschiedliche physikalische Weltbilder vereinigen muss. Dabei begeben wir uns auf weitgehend unerforschtes Gebiet – vor allem deshalb unerforscht, weil zu seiner Erforschung alle wissenschaftlichen Disziplinen, die mit Schule zu tun haben, zusammenarbeiten müssten. Sie müssten zusammen herauszubekommen, was die produktive Lernatmosphäre im Offenen Unterricht von einer unproduktiven unterscheidet. Erste Ansätze einzelner Wissenschaften, die helfen könnten, dem hier angesprochenen Phänomen auf die Spur zu kommen, gibt es schon:

- die Pädagogik mit ihrem Verständnis selbstregulierten Lebens und Lernens;
- die Lernpsychologie mit der Selbstbestimmungstheorie der Motivation;
- die pädagogische Psychologie mit dem Ansatz interessegeleiteten Lernens;
- die Kognitionspsychologie mit der Erforschung impliziter und inzidenteller Lernprozesse;
- die Fachwissenschaften mit ihrer Besinnung auf elementare Kernideen;
- die Fachdidaktiken mit dem Wechsel von der Didaktik zur Mathetik, der Berücksichtigung individueller Lernvoraussetzungen, Lernentwicklungen und Lernwege durch Eigenproduktionen der Kinder;
- …

Dabei handelt es sich in den meisten Fällen aber um isolierte Grundlagenforschung, die das Geschehen in einem Klassenraum, die Effektivität oder die Kontraproduktivität bestimmter Impulse, die Art der Aufnahme und Verarbeitung von „Lerninformationen" durch den Einzelnen nur unzureichend erklären kann. Daher ist der nächste Schritt, die Untersuchung des Zusammenspiels der verschiedenen Komponenten, viel wichtiger als diese Einzelforschungen. Hier sehen wir die primäre Aufgabe der Schulpädagogik, die nach der immerwährenden Phase der Schulkritik nun die Chance hat, Fächer, Fachdidaktiken und pädagogische Bezugsdisziplinen zu integrieren. Dies ist zwar in ersten Ansätzen schon erfolgreich geschehen (man denke z. B. daran, dass das Gros der einen Paradigmenwechsel begründenden fachdidaktischen Impulse von Schulpädagogen und nicht von Fachwissenschaftlern stammt), aber ein durchgängiges, stimmiges Konzept fehlt bislang. Zu häufig noch werden – wahrscheinlich, weil alle Beteiligten doch viel stärker in ihren fachlichen und biographischen Traditionen gefangen sind, als man vielleicht denkt – unserer Meinung nach einfach die falschen Fragen gestellt. Und dabei kommen dann auch notgedrungen nicht die richtigen Antworten heraus.

Eine solche Fragestellung, die uns schon Jahre beschäftigt, ist beispielsweise die nach der Funktion, die das explizite Erklären bzw. Thematisieren bestimmter Phänomene und Zusammenhänge im Hinblick auf das selbstgesteuerte Lernen hat. Die individuellen Gespräche mit Kindern und das gegenseitige Berichten im Kreis halten wir für ein Vorgehen, das sehr wichtig für das „Hochhalten des Lernens“ ist – und damit eine Grundbedingung für die hohe Produktivität unseres Konzeptes des Offenen Unterrichts darstellt. Wie schon oben mehrfach angedeutet, sind wir uns aber nicht sicher, inwieweit die konkreten Inhalte dabei eine Rolle spielen. Wir vermuten mittlerweile, dass es in vielen Bereichen (z.B. Schreiben und Rechtschreiben, forschender Sachunterricht, große Bereiche der Mathematik) keinen Kanon unbedingt zu thematisierender Inhalte gibt, sondern dass hier Rückmeldungen primär dazu dienen, den jeweiligen Inhalt und das Interesse des Kindes an diesem als wichtig anzusehen und so „das Lernen hochzuhalten“. Wir hatten einfach zu viele Kinder in der Klasse, die zwar von der herausfordernden Lernatmosphäre umgeben waren, aber eben keine solchen direkten Impulse des Lehrers bekommen haben – und trotzdem überdurchschnittlich gelernt haben. Dabei waren vor allem auch Kinder, die im „normalen“ Unterricht als Schulversager galten. Sollte das so sein, hätte das gravierende Konsequenzen im Hinblick auf unsere Curricula in der Klasse – dann würde tatsächlich die Pädagogik zum Schlüssel für die Didaktik bzw. Mathetik werden.

Entsprechend ließe sich ein Konzept Offenen Unterrichts begründen, das die subjektive Wichtigkeit des Lernstoffs für den Einzelnen als primäre Lernvoraussetzung ansehen würde. Statt eines expliziten Lehrgangs müsste ein selbstreguliertes, in vielen Bereichen eher implizites und inzidentelles Lernen (einschließlich der vom Lernenden selbst gesteuerten „expliziten“ Reflexions- und Bewusstmachungsprozesse) die Auseinandersetzung mit der Wirklichkeit bestimmen. Ein Lernen, das den von der Gesellschaft als Qualifikation geforderten Kompetenzerwerb leicht möglich machen würde (– evtl. sogar ohne die rechtliche Maßnahme des Schulzwangs, solange auch so eine „das Lernen hochhaltende“ Umgebung für den Lernenden vorhanden ist).

> Maßstäbe sind in der fortschrittlichen Pädagogik wichtig. Wenn hohe Leistungsnormen gesetzt und erreicht werden, kann diese Form der Pädagogik als Beispiel für die Welt dienen. Fehlen die Maßstäbe, kann ein fortschrittliches Programm rasch zu einer Entschuldigung für Faulheit, Nachlässigkeit und sogar Anarchie werden. Aber solche Normen lassen sich – wie Francis Parker betonte – nicht von außen aufprägen. Sie müssen sich auf natürliche Art ergeben, wenn Schüler und Lehrer in einer Atmosphäre gegenseitiger Achtung zusammenarbeiten. (Gardner 1994, 243)

Es kann sein, dass unser hier vorgestelltes Konzept und unsere Gedanken niemandem außer uns selbst viel nützen, weil sie trotz aller Bemühungen um eine Einbettung in die wissenschaftliche Diskussion immer noch zwischen Pädagogik und Didaktik zu stehen scheinen. Für uns ergibt sich diesbezüglich aber gar nicht die Dichotomie eines „Entweder – Oder“, denn wir haben selbst erfahren können, dass eine Erziehung zum autonomen Lernen Menschen hervorbringt, die nicht nur den gängigen Lehrplaninhalten in der Regel weit voraus sind, sondern auch Menschen, die sich sehr engagiert für die Belange anderer bzw. die der Gemeinschaft einsetzen. Entsprechend stellen wir Pädagogik zunächst vor jede Didaktik und wir stellen den einzelnen Menschen zunächst vor alle vermeintlichen Ansprüche der Gesellschaft, deren Rechte immer dann angeführt werden, wenn in der Schule die sachlogischen Begründungen ausgehen.

Wir wissen natürlich nicht, inwieweit das Konzept vor allem durch uns als Lehrer, die sich in hohem Maße mit ihrem Handeln identifiziert haben, getragen worden ist. Wir sehen daher den größten „Knackpunkt“ unseres Konzeptes in der (nachvollziehbaren) Tatsache, dass wir anderen Lehrenden keine konkreten Handlungsanweisungen geben können. Wir können zwar unsere fachdidaktischen Überlegungen mitteilen und so unser Unterrichtskonzept durchschaubarer machen, aber das ist nur ein kleiner Bruchteil dessen, was das Konzept auszeichnet. Der wesentlich wichtigere Teil, der über Erfolg und Misserfolg eines solchen Offenen Unterrichts entscheidet, ist das, was wir mit „das Lernen hochhalten“ zu beschreiben versucht haben und was wir auch in anderen Konzepten hinter Sätzen wie dem folgenden als Schlüssel zum produktiven Lernen vermuten: „Der Lehrer wird bald merken, dass er sich weniger um die Herstellung von Kernideen sorgen muss, als um ihre Erhaltung und Pflege.“ (Gallin / Ruf 1990, 39)

Und das ist etwas, was in unseren Klassen einfach „passiert“ ist, was wir aber in anderen Klassen bislang noch nicht oft angetroffen haben. Es hat vermutlich mit der radikalen Öffnung der Fächer zu den Kindern zu tun; es hat mit der ehrlichen Beziehungsebene zu tun, die uns eine echte Gemeinschaft hat werden lassen; es hat etwas damit zu tun, dass alle authentisch agieren, „sie selbst“ sein konnten; und nicht zuletzt hat es etwas damit zu tun, dass wir alle – einschließlich dem Lehrer – die meiste Zeit unser Lernen als höchst spannend, herausfordernd, ansteckend und sinngebend empfunden haben. Aber was genau den Unterschied macht, wissen wir nicht. Aber wir können ja weiter daran forschen.

Und bei all unseren Forschungen sollten wir bedenken, dass wir eben nicht ausschließen können, dass unser Weltbild – einschließlich unserer „Lern-“ und „Naturgesetze“ – nur ein vorläufiges, klägliches Abbild der wahren Zusammenhänge ist. Man darf auch hier gespannt sein auf die Zukunft. Zumindest aber sollte man nicht zu vorschnell an alten Relikten festhalten, die sich schon zu oft als unzulängliche oder unhaltbare Konstrukte erwiesen haben. Die Geschichte der Schule ist zu voll von diesen. Vielleicht kann man ja doch einmal einen neuen Weg gehen – auch wenn dieser unter Umständen zunächst in unbekanntere Dimensionen führt …

9 Literatur

Abott, Edwin A.: Flächenland. Ein mehrdimensionaler Roman. (Original 1884) München (Deutscher Taschenbuch Verlag) 1989

Abott, Edwin A.: Flatland. A Romance of Many Dimensions. (Original 1884) New York (Harper Perennial) 1994

Ackermann, Marianne / Bongard, Margret / Gehrke, Helga / Gesing, Harald / Mink, Juliane: Xa-Lando. 1. bis 4. Schuljahr. (4 Bände). Paderborn (Schöningh) 1995–1996

Afflerbach, Sabine: Grammatikalisierungsprozesse bei der Entwicklung der Kommasetzungsfähigkeiten. In: Feilke, Helmuth / Kappest, Klaus-Peter / Knobloch, Clemens (Hrsg.): Grammatikalisierung, Spracherwerb und Schriftlichkeit. Tübingen (Niemeyer) 2001 (S. 155–166)

Altenburg, Erika: Wege zum selbständigen Lesen. Frankfurt am Main (Cornelsen Skriptor) 1991

Andresen, Ute: So dumm sind sie nicht. Von der Würde der Kinder in der Schule. Weinheim (Beltz) 1985

Appleton, Matthew: Summerhill – Kindern ihre Kindheit zurückgeben. Demokratie und Selbstregulierung in der Erziehung. Herausgegeben von Falko Peschel. Baltmannsweiler. Schneider Verlag Hohengehren) 2000

Augst, Gerhard: Rechtschreibung und Rechtschreibunterricht – Aufbruch zu neuen Ufern oder alter Wein in neuen Schläuchen? In: Der Deutschunterricht. Heft 6/89. Seelze (Friedrich) 1989 (S. 5–14)

Augst, Gerhard / Dehn, Mechthild: Rechtschreibung und Rechtschreibunterricht. Können – Lehren – Lernen. Stuttgart (Klett) 1998

Auras, Thomas: Kinder als Bewegungsexperten. Freies Bewegen im Sportunterricht. Köln (Sport und Buch Strauss) 2001

Balhorn, Heiko: Zur fundierung grundwortschatzorientierten lernens im rechtschreibunterricht in der primarstufe: Argumentation auf der basis empirischer untersuchungen. In: Bartnitzky, Horst / Christiani, Reinold (Hrsg.): Materialband: Grundwortschätze. Bielefeld (CVK) 1983 (S. 26–36)

Balhorn, Heiko / Vieluf, Jochen / Vieluf, Ulrich: Welchen übungswortschatz brauchen schüler? In: Grundschule. Heft 11/83. Braunschweig (Westermann) 1983 (S. 8 und 10)

Balhorn, Heiko / Brügelmann, Hans / Kretschmann, Rudolf / Scheerer-Neumann, Gerheid: Regenbogen-Lesekiste. Hamburg (Verlag für pädagogische Medien) 1997

Balhorn, Heiko / Bartnitzky, Horst / Büchner, Inge / Speck-Hamdan, Angelika (Hrsg.): Schatzkiste Sprache 1. Frankfurt am Main (Arbeitskreis Grundschule) 1998

Bartnitzky, Horst: Sprachunterricht heute. Frankfurt am Main (Cornelsen Skriptor) 1987

Bartnitzky, Horst: Kerncurriculum Deutsch / Sprache: Überlegungen zu den Arbeitsfeldern Rechtschreiben und Lesen. Unv. Manuskript. Frankfurt (Grundschulverband) 2000a

Bartnitzky, Horst: Rechtschreiben üben – selbsttätig und materialarm. In: Die Grundschulzeitschrift. Heft 137. Seelze (Friedrich) 2000b (S. 6–12)

Baruk, Stella: Wie alt ist der Kapitän? Über den Irrtum in der Mathematik. Basel (Birkhäuser) 1989

Baum, Monika / Wielpütz, Hans: Arbeitspapier zum Workshop „Mathematik auf eigenen Wegen". Unv. Manuskript. Köln 1998

Beck, Gertrud / Claussen, Claus: Kinder – Methoden – Kompetenz. In: Die Grundschulzeitschrift. Heft 139. Seelze (Friedrich) 2000 (S. 6–9)

Beinke, Lothar / Bruggen, Johan C. van / Dittmann, Armin / Führ, Christoph / Gauger, Jörg-Dieter / Mußgnug, Reinhard / Regenbrecht, Aloysius / Rekus, Jürgen / Reul, Herbert / Westphalen, Klaus / Wollersheim, Heinz-Werner: Zukunft der Bildung – Schule der Zukunft? Zur Diskussion um die Denkschrift der Bildungskommission NRW. Sankt Augustin (Konrad-Adenauer-Stiftung) 1996

Beishuizen, Meindert / Klein, Ton: Eine Aufgabe – viele Strategien. In: Grundschule. Heft 3/97. Braunschweig (Westermann) 1997 (S. 22–24)

Bennack, Jürgen: Bildung und Erziehung in der Grundschule. In: Becher, Hans-Rudolf / Bennack, Jürgen / Jürgens, Eiko: Taschenbuch Grundschule. Neu. Baltmannsweiler (Schneider Verlag Hohengehren) 1998 (S. 286–292)

Bennack, Jürgen: Schulaufgabe: Unterricht. Neuwied (Luchterhand) 2000

Benezett, L. P.: Die Geschichte eines Unterrichtsexperiments. (Original „The Story of an Experiment". In: Journal of National Education Association 1935 (S. 241–244) (S. 301–303) und 1936 (S. 7–8)). Übersetzt von Erich Ch. Wittmann. In: Sachunterricht und Mathematik für die Primarstufe. Köln (Aulis Verlag Deubner) 1988 (S. 351–366)

Berger, Albert / Fischer, Marlene / Hoffmann, Marlies / Jüttemeier, Maria / Müller, Gerhard N. / Wittmann, Erich Ch.: Das Zahlenbuch. Schülerbücher 1. bis 4. Schuljahr. (4 Bände). Stuttgart (Klett) 1994–1997 a

Berger, Albert / Fischer, Marlene / Hoffmann, Marlies / Jüttemeier, Maria / Müller, Gerhard N. / Wittmann, Erich Ch.: Das Zahlenbuch. Übungshefte. 1. bis 4. Schuljahr. (4 Bände). Stuttgart (Klett) 1994–1997 b

Berger, Albert / Fischer, Marlene / Hoffmann, Marlies / Jüttemeier, Maria / Müller, Gerhard N. / Wittmann, Erich Ch.: Das Zahlenbuch. Lehrerbände 1. bis 4. Schuljahr. (4 Bände). Stuttgart (Klett) 1994–1997 c

Bildungskommission NRW: Zukunft der Bildung – Schule der Zukunft. Neuwied (Luchterhand) 1995

Blumenstock. Leonhard: Interesse fördern – eine pädagogische Aufgabe. In: Grundschule. Heft 6/1995. Braunschweig (Westermann) 1995 (S. 10–11)

Bornholdt, Hans-Peter / Dubben, Hans-Hermann: Der Hund, der Eier legt. Erkennen von Fehlinformationen durch Querdenken. Reinbek bei Hamburg (Rowohlt) 1997

Bredderman, Ted: Affects of Activity-based Elementary Science on Student Outcomes: A Quantitative Synthesis. In Review of Educational Research. Heft 4/83. Santa Barbara, California (American Educational Research Association) 1983 (S. 499–518)

Brinkmann, Erika / Brügelmann, Hans: Ideen-Kiste 1. Schrift – Sprache. Hamburg (Verlag für pädagogische Medien) 1993

Brinkmann, Erika / Uihlein, Walter: ABeCeDarium. Hamburg (Verlag für pädagogische Medien) 1996

Brinkmann, Erika: Rechtschreibgeschichten. Projekt OASE – „Offene Arbeits- und Sozialformen entwickeln". Bericht No. 33. Universität Siegen 1997

Brügelmann, Hans: Kinder auf dem Weg zur Schrift. Bottighoven (Libelle) 1992[4]

Brügelmann, Hans: Dem Ein sin Einzelheit is dem Annern sin Ganzheit. In: Brügelmann, Hans: Kinder auf dem Weg zur Schrift. Bottighoven (Libelle) 1992[4] (S. 78–83)

Brügelmann, Hans: Von der Teilchen- zur Wellen-Theorie. Kinder konstruieren Wörter und eigene Rechtschreibsysteme. In: Brügelmann, Hans / Richter, Sigrun (Hrsg.): Wie wir recht schreiben lernen. Lengwil (Libelle) 1994a (S. 102–108)

Brügelmann, Hans: Rechenfertigkeit von Schulanfängern. In: Die Grundschulzeitschrift. Heft 74. Seelze (Friedrich) 1994b (S. 36)

Brügelmann, Hans: Die Öffnung des Unterrichts muss radikaler gedacht, aber auch klarer strukturiert werden. In: Balhorn, Heiko / Niemann, Heide (Hrsg.): Sprachen werden Schrift. Lengwil (Libelle) 1997a (S. 43–60)

Brügelmann, Hans / Brinkmann, Erika: Die Schrift erfinden. Lengwil (Libelle) 1998a

Brügelmann, Hans: 6-phasiges Modell der Rechtschreibentwicklung. Abbildung in: Richter, Sigrun: Interessebezogenes Rechtschreibenlernen. Braunschweig (Westermann) 1998b (S. 29)

Brügelmann, Hans / Fölling-Albers, Maria / Richter, Sigrun / Speck-Hamdan, Angelika (Hrsg.): Jahrbuch Grundschule 1999. Frankfurt am Main (Grundschulverband – Arbeitskreis Grundschule) 1999 (S. 77–80)

Brügelmann, Hans: Anfangsunterricht II: Didaktische und methodische Konzepte. Rahmentext zur Vorlesung Anfangsunterricht II. Universität Siegen 2001

Buck, Siegfried (Hrsg.): Bausteine Deutsch. Sprachbuch 4. Schuljahr. Frankfurt am Main (Diesterweg) 1985

Bundesverband der Freien Alternativschulen (Hrsg.): Freie Alternativschulen: Kinder machen Schule. Wolfrathshausen (Drachen Verlag) 1992

Carey, Susan: Conceptual change in childhood. Cambridge, Mass. (MIT-Press) 1985

Collings, Ellsworth: Ein Versuch mit einem Projekt-Lehrplan. In: Dewey, John / Kilpatrick, William Heard: Der Projekt-Plan. Grundlegung und Praxis. Übersetzt von Peter Petersen. Weimar (Hermann Böhlaus Nachfolger) 1935 (S. 180–189)

Comenius, Johann Amos: Große Didaktik (übersetzt und herausgegeben von Andreas Flitner). Düsseldorf 1960

DeCharms, Richard: Ein schulisches Trainingsprogramm zum Erleben eigener Verursachung. In: Edelstein, Wolfgang / Hopf, Diether: (Hrsg.): Bedingungen des Bildungsprozesses. Stuttgart (Klett) 1973 (S. 60–78)

Deci, Edward L. / Schwartz, A. J. / Sheiman, L. / Ryan, R. M.: An instrument to assess adults' orientations towards control versus autonomy with children: reflections on intrinsic motivation and perceived competence. In: Journal of Educational Psychology. 1981 (S. 642–650)

Deci, Edward L. / Ryan, Richard M.: Die Selbstbestimmungstheorie der Motivation und ihre Bedeutung für die Pädagogik. In: Zeitschrift für Pädagogik. Heft 2/93. Weinheim (Beltz) 1993 (S. 223–238)

Dehaene, Stanislas: Der Zahlensinn. Basel (Birkhäuser) 1999

Dehn, Mechthild: Die Kursiv als Ausgangsschrift. In: Die Grundschulzeitschrift. Heft 69. Seelze (Friedrich) 1993 (S. 30–36)

Dehn, Mechthild: Die Kursivschrift als Ausgangsschrift. In: Die Grundschulzeitschrift. Heft 89. Seelze (Friedrich) 1995 (S. 4–5)

Deitering, Franz G.: Selbstgesteuertes Lernen. Göttingen (Hogrefe) 1995

Dewey, John / Kilpatrick, William Heard: Der Projekt-Plan. Grundlegung und Praxis. Übersetzt von Peter Petersen. Weimar (Hermann Böhlaus Nachfolger) 1935

Dewey, John: The Child and the Curriculum. In: Boydston, J. A. (Hrsg.): John Dewey. The middle works 1899–1924. Vol. 2. Carbondale 1976 (271–291)

Dörner, Dietrich: Lernen des Wissens- und Kompetenzerwerbs. In: Treiber, Bernhard / Weinert, Franz E. (Hrsg.): Lehr-Lern-Forschung. München (Urban & Schwarzenberg) 1982 (S. 134–148)

Dräger, Monika: „... aber die weiterführende Schule!" In: Balhorn, Heiko (Hrsg.): DGLS Beiträge. Vechta und Rauischholzhausen (Deutsche Gesellschaft für Lesen und Schreiben) 1994/95 (S. 104–108)

Dröge, Rotraut: Zehn Gebote für einen schülerorientierten Sachrechenunterricht. In: Sachunterricht und Mathematik in der Primarstufe. Heft 9/95. Köln (Aulis Verlag Deubner) 1995 (S. 413–423)

Einsiedler, Wolfgang: Probleme und Ergebnisse der Sachunterrichtsforschung. Berichte und Arbeiten aus dem Institut für Grundschulforschung Nr. 83. Erlangen-Nürnberg (Institut für Grundschulforschung an der Universität Erlangen-Nürnberg) 1996

Enzensberger, Hans Magnus: Der Zahlenteufel. München (Carl Hanser) 1997

Erichson, Christa: „Kalt – kalte Füße – Kaltspeise". Probieren statt Vorbeugen im Rechtschreibunterricht. In: Die Grundschulzeitschrift. Heft 12. Seelze (Friedrich) 1988 (S. 20–21)

Erichson, Christa: Sachtexte lesen, mit denen man rechnen kann. In: Die Grundschulzeitschrift. Heft 48. Seelze (Friedrich) 1991 (S. 22–25)

Erichson, Christa: „8 Tage durch 4 Freundinnen macht 2 Negerküsse." In: Die Grundschulzeitschrift. Heft 22. Seelze (Friedrich) 1989 (S. 12–16)

Erichson, Christa: Von Lichtjahren, Pyramiden und einem regen Wurm. Erstaunliche Geschichten, mit denen man rechnen muß. Hamburg (Verlag für pädagogische Medien) 1992

Erichson, Christa: Lesestoff zum Sachrechnen. Ein fächerübergreifender Ansatz zur Erschließung der verschrifteten Umwelt. In: Die Grundschulzeitschrift. Heft 40. Seelze (Friedrich) 1993 (S. 17–19)

Erichson, Christa: Der Orthographie auf der Spur. In: Brügelmann, Hans / Balhorn, Heiko (Hrsg.): Schriftwelten im Klassenzimmer. Lengwil (Libelle) 1995 (S. 203–208)

Erichson, Christa: Authentische Texte zum Mathematiklernen. In: Die Grundschulzeitschrift. Heft 102. Seelze (Friedrich) 1997 (S. 47–49)

Erichson, Christa: Authentizität als handlungsleitendes Prinzip. In: Beiträge zum Mathematikunterricht. Hildesheim (Franzbecker) 1999 (S. 161–164)

Fauser, Peter (Hrsg.): Wozu die Schule da ist. Seelze (Friedrich) 1996

Faust-Siehl, Gabriele / Garlichs, Ariane / Ramseger, Jörg / Schwarz, Hermann / Warm, Ute: Die Zukunft beginnt in der Grundschule. Reinbek (Rowohlt) 1996

Faust-Siehl, Gabriele: Leistung und Leistungsbeurteilung im Sachunterricht. In: Meier, Richard / Unglaube, Henning / Faust-Siehl, Gabriele (Hrsg.): Sachunterricht in der Grundschule. Frankfurt (Arbeitskreis Grundschule) 1997 (S. 149–157)

Feilke, Helmuth: Schreibentwicklungsforschung. In: Diskussion Deutsch. Heft 129. Frankfurt am Main (Diesterweg) 1993 (S. 17–34)

Feilke, Helmuth / Portmann, Paul R. (Hrsg.): Schreiben im Umbruch. Schreibforschung und schulisches Schreiben. Stuttgart (Klett) 1996

Feilke, Helmuth / Kappest, Klaus-Peter / Knobloch, Clemens (Hrsg.): Grammatikalisierung, Spracherwerb und Schriftlichkeit. Tübingen (Niemeyer) 2001

Feilke, Helmuth: Über sprachdidaktische Grenzen: Von „Erfindern", „Entdeckern" und „Methoden". In: Didaktik Deutsch. Heft 10. Baltmannsweiler (Schneider Verlag Hohengehren) 2001 (S. 4–25)

Feldtkeller, Richard / Bosse, Georg: Einführung in die Technik der Nachrichtenübertragung. Stuttgart (Wittwer) 1976[4]

Freudenthal, Hans: IOWO – Mathematik für alle und jedermann. In: Neue Sammlung. Heft 6/80. Stuttgart (Klett-Cotta) 1980 (S. 633–654)

Franke, Marianne: Didaktik der Geometrie. Heidelberg (Spektrum Akademischer Verlag) 2000

Friedrich, Helmut F.: Analyse und Förderung kognitiver Lernstrategien. In: Empirische Pädagogik. Heft 2/95. Landau (Verlag Empirische Pädagogik) 1995 (S. 115–153)

Friedrich, Helmut F. / Mandl, Heinz: Analyse und Förderung selbstgesteuerten Lernens. In: Weinert, Franz E. / Mandl, Heinz (Hrsg.): Psychologie der Erwachsenenbildung. Enzyklopädie der Psychologie. Pädagogische Psychologie Band 4. Göttingen (Hogrefe) 1997 (S. 237–293)

Führer, Lutz: Ich denke, also irre ich. Anfänge und Grenzen der Fehlerkunde. In: Mathematik lehren. Heft 5/84. Velber (Friedrich) 1984 (S. 2–9)

Funken, Walter: Mehr Lernen oder mehr Üben ? In: Klexer. Heft 5/00. Berlin (Volk und Wissen – Kamp) 2000 (S. 2)

Gallin, Peter / Ruf, Urs: Sprache und Mathematik. Zürich (Verlag Lehrerinnen und Lehrer Schweiz – LCH) 1990

Gallin, Peter / Ruf, Urs: Ich – du – wir. Sprache und Mathematik 1.–3. Schuljahr. Zürich (Interkantonale Lehrmittelzentrale – ILZ) 1995

Gallin, Peter / Ruf, Urs: Ich – du – wir. Sprache und Mathematik 4.–5. und 5. – 6. Schuljahr. Zürich (Interkantonale Lehrmittelzentrale – ILZ) 1999

Gardner, Howard: Der ungeschulte Kopf. Stuttgart (Klett-Cotta) 1994

Geering, Peter: Das „Erste Zahlenalbum". Bernhardzell (Bernet-Verlag) 1994a

Geering, Peter: Das „Erste Zahlenalbum", ein Mathematik-Journal für Schulanfänger. In: Beiträge zum Mathematikunterricht. Hildesheim (Franzbecker) 1994b (S. 112–115)

Gerstenmaier, Jochen / Mandl, Heinz: Wissenserwerb unter konstruktivistischer Perspektive. In: Zeitschrift für Pädagogik. Heft 6/95. Weinheim (Beltz) 1995 (S. 867–888)

Gesing, Harald (Hrsg.): Pädagogik und Didaktik der Grundschule. Neuwied (Luchterhand) 1997

Giesecke, Hermann: Wozu ist die Schule da? Stuttgart (Klett) 1997

Glumpler, Edith / Luchtenberg, Sigrid (Hrsg.): Jahrbuch Grundschulforschung. Band 1. Weinheim (Deutscher Studien Verlag) 1997

Göhlich, Michael (Hrsg.): Offener Unterricht – Community Education – Alternativschulpädagogik – Reggiopädagogik. Weinheim (Beltz) 1997

Gossweiler, Martin: Der Zähler als Kernidee für das Dezimalsystem. In: Ruf, Urs / Gallin, Peter: Dialogisches Lernen in Sprache und Mathematik. Band 2: Spuren legen – Spuren lesen. Unterricht mit Kernideen und Reisetagebüchern. Seelze-Velber (Kallmeyer) 1998 (S. 42–45)

Glänzel, Angela: Sich der Mathematik annähern ? In: Fragen und Versuche. Heft 56. Bremen (Pädagogik-Kooperative) 1991 (S. 30–48

Glänzel, Angela: Eigene Wege zur schriftlichen Multiplikation. In: Die Grundschulzeitschrift. Heft 72. Seelze (Friedrich) 1994 (S. 38–42)

Grassmann, Marianne / Mirwald, Elke / Klunter, Martina / Veith, Ute: Arithmetische Kompetenz von Schulanfängern – Schlußfolgerungen für den Arithmetikunterricht. In: Sachunterricht und Mathematik in der Primarstufe. Köln (Aulis Verlag Deubner) 1995 (S. 302–321)

Grassmann, Marianne: Na, ich hätte ja auch „durch“ rechnen können! Vom Umgang mit „Kapitänsaufgaben“. In: Grundschulunterricht. Heft 11. Berlin (Pädagogischer Zeitschriftenverlag) 1995 (29–32)

Graves, Donald H.: Writing: – Teachers and Children at Work. London (Heineman) 1983

Graves, Donald H.: Kinder als Autoren: die Schreibkonferenz. Zusammengefasst und auszugsweise übersetzt von Dietrich Binder. In: Brügelmann, Hans / Balhorn, Heiko (Hrsg.): Schriftwelten im Klassenzimmer. Lengwil (Libelle) 1995 (S. 124–148)

Grell, Jochen / Pallasch, Waldemar: Selbstgesteuertes Lernen in einer Kultur der Fremdsteuerung. In: Neber, Heinz / Wagner, Angelika C. / Einsiedler, Wolfgang: Selbstgesteuertes Lernen. Weinheim (Beltz) 1978 (S. 88–108)

Groddeck, Norbert: Autonomie und Beziehung. Die Wachstumspädagogik von Maria Montessori und Carl R. Rogers – Ein Vergleich. In: Fitting, Klaus / Kluge, Eva / Saßenrath-Döpke, Eva-Maria (Hrsg.): Pädagogik und Auffälligkeit. Impulse für Lehren und Lernen bei erwartungswidrigem Verhalten. Weinheim (Deutscher Studien Verlag) 1996 (S. 317–362)

Groddeck, Norbert: Carl Rogers, die Reformpädagogik und die Reform der Regelschule. In: Schön, Bärbel (Hrsg.): Wieviel Therapie braucht die Schule? Donauwörth (Auer) 1998 (S. 52–116)

Grünewald, Heinrich: Argumente für die vereinfachte Ausgangsschrift im Hinblick auf die Rechtschreibung. In: Naegele, Ingrid/ Valtin, Renate (Hrsg.): Rechtschreibunterricht in den Klassen 1–6. Frankfurt am Main (Arbeitskreis Grundschule) 1984 (S. 97–100)

Die Grundschulzeitschrift. Themenheft „Zaubergarten Mathematik“. Heft 74. Seelze (Friedrich) 1994

Die Grundschulzeitschrift. Themenheft „Erste Schritte zur Öffnung“. Heft 105. Seelze (Friedrich) 1997

Günther, Henning: Kritik des offenen Unterrichts. Bielefeld (Lernen für die Deutsche und Europäische Zukunft) 1996

Hanke, Petra: Mit Kindern über Sprache nachdenken. In: Büchner, Inge (Hrsg.): Lust und Last und Leistung. Rechtschreibung und Grammatik in der Grundschule und in der Sekundarstufe 1. Hamburg (Deutsche Gesellschaft für Lesen und Schreiben) 1999 (S. 110–125)

Hänsel, Dagmar: Didaktik des Sachunterrichts. Sachunterricht als Innovation der Grundschule. Frankfurt am Main (Diesterweg) 1980

Härtling, Peter: Ben liebt Anna. Weinheim (Beltz & Gelberg) 1986

Hagstedt, Herbert: Offene Unterrichtsformen. Methodische Modelle und ihre Planbarkeit. In: Hameyer, Uwe / Lauterbach, Roland / Wiechmann, Jürgen: Innovationsprozesse in der Grundschule. Fallstudien, Analysen und Vorschläge zum Sachunterricht. Bad Heilbrunn Obb. (Klinkhardt) 1992 (S. 367–382)

Halbfas, Hubertus (Hrsg.): Religionsbuch für das 1. – 4. Schuljahr (vier Einzelbände). Düsseldorf (Patmos) 1983–1986

Hameyer, Uwe / Lauterbach, Roland / Wiechmann, Jürgen (Hrsg.): Innovationsprozesse in der Grundschule. Bad Heilbrunn (Klinkhardt) 1992

Hart, Kathleen M. (Hrsg.): Children's Understanding of Mathematics: 11–16. London. (Murray) 1981

Hartinger, Andreas: Interessenförderung: Eine Studie zum Sachunterricht. Bad Heilbrunn (Klinkhardt) 1997

Haser, Werner: Offener Unterricht und Ausbildung. In: Fragen und Versuche. Heft 51. Bremen (Pädagogik Kooperative) 1991 a (S.20–27)

Haser, Werner: Mut und Selbstvertrauen. Offener Unterricht und Lehrerausbildung. In: Päd extra. Heft 10/1991. Wiesbaden (Extra Verlag) 1991 b (S. 10–13)

Hendrickson, A. Dean: An Inventory of Mathematical Thinking Done by Incoming First-Grade Childreen. In: Journal for Research in Mathematical Education. Heft 10/77. Reston, Virginia (National Council of Teachers of Mathematics) 1979 (S. 7–23)

Hengartner, Elmar / Röthlisberger, Hans: Rechenfähigkeit von Schulanfängern. In: Brügelmann, Hans / Balhorn, Heiko / Füssenich, Iris (Hrsg.): Am Rande der Schrift. Lengwil (Libelle) 1995 (S. 66–86)

Hengartner, Elmar (Hrsg.): Mit Kindern lernen. Zug (Klett und Balmer) 1999

Helmke, Andreas / Schrader, Friedrich-Wilhelm / Weinert, Franz E.: Zur Rolle der Übung für den Lernerfolg. Ergebnisse der Münchener Studie. In: Blätter für Lehrerfortbildung. Heft 7–8/87. München (Ehrenwirth) 1987 (S. 247–252)

Hentig, Hartmut von: Wie frei sind Freie Schulen? Gutachten für ein Verwaltungsgericht. Stuttgart (Klett-Cotta) 1985

Hermann, Heinz-Dieter: Mathematik im Projektunterricht. In: Glocksee-Schule. Berichte – Analysen – Materialien. Hannover (Transit) 1981 (S. 153–169)

Herndon, James: Die Schule überleben. Stuttgart (Klett) 1972

Heuvel-Panhuizen, Marja van den: Leistungsmessung im aktiv-entdeckenden Mathematikunterricht. In: Brügelmann, Hans / Balhorn, Heiko / Füssenich, Iris (Hrsg.): Am Rande der Schrift. Lengwil (Libelle) 1995 (S. 87–107)

Hesse, Friedrich W.: Zur Verbesserung menschlichen Problemlöseverhaltens durch den Einfluß unterschiedlicher Trainingsprogramme auf die heuristische Struktur. Dissertation. RWTH Aachen 1979

Der Hessische Kultusminister (Hrsg.): Rahmenrichtlinien. Primarstufe. Sachunterricht. Aspekt Gesellschaftslehre. Wiesbaden 1979

Der Hessische Kultusminister (Hrsg.): Rahmenplan Grundschule. B3 Sachunterricht. Wiesbaden 1995

Heymann, Hans-Werner: Üben und Wiederholen – neu betrachtet. In: Pädagogik. Heft 10/98. Weinheim (Beltz) 1998 (S. 7–11)

Höhtker, Barbara / Selter, Christoph: Von der halbschriftlichen zur schriftlichen Multiplikation? In: Die Grundschulzeitschrift. Heft 119. Seelze (Friedrich) 1998 (S. 17–19)

Höcker, Günther: Inhalte des Sachunterrichts im 4. Schuljahr. Eine kritische Analyse. In: Die Grundschule. Heft 3/68. Braunschweig (Westermann) 1968 (S. 10–14)

Hövel, Walter: Darstellungstechniken. In: Fragen und Versuche. Heft 65. 10/93. Bremen (Pädagogik-Kooperative) 1993 (S. 36–51)

Holt, John: Kinder lernen selbstständig oder gar nicht(s). Weinheim (Beltz) 1999

Huber, Günter L.: Selbstbestimmung und Fremdbestimmung in Lernprozessen. München (Ehrenwirth) 1976

Hülswitt, Kerensa Lee: Mathe 2000 + 1 oder: Die natürliche Methode für den Mathematikunterricht mit gleichem Material in großer Menge. In: Fragen und Versuche. Heft 89. 9/99. Bremen (Freinet-Kooperative) 1999 (S. 61–64)

Hülswitt, Kerensa Lee: Mathematik erfinden. In: Theorie und Praxis der Sozialpädagogik. Heft 5/00. Seelze-Velber (Kallmeyer) 2000 (S. 44–47)

Ingenkamp, Karlheinz (Hrsg.): Diagnostischer Rechtschreibtest. DRT 1–5. Weinheim (Beltz) div. Jahrgänge und Neunormierungen

Jürgens, Eiko: (Offener) Unterricht und Schülerinteresse. Was sagt die neuere Forschung zum interessegeleiteten Lernen? Oldenburger Vordrucke Heft 216/93. Universität Oldenburg 1993

Jürgens, Eiko: Die 'neue' Reformpädagogik und die Bewegung Offener Unterricht. Theorie, Praxis und Forschungslage. St. Augustin (Academia) 1994a

Käpnick, Friedhelm: Rechengeschichten – eine beliebte Aufgabenform. In: Grundschulunterricht. Heft 4. Berlin (Pädagogischer Zeitschriftenverlag) 1993 (S. 20–21)

Kanzler, Eberhard: Kinderfragen als Ausgangspunkt für Sachunterricht. In: Meier, Richard / Unglaube, Henning / Faust-Siehl, Gabriele (Hrsg.): Sachunterricht in der Grundschule. Frankfurt (Arbeitskreis Grundschule) 1997 (S. 206–212)

Kaiser, Astrid: Einführung in die Didaktik des Sachunterrichts. Baltmannsweiler (Schneider Verlag Hohengehren) 1996

Kasper, Hildegard (Hrsg.): Laßt die Kinder lernen. Offene Lernsituationen. Braunschweig (Westermann) 1989

Keller, Bernhard / Brandenberg, Markus: Kapitänsaufgaben in Bildern. In: Die Grundschulzeitschrift. Heft 126 Seelze (Friedrich) 1999 (S. 55–56)

Keller, Olivier: Denn mein Leben ist lernen. Freiamt (Mit Kindern wachsen Verlag) 1999

Key, Ellen: Das Jahrhundert des Kindes. (Deutsches Original 1902) Weinheim (Beltz) 2000

Kiper, Hanna: Sachunterricht kindorientiert. Baltmannsweiler (Schneider Verlag Hohengehren) 1997

Knauf, Tassilo (Hrsg.): Handbuch zur Unterrichtsvorbereitung in der Grundschule. Planungshilfen und Unterrichtsmedien. Bensheim (päd. extra-Buchverlag) 1979a

Knauf, Tassilo (Hrsg.): Handlungsorientiertes Lernen in der Grundschule. Grundlagen und Beispiele. Bensheim (päd. extra-Buchverlag) 1979b

Knapp, Annelie: Handout zum Kolloquium „Lehr-Lern-Forschung": „Fachliches und fachübergreifendes Lernen zwischen Instruktion und Konstruktion". Unv. Manuskript. Universität Siegen 2000

Knoll, Carla / Ebertshäuser, Marlies / Hinrichsen, Stefanie: Der Einsatz von Kindersachbuchreihen und Kinderlexika im Sachunterricht. In: Meier, Richard / Unglaube, Henning / Faust-Siehl, Gabriele (Hrsg.): Sachunterricht in der Grundschule. Frankfurt (Arbeitskreis Grundschule) 1997 (S. 269–274)

Köhler, Ulrike / Krammling, Doris: Selbstregulierung. Zur Entwicklung eines pädagogischen Begriffs, dargestellt am Beispiel der Glocksee Schule. In: Göhlich, Michael (Hrsg.): Offener Unterricht – Community Education – Alternativschulpädagogik – Reggiopädagogik. Weinheim (Beltz) 1997 (S. 141–155)

Köhnlein, Walter: Vorwort. In: Hartinger, Andreas: Interessenförderung: Eine Studie zum Sachunterricht. Bad Heilbrunn (Klinkhardt) 1997 (S. 9–10)

Kohnen, Rosemarie / Kohnen, Ralf: Psychologische Betrachtungen zur Bedeutung von Übung und Wiederholung in Lern- und Gedächtnisprozessen. In: Blätter für Lehrerfortbildung. 7–8/87. München (Ehrenwirth) 1987 (S. 253–257)

Konrad, Klaus / Traub, Silke: Selbstgesteuertes Lernen in Theorie und Praxis. München (Oldenbourg) 1999

Kosog, Oskar: Unsere Rechtschreibung und die Notwendigkeit ihrer gründlichen Reform. Leipzig (Teubner) 1912

Krapp, Andreas: Interesse, Lernen und Leistung. Neue Forschungsansätze in der Pädagogischen Psychologie. In: Zeitschrift für Pädagogik. Heft 5/92. Weinheim (Beltz) 1992 (S. 747–770)

Krapp, Andreas: Die Bedeutung von Interesse und intrinsischer Motivation für den Erfolg und die Steuerung schulischen Lernens. In: Schnaitmann, Gerhard W. (Hrsg.): Theorie und Praxis der Unterrichtsforschung. Donauwörth (Auer) 1996 (S. 87–110)

Kratzin, Christian: Arbeitspapier (Handout?) zum Workshop „Strukturiertes Rechnen" im Rahmen des 9. Symposiums mathe 2000 am 24.9.1999 an der Universität Dortmund

Krauthausen, Günter: Kopfrechnen, halbschriftliches Rechnen, schriftliche Normalverfahren, Taschenrechner: Für eine Neubestimmung des Stellenwerts der vier Rechenmethoden. In: Journal für Mathematik-Didaktik. Heft 3/4/93. Stuttgart (Teubner) 1993 (S. 189–219)

Krauthausen, Günter: Für die stärkere Betonung des halbschriftlichen Rechnens. In: Grundschule. Heft 5/95. Braunschweig (Westermann) 1995 (S. 14–18)

Krauthausen, Günther: Lernen – Lehren – Lehren lernen. Zur mathematik-didaktischen Lehrerbildung am Beispiel der Primarstufe. Leipzig (Klett) 1998

Krawitz, Rudi (Hrsg.): Bildung im Haus des Lernens. Bad Heilbrunn (Klinkhardt) 1997

Krawitz, Rudi: Bildung durch Unterricht und Erziehung. In: Krawitz, Rudi (Hrsg.): Bildung im Haus des Lernens. Bad Heilbrunn (Klinkhardt) 1997 (S. 13–26)

Kubovsky, Monika: Überforderung durch Unterforderung. In: Müller, Gerhard N. / Wittmann, Erich Ch. (Hrsg.): Mit Kindern rechnen. Frankfurt am Main (Arbeitskreis Grundschule – Der Grundschulverband) 1995 (S. 84–86)

Küspert, Petra / Schneider, Wolfgang: Würzburger Leise Leseprobe. Göttingen (Hogrefe) 1998

Kultusminister des Landes Nordrhein-Westfalen (Hrsg.): Richtlinien und Lehrpläne für die Grundschule in Nordrhein-Westfalen. Sachunterricht. Köln (Greven) 1973

Kultusminister des Landes Nordrhein-Westfalen (Hrsg.): Richtlinien und Lehrpläne für die Grundschule in Nordrhein-Westfalen. Sachunterricht. Mathematik. Sprache. Kunst / Textilgestaltung. Frechen (Verlagsgesellschaft Ritterbach) 1985

Kultusminister des Landes Nordrhein-Westfalen (Hrsg.): Richtlinien und Lehrpläne für das Gymnasium. Deutsch. Frechen (Verlagsgesellschaft Ritterbach) 1993

Kurowski, Ewald / Soostmeyer, Michael: Kommentar zum Lehrplan Sachunterricht. Heinsberg (Agentur Dieck) 1986

Lachman, Roy / Lachman, Janet L. / Butterfield, Earl C.: Cognitive Psychology and Information Processing: An Introduction. Hillsdale, New Jersey (Erlbaum) 1979

Lambrich, Hans-Jürgen: Erkenntnisse zum mathetischen Prinzip. Freiheit im Lernprozess und der Erwerb grundlegender Lernfähigkeiten. In: Bundesverband der Freien Alternativschulen (Hrsg.): Freie Alternativschulen: Kinder machen Schule. Wolfrathshausen (Drachen Verlag) 1992 (S. 318–329)

Landesinstitut für Schule und Weiterbildung NRW (Hrsg.): Entwurfsfassung der Richtlinien und Lehrpläne für die Grundschule. Soest (Landesinstitut für Schule und Weiterbildung) 1983 a

Landesinstitut für Schule und Weiterbildung NRW (Hrsg.): Überarbeitungen der Richtlinien und Lehrpläne für die Grundschule. 1. Teilentwurf Mathematik. Januar 1983. Soest (Landesinstitut für Curriculumentwicklung, Lehrerfortbildung und Weiterbildung NRW) 1983 b

Lauterbach, Roland: Sachunterricht zwischen Alltag und Wissenschaft. In: Hameyer, Uwe / Lauterbach, Roland / Wiechmann, Jürgen (Hrsg.): Innovationsprozesse in der Grundschule. Bad Heilbrunn (Klinkhardt) 1992 (S. 147–155)

Le Bohec, Paul: Verstehen heißt Wiedererfinden. Natürliche Methode und Mathematik. Bremen (Pädagogik-Kooperative) 1994

Lehmann, Rainer H. (Hrsg.): HAMLET 3–4. Hamburger Lesetest für 3. und 4. Klassen. Weinheim (Beltz) 1997

Lobeck, Arnold: Rechentest. 1.–3. Klasse. Basel (Beltz) 1987

Lobeck, Arnold: Rechentest. 4.–6. Klasse. Basel (Beltz) 1990

Lorenz, Jens-Holger: Schwierigkeiten bei Sachrechen-Aufgaben. In: Grundschule. Heft 3. Braunschweig (Westermann) 1994 (S. 14–15)

Lorenz, Jens Holger: Wie lernen Kinder Mathematik und was ist guter Mathematikunterricht? Manuskript zum Fachgespräch „Wie lernen Kinder Mathematik und was ist guter Mathematikunterricht?" im Landesinstitut für Schule und Weiterbildung. Soest 1999

Lorenz, Jens Holger: Über Mathematik reden – Rechenstrategien von Kindern. In: Sache – Wort – Zahl. Heft 10. Köln (Aulis Verlag Deubner) 1997 (S. 22–28)

Mai, Norbert: Warum wird Kindern das Schreiben schwer gemacht? Zur Analyse der Schreibbewegungen. In: Psychologische Rundschau. Heft 1/91. Göttingen (Hogrefe) 1991 (S. 12–18)

May, Peter: Hamburger Schreibprobe zur Erfassung der grundlegenden Rechtschreibstrategien. In: Naegele, Ingrid / Valtin, Renate: Rechtschreibunterricht in den Klassen 1–6. Frankfurt am Main (Arbeitskreis Grundschule) 19943 (S. 94–98)

May, Peter: Kinder lernen rechtschreiben: Gemeinsamkeiten und Unterschiede guter und schwacher Lerner. In: Balhorn, Heiko / Brügelmann, Hans (Hrsg.): Rätsel des Schriftspracherwerbs. Neue Sichtweisen aus der Forschung. Lengwil (Libelle) 1995 (S. 220–229)

May, Peter: Hamburger Schreibprobe. Hamburg (Verlag für pädagogische Medien) 1997[3]

May, Peter: Strategiebezogene Rechtschreibdiagnose – mit und ohne Test: Analyse von freien Schreibungen mit Hilfe der HSP-Kategorien. In: Balhorn, Heiko / Bartnitzky, Horst / Büchner, Inge / Speck-Hamdan, Angelika (Hrsg.): Schatzkiste Sprache 1. Frankfurt am Main (Arbeitskreis Grundschule) 1998 (S. 279–293)

Mayer, Werner Guido: Tatsachen. Beiträge zur Erstellung des Schulprogramms für den Sachunterricht in der Grundschule. Heinsberg (Agentur Dieck) 1985

Meier, Richard / Unglaube, Henning / Faust-Siehl, Gabriele (Hrsg.): Sachunterricht in der Grundschule. Frankfurt (Arbeitskreis Grundschule) 1997

Meiers, Kurt: Sachunterricht. Zug (Klett und Balmer) 1989

Meiers, Kurt: Sachunterricht – eine Positionsbestimmung. In: Sachunterricht und Mathematik in der Primarstufe. Heft 2. Köln (Aulis Verlag) 1993 (S. 88–95)

Menzel, Wolfgang: Grammatik-Werkstatt. Theorie und Praxis eines prozessorientierten Grammatikunterrichts für die Primar- und Sekundarstufe. Seelze (Kallmeyer) 1999

Metzig, Werner / Schuster, Martin: Bedingungen des Lehrens und Lernens in der Schule. In: Bennack, Jürgen: Schulaufgabe: Unterricht. Neuwied (Luchterhand) 2000 (S. 11–22)

Ministerium für Schule und Weiterbildung, Wissenschaft und Forschung des Landes Nordrhein-Westfalen (Hrsg.): Richtlinien und Lehrpläne für die Grundschule. Sport. Frechen (Verlagsgesellschaft Ritterbach) 1999

Möller, Kornelia: Verstehendes Lernen im Vorfeld der Naturwissenschaften? In: Die Grundschulzeitschrift. Heft 139. Seelze (Friedrich) 2000 (S. 54–57)

Morgan, Augustus de: On Teaching Arithmetic. Quarterly Journal of Eduation. Vol. 5. London (Society for the Diffusion of Useful Knowledge) 1833 (S. 1–16)

Müller, Gerhard / Wittmann, Erich Ch.: Der Mathematikunterricht in der Primarstufe. Braunschweig (Vieweg) 1977

Müller, Gerhard / Wittmann, Erich Ch. (Hrsg.): Mit Kindern rechnen. Frankfurt am Main (Arbeitskreis Grundschule – Der Grundschulverband) 1995

Naegele, Ingrid / Valtin, Renate (Hrsg.): Rechtschreibunterricht in den Klassen 1–6. Frankfurt am Main (Arbeitskreis Grundschule) 1984

Naegele, Ingrid / Valtin, Renate: Rechtschreibunterricht in den Klassen 1–6. Frankfurt am Main (Arbeitskreis Grundschule) 1994[3]

Neber, Heinz / Wagner, Angelika C. / Einsiedler, Wolfgang: Selbstgesteuertes Lernen. Weinheim (Beltz) 1978

Neber, Heinz: Elemente entdeckenden Lernens. In: Zeitschrift für Heilpädagogik. Beiheft 14. Hannover-Herrenhausen (Verband Deutscher Sonderschulen) 1988 (S. 59–65)

Neill, Alexander Sutherland: A Dominie's Log. London (Herbert Jenkins) 1918[5]

Neill, Alexander Sutherland: Das Prinzip Summerhill: Fragen und Antworten. Reinbek bei Hamburg (Rowohlt) 1969

Neill, Alexander Sutherland: Neill, Neill, Birnenstiel. Erinnerungen eines großen Erziehers. Reinbek bei Hamburg (Rowohlt) 1973

Neill, Alexander Sutherland: The New Summerhill. Herausgegeben von Albert Lamb. London (Penguin) 1992

Neuweg, Georg Hans: Mehr lernen, als man sagen kann: Konzepte und didaktische Perspektiven impliziten Lernens. In: Unterrichtswissenschaft. Heft 3/00. Weinheim (Juventa) 2000 (S. 197–217)

Nordrhein-Westfälischer Lehrerverband (Hrsg.): Schulautonomie in der Kritik. Düsseldorf 1997

Oellrich-Wagner, Margret: Offener Unterricht unter der Lupe – Leitfaden zur Reflexion und Unterrichtsvorbereitung. Essen (Eigenverlag Margret Oellrich-Wagner 1996

Oerter, Rolf: Implizites Lernen beim Sprechen, Lesen und Schreiben. In: Unterrichtswissenschaft. Heft 3/00. Weinheim (Juventa) 2000 (S. 239–256)

Ossner, Jakob: Gibt es Entwicklungsstufen beim Aufsatzschreiben? In: Feilke, Helmuth / Portmann, Paul R. (Hrsg.): Schreiben im Umbruch. Schreibforschung und schulisches Schreiben. Stuttgart (Klett) 1996 (S. 74–84)

Ossner, Jakob: Orthographische Formulare: In: Feilke, Helmuth / Kappest, Klaus-Peter / Knobloch, Clemens (Hrsg.): Grammatikalisierung, Spracherwerb und Schriftlichkeit. Tübingen (Niemeyer) 2001 (S. 127–154)

Oßwald, Claudia: Interessen fördern durch offene Lernsituationen. In: Grundschule. Heft 6/95. Braunschweig (Westermann) 1995 (S. 22–23)

Otterbach, Achim: Lernsoftware „Die sprechende Anlauttabelle". Seelze (Friedrich) o. J.

Padberg, Friedhelm: Didaktik der Arithmetik. Mannheim (Bibliographisches Institut) 1986

Padberg, Friedhelm / Harass, Nicole: Addition und Subtraktion im Hunderterraum – eine empirische Untersuchung. In: Sache – Wort – Zahl. Heft 36. Köln (Aulis Verlag Deubner) 2001 (S. 55–59)

Perrig, Walter J. / Perrig, Pasqualina: Implizites Gedächtnis: unwillkürlich, entwicklungsresistent und altersunabhängig? In: Zeitschrift für Entwicklungspsychologie und Pädagogische Psychologie. Heft 1/93 Göttingen (Hogrefe) 1993 (S. 29–47)

Peschel, Falko: Offener Unterricht – Am Anfang oder am Ende? OASE-Bericht Nr. 2. Universität Siegen 1995 a

Peschel, Falko: Das Prinzip Glocksee. Theorie und Praxis der antiautoritären Erziehung. Unv. Manuskript. Troisdorf / Hannover 1995 b

Peschel, Falko: Das Prinzip Glocksee in Theorie und Praxis. In: Glocksee Info 2-95. Hannover (Glocksee-Schule) 1995 c (S. 6–7)

Peschel, Falko: Offen bis geschlossen – Formen und Chancen offenen Unterrichts. In: Gesing, Harald (Hrsg.): Pädagogik und Didaktik der Grundschule. Neuwied (Luchterhand) 1997 a (S. 229–268)

Peschel, Falko: Ist das Unterricht? Unterricht ohne zu unterrichten. In: Friedrich Jahresheft XV. Seelze (Friedrich) 1997 b (S. 30–31)

Peschel, Falko: Wenn schon, denn schon. Öffnung zwischen Radikalität, Konsequenz und Illusion. In: Die Grundschulzeitschrift. Heft 105. Seelze (Friedrich) 1997 c (S. 21–23)

Peschel, Falko: Schreiben und Rechtschreiben lernen in der Grundschule. In: Schulzeit Eins/97. Düsseldorf (Ministerium für Schule und Weiterbildung des Landes NRW) 1997 d (S. 10–11)

Peschel, Falko: Freie Arbeit als durchgängiges Unterrichtsprinzip. In: Peschel, Falko / Saborowski, Cornelia: Erfahrungen aus der Öffnung des Unterrichts im Schulalltag. Siegen (Projekt OASE) 1997 e (S. 1–24)

Peschel, Falko: Verschiedene Beiträge in: Kaiser, Astrid: Lexikon des Sachunterrichts. Baltmannsweiler (Schneider Verlag Hohengehren) 1997 f

Peschel, Falko: Verschiedene Aufsätze zum Offenen Unterricht in: Bartnitzky, Horst / Christiani, Reinhold (Hrsg.): Die Fundgrube für Freie Arbeit. Berlin (Cornelsen Scriptor) 1998 a

Peschel, Falko: Spich – eine „ganz normale" Grundschule stellt sich vor. Mit einem Beitrag von Cornelia Saborowski. In: Becher, Hans-Rudolf / Bennack, Jürgen / Jürgens, Eiko (Hrsg.): Taschenbuch Grundschule. Baltmannsweiler (Schneider Verlag Hohengehren) 1998³ b

Peschel, Falko: Werkstattunterricht. In: Holenz, Klaus/Peschel, Falko/Schwandt, Ulrike/ Taaks, Gerd-Ulrich: Integrierender Sachunterricht. Werkstattunterricht. Soest (Landesinstitut für Schule und Weiterbildung) 1998 c

Peschel, Falko: Computer von Anfang an. Oder: Was muss passieren, damit Lehrer Schülern endlich mehr vertrauen? In: Mitzlaff, Hartmut / Speck-Hamdan, Angelika (Hrsg.): Grundschule und neue Medien. Frankfurt am Main (Arbeitskreis Grundschule – Der Grundschulverband) 1998d (S. 231–237)

Peschel, Falko: Leistungsbewertung: Und unsere Beurteilungskriterien stimmen immer noch nicht! Oder: Für eine andere Sichtweise von Produkt- und Prozessbeurteilung im (offenen) Unterricht. In: Fragen und Versuche. Heft 89. 9/99. Bremen (Freinet-Kooperative) 1999 (S. 39–44) (Leider sind die Seiten vertauscht gedruckt worden. Die Seite 41 ist die vorletzte Seite.)

Peschel, Falko: Kinder planen ihr Lernen selbst: Möglichkeiten und Erfahrungen im Mathematikunterricht. In: Sache – Wort – Zahl. Heft 29. Köln (Aulis Verlag Deubner) 2000 a (S. 49–53)

Peschel, Falko: Stell dir vor, es gibt Autonomie und keine(r) nimmt sie wahr ... In: Die Grundschulzeitschrift. Heft 131. Seelze (Friedrich) 2000 b (S. 56–57)

Peschel, Falko: Ein Blick über den eigenen Zaun ... In: Die Grundschulzeitschrift. Heft 131. Seelze (Friedrich) 2000 c (S. 57) und in: Lernchancen. Heft 13. Seelze (Friedrich) 2000 d (S. 77)

Peschel, Falko: GRAM-MATIK? In: Die Grundschulzeitschrift. Heft 138. Seelze (Friedrich) 2000e (S. 56) und in: Der Deutschunterricht in der Grundschule. Heft 1/00. Seelze (Friedrich) 2000f (S. 27–28)

Peschel, Falko: Summerhill – Kindern ihre Kindheit zurückgeben. In: Fragen und Versuche. Heft 92. 6/00. Bremen (Freinet-Kooperative) 2000g (S. 65–66)

Peschel, Falko: Offener Unterricht ist präventiver Unterricht – Präventiver Unterricht ist Offener Unterricht. In: Lumer, Beatrix (Hrsg.): Integration behinderter Kinder. Berlin (Cornelsen Scriptor) 2001a (S. 74–88)

Peschel, Falko: Kinder lernen anders! In: Die Grundschulzeitschrift. Heft 143. Seelze (Friedrich) 2001b (S. 41–42)

Peschel, Falko / Reinhardt, Astrid: Der Sprachforscher: Rechtschreiben. Seelze (Friedrich) 2001c

Peschel, Falko / Reinhardt, Astrid: Der Sprachforscher: Rechtschreiben. Informationen für Lehrer und Eltern. Seelze (Friedrich) 2001d

Peschel, Falko: Vom Einüben zum Ausüben – vom Einprägen zum Erforschen. Rechtschreiblernen im Wandel. In: Grundschule Sprachen. Heft 3/01. Seelze (Kallmeyer) 2001e (S. 10–11)

Peschel, Falko: Offener Unterricht – Idee, Realität, Perspektive und ein praxiserprobtes Konzept zur Diskussion. Teil I: Allgemeindidaktische Überlegungen. Baltmannsweiler (Schneider Verlag Hohengehren) 2002a

Peschel, Falko: Das „Integrierende Schulpraktikum Primarstufe“. In: PÄD Forum. Heft 2/02. Baltmannsweiler (Schneider Verlag Hohengehren) 2002c (i. V.)

Peschel, Falko: Öffnung des Unterrichts – ein Stufenmodell. In: Bartnitzky, Horst / Christiani, Reinold (Hrsg.): Berufseinstieg: Grundschule. Leitfaden für Studium und Vorbereitungsdienst. Berlin (Cornelsen Scriptor) 2002d (i. V.)

Peschel, Falko: Offene Unterrichtsformen – qualitativ absichern und weiterentwickeln. In: Bartnitzky, Horst / Christiani, Reinold (Hrsg.): Berufseinstieg: Grundschule. Leitfaden für Studium und Vorbereitungsdienst Berlin (Cornelsen Scriptor) 2002e (i. V.)

Peschel, Falko: Vom Edutainment zur kreativen Herausforderung: Der Computer als Werkzeug im Offenen Unterricht. In: Thissen, Frank (Hrsg.): Multimedia-Didaktik (Arbeitstitel). Berlin (Springer Verlag) 2002f (i. V.)

Peter-Koop, Andrea: „Das sind so ungefähr 30000“. In: Die Grundschulzeitschrift. Heft 125. Seelze (Friedrich) 1999 (S. 12–15)

Petri, Gottfried: Idee, Realität und Entwicklungsmöglichkeiten des Projektlernens. Graz (Bundesministerium für Unterricht, Kunst und Sport – Zentrum für Schulversuche und Schulentwicklung) 1991

Piaget, Jean: Biology and knowledge. Edinburgh 1971

Piaget, Jean: Über Pädagogik. Weinheim (Beltz) 1999

Piaget, Jean: Die Aktualität des Johann Amos Comenius. In: Piaget, Jean: Über Pädagogik. Weinheim (Beltz) 1999 (S. 246–281)

Prenzel, Manfred: Autonomie im Lernen Erwachsener. In: Zeitschrift für Pädagogik. Heft 5/93. Weinheim (Beltz) 1993 (S. 239–253)

Prenzel, Manfred / Lankes, Eva-Maria: Anregungen aus der pädagogischen Interessenförderung. In: Grundschule. Heft 6/95. Braunschweig (Westermann) 1995 (S. 12–13)

Projektgruppe Schlüsselqualifikationen in der beruflichen Bildung: Wege zur beruflichen Mündigkeit (Teil 1). Weinheim (Deutscher Studien Verlag) 1992

Preuschoff, Gisela / Preuschoff, Axel: Gewalt an Schulen – und was dagegen zu tun ist. Köln (PapyRossa) 1992

Radatz, Hendrik / Schipper, Wilhelm / Oltmanns, Katrin / Wille, Ulrike: Zum Mathematikunterricht in der Grundschule – Ergebnisse einer Lehrerbefragung. Göttingen (Georg-August-Universität) 1981

Radatz, Hendrik: Untersuchungen zum Lösen eingekleideter Aufgaben. In: Journal für Mathematik-Didaktik. Stuttgart (Teubner) 1983 (S. 205–217)

Radatz, Hendrik: „Sag mir, was soll es bedeuten?" Wie Schüler und Schülerinnen Veranschaulichungen verstehen. In: Die Grundschulzeitschrift. Heft 82. Seelze (Friedrich) 1995 (S. 50–51)

Radatz, Hendrik / Schipper, Wilhelm / Ebeling, Astrid / Dröge, Rotraud: Handbuch für den Mathematikunterricht. 1. Schuljahr. Hannover (Schroedel) 1996

Radatz, Hendrik / Schipper, Wilhelm: Stoffplan „Mathematik in den Schuljahren 1–4". In: Die Grundschulzeitschrift. Heft 96. Seelze (Friedrich) 1996 (S. 43–45)

Radatz, Hendrik: Fördern und Fordern aller Kinder im Mathematikunterricht. In: Grundschule. Heft 3. Braunschweig (Westermann) 1997 (S. 8–9)

Radatz, Hendrik / Schipper, Wilhelm: Freigabe des Verfahrens der schriftlichen Subtraktion. In: Grundschule Heft 3. Braunschweig (Westermann) 1997 (S. 26–27)

Radatz, Hendrik / Schipper, Wilhelm / Dröge, Rotraud / Ebeling, Astrid: Handbuch für den Mathematikunterricht. 2. Schuljahr. Hannover (Schroedel) 1998

Radatz, Hendrik / Schipper, Wilhelm / Dröge, Rotraud / Ebeling, Astrid: Handbuch für den Mathematikunterricht. 3. Schuljahr. Hannover (Schroedel) 1999

Rainer, Wilhelm: Lernen lernen. Ein Bildungsauftrag der Schule. Paderborn (Schöningh) 1980

Ramseger, Jörg: Offener Unterricht in der Erprobung. Weinheim (Juventa) 1977

Ramseger, Jörg: Das Nicht-Planbare planen? Anregungen zur Gestaltung von Offenem Unterricht. In: Knauf, Tassilo (Hrsg.): Handbuch zur Unterrichtsvorbereitung in der Grundschule. Planungshilfen und Unterrichtsmedien. Bensheim (päd. extra-Buchverlag) 1979 (S. 18–34)

Ramseger, Jörg: Unterricht zwischen Instruktion und Eigenerfahrung. In: Zeitschrift für Pädagogik. Heft 5/93. Weinheim (Beltz) 1993 (S. 825–836)

Rathenow, Peter / Vöge, Jochen: Erkennen und Fördern von Schülern mit Lese-Rechtschreibschwierigkeiten. Braunschweig (Westermann) 1982

Reichen, Jürgen: Lesen durch Schreiben. Lehrerkommentar. Hefte 1–8. Zürich (Sabe) 1982

Reichen, Jürgen: Sachunterricht und Sachbegegnung. Zürich (Sabe) 1991

Reichen, Jürgen: Rettet die Mathematik – macht Sachunterricht! In: Die Grundschulzeitschrift. Heft 74. Seelze (Friedrich) 1994 (S. 28–29)

Reichen, Jürgen: Hannah hat Kino im Kopf. Die Reichen-Methode Lesen durch Schreiben und ihre Hintergründe für LehrerInnen, Studierende und Eltern. Hamburg (Heinevetter) 2001

Reichen, Jürgen: Lernsoftware „Lesen durch Schreiben". Hamburg (Heinevetter) o.J.

Reinhardt, Astrid: Praxisbericht: Wie eine Klasse mit dem Sprachforscherbuch gearbeitet hat. In: Peschel, Falko / Reinhardt, Astrid: Sprachforscher: Rechtschreiben. Informationen für Lehrer und Eltern. Unv. Manuskript. Troisdorf 2000 (S. 35–48)

Reinhardt, Astrid: Rechtschreibung mit dem Sprachforscherbuch erschließen: Von sammelnden, ordnenden und forschenden Kindern. In: Grundschule Sprachen. Heft 3/01. Seelze (Kallmeyer) 2001 (S. 12–15)

Reiß, Günter / Eberle, Gerhard (Hrsg.): Offener Unterricht – Freie Arbeit mit lernschwachen Schülern. Weinheim (Deutscher Studien Verlag) 1995[3]

Rekus, Jürgen: Schule als „Haus des Lernens" – und wer soll über die Schlüssel verfügen? In: Beinke, Lothar / Bruggen, Johan C. van / Dittmann, Armin / Führ, Christoph / Gauger, Jörg-Dieter / Mußgnug, Reinhard / Regenbrecht, Aloysius / Rekus, Jürgen / Reul, Herbert / Westphalen, Klaus / Wollersheim, Heinz-Werner: Zukunft der Bildung – Schule der Zukunft? Zur Diskussion um die Denkschrift der Bildungskommission NRW. Sankt Augustin (Konrad-Adenauer-Stiftung) 1996 (S. 35–52)

Revuz, André: Est-il impossible d'enseigner les mathématiques? Paris (Press universitaires de France) 1980

Reys, Barbara J. / Reys, Robert E.: Mental Computation and Computational Estimation – Their Time Has Come. In: The Arithmetic Teacher. Heft 7. 3/86. Reston, Virginia (National Council of Teachers of Mathematics) 1986 (S. 4–5)

Richter, Sigrun / Brügelmann, Hans: Der Schulanfang ist keine Stunde Null. In: Brügelmann, Hans / Richter, Sigrun: Wie wir recht schreiben lernen. Lengwil (Libelle) 1994 (S. 62–77)

Richter, Sigrun: Zwei Kinder in einer Klasse: Verschiedene Wege aus ähnlichen Anfängen. In: Brügelmann, Hans / Richter, Sigrun (Hrsg.): Wie wir recht schreiben lernen. Lengwil (Libelle) 1994 (S. 109–125)

Richter, Sigrun: Subjektive Interessen und Rechtschreiblernen. In: Glumpler, Edith / Luchtenberg, Sigrid (Hrsg.): Jahrbuch Grundschulforschung. Band 1. Weinheim (Deutscher Studien Verlag) 1997 (S. 251–259)

Richter, Sigrun: Interessebezogenes Rechtschreibenlernen. Braunschweig (Westermann) 1998

Rogers, Carl Ransom: Lernen in Freiheit. München (Kösel) 1974

Rogers, Carl Ransom: Die Kraft des Guten. München (Kindler) 1978

Rost, Detlev H. (Hrsg.): Handwörterbuch Pädagogische Psychologie. Weinheim (Psychologie Verlags Union) 1998

Ruf, Urs / Gallin, Peter: Dialogisches Lernen in Sprache und Mathematik. Band 1: Austausch zwischen Ungleichen. Grundzüge einer interaktiven und fächerübergreifenden Didaktik. Seelze-Velber (Kallmeyer) 1998a

Ruf, Urs / Gallin, Peter: Dialogisches Lernen in Sprache und Mathematik. Band 2: Spuren legen – Spuren lesen. Unterricht mit Kernideen und Reisetagebüchern. Seelze-Velber (Kallmeyer) 1998b

Rumpf, Horst / Diederich, Jürgen: Lerner oder Menschen? Ein Briefwechsel über Schülerbilder von Lehrern zwischen Horst Rumpf und Jürgen Diederich. In: Friedrich Jahresheft II. Seelze (Friedrich) 1984 (S. 33–36)

Ryan, Richard M. / Grolnick, Wendy S.: Origins and Pawns in the Classroom: Self-Report and Projective Assessement of Individual Differences in Children's Perceptions. In: Journal of Personality and Social Psychology. Washington, District of Columbia (American Psychological Association) 1986 (S. 550–558)

Salinger, Jerome D.: The Catcher in the Rye. (Original 1951) Boston, Massachusetts (Little, Brown and Company) 1999[11]

Sänger-Feindt, Elisabeth: Leistungen in Mathematik – nach Maßgabe des Lehrplans und der Fachdidaktik. Manuskript zum Workshop „Qualitätssicherung und Qualitätsentwicklung in der Primarstufe. Unterrichtsfach: Mathematik" des Ministeriums für Schule und Weiterbildung, Wissenschaft und Forschung NRW. Soest 1998

Scharrelmann, Heinrich: Erlebte Pädagogik. Braunschweig (Westermann) 1922[2]

Scherer, Petra: Entdeckendes Lernen im Mathematikunterricht an der Schule für Lernbehinderte. Heidelberg (Winter) 1995

Scherer, Petra: Lernen in kleinen Schritten oder in komplexen Umgebungen? Was ist geeignet für Kinder mit Lernschwächen? In: Grundschule. Heft 3/97. Braunschweig (Westermann) 1997 (S. 28–31)

Schiefele, Ulrich / Pekrun, Reinhard: Psychologische Modelle des fremdgesteuerten und selbstgesteuerten Lernens. In: Weinert, Franz E. (Hrsg.): Psychologie des Lernens und der Instruktion. Enzyklopädie der Psychologie. Pädagogische Psychologie Band 2. Göttingen (Hogrefe) 1996 (S. 249–278)

Schiefele, Ulrich / Schreyer, Inge: Intrinsische Lernmotivation und Lernen: Ein Überblick zu Ergebnissen der Forschung. In: Zeitschrift für Pädagogische Psychologie. Heft 1/94. Bern (Huber) 1994 (S. 1–13)

Schipper, Wilhelm / Hülshoff, Annette: Wie anschaulich sind Veranschaulichungshilfen? In: Grundschule. Heft 4/84. Braunschweig (Westermann) 1984 (S. 54–56)

Schipper, Wilhelm: Formen und Funktionen des Übens im Mathematikunterricht der Grundschule. In: Schipper, Wilhelm: Üben im Mathematikunterricht der Grundschule. Hildesheim (Niedersächsisches Landesinstitut für Lehrerfortbildung, Lehrerweiterbildung und Unterrichtsforschung) 1993[7] (S. 5–17).

Schipper, Wilhelm: Kompetenz und Heterogenität im arithmetischen Anfangsunterricht. In: Die Grundschulzeitschrift 96. Seelze (Friedrich) 1996 (S. 11–15)

Schipper, Wilhelm / Wittmann, Erich Ch. / Padberg, Friedhelm: Freigabe des Verfahrens der schriftlichen Subtraktion. In: Die Grundschulzeitschrift. Heft 119. Seelze (Friedrich) 1998 (S. 8–9)

Schipper, Wilhelm: Wie lernen Kinder Mathematik und was ist guter Mathematikunterricht? Manuskript zum Fachgespräch „Wie lernen Kinder Mathematik und was ist guter Mathematikunterricht?“ im Landesinstitut für Schule und Weiterbildung. Soest 1999

Schipper, Wilhelm / Dröge, Rotraud / Ebeling, Astrid: Handbuch für den Mathematikunterricht. 4. Schuljahr. Hannover (Schroedel) 2000

Schmidt, Roland: Die Zählfähigkeit der Schulanfänger. In: Sachunterricht und Mathematik in der Primarstufe. Heft 10/82. Köln (Aulis Verlag Deubner) 1982 (S. 371–376)

Schmidt, Siegbert / Weiser, Werner: Zählen und Zählverständnis bei Schulanfängern. In: Journal für Mathematik-Didaktik. Heft 3/4/82. Stuttgart (Teubner) 1982 (S. 227–263)

Schnabel, Ulrich: Wissen, ohne zu wissen. Wie der Neuropsychologe Lawrence Weiskrantz bizarre Bewusstseinsstörungen erforscht. In: Die Zeit vom 03.02.00. Heft 6/00. Hamburg (Zeitverlag) 2000 (S. 38)

Schön, Bärbel (Hrsg.): Wieviel Therapie braucht die Schule? Donauwörth (Auer) 1998

Scholz, Norbert: Wiederbelebung der Selbstregulation. Ein alter Gedanke im Licht von Autopoiesis, Chaosforschung und Gestalttherapie. In: Bundesverband der Freien Alternativschulen (Hrsg.): Freie Alternativschulen: Kinder machen Schule. Wolfrathshausen (Drachen Verlag) 1992 (S. 274–289)

Schreier, Helmut: Die Sache des Sachunterrichts. Paderborn (Schöningh) 1982

Schreier, Helmut: Der Gegenstand des Sachunterrichts. Bad Heilbrunn (Klinkhardt) 1994

Schütte, Sybille: Mathematiklernen in Sinnzusammenhängen: Probleme und Perspektiven der Grundschulmathematik heute. Stuttgart (Klett) 1994a

Schütte, Sybille: Mathematik entdecken auf eigenen Wegen. In: Die Grundschulzeitschrift. Heft 72. Seelze (Friedrich) 1994b (S.6–9)

Schütte, Sybille: Rechengeschichten statt Textaufgaben: Mathematik und Sprache verbinden. In: Die Grundschulzeitschrift. Heft 102. Seelze (Friedrich) 1997 (S. 6–11)

Schwedes, Hannelore: Lernziele / Erste Erfahrungen. Stuttgart (Klett) 1976

Selter, Christoph: Jede Aufgabe hat eine Lösung. Vom rationalen Kern irrationalen Vorgehens. In: Grundschule. Heft 3. Braunschweig (Westermann) 1994 (S. 20–22)

Selter, Christoph: Zur Fiktivität der 'Stunde Null' im arithmetischen Anfangsunterricht. In: Mathematische Unterrichtspraxis. Heft 2/95. Seelze (Kallmeyer) 1995 (S. 11–19)

Selter, Christoph / Spiegel, Hartmut: Wie Kinder rechnen. Leipzig (Klett) 1997a

Selter, Christoph / Spiegel, Hartmut: Offenheit gegenüber dem Denken der Kinder. In: Grundschule. Heft 3. Seelze (Friedrich) 1997b (S. 12–13)

Selter, Christoph: Flexibles Rechnen statt Normierung auf Normalverfahren. In: Die Grundschulzeitschrift. Heft 125. Seelze (Friedrich) 1999a (S. 6–11)

Selter, Christoph: Geschickt rechnen – Schätzend rechnen. In: Die Grundschulzeitschrift. Heft 125. Seelze (Friedrich) 1999b (S. 33–38)

Selter, Christoph: Wie gut sind deutsche Grundschüler in Mathe? (4). Mehr Offenheit bei schriftlichen Tests. In: Sache – Wort – Zahl. Heft 25. Köln (Aulis Verlag Deubner) 1999c (S. 41–46)

Soostmeyer, Michael: Sachunterricht in der Lebenswirklichkeit. Studie über das Pilot-Projekt: Die Lebenswirklichkeit der Kinder als Ausgangspunkt des Sachunterrichts in der Grundschule. Köln (Regierungspräsident Köln) 1987

Spiegel, Hartmut: Vom Nutzen des Taschenrechners im Arithmetikunterricht der Grundschule. In: Bender, Peter (Hrsg.): Mathematikdidaktik: Theorie und Praxis. Berlin (Cornelsen) 1988 (S. 177–189)

Spinner, Kaspar H.: Das Lernen unterstützen im Deutschunterricht der Grundschule. In: Brügelmann, Hans / Fölling-Albers, Maria / Richter, Sigrun / Speck-Hamdan, Angelika (Hrsg.): Jahrbuch Grundschule 1999. Frankfurt am Main (Grundschulverband – Arbeitskreis Grundschule) 1999 (S. 77–80)

Spitta, Gudrun: Kinder schreiben eigene Texte: Klasse 1 und 2. Frankfurt am Main (Cornelsen Scriptor) 1988

Spitta, Gudrun: Schreibkonferenzen in Klasse 3 und 4. Frankfurt am Main (Cornelsen Scriptor) 1992

Spitta, Gudrun: Zur Entwicklung von Rechtschreibfähigkeiten beim Freien Schreiben oder Wie Freies Schreiben und Rechtschreiben miteinander verbunden sind. In: Büchner, Inge (Hrsg.): Lust und Last und Leistung. Rechtschreibung und Grammatik in der Grundschule und in der Sekundarstufe 1. Hamburg (Deutsche Gesellschaft für Lesen und Schreiben) 1999a (S. 180–187)

Spitta, Gudrun: Rechtschreibbewusstheit als Konzept orthographischen Lernens? Fallstudien zur Entwicklung von Rechtschreibbewusstheit. Unv. Manuskript. Universität Bremen 1999b

Spitta, Gudrun: Sind Sprachbewusstheit und Sprachbewusstsein dasselbe? oder Gedanken zu einer vernachlässigten Differenzierung. In: Deutschdidaktische Perspektiven. Universität Bremen 2000

Stadler, Christine: Rekorde, Höchstleistungen, Kurioses bei Menschen und Tieren, in Natur, Technik und Architektur. In: Die Grundschulzeitschrift. Heft 74. Seelze (Friedrich) 1994 (S. 47–54)

Straka, Gerald A.: Auf dem Weg zu einer mehrdimensionalen Theorie selbstgesteuerten Lernens. Universität Bremen 1998

Straka, Gerald A.: „...denn sie wissen nicht, was sie tun“ – Lernen im Prozess der Arbeit. In: Straka, Gerald A. (Hrsg.): Forschungs- und Praxisberichte der Forschungsgruppe LOS (Lernen, Organisiert und Selbstgesteuert). Band 3. Universität Bremen 1999 (S. 20–40)

Sundermann, Beate / Selter, Christoph: Halbschriftliche Addition und Subtraktion im Tausenderraum. Teil I. In: Grundschulunterricht Heft 1/95. Berlin (Pädagogischer Zeitschriftenverlag) 1995 a (S. 22–25)

Sundermann, Beate / Selter, Christoph: Halbschriftliche Addition und Subtraktion im Tausenderraum. Teil 2. In: Grundschulunterricht Heft 2/95. Berlin (Pädagogischer Zeitschriftenverlag) 1995 b (S. 30–32)

Sundermann, Beate / Selter, Christoph: Quattro Stagioni. Nachdenkliches zum Stationenlernen aus mathematikdidaktischer Perspektive. In: Friedrich Jahresheft XVIII. Seelze (Friedrich) 2000 (S. 110–113)

Terhardt, Ewald: Lehr-Lern-Methoden. Weinheim (Juventa) 1997[2]

Tewissen, Frank u. a.: Lernsoftware „Der sprechende Setzkasten“. Duisburg (spiriteam) o. J.

Thomé, Günther: Experimente zur Rechtschreibung am Computer. In: Büchner, Inge (Hrsg.): Lust und Last und Leistung. Rechtschreibung und Grammatik in der Grundschule und in der Sekundarstufe 1. Hamburg (Deutsche Gesellschaft für Lesen und Schreiben) 1999 (S. 188–195)

Thomé, Günther: Möglichkeiten und Grenzen der Arbeit mit Anlauttabellen. In: Valtin, Renate (Hrsg.): Rechtschreiben lernen in den Klassen 1–6. Grundlagen und didaktische Hilfen. Frankfurt am Main (Grundschulverband – Arbeitskreis Grundschule) 2000 (S. 116–118)

Thomé, Günther / Hartmann, Regina: Vorstellung und Analyse ausgewählter Rechtschreibmaterialien. In: Valtin, Renate (Hrsg.): Rechtschreiben lernen in den Klassen 1–6. Grundlagen und didaktische Hilfen. Frankfurt am Main (Grundschulverband – Arbeitskreis Grundschule) 2000 (S. 146–153)

Todt, Eberhard: Die Bedeutung der Schule für die Interessen von Kindern und Jugendlichen. In: Unterrichtswissenschaft. Heft 4/85. Weinheim (Juventa) 1985 (S. 362–376)

Topsch, Willhelm: Das Ende einer Legende. Die Vereinfachte Ausgangsschrift auf dem Prüfstand. Donauwörth (Auer) 1996

Trickett, Liz / Sulke, Frankie: Mathematikunterricht mit schulschwachen Kindern: Fördern heißt Fordern! In: Die Grundschulzeitschrift. Heft 68. Seelze (Friedrich) 1993 (S. 35–38)

Unglaube, Henning: Das Experiment im Sachunterricht. In: Meier, Richard / Unglaube, Henning / Faust-Siehl, Gabriele (Hrsg.): Sachunterricht in der Grundschule. Frankfurt (Arbeitskreis Grundschule) 1997 (S. 224–236)

Valtin, Renate (Hrsg.): Rechtschreiben lernen in den Klassen 1–6. Grundlagen und didaktische Hilfen. Frankfurt am Main (Grundschulverband – Arbeitskreis Grundschule) 2000

Valtin, Renate: Einleitung und Vorbemerkung. In: Valtin, Renate (Hrsg.): Rechtschreiben lernen in den Klassen 1–6. Grundlagen und didaktische Hilfen. Frankfurt am Main (Grundschulverband – Arbeitskreis Grundschule) 2000 (S. 7–9)

Verboom, Lilo: Anna Zahlen. Material in: Die Grundschulzeitschrift. Heft 119. Seelze (Friedrich) 1996 (S. 28–42)

Wagenschein, Martin: Die pädagogische Dimension der Physik. Braunschweig (Westermann) 1971

Wagenschein, Martin: Kinder auf dem Wege zur Physik. Weinheim (Beltz) 1990

Wagner, Angelika C.: Selbstgesteuertes Lernen im offenen Unterricht – Erfahrungen mit einem Unterrichtsversuch in der Grundschule. In: Einsiedler, Wolfgang: Konzeptionen des Grundschulunterrichts. Bad Heilbrunn/Obb. (Klinkhardt) 1979 (S. 174–186)

Wagner, Gerhard / Schöll, Gabriele: Selbständiges Lernen in Phasen freier Aktivitäten – Entwicklung eines Beobachtungsinventars und Durchführung einer empirischen Untersuchung in einer 4. Grundschulklasse. Berichte und Arbeiten aus dem Institut für Grundschulforschung Nr. 70. Erlangen-Nürnberg (Institut für Grundschulforschung an der Universität Erlangen-Nürnberg) 1992

Wang, Margaret C.: Entwicklung und Förderung von Kompetenzen zur Selbststeuerung und Selbst-Management bei Schülern. In: Unterrichtswissenschaft. Heft 2/82. Weinheim (Juventa) 1982 (S. 129–139)

Wallrabenstein, Wulf: Offene Schule – Offener Unterricht. Ratgeber für Eltern und Lehrer. Reinbek bei Hamburg (Rowohlt) 1991

Walter, Jürgen / Suhr, Kristina / Werner, Birgit: Experimentell beobachtete Effekte zweier Formen von Mathematikunterricht in der Förderschule. In: Zeitschrift für Heilpädagogik. Heft 4/01. Hannover-Herrenhausen (Verband Deutscher Sonderschulen) 2001 (S. 143–151)

Watzlawick, Paul: Wie wirklich ist die Wirklichkeit? München (Piper) 1978

Weinert, Franz E.: Entwicklungsgemäßer Unterricht. Probleme der Anpassung des Unterrichts an den kognitiven Entwicklungsstand der Schüler [1]. In: Unterrichtswissenschaft. Heft 1/77. Weinheim (Juventa) 1977 (S. 1–13)

Weinert, Franz E.: Selbstgesteuertes Lernen als Voraussetzung, Methode und Ziel des Unterrichts. In: Unterrichtswissenschaft. Heft 2/82. Weinheim (Juventa) 1982 (S. 99–110)

Weinert, Franz E.: Ist Lernen lehren endlich lehrbar? Einführung in ein altes Problem und in einige neue Lösungsvorschläge. In: Unterrichtswissenschaft. Heft 4/83. Weinheim (Juventa) 1983 (S. 329–334)

Weinert, Franz E.: Lernen ... gegen die Abwertung des Wissens. In: Friedrich Jahresheft IV. Seelze (Friedrich) 1986 (S. 102–104)

Weinert, Franz E.: Vorwort zur deutschsprachigen Ausgabe. In: Gardner, Howard: Der ungeschulte Kopf. Stuttgart (Klett-Cotta) 1994 (S. 7–12)

Weinert, Franz E. (Hrsg.): Psychologie des Lernens und der Instruktion. Enzyklopädie der Psychologie. Pädagogische Psychologie Band 2. Göttingen (Hogrefe) 1996a

Weinert, Franz E.: Lerntheorien und Instruktionsmodelle. In: Weinert, Franz E. (Hrsg.): Psychologie des Lernens und der Instruktion. Enzyklopädie der Psychologie. Pädagogische Psychologie Band 2. Göttingen (Hogrefe) 1996a (S. 1–48)

Weinert, Franz E.: Für und Wider die „neuen Lerntheorien" als Grundlagen pädagogisch-psychologischer Forschung. In: Zeitschrift für Pädagogische Psychologie. Heft 1/96 Bern (Huber) 1996b (S. 1–12)

Weinert, Franz E. / Mandl, Heinz (Hrsg.): Psychologie der Erwachsenenbildung. Enzyklopädie der Psychologie. Pädagogische Psychologie Band 4. Göttingen (Hogrefe) 1997

Weinert, Sabine: Spracherwerb und implizites Lernen. Bern (Huber) 1991

Weltner, Klaus: Autonomes Lernen. Stuttgart (Klett-Cotta) 1978

Wenzel, Hartmut: Unterricht und Schüleraktivität. Probleme und Möglichkeiten der Entwicklung von Selbststeuerungsfähigkeiten im Unterricht. Weinheim (Deutscher Studien Verlag) 1987

Whitney, Hassler: Taking responsibility in school mathematics education. The Journal of Mathematical Behaviour. Heft 3/85. Norwood, New Jersey (Ablex Publishing Corporation) 1985 (S. 219–235)

Wiebel, Klaus Hartmut: „Laborieren“ als Weg zum Experimentieren im Sachunterricht. In: Die Grundschulzeitschrift. Heft 139. Seelze (Friedrich) 2000 (S. 44–47)

Winkel, Rainer: Offener oder beweglicher Unterricht? In Grundschule. Heft 2. Braunschweig (Westermann) 1993 (S. 14–16)

Winter, Heinrich: Mathematik entdecken. Berlin (Cornelsen Scriptor) 1987

Winter, Heinrich: Anwenden und Entdecken – Probleme des Sachrechnens in der Grundschule. In: Die Grundschulzeitschrift. Heft 42. Seelze (Friedrich) 1991 (S. 28–35)

Wittmann, Erich Ch. / Müller, Gerhard: Handbuch produktiver Rechenübungen. Band 1. Vom Einspluseins zum Einmaleins. Stuttgart (Klett) 1990

Wittmann, Erich Ch. / Müller, Gerhard: Handbuch produktiver Rechenübungen. Band 2. Vom halbschriftlichen zum schriftlichen Rechnen. Stuttgart (Klett) 1992

Wittmann, Erich Ch.: „Weniger ist mehr“: Anschauungsmittel im Mathematikunterricht der Grundschule. In: Beiträge zum Mathematikunterricht. Hildesheim (Franzbecker) 1993 (S. 394–397)

Wittmann, Erich Ch.: Legen und Überlegen. Wendeplättchen im aktiv-entdeckenden Rechenunterricht. In: Die Grundschulzeitschrift. Heft 72. Seelze (Friedrich) 1994 (S. 44–46)

Wittmann, Erich Christian: Offener Mathematikunterricht in der Grundschule – vom FACH aus. In: Grundschulunterricht. Heft 6/96. Berlin (Pädagogischer Zeitschriftenverlag 1996 (S. 3–7)

Wittmann, Erich Ch.: Stellungnahme zu den einzelnen Punkten des Fragebogens Manuskript zum Fachgespräch „Wie lernen Kinder Mathematik und was ist guter Mathematikunterricht?“ im Landesinstitut für Schule und Weiterbildung. Soest 1999

Wittrock, Merlin C.: A constructive review of research on learning strategies. In: Weinstein, Claire E. / Goetz, Ernest T. / Alexander, Patricia A. (Hrsg.): Learning and study strategies. Issues in assessment, instruction and evaluation. San Diego (Academic Press) 1988 (S. 287–297)

Wollersheim, Heinz-Werner: Braucht die Schule einen neuen Bildungsbegriff? In: Beinke, Lothar / Bruggen, Johan C. van / Dittmann, Armin / Führ, Christoph / Gauger, Jörg-Dieter / Mußgnug, Reinhard / Regenbrecht, Aloysius / Rekus, Jürgen / Reul, Herbert / Westphalen, Klaus / Wollersheim, Heinz-Werner: Zukunft der Bildung – Schule der Zukunft? Zur Diskussion um die Denkschrift der Bildungskommission NRW. Sankt Augustin (Konrad-Adenauer-Stiftung) 1996 (S. 13–33)

Zehnpfennig, Hannelore / Zehnpfennig, Helmut: Was ist „Offener Unterricht“. In: Landesinstitut für Schule und Weiterbildung (Hrsg.): Schulanfang. Ganzheitliche Förderung im Anfangsunterricht und im Schulkindergarten. Kapitel 5.2: Basis „Offener Unterricht“. Soest (Landesinstitut für Schule und Weiterbildung) 1992 (S. 46–60)

Zehnpfennig, Hannelore / Zehnpfennig, Helmut: OFFENER UNTERRICHT, aktiv-entdeckendes Lernen und Mathematik in der Grundschule. In: Grundschulunterricht. Heft 1/94. Berlin (Pädagogischer Zeitschriftenverlag) 1994a (S. 20–22)

Zehnpfennig, Hannelore / Zehnpfennig, Helmut: „Es riecht nach Weltall. Zauberhaft!“. Kinder schreiben Gedichte – eine Unterrichtsdokumentation. In: Grundschulunterricht. Heft 4/94. Berlin (Pädagogischer Zeitschriftenverlag) 1994b (S. 11–12)

Zehnpfennig, Hannelore / Zehnpfennig, Helmut: „Mit einem Bild ist es fast so wie mit einer Geschichte, wenn sie fertig ist, fängt sie erst richtig an“. Kinder malen ihre Gedichte. In: Grundschulunterricht. Heft 10/94. Berlin (Pädagogischer Zeitschriftenverlag) 1994c (S. 29–32)

Zehnpfennig, Hannelore / Zehnpfennig, Helmut: „Eins minus Hundert ist gleich neunundneunzig unter Null“. Erstkläßler entdecken und erobern den Zahlenraum. In: Grundschulunterricht. Heft 11/94. Berlin (Pädagogischer Zeitschriftenverlag) 1994 d (S. 27–30)

Zehnpfennig, Hannelore / Zehnpfennig, Helmut: Das Arbeitsblatt: Für und Wider. In: Grundschulunterricht. Heft 1/95 Beiheft. Berlin (Pädagogischer Zeitschriftenverlag) 1995 a (S. 10–11)

Zehnpfennig, Hannelore / Zehnpfennig, Helmut: „Neue“ Schule in „alten“ Strukturen. In: Grundschulunterricht. Heft 6/95. Berlin (Pädagogischer Zeitschriftenverlag) 1995 b (S. 5–7)

Zehnpfennig, Hannelore: Thesenpapier (zur Arbeitsgruppe 5: Grundschule in Bewegung). Unv. Manuskript. Köln 1995 c

„You know what I'd like to be? I mean if I had my goddam choice? [...]
Anyway, I keep picturing all these little kids playing some game in this big field of rye and all. Thousands of little kids, and nobody's around – nobody big, I mean – except me. And I'm standing on the edge of some crazy cliff. What I have to do, I have to catch everybody if they start to go over the cliff – I mean if they're running and they don't look where they're going I have to come out from somewhere and catch them. That's all I'd do all day. I'd just be the catcher in the rye and all. I know it's crazy, but that's the only thing I'd really like to be. I know it's crazy.“
(Salinger 1951; 1999^{11}, 173)

ich fende Die
Schule Toll Peschel

Inhaltsverzeichnis Teil I